21世纪高等院校财经管理系列实用规划教材

现代推销与谈判实用教程

主　编　凌奎才

内容简介

本书从应用型本科院校的教学要求出发，遵循"以应用为目的，理论够用为度，强化技能训练"的编写要求，以"风格创新、内容创新、案例教学、突出应用"为特色，力求生动、易懂、实用、系统地反映现代推销和商务谈判的原理、策略和方法。

本书共 12 章，第 1 章至第 7 章重点阐述推销的基础理论、推销工程师及其运用相关推销模式按照推销程序进行推销管理的内容；第 8 章至第 10 章侧重介绍了商务谈判的基础理论，商务谈判的准备、开局和磋商阶段的策略和方法；第 11 章和第 12 章主要介绍了推销与谈判的礼仪沟通和语言沟通的技巧。

本书既适合作为高等院校经管专业必修课和公共选修课程的教材，也可供社会从业人员参考使用。

图书在版编目(CIP)数据

现代推销与谈判实用教程/凌奎才主编. —北京：北京大学出版社，2015. 5
（21 世纪高等院校财经管理系列实用规划教材）
ISBN 978-7-301-25695-4

Ⅰ. ①现… Ⅱ. ①凌… Ⅲ. ①推销—高等学校—教材②贸易谈判—高等学校—教材
Ⅳ. ①F713. 3②F715. 4

中国版本图书馆 CIP 数据核字（2015）第 084338 号

书　　名　现代推销与谈判实用教程
著作责任者　凌奎才　主编
策 划 编 辑　王显超
责 任 编 辑　李瑞芳
标 准 书 号　ISBN 978-7-301-25695-4
出 版 发 行　北京大学出版社
地　　址　北京市海淀区成府路 205 号　100871
网　　址　http://www.pup.cn　新浪微博：@北京大学出版社
编辑部邮箱　pup6@pup.cn
总编室邮箱　zpup@pup.cn
电　　话　邮购部 010-62752015　发行部 010-62750672　编辑部 010-62750667
印 刷 者　北京虎彩文化传播有限公司
经 销 者　新华书店
787 毫米×1092 毫米　16 开本　23.75 印张　561 千字
2015 年 5 月第 1 版　2023 年 8 月第 3 次印刷
定　　价　48.00 元

未经许可，不得以任何方式复制或抄袭本书之部分或全部内容。
版权所有，侵权必究
举报电话：010-62752024　电子信箱：fd@pup.pku.edu.cn
图书如有印装质量问题，请与出版部联系，电话：010-62756370

前　　言

现代推销与商务谈判均是操作性很强的综合应用型学科，具有各自的理论体系，但两者在谈判的步骤和策略、成交、合同的签订及相关的礼仪、语言沟通等方面都有相近的内容。若把现代推销与商务谈判作为应用型本科院校的两门课程，则两者有很多内容重复，若合在一起，目前市面上还没有一本很好地将两门课程融合在一起的适用于应用型本科院校的教材。同时，很多应用型本科院校在教学计划的制订过程中，也发现了现代推销与商务谈判单独作为两门课程时内容有重复这个问题，故都尝试把这两门课程合并，但却苦于没有适用的教材。为此，本书尝试把这两门课程的内容按照一定的逻辑编排，并将重复的内容归结在一处进行表述，这样节省了篇幅和读者的时间。

为了解决上述问题，本书共安排了 12 章，第 1 章至第 7 章重点阐述什么是推销、推销的是什么以及推销工程师运用推销模式，按照推销过程各环节进行推销管理的内容；第 8 章至第 10 章侧重介绍了商务谈判概述、商务谈判的准备、开局、磋商阶段的策略和方法；第 11 章和第 12 章主要介绍了推销与谈判的礼仪沟通和语言沟通的基本内容。本书编写具有以下一些特色：

(1) 内容上增加了许多新的知识点。如第 1 章增加了“推销的是什么”和“推销观念的发展”；第 4 章详细介绍了“使顾客从情感上靠近推销人员”的方法，把“SPIN 推销模式”作为单独一节来描述，并增加了“电话销售中的 4C 模式”；第 7 章增加了“自我管理”，同时对应收货款管理从六个方面进行全面论述，对于一线推销人员来说有很实用的参考价值；第 11 章将推销与商务谈判礼仪分四个方面进行论述。

(2) 在结构安排上，把许多章节涉及的内容放在一起阐述。如 AIDA 模式中的促使行动、推销程序中的成交和商务谈判的成交放在推销成交里讲述；推销洽谈中的特点、原则、程序等内容和谈判中的相关内容相近，放在谈判里讲述。

(3) 语言简洁，重点突出。本书内容在语言组织上尽可能简洁，能不说的话尽可能不说，而需要重点阐述的又不惜笔墨。

(4) 案例丰富多彩。全书共有近 300 个案例，平均每章都有二十几个案例，而且这些案例内容生动、新颖，有很多都是编者多年教学的积累。

(5) 注重实训操作。本书紧紧围绕“如何提高学生的推销与谈判能力”来设置实训，每章中的“实训项目”使学生通过实际操作与演练来提升自己的推销与谈判能力，掌握相应的知识。

(6) 教学环节完备。章首有“教学要求”和“导入案例”，文中穿插有“阅读案例”和“小资料”，章后有“本章小节”“思考与练习”“实训项目”和“案例分析”，还增加了推销人物专栏与谈判人物专栏，这是其他同类教材所没有的。

由于本书内容应用性和操作性较强，因此，在使用本书进行教学时建议每章课堂讲授占 2/3 时段，案例讨论或情景模拟占 1/3 时段。另外，每节课还可安排一两位学生进行“三分钟推销或三分钟谈判”，这样在课堂上也能达到锻炼学生的目的。

本书体现了编者对于现代推销和商务谈判课程一线教学多年的心得体会，从计划编写到最后交稿历时两年时间，几经修改、打磨终成稿。

本书在编写过程中参考和引用了大量国内外有关文献资料，在此向原作者致以诚挚的谢意！由于编写时间仓促，编者水平有限，书中不妥之处在所难免，敬请广大读者提出宝贵意见，以便修订时进一步完善。

编　者

2014 年 11 月

目　　录

第1章 推销概述

教学要求

知识要点	能力要求	相关知识
什么是推销	(1) 了解推销的作用和推销活动的特征 (2) 掌握推销的含义及其内涵、要素	(1) 推销的含义及其内涵 (2) 推销要素 (3) 推销活动的特征 (4) 推销的作用
推销的是什么	掌握产品的使用价值、产品的差别优势、顾客价值优势、产品的整体形象优势、需求的满足的内容	(1) 产品的使用价值 (2) 产品的差别优势 (3) 顾客价值优势 (4) 产品的整体形象优势 (5) 需求的满足
推销学的产生和发展	了解推销学的产生和发展的过程	(1) 古老的推销技术 (2) 生产型推销 (3) 强力型推销 (4) 现代推销
推销观念的发展	(1) 了解产品导向推销观念和技巧导向推销观念的内容 (2) 掌握关系导向推销观念、需求导向推销观念、关系推销观念、新旧推销观念的区别的内容	(1) 产品导向推销观念 (2) 技巧导向推销观念 (3) 关系导向推销观念 (4) 需求导向推销观念 (5) 关系推销观念 (6) 新旧推销观念的区别

把木梳卖给和尚

有一则故事，说一家著名的跨国公司高薪招聘营销人员，应聘者趋之若鹜，其中不乏硕士、博士。但是，当这些人拿到公司考题后，却都面面相觑，不知所措。原来，公司要求每一位应聘者在十日之内，尽可能多地把木梳卖给和尚，为公司赚得利润。

出家和尚，剃度为僧，六根已净，光头秃顶，要木梳何用？莫非出题者有意拿人开涮？应聘者作鸟兽散，一时间，原先门庭若市的招聘大厅，仅剩下A、B、C三人。这三人知难而进，奔赴各地，闯江湖，卖木梳。

期限一到，诸君交差。面对公司主管，A君满腹冤屈，涕泪横流，声言十日艰辛，木梳仅卖掉一把。自己前往寺庙诚心推销，却遭众僧责骂，说什么将木梳卖给无发之人是心怀恶意、有意取笑、羞辱出家之人，被轰出山门。归途之中，偶遇一游僧在路旁歇息，因旅途艰辛，和尚头皮又脏又厚，奇痒无比。自己将木梳奉上，并含泪哭诉，游僧动了恻隐之心，试用木梳刮头体验，果然解痒，便解囊买下。

B君闻之，不免有些得意。B君声称，卖掉10把。为推销木梳，不辞辛苦，深入远山古刹。此处山高风大，前来进香者，头发被风吹得散乱不堪。见此情景，自己心中一动，便找到寺院住持，侃侃而谈：庄严宝刹，佛门衣冠不整，蓬头垢面，实在亵渎神灵。故应在每座寺庙香案前，摆放木梳，供前来拜佛的善男信女梳头理发。住持闻之，认为言之有理，采纳了此建议，总共买下了10把木梳。

轮到C君汇报，只见他不慌不忙，从怀中掏出一份大额订单，声称不但已经卖出1000把木梳，而且急需公司火速发货，以解燃眉之急。听此言，A、B两人啧啧称奇，公司主管也大惑不解，忙问C君如何取得如此佳绩。C君说，为推销木梳，自己打探到一个久负盛名、香火极旺的名刹宝寺。找到庙内方丈，向他进言：凡进香朝拜者无一不怀有虔诚之心，希望佛光普照，恩泽天下。大师为得道高僧，且书法超群，能否题"积善"二字刻于木梳之上，赠送给进香者，让这些善男信女，梳却三千烦恼丝，以此向天下显示，我佛慈悲为怀，慈航普度，保佑众生。方丈闻听，大喜过望，口称阿弥陀佛，不仅将自己视为知己，而且共同主持了赠送"积善梳"首发仪式。此举一出，一传十，十传百，寺院不但盛誉远播，而且进山朝圣者为求得"积善梳"，简直挤破了脑袋。为此，方丈恳求自己急速返回，请公司多多发货，以成善事。

资料来源：蒋光宇．把木梳卖给和尚［J］．知音，2001(8).

随着市场经济的发展，顺利地实现产品销售成了企业最为关切的目标之一。推销是企业十分重要的销售手段，在企业经营活动中起着举足轻重的作用。推销作为产品生产者和经营者参与竞争、占领市场的有力武器，不仅能为企业扩大销售，还有助于树立企业形象，宣传企业文化。为此，每一个企业都必须十分重视对推销的研究与运用。

1.1 什么是推销

推销是一个十分古老而又有生命力的概念。它虽历史悠久，却依然具有蓬勃的活力，在市场经济条件下推销现象随时、随处可见，只有准确把握推销的真实内涵，才能充分发挥它所具有的内在功能与作用。

1.1.1 推销的含义

对于推销的概念有许多不同的看法，目前企业界和理论界在使用"推销"一词时，有时将它称为"销售"，即"sales"；有时将它称为"推销"，即"selling"；甚至把它等同于促销，即"promotion"。

1. 广义的推销

从广义上讲，推销是由信息发出者运用一定的方法与技巧，通过沟通、说服、诱导与帮助等手段，使信息接受者接受发出者的建议、观点、愿望等活动的总称。推销是一种说服、暗示，也是一种沟通、要求。

从广义的含义来理解，不同职业的人也可理解成各类型的推销员。例如：小孩试着说服母亲，同意自己多看半小时动画片，是在推销；母亲要求小孩多吃青菜，是在推销；员工用各种方式要求老板加薪，也是在推销。演员向观众推销自己的艺术，政治家向公众推销自己的政见，同事之间互相推销自己的优点以博得彼此的尊重和好感。因此，人们时时刻刻都在推销。人只要生活在世上，就要和各种各样的人发生种种联系，产生各种交往。要想取得成功，你就要不断推销自己，用你的推销技巧博得别人的理解、好感、友谊、爱情以及事业上的合作。

就广义而言，推销是一种无所不包的理念的推广，大到政治家的演讲，小到生活中的交流等，都是广义推销的延伸，可以理解为推销标的物的扩展。

现在就业竞争很激烈，有的毕业生能找到高薪职位，有的却连工作也找不到，甚至平时学习成绩不好的同学经常比学习成绩好的同学找的工作好，什么原因？重要原因之一是你会不会推销自己。

2. 狭义的推销

狭义的推销是指促销组合策略中的人员推销，即推销人员通过传递信息、说服等手段，确认、激活顾客需求，并用适宜的产品满足顾客需求，以实现双方利益交换的过程。本书主要研究狭义的推销，要把握其含义，应注意以下几点。

1）推销的核心在于满足顾客的欲望和需求

推销是以顾客需求为导向的，是一个分析需求、判断需求、解决需求、满足需求的过程。这是现代推销的宗旨。推销人员首先要了解和发现顾客需要，确认推销品能满足顾客的需要，然后说服顾客，使之相信自己确实存在对推销品的需要，刺激其欲望的产生，促成顾客自觉购买。一切推销策略的运用，旨在满足顾客的需求和欲望，借以达到获利的目的。推销人员必须协助顾客得到他们想要的东西，然后才能赚钱，是否理解这一点至关重要。

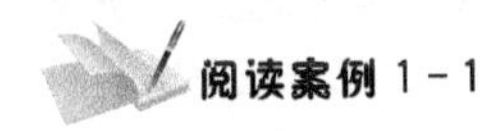
阅读案例 1-1

老太太买李子

一位老太太每天去某菜市场买水果。一天早晨，她提着篮子，刚到菜市场，第一个卖水果的小贩问："您要不要买一些水果？"老太太说："你有什么水果？"小贩说："我这里有李子，您要李子吗？"老太太说："我看看。"小贩赶紧介绍，李子又红、又大、又甜，特别好吃，老太太仔细一看，果然如此。但老太太摇摇头没买，走了。

老太太继续在菜市场转悠，遇到第二个小贩问："老太太买什么水果？"老太太说："买李子。"小贩说："我这里有大的、小的、甜的、酸的，您要什么样的呢？"老太太说："要买酸李子。"小贩说："我这堆李子特别酸，您尝尝？"老太太一咬，果然很酸，满口的酸水。老太太受不了，但很高兴，马上买了一斤。

但老太太并没有马上回家，继续在市场转。遇到第三个小贩问老太太买什么，老太太说："买李子。"小贩问："买什么样的李子？"老太太说："买酸李子。"小贩很好奇地问："别人都要买甜李子，您为什么要买酸李子？"老太太说："我儿媳妇怀孕了，想吃酸的。"小贩马上说："老太太您对儿媳妇真好！想吃酸的就说明她会给您生个孙子！"老太太很高兴。小贩又问："那您知不知道孕妇最需要什么样的营养吗？"老太太说："不知道。"小贩说："孕妇最需要维生素，因为她需要供给胎儿维生素。"他接着问："那您知不知道什么水果中维生素最高？"老太太摇头。小贩说："水果之中，猕猴桃含维生素最丰富，您要是天天给儿媳妇买猕猴桃补充维生素，肯定能给您生个大胖孙子。"老太太一听这些，很高兴，马上买了一斤猕猴桃。

老太太临走时，小贩又说："我每天都在这里摆摊，每天进的水果都是最新鲜的，下次到我这里，我给您优惠。"

资料来源：雷鹏，杨顺勇．市场营销案例与实务[M]．上海：复旦大学出版社，2011.

2）推销是一个复杂的系统过程

从现代推销活动来看，推销应该包含寻找顾客、约见、接近等七个阶段，如图 1.1 所示。

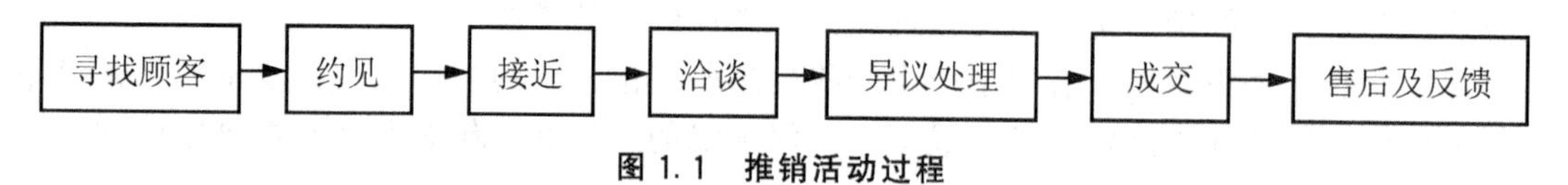

图 1.1　推销活动过程

这个过程既包括卖者向买者传递信息的活动，又包括买者向卖者反馈信息的活动，从而构成卖者与买者之间信息双向沟通的过程；既包括卖者说服买者购买的活动，又包括买者接受卖者商品的活动，从而构成商品从卖者向买者手中转移的过程；同时还包括卖者向买者提供技术、咨询等服务的过程，以及卖者与买者之间的情感交流的过程。如果过于快速达成交易，反而不正常。

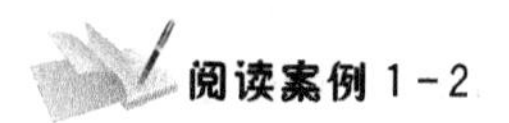
阅读案例 1－2

走谈判捷径的后果

一个安古斯·麦克维希的生意人想换一艘游艇，正好他所在的游艇俱乐部的主席想把自己的游艇转让出售，再买更大的。这个生意人有兴趣买下主席先生的游艇，两人谈得很投机。"你出个价吧！"主席先生说。安古斯·麦克维希小心翼翼地报了一个价格，"我凑到手的钱只有 14.3 万英镑，你看怎么样？"其实，他有 15.2 万英镑，他留了余地以准备讨价还价。没想到对方很爽快："14.3 万英镑就 14.3 万英镑，成交了！"可是安古斯·麦克维希的高兴仅仅维持了几分钟，他后来一直怀疑自己上了当，那艘游艇他横着竖着看总觉得有问题。十多年后，每当他提起这笔交易时，还认为是自己上当了。

资料来源：唐有川．现代推销技术[M]．咸阳：西北农林科技大学出版社，2009.

3）推销是买卖双方均受益的公平交易活动

推销活动具有双重目的，一方面要满足顾客的特定需要，帮助顾客解决某些问题；另一方面要达到推销人员自己的目的。要想使生意做得好，就得使买卖双方实现双赢，若买卖双方有一方将自己的获利建立在对方的利益损失之上，受亏损一方不可能对交易满意，更不可能成为对方的长期合作伙伴。暂时获利的一方丢掉了一个现实的顾客，从长远来看未必是赢家。

4）推销是信息成功传递的结果

推销活动是发生在推销人员和推销对象之间的一种信息沟通活动。为了获取推销的成功，需要推销人员通过信息沟通了解顾客的需求和困难，然后共同寻找和协商满足需求的方法和解决困难的途径。顾客希望通过信息沟通，使推销者了解自己的购买动机，了解购买过程中的各种忧虑和苦衷。传递信息是推销活动的主要目的、手段和特征，有效地传递信息是推销取得成功的保证。为此，推销人员必须在信息的收集、整理、加工和运用上花大力气，并将经过精选的信息用高超的技巧和艺术传递给消费者。

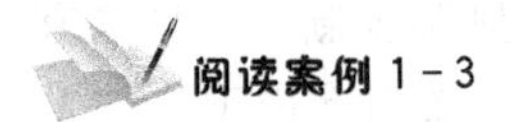
阅读案例 1-3

卖牛排的“滋滋”声

推销员打动顾客感情的有效方法是对产品的特点和利益进行形象描述。就像一句推销名言所说：“如果你想勾起对方吃牛排的欲望，将牛排放到他的面前固然有效，但最令人无法抗拒的是煎牛排的‘滋滋’声，他会想到牛排正躺在铁板上，滋滋在响，浑身冒油，香味四溢，不由得咽下口水。”“滋滋”的响声使人们产生了联想，刺激了需求欲望。

推销员对商品的介绍，如果只局限于产品的各种物理性能，是难以使顾客动心的。要使顾客产生购买念头，推销员要在介绍产品的性能、特点的基础上，勾画出一幅梦幻般的图景，以增强吸引力。一位推销天蓝色瓷片的推销员用一句话打动了顾客：“在卫生间铺上这种天蓝色瓷片，你洗澡时就有置身大海的感觉。”

资料来源：张旬．忠告推销员：动心为上 [J]．销售与市场，2000(6).

3. 推销与促销、市场营销的关系

1）推销与促销的关系

所谓促销，是指企业通过人员和非人员的方式，沟通企业与消费者之间的信息，引发并刺激消费者的欲望和兴趣，使其产生购买行为的活动。企业的促销组合主要有广告、人员推销、公共关系和销售促进四种方式。推销属于促销组合中的一种手段。人员推销与其他三种促销手段有明显不同，区别在于推销员不管在售前、售中还是售后，都需与购买者交流，通过交流，推销员能够很快获得客户反馈，这是人员推销与其他沟通手段相比所具有的最大优势。

2）推销与市场营销的关系

推销是市场营销活动的重要组成部分，按照美国市场营销协会定义委员会对市场营销的定义，现代市场营销是一项组织职能，是一系列创造、交流和传递价值给客户并通过满足组织和其他利益相关者的利益来建立良好的客户关系的过程。人员推销同样涉及创造、传递及交付价值，现代推销更强调买卖双方之间的人员沟通，但它不等于市场营销。我们知道，市场营销是一个系统的管理过程，一般的营销活动包括：市场调研、选择目标市场、产品开发设计、产品定价、产品储存运输、销售渠道选择、产品促销、产品分销、产品销售和售后服务等。推销即人员推销，或者叫人员销售，仅仅是上述营销活动中促销手段的一种，是营销过程中的一个重要环节。

1.1.2 推销的要素

推销要素是指商品推销活动得以实现的必要因素，它包括：推销人员、推销对象、推销品、推销信息四大要素。这其中有两个推销主体，即推销人员和推销对象；一个推销客体，即推销品；一个推销媒体，即推销信息。

1. 推销人员

推销人员是商品推销活动中的主要角色，是主动向别人推销商品的主体，是企业与顾客之间的桥梁和纽带，是推销活动的核心，肩负着为企业推销产品，为顾客提供服务的重任，并说服顾客购买企业产品。为此，优秀推销员必须是拥有“科学家的脑、艺术家的心、工程师的手、推销家的脚”这样的一个人，其中“科学家的脑”强调创新，“艺术家的心”强调热情，“工程师的手”强调对商品非常熟悉，“推销家的脚”强调推销工作非常辛苦。其中，带着创意拜访顾客是推销能否成功的关键所在，否则，推销信息就会被淹没，要想突出重围，就要创新。

2. 推销对象

推销对象是推销人员推销商品的目标对象，包括各类准顾客、老顾客和购买决策者。推销对象是一个有意识的能动的因素，有买与不买的自由，买多与买少的自由，不仅是被动地接受推销，而且还要根据需求变化及时反馈信息，要求企业调整产品结构，提供适销对路的产品。因此，重视推销对象的主体作用应做到研究分析推销对象的购买特征，掌握推销对象的潜在需求。只有重视推销对象在商品推销活动中的主体作用，企业才有可能进行成功的推销。

3. 推销品

推销品是指推销的有形商品和无形商品，它包括实物、服务和观念。在推销过程中，对事物的推销与对服务观念的推销是统一的、不可分割的。推销员在推销实物的过程中，必须详尽地介绍产品的特征、用途及维修保养知识，帮助顾客掌握产品的使用、维修方法，向推销对象推销信息、技术、销售等方面的服务；同时，还必须向顾客宣传产品的使用价值，引起顾客的兴趣，引导顾客购买，在推销实物的同时向顾客推销现代消费观念。因此，推销过程既是实物的推销过程，也是服务观念的推销过程。

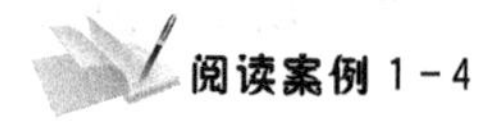
阅读案例 1-4

雪的面目

在赤道地区，一位小学老师努力地给儿童说明“雪”的形态，但不管他怎么说，儿童也不能明白。

老师说：雪是纯白的东西。

儿童们就猜测：雪是像盐一样。

老师说：雪是冷的东西。

儿童们就猜测：雪像冰淇淋一样。

老师说：雪是粗粗的东西。

儿童们回答：雪像砂粒一样。

老师始终无法解释清楚什么是“雪”。最后，老师以“雪”为题考试，结果有几个儿童写道：“雪是白色的，味道又冷又咸的砂。”

资料来源：郭华．课堂沟通论[M]．沈阳：沈阳出版社，2003.

4. 推销信息

推销信息是指商品推销过程中有关商品、顾客、市场等方面的信息。商品的推销过程也是一个信息的传递和反馈的过程。推销员只有不断地将顾客、市场等信息反馈给企业，才能随时地掌握市场需求的变化趋势，才能提供顾客所需要的产品；只有及时地将产品及企业的信息传递给顾客，才能引导顾客购买，促进产品销售。没有推销信息，企业的商品推销将寸步难行。

推销过程是推销要素之间的运动过程。推销员通过向推销对象传递信息，向企业反馈信息，向推销对象提供所需要的推销信息和推销品；推销对象通过洽谈和购买，从推销员那里获得推销信息和推销品；推销品通过推销信息的作用，实现由推销人员向推销对象的转移；推销信息通过推销人员的传递和反馈，不断循环上升。因此，推销过程就是四大要素相互作用和协调运动的过程。

1.1.3 推销的特征

推销是一项艺术，需要推销人员巧妙地融合知识、天赋和才干于一身，在推销过程中都要掌握推销活动的特征，灵活运用多种推销技巧。其主要特征有以下几点：

1. 推销对象的特定性

推销是企业在特定的市场环境中为特定的产品寻找买主的商业活动。必须先确定谁是需要特定产品的潜在顾客，然后再有针对性地向推销对象传递信息，并进而说服。因此，推销总是有特定对象的。任何一位推销员的任何一次推销活动，都具有这种特定性，“一把钥匙开一把锁”，切忌千篇一律。

2. 推销过程的双向性

推销并非只是一个推销员向推销对象传递信息的过程，还是一个信息传递与反馈的双向沟通过程。推销人员一方面向顾客提供有关产品、企业及售后服务等方面的信息；另一方面必须观察顾客的反应，调查了解顾客对企业产品的意见与要求，以便及时反馈给企业。

3. 推销结果的互利性

现代推销是一种互惠互利的双赢活动，必须同时满足买卖双方的不同要求。成功的推销需要买与卖双方都有积极性，其结果是“双赢”，不仅推销的一方卖出商品，实现赢利，而且推销对象也感到满足了需求，给自己带来了多方面的利益。这样，既达成了今天的交易，也为将来的交易奠定了基础。

4. 推销方法的灵活性

虽然推销具有特定性，但影响市场环境和推销对象需求的不确定性因素很多，环境与需求都是千变万化的。推销活动必须适应这种变化，根据不同的时间、地点，顾客的不同需求、个性特点及对推销的不同反应，灵活运用推销原理和技巧，恰当地调整推销策略和方法。

5. 推销手段的说服性

推销的中心是人不是物，说服是推销的重要手段，也是推销活动的核心环节。为了争取顾客的信任，使顾客接受企业的产品，采取购买行动，推销人员必须将产品的特点、优点及给顾客带来的利益耐心地向顾客宣传。在此过程中，顾客若体会到推销员的真诚，认可产品的特性优越，能为自己带来利益，就会乐于购买。

6. 推销费用的高成本性

推销人员的推销比其他促销方式的成本高很多。一方面，由于每个推销人员直接接触的顾客有限，销售面窄；另一方面，由于推销人员的招聘、培训、差旅、公关交际、工资资金、福利等，所需费用很多。若市场竞争激烈，市场地域广阔，目标顾客分散，费用就更高。

7. 推销员的主动性

主动性是指推销员在推销进程的安排上应掌握主动权，由推销员主动地来安排；在对产品的看法观点上掌握主动权，不能受顾客左右而失去主张。推销员任何时候都应该掌握主动权，要善于陈述产品的特点和表达自己的看法和观点，要有主见，要善于循循善诱，引导顾客购买成交，而不应该人云亦云，反而被顾客牵着鼻子走而迷失了方向。

1.1.4 推销的作用

全世界最伟大的推销家乔·吉拉德(他在 1976 年推销了 1425 部新车而被列入吉尼斯世界纪录)的一段话，就足以说明推销的重要作用。他说："每一个推销员都应以自己的职业为傲。推销员推动了整个世界。如果我们不把货物从货架上与仓库里面运出来，美国整个社会体系就要停摆了。"具体来说，推销对社会、企业和个人都起着重要作用。

1. 对社会的作用

1）推销是社会经济发展的重要的推动力

在生产、分配、流通、消费这四个社会再生产的环节中，其中生产是基础与起点，消费是终点与目的，流通是连接生产与消费的纽带，推销正是加速流通的一种重要手段。推销主要就是协调供需双方的矛盾，把产品推销给需要它的顾客，同时把社会需求及时反馈给生产企业，引导企业合理生产，使资源得到合理的配置与使用。

2）推销是引导与影响社会消费的重要形式

推销员在推销活动中，把他们认为可以满足顾客需求的产品与服务介绍给顾客，同时也把新的价值观念、新的消费理念介绍给了顾客。因此，推销员在实际推销活动中起到了引导消费、影响购买的作用，也起到了传递消费标准与教育消费的作用。

2. 对企业的作用

1）促进产品销售

推销对企业的作用，首先表现在促进产品的销售上，尤其是现有产品的销售。有效的推销给企业带来的最直接的好处，就是促进产品由企业到消费者的转移，使前一阶段生产过程中的劳动耗费尽快地在价值和实物形态上得到补偿，促进生产的发展。

2）发现有利的市场机会

现代企业已逐渐摒弃为推销而推销的做法，企业不只是在产品卖不出去、出现亏损，甚至面临更大威胁时才想到推销，推销已经成为企业的一项经常性的工作。推销是一个信息传递的过程，推销人员与推销对象之间的双向沟通，可以帮助企业及时了解有关信息，寻找和识别有吸引力的买主和新的需求，从而有利于企业发现新的市场机会，寻找新的发展空间。

3）维系了顾客关系

推销是企业建立、维护、发展顾客关系的重要纽带。通过推销活动，通过向顾客提供的各种服务，保持推销人员与顾客之间良好的人际关系，是维护与发展企业和顾客之间良好关系的主要途径。推销人员应不断发展新的顾客关系，协调企业与顾客间的矛盾与利益，排除各种障碍，使产品有一个稳定的市场。

3. 对个人的作用

1）推销是发挥个人潜力的最好职业之一

推销员常常面对着新人、新事、新问题，而推销员又大多是单独行动，经常独自一人去解决一些处于变化及未知的难题。因此，推销工作是极具挑战性的工作，也是发挥个人聪明才智的最好职业之一。

2）推销工作的挑战性可给人以最大的锻炼

对推销员来说，被拒绝、失败是经常性的事，甚至有人说，推销业绩与推销员失败的次数成正比。因此，必须全面提高自己的能力，锻炼自己的意志和心理承受能力，在战胜一个个障碍与挫折中增长才干。李嘉诚曾说过："我一生中最好的经商锻炼是做推销员，这是我用多少钱也买不来的。"

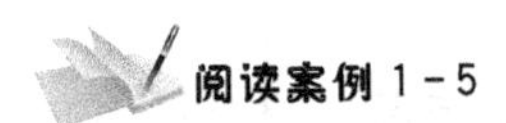
阅读案例 1-5

李嘉诚的"另一桶金"

李嘉诚先生是华人当中名副其实的首富，但其在创业初期有过一段不寻常的推销经历。他出生于广东湖安县一个书香门第，11岁的李嘉诚在读完两年小学后便辍学，在他舅舅的南洋钟表公司做杂工。父亲的早逝，给李嘉诚留下了一副家庭重担和债务。14岁的李嘉诚凭着毅力、韧性和真诚在港岛西营盘的春茗茶楼找到一份工作，他在努力干好每一件事的同时，给自己定了两门必修功课，其一是时时处处揣测茶客的籍贯、年龄、职业、财富、性格等，以便找机会验证；其二是揣摩顾客的消费心理，既待人真诚又投其所好，让顾客在高兴之余掏腰包。李嘉诚对顾客的消费需求和习惯了如指掌，如谁爱吃虾饺，谁爱吃干蒸烧麦，谁爱吃肠粉加辣椒，谁爱喝红茶绿茶，什么时候上什么茶点，李嘉诚心中都有一本账，他练就了一套既赢得顾客又能让顾客乖乖掏钱的本领。后来，李嘉诚找到一家五金厂做推销员，他每天起得最早，第一个来到厂里，挑着铁桶沿街推销，靠着一双铁脚板，走遍了香港的每个角落，从不放弃每一笔可做的生意。李嘉诚凭着坚韧不拔的毅力，建立了销售网络，赢得了顾客的信任，也深受老板器重。再后来，因为塑胶业的蒸蒸日上，李嘉诚开始推销塑胶产品，由于他肯动脑筋，又很勤奋，在塑胶产品推销过程中大显身手，业绩突出，20岁便被提升为业务经理，使他淘到了"第一桶金"，同时也练就了企业家的才能，为日后进军塑胶业和构建其庞大的企业帝国打下了坚实的基础。

资料来源：何毓颖．推销与实务[M]．成都：电子科技大学出版社，2009.

3）推销是走向事业成功的最好途径

推销员在推销过程中了解市场，了解市场规律，了解商品交换过程中的众生百态与人情世故，了解社会文化，因此，推销生涯为许多人奠定了实现自身价值的基础。所有这些如果仅在其他部门里供职是不可能得到的。同时，对推销员来说，推销业绩就是能力的最好体现，其发展所受的限制较小，发展的空间较大。无论在美国还是在中国，大量的成功企业家都出身于推销员，推销的经历为他们以后的成功积累了巨大的无形资产和打下了扎实的基础。

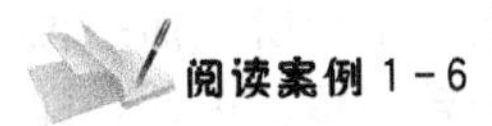
阅读案例 1-6

小张这样选择正确吗？

小张是一所商业学校市场营销专业的学生，今年就要毕业了。在校期间，除了认真听课，领会老师所教的专业知识外，他还涉猎大量的营销书籍，自认为有了较扎实的营销理论功底。他特别喜爱读一些商界名人的传记，特别是艾科卡、原一平、松下幸之助的。每当想起这些人的名字和他们取得的成就，小张就热血沸腾，兴奋不已，发誓自己也要像他们一样有出息。学习之余，小张也常到一些公司进行应聘，寻找一些实习机会，想学以致用。可是，除参与了几次小型的促销活动之外，他曾几次被一些公司淘汰。小张困惑了：自己适合做营销吗？如果从一个推销员干起，自己有机会吗？自己能寻找到一个合适的公司并被录用吗？

几天前，他父亲又来电话催他回去。他父亲是一个有名的私营企业家，手下有七家企业，准备让小张回去帮自己料理公司，以便将来接手家族生意。小张很犹豫，也很怀疑自己是否能够让父亲满意。几经考虑，他决定留在省城。

资料来源：隋兵．实用推销技术[M]．北京：中国经济出版社，2008.

1.2 推销的是什么

推销人员到底向顾客推销什么？这是一个值得所有推销人员深思的问题。因为这中间蕴含了对推销本质的深刻了解和对推销事业崇高性的深刻体会，也蕴含了推销成功的奥秘。

不少人认为这是个很浅显的问题，年轻的无经验的推销人员对这个问题感到毫无新意。他也许会不假思索地告诉你："我是推销保健品的。"在实际的推销业务活动中你会发现：不少推销人员进入顾客办公室后会首先自我介绍说："我是来推销办公用品的，请多多关照。""我是来推销服装的，请问您是否订购？""我是来推销少儿教育丛书的，您买点吧。"但调查结果表明：凡是这样认识问题和这样向顾客介绍自己工作性质的推销人员，他们的推销业绩都表现平平；相反，你如果用同一个问题去问一个成功的资深的推销人员，他也许会反问一句："您需要什么？""我可以帮助您吗？"一句简简单单的反问，却可能导致与一个顾客的交往，或一笔大生意的成交。这里的区别与奥秘是什么？关于这个问题的研究，是现代推销学基础理论的重要部分。

1.2.1 产品的使用价值

推销人员推销的不仅仅是简单的具有实体形态的产品本身，首先是产品能带给购买者的使用价值。产品的使用价值是指产品本身所具有的，能给拥有它、购买它的顾客带来的种种好处和利益。这是顾客购买它的主要目的与要求。

1. 向不同的顾客推销不同的使用价值

不同的产品有不同的使用价值，不同的顾客在购买同一个产品时，追求着不同的期望利益，同一推销产品，在不同的使用者手中具有不同的使用价值。如一个工厂购买一台新设备，可能要获得它具有的基本的转换功能，使工厂可以买回原料制作成新产品，既可以改变工厂原来的产品结构，又可以有新产品投入市场；另一个工厂购买同一台设备，可能仅仅是为了提高老产品的制作精度与质量等级，以便使工厂产品质量上一个台阶；而一位中间商购买这台设备，却是看中了把它转手倒卖后可以赚到一笔不小的转手费。因此，即使推销相同的产品，推销人员应该向不同的顾客推销不同的使用价值。

2. 首先推销产品的有形使用价值

能够满足顾客看得见、有形的利益和好处就属于产品的有形使用价值。仍以一台设备为例：一台设备一小时可以生产出多少新产品？可以使旧产品在原有基础上提高多少质量等级？新设备生产的产品与原产品有多大的可见差别？可以在转手出售后获多少纯利？这些都是购买这台设备可以获得的有形使用价值，因为这些利益与目标是可以看得见的。在推销洽谈中，推销人员首先需要向顾客推销产品的有形使用价值。

3. 重点推销产品的无形使用价值

一个产品既有有形的使用价值，又有无形的使用价值。有的顾客购买产品时追求的是产品能带来的有形利益与可以看得到的期望目标，有的顾客购买产品是追求一种心理感受到的利益与目标。这种利益与目标不仅与别的顾客不一样，也许是别的顾客感觉不到的。这种由顾客心理感觉到的产品的无形利益称作产品的无形使用价值。例如，同样是一台设备，有的购买者是为了在亲自主持进口设备的引进工作中，体现自己的人生价值；知识分子也许会为在设备的引进过程中有机会学习而高兴，为掌握了新的技术手段而振奋；工人因为工作环境的改变而自豪，或者从中看到了工厂的发展和自己未来的保障。产品的无形使用价值往往是由顾客的情感需要与心理需要决定的，在推销与实际购买决策中起着重要作用。在人们的生活水平提高后，人们更加注重精神上的满足，而不仅仅是物质上的享受。因此，推销人员应该推销产品拥有的可以满足不同顾客需求的无形使用价值，这更能令顾客满意。

1.2.2 产品的差别优势

科学的进步使技术的普及速度加快，使产品之间的差别越来越少，顾客购买时难以辨别，也难以进行购买决策。因此，推销人员应该挖掘并注意向顾客推销产品的差别优势。

所谓产品的差别优势，是指推销产品拥有的高于别的同类产品使用价值的那部分使用价值。推销人员向顾客推销产品的差别优势，就是要使顾客认识到购买推销产品将比购买别的产品获得更多的使用价值。产品差别优势是通过与别的同类产品相比较而存在的，推销人员应该引导顾客进行产品使用价值的比较，通过比较认识推销产品的差别优势。有以下四种评判标准得出产品的差别优势。

1. 社会评判标准

用社会平均发展水平对产品的使用价值进行评判，可以得出产品的社会平均使用价值。推销产品高于社会平均使用价值的那部分使用价值就是产品的差别优势。例如：用甲设备生产某种零件的成本是200元/件，用社会上其他设备生产同种零件的成本是210元/件。那么，甲设备的差别优势是使购买并使用它的顾客每生产一个零件就节省10元钱。如果推销人员在向顾客推销时说：“你购买我们的设备可以生产出很好的零件。”或者说：“用我们的设备生产一个零件的成本是200元。”这样讲顾客也许没有多大的兴趣，因为顾客没有看出购买你的产品与购买别人的产品有什么不一样。如果推销人员跟顾客算一笔账说：“你购买我们生产的甲设备，每生产一个零件节省10元钱，你们每天生产1万件产品，就可以节省10万元的费用，一年下来你就可以节省3 650万元。3 650万元对于你们大概不是一个小数目吧。”设想一下，顾客能不动心吗？

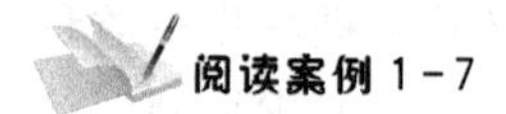
阅读案例 1-7

衬衣纸板

美国人斯太菲克发现，美国许多洗衣店为了保持刚熨好的衬衣的平整，避免皱褶，会将其折叠在一块硬纸板上，这种衬衣纸板每1000张要花费4美元。于是，他设计出自己的商业行为，其创意为——以每1000张1美元的价格出售纸板，并且要在每张纸板上登一则广告。登广告的人当然要支付一笔广告费，这样自己便可以从中获得一笔收入。

然而要使这种广告起到作用并非易事，因为洗衣店的顾客将衬衣纸板从衬衣上拆除之后，不会将其留下来。如何让这种登有广告的衬衣纸板能够更长期地保留在更多的家庭之中，达到广而告之的目的呢？斯太菲克开动脑子，认识到必须在纸板的设计上下功夫。他在衬衣纸板上继续印一则彩色或黑白广告的同时，还增添了新的内容，或是生动有趣的儿童游戏，或是供家庭主妇使用的家庭菜谱，或是引人入胜的字谜。

想不到这一招真灵，有的家庭主妇为了能够多得到一些斯太菲克的菜谱，甚至把本来可再穿的衬衣也提前送到洗衣店里洗熨。

为了扩大公司的业务，斯太菲克向美国洗染学会赠送了他从各地洗染店所得到的出售衬衣纸板的收入。作为回报，该学会建议它所属的各个成员以及它的同业学会只购用斯太菲克的衬衣纸板。

资料来源：翟鸿燊．赢在方法[M]．北京：金城出版社，2006.

2. 市场评判标准

用市场评判标准去衡量产品的使用价值可以得出产品的市场差别优势。产品的市场价值由该产品的市场供求不平衡，顾客需求的迫切程度，以及产品的真实的使用价值等几个方面的因素所构成，并最后表现为被顾客接受的价值量。供求是市场经济中的主要矛盾，因而也决定了产品的使用价值与价值差别。具有相同真实使用价值的产品，在市场供不应求时，其市场价值量就大于市场供过于求时的市场价值量，制作数量少的产品就比制作数量多的产品价值量高，不再制作的产品价值就大于仍在制作的产品的价值。因此，推销人员就可以通过“供不应求”，通过“制作量少”或“不再制作”使顾客认识到推销产品具有的更大的使用价值优势。

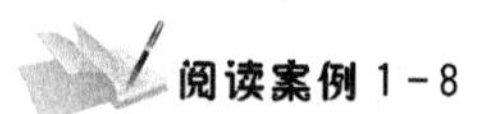
阅读案例 1-8

同仁堂

生产商市场采购的特点是数量大、频次少。北京同仁堂药材采购员巧妙地利用供求与价格的关系以便宜的价格买到药材。

河北省安国县的庙会是全国有名的药材集散市场，每年冬、春两季各地药农云集于此。北京同仁堂的药材采购员到达安国后，先不透露采购什么药材，只是少量购进比较短缺的药材，用来套出一些相关信息并影响市场供应。假如同仁堂需购进500千克黄连，但开始只买进50千克上等货，且故意付高价，外地药商、药农闻讯纷纷将黄连运到安国。此时，采购员却不问津黄连，对市场上滞销而同仁堂需要的其他药材大量买进。其他药材买进差不多时，回头再买黄连。这时黄连大量涌进已形成滞销之势，为了避免徒劳往返及多耗运费，药商、药农只好以较低的价钱出售。

经过一涨一落，同仁堂占据了市场的主动地位。

资料来源：吴健安．营销管理[M]．北京：高等教育出版社，2004.

3. 顾客需求迫切程度标准

顾客对产品的需求迫切程度不同，也会形成产品特有的市场差别优势。顾客需求特别迫切的产品具有较大的差别优势。一方面，产品因为能够立即满足顾客的需求，而在时间上创造了更大的使用价值；另一方面，产品还可以创造更多的、无形的、更加重要的使用价值。例如，如果推销人员在顾客迫切需要的时候，能急顾客之所急，帮顾客之所需，通过推销产品及时满足了顾客的需求，顾客会认为能够在困难的时候帮助他们的推销人员更值得信任，顾客将更加依赖推销人员，信任就是推销产品新增加的差别优势。推销在信任度方面的差别优势是相当宝贵的，是企业与推销人员的无形资产。

4. 顾客心理标准

产品的心理价值是指因为产品能满足人们心理上的需求而被人们承认与接受的无形使用价值。顾客在心理上对产品使用价值量的评判，是由顾客对产品的心理期望值与实际满足程度以及两者的差距等因素形成的。①顾客喜欢的产品有较高的差别优势。对于同一产品，不同的人有不同的心理评判标准，因而产生不同的心理价值量。每个顾客都有心理需求，如果推销产品不仅能满足顾客有形的生理上的需求，而且能满足顾客无形的心理上的需求，那么这种产品就具有较高的差别优势。与顾客人生价值观念相符合的产品，有比较高的价值量。广东人有句话“有钱难买我中意”，说的就是顾客喜欢的、情有独钟的产品具有较高的差别优势。②顾客期望值低的产品有较高的差别优势。有的产品虽然并没有特殊的优势，但是推销人员在推销活动中实话实说，顾客的期望值不高，或者产品的价格较低，使顾客在心理上产生了“即使买错了也损失不大”的想法，这也会形成一种优势，即顾客的购买心理期望值与实际满足程度两者之间的差距越小，就越有优势。

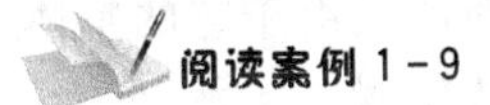
阅读案例 1-9

“袖珍宾馆”的竞争策略

上海南京西路，有座“袖珍宾馆”——海港宾馆。在大饭店、高档宾馆林立的上海，经理们大多为住客率低而犯愁。可在这里，却常常出现十多批客人等在大厅中，等待刚刚退出的客房的情形。生意如此兴隆，奥妙何在?

夜晚，走进海港宾馆的客房，两张席梦思占据着客房的主要位置，与一般宾馆一样，看不出有什么特别之处。可是，当你早晨起床后，轻轻按一下机关，床就会缓缓翘起翻嵌进暗门里，这时，你才会惊讶地发现，一间客房俨然变成一间标准的“经理室”。对生意人来说，既不需要多付房租，又不落身价，花了标准房的钱，派上了“套房”的用场。

市场细分的内容之一就是根据消费者的不同需要，投其所好。就说旅游者吧，有身背行囊走天下的学生仔，也有洞房花烛的蜜月夫妻。而且，随着我国市场经济的发展，商务性旅游更是来势汹汹。你要招揽客人进店，就必须了解你的服务对象是哪些人？他们需要什么。如果服务对象是商务旅游者，那么对这些生意人，你就得增加会客室、接待室、小型会议室、写字间等公共活动场所。同时，还应增加新的服务项目，如外文翻译、复印誊写、通信传真、外汇结算等。“袖珍宾馆”的决策者正是根据自己目标市场消费者——商务旅游者的需要。别出心裁地设计了客房的接待两用间，既是为客人节省了开支，又提高了自身的经济效益，除了巧妙的客房设计外，“袖珍宾馆”的决策者还广泛调查客人的其他要求。通过调查发现，很多客人为整个上海没有一个寻找合作者而提供企业资料的信息而大伤脑筋。他们立即与上海旅游学会合作，开办了上海第一个商务信息电脑库，分门别类地储存上海的主要经济信息和各类机构的“花名册”。企业也可以申请在电脑库存中立一个“户头”，储入企业简介和合作意向。这项软件服务为商务施行者提供了大量合作机会和洽谈线索，大受他们的欢迎。

资料来源：曹胜利．大学生创业：高校素质拓展教程[M]．沈阳：万卷出版公司，2006.

1.2.3 顾客价值优势

所谓顾客价值，是指顾客从产品和服务中所获得的整体价值与购买产品和服务时付出的整体成本之间的差额，用计算公式可表示为“顾客价值＝顾客购买价值－顾客购买成本”。其中，顾客购买价值包括顾客通过购买行为获得的产品价值、企业或者产品的形象价值、人员价值和推销人员能够提供的服务价值等。

因此，推销人员应该综合考虑顾客的需求，全面分析顾客购买价值的各个方面，从中寻找比别的产品更多的优势。例如，推销人员可以通过自身修养水平的提高使顾客认识到：购买推销产品能够获得比购买别的商品更多的人员价值，因为顾客与拥有良好信誉的企业或者与一位优秀的推销人员进行商业交往，可以提升他们的声誉和在市场上的地位，可以让他们放心，从而获得更多的购买价值。顾客的购买成本包括了顾客为购买所需要耗费的货币、时间、体力、精力和需要承担的风险等。顾客为了获得更大的价值、必然尽量减少购买成本。推销人员应该以最小的成本使顾客获得最大的价值，例如，推销人员可以尽力减少顾客使用产品时的精力与体力，减少顾客在进行购买决策时和实施购买过程中耗费的时间和体力，减少顾客的购买风险等。顾客认识到购买成本的减少，就会认为他们获得了更多的价值差别优势。

1.2.4 产品的整体形象优势

产品的整体形象是个模糊的概念，理论上是指产品的市场定位，即产品由于它的整体形象而形成的在目标顾客心目中的独特地位，以及在市场竞争中的优势位置。实际上，它是企业市场定位决策以及围绕定位决策而进行的一切努力的成绩，是市场竞争后的综合结果，更是顾客按照自己的需要与标准对所知道的产品进行综合评价后得出的结论，它体现了顾客对商品的具体看法和态度。顾客对产品整体形象所作出的评价是由多方面因素共同影响的，但有一点是可以肯定的，当顾客在对产品进行综合评价时，心目中总有一个主要的因素或是主要的标准，这个主要标准与主要因素既代表了顾客对产品进行评价的主要尺度，也反映了顾客的主要需求。

从营销学的角度来说，产品的整体形象优势，不仅仅是具有特定的物质形态和用途的物体，而应指产品的整体概念，它由三个基本层次构成，即核心产品、形式产品和附加产品。如汽车的整体产品概念，由核心产品——汽车实体、形式产品——汽车品牌和内饰以及附加产品——汽车维修服务这三部分构成。

因此，推销人员可以从产品和自身的整体形象出发，针对顾客对整体形象评价的主要标准和产品整体概念进行推销，才能满足顾客购买产品所带来的物质、心理及精神上的各种需要。推销人员完全可以以自己的信心与热情，使顾客相信产品有着与别的产品不一样的形象、概念和定位，有着不一样的市场美誉度，可以使顾客获得更多的信心等。

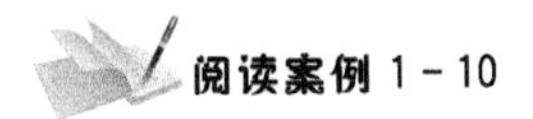
阅读案例 1-10

卡特匹勒公司的定价

卡特匹勒公司为其拖拉机定价10万美元，尽管其竞争对手同类的拖拉机售价只有9万美元，卡特匹勒公司的销售量居然超过了其竞争者。一位顾客问卡特匹勒公司的经销商，买卡特匹勒的拖拉机为什么要多付1万美元，经销商回答说：

90 000美元是拖拉机的价格，与竞争者的拖拉机价格相等

＋7 000美元是最佳耐用性的价格加成

＋6 000美元是最佳可靠性的价格加成

＋5 000美元是最佳服务价格加成

＋2 000美元是零件较长保用期的价格加成

110 000美元是总价值的价格

－10 000美元折扣

100 000美元最终价格

顾客惊奇地发现尽管他购买卡特匹勒公司的拖拉机需多付1万美元，但实际上他却得到了1万美元的折扣。结果，他选择了卡特匹勒公司的拖拉机，因为他相信卡特匹勒拖拉机的全部使用寿命操作成本较低。

资料来源：高振生．市场营销学[M]．北京：中国劳动社会保障出版社，2000.

1.2.5 顾客需求的满足

满足顾客客观存在或者将来会产生的需求，是现代推销学的核心和灵魂，也是制订推销计划和推销洽谈策略的依据，是规范推销人员行为的最高标准。有需求的顾客才是推销活动的对象；了解顾客的需求内容与满足的方式，是推销人员开展推销工作与寻找顾客的前提；有需求但没有被满足，是推销活动得以不断进行的条件与机会。在顾客购买能力有限的情况下，以产品能解决的问题为出发点，来考虑如何满足顾客排在首位的需求，是推销的根本。有关顾客需求的具体内容将在下一章详解。

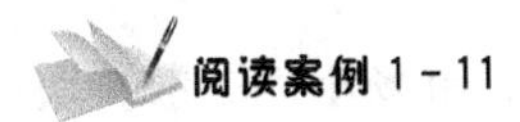
阅读案例 1-11

远程复印机

早期的传真设备被称为远程复印机，施乐公司是这一领域的先驱。由于太贵——每台在25 000～30 000美元，且用途似乎也与价格便宜的电报设备相差无几，所以问世之初销售不佳。施乐公司的销售团队对客户强调的都是关于产品的特征，如传输率、回位能力、远程自动操作等。后来一家著名的咨询机构彻底改变了施乐的销售。他们帮助施乐建立了一个新的产品销售模式：以传真技术能解决的问题为出发点来考虑他们的产品。结论之一便是一台远程复印机解决了一台打字电报不能解决的问题：它可以传送一幅图画或一个图表，而不仅仅是文字。接着，咨询小组协同施乐公司定位需要解决图像传输问题的客户群，经过一段时间的准备，这个小组列出了一个名单，包括安全部门、大学、医院和石油公司。

资料来源：和锋．顾问式销售技术[M]．北京：北京大学出版社，2004.

1.3 推销学的产生和发展

本节通过对推销学从纵向的研究和横向的对比、借鉴，希望能对推销学的产生与发展有个全面的概括。

1.3.1 古老的推销技术(19世纪中叶前)

推销作为一种社会经济活动是人类社会发展到一定历史阶段的产物。商品推销是商品经济、商品交换的伴生物。从我国来看，早在原始社会后期，就出现了物物交换。据说舜本人就曾经做买卖往返于顿丘、贾夏之间，进行频繁的推销活动。《尚书·大传》载有："舜贩于顿丘，就时贾夏。"如果按传说中人物来推算，我国最早的推销鼻祖，应算是舜了。人类社会的第三次大分工催生了一个新的职业——商人，推销由此成为一个专门的行当。屈原曾在《天问》中记录了姜太公在朝歌城中贩卖肉食的传说："师望在肆昌何识?鼓刀扬声后何喜?"到了春秋战国时期，商品生产和商品交换已成为经济生活中的重要组成部分，商品推销活动更为广泛，既有门市销售，也有流动推销。这一时期，产生了我国历史上著名的大商人，如子贡、范蠡、白圭等，还总结了一系列经商之道，形成了"治生之学"。子贡复姓端木，名赐，经商很有一套，他奔走于曹、鲁之间，"与时转货资"，很会掌握推销时机与购销动向，成为孔子七十二门徒中最富有的一个。范蠡世称"陶朱公"，因为他出色的贸易技巧与推销本领，积财数十万。由于子贡、范蠡高超的经商技巧与推销有术，所以后人把经营买卖和产品推销活动称为"陶朱事业，端木生涯"。白圭提出了"人弃我取，人取我与"的经营策略，特别强调"时断"，抓住购销活动的有利时机，还十分讲究推销决策与推销艺术，提出经商推销要勇于决断，而且还要工于心计，并提出"智、勇、仁、强"四字诀。到了唐、宋时期，商品的生产和商品交换更是盛况空前，城市市场突破了"坊市制"的限制，推销与交易更为方便。

在国外，推销同样源远流长，尼罗河畔的埃及商贩，丝绸之路上的波斯商旅，地中海沿岸的希腊船商，还有随军远征的罗马、阿拉伯、西班牙、葡萄牙、英国、法国的商人，都曾对推销的演进做出杰出的贡献。

这个时期，自给自足的自然经济占主导地位，商品经济还不发达，市场小而分散。从事推销活动的人主要是个体生产者和商人，推销技术主要以个人推销技术为主，具有以下特点：①推销成功与否带有很大的偶然性；②推销活动带有短期性；③推销活动具有欺诈性；④推销成功主要依赖于个人的作用。

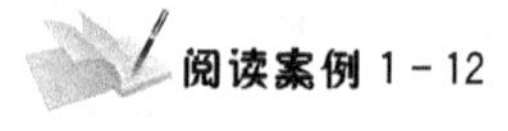
阅读案例 1-12

范蠡卖马

范蠡看到吴越一带需要好马。他知道，在齐国收购马匹不难，马匹在吴越卖掉也不难，而且肯定能赚大钱。问题是把马匹由齐国运到吴越却很难：千里迢迢，人马住宿费用且不说，最大的问题是当时正值兵荒马乱，沿途强盗很多。

怎么办？他通过市场了解到齐国有一个很有势力、经常贩运麻布到吴越的巨商姜子盾。而姜子盾因常贩运麻布早已用金银买通了沿途强人。于是，范蠡把主意打在了姜子盾的身上。这天，范蠡写了一张榜文，张贴在城门口。其意是：范蠡新组建了一马队，开业酬宾，可免费帮人向吴越运送货物。

不出所料，姜子盾主动找到范蠡，求运麻布。范蠡满口答应。就这样，范蠡与姜子盾一路同行，货物连同马匹都安全到达吴越。马匹在吴越很快卖出，范蠡因此赚了一大笔钱。

资料来源：董亚辉，霍亚楼．推销技术[M]．北京：对外经济贸易大学出版社，2008.

1.3.2 生产型推销(19世纪末到20世纪20年代)

19世纪末20世纪初，各主要资本主义国家相继完成工业革命。一些企业内部开始设立销售部门，推销活动也随之向职业化、规范化发展，但推销仍具有短期行为的特点，也是被动的。随着市场的空间范围不断扩大，消费需求迅速增长，由于生产的发展赶不上需求的发展，“市场总能创造自己的需求”，企业生产的产品都可以卖出去，企业的注意力主要集中在降低成本，充分利用现有的设备、技术来生产更多的产品。企业以生产为中心，以产定销，并不重视推销活动。在解决传统推销成功偶然性问题的探索中，推销理论也得以形成和趋向成熟。1900年美国纽约大学率先开设了“推销学”课程，1915年“全美推销协会”宣告成立。

1.3.3 强力型推销(20世纪20年代到50年代)

20世纪30年代的经济大危机爆发后，企业更加强了推销术、广告术的研究，当时的市场学几乎就等同于推销学。但由于当时大多数消费者的购买力低下，生产能力相对过剩，市场销售问题严峻，强力推销的观念在工商界盛行，20世纪20年代末期发展到极致。美国工商界就流行着一句训导：“一个最理想的推销员必须能够冲破一切阻力，成功地向任何人推销商品。”在这种指导思想下，推销可以不惜采取不道德手段把产品硬塞到顾客手中，推销就像一场职业心理拳击赛，顾客是必须打倒的对象，搏斗的目标是争夺订单。他们一厢情愿地认为，只要顾客对所购买的产品能派上用场，很快就会忘记被迫购买的不愉快。强力推销在成功率上的偶然性开始暴露出来，它要求借助于新的、更高的推销技术来解决，强力推销的短期性已不能适应企业发展的需要。

1.3.4 现代推销(20世纪50年代至今)

随着商品生产的进一步发展，资本主义商品和资本的相对过剩在市场上的表现日益明显，企业间竞争日益激烈，以消费者为主导的买方市场形成了。在这种形势下，新的推销方式便应运而生了，它从根本上改变了传统推销的概念，并日益科学化。1958年，国际推销协会名誉会长、欧洲市场及推销咨询协会名誉会长、著名的推销专家海因兹·姆·戈德曼的《推销技巧——怎样赢得顾客》(*The Classic Manual of Successful Selling—How to Win Customers*)问世了，宣告了现代推销学的产生。在这本书里，海因兹系统地总结了他30多年推销生涯的成功经验，将推销工作程序化、公式化，提出了爱达模式、迪伯达模式和埃德帕模式。该书曾被译成18种文字在全球销售，成为推销学的经典。该书1980年新版本的中译本在我国出版。此后，这些模式被我国较多的推销学著作介绍或借鉴。

1.4 推销观念的发展

推销观念是指推销人员在开展推销活动时的根本指导思想与行为准则，是推销人员对待推销活动中各种矛盾与现象的根本态度与思维导向。推销观念受市场供求状况、供求双方地位变化、顾客购买行为特点、推销人员本人的价值观念与思维方法的影响。推销观念是推销人员道德、精神、文明的“试金石”，正确的推销观念是推销活动制胜的法宝。

1.4.1 推销观念的内容

1. 产品导向推销观念

产品导向推销观念是指推销人员主要依靠产品本身的优势实现商品推销的观念。在这种观念指导下，推销人员认为推销成功与否的关键，在于推销产品是否具有明显的优势。所谓产品本身的优势，是指由于产品本身质量好、制作精细、结构好、款式好、包装好、商标好、颜色好以及其他方面的优点等所形成的相对于竞争对手的产品优点，或者由于外界环境形成的产品行业垄断优势等。

2. 技巧导向推销观念

技巧导向推销观念是指推销人员认为掌握高超的推销技巧是实现产品交易的关键。这种观念发生在市场上可供产品并不太丰富，购买者素质不高，顾客对各种不良推销手段缺乏应有的警惕与识别能力的情况下。持有技巧导向观念的推销人员会努力钻研各种推销技术，例如，研究顾客的心理活动规律，研究顾客心理活动内容的外在反应和表现，尤其是钻研各种说服与巧辩的语言技巧，热衷于各种推销活动情节的安排，各种推销道具的制作与运用技术等。

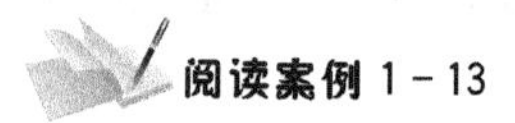

阅读案例 1－13

三叶咖啡店的奇想

日本有家名叫三叶的咖啡店，有一天，店主发现不同颜色能使人产生不同的感觉，于是突发奇想：能否选择一种特殊颜色的咖啡杯子帮助发财？这样他就请了30多人，让他们每人各喝四杯浓度完全一样的咖啡，但咖啡杯的颜色却分别是咖啡色、青色、黄色和红色四种。最后他问：“你们认为哪种颜色的杯子咖啡浓度最好？”喝咖啡的人回答的结果是：使用咖啡色的杯子时，认为太浓的占2/3。使用青色杯子的人异口同声地说“太淡了”。使用黄色杯子的人都说“不浓，正好”。而使用红色杯子的绝大多数回答“太浓了！”从此，三叶咖啡店一律改用红色的杯子。

资料来源：吴金法．现代推销理论与实务[M]．大连：东北财经大学出版社．2002.

3. 关系导向推销观念

关系导向推销观念是指推销人员使用各种手段与各种有利用价值的人士或者机构建立、维护和发展密切关系，从而开展推销活动的推销指导思想。

1）产生背景

关系导向推销观念产生于市场产品供大于求的情况下。持有这种观念的推销人员认为：当产品的质量与价格等方面的差别明显减少时，情感因素对顾客购买决策的影响力将会加大；在相同情景下，顾客的购买心理会因情感和利益的缘故，倾向于购买与之有密切关系的推销人员的产品。

2）影响

在关系导向推销观念的影响下，有些推销人员忙于找关系、建关系网，把关系当作推销的万能钥匙。找不到有关系的顾客时，他们就会通过各种渠道及方法搭建关系，编织人际关系的推销网络。对处于关系网络结点处的人或者机构，对一些手里掌握实权的人物，更是竭尽全力，想尽办法接近。

3）后果

关系导向推销观念的风行产生了很多不良后果：

(1) 在关系导向推销观念盛行的时候和地区，推销人员忽视了对产品质量的关注，忽视了对最终消费者利益的关注，忽视了对推销科学技术的研究，也忽视了对社会利益的关注。

(2) 依靠关系取得的推销成绩，可能损害了企业与顾客的长期合作关系。一些缺乏职业道德的人把关系作为推销假冒伪劣产品的途径，一些企业和个人从中获取了不正当的利益，却损害了国家利益、顾客利益，也损害了全体推销人员的根本利益。

(3) 使一些顾客陷入了理智与情感的两难选择中，也给一些违法分子提供了温床，破坏了良好的市场竞争秩序。在一些地区和行业中，关系导向推销观念的运用和因此形成的不正当竞争，成为市场经济进一步发展的障碍。

很多机构，甚至是地区或者行业，实行了招标购买制度。因此，关系导向推销观念在制度上、程序上和法律方面都受到抵制。而且在很大程度上，建立采购中心和招标式的采购制度本身，就是对关系导向推销观念的抵制。

小资料 1-1

公关“攻”的是什么“关”

某总经理有句名言，即“公关”者，“攻关”也。

攻什么关？某总经理招聘公关人员，一律要求是女性，对容貌、姿色也挑选甚严，面试时，甚至要求“三围”多少。据说这才是“公关”人员“攻关”的先决条件。

攻什么关？某总经理与某商业集团谈判，资金不落实，久拖不决，只得暂停谈判。总经理对“公关”小姐说：“养兵千日，用兵一时，看你们谁能攻关。”谈判对手虽居险隘，一夫当关，万夫莫开，无奈英雄难过美人关，几天“潇洒”，几天“放松”，几天美酒，几天佳期，重开谈判，果然一举成功。

攻什么关？某厂要宣传产品，举办记者招待会。给记者红包，谁也不敢收。于是某总经理便让“公关小姐”“攻关”，去与记者打麻将，规定每人输1000元。于是“红中”“白板”，最后“发财”，英雄难过金钱关，记者们心领神会，产品介绍文章赫然出现在新闻媒介上。

攻什么关？还不是推销伪劣产品于红包赠予之后，讨价还价于公款吃喝之中，风流快活于卿卿我我之间，温馨“放松”于舞厅灯光暗淡之时，联络感情于方城之内，道貌岸然于大庭广众之前……如此“攻关”，自然比攻科技关、质量关、市场关、服务关来得惬意。于是某些企业“公关”人员大增，某饭店竟把半数服务员改为“公关小姐”，白天揽客招商，晚上伴舞。某些厂长、经理也尝到了“甜头”，纷纷设置年轻女秘书、美丽“公关小姐”，其任务便是接待、应酬，陪吃、陪喝、陪舞，甚至陪赌，旧社会四大邪门“吃喝嫖赌”，就快全了。

资料来源：刘佳环．公共关系实务[M]．广州：广东高等教育出版社，2006.

4. 需求导向推销观念

需求导向推销观念认为推销人员应该向那些真正有需求的顾客推销他们需要的产品。在这种观念指导下，推销人员首先应该寻找客观上对产品存在着需求的具体顾客，然后了解和确定顾客需求的具体内容，再向顾客说明、示范和证实，并使顾客相信该产品能满足他们的需求，最后通过一系列有针对性的工作促使顾客购买产品。

1）产生背景

市场产品严重供过于求，社会呈现出生产能力过剩型经济发展缓慢的特点；顾客素质有很大提高，因为上当受骗而反对高压推销的顾客呼声越来越普遍；技巧导向推销观念的成功率越来越低，关系导向推销观念指导下的推销引发了包括法律、行政以及其他多个方面的裁决和抵制；市场营销学研究的发展及日益普及等。

2）特点和要求

(1) 推销人员一定要向有需求的具体顾客推销产品，绝对不把产品推销给并不需要的顾客，无论产品多么好，也无论用多么文明的手段都不行。

(2) 推销活动全过程都应该坚持以顾客需求为中心，以满足具体顾客的具体需求为推销目的和成交前提。

(3) 反对高压推销。在需求导向推销观念指引下的推销洽谈，主要是通过提示、说明与证实，使顾客相信推销产品正是顾客寻找的，是更能够满足顾客需求的产品，从而使顾客接受推销产品，而不是以各种方法向顾客施加心理压力；相反，需求导向推销观念要求推销人员要想办法减轻顾客的心理压力，使顾客在没有压力的情况下高兴地、心服口服地接受产品，避免顾客在购买行为发生后或者消费过程中出现后悔现象。

(4) 推销人员应成为需求的管理者。推销人员应该通过推销活动的开展，发现、了解、引导、教育与满足顾客的需求；推销人员不仅应该满足顾客自己已经发现和已经提出来的需求，而且要满足顾客没有发现或者没有提出来的需求；推销人员不仅要满足企业顾客的需求，满足企业顾客的生产经营需求，而且要满足顾客个人的需求；同时应该在满足顾客需求的基础上满足推销企业和推销人员的需求。

(5) 坚持不断推销。由于顾客的需求是发展变化的，所以每次成交并不意味着推销的结束，成交后，推销人员不仅要了解顾客需求是否被满足，而且要为顾客提供各种销售服务，要不断向顾客推销能满足顾客新需求的新产品，要使已经购买了推销产品的顾客成为企业及产品品牌的忠实拥护者，成为企业产品良好口碑的传播者。

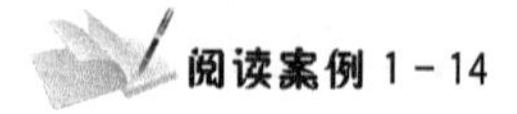
阅读案例 1－14

一种新颖盒子销路的打开

日本大阪有一家公司，经过苦心设计，研制了一种可放置茶具、餐具等物品的盒子，这种盒子可以像百叶窗那样上下移动，颇有新意，且外形美观。可投放市场以后，却销售不佳，盒子在仓库里堆积如山。

有一位来自东京的推销人员，在了解了这些情况之后，对该公司的经理说："给我 1000 只盒子，让我来试试看。"仅仅过了一个月，需要盒子的订单就开始源源不断了。原来这位推销人员拿着盒子到一家家旅馆去推销。"请把这种盒子放在客房的冰箱上面，我们过去是先用白布铺在冰箱上，白布上再放置杯子、开瓶启子等东西，上面再盖上白布，每天每间客房要换洗两块白布。如果把这些用品放在盒子里，就不用天天换洗白布了。我把盒子留几个在你们旅馆里，过两个星期再来看看。”

就这样，盒子留在了旅馆。经过试用旅馆的服务人员及旅客都觉得它很不错，于是各旅馆纷纷提出订货的要求，订单开始源源不断地出现在公司经理的办公桌上。

资料来源：黄文恒．现代推销实务[M]．北京：机械工业出版社，2010.

5. 关系推销观念

关系推销观念认为推销人员应该在推销过程中向每位顾客提供个性化、定制化的客户问题解决方案，由此而培育长期的战略合作伙伴关系。关系推销观念重视顾客关系的建立、培育、维护及发展，认为顾客购买的不是产品而是关系，推销人员要放弃短期思维，重点是投入时间和精力建立与顾客之间的友好合作关系，通过稳固的长期关系获取回报，如自动阻止竞争者的“插入”，获得重复的业务订单，实现交叉销售，为公司建立良好的口碑，以达到攫取顾客的终身价值为目的。关系推销中的任何一次现实的交易都是以前交易沉淀的结果，会影响到未来的交易。

1）对于关系的认识与理解

(1) 关系是企业具有独占性的资源。关系的性质决定了关系的独占性。一旦企业拥有以共同利益为基础的某种关系，则应该倍加珍惜和爱护，因为这个关系只有这个企业才可以启用、独享。独占性的关系与可独享信息资源、可独享货币或其他有价证券资源的使用权一样，是这个企业重要的财富。

(2) 关系是“生产力”。在推销活动中，关系就是“生产力”，是提高推销的利益与效率的依据。首先，关系就是企业产品的销售渠道与推广网络，从某种意义上说关系网有多大，市场就有多大，朋友有多少，推销额就有多少；其次，关系为企业带来可利用的资源，老关系户的购买行为构成了企业产品稳定的市场份额；再次，关系可以提高推销效率和降低成本。经过调查与测算，推销人员维护一个老顾客的费用，只是开发一个新顾客的1/5。推销人员如果不注意关系的维护与发展，只注意开展新市场、新业务，则费用将增加2倍；还将造成推销人员在时间、精力及财力等方面的巨大浪费，总成本将增加5～6倍，而老顾客的离去给企业在信誉、声望、形象、影响力等方面造成的损失就更大了。

(3) 关系是利益。长期的稳定的关系，可以使推销人员和顾客相互了解和沟通，能够相互提供更好的产品和服务，使关系双方获利；现在信誉已经成为一种无形资产，即使有信誉的一方不可能维持与某个顾客的长期关系，但是其他的顾客会从与老顾客的关系中看到信誉和至诚，从而使关系的维持者获得更多的成交机会。对关系的投资可能产生“关系租金”，为了效益和节省，“关系租金”在为投资行为提供动力和激励的同时，也成为竞争者进入的障碍，限制了行业竞争的程度。因此，“关系租金”“信誉租金”在很大程度上可以看作是一种垄断利润。

(4) 关系是以情感维系的。情感问题一直是关系管理的核心，也是推销关系得以建立、维持、发展的原因。①人们需要情感，几乎所有的顾客都希望在推销活动的买卖中，不仅获得经济上的收获，还希望有情感上的沟通与补偿，反对赤裸裸的交易关系，这是重视及研究关系与情感问题的社会基础。②人际关系是以情感维系的。早些年，人们常说“动之以情，晓之以理”，在这里，人们把“动之以情”放在第一位。在情感不能沟通的情况下，道理是说不通的，也是不能说服人的。③推销关系的维系是以情感为主的。美国销售联谊会进行的广泛调查与统计说明：71%的人之所以从你那里购买产品与服务，而不是从其他人那里购买，仅仅是因为他喜欢你。在众多的、相差无几的产品与推销商中，顾客在进行购买选择时，情感的决定权越来越大。最后的决策，筹码总是倾向于情感。

(5) 此关系非彼关系。关系推销观念下的关系与关系导向推销观念下的关系有着本质的不同：前者是正当的、合法的、“双赢的”、动态管理的、长期培育的；而后者则是一定程度上欺骗的、非法的、“一方赢的，一方输的”、静态管理的、交易性的、临时的。当然两者都注重情感的因素和情感的满足。

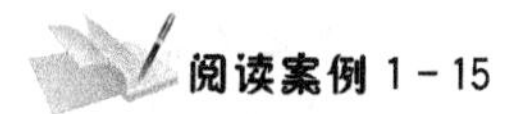
阅读案例 1-15

小李推销电脑

小李是一家电脑公司的业务员，当他听说某大学最近要购买100台电脑的消息后，立即准备了一套详细的方案参与竞标。同时，另外三家电脑公司也参与了竞标，该大学主管教学的副校长召集学校相关人员对各个方案进行了综合比较。各家公司的业务员都竭尽全力宣传自己的方案。尽管小李的方案最终落选，但小李每逢过节，都会给这位副校长打电话、寄贺卡问候，甚至自己掏腰包在副校长女儿过生日的时候送去一盒生日蛋糕，但小李从不向这位副校长提起业务上的事。小李向这位副校长解释说，他打电话、寄贺卡、送蛋糕没有其他目的，只是非常荣幸能结识副校长，副校长崇高的人格、严谨的作风和大公无私的精神使他很受感动，学到了很多做人的道理。有人说，这完全是自作多情，学校采购电脑是有严格规定的，又不是他副校长一个人说了算，你这次的方案不行，下次还不是一样的结果？

资料来源：李红梅．现代推销实务[M]. 北京：电子工业出版社，2005.

2) 关系推销管理的原则

(1) 长期协作。在关系管理中，要重视与顾客建立长期的协作关系，而不是只看重眼前的利益；推销人员应设计出一些不同于简单报价的服务以吸引长期客户；通过与客户建立和维持互利关系，以创造长期的业绩；要重视人员、技术、运营管理和其他非营销功能方面的影响；实施关系管理要求全员协作，而不仅仅是推销人员满足客户对产品和服务的需求。

(2) 整体思维。关系管理中并不只是推销产品，不是为了销售而销售，而是向顾客提供解决问题的方案，建立长期的战略合作伙伴关系，推销员必须要有整体思维，企业的其他员工同样也需要这种思想的支持。产品质量需得到买卖双方的相互认同，推销服务包含产品安装、技术服务、产品或服务的使用介绍、信息服务、社会联络等，这种全方位的服务体系强化了与顾客的关系，进一步使客户在市场行为上与企业发生必然的链接。

(3) 双向沟通。在很多企业都能向顾客提供技术性能类似的产品时，与顾客之间的交流就显得越发重要。在关系管理推销中，与所有的客户都至少以一种方式保持密切的联系，实施双向的信息沟通，能够直接检测客户的满意度。关系管理中的这种客户管理行为，为直接了解客户满意度提供了可能。

(4) 顾客价值。关系推销不仅要提供核心产品的价值，还要提供比交易推销多得多的客户价值。推销人员通过技术、信息、经验、知识或社会交往能力与客户建立密切的关系。这些重要的关系就能给顾客带来超越核心产品的利益，从而强化和稳定这种伙伴关系，给企业形成稳定的利润来源，即忠诚顾客创造了顾客价值。

1.4.2 新旧推销观念的区别

一般把产品导向推销观念、技巧导向推销观念、关系导向推销观念划为旧观念，即传统推销观念；将需求导向推销观念、关系推销观念划为新观念，即现代推销观念。两者相比，有很多差别。现代推销观念与传统推销观念对比见表1-1。

表1-1 现代推销观念与传统推销观念对比

对比项目	传统推销	现代推销
目的	销售产品	满足顾客需求
重点	“物”“事”	“人”（需求心理）
“说服”的手段	向顾客宣讲	协商讨论、诱导
管理的内容	业务管理	需求管理、人的管理
双方的关系	短期，交易关系	建立长期和稳定关系
技术	缺少现代科学技术	广泛利用现代科学技术
涉及面	局部性和非系统性	全局性和系统性
时间分布	前期时间少，后期时间多	前期时间多，后期时间少

1. 推销的重点由“物”“事”转向“人”

在产品导向推销观念和技巧导向推销观念指导下，推销研究的重点是“物”，例如，研究的重点是如何使用语言技巧美化推销产品，研究如何使用诡辩和诱惑掩盖产品的不足，研究如何使用说服的技巧诱导顾客购买产品。在关系导向推销观念指导下，推销研究的重点是“事”，即如何“做事”。例如，如何待人接物，如何组织活动，如何周旋，如何贿赂等。现代推销观念的研究重点是“人”，一方面对具体顾客和推销人员的研究，对自然人和法人需求的研究，研究顾客正当的需求以及可以满足的形式；另一方面研究如何提高推销人员的素质和推销水平，研究如何对推销活动进行管理及对推销人员的激励等。一位好的推销人员对顾客而言，胜过一个好的产品千倍万倍。在推销事业中取得辉煌成就的人，都是对顾客充满爱心的人，是在困难面前表现出坚毅信念的人。现代推销学研究的是：什么样的人才能够成为优秀的推销人员，什么样的人才能够获得顾客的信任；研究推销人员应该具备怎样的素质和能力，才能满足不同顾客的不同需求；研究如何才能使顾客把他们的需求、愿望、困难交由推销人员解决。只有这样，才能取得推销的最大成功。

2. “说服”的手段由向顾客宣讲转向协商讨论、诱导

传统推销观念指引下的推销洽谈，强调推销人员应以各种方法向顾客施加心理压力，强调倾力推销，推销员应冲破一切阻力和障碍，甚至采取最极端的做法来征服买主，不择手段地向任何顾客推销产品，顾客必须是“被击倒的对象”，强调从头至尾向顾客宣讲产品的特点和好处，容不得顾客提出不同意见；而现代推销观念指引下的推销洽谈，主要是通过提示、说明与证实，使顾客相信推销产品正是顾客寻找的，是更能够满足顾客需求的产品，从而使顾客接受推销产品，强调推销人员要通过协商讨论，强调诱导顾客的需求，

强调要想办法减轻顾客的心理压力，使顾客在没有压力的情况下高兴地、心服口服地接受产品，避免顾客在购买行为发生后或者消费过程中出现后悔现象。

3. 管理的内容由变业务管理为需求管理、人的管理

1）变事后管理为事先管理

在传统推销观念指导下，对推销的管理主要集中到对销售业务的管理，即企业主要对销售量和销售额实施管理的事后管理，重总结而忽视计划，重结果而轻过程。现代推销观念要求推销管理应该是贯彻推销活动的全过程的管理，尤其是重视推销活动开始前的策划和安排，重视整个推销过程和细节，重视推销后对推销活动经验的总结和提高，重视对推销人员的培养和管理等。

2）变侧重事后总结为侧重对需求的事先调查

为了实施事先管理，现代推销观念要求在推销活动开始前，要坚持开展对于顾客需求的不断深入和具体的调查研究。因此，无论是企业还是推销人员，都必须不断制订对需求进行深入和具体了解的计划。在销售业务压力增大、时间紧迫、推销竞争激烈的时候，也一定要在总结经验和教训的基础上，按照计划抽出时间和精力进行市场调研，以便开展对顾客需求进行深入、具体和持续的管理。

4. 双方的关系由交易关系为长期关系

实施对顾客需求的更新和跟踪管理及实施对顾客关系的管理，是现代推销观念的主要特点。关系是客观存在的，是推销人员具有独占性的资源，是生产力。良好的、长久的供求关系，是符合推销和顾客双方利益的。因此，寻找、探索、建立、维持、巩固、发展与顾客的关系，是不断满足顾客需求的需要，也是发现、巩固和发展市场的需要。双方的关系从主要是建立交易关系，变为企业和推销人员与顾客建立长期关系，从多为一次性的交易关系发展到为了未来的竞争而建立的战略伙伴关系，任何一次现实的交易都是以前交易沉淀的结果，也影响到未来的交易。交易推销与关系推销二者的区别见表 1－2。

表 1－2　交易推销与关系推销的区别

因　　素	交易推销	关系推销
时间	短期交易	长期交易
质量	产品质量	双方协调工作的质量
价格	敏感	不敏感
责任	由法律规范	承诺自律＋法律与惯例
合作	没有(除非面临失败)	以信任和共同努力协调利益
人员交往	很少	个人及非经济目的交往突出
合作行为	缺乏协调努力	存在协调努力动机与机制
经营计划	几乎没有事前的相互参与	对未来交易进行详细的计划
交易评价	产品正常时不评价	详尽规划，限定和评价交易的所有方面
强制性	尽可能实施	无此行为，相互依赖

续表

因　　素	交易推销	关系推销
权利义务	明确界定	注重长期利益共享
交易过程重点	达成协议	解决问题
参与人员	销售人员和采购人员	许多部门的人员
内部营销	意义不大	有关键意义

资料来源：吴健安．现代推销理论与技巧[M]．北京：高等教育出版社，2008.

5．时间分布由前期时间少，后期时间多变为前期时间多，后期时间少

从图1.2与图1.3的比较中可以看出，旧观念的重点就是促成交易，所以花了40％的时间，产品介绍占了30％的时间，评估需求占了20％的时间，而客户关系却几乎被忽视，所占的时间只有10％。新观念与旧观念恰恰相反，达成销售只占10％的时间，产品介绍占20％，评估需求占30％，建立信任占到40％。

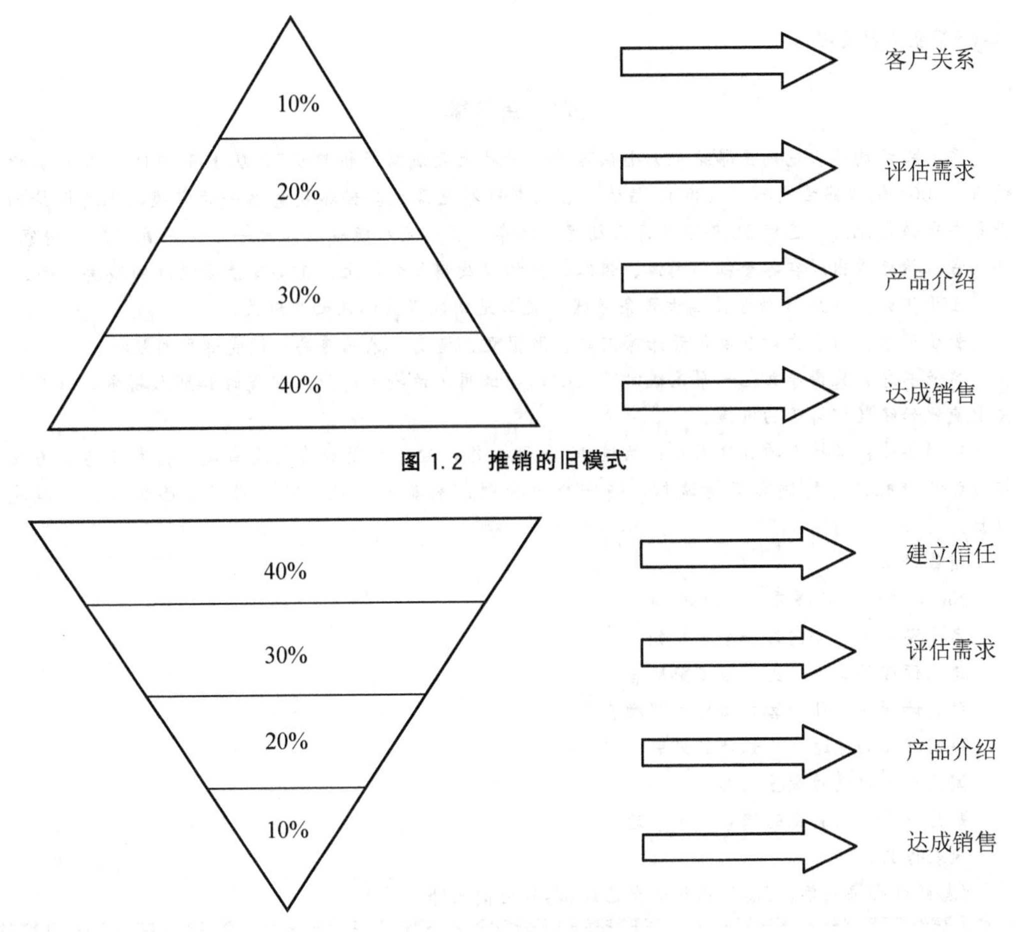

图1.2　推销的旧模式

图1.3　推销的新模式

阅读案例 1－16

野生蕨菜曾经是山村村民饭桌上一道不花钱的菜肴，灾难时期村民甚至用它来充饥。浙江省文成县有丰富的野生蕨菜资源，某企业率先把它开发成开袋即食的方便食品，但如何把产品推向市场为广大顾客所接受是企业不得不思考的问题。该企业开始了艰苦的探索和努力。在推销之初，推销人员只是机械性地找各地的中间商请求经销该产品，在集贸市场设点搞有奖销售或挨家挨户地上门推销。虽然也有顾客购买，但由于缺乏对产品的认识，购买的目的只是把它当普通的野菜尝鲜，销售量非常有限。后来，企业经过总结和思考，调整了思路。首先，请专家对野生蕨菜的营养成分及保健、药理作用做出鉴定；然后，根据信息反馈，对产品的口味和包装进行了改进。在以后的推销过程中，推销人员注重宣传野生蕨菜无污染、降脂减肥、有利健康的效能，并向顾客提供专家的鉴定意见。结果，广大消费者对野生蕨菜刮目相看，中间商也争相经销；一些肥胖者、高血压病患者将它作为保健食品长期食用；产品甚至打进了人民大会堂，成为国宴上的一道风味佳肴。于是，野生蕨菜产品身价倍增，销量大大增加，企业也获得了较好的经济效益。

资料来源：徐育斐．推销技巧[M]．北京：中国商业出版社，2003.

推销人物专栏

乔·吉拉德

乔·吉拉德是吉尼斯世界纪录大全认可的“世界上最成功的推销员”，从1963—1978年总共推销出13 001辆雪佛兰汽车，连续12年荣登吉尼斯世界纪录大全世界销售第一的宝座，他所保持的世界汽车销售纪录：连续12年平均每天销售6辆车，至今无人能破。作为一名世界著名的演讲家，乔·吉拉德经常出现在各个社会团体、组织、机构以及销售会议上，是全球最受欢迎的演讲大师。

生于贫穷：1928年处于美国大萧条年代；父辈是四处谋生的西西里移民。

长于苦难：为了生计9岁就开始擦皮鞋、做报童；遭受父亲的辱骂；遭受邻里的歧视。

自强不息：父亲辱骂他一事无成时下决心，要证明父亲错了；受到歧视时和别人拼命；母亲的关爱使他始终坚信自己的价值。

不懈奋斗：坚持上学直到高中；做过40多种工作；破产巨额负债也没有灰心；做销售努力改掉自己的口吃；对待顾客坚持诚信，恪守公平原则；不墨守成规，不断创新自己的方法，超越自我。

销售秘诀：

250定律——不得罪一个顾客

名片满天飞——向每一个人推销

建立顾客档案——更多地了解顾客

猎犬计划——让顾客帮助你寻找顾客

推销产品的味道——让产品吸引顾客

诚实——推销的最佳策略

每月一卡——真正的销售始于售后

代表作品：

《怎样成交每一单》《怎样销售你自己》《怎样迈向顶峰》

本章小结

1. 推销可分为广义推销和狭义推销。狭义的推销是指企业或推销人员在市场需求导向观念指导下，运用一定的方法和技巧，说服顾客购买某种商品或劳务，以使双方的需要得到满足的行为过程。推销包括推销人员、推销对象、推销品、推销信息四大要素。

2. 推销具有七个方面的特征：推销对象的特定性、推销过程的双向性、推销结果的互利性、推销方法的灵活性、推销手段的说服性、推销费用的高成本性和推销主体的主动性。

3. 推销对于社会、企业、推销员而言，具有重要作用。

4. 从产品的使用价值、产品的差别优势、顾客价值优势、产品的整体形象优势、顾客需求的满足论述了推销的是什么。

5. 推销学经过了古老的推销技术、生产型推销、强力型推销和现代推销这四个发展阶段。

6. 产品导向推销观念、技巧导向推销观念和关系导向推销观念是旧推销观念；需求导向推销观念和关系推销观念是新推销观念。新、旧推销观念有较大的区别。

关键术语

推销　推销要素　产品的使用价值　产品的差别优势　顾客价值优势　产品的整体形象优势　产品导向推销观念　技巧导向推销观念　关系导向推销观念　需求导向推销观念　关系推销观念

思考与应用

一、单项选择题

1. 推销由推销人员、推销品、(　　)和推销信息四个基本要素组成。

A. 顾客　　B. 推销客体　　C. 劳务

2. 对于关系，下列表述不正确的是(　　)。

A. 关系是企业具有独占性的资源　　B. 关系是“生产力”
C. 关系不是利益　　D. 关系是以情感维系的

3. 推销活动的最终目的是(　　)。

A. 把商品卖出去　　B. 说服顾客购买
C. 为顾客服务　　D. 促进产品销售和满足顾客需要

4. 推销就是要(　　)。

A. 将顾客不需要的产品也要卖给他们　　B. 将本公司的任何产品都卖给消费者
C. 将顾客可用可不用的产品卖给他们　　D. 将能满足顾客需要的产品卖给他们

5. 与交易推销相比，关于关系推销说法错误的是(　　)。

A. 长期交易　　B. 对价格不敏感
C. 以信任和共同努力协调利益　　D. 买卖双方缺乏协调努力

6. 后人把经营买卖和产品推销活动称为“陶朱事业，端木生涯”，那么“陶朱、端木”分别指的是(　　)。

A. 范蠡、计然　　B. 子贡、范蠡

C. 范蠡、子贡　　D. 计然、白圭

7. (　　)提出了“人弃我取，人取我与”的经营策略，特别强调“时断”。

A. 范蠡　　B. 子贡　　C. 计然　　D. 白圭

二、多项选择题

1. 著名的推销专家海因兹·姆·戈德曼的《推销技巧——怎样赢得顾客》一书介绍了(　　)模式。

A. 爱达模式　　B. 迪伯达模式　　C. 费比模式　　D. 埃德帕模式

2. 实施关系推销管理时，要注重(　　)重点。

A. 长期协作　　B. 整体思维　　C. 双向沟通　　D. 顾客价值

3. 下列推销观念属于现代推销观念的是(　　)。

A. 产品导向推销观念　　B. 关系导向推销观念

C. 技巧导向推销观念　　D. 关系推销观念

E. 需求导向推销观念

4. 推销的基本特征有(　　)。

A. 推销对象的特定性　　B. 推销过程的双向性

C. 推销结果的互利性　　D. 推销方法的灵活性

E. 推销手段的说服性

5. 推销员推销的是(　　)。

A. 仅是产品本身　　B. 产品的使用价值

C. 产品的差别优势　　D. 顾客价值优势

E. 产品的整体形象优势

6. 产品的整体概念是指(　　)。

A. 核心产品　　B. 主要产品　　C. 形式产品　　D. 延伸产品

7. 现代推销观念与传统推销观念对比，下列描述正确的是(　　)。

A. 推销的重点由“物”“事”转向“人”

B. “说服”的手段由向顾客宣讲转向协商讨论、诱导

C. 管理的内容由变业务管理为需求管理、人的管理

D. 双方的关系由交易关系为长期关系

E. 时间分布由前期时间多，后期时间少变为前期时间少，后期时间多

三、判断题

1. 以产品能解决的问题为出发点来考虑如何满足顾客排在首位的需求，是推销的根本。(　　)

2. 坚持不断推销与强力型推销是一样的。(　　)

3. 关系推销观念下的关系与关系导向推销观念下的关系内容是一样的。(　　)

4. 推销活动是引导消费，加强企业管理，促进个人发展的重要手段。(　　)

5. 推销员的首要任务就是最大限度地推销商品，为企业实现利润，无论采用什么手

段和方法，推销业绩是检验推销成功与否的唯一标准。 （ ）

四、简答题

1. 什么是推销？狭义的推销有什么内涵？
2. 传统推销观念与现代推销观念有什么本质区别？
3. 推销的实质是什么？请举例说明。
4. 推销观念的发展经历了哪些阶段？
5. 什么叫关系推销？关系推销与交易推销存在哪些方面的差别？

五、问答题

1. 一位博士在废旧的车库研制现代高科技产品，另一位博士做新产品的推销工作，后来从事推销工作的博士成为总裁。有人说他是20世纪成功人士和成功企业家白手起家的典范，你同意吗？在知识经济时代，这样的模式还有启发意义吗？为什么？
2. 你能够举出一个运用需求导向推销观念取得推销成功的案例吗？
3. 推销的实质是什么？确定一个学习用品，列出它的10种使用价值。
4. 你能够指出上述产品的10种差别优势吗？它们的差别优势是根据什么而形成的？

【实训项目】

项目1

◎内容

实地观察某一企业推销人员推销的过程。

◎目的

通过实地观察，认识推销四要素之间的关系。

◎步骤

（1）任课老师完成对实地观察地点的选择、制订活动安排以及与企业的沟通。
（2）学生按8～10人分组，每组选组长及记录员各一名，负责实地观察活动的组织和情况记录。
（3）教师组织学生进行安全教育，并将活动计划报告学校相关部门同意。
（4）联系相关企业，邀请企业销售人员说明推销工作情况，重点放在对推销人员、推销品和顾客的认识上。
（5）分组与企业销售人员沟通学习，做好记录。
（6）撰写调查心得体会。
（7）各组进行实训小结。

项目2

◎内容

对一条经典的推销格言，从伦理与道德的角度进行评论。

◎目的

通过训练，使学生能够了解比较经典的推销观念，通过评论把握推销过程中的道德准则，正确把握顾客利益与自身经济利益的冲突。

◎步骤

（1）学生按8～10人分组，每组选组长及记录员各一名，负责对评论情况进行记录。
（2）每组选择一条经典的推销格言，从伦理与道德的角度进行评论。
（3）其他小组成员提问。

◎背景资料

以下为可供选择的经典推销理念，也可以自选相关的推销格言。

(1) 己欲立而立人，己欲达而达仁。

(2) 世上并没有用来鼓励工作努力的赏赐，所有的赏赐都只是被用来奖励工作成果的。

(3) 为别人鼓掌的人也是在给自己的生命加油。

(4) 诚心诚意，"诚"字的另一半就是成功。

(5) 坚韧是成功的一大要素，只要在门上敲得够久、够大声，终会把人唤醒的。

案例分析

百科全书的使用价值

伍德夫妇住在亚利桑那州凤凰城郊区。他们都受过高等教育，他们有两个孩子，一个9岁，一个5岁。伍德夫妇非常关心对孩子的教育，并决心要让他们接受当地最好的教育。

随着孩子们长大，伍德夫人意识到应该是让他们看一些百科读物的时候了。一天，当她在翻阅一本杂志时，一则有关百科读物的广告吸引了她，于是她电话通知当地代理商要求见面谈一谈。以下为二人有关此事的谈话摘录。

伍德夫人：请告诉我，你们这套百科全书有哪些优点？

推销员：首先请您看看我带的这套样书。正如你所见到的，本书的装帧是一流的，整套五十卷都是这种真皮套封烫金字的装帧，摆在您的书架上，那感觉一定好极了。

伍德夫人：我能想象得出，你能给我讲讲其中内容吗？

推销员：当然可以，本书内容编排按字母顺序，这样便于您很容易地查找资料。每幅图片都很漂亮逼真，比如这幅南美洲各国国旗图，颜色多逼真。

伍德夫人：我看得出，不过我更感兴趣的是……

推销员：我知道您想说什么！本书内容包罗万象，有了这套书您就如同有了一套地图集，而且还是附有详尽的地形图的，这对你们这些年轻人来说一定很有用处。

伍德夫人：我要为我的孩子着想。

推销员：当然！我完全理解，由于我公司为此书特制有带锁的玻璃门书箱，这样您的小天使们也许就无法玩弄它们，在上面胡乱涂画了。而且，您知道，这的确是一笔很有价值的投资。即便以后想出卖也决不会赔钱的，何况时间越长收藏价值还会增大，此外它还是一件很漂亮的室内装饰品。那个精美的小书箱就算我白送的。现在我可以填您的订单了吗？

伍德夫人：哦，我得考虑考虑。你是否留下其中的某部分比如文学部分，以便让我进一步了解了解其中的内容呢？

推销员：我真的没有带文学部分来。不过我想告诉您我公司本周内有一次特别的优惠售书活动，我希望您有好运。

伍德夫人：我恐怕不需要了。

推销员：我们明天再谈好吗？这套书可是给你丈夫的一件很好的礼物。

伍德夫人：哦，不必了，我们已经没兴趣了，多谢。

推销员：谢谢，再见。如果你改变主意请给我打电话。

伍德夫人：再见。

资料来源：蔺海鲲，曹莉萍．实用口才学[M]．兰州：甘肃文化出版社，2006.

【思考与分析】

1. 这位推销员的失误之处在哪？
2. 写出这本百科全书有哪些特征，并据特征写出利益。
3. 如果你来推销，你会怎样做(不要写出具体谈话)？

第2章 推销理论

教学要求

知识要点	能力要求	相关知识
顾客需求的规律和顾客类型	(1) 掌握顾客需求的规律 (2) 掌握气质的类型与特征	(1) 顾客需求的产生规律 (2) 需求的层次规律 (3) 需求的转移规律 (4) 创造需求的方法 (5) 顾客的气质类型与特征
顾客对推销的接受过程	(1) 掌握顾客认识过程 (2) 了解顾客情感过程 (3) 了解顾客意志过程	(1) 感觉 (2) 知觉 (3) 记忆 (4) 想象 (5) 思维 (6) 态度
推销方格图理论	(1) 了解推销方格与顾客方格 (2) 了解推销方格与顾客方格的关系	推销方格与顾客方格中的各种类型

导入案例

庸医治病

背景：张小军吃鱼时嗓子被鱼刺卡住了，其挂号单是26号，正坐在椅子上候诊。

大夫：(在桌上拿起一份挂号单，大声地喊)26号！

张小军：(病快快的样子，边走边咳嗽)我是。

大夫：怎么了？(低头整理手中的资料，自言自语，并打手势，示意26号坐下)

张小军：我……(咳嗽)……我今天……(咳嗽)

大夫：不用说了，我知道了(从桌子下面拿出一个大盒子，放在桌子上)。我看你适合吃这种药，这是本院独家发明的哮喘新药“咽喉糖浆”，疗程短，见效快，一个疗程吃3盒，平均每天只需花费3块钱，先给你开6盒吧！(边说边开药方)

张小军非常惊讶地瞪大眼睛并止不住地弯腰大声咳嗽，以至于把鱼刺都咳出来了。张小军从口里掏出一条巨型鱼刺，递给医生，医生见到鱼刺先是吃惊，而后又非常尴尬。

张小军心中想的只有“庸医”两个字。

资料来源：丁兴良．顾问决定价值：SPIN——顾问式销售技巧[M]．经济管理出版社，2006.

需求就是机会，机会就是问题，问题就是对现状的不满。如果医生不了解病人的需求就用药，是庸医之举；销售顾问不了解客户的需求就进行销售，导致客户异议的产生，信任感丧失，徒劳无功，浪费口舌，荒废光阴，完不成销售的目标。因此，销售顾问向客户销售产品，相当于医生给病人治病，应利用望、闻、问、切等手段，来充分、全面地了解客户的需求所在、期望所在，然后才能带给客户一个完美的解决方案。

2.1 顾客需求的规律与顾客类型

顾客的需求是顾客参与推销活动和进行交易的原始动力，因此，推销人员必须研究顾客需求规律。顾客需求及其变化规律的理论是指导推销活动的基本理论之一。满足顾客客观存在或者将来会存在的需求，是现代推销学的核心和活的灵魂，也是制订推销计划和推销洽谈策略的依据，是规范推销人员行为的最高标准。

2.1.1 顾客需求的产生规律

当人们对目前所处状态不满意时，就会产生一种由不满意状态转换为满意状态的驱动。例如，人们处于饥寒状态，就会产生拥有温饱状态的驱动力，这就是产生了需求。当人们不幸时，人们有追求幸福的需求；当人们劳累困苦并对这种状态不满意时，人们有从劳累困苦状态转换为轻松休闲状态的需求；当人们孤单时，就有与人进行交流并感受友情的需求；当人们拥有某种满意的生理与心理状态时，也会产生担忧这种满意状态是否会持久的不踏实心理状态，于是就有了维护目前状态的安全需求。人总会对目前所处的状态有不满意的地方，因此，人总会产生需求。

1. 自然驱动力产生的需求

这是指由于人的器质性器官通过人的植物神经作用而诱发形成的需求。例如，人的肠胃等器质性器官的蠕动和所发出的声音，就会使人产生饥肠辘辘的感觉(植物神经作用)，产生一种对食物和其他充饥物的需求。这是人生来就具有的一种本能需求。

2. 功能驱动力产生的需求

这是指由于人的功能性器官通过动物神经作用(经大脑反应后)形成的需求。功能性器官主要指人的视觉、听觉、味觉、嗅觉与触觉器官。例如，人们看到嫩黄碧绿的食物就会引起对食品及其他美食的需求，看到画面上清澈见底的池水会想到畅游，看到大海或听到大海的波涛声会想到冲浪，看到名山大川的景色会产生旅游的需求等。

3. 经验总结而产生的需求

如果人们曾经购买过或消费过某个产品，并且认为该产品是好的，就会对这个经验加以记忆并储存在大脑中。一遇到提示物的提醒或是类似消费情况诱导时，人们就会产生对该产品的需求。

4. 人际交往引发的需求

人总是要与他人交往的。交往中关于购买与消费的谈论，也是一个经常性的话题。在交往与交谈中，人们会从多个角度不自觉地向他人学习购买与消费的经验。人们会把这些学习来的经验用于指导自己的购买与消费。在消费攀比成为一种风气的地区与人群中，人际交往已成为产生需求的主要形式。

5. 经营活动所引发的需求

这是指由企业或推销人员通过有意识组织的市场营销活动诱导顾客被动产生的需求。如企业不断开发出适销对路产品，并把产品开发的消息传达给顾客，企业组织的各种促进产品销售的活动与措施等，都是企业与推销人员有意识地向顾客施加影响，从而使顾客产生需求的手段。这是顾客被动学习产生需求的主要形式。顾客由学习而产生需求，为现代推销学引导、创造需求奠定了理论基础。

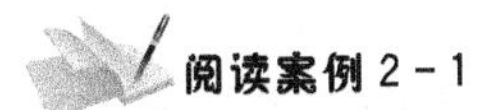
阅读案例 2-1

卖房

销售顾问：陈先生你目前住哪儿？（开放式问题，找需求）

陈先生：徐家汇。（隐含说明有钱，因为徐家汇是繁华地段）

销售顾问：是不是自己的房子？（封闭式问题）

陈先生：是，十多年前买的公寓，当时是为了小孩方便。（房子老，十年前就有钱，图方便）

销售顾问：小孩和你住一起？（人口，大小）

陈先生：三个孩子都在国外定居，现在只有老伴和我一起住。（更有钱）

销售顾问：十多年前，是不是都没有电梯？（故意“引导”自己的长处，让别人说）

陈先生：是啊！（引导，让对方说“是”）

销售顾问：每天爬四层楼会不会让夫人和您感觉不方便？（发现问题，找出对方的缺点，产生痛苦）

陈先生：蛮辛苦的。

销售顾问：每天买好的菜要抬到四楼吃力吗？（痛苦问题，落井下石，继续撒盐，让对方说“是”）

陈先生：哪抬得动！都是分开几次拿上去的。

销售顾问：那不是要上下好几次，年龄大、骨质疏松，上上下下不是伤膝关节吗？（痛苦问题，落井下石，继续撒盐，因为这是年纪大的人特别是女性的通病，因为贫血、缺钙）

陈先生：对呀！我太太就有这个毛病。

销售顾问：年龄大，身体难免会有毛病。目前除上下楼不方便以外，不知还有什么让你觉得和原先居住条件不一样的？（进一步询问其他方面的问题）

陈先生：原先这里很安静，现在又吵，没有公园，想散步都没有去处。（客户自己提出了问题）

销售顾问：陈先生，如果住的地方有电梯，空气又好，是不是能改善你和夫人目前住的问题？（总结确认，开始收网）

陈先生：那当然了。

销售顾问：徐家汇越来越热闹，白天晚上都一样。空气越来越差，要解决进出不方便非要有电梯对不对？（确认）

陈先生：对呀！

销售顾问：要选空气好，避免气喘的地方对不对？（确认）

陈先生：是的，这非常重要。

销售顾问：是不是下决心要换个环境……（是的，是的，是的，惯性）

陈先生：那当然！

资料来源：丁兴良．顾问决定价值：SPIN——顾问式销售技巧[M]．北京：经济管理出版社，2006.

以上案例中，销售顾问不断地透过提问来挖掘客户的隐含需求，例如：“每天爬四层楼会不会让夫人和您感觉不方便?”“每天买好的菜要抬到四楼吃力吗?”“那不是要上下好几次，年龄大、骨质疏松，上上下下不是伤膝关节吗?”“目前除上下楼不方便以外，不知还有什么让你觉得和原先居住条件不一样的?”等，从而让客户自己对明确需求的肯定，需要电梯、空气好、换个环境等。因此，高明的销售顾问善于挖掘客户的隐含需求，而且要“落井下石”才是销售成功的关键。

2.1.2 顾客需求的层次规律

1. 顾客需求层次的规律

需求的层次规律首先是由美国心理学家马斯洛提出并说明的，他把人的需求从低到高可以分为五个层次，其内容是：

(1) 生理需求。生理需求是人的最低层、最基本的需求，是人们为了自己的生存与发展而产生的对衣、食、住、行等的需求。

(2) 安全需求。当人们的衣食得到保证后，人们希望继续生存下去，因而对良好的社会治安，有效的自我保护措施有需求；对能消除疾病、获得健康长寿等措施感兴趣；对消除后顾之忧的需求，是人们对人身安全与心理安全的需求。

(3) 社交的需求。人们有爱他人与被他人所爱的需求，即人们有进行情感交流的需求。人们有与他人交往，参与各种社会交际活动，加入各种人群社团并被人接受与包容的需求。这是追求精神归属感的心理需求。

(4) 尊重的需求。人们都有自我敬重与被人尊重的需求。人们希望得到别人的重视与敬佩，因而对权势、名利、地位、成功与自信产生需求。这是人们对精神方面的追求。

(5) 自我实现的需求。这是指人们对实现自我人生价值，实现自己志向与理想，展示与显露自我潜力的追求。

2. 企业法人的需求层次规律

企业法人代表的需求，既有作为自然人的需求，也有作为企业责任人的需求，两者结合起来，又产生了企业法人作为社会人的更多的角色需求，研究人格化了的企业及其法人代表的需求显得更加重要。

1) 企业存在生存需求

企业总是处于以追求某种层次需求为主的状态中。任何企业都存在着生存与发展的问题，而且在市场经济的大潮中，企业的生存问题时时刻刻威胁着企业。维持简单的再生产，是企业最基本的需求。事实说明，即使目前很风光的企业，也可能因为一个决策的失误而崩溃。一个经营状况不太好而处于破产边缘的企业，争取生存下去便成为主要需求。能使企业摆脱破产境地的产品及服务，能够满足企业生存需求的推销，对于企业而言，无疑是雪中送炭。

2) 企业存在着安全需求

对于企业而言，还有一个生产经营的安全问题。对于目前不至于破产，但因为经营安全率很低而处于危险状态的企业，提高经营安全率是其当务之急。例如，当企业的生产安全率低于20%，企业产品的销售量接近保本点的数量时，企业不至于破产，但是岌岌可危，提高经营安全率便成为企业的首要需求；能够通过推销为企业解决安全经营问题的推销人员，自然会受到企业的欢迎。

3）企业有归属需求

由于环境的原因，企业也存在着归属于他们认为比较可靠，比较有归属感的“靠山”的问题。例如，一些民营企业都愿意与一些正规的国有企业合作、合资，或者仅仅是挂靠，说明了一些企业有这方面的要求；更多的企业希望加入某种性质的组织，或成为某个范围圈内的正式成员，就像一个流浪的人希望找到归宿一样。这里既有企业的需求，也有企业内人员的需求，推销人员可以通过产品的优良质量和知名度，以及其他方面的优势，帮助企业实现类似的愿望。

4）企业有尊重需求

企业由小到大，由弱变强，经营状况由不好到好，市场占有率由低到高，企业财务状况由差到好，企业的需求也会由以低层次需求为主，向以高层次需求为主发展。达到一定水平后，企业也会产生被尊重的需求。因为市场需求名牌，消费者需要名牌，企业发展需要名牌，知名品牌是企业的无形资产，在激烈的市场竞争中，企业也越来越迫切地感到创立品牌的重要性。于是企业有加入知名企业行列的需求，有提高知名度与美誉度，塑造更好形象的需求，有获得荣誉的需求，有被尊重的需求。

5）企业有实现期望需求

企业的发展关系到企业的未来和员工的切身利益，企业必须不断地制定各种奋斗目标，不断用各种期望和目标激励员工的积极性；企业必须营造一种为实现目标而齐心协力的企业文化和氛围，这种文化是企业的灵魂和巨大的动力，只有全体职工为期望而努力时，企业才能与时俱进。任何一位企业家、任何员工、任何企业都有实现期望的需求。为此，企业及其员工还会引发其他方面的需求。例如，有创造企业文化、改善企业环境、提升员工素质的需求，员工们更有进修、学习和获得发展机会的需求，有的员工甚至希望企业像家庭一样温暖，希望企业的工作环境更加美好，工作更加安定。

3. 顾客需求层次与推销

把顾客需求分为若干个层次的内容，这对推销的启发主要有：

(1) 明确人们(包括法人)存在着不同层次内容的需求，因而也就存在着对满足这些不同层次需求的各种产品的需求。

(2) 具有不同需求层次内容的人，会有不同的购买与消费内容，会在不同的时间、不同的地点，购买不同的产品以满足不同的需求；企业也一样，它们在不同的需求层次上有不同的需求和具体的需求内容，有不同的需求满足方式和要求。因此，推销人员必须向不同的顾客推销不同的使用价值与差别利益。

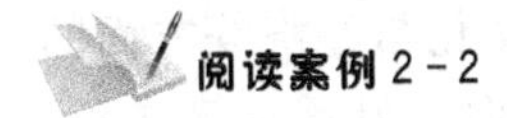
阅读案例2-2

买裤子

有一天早上，一家服装店刚开门，就来了三位顾客，一位是60多岁的老太太，后面是一对青年男女。男的戴一副眼镜，颇有知识分子风度。女的穿着入时，显然是一位注重打扮的姑娘。

营业员热情地迎上去打招呼：“你们要买些什么？”

老太太回头对这对青年男女说：“这里货多，你们仔细看看，选一条称心的买。”

营业员心里明白了，这是婆婆为未来的儿媳妇买裤子。

此刻，她指着挂在货架上各种各样的裤子说："这些式样现在都有现货，你们要看哪一条，我拿出来给你们仔细看看。"三个人都抬起头来不作声。营业员发现，老太太的目光总是停在100多元钱一条的裤子上，而姑娘却目不转睛地盯住了200多元钱一条的裤子上。这时，男青年的眼睛一会儿望望裤子，一会儿又看看老太太和姑娘，脸上露出一些不安的神色。

几分钟过去了，细心的营业员从他们的目光中捉摸出老太太想节约一点，买条物美价廉的裤子；姑娘倾心时髦，想不惜破费买条高档的裤子，但两人都不好意思先开口，男青年大概看出了双方的心情，既怕买了便宜的得罪了女友，又怕买了高档的得罪了母亲，所以左右为难，一声也不吭。

面对这种"相持"的沉默局面，营业员先对老太太说，"这种100多元钱的裤子，虽然价格便宜，经济实惠，但都是用混纺料做成的，一般穿穿还可以，如果要求高一些恐怕就不能让人满意了。"接着，她又对姑娘说，"这种200多元钱一条的裤子，虽然样式新颖，但颜色比较深，年轻姑娘穿恐怕老气了点，不太合适。"说着，她取出一条150多元的米黄色裤子说："这种裤子式样新颖，质量也不错，而且米黄色是今年的流行色，高雅富丽、落落大方，姑娘们穿上更能显出青春活力，许多人都竞相购买，现在只剩下这几条了，您不妨试穿一下。"营业员的一席话，使气氛顿时活跃起来，姑娘喜形于色，老太太眉开眼笑，男青年转忧为喜。三个人有说有笑地翻看这条裤子，姑娘试穿后，也十分满意，老太太高高兴兴地付了钱。

资料来源：董亚辉，霍亚楼．推销技术[M]．北京：对外经济贸易大学出版社，2008.

2.1.3 顾客需求的转移规律

顾客需求的转移规律是指人们对能满足某个需求的具体产品的购买与消费，在群体内、群体间以及在时间、地点方面的转移和扩散规律。

1．"滴流"和"溯流"

"滴流"和"溯流"是需求在群体内和群体之间的转移规律。在同一类型的人群内，总有个别人成为同群人的消费领袖，他们有时被称为消费的"明星"或者"领袖"。他们的购买与消费行为，在同一群体内起到了示范作用，引起周围追随者与崇拜者的效仿。于是，一个产品或是一种消费便会在一个群体内传播与扩散开来。这种由社会高地位阶层影响社会低地位阶层，由高收入人群影响低收入人群，需求和消费在群体内和社会群体间转移的现象被称为"滴流"。"滴流"按其持续时间的长短而被人称为"热""潮""流行"及"时尚"等。相反，消费从社会低阶层人群扩散到上层社会人群，由低社会地位阶层影响高地位阶层的消费现象被称为"溯流"，如牛仔服装等。

2．需求的时空转移规律

这是指需求在更大的时空范围内转移的规律。由于历史、地理、文化与经济等方面的原因，需求会按照一定的方向与时间顺序进行转移。一般由发达地区向不发达地区转移。例如在我国，购买与消费有从南向北、由东向西、由边贸地区向内地、由中心大城市到郊区再向边远农村转移的规律。每完成一次转移所经历的时间，随着地区间沟通的加快而缩短。这种需求在时空上的转移被称为时尚的"横流"现象。了解和确定需求在以上方面的转移和扩散规律，对于企业与推销人员制定推销计划，做好推销的可行性研究等，有很大帮助。

2.1.4 创造顾客需求的方法

利用各种手段和策略创造出顾客需求，是对顾客需求实施管理的最高境界，具体方法主要有以下几种。

1. 价值观念创新法

这是指通过改变顾客原有的价值观，使其对推销品产生新的认识，从而增加市场需求，扩大产品销路。例如，中国人历来认为花钱要买回有价值的东西。经过改革的冲击，有不少人对花钱有了新的看法，认为花钱买个高兴，买个心情舒畅，买个快乐时光也是值得的。于是，花钱买“刺激”、买“向极限的挑战”、买苦吃、买见识、买知识、买机会等，创造出来的需求层出不穷。

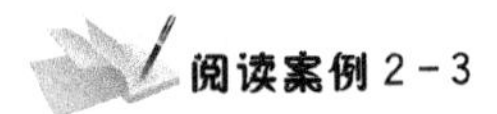
阅读案例 2-3

带疤的苹果更好吃

一农场主经营着一大片果园，眼看苹果挂满枝头，丰收有望，却不料遭遇一场冰雹袭击，雹灾过后，树上的苹果伤痕累累，几乎找不出一个不带伤的果子。往年鲜亮的苹果尚难找到销路，如今这样一片残状，又该如何？农场主为此而整日愁眉不展。一天，农场主又像往常一样来到果园，一边踱步，一边想着心事，随手在树上摘了一个苹果，边吃边想，突然间来了灵感，马上跑回家，动手制作了许多宣传品，到处散发，并到当地媒体去作了广告，大意为：本农场的苹果个个带疤，面目丑陋，但吃起来别有滋味，绝非一般苹果可比，君若不信，可来品尝。广告发出之后，果有好奇者找上门来，一尝，滋味确实不同，一传十，十传百，食疤苹果竟然成了时尚，当其他果农还在为苹果的销路发愁时，此农场主已在美滋滋地点着钞票了。这位农场主成功地将“带疤的苹果更好吃”这一观念推销给了顾客。

资料来源：王国梁．推销与谈判技巧[M]．北京：机械工业出版社，2009．

2. 改变消费方式创新法

这是指将以往人们熟知或习惯的消费形式做一些改动，吸引消费者加入。例如，一般旅游景点都是进门收票，这种几十年来的惯例没有谁认为有什么不妥。又如，有一个公园，将进门收票改为出门收钱，就是这么一个程序的变动，使这座几年来游客日渐稀少的公园又恢复了往日的人气。

3. 改变生活模式创新法

将“请客吃饭”变成“请客出汗”（健身运动），就体现了生活水平达到小康后的生活新模式，推销人员应留意这类生活新观念带来的市场机会，向顾客灌输新思想，使之接受时尚推销品。

4. 营造市场需求创新法

这是指通过推销或其他手段，营造出对产品有需求的环境、空间、状态等，创造出对产品的需求。

阅读案例 2-4

自动洗碗机

自动洗碗机是一种先进的厨房家用电器，是发明家和企业家适应社会需要的创新杰作。然而，当美国通用电气公司率先将自动洗碗机推上市场，等待他们的却是“门庭冷落车马稀”。几乎一切促销“高招”都用尽了，人们对洗碗机仍是敬而远之。公司的市场营销设计专家提出一个新的营销方案，将销售对象由普通消费者转向住宅建筑商人。通用电气公司和建筑商共同做了一次市场试验：在同一地区，对居住环境、建造标准相同的一些住宅，一部分安装有自动洗碗机，一部分不安装。结果，安装有自动洗碗机的房子很快卖出或租出去了，其出售速度比不装自动洗碗机的房子平均要快两个月。这一结果使住宅建筑商感到鼓舞。当所有的新建住房都希望安装自动洗碗机的时候，通用电气公司生产的自动洗碗机便迎来了“柳暗花明又一村”的局面。

5. 传达消费标准创新法

什么是更好的消费与购买行为？什么是美？尽管人们都在追求，但市场上并没有一定标准。因此，哪个推销人员能成功地把自己的产品定为消费与购买的标准，哪件产品就肯定是畅销货。

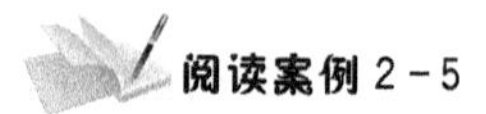

阅读案例 2-5

“流动”的广告

一个公司进了一批柔姿衫，却少有人购买。推销负责人雇请一批身材好的年轻女子穿上柔姿衫在各百货商场间和大街上穿行，让她们坐在自行车后架上在下班的人群中穿梭，并通过电视台等媒体宣称柔姿衫最能够体现江南女子的似水柔情。于是这批货很快卖了出去，虽然价格不低，但买者踊跃，因为她们都希望自己拥有江南女子似水柔性的气质。

2.1.5 顾客的气质类型与特征

1. 气质的概念

气质是指个性心理活动进行的速度、强度、稳定性和指向性，是人的个性心理特征之一，是心理活动的动力特征。气质与人的心理活动无直接联系，但它影响心理活动的表现形式。不同气质的人可以有相同的心理活动，但由于气质不同，他们对于同样的心理活动采取的具体表现形式是不同的。

一些平时在你看来很正常，很普通的一些习惯和动作，在别的人那里就那么的排斥而不可理喻。其实在一定程度上，就是因为你们的气质类型不同、行为表现形式不同而已。因此，推销员针对不同顾客的气质类型来进行沟通，量体裁衣，是十分必要的。同时，还要正确理解气质：

(1) 气质没有好坏之分。

(2) 气质类型不能决定一个人的社会价值和事业成就的高低。

(3) 气质能帮你客观正确地了解、认识自己，明确自己的优劣势，有针对性地发扬优势，弥补不足。

(4) 气质帮你搭建和谐的人际桥梁，了解不同气质类型的特点，针对不同气质类型的人采取不同的交际方式。

2. 气质的类型与特征

1) 胆汁质——急躁

胆汁质的人外向、反应快、易表达、直率热情、冲动、讲义气、重感情，但易感情用事，情感和行为动作产生得迅速而且强烈，有时缺乏耐心，脾气暴躁，好争论。思维具有一定的灵活性，但对问题的理解具有粗枝大叶、不求甚解的倾向；意志坚强、果断勇敢、注意稳定而集中，但难于转移。俗称"直肠子"，属于急躁型的人。

代表人物：诗人李白、《红楼梦》中的晴雯。

特征：肩宽骨大，颈短腿粗，眉毛发达，头顶平整。

针对胆汁质型顾客的策略：少绕弯子。

如果"直肠子"遇到一位慢吞吞的推销员，那么此人可能在盛怒之下，拂袖而去。因此，推销员如果遇到了脾气暴躁的人，一定要尊敬，要尽力配合他，做到语速快一点，动作利落一点，介绍商品要突出重点，细节可省略，不能施加压力。因为这种人下决心很快，如果你犹豫较多，反而会失去沟通的机会。

2) 多血质——活泼

多血质的人比较外向，活泼好动，善于交际，重感情而易接受他人劝说；思维灵活，点子多，但常表现出对问题不求甚解，考虑不深不透急于表达。注意与兴趣易于转移，不稳定；在意志力方面缺乏忍耐性，毅力不强，俗称"三天打鱼，两天晒网"，属于朝三暮四型人。

代表人物：《西游记》中的猪八戒、《红楼梦》中的王熙凤。

特征：体态匀称，稍胖，面圆额宽，线条柔和，动作语言幅度大且快。

针对多血质型顾客的策略：以情动人。

多血质的顾客很容易沟通交流，因为多血质的人很喜欢说话，一谈起来就天南海北聊个没完。这时，推销员不能任由他一直讲下去，必须很巧妙地将话题引到推销事务上。但是你一定要保持很亲切、很诚恳的态度，否则他便会认为你不尊重他。在与多血质顾客打交道的过程中，推销员不妨站在顾客的角度，反复介绍使之心动。因为这种类型的人大多心地善良，富有同情心，善于替对方着想，所以在向多血质型的人推销时应牢记"以情动人"的推销宗旨。

3) 黏液质——冷静

黏液质的人沉着冷静，情感和行为动作迟缓、稳定、缺乏灵活性。这类人很少产生激情，遇到不愉快的事也不动声色，坚毅、执拗、淡漠；注意力稳定、持久，难转移；思维灵活性较差，但比较细致，喜欢沉思；做事规律性强，对自己的行为有较大的自制力；办事谨慎细致，从不鲁莽，但对新的工作较难适应，俗称"老古板"。

代表人物：《三国演义》中的诸葛亮、《水浒传》中的林冲。

特征：体型稍瘦，语言适度，反应较慢，深沉，头呈圆滑型，面部有棱角，肩部不太宽，多向前弯曲。

针对黏液质型顾客的策略：以理服人。

黏液质的顾客喜欢知道各种细枝末节，因此，推销员对他所提出的各项问题，必须要给予满意的答复，不可以心慌，也不可以存有心机，一定要多从理性的角度去介绍产品和强调购买利益，多采用暗示的方法，但要尊重顾客选择，不可过于啰唆，绝不要多管闲事地提许多意见，这会导致相反效果。

4）抑郁质——沉默

抑郁质的人柔弱易倦，情感和行为动作进行得都相当缓慢，且隐晦而不外露。易受挫折，易多愁善感；但富于想象，聪明且观察力敏锐，善于观察他人观察不到的细微事物，敏感性高，思维深刻；在意志方面常表现出胆小怕事、优柔寡断，受到挫折后常心神不安，但对力所能及的工作表现出坚韧的精神；不善交往，较为孤僻，具有明显的内倾性，俗称“林妹妹”，属于沉默寡言型的人。

代表人物：《红楼梦》中的林黛玉。

特征：头顶不平，脸上宽下窄，瘦弱细长，皮肤干燥而缺血色。多疑而敏感，决策犹豫且不合常规。

针对抑郁质型顾客的策略：多说多做。

抑郁质型的顾客多沉默寡言，往往会对购买后果考虑过多而做不出决定，但又不愿询问和请教。因此，推销员对这种类型的顾客不仅要反复进行正面介绍和商品展示，而且还应关注其顾虑，在介绍过程中一一解答。对于不爱说话的顾客，不应该强迫他说话，应该顺着他的性格，轻声细语地与之沟通。需要注意的是，抑郁质的人容易受挫，所以只能提一些容易回答的问题来问他，不要将提问复杂化，以免增加顾客的心理负担。总之，对人员的态度比产品性能更重要，一定要让抑郁质顾客认为你所说的、所做的一切都是为了帮助他。

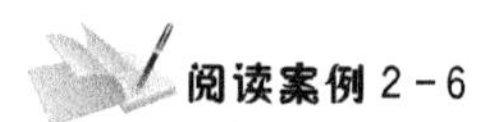

女顾客买羊毛衫

小李是个热心肠的促销员，经常受到顾客的好评。有一天小李看到一位顾客在柜台边游荡了两天，而且今天也来来回回走了好几圈。他出于好奇心走上去问，才知道这位女顾客对一件羊毛衫很中意，但却犹豫着是否购买。小李站在旁边仔细观察了一下女顾客的脸色和体形，很热心地建议顾客选择红色的衣服比较适合。于是，女顾客害羞地买走了羊毛衫。第二天，女顾客和其丈夫拿着昨天买的羊毛衫来到柜台退货并和营业员争吵起来。女顾客说羊毛衫颜色自己不喜欢，丈夫也说不好看。营业员只换不退，其丈夫有点动怒，认为本来就是营业员主动卖给其妻的，要不是因为小李的主动推荐、指手画脚，他们也不会买。正在争吵之时，柜台主管赶了过来，了解情况后，带着顾客和其丈夫重新逛了一次商场，将各种毛衫的优缺点一一做了分析，并建议他们认真考虑，喜欢就买，不喜欢则可以到商场退货。在主管的协调下，顾客最终还是补了差价，买走了另外一件羊毛衫。

资料来源：陈锐．推销实务[M]．重庆：重庆大学出版社，2010.

2.2 顾客对推销的接受过程

顾客对推销人员及其所推销的产品，从认识到购买，一般要经过一个复杂的心理活动过程，但却表现出一定的规律性。顾客的心理活动过程可划分为三个阶段过程：认识过程、情感过程和意志过程。在顾客对推销接受过程的各个阶段中，不同的顾客表现出不同的特点，需要推销人员加以研究与应对。

2.2.1 顾客认识过程

顾客购买产品是从认识产品开始的。认识过程主要解决两个问题：首先是认识和明确自己的需求所在，其次是寻找可以满足这种需求的基本途径和方法。顾客购买的认识过程一般包括：感觉、知觉、记忆、想象、思维和态度这样一些基本的心理活动与过程。

1. 感觉

顾客对推销员和商品的认识过程，是从感觉开始的。推销员和商品作为客观存在的事物，通过推销接近活动，直接作用于顾客的眼、耳、鼻、舌、身这些外部感觉器官，刺激顾客的视觉、听觉、嗅觉、味觉和皮肤觉，传达给神经系统，引起神经系统的兴奋，再传入大脑皮层的神经中枢，形成对特定推销员和商品的个别的、表面的初步印象，即感觉。消费者对推销员和推销品的第一印象(感觉)，直接影响消费者的购物态度和行为。

2. 知觉

随着感觉的深入，神经中枢对感觉传递来的信息进行分析和综合，对推销员和商品的各种属性做进一步的整体反映，就形成了知觉。从感觉到知觉，是顾客对推销员和商品的感性认识阶段。其主要特点有：

(1) 整体性。知觉是对产品整体属性的认识，这就需要调动全部感觉器官系统，如顾客在购买食品的过程中，要看，观察其外观与色泽；要闻，体验其味；要触摸，感知其硬度、新鲜度；要尝，体验其口感；要问，了解其营养功能等。

(2) 选择性。知觉的选择性是人对同时作用于感觉器官的各种刺激有选择地做出反应的倾向。它使人的注意力指向少数重要的刺激或刺激的重要方面，从而能更有效地认识外界事物。它包括选择性注意、选择性曲解和选择性记忆。选择性注意是人从当前的环境中的众多刺激对象或活动中选择一种或几种刺激，使自己产生高度兴奋、感知和清晰的认识。引起选择性注意的原因有两种：一是客观因素，如刺激强度大、新奇、不断变化等；二是主观因素，如与自己的需要、动机和知识经验相关。因此，推销人员在推销的开始阶段，如何排除干扰，使本企业的产品成为顾客的知觉对象，就成为推销要解决的重要问题。同时，顾客总是选择性的来理解。知觉总是在过去的知识、经验的基础上进行的，是用以前所获得的有关知识和经验来理解和解释知觉对象。推销过程中，应尽可能充分地了解和掌握顾客的知识结构、水平及其经验，恰当地引导帮助顾客理解产品的整体属性及其带给顾客的各种利益。

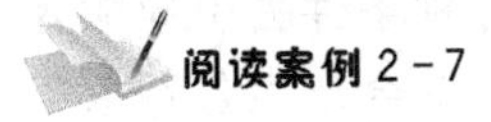
阅读案例 2-7

啤酒与苍蝇

有这样一个故事。当发现餐厅服务员送上来的一杯啤酒里有一只苍蝇时，不同国家的人做出不同的反应：英国人以绅士的风度吩咐服务员："服务员，请您换一杯啤酒来!"；中国人把意见写进意见簿；沙特阿拉伯人则会把服务员叫来，把啤酒递给服务员，然后说："我请你喝……"；美国人则会对服务员说："以后请把啤酒和苍蝇分开放，让喜欢苍蝇的客人自己混合，你看怎么样?"

这个故事虽然是虚构的，但它却形象反映出在交谈时的态度、内容、表情和礼貌，以及交谈中的幽默。面对同一种现象，英国人的绅士风度，中国人的含蓄，沙特阿拉伯人的诚恳、率直，美国人的幽默都充分地显现出来。这些不同与知觉的选择性有很大的关系。

资料来源：袁革．商务谈判：案例式现代商务谈判教程[M]．北京：中国物资出版社，2007.

3．记忆

记忆是顾客对推销有关信息有了初步接受后的储存保留阶段。记忆是顾客对推销的又一次概括与提纯，深化了顾客对推销活动的认识过程。其主要特点有：

（1）记忆是顾客对推销的高度概括。推销过程中，推销人员总是尽力向顾客提供很多信息，但是顾客不可能将所有的信息都储存于大脑中加以记忆，而是把他认为最重要的信息加以记忆。

（2）选择性与差别性。顾客在记忆阶段，是以自己的标准、经验、能力与经历形成的各种依据对推销信息加以选择后再进行记忆的。由于不同顾客选择的标准不同，所以，对同一推销信息的记忆是不同的，这就是记忆的差别性。但是普遍认为，顾客会把推销人员给他的最深刻的认识、最突出的内容加以记忆，认识越深刻，记忆就越牢固，越不会随时间的推移而淡化。

（3）顾客的印象与再现。印象就是推销人员及其产品或企业文化形象留在顾客心目中的总体概括与形象。当顾客感到需要或一旦出现某种提示物后，顾客就会把头脑中的印象与眼前的需要或提示物联系起来，从而为购买提供决策信息。如果顾客对推销的印象是好的，顾客决定购买的可能性就要大些；反之，将对推销带来不利的影响。

（4）顾客的记忆与印象受较多因素影响。下列各种效应特别需要引起推销人员注意和运用：首因效应、近因效应、价值效应、刻板效应、坚强效应、晕轮效应。

所谓价值效应是指顾客在选择记忆时，以自己的价值观为标准决定对推销进行记忆舍。如果是与顾客价值观一致或相近的推销，就容易给顾客留下好印象。所谓坚强效应，是指当印象是由两种以上因素所形成时，这种印象就会按几何级数规律在顾客心中得到加强与放大。所谓晕轮效应，是指顾客在认识过程中，会按照某种逻辑思维对推销人员进行印象推理。如名人效应、多数人效应和历史效应等都是晕轮效应的特例。

推销人员要想给顾客留下好的、难忘的印象，就必须研究顾客的逻辑推理原则与推理习惯，并在推销中加以应用。

4．想象

想象是指顾客对已经拥有的推销主要特征进行加工改造，从而创造新形象的过程。因此，想象具有超前性。推销介绍不能替代顾客的想象，但却可以创造各种条件去引导顾客的想象，调动顾客的想象力。顾客为满足生产或生活方面的某种需求，就会产生各种欲望并演变为对具体产品的追求，推销介绍的精心策划(不是言过其实)，有助于顾客通过想象创造一个美好的新形象。例如，推销人员向顾客充分展示并演示了新型彩色复印机的功能，并配合适当的介绍，顾客就有可能展开充分的想象，组织起来一幅办公自动化、更快捷的文件处理的未来情景。又如，一位吸尘器推销员对顾客说：“请好好想一想，使用吸尘器，你可以从繁杂的家务劳动中解脱出来，这样，你就可以有更多的时间和精力关心你孩子的学习和进步，辅导他的作业，带他外出散步，和家人一同享受生活的乐趣。”

5. 思维

思维是理性认识阶段的主要表现，它是一个心理过程。它通过对感性材料的分析、综合、比较、抽象、概括、判断、推理等复杂的心理活动，使顾客获得对推销活动更全面、更本质的反映。推销人员在顾客的思维概括过程中，应该起引导、启发作用，但不能强加于人，要让顾客在自然状态中接受推销人员的观点，并使顾客自己做出结论。

6. 态度

人在对事物有了认识后，便有了对待事物的态度，而态度又会指挥人的行动。顾客对推销的态度是顾客对推销认识的最后阶段所形成的心理活动内容。顾客的态度有以下特点：

(1) 态度的统合性。态度的统合性是指顾客态度的形成是以顾客对推销认识的所有阶段为基础而形成的，是顾客对推销认识过程的所有心理活动的综合。当顾客对推销人员及对推销的产品有了明确的态度时，已经是顾客对推销认识的最后表现。因此，如果推销人员没有充分把握确认顾客已经对推销有很肯定的积极的态度时，不要轻易地让顾客表态。因为顾客一旦表了态，等于宣告推销活动告一段落，甚至是宣告推销过程的结束。

(2) 态度的媒介性。态度的媒介性是指顾客的态度起到了把前段心理活动过程与后段行动过程相连接的作用。态度既是顾客前段心理活动的总结，又是后段购买行为(或者是不买)的准备。推销人员必须时时刻刻从各个方面注意顾客态度的变化，逐步改变顾客对推销反对或者冷漠态度，通过整体推销活动的开展，促使顾客接受推销，完成对顾客态度的转变过程。

(3) 态度的压迫性。态度的压迫性是指在推销过程中，推销双方的态度会使对方在心理上有压迫的感觉。因为态度总是很鲜明地指向某个具体对象，总会给对方造成心理压力。如推销人员对顾客热情诚恳，会给顾客一种信任感，会使顾客感到来自情感与道德的双重感染的压力而令顾客接受推销；相反，如果推销人员给顾客一种高傲、生硬、圆滑、缺乏真诚的感觉时，顾客会产生被轻视、被强迫、被欺骗的感觉，因而会引发顾客的逆反心理与防卫心理，顾客就会千方百计地拒绝推销。而当顾客打算拒绝推销时，任何推销技巧都将无济于事。

(4) 态度的一元性。态度的一元性是指态度变化的连续性与一贯性。态度的形成与变化是以链条式的状态进行的，一般不是跳跃式的突变，而且每一个变化都是有原因、有过程的。推销人员必须研究并通过一系列推销活动引导顾客态度的转变，使顾客对推销的态度由陌生到熟悉，由冷漠到有兴趣，从无所谓到留下良好印象，促使顾客对产品产生强烈的好感与占有欲望。推销人员必须在推销活动前制定一系列周密计划和有针对性的策略，使推销活动中的个个环节环环相扣，形成一个能够对顾客态度实施转变的整体活动。

(5) 态度的行动性。顾客对推销形成明确态度后，一般都会采取行动以落实其态度。而且态度越明确、越坚决，行动就越果断，采取行动的时间亦会越提前。推销人员应在确认顾客有了明确的态度后，不失时机地促成顾客的购买行动。对于推销活动而言，顾客采取购买行动才是态度转变的一个阶段性的结束。

总之，推销人员在推销过程中，应深入研究顾客对推销的心理认识过程和所处阶段。同时，应十分注重自己的态度与表现，切不可操之过急，也不可放任，任其发展，而应适时适地采取行动，行动踩在“点子”(顾客态度的状况)上，才能成功地进行推销。

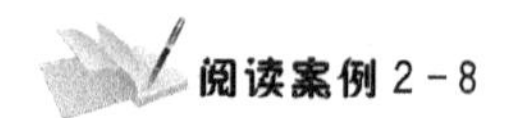
阅读案例 2-8

给你提供一条尼龙拖绳

加德纳正准备把他的汽车开进车库。由于近来天气很冷，斜坡结了厚厚的一层冰，给汽车驾驶带来了一定的困难。这时候，一位懂礼貌的过路人顺势走过来帮助，他又打手势又指明方向，在他的帮助下，汽车顺利地绕过了门柱。他凑过来问加德纳："你有拖绳吗?"加德纳回答说："没有。"然后加德纳又补充道："可能没有。不过，我一直想买一条，但总是没有时间。是否你的汽车坏了?"过路人回答说："不是的，我的车没有坏，但我可以给你提供一条尼龙拖绳。经实验，它的拉力是5吨。"这个过路人的问话即刻引起了加德纳的注意，并且使他意识到他确实需要一条拖绳。

资料来源：吴金法．现代推销理论与实务[M]．大连：东北财经大学出版社，2002.

上述分析表明，顾客对推销的认识过程，首先通过感官感觉到商品的个别属性，然后再通过记忆、想象、思维，对感觉到的材料进行分析、比较、抽象、概括、判断、推理等，从而对商品形成一个比较全面的、本质的认识。消费者经过这个从感性到理性、从感觉到思维的过程，消费者已接近做出购买与否的决定了。但是，在实际推销活动中，许多推销员都会发现，顾客的购买行为并不都是理智的，在许多情况下，相反却是情感在发生作用。为什么呢?心理学分析表明，顾客购买商品的心理过程，既是一个认识的过程，又是一个情感的过程。

2.2.2 顾客情感过程

情感是顾客的需要是否得到满足时所产生的一种对客观事物的态度和内心体验的反映。这种态度会在顾客的购买行为中或明或暗地表现出来。顾客对某种产品的态度，是以该种产品是否满足顾客的需要为中心和依据的，只有那种与顾客需要相关的产品，才会引起顾客的情感反映。情感一般分为情绪和感情两种类型。情绪是由特定的条件引起的，随条件的变化而变化，是短暂而不稳定的情感。顾客情绪的变化，主要取决于需要的满足程度，推销人员的任务就是要积极地创造条件，克服顾客的紧张心理和排斥情绪，稳定和强化顾客的良好情绪。感情是顾客社会性的需要，是与顾客的思想意识紧密联系的一种内心体验，如亲切感、信任感、优越感等，与情绪相比较而言，感情具有较大的稳定性和深刻性。推销人员在推销过程中，应当注意培养顾客三个方面的感情：首先是对推销人员的信任感、亲切感；其次是对产品的偏爱感和忠诚感；再次是对企业的信任感。如果是名牌产品的推销，还要培养和稳固顾客购买和使用该产品的自豪感和优越感。

小资料 2-1

心理情商

心理情商(MQ，即 Mental Intelligence Quotient)就是维持心理健康、缓解心理压力、保持良好心理状况和活力的能力。心理情商的高低，直接决定了人生过程的苦乐，主宰人生命运的成功。联合国世界卫生组织规定心理健康为心理和社会适应能力等方面的健全与最佳状态。高 MQ 包含和谐的人际关系、正确的自我评价和情绪体验及热爱生活、正视现实、人格完整等。与 EQ(情商)和 IQ(智商)一样，如今 MQ 也开始担纲主角，成为高素质人才的一个重要考核指标。

资料来源：陈锐．推销实务[M]．重庆：重庆大学出版社，2010.

2.2.3 顾客购买的意志过程

这是指顾客确定目标，自觉调节行动，克服困难以实现购买的心理过程。意志过程具有明确的目的性和行为调节性。这种调节表现为顾客根据自己的需要和动机，对推销的商品采取购买行动或者制止即将发生的与预定目的相矛盾的购买行动。例如，顾客在财力有限的条件下，有了购买推销员所推荐的电脑或汽车的决心，这种决心促使顾客迅速筹集资金，克服困难实现购买；同时，抑制购买其他商品的愿望或制止其他即将发生的购买行为。

因此，意志过程可分为制定购买决策与执行购买决策两个阶段。

1. 制定购买决策阶段

顾客购买决策的制定过程，包括购买动机的冲突及取舍、购买目的的确定、购买方式的选择以及有关购买计划的制订。在顾客购买决策过程中，选择最适宜的购买目标是关键，顾客在选择购买目标时，一般是遵循需求满足最大化、需求与支付能力相平衡和利益最大化三大原则。

2. 执行购买决策阶段

执行购买决策是意志过程的关键，顾客不但要为购买付出较大的智力和体力，还要克服购买过程中的各种困难与障碍，处理在决策阶段所没有预料到的新情况和新问题。这些困难与障碍包括货币损失、机会损失(品牌、产品、形式、愿望机会)、后果担忧(推销、自我、他人、制度担忧)等，推销员只有帮助顾客处理好这些困难与障碍，才能顺利使顾客执行购买决策。

顾客的购买心理过程是认识过程、思维与情感过程、意志过程的统一。推销人员在访问顾客之前，应该按照购买活动的心理活动过程，分别设计推销策划方案，采取不同的推销技巧和策略，并从整体上协调推销方案、推销技巧和方法，以取得推销的成功。

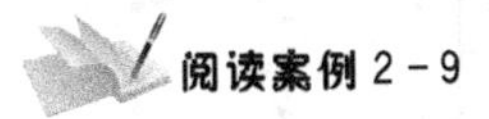
阅读案例 2-9

不情愿的购买者

推销人员：这件衣服对您再合适不过了。您穿蓝色的看上去很高贵，而且这种样式也正是您这种工作所需要的。

顾客：不错，是一件好衣服(犹豫)。

推销人员：当然了，您应该马上买下它，这种衣服就像刚出炉的热蛋糕，您不可能买到更好的了。

顾客：嗯，也许，我不知道。

推销人员：您不知道什么？是无与伦比的。

顾客：我希望你不要给我这么大的压力。我喜欢这件衣服，但我不知道我是否应当买别的颜色衣服，我已经有一套蓝色的了。

推销人员：照照镜子，难道您不以为这件衣服给了您一种真正的威严气质？您知道您可以承受得了。

顾客：我还不能确定，这得花很多钱。

推销人员：好的，但当您再回来时或许这种衣服已经没有货了。

资料来源：吴金法．现代推销理论与实务[M]．大连：东北财经大学出版社，2002.

2.3 推销方格理论

1964年，美国管理学家罗伯特·布莱克教授和简·蒙顿教授提出管理方格(Managerial Grid)理论。1970年，布莱克和蒙顿又提出了一种新的方格理论——推销方格(Sales Grid)理论。这种理论建立在行为科学的基础上，着重研究推销人员与顾客之间的人际关系和买卖关系。推销方格理论可以帮助推销人员更清楚地认识自己的推销能力，发现自己工作中存在的问题；有助于推销人员更深入地了解自己的推销对象，掌握顾客的心理特征；有助于深刻认识自己和推销对象的心理状态，恰当地处理与顾客之间的关系，从而把握推销的主动权。

2.3.1 推销方格

在具体的推销活动中，推销人员、推销对象和推销品是相互影响、相互制约的，两个主体更是处在相互作用之中，其中任何一个要素的变化，都关系到推销工作的成败。

每一个推销人员在进行推销工作的时候，他心里至少装着两个明确的具体目标。一是努力说服顾客，希望与顾客达成有效的买卖关系，完成销售任务；二是尽心竭力迎合顾客，希望与顾客建立良好的人际关系，广交朋友。前一个目标关心的是“销售”，后一个目标关心的是“顾客”。不同的推销人员，追求这两个目标的心理愿望强度各不相同。有的人对两种目标有着同样强烈的热情，有的人则只注重销售、交易的成功，而轻视与顾客的长远关系，还有的推销人员注重追求人际关系目标，对于是否成交则不太关心。

布莱克和蒙顿将上述两种不同的推销目标，用平面坐标系第一象限图来表示，这个图形就是所谓的“推销方格”，如图 2.1 所示。

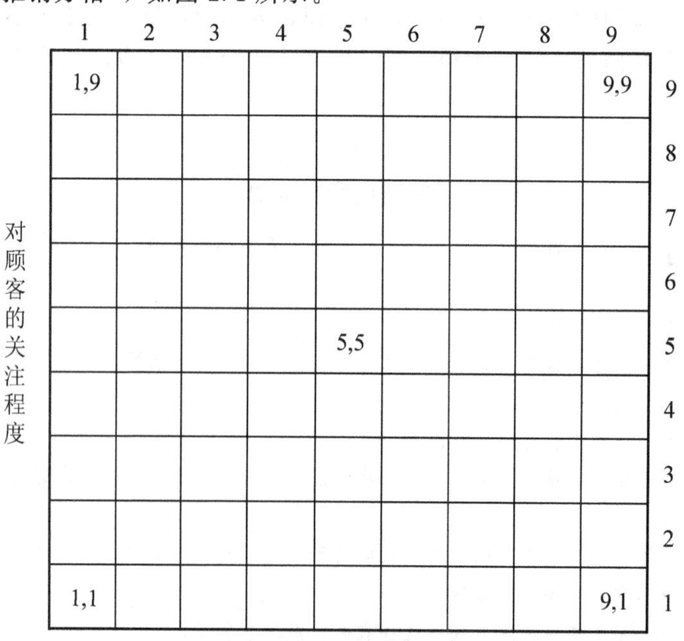

图 2.1 推销方格图

推销方格中纵坐标表示推销人员对顾客的关心程度，横坐标表示推销人员对销售的关心程度。纵坐标和横坐标的坐标值都是由1到9逐渐增大，坐标值越大，表示推销人员的关心程度越高。

推销方格中的各个交点，分别代表推销人员不同的推销心理态度。布莱克和蒙顿认为，可以把推销人员的心理态度分为五种类型，即事不关己型、顾客导向型、强力推销型、推销技巧型和满足需求型。

1. 事不关己型，即推销方格图中的(1，1)型

处于这种状况的推销人员既不关心顾客，也不关心销售。他们对本职工作态度冷漠，不负责任，没有明确的工作目标，缺乏成就感。他们的想法是：我只要把产品摆在顾客面前，要买就买，不买便罢，该卖的自然能卖出去，用不着我费力。他们对于顾客的实际需要漠不关心，对于企业的推销业绩也毫不在乎，其推销工作自然也不会有什么成果。

产生这种心理态度的主要原因，一是推销人员主观上不努力，缺乏进取精神；二是推销人员所在企业没有适当的激励措施和奖惩制度。因此，要改变这种推销态度，就要求推销人员严格管理自己，企业也要建立明确的奖惩制度，鼓励上进，鞭策后进。

2. 顾客导向型，即推销方格图中的(1，9)型

处于这种心理态度的推销人员只知道关心顾客，而不关心销售。他们认为，我是顾客的朋友，我要努力了解他，并对他的感受和兴趣作出反应，这样他就会喜欢我，这种私人感情可以促使他购买我的产品。这类推销人员过分顾及与顾客的关系，千方百计赢得顾客的喜爱，处处顺着顾客心意，总是迁就顾客，而忽视了企业的销售工作和企业的利益。他们的首要目标是与顾客建立和保持良好的人际关系，而无所谓成交与否。

这类推销人员可能是一位理想的人际关系学家，却不能说是一位成功的推销专家。在推销工作中，为了说服和影响顾客，推销人员必须与顾客进行面谈，难免会出现各种各样的异议。出现异议后，推销人员应该做出正确的判断，如果是出于顾客的偏见或误解，推销人员应该讲清道理，尽力说服，力促成交，而不能不顾具体情况，一味对顾客百依百顺。若明知成交障碍是出于顾客偏见或误解等原因，推销人员也不进行说服，而是承认既成事实，顺从顾客心理，也不是一位好的推销员。

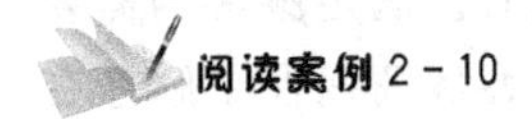
阅读案例 2－10

乔·吉拉德的推销失败经历

有一次，一位顾客来跟乔·吉拉德商谈买车，乔·吉拉德向他推荐了一种新型车，一切进行顺利，眼看就要成交，但对方突然决定不买了。乔·吉拉德百思不得其解，夜深了还忍不住给那位顾客打电话探明原因，谁知顾客回答说："今天下午你为什么不用心听我说话？就在签字之前，我提到我的儿子即将进入密歇根大学就读，我还跟你说他的运动成绩和将来的抱负，我以他为荣，可你根本没有听我说这些话！你宁愿听另一位推销员说笑话，根本不在乎我说什么！我不愿意从一个不尊重我的人手里买东西！"从这件事，乔·吉拉德得到了两条教训：第一，倾听顾客的话实在太重要了，自己就是由于对顾客的话置之不理，因而失去了一笔生意；第二，推销商品之前，要把自己推销出去，顾客虽然喜欢你的产品，但如果不喜欢你这个推销员，他也可能不买你的产品。

资料来源：于雁翎．推销实务[M]．广州：广东高等教育出版社，2006．

3. 强力推销型，即推销方格图中的(9，1)型

处于这种推销心理态度的推销人员只知道关心推销效果，而不管顾客的实际需要和购买心理。他们认为，既然由我负责向这位顾客推销，我就应硬性推销。向他施加压力迫使他购买。这种推销人员一般都具有较高的成就感，把完成销售任务作为自己推销工作的重点，把提高推销业绩作为自己孜孜追求的目标。但在推销过程中，总是采用高压战略，千方百计说服顾客购买，常常向顾客发起强大的推销心理战，开展积极主动的推销活动，有时还对顾客施加购买压力。

对于这类推销人员，我们应该肯定其积极的工作态度，但由于其只顾推销而不顾顾客的实际需要，甚至不尊重顾客的人格，一旦让顾客对推销人员留下不良的印象，不但眼前的生意难以做成，还会破坏与顾客的关系，损害企业的声誉。因此，这类推销人员也不是理想的推销专家。

4. 推销技巧型，即推销方格图中的(5，5)型

抱有这种推销心理态度的推销人员，既关心推销效果，也关心顾客。他们认为，他有一套实践证明可取的工作方法，可促使顾客购买。这类推销人员心态平衡，作风踏实，对推销环境心中有数，对推销工作充满信心。他们既不一味地取悦于顾客，也不强行推销。他们往往采取一种折中的态度，推行一种切实可行的推销战术，稳扎稳打，力求成交。这类推销人员既不愿意丢掉生意，也不愿意失去顾客，四平八稳，和气生财。当与顾客发生异议时，就会采取折中立场，尽量避免出现不愉快的情况。这种推销心理实质上是在一种温和的气氛中巧妙地运用推销技巧，以达成交易，而并不是从顾客的角度出发去满足其需要。

从现代推销学角度讲，这种推销人员可能是一位业绩卓著的成功者，但不一定是一位理想的现代推销专家。他们往往只照顾了顾客的购买心理，而不考虑顾客的实际需要。换句话说，这种推销人员常常费尽心机，说服某些顾客高高兴兴地购买了一些不该购买的物品，而对顾客的实际利益重视不够。

5. 满足需求型，即推销方格图中的(9，9)型

处于这种推销心理态度的推销人员对顾客和销售达到了极大的关心。满足顾客的需要是他们的中心，辉煌的推销业绩是他们的目标。他们的宗旨是，与顾客磋商以便了解他在当时情况下的所有需要，并用其产品满足顾客的需要，让顾客做出合理的购买决策，给顾客带来他们所期望从中获得的好处；在帮助顾客解决问题的同时，也完成了自己的推销任务。这种推销人员工作积极主动，但又不强加于人，他们善于研究顾客的心理，发现顾客的真实需求，把握顾客的问题，然后开展有针对性的推销。利用自己推销的产品或服务，为顾客解决问题，清除烦恼，同时也完成了自己的推销任务。这种推销人员既了解自己，也了解顾客；既了解推销品，也了解顾客的真实需要。他们把自己的推销工作与顾客的实际需要结合起来，最大限度地满足顾客的实际需要，同时取得了推销业绩。

这种推销人员是最理想的推销专家。他们不忘记自己的推销职责，也不忘记顾客的实际需要，在推销工作中积极进取，为顾客排忧解难。总之，这种推销心理态度是最佳的心理态度，处于这种推销心理态度的推销人员是最佳的推销人员。

2.3.2 顾客方格

推销人员不仅要认识自己的推销心理，努力培养良好的推销心理态度，而且还要善于洞察顾客的购买心理，因人而异地开展推销活动。顾客对推销活动的态度主要表现在两个方面，一是对待购买活动本身的态度；二是对待推销人员的看法与态度。当一位顾客考虑实际购买的时候，他心里至少装有两个目标，一是与推销人员讨价还价，希望以有利条件达成交易，完成购买任务；二是希望与推销人员建立良好的关系，为了日后的长期合作，可能会做出一定的让步。前一个目标所关心的是“购买”，后一个目标所关心的是“推销人员”。顾客的情况千差万别，在购买活动中，顾客追求上述两方面目标的心理愿望强度也是各不相同的。推销人员的态度影响到顾客的态度，顾客的态度也影响推销人员的态度，二者相互影响、相互作用。要进行成功的推销，推销人员不仅要学会用正确的态度对待顾客，而且也要学会如何应付各种不同态度的顾客。

依据推销方格，利用顾客所关心的两个目标建立起另外一个方格，这就是所谓顾客方格(Customer Grid)，如图 2.2 所示。顾客方格图中的纵坐标表示顾客对推销人员的关心程度，横坐标表示顾客对购买的关心程度。

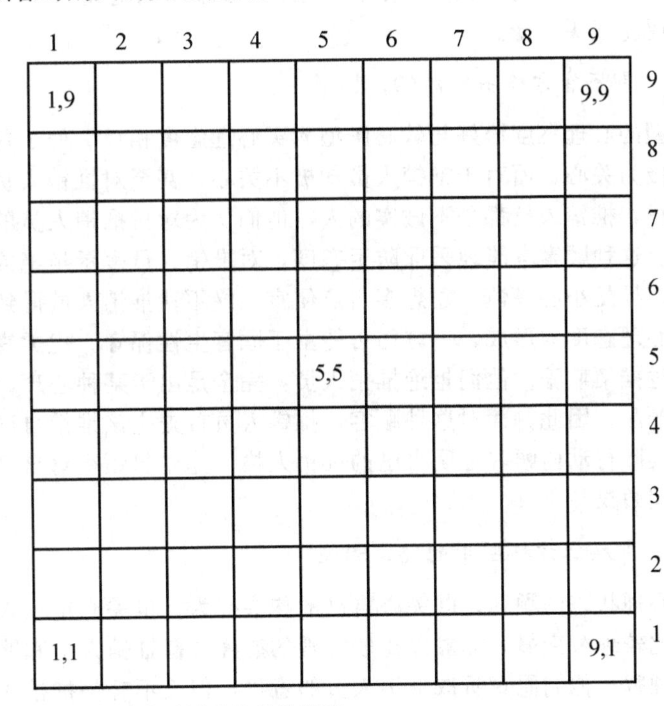

图 2.2 顾客方格图

纵坐标和横坐标的坐标值都是由 1～9 逐渐增大，坐标值越大，表示顾客对推销人员或购买关心的程度越高。顾客方格中的各个交点，表示顾客的各种购买心态，这些购买态度大致可分为五种类型，即漠不关心型、软心肠型、防卫型、干练型和寻求答案型。

1. 漠不关心型，即顾客方格图中的(1，1)型

持有这种购买心理态度的顾客，既不关心推销人员，也不关心购买行为。这种人一般都是受人之托，没有购买决策权；或者他们害怕承担责任，害怕引起麻烦，往往把购买决策权推给上级主管或其他人员，自己只做一些收集资料或询价等咨询性工作。由于这种人认为购买行为本身与己无关，他们对待购买工作既不敢负责，又不热心。他们视工作为麻烦，对成交与否漠不关心，更不愿意接触推销人员，这种类型的顾客最难打交道，也是最难取得推销效果的推销对象。

2. 软心肠型，即顾客方格图中的(1，9)型

持有这种心理态度的顾客，对于销售人员极为关心，而对于购买行为则不太关心。这种软心肠的顾客极易被推销人员说服，他们一般不会拒绝推销人员及其所推销的产品。这类顾客感情重于理智，重感情，轻理智。他们对于推销人员的言谈举止十分注意，对于购买决策却考虑不多。

产生这种购买态度的原因很多，可能是由于顾客同情推销人员的工作，也可能是出于顾客的个性心理特征。有的人天生就是软心肠，容易感情用事，宁肯花钱买推销人员的和气与热情，不愿花钱买气受。

3. 防卫型，即顾客方格图中的(9，1)型

这种防卫型的心理态度恰好与软心肠型购买心理态度相反。处于这种心理态度的顾客对其购买行为极为关心，而对于推销人员却极不关心，甚至对推销人员抱敌对态度。在这种购买者的眼里，推销人员都是不诚实的人，他们认为对付推销人员的最佳办法是精打细算，讨价还价。这种顾客本能地采取防卫态度，对推销人员表示拒绝或冷淡，对购买行为表示高度关心，处处小心谨慎，总想多占点便宜，绝不让推销人员得到什么好处。

这类购买心理态度的形成，一方面可能由于顾客生性保守，优柔寡断；另一方面可能是顾客曾经受过推销欺骗。他们拒绝推销人员，完全是出于某种心理，而不是不需要推销人员所推销的产品。因此，面对这种顾客，推销人员首先应该推销自己，而不急于推销产品或服务，以实际行动向顾客证明自己的推销人格，建立起顾客对自己的信任，才有可能取得较好的推销效果。

4. 干练型，即顾客方格图中的(5，5)型

处于这种心理状态的顾客，既关心自己的购买行为，也关心推销人员的推销工作。这种类型的顾客比较理智冷静，能够以比较客观的态度看待推销人员和购买行为。这种顾客重感情，也重理智；他们愿意听取推销人员的意见，但又不轻信推销人员的允诺；他们所做出的每一项购买决策，都要经过全面的分析和判断；他们的购买行为不拘泥于传统的偏见，但又在很大程度上不受流行风气的影响。

持这种心理态度的顾客，一般都比较自信，甚至具有较强的虚荣心。他们总以为购买决策一定要由自己来做出，并且尽量避免受推销人员的影响。他们购买的东西也不一定是实际需要的东西，而只是为了抬高自己的身份，满足虚荣心。对待这种顾客，推销人员应该摆事实，出示证据，让顾客去进行判断。

5. 寻求答案型，即顾客方格图中的(9，9)型

处于这种心理态度的顾客，既高度关心自己的购买行为，又高度关心推销人员的工作。这种顾客十分理智，不凭感情办事。他们在做出购买决策之前，就已经明确自己需什么东西，并且了解市场行情；他们希望买到自己需要的东西，欢迎能够帮助自己解决问题的推销人员。也就是说，顾客事先知道自己的问题，只是需要寻求答案。这类顾客有自己的独立见解，不轻信广告宣传，不轻信推销人员的允诺，对推销人员的推销活动能进行客观分析，当机立断地做出购买决策。如遇到意外的问题，他们会主动要求推销人员协助解决，但不会提出无理要求。

这类顾客是最成熟的购买者。对待这类顾客，推销人员应认真分析其问题的关键所在，真心实意地为顾客服务，利用自己所推销的产品或服务，帮助顾客解决问题。如果推销人员已经知道自己所推销的产品不符合顾客的实际需要，推销工作应立即停止。

2.3.3 推销方格与顾客方格的关系

前面分别介绍了推销方格和顾客方格，并且具体分析了各种不同推销心理态度和购买心理态度。这些推销心态各有特点，一般来说，推销人员的推销心理态度越是趋向于(9，9)型，就越可能收到理想的推销效果。因此，每一个推销人员应该加强自身修养，努力学习，把自己训练成为一个帮助顾客解决问题的推销专家，既要高度关心自己的推销效果，又要高度关心顾客实际需要，用高度的事业心和责任感来对待自己的工作和顾客。

当然，解决满足需求型的推销人员无疑是理想的推销专家。但是，并非只有这种推销人员才能达到有效的推销。在某些特定的场合，处于其他各种心理态度的推销人员也可能取得成功，原因在于一方面推销方格图里有各种各样的推销人员，另一方面顾客方格图里也有各种各样的顾客。不同购买心理态度对推销心理态度也有不同的要求。因此，有效的推销，关键取决于推销心态与顾客心态的恰当搭配。例如，(1，9)型的推销人员不能算是优秀的推销人员，但是如果他遇到一位(1，9)型顾客时，一个对顾客特别关心，一个对推销人员特别关照，这两位碰到一起，照样可以成交，收到预期的推销效果。

推销方格与顾客方格的关系可以用表2-1来表示。这是一个搭配图，反映了推销方格图与顾客方格图之间的内在联系。表中“+”表示可以有效地完成推销任务；“-”表示不能完成推销任务；“0”则表示介于两种情况之间，可能完成推销任务，也可能无法完成推销任务。

表2-1 推销方格搭配表

推销方格 \ 顾客方格	1，1	1，9	5，5	9，1	9，9
9，9	+	+	+	+	+
9，1	0	+	+	0	0
5，5	0	+	+	-	0
1，9	-	+	0	-	0
1，1	-	-	-	-	-

推销人物专栏

原一平

原一平，1904 年出生于日本，著名保险推销员，被誉为“推销之神”。他相貌平平，身高只有 145 厘米，体重 52 千克。他历经许多挫折，遭遇无数白眼和冷遇，然而，他用自己的汗水和勤奋、韧力和耐心换来了成功，创造了世界奇迹——连续 15 年创日本保险业全国业绩第一，连续 17 年推销额达百万美元。1962 年，59 岁的原一平成为美国百万元圆桌会议会员。他协助设立全日本寿险推销员协会，并担任会长至 1967 年。1964 年，世界权威机构美国国际协会为表彰他在推销业作出的成就，给他颁发了全球推销员最高荣誉——学院奖，他是明治保险的终身理事，业内的最高顾问。1968 年，65 岁的原一平成为美国百万元圆桌会议终身会员。1974 年，71 岁的原一平成为美国百万元圆桌会议远东地区会长。因对日本寿险学的卓越贡献，他被日本政府特别授予“四等旭日小绶勋章”。

推销秘诀：

工作是心中的一团火。

三恩主义——社恩、佛恩、客恩。

他把微笑分为 39 种，对着镜子苦练，曾经在对付一个极其顽固的客人时，用了 30 种微笑，他的微笑被人们誉为“价值百万美金的笑”。

他有坚强的毅力和信念，为了赢得一个大客户，他曾经在 3 年 8 个月的时间里，登门拜访 70 次都扑空的情况下，最终锲而不舍获得成功。

本章小结

1. 顾客需求的规律有：需求的产生规律、需求的层次性规律、企业法人的需求层次规律、需求的转移规律。

2. 创造顾客需求的具体方法有价值观念创新法、改变消费方式创新法、改变生活模式创新法、营造市场需求创新法和传达消费标准创新法。

3. 顾客的气质类型与特征：胆汁质——急躁；多血质——活泼；黏液质——冷静；抑郁质——沉默。

4. 顾客对推销人员以及推销品的过程，可以概括为认识过程、情感过程和意志过程。

5. 推销方格用一个平面坐标图形来表示推销人员对顾客和完成销售任务的关心程度，揭示了推销人员心理的五种典型类型：事不关己型、顾客导向型、强力推销型、推销技巧型和满足需求型。顾客方格是根据顾客对购买与推销人员的关心程度，将顾客的购买心态同样分为五种类型：漠不关心型、软心肠型、防卫型、干练型和寻求答案型。

关键术语

价值观念创新法　改变消费方式创新法　改变生活模式创新法　营造市场需求创新法　传达消费标准创新法　价值效应　坚强效应　晕轮效应　胆汁质　多血质　黏液质　抑郁质　推销方格理论　推销方格　顾客方格

思考与应用

一、单项选择题

1. 推销的基石是(　　)。

A. 需求　　B. 推销品　　C. 服务

2. 胆汁质的人的特征是(　　)。

A. 急躁　　B. 活泼　　C. 冷静　　D. 沉默

3. 黏液质的人的特征是(　　)。

A. 急躁　　B. 活泼　　C. 冷静　　D. 沉默

4. 针对黏液质顾客的推销技巧是(　　)。

A. 以理服人　　B. 以情动人　　C. 多说多做　　D. 少绕弯子

5. 以下(　　)的推销人员是企业理想的推销人员。

A. 顾客导向型　　B. 强力推销型

C. 推销技巧型　　D. 满足需求型

6. 在推销方格中处在(1，9)型，即顾客导向型的推销人员遇到什么类型的顾客最有可能推销成功(　　)。

A.(1，9)型，软心肠型　　B.(5，5)型，干练型

C.(9，1)型，防卫型　　D.(9，9)型，寻求答案型

7. 针对犹豫不决型的顾客，推销人员应采取的基本推销策略是(　　)。

A. 示范推销　　B. 证据推销

C. 对顾客的正确意见及时肯定　　D. 做好顾客的参谋

二、多项选择题

1. 以下属于推销方格中推销人员类型的有(　　)。

A. 顾客导向型　　B. 强力推销型　　C. 寻求答案型

D. 事不关己型　　E. 干练型

2. 以下属于顾客方格中顾客类型的有(　　)。

A. 顾客导向型　　B. 软心肠型　　C. 寻求答案型

D. 事不关自型　　E. 干练型

3. 在推销方格中处在(5，5)型，即推销技巧型的推销人员遇到什么类型的顾客最有可能推销成功(　　)。

A.(1，9)型，软心肠型　　B.(5，5)型，干练型

C.(9，1)型，防卫型　　D.(9，9)型，寻求答案型

E.(1，1)型，漠不关心型

4. 一般情况下，满足需求型的推销员，能实现较成功的推销的顾客是(　　)。

A. 防卫型的顾客　　B. 软心肠的顾客

C. 干练型的顾客　　D. 寻求答案型的顾客

E. 漠不关心型

5. 气质类型包括(　　)。

A. 胆汁质　　B. 黏液质　　C. 多血质

D. 抑郁质　　E. 情感质

6. 针对胆汁质型顾客的推销技巧有(　　)。

A. 轻声细语　　B. 细致全面　　C. 重点突出

D. 少绕弯子　　E. 多说多做

三、判断题

1. 在推销过程中推销员始终是主动的，而顾客是被动的。(　　)

2. 顾客接受推销的心理活动过程具有明显的阶段性。(　　)

3. 从现代推销学的角度来说，寻求答案型的顾客是最成熟和值得称道的顾客。(　　)

4. 气质与人的心理活动有直接联系。(　　)

5. 针对黏液质型顾客的推销技巧应以理服人。(　　)

四、简答题

1. 顾客购买的基本心理活动可分为哪几个过程？每个过程分别由哪些具体的阶段组成？

2. 顾客的情感对购买会有什么样的影响？

3. 顾客态度的特点有哪些？

4. 推销方格是如何揭示推销人员的典型心理类型的？如何评价各种类型的推销人员？

5. 顾客方格是如何揭示顾客的典型心理类型的？如何评价各种类型的顾客？

【实训项目】

◎内容

要求同学在一天之内将两副羽毛球拍推销出去。

◎目的

训练学生在推销过程中，迅速理解顾客的真正需求。

◎步骤

(1) 将全班同学分成若干小组，每小组人数为4人，可自由组合，并由小组成员选出一个小组长。

(2) 每个小组购买两副羽毛球拍，要求在一天之内将其推销出去。

(3) 将目标顾客选定为同校但不同专业的校友，利用星期六或星期天，到宿舍里直接推销。

(4) 先将羽毛球拍推销出去，等待成交收到货款后，再说明此次推销的真正目的，然后调查他们到底为何要购买，是什么原因最终导致他们决定采取购买行动？记录下来。

(5) 将所有拒绝者拒绝的理由记录下来，分析拒绝者的拒绝心理。

(6) 完成一份推销报告，并思考顾客在一次购买行动中，仅仅只为了满足一种需要吗？

案例分析

(一) 葛林油漆公司

布鲁斯是专门销售上光用的油漆公司的销售人员，他将要和泰尔公司的采购代表霍顿女士会面。在过去，他们公司曾经与会面过，但是没有达成买卖协议。这次是布鲁斯第一次与霍顿女士见面。在预定的时间外足足等了20分钟，终于，一位秘书将他带进霍顿的办公室。

布鲁斯：你好，霍顿女士。我是葛林油漆公司的布鲁斯，我想和你谈谈我们的产品(霍顿女士并没有理睬布鲁斯的微笑，而只是指着桌前面的一张椅子)。

霍顿：请坐。我想告诉你我手头现在有两个月的存货。而且，泰尔公司已经同那些供货商打了近三年的交道。

布鲁斯：(坐下)谢谢！你知道，葛林油漆公司是全国最大的油漆公司之一。我们的服务和价格都是无可挑剔的。

霍顿：你为什么觉得你们的服务优于其他公司呢？

布鲁斯：因为我们对全国的每个销售点都保证在24小时内发货，如果是我们当地的储备不足，我们会空运供货。我们是业界唯一通过空运的公司。另外，我们的油漆很牢固。你们通常的订货量是多少？霍顿女士？

霍顿：这要看情况而定。

布鲁斯：大多数公司都订一个月或两个月的货。你们一年之中共需要多少油漆？

霍顿：只有看了你们的产品后，我才想谈订货的问题。

布鲁斯：我明白，我只是想弄清楚你们的订货量，以便决定对你们的价格折扣。

霍顿：我想，你们的价格和折扣不会比我们现在的好。我想给你看一份价目单。

布鲁斯：我相信各个厂家之间油漆价格的竞争会很激烈，这是我们最新的价目单，你可以比较。如果把价格与产品质量和服务保证联系起来，你会发现我们的产品更具吸引力。

霍顿：也许吧！

布鲁斯：许多和你们公司类似的公司都不止一家供货单位，这可以保证供货的稳定性。我们愿意成为你们的供货商之一。

霍顿：我只想有一家供货商，这样我可以得到更多的折扣。

布鲁斯：你考虑过两家轮流供货吗？这样你可以获得相同的折扣，并且货源更加充足。

霍顿：让我考虑考虑，把你随身带来的文件留下来我看看吧！

资料来源：牛海鹏，屈小伟．专业销售[M]．北京：企业管理出版社，1997.

【思考与分析】

1. 布鲁斯推销失败的原因。
2. 若你来推销，该怎样做？

(二) 小本子上的秘密

某电信局计费项目正在招标。M公司似乎志在必得，还专门组织成立了一个十几个人的项目小组住在当地，每天都和项目招标负责人交流，帮助他做招标书，关系已经非常密切。结果出乎意料，中标方的代表竟是一名其貌不扬的女士。

M公司代表很不解，私下里询问她的秘诀。女士反问M公司代表：“你猜在签这个合同前我见了几次客户？”M公司代表说：“我们的代理商整整在那边住了一个月。你最少也见了二十几次吧。”女士说：“我只去了三次，而且在做这个项目之前，一个客户也不认识。”

该女士讲述了整个交往过程。她第一次去客户那里，一个人也不认识，索性逐一拜访每一个部门。最后才发现局长不在，一问才知道局长出差了，她忙追问局长出差的城市和入住宾馆，并马上给宾馆打电话，告诉他们她有一个非常重要的客户住在那里，希望帮她订一个果篮、一个花盆，然后写上名字，送到房间去。

然后，她打电话给公司老总，说这个局长是这个项目的主要决定人，恰好去了公司所在地出差，无论如何要做好他的工作。

当天，她中断拜访行程，赶最早的一班飞机飞回公司，下了飞机直接乘车去宾馆。等她到宾馆的时候，发现老总正在和局长喝茶聊天。在聊天中得知局长有两三天的休息时间，她就邀请局长去公司参观。参观完毕，大家一起吃晚饭。吃过晚饭，她请局长看话剧，局长很高兴。第二天，她又找了一辆车将局长送到机场，对局长说："我们谈得非常愉快，一周之后能不能到您那里做技术交流？"局长很爽快地答应了她的请求。

一周之后，公司老总带队到该电信局做了一个技术交流，她另外有事没有同行。老总回来后对她说，局长相当给面子，亲自组织相关部门的有关人员，参加技术交流。

后来，公司又派她去了两次，第三次的时候就签了下来。

M公司代表听后说："你可真幸运，刚好局长到你们那里出差。"

该女士掏出了一个小本子说："不是什么幸运，我所有的客户的行程都记在这上面。"女士打开小本子，上面密密麻麻地记了很多名字、时间和航班，还有个人爱好、家乡、出差地点和时间等内容。

该女士说："还有，我之所以请局长看话剧，是因为我在电信局的时候，问过办公室的工作人员，知道局长很喜欢看话剧。"

资料来源：李情民．现代推销理论与实务[M]．合肥：合肥工业大学出版社，2009.

【思考与分析】

比较M公司的代表和这位女士各自的做法，谈谈为什么M公司代表会败给这位女士？

第3章 推销工程师

教学要求

知识要点	能力要求	相关知识
推销工程师的职责	了解推销工程师的各项职责的内容	(1) 销售企业产品——交易员 (2) 开发潜在顾客——市场拓展员 (3) 建立联系，保持良好关系——客户关系管理员 (4) 传递商品信息——信息员 (5) 提供多种服务——服务员 (6) 树立形象——企业形象展示员
推销工程师的素质	(1) 了解推销工程师的个人品性的要求 (2) 掌握推销工程师的思想品德和业务素质的要求	(1) 推销工程师的思想品德 (2) 推销工程师的业务素质 (3) 推销工程师的个人品性
推销工程师的能力	掌握推销工程师的各项能力的要求	(1) 观察力 (2) 自控能力 (3) 应变能力 (4) 创新能力 (5) 社交能力 (6) 语言表达能力

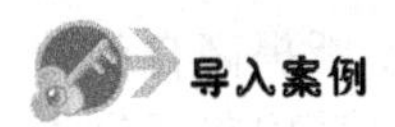

自动化养鸡设备

华尔菲亚电器公司是生产自动化养鸡设备的，经理威伯先生发现宾夕法尼亚州的销售情况不妙。当他到达该地区时，推销员代表皱着眉头向他诉苦，咒骂当地富裕的农民：“他们一毛不拔，你无法卖给他们任何东西。”

“是吗？”威伯先生微笑着，盯住推销员的眼睛。

“真的！”推销员的眼睛没有躲闪，“他们对公司意见很大，我试过多次，一点希望也没有！”

“也许是真的，”威伯先生说，“让我们一起去看看吧！”

推销员笑了，他心里想：你们这些当官的，高高在上，平日满口理论，这下可得让你尝尝厉害，他特地选了一家最难对付的农户。

“笃笃笃”，威伯先生轻轻地敲那家农舍的门。

门打开一条小缝，屈根保老太太探出头来，当她看见威伯先生后面的推销员时，“砰”一下，关上了大门。

威伯先生继续敲门，屈根保老太太又打开门，满脸怒色，恶狠狠地说：“我不买你的电器，什么电器公司，一群骗子！”

“对不起，屈根保太太，打扰您了。”威伯先生笑着说，“我不是来推销电器的，我想买一篓鸡蛋。”

屈根保老太太把门开大了一点，用怀疑的眼光上下打量着威伯先生。

“我知道您养了许多‘美尼克’鸡，我想买一篓新鲜鸡蛋。”

门又打开了一点，屈根保老太太好奇地问：“你怎么知道我的鸡是良种鸡？”

“是这样的”，威伯先生说，“我也养了一些鸡，可是，我的鸡没有您的鸡好。”

适当的称赞，抹掉了屈根保老太太脸上的怒色，但她还有些怀疑：“那你为什么不吃自己的鸡蛋呢？”

“我养的来杭鸡下白蛋，您的美尼克鸡下棕蛋，您知道，棕蛋比白蛋营养价值高。”

到这时，屈根保老太太疑虑全消，大胆走出来。大门洞开时，威伯先生用眼睛一扫，发现了一个精致的牛栏。

“我想”，威伯先生继续说，“您养鸡赚的钱，一定比您先生养牛赚的钱要多。”

“是吗！”屈根保老太太眉开眼笑地说，“明明我赚的钱比他多，我家那老顽固，就是不承认。”

深谙人际关系技巧的威伯先生一语中的，顽固的屈根保老太太竟骂她的丈夫是老顽固。这时，威伯先生成了屈根保老太太受欢迎的客人，她邀请威伯先生参观她的鸡舍，推销员跟着威伯先生走进了屈根保老太太的家。

在参观的时候，威伯先生注意到，屈根保老太太在鸡舍里安装了一些各式各样的小型机械，这些小型机械能省力省时，威伯先生适时地给予赞扬。

一边参观，一边谈，威伯先生“漫不经心”地介绍了几种新饲料，某个关于养鸡的新方法，又“郑重”地向屈根保老太太“请教”了几个问题。“内行话”缩短了他们之间的距离，顷刻间，屈根保老太太就高兴地和威伯先生交流起养鸡的经验来。

没过多久，屈根保老太太主动提起她的一些邻居在鸡舍里安装了自动化电器，“据说效果很好”，她诚恳地征求威伯先生“诚实的”意见，问威伯先生这样做是否“值得”。

两个星期之后，屈根保老太太的那些美尼克良种鸡就在电灯的照耀下，满意地“咕咕”叫唤起来。威伯先生推销了电器，屈根保老太太得到了更多的鸡蛋，双方皆大欢喜。

资料来源：陈守则，戴秀英，戴昀弟．现代推销学教程[M]．北京：机械工业出版社，2010.

经济的发展和科学技术的进步，使产品质量不断提高，同类产品的差异日益缩小，在消费者购买活动中，非产品因素的影响越来越大。很多情况下，购买者是在推销员的影响和感召下作出购买决定的，推销员应当全面认识、认真履行自身的职责，不断提高自己的业务素质和能力。实践证明，推销员的素质和能力与推销业绩有密切关联。美国曾经有人做过一项职业素质、职业能力与职业绩效的比较研究，结果发现：一名优秀司机与一名普通司机的职业能力和职业绩效差距最多不过4倍，而一名优秀推销员与一名普通推销员的职业能力和职业绩效之间的差距可以达到300倍。那么，一名优秀的推销员(本书把优秀的推销员称为推销工程师)应该承担着怎样的职责？具备什么样的职业素质和能力呢？

3.1 推销工程师的职责

每一次推销活动的具体任务是不同的，不同类型的推销工作也有不同的工作内容，但任何企业的推销员，都承担着一些相同的基本职责，由于推销人员在工作中肩负着种种职责，所以他们的职业角色也是多样的。

3.1.1 销售企业产品——交易员

这是推销人员的核心职责和最主要的工作。推销人员是通过寻找潜在顾客、准备进行拜访、接近顾客、与顾客洽谈、处理顾客异议、确定价格及交货时间等一系列活动来达成交易。推销员应牢牢把握满足顾客利益的推销原则，但在满足顾客利益的同时，也要给企业带来相应的利益，如果推销工作没有给企业带来利益，推销员是不称职的。正如一位推销专家所说："亏本的销售对企业和顾客同样有害。"因此，推销员在推销过程中真正要做的工作，是如何在企业利益和顾客利益之间找到共同点，既让顾客得到应得的利益，也使企业的利益得以维护，追求一种双赢的目标。从这层意义上说，推销人员具有维护顾客与企业利益的双重职责。

3.1.2 开发潜在顾客——市场拓展员

美国期刊《销售的力量》的编辑 Gerhard 认为："销售人员的主要职责不是促成交易，而在于开发顾客。"由于顾客的搬迁、升职、疾病、退休、更换岗位等原因，或由于客户公司破产、合并、原采购代理人的替代者倾向于竞争品等原因，推销人员所联系的客户不可避免地会流失掉一部分。这种情况在美国一般处于年流失率15%～20%的水平。在我国虽无准确统计，但鉴于大多数企业客户管理的低水平，可以断定客户流失率应远远高于这个数值。因此，不断开发潜在顾客以替代流失顾客，无论对企业还是对于推销人员，都是至关重要的。推销人员在开始一项新业务时，或是继续一项旧业务时，都应把开发有消费需求、有购买能力和有购买决策权的潜在顾客的任务置于重要位置，并在日常的推销工作中乃至生活中随时留意搜寻潜在顾客的信息，下大气力发展新客户。国外有的企业对推销人员、对顾客管理工作都有规定，如有的公司明确规定其推销员要用80%的时间服务现有顾客，用20%的时间同潜在顾客打交道。

3.1.3 建立联系，保持良好关系——客户关系管理员

推销员运用各种管理手段和人际交往方式，建立、维持和发展与潜在顾客、老顾客之间的人际关系和业务关系，以便获得更多的销售机会，扩大产品的市场份额。推销人员可通过建立顾客联系档案和联系网络，与顾客建立长期的、相对稳定的关系，定期不定期与顾客沟通，避免顾客产生"人走茶凉"的感觉，这有助于顾客关系的发展与产品的销售。

3.1.4 传递商品信息——信息员

首先，推销人员要将有关商品、企业的信息传递给购买者。商品信息的影响程度，一方面取决于信息内容的专门性、真实性和可接受性。不同的目标顾客对商品信息需求的侧重点也有所不同，推销人员必须在调查研究的基础上，针对顾客需要，向顾客传递他所需要的信息。另一方面，要注意信息传递方式的选择，必须针对目标顾客的具体情况，选择目标顾客能正确理解、乐于接受的方式来传递商品信息。

其次，推销人员要将消费者的需求、购买状况、市场竞争状况、产品经营状况等信息反馈给企业。推销人员是企业通往市场的桥梁，他们直接与市场、消费者接触，能及时、

准确地捕捉市场信息，他们的活动是企业搜集市场信息的重要途径，是企业情报的主要来源之一。

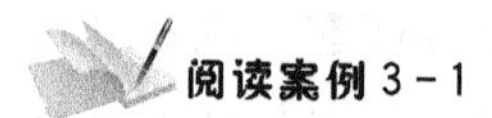
阅读案例 3-1

胡雪岩从隔壁闲谈中捕捉到机遇

有一次，胡雪岩在上海裕记客栈小歇时，无意中却听到了隔壁房中两个人的一段谈话。这两个人对于洋场情况及上海地产开发方式都非常熟悉，其中一个人说道："照上海滩的开发情况看，大马路、二马路，这样开下去，南北方面热闹是看得到的，其实，向西一带，大有可为。眼光远的，趁这时候，不管它芦苇荡、水田，尽量买下来，等洋人的路一开到那里，坐在家里等发财。"隔壁两人的一席谈话，让胡雪岩坐不下去了，出于商人的神经敏感，他顿时觉得这又是一个机会。于是，他马上雇了一辆马车去实地勘察，勘察后，就很快拟出了两个方案：其一，在资金允许的情况下，趁地价便宜，先买下一片，等地价上涨之后再转手赚钱；其二，先摸清洋人开发市面的计划，抢先买下洋人准备修路的地界附近的地皮，转眼就可以发财。

此时正值上海开埠，发展在即，而且还是唯一未受战火波及的地方，再加上因为太平军与清政府打得难解难分，逃难到上海租界的人越来越多，上海的市场也一天比一天兴旺，这就是上海历史上第一个房地产开发的高潮。到了19世纪初期，上海每亩地价已由几十两白银涨至2700两白银，其后数年间，上海外滩的地价甚至一度高达每亩30万两白银。

胡雪岩就从他人的闲谈中捕捉到一个机遇，并立即行动，发了大财。

资料来源：老何．赚钱故事全集[M]. 北京：地震出版社，2006.

3.1.5 提供多种服务——服务员

在当代激烈的市场竞争中，产品的类型及功能大多相似，共性较多，而个性化的服务往往能成为达成交易的关键因素。如果说产品是"硬的"，服务就是"软的"，服务是对产品设计、产品性能的一种调整和改进，有的知名企业甚至提出"我们销售的不是产品，而是服务"的理念，可见服务对于产品销售的重要程度。当然，推销员可以根据服务阶段的不同、消费者的个性需求来向顾客提供相应的服务内容与方式，企业和推销员在服务领域里发挥的空间很大。

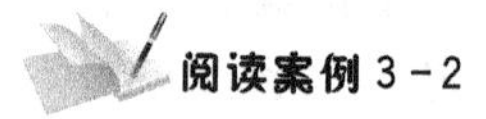
阅读案例 3-2

王永庆卖大米

已逝的台湾"塑料大王"王永庆15岁小学毕业的第二年，就用向父亲借来的200元钱做本金，自己开了一家小米店。为了和隔壁的日本米店竞争，王永庆颇费了一番心思。

当时大米加工技术比较落后，出售的大米里常混杂着米糠、沙粒、小石头等，买卖双方都是见怪不怪。王永庆则多了一个心眼，每次卖米前都把米中的杂物挑拣干净，此举深受顾客欢迎。在此基础上，他又开展了送米上门业务。他在一个本子上详细记录了顾客家有多少人、一个月吃多少米、何时发薪水、何时需要买米等，到时候便送米上门，尽量不让顾客为买米操心费神。他给顾客送米时，并非送到就算，他先帮人家将米倒进米缸里，如果米缸里还有米，他就将旧米倒出来，将米缸刷干净，然后将新米倒进去，将旧米放在上层。这样，米就不至于因陈放过久而变质。他这个小小的举动令不少顾客深受感动，铁了心专买他的米。功夫不负有心人，王永庆的生意一天天红火起来。他的服务一传十，十传百，当初他一天卖不到12斗米，后来一天就可卖出100多斗。王永庆很快又办起了碾米厂，经过几年的努力经营，他把日本人办的厂子远远地甩在了后面。

资料来源：吴健安．现代推销学[M]．大连：东北财经大学出版社，2011.

3.1.6 树立形象——企业形象展示员

在顾客面前，推销员就是企业的名片。顾客常常通过推销员了解、认识企业，因此，推销人员在具体工作中要“从推销自己开始”，自信地向顾客介绍产品和企业，使顾客对推销员产生好感，满足顾客对产品及服务的了解和咨询等需要，耐心解答顾客提出的问题，在宣传产品的同时，也要宣传企业，让顾客对企业产生信任和关注，提高企业知名度，树立企业和自己的良好形象。

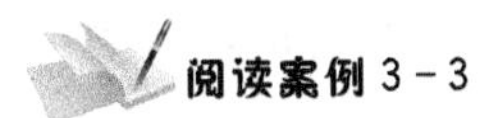
阅读案例 3-3

电池销售

有一家电池生产企业，欲将自己的产品打入某地市场，但前期调查的结果并不令人满意：其一，市场基本上没有空隙，本企业所能生产的各种产品市场上都有；其二，竞争非常激烈，有几十种牌子的电池在大打价格战，获利微薄；其三，本企业产品无论是知名度还是价格都不具有特别的优势。

那么，这个市场还要不要进？回答是要进，因为其他地区的市场也和这个市场差不多，如果都放弃，则没有自己可能立足的地盘。

经过进一步的调查分析，发现该地市场销售的几十种电池中，有一家销量最大，约占一半，其他都不超过10%，要挤占这个市场，这是主要的竞争对手，策略、手段均应围绕这家企业来制定和实施。

第一步，以1号普通电池为敲门砖，以低价位撕开市场缺口。

经分析，虽然几十家企业在打价格战，但基本上都保持在成本线以上，尚无一家亏本销售，主要竞争对手的1号普通电池向批发商供货价格为每组118元，据判断应是其成本底线，向下则会亏本。批发商以每组120元向外批发，获利2元，水平较低，批发商并不满意。选择1号电池作为敲门砖，是因为1号电池销量较大，用户对价格比较敏感。另外，1号电池在各型号中销量不是最大，即使亏一点，也不会对企业造成严重伤害，为此决定以每组115元给批发商供货，如批发价保持不变，则批发商的毛利水平在4%左右，基本符合惯例，批发商会比较满意。另外供货商免费向首批批发商提供2500～3000支电池作为试用品，供其向下属网络免费派发，同时提供POP广告支持和人力资源支持。经过近三个月的配合运作，基本上达到了预期目的，产品的市场覆盖率超过50%，占有率超过10%，更主要的是消费者对产品有了认知，回头客很多。

第二步，以保本价推出销量最大的5号电池，挤占市场。

在前期成功运作的基础上，该企业以保本价推出了销量最大的5号电池，之所以仍保持低价位，是因为这一型号的电池是主要竞争对手的利润点，对方全靠这一型号的电池获利。虽然此时的低价位已不同前期，但即使保本销售也会令对手十分难受，不降价可能会失去市场，降价又会伤及根本利益，左右为难。果然在低价位推出5号电池之后，竞争对手犹犹豫豫，摇摆不定，结果该公司得以趁势发挥，扩大地盘。等到对手意识到问题的严重性，也降价相迎的时候，市场已经损失大半，半壁江山已归于该公司麾下。

第三步，借势发挥，推出盈利产品。

经过一番拼杀，已基本奠定了胜局，产品的市场占有率已超过了50%，消费者已普遍认同，口碑不错，并培养了消费者的购买习惯。借此有利时机，该公司适时推出了盈利产品，将盈利水平较高的碱性电池、镍镉电池等推向市场。此类产品的毛利率均在30%左右，但此时已不去和对手拼价格。一是此类产品是竞争对手的一个弱项，产品质量一直不够稳定，消费者对其颇有微词；二是这类产品普遍价格较高，过去的价格战基本未涉及这类产品，根据该公司目前的市场地位，也无必要去挑起战乱。另外，如果出价太低，还会引起消费者无端猜疑，怀疑产品质量不好。所以正好借势发挥，从中取利。

第四步，改头换面，抬升价位。

在取得市场有利地位之后，该公司开始对先期投入市场的1号、5号电池进行改造：一是推出系列产品，彩管、纸板、铁壳陆续登场；二是改头换面，改换包装上市，以新产品的面目出现，借机抬升价位，使之保持盈利水平。由于电池属非专家性购买，绝大多数消费者对此知之不深，此举并未引起市场振荡，厂家意图得以顺利实现。

第五步，保持竞争态势，巩固地盘。

为了防止已有的市场地位遭到破坏，该公司对于当初作为敲门砖和杀手锏的1号、5号普通电池仍予保留，价位不变，以保持一种竞争的态势，只是不再投入过大的精力，顺其自然。

通过这一事例，可看出卖产品与做市场的不同，市场的占有虽然是以一笔笔的交易为基础，但如果每一笔交易都去计较得失，则势必为挤占市场增加许多难度，有时甚至是做不到的。

资料来源：王国梁．推销与谈判技巧[M]．北京：机械工业出版社，2009.

3.2 推销工程师的素质

在许多企业，80％的业绩是20％的推销人员创造出来的，这20％的人并不是俊男靓女，也非能言善道，唯一相同的是他们都拥有迈向成功的素质。

3.2.1 推销工程师的思想品德

1．职业信念——强烈的事业心

强烈的事业心，是指推销人员对所从事的工作充满热情，有高度的责任感，热爱自己的职业，并体现出对推销工作的执着。强烈的事业心会产生强大的动力，正是有这种动力，推销人员可以忍受各种艰难困苦，忘我地工作；强烈的事业心可以形成高度的责任感，推销人员从中可以体验出自己的价值，使自己更完全地投身到推销活动中去。事业心，是决定一个推销人能否爬上职业金字塔塔尖的重要因素。要培养超强的事业心，就必须摆脱“心理舒适区”的困扰。所谓“心理舒适区”，是指我们每个人为避免失败或经受超强度的压力，会想方设法将自己的目标设定在一个合适范围内，这个范围将给我们心理上带来“比上不足，比下有余”的“舒适感”。作为推销人员，摆脱“心理舒适区”的困扰是培养事业心的第一步。当你满足于“我已是最优秀的20％”时。你必须时常问自己，“我能成为20％中的20％吗?”推销工作是艰苦的，也具有很大的挑战性，需要推销人员在推销工作中克服许多难以想象的困难和挫折，才能完成工作任务。推销员没有强烈的事业心，就没有面对挫折的勇气，就没有克服困难的决心。面对挫折时，请尝试用下面的话给自己打气：

“聪明者常立志，简单者立长志。”

“当您的工作不能选择时，请您选择对工作的态度 。”

“只有没有希望的个人，不存在没有希望的职业。”

“好运气不如好习惯，用有限的生命和精力，固守着一条有阳光的大道，是人生唯一的捷径。”

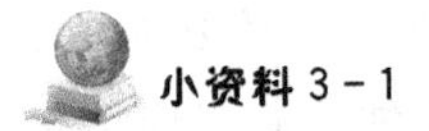
小资料 3-1

《敬业》

美国伟大的职业成功学家詹姆斯·H. 罗宾斯在《敬业》一书中说道："人的一生必须要为自己的职业做出三项最重要的决定，这些决定将改变你的一生，对你的幸福、收入、健康以及人生意义产生巨大的影响。正确的决定可能会造就你，而错误的决定则可能毁掉你。"

① 你将以什么方式来谋生？做一名教师、医生，还是其他？

② 你将朝什么方向发展？是爬向金字塔顶端，还是甘愿生活在职业底层？

③ 你将以什么方式工作？是积极主动、追求卓越、全力以赴，还是消极被动、得过且过、投机取巧？

资料来源：席波．推销原理与实务[M]．大连：东北财经大学出版社，2009.

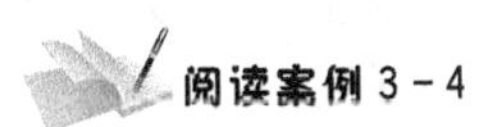
阅读案例 3-4

丰臣秀吉的敬业精神

《太阁记》中有这样一个故事：丰臣秀吉被织田信长雇佣为带草鞋的仆人。在寒冷冬天的早晨，他把主人的草鞋藏在怀里，用体温为之保暖。后来织田信长又让他当马夫。当时的丰臣秀吉已有妻室，两人只靠他微薄的薪水勉强度日。可是，他非常疼爱他负责饲养的信长坐马，除日常的饲草之外，还自掏腰包，买马最喜欢吃的胡萝卜喂它。结果，拿回去的钱自然很少，他的妻子为此非常不满。丰臣秀吉只好老实地把事情说给妻子听。他的妻子生气地说："老板的马要吃胡萝卜，为什么要用你的钱？那不是应该由老板来付吗？我要的衣服都不买给我，却为马买那些胡萝卜，你还爱不爱我？"最后抛弃丰臣秀吉远走高飞。丰臣秀吉的这种彻底的敬业精神非常让人敬佩，也正是他这惊人的敬业精神，使得他后来发展成为一位杰出的商人。

资料来源：王珺之．世界商业大师智慧精要[M]．北京：中国海关出版社，2005.

2. 职业精神——百折不挠的进取精神

世界级推销大师哥特曼曾经说过："推销从被拒绝开始。"推销员在推销过程中会遇到各种各样的困难和挫折，因此，推销员必须具有坚韧不拔、百折不挠的精神才能获得最后的成功。实践证明，推销员第一次上门访问即成功的比率微乎其微，只有靠一次次坚韧不拔的争取，推销才会成功。为了这仅有的一次机会，推销员必须做殊死的努力。

推销员面对顾客的拒绝，害怕了，不敢前进。与其说你是在一次一次地逃避拒绝，不如说你是在一次一次地赶走成功。面对顾客的拒绝，如何才能克服被拒绝而带来的沮丧情绪以及更加坚定自己的意志呢？

(1) 正确认识智力与推销业绩的关系。日本有人对推销员的智商与推销业绩之间的关系进行调查分析。结果发现，他们之间几乎没什么密切联系，智商高的推销成绩不一定高。有些智商高的推销成绩反而不高；有些智商低的推销成绩反而高。因此，那些认为自己不如他人聪明而产生自卑感的人，必须更改这种想法。

(2) 正确认识性格与推销成绩的关系。有人性格内向，有人性格外向。一些推销员认为，推销员要与各类人物打交道，需要外向性格。那些性格内向的人便认为自己不适合从事推销工作，这实际上是个误区。在外向性格中有超级推销员，在内向性格中也有超级推销员。美国十大推销高手之一的乔·坎多尔弗便是内向性格，但他却取得了巨大的成功。日本一家公司对其100多名推销员进行调查，发现推销成绩好坏，取决于推销意愿而不是性格内向与外向，推销成绩差的是缺乏进取精神的人。

(3) 不断学习。俗话说“会者不难，难者不会”。推销是一件复杂的事情，不但涉及大量的专业技术，比如顾客需求、产品功能、工艺等，还涉及大量的社会性知识，比如心理学、营销学，还需要很好的表演才能、沟通技巧、观念等。这项工作比别的工作复杂得多，所以开始的时候推销失败比较多。同时，制定使自己不能偷懒、退却、辩解的计划，这种安排需用铁的意志来坚决实施。

(4) 思考可行办法。这样，不只是获得成功的实质收益，还能带来心情愉快，头脑更加灵活等效应 。

(5) 算出平均成交收益。每一位推销员都希望每次推销都能够成功。但因为产品或服务的不同、推销员的推销能力高低有别，推销成功的比例必然有所不同，有的人成功率为10%，有的人是20%或30%。我们来计算每次交易能赚多少钱(设为600元)。

计算访问多少次客户才能成交(假设20个客户成交一次)。

因此，每会见一次的收益＝600/20＝30(元)

每次会见，尽管被拒绝，对方说“不”，但是自己告诉自己，每个“不”等于30元。

这个例题使每个被拒绝的推销员，本来心情不好，觉得很难过，但想到每一个拒绝等于30元，就会变得面带微笑，感谢对方。然后内心坦然地去接受另一个30元，另一个被拒绝。推销员就会在这一个又一个被拒绝中走向成功，磨炼出坚强的意志。

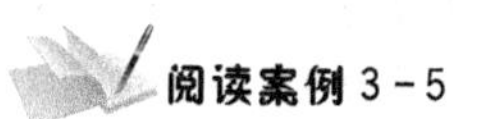

阅读案例3-5

推销从被拒绝开始

曾经有人做过一个有趣的调查，调查美国、日本、韩国、巴西4个国家推销人员在30分钟谈判过程中，客户或潜在客户说“不”的次数，也就是遭到拒绝的次数，结果为：日本人是2次，美国人5次，韩国人7次，巴西人最多，是42次。美国推销协会曾做过一个调查，情况如下：48%的推销员经常在第一次拜访后，便放弃了继续推销的意志；25%的推销员，拜访两次后也打退堂鼓了；12%的推销员在拜访了3次以后，也退却了；5%的推销员在拜访了4次以后也放弃了；仅有10%的推销员锲而不舍，连续登门拜访，结果，他们的推销业绩占了全部推销的80%。可见，推销人员因遭受拒绝而失去自信的情况是非常多的。

资料来源：于雁翎．推销实务[M]．广州：广东高等教育出版社，2006.

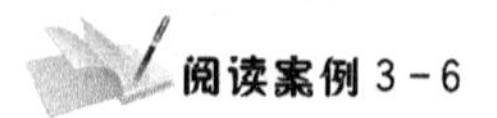

阅读案例3-6

我并没有浪费我的时间

美国当代最伟大的推销员吉拉德本来是一家报社的职员，却为自己赢得了“世界上最伟大的推销员”的雅号。

他刚到报社当广告业务员时，对自己很有信心。因此他给经理提出不要薪水，只按广告费抽取佣金。经理答应了他的请求，办公室里的每一个人都认为他一定会失败。

他拟出一份名单，列出他打算前去拜访的客户类别。在去之前，取出这12位客户的名单，把它念上一百遍，一直对自己说：“在本月底之前，你们将向我购买广告版面。”

结果到了那个月的月底，他和名单上的11个客户达成了交易，只剩下一位还不买他的广告。在第二个月里，他未卖出任何广告，因为他除了继续去拜访这位坚决不登他广告的客户之外，并未去拜访任何新的客户。每一天早晨，当这位商人说“不”时，吉拉德就假装没有听到，而继续前去拜访。到了那个月的最后一天，对这位努力不懈的年轻人连续说了30天“不”的这位商人说话了，他说：“年轻人，你已经浪费了一个月时间来请求我买你的广告，我想知道这到底是为什么？”

吉拉德回答说：“我并没有浪费我的时间，我等于是在上学，而你一直就是我的老师。我一直在训练自信心。”

这位商人说：“年轻人，我也要向你承认，我也等于是在上学，你已教了我坚持到底的一课，这比金钱更有价值，为了表示对你的感谢，我要向你订购一个广告版面，当作是我付给你的学费。”

资料来源：吕国荣．改变世界的100道营销鸡汤[M]. 北京：中国经济出版社，2005.

3. 职业道德——诚实并言行一致

推销人员被喻为“企业行走的名片”，是企业形象的代言人和顾客的参谋与顾问。如果推销人员没有良好的诚信意识，在推销工作中不负责任地弄虚作假、欺骗顾客、夸大产品信息、恶意损害企业形象，就很可能会给企业带来极为严重的损失。在现实生活中，有的顾客对推销员的工作存在一定的误解，甚至反感，就是因为有少数的推销员不讲诚信，目光短浅，只在乎“一锤子买卖”而造成的。

小资料 3-2

希波克拉底誓言

希波克拉底誓言是2400年以前写的，大约和我们的孔子同一个时代。这个誓言总共只有五百多个字(按中文计)，但是产生的影响却非常深远。至今，几乎所有学医学的学生，入学的第一课就要学希波克拉底誓言，而且要求正式宣誓。医学界的人没有不知道希波克拉底的，而且现在不仅仅在医学界，在其他领域里，如律师、证券商、会计师、审计师、评估师、推销员等，都拿希波克拉底誓言作为行业道德的要求。几千年来，学过希波克拉底誓言的人不下几亿，这个誓言成为人类历史上影响最大的一个文件，内容如下。

“医神阿波罗、埃斯克雷彼斯及天地诸神作证，我——希波克拉底发誓：

我愿以自身判断力所及，遵守这一誓约。凡是教给我医术的人，我应像尊敬自己的父母一样，尊敬他。作为终身尊重的对象及朋友，授给我医术的恩师一旦发生危急情况，我一定接济他。把恩师的儿女当成我希波克拉底的兄弟姐妹，如果恩师的儿女愿意从医，我一定无条件地传授，更不收取任何费用。对于我所拥有的医术，无论是能以口头表达的还是可书写的，都要传授给我的儿女，传授给恩师的儿女和发誓遵守本誓言的学生，除此三种情况外，不再传给别人。

我愿在我的判断力所及的范围内，尽我的能力，遵守为病人谋利益的道德原则，并杜绝一切堕落及害人的行为。我不得将有害的药品给予他人，也不指导他人服用有害药品，更不答应他人使用有害药物的请求，尤其不施行给妇女堕胎的手术。我自愿以纯洁与神圣的精神终身行医，因我没有治疗结石病的专长，不宜承担此项手术，有需要治疗的，我就将他介绍给治疗结石的专家。

无论到了什么地方，也无论需诊治的病人是男是女、是自由民还是奴婢，对他们我一视同仁，为他们谋幸福是我唯一的目的。我要检点自己的行为举止，不做各种害人的劣行，尤其不做诱奸女病人或病人眷属的缺德事。在治病过程中，凡我所见所闻，不论与行医业务有否直接关系，凡我认为要保密的事项坚决不予泄露。

我遵守以上誓言，目的在于让医神阿波罗、埃斯克雷彼斯及天地诸神赐给我生命与医术上的无上光荣，一旦我违背了自己的誓言，请求天地诸神给我最严厉的惩罚！”

资料来源：喻言．一本书读懂世界历史文化大全集[M]. 北京：中国城市出版社，2011.

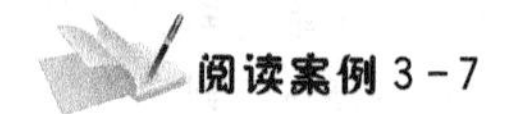
阅读案例 3-7

妙语成功推仿品

北京的一个文物商店，一位外宾在一幅古画面前留意驻足，一位老店员用流利的外语与之交谈，把作品中的诗情画意介绍得引人入胜。谁知老店员呷了一口茶，坦然地说："不过这幅画不是真品，而是仿制品。"外宾为之一惊，大失所望。那位老店员话锋一转："真品只有一幅，为国家所珍藏。仿制者为原作者的得意门生，不仅几乎可乱真，还仿中有创。用中国的一句名言，就是'青出于蓝而胜于蓝'。何况仿制者本人是高手，他的作品亦是艺术珍品。"然后，他向外宾介绍仿制者的生平和轶事。外宾转嗔为喜，连连称赞"诚实"，欣然花数千元将画购去，真可称为"妙语一番推古画"。试想，如果老店员一开头就说："这是一幅仿制品，不过仿得不错"，这笔生意还能谈成吗？

资料来源：马宗连. 商务谈判与推销技巧[M]. 大连：东北财经大学出版社，1998.

4. 职业态度——应该具备强烈的成功欲望

成功首先是想出来的，然后才是做出来的。成功的欲望源自你对财富的渴望，对家庭的责任，对自我价值实现的追求。

曾经有一位女士，29岁就已经拥有几千万元的资产。有人向她请教："您是如何成功的?"她问："你把成功看得有多重要呢?""我从来没有想过这个问题。"她说："我把成功看得像自己的腿、像自己的心脏一样重要。"

成功就是这么简单，当你把它看得有如你的生命一样重要时，无论什么事情，你都是可以做到的。

还有一位集团总裁这样说过："我把事业看得比呼吸还重要，我可以停止呼吸，但我绝不可以停止思考如何成就我的事业!"这就是成功者火一般强烈的成功欲望。

当你拥有强烈的成功欲望时，你会把心中的意念时刻集中在你的目标上。世界上不管什么事情，只要你长期专注在上面，你就能获得成功。成功永远不会是方法的问题，而是意愿的问题，当你的意愿强烈，那个方法就出现了。你要先有想法，然后才会有做法，如果连想都不敢想的话，你的人生也只能是平淡无奇。假如你没有实现梦想的决心和勇气，没有排除万难、绝不气馁的精神与坚定的信念，没有疯狂的不可思议的目标，没有成功的炽热欲望，即使给你一千种方法、一万条道路，都是没有用的，你依然会找出一万零一个借口，来证明自己不会成功。

当你有了强烈的成功欲望，即使你没有能力、没有资金、没有人际关系、没读过大学，你没有任何资源，只要你心中燃烧着成功的欲望之火，你就一定能想出办法来，变弱势为强势，变没有资源为最大的资源，变不可能为可能。你能力的唯一限制，是你对成功的渴望度。

如果你还没有成功，那是因为你脑筋动得还不够多，你思考的时间还不够长。坚持梦想的方法就是不断地用具体的、可以激励自己的影像输入自己的视觉系统，用渴望成功的声音刺激自己的心灵，可以多看一些成功、励志的书籍，可以看一些成功者的传记，可以听一些销售与成功的讲座。

3.2.2 推销工程师的业务素质

一名合格的推销员必须具备必要的业务知识。事实证明，推销员具备的业务知识越丰富，获取良好推销业绩的可能性越大。推销员必须掌握的基本知识包括客户知识、产品知识和公司知识三部分。而在这三部分中，客户知识是最重要的，其次才是产品知识和公司知识。推销员还必须掌握一定的市场知识和法律知识。此外，推销员还必须掌握行业知识，应尽可能掌握社会知识、自然知识、文化知识、技术知识、语言知识、政治知识、宗教知识，还要了解各地不同的风俗习惯、熟悉各种方言、了解各国风情等，总之，一句古话“世事洞明皆学问”，用在推销员身上是再恰当不过了。

1. 客户知识

推销的主要目的是满足用户的需要。推销人员应善于分析和了解顾客的特点，要知晓有关心理学、社会学、行为科学的知识，了解顾客的购买动机、购买习惯、购买条件，购买决策及其对企业的要求和意见等情况，能针对不同顾客的不同心理状况，采取不同的推销对策。

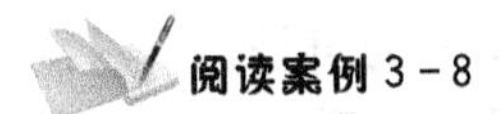
阅读案例 3-8

推销甲、乙两座房子

推销员正在推销甲、乙两座房子，而此时他想卖出甲房子，因此他在跟顾客A交谈时这样说：“您看这两座房子怎么样，现在甲房子已经在前两天被人看中了，要我替他留着，因此你还是看看乙房子吧，其实它也不错。”

顾客当然两座房子都要看，而推销员的话在顾客A心中留下深刻的印象，产生了一种“甲房子已经被人订购，肯定不错”的感觉，相形之下，他就觉得乙房子不如甲房子，最后，他带着几分遗憾走了。

过了几天，推销员带着热情的表情高兴地找到顾客A，告诉他：“你现在可以买到甲房子了，你真是很幸运，正巧以前订购甲房子的顾客资金一时周转不过来，我劝他不如暂缓购房，我那天看你对甲房子有意便特地给你留下来了。”

听到这，顾客A当然也很庆幸自己能有机会买到甲房子，现在自己想要的东西送上门来了，眼下不买，更待何时。因此，买卖甲房子的交易很快达成了。

资料来源：文义明. 销售一定要懂的心理学：金牌销售必知的100个心理营销策略[M]. 北京：中国经济出版社，2011.

2. 产品知识

推销人员掌握产品知识的主要目的是为顾客提供全面的服务。将产品的特点、性能及使用情况准确地介绍给顾客，从而引起顾客对产品的兴趣，做出购买决策。一般来说，推销人员应对自己所推销的产品有以下几个方面的了解：产品的性能、用途、用法、特点、价格、维修、管理程序、产品的寿命周期和产品售后服务等有关情况。同时，推销人员还应了解与之竞争的产品的有关知识。

顾客在采取购买行动之前，总是要设法了解产品的特征，以减少购买的风险。一般情况下，越是技术复杂、价格高的产品，顾客需要了解的产品知识就越多。顾客喜欢能为其提供大量信息的推销人员，顾客相信精通产品、表现出权威性的推销人员。

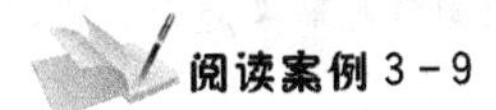
阅读案例 3-9

推销的信心

雅芳公司对其推销员(即为人熟知的“雅芳小姐”)有一条不成文的规定，每个推销“雅芳”产品的人都必须是“雅芳”产品100%的用户，这并非强制性扩大自己的销量，而是公司的经营者、生产者和推销人员必须懂得真正认识商品和了解其性能的重要。切身体会无疑是推销员最具说服力的底牌，只有亲身试用，以一个消费者的角度去品评自己的产品，才会获得最可靠的第一手资料，才会对产品产生真正拥有的信心，并把这种信心带到每一次推销中，用这种信心去感召每一位顾客。

3. 公司知识

推销人员受雇于企业，应对本企业的情况十分了解，一方面为了满足顾客的要求，另一方面也是为了使推销活动体现企业的方针政策，完成企业的整体目标。因此，推销人员应熟悉企业的历史和文化，了解企业在同行业竞争中的地位；熟悉企业在销售过程中所采取的政策；了解产品的种类及服务的项目；掌握定价策略、交货方式、付款供货条件及商品保管方法等有关销售知识。

尤其当你想和陌生的顾客之间建立信任感的时候，公司的信誉更能发挥作用。顾客很可能不熟悉你，但他可能知道你们公司的名字，如果你们的公司有着良好的声誉，可以减轻顾客对陌生推销员的疑虑，而这种疑虑一旦消失，你就少了一个可能出现的障碍。因此，当你推销公司的招牌时，也就是在推销自己。

4. 市场知识

推销人员是企业通往市场的桥梁，他们直接与市场、消费者接触，应能及时、准确地捕捉市场信息。他们是企业搜集市场信息的重要途径，是企业情报的主要来源之一。推销人员必须了解的市场知识包括以下几个方面：

(1) 市场供求信息。关于现有市场需求量、销售量、供求平衡状况；市场上对所推销商品的最大潜在需求量；各个细分市场的绝对占有率和相对市场占有率；企业及同行业竞争者在市场中的地位、作用及优劣势比较；国内、外市场需求的变化和发展趋势等。

(2) 商品经营效果信息。关于企业经营过程中所采取的各种营销策略的效果，如产品包装的改变、价格的改变、销售渠道的变化等等。

(3) 同业竞争对手的信息。关于竞争产品的更新状况、销售价格、销售渠道及网点设置，竞争者的促销手法的变化，目标市场及市场占有率的变化等。

推销员在推销过程中有意地收集各种情报信息，加以整理、分析，及时反馈给企业，就能够使企业及时掌握市场动态，扼住市场的脉搏，相应地做出调整，大大提高了对市场信息的敏感程度。

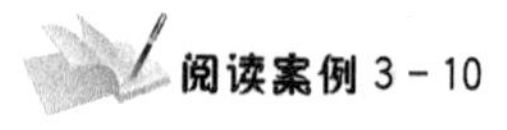
阅读案例 3-10

智卖雨具

某年年底，广州气象台预测翌年春节之后，当地将出现一段持续低温阴雨天气。就在此时，南方大厦的业务部经理从广州外事部门获悉，在此期间将有几个大型外国代表团来羊城游览。

两则消息似乎毫不相干，但南方大厦的业务员，头脑反应快，思维灵敏，把两则消息联系起来分析，从中发现一笔有利可图的生意——卖雨具。

他们在本市组织货源时又发现，由于这次阴雨天气属反常现象，市场的雨具销售这时还是淡季，当地批发部门备货还不齐备。于是他们就跟踪追击信息，专门走访外事部门，详细了解外国代表团成员的不同国家和地区的消费心理和习惯，有针对性地从外地及时组织了一批式样新颖的雨具。当宾客来到时阴雨连绵，他们热情地送货上门，数万把雨伞很快销售一空，受到代表们的好评。

资料来源：孙郡锴．做最好的推销员[M]．北京：中国华侨出版社，2010.

5．法律知识

每当推销人员做成一笔买卖，从法律上讲，买卖双方同时承担相应的权利和义务，也即双方当事人产生了法律关系，因此，推销人员应了解经济行为是否具有法律效力的原则界限；签订合同的基本原则；签订合同的程序；合同的主要内容；合同的变更和解除程序；违约的责任及其认定；合同的鉴定和公证；代理与担保，以及发生纠纷时，仲裁和诉讼程序等。此外还有税法、有关银行结算和票据管理的法律规定，甚至对外贸易法律等。

3.2.3 推销人员的个人品行

除了推销人员的业务素质外，影响推销成功的重要因素还包括推销员各方面的个人品行。

1．自信心

推销员的自信心就是推销员在从事推销活动时，坚信自己能够取得推销成功的心理状态。自信是推销成功的第一秘诀，相信自己能够取得成功，这是推销员取得成功的绝对条件。乔·吉拉德说："信心是推销员胜利的法宝"。

著名的吉姆(GEM)公式，从心理学角度揭示了成功推销的三大心理要素：第一，推销员一定要相信自己所推销的产品(Goods)；第二，推销员一定要相信自己所代表的企业(Enterprise)；第三，推销员一定要相信自己(Myself)。

推销员销售的第一产品是什么？就是推销员自己。把自己成功地推销出去，你的销售就成功了一半。很难想象一个对自己都没有信心的人，又怎么可能把自己、公司的产品成功地销售给客户。推销是与人交往的工作，在推销过程中，推销员要与形形色色的人打交道，其中有财大气粗、权位显赫的人物，也有博学多才、经验丰富的客户。推销员要与在某些方面胜过自己的人打交道，并且要能够说服他们，赢得他们的信任和欣赏，就必须坚信自己的能力，相信自己能够说服他们，然后信心百倍地去敲顾客的门。

如果推销员缺乏自信，害怕与他们打交道，胆怯、退却，最终会一无所获。推销是一个富于挑战性的工作，也是极易产生自卑感的工作。许多推销员心中都笼罩一片阴影——自卑意识。许多推销员都存在着自卑意识，他们往往是以"不能"的观念来看待事物，对困难他们总是推说"不可能""办不到"。正是这种狭隘的观念，把他们囿于失败的牢笼。

一些推销员在走到顾客的大门前时，踌躇不前，害怕进去受到顾客冷遇。推销员微妙的心理差异，造成了推销成功与失败的巨大差别。自卑意识使推销员逃避困难和挫折，不能发挥出自己的能力。如果怀有自卑感，在推销方面是不会有成功希望的。

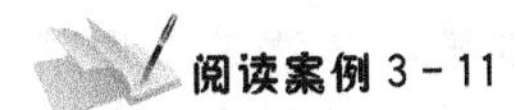
阅读案例3-11

你的行动一定会影响到你的顾客

有一实验是由两位水平相当的教师分别给随机抽取的两组学生教授完全相同的课程。所不同的是，其中一位老师被告知他所教的学生天资聪慧、思维敏捷，如果你对他们倾注所有的关注和爱，并帮助他们树立信心，他们能解决任何棘手的问题。而另一位老师则被告知，他的学生资质一般，所以只是期待一般的结果。

一年后，所谓“聪明”组的学生比“一般”组的学生在学习成绩上整体领先。可以看到造成这样结果的原因只是教师对学生的“认知”不同，从而期望不同。那么你不妨对自己的产品充满信心，这样，你的行动一定会影响到你的顾客，你的顾客一定会像“聪明的学生”一样“表现非凡”。因为，推销实际上是一个信心传递的过程，只有你对你所推销的产品表现出足够的信心，顾客才会相信你的产品。

资料来源：于雁翎．推销实务[M]．广州：广东高等教育出版社，2006.

自信心培养的方法主要有以下几种：

(1) 正确认识推销职业的意义。推销是向顾客提供利益的工作。推销员必须坚信自己的产品能够给顾客带来利益，坚信自己的推销是服务顾客，你就会说服顾客；反之，推销员对自己的工作和产品缺乏自信，把推销理解为求人办事，看顾客的脸色，听顾客说难听话，那么，推销员将一事无成。一些推销员具有职业自卑感，他们为推销工作感到羞愧，甚至觉得无地自容。他们觉得自己似乎是在乞讨谋生，而不是在帮助他人。产生职业自卑感的主要原因是没有认识自己工作的社会意义和价值。推销员要培养自己的职业自豪感，推销员也应该为自己的职业自豪。从工作性质看，推销是一项十分高尚的职业。因为推销员是在运用自己的顾客需求和产品方面的专业知识为顾客提供咨询，帮助顾客提高生活或者生命质量。从工作内容看，推销在向人们传播新的思想、新的生活方式、新的产品，所以推销代表着进步，值得自豪。从工作过程看，推销是与人打交道，帮助别人的活动，充满了光荣与快乐。从工作的挑战性看，推销员不但需要超过常人的知识，还需要良好的沟通、表达能力。优秀的推销员身兼社会生活知识的博学家，顾客需求的专家，产品知识的专家，推销表演剧本的作家、导演，自己调动对手的高级演员，可以说推销是一项十分伟大的职业。

(2) 调动积极的心态。把你的注意力集中到正面、积极的思维上来，充分调动你所有积极的心态。学会用积极的心态去面对生活，不要让消极的情绪影响自己。消极的情绪就像癌细胞，会在我们的思想内扩散，会在人群里传染，如果不把它清除掉，最终会毁了我们的事业和前途。推销员每天在外奔波，哪怕只签订很少的合同，也要正确对待，如果你持消极态度，认为只订了数量这么少的合同，就会心情沮丧；反之，你抱着积极的态度来看待，认为我今天又订了一份合同，取得了成绩，并为此而自豪，就会鼓起明天继续努力、取得更大成绩的信心。抱着积极的观念，而不是消极的态度来看待自己的工作，从每一点工作中看到成就，看到成功，最后就会从自信中获得一次次的成功。

(3) 要有充分的准备。实力来自充分的准备。信心来自哪里？信心来自比对手强的实力。成功的推销要求推销员了解自己，了解自己的行业，了解自己的公司，了解自己的产品，了解自己的顾客特性和顾客的需求，而这些了解除了来自平时的积累，更重要的是来自充分的准备。

(4) 进行心理暗示。推销员抱着我一定能够取得成功的念头去推销，这就是心理暗示。从内心深处相信自己能够取得成功，这是获取成功的绝对条件。日本创造学家未名一央说：“所谓能力，从某种意义上讲只不过是一种心理状态，能够做多少，取决于自己想做多少。”

推销员进行心理暗示的方法是多种多样的，举例如下：

① 在做业务的时候每天早晨带领团队成员进行壮声运动，大声呼号。在拜访客户时

暗自说：我的智力、我的准备、我的沟通技术都是最好的，我一定会成功。

② 加拿大一位推销员每天早晨上班前，都要对着镜子说一遍："真见鬼，我今天怎么这么好，以后还会更好的。"然后信心十足地去推销。

③ 日本一位推销员每到一个城市去推销，在拜访顾客之前，就要到商店买一条最高级的领带佩戴上，然后自己为自己鼓劲："至少我的领带是最高级的。"

（5）重视自己的成功，不断鼓励自己。自信来自成功。信心是可以通过对成功影像的想象来重建的。想象一下你曾经成功地说服过别人，想象你曾经有过的一次成功的恋爱经历，想象你曾经成功地说服客户达成交易的经历，让成功的影像牢牢地印在脑海里，不断刺激你的神经，你就会发现你已经精神焕发，充满了活力，以阳光的心态迎接新的一天。

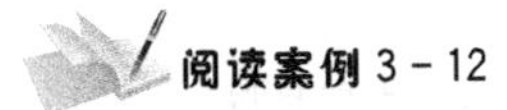

阅读案例 3－12

把斧子推销给总统

2001年5月的一天，美国有一位名叫乔治·赫伯特的推销员，成功地把一把旧斧子推销给了布什总统，从而获得一家名为布鲁金斯学会的"金靴"奖。

布鲁金斯学会以培养世界上最杰出的推销员著称于世。它设立的"金靴奖"是推销界的"奥斯卡"，然而此奖并非每年颁发，此前它已空缺26年。

克林顿当政期间，该学会推出一个题目：请把一条三角裤推销给现任总统。8年间，无数的学员为此绞尽脑汁，最后都无功而返，克林顿卸任后，该学会把题目改成：请把一把斧子推销给布什总统。

鉴于前面的失败和教训，许多学员知难而退。因为当今总统什么也不缺，即使缺什么，也用不着他亲自购买；退一万步说，即使他亲自买，也不一定正赶上你去推销的时候。

然而，乔治·赫伯特却做到了。他给布什总统写了一封信，信中说：有一次，有幸参观了您的农场（布什在得克萨斯州有一农场），发现种着许多菊树，有些已经死掉，木质已变得松软。我想，您一定需要一把小斧子，但是从您现在的体质来看，小斧子显然太轻，因此您仍然需要一把不甚锋利的老斧子，现在我这儿正好有一把，它是我祖父留给我的，很适合砍伐枯树……

后来呢？后来，乔治收到了布什总统15美元的汇款，并获得了刻有"伟大的推销员"的一只金靴子。

乔治·赫伯特成功后，布鲁金斯学会在表彰他的时候说，"金靴奖"已空置了26年，26年间，布鲁金斯学会培养了数以万计的推销员，造就了数以百计的百万富翁，这只金靴子之所以没有授予他们，是因为我们一直想寻找这么一个人，这个人不因有人说某一目标不能实现而放弃，不因某件事情难以办到而失去自信。

资料来源：吴蓓蕾．把斧头卖给美国总统[M]．北京：新华出版社，2006.

2. 亲和力

超强的亲和力是人积极心态的外在表现，一个心态消极的人是不可能有亲和力的。非凡的亲和力来自于发自内心的服务心态。销售人员销售的第一产品是推销员自己，如何获得良好的第一印象是至为关键的事。这时候你的人格魅力、你的信心、你的微笑、你的热情都必须全部调动起来，尽可能利用最初的几秒钟打动客户，这就需要推销员具备非凡的亲和力。

每个人的内心都有一些固有的立场或观念，当沟通信息与既有的观念相抵触时，对方不是回避就是抵制，但在观念核心的外围却有一个变动不定的"可接受范围"，则可产生共鸣。

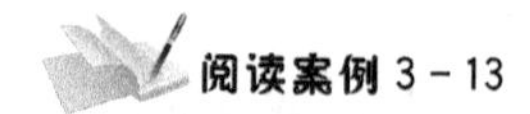

阅读案例 3－13

触龙说赵太后

赵惠文王驾崩，孝成王年幼，秦国攻，向齐求救。

赵太后不愿其小儿子出使齐国以救国难，触龙前来进谏，太后满腔怒火，两人的态度针锋相对。于是触龙启动群体共性：同为年迈体衰的老人，一上殿就显出老态龙钟，慢吞吞小步向前，说自己腿脚不便，饭也吃不下，然后问太后身体如何，饮食怎样，散步走多远？两个老人絮絮叨叨拉家常，逐步解除了太后的戒备心理。触龙再说起他15岁的小儿子，希望在自己未死之前，将他托付给太后。太后问："大丈夫亦爱怜其少子乎？""比妇人还厉害呢！"太后笑起来："妇人家爱小儿子才特别厉害哟！"——行了，行了，老太后这时大概已经忘记了触龙就是要来说她的小儿子！

资料来源：汪建民，丁振宇．说话中的76个应变术[M]．北京：北京工业大学出版社，2010.

亲和力建立的"五步法"介绍如下：

第一步，情绪同步。俗话说："出门看天气，进门看脸色。"推销员要学会察言观色，在情绪起伏上与客人保持一致，必要的时候，要做到"悲客人所悲，喜客人所喜"，力求引起客人情感上的共鸣。例如面对为孩子选择辅导班的家长，或许孩子的成绩差、自制力差正是客户苦恼的问题，推销员切不可以大肆渲染成绩差的严重性："小孩子成绩这么差，确实需要抓紧补课了"，应该轻松地宽慰家长："您的孩子肯定是很聪明的，聪明的孩子一般都很淘气的。只要掌握学习方法，养成一个好习惯，很快就会赶上来的。"

第二步，语调和速度同步。人按其语调和语速，大致可分为三类：第一类人讲话速度非常快，音调很高，肢体语言很丰富，说话时胸腔起伏很剧烈；第二类人讲话速度适中，音调时高时低，变化丰富；第三类人讲话速度很慢，音调低沉，说话时视线朝下，做思考状。

如果你遇到的是一位讲话速度很快、音调很高的客人，而你用你一贯缓慢的速度讲话，且音调低沉，客人会有耐心听你把话讲完吗？

第三步，生理状态同步。在推销过程中，由于受生理变化的影响，有时我们会不经意地做一些动作来调整我们的生理状态。有些动作可能无伤大雅，但是以下这些动作是应该尽量避免的，因为这样会影响到顾客的情绪。

动作之一：双手抱胸而坐或站。这样的动作给客人一种傲慢、抗拒和不开放的印象，会大大降低客人的合作意愿。

动作之二：把头仰靠椅背而坐。这样的动作给人一种散漫、心不在焉的感觉，会大大影响客人的情绪。

动作之三：当着客人的面打哈欠，这样的动作给人一种厌倦、疲惫的感觉，同样会大大影响客人的情绪。

动作之四：坐着时不停地晃动双腿，这样的动作给人一种吊儿郎当、玩世不恭的印象，会引起客人对你诚信度的怀疑。

动作之五：跷腿而坐，并不停地跷腿。这样的动作的后果与动作之四类似。

第四步，语言文字同步。罗斯福的夫人向杜鲁门建议同丘吉尔搞好关系："如果您和他谈论书籍，让他以奇妙的记忆力为您摘引从巴巴拉到打油诗、押韵字和希腊悲剧，您可以发现，在政治问题上，他更容易打交道了。"

第五步，合一架构法。采用合一架构法，不直接反驳和批评对方，不使用“但是”“就是”“可是”，而应使用“同时”。在推销过程中，绝大部分推销人员都有一种思维惯性和思维定式，当客人反驳我们的产品或服务时，我们总是想方设法竭力辩解。我们听完客人的抱怨后，经常喜欢用“但是”“可是”“就是”这样的字眼。要知道，这样的字眼有时会令客人感觉受到排斥。最好的化解方法是多用“同时”这样的词，以减缓客人的对立情绪。有三种合一架构：其一，“我很了解……同时……”；其二，“我很感谢……同时……”；其三，“我很同情……同时……”另外，对于一些没有办法解决的客户，交给同伴处理。

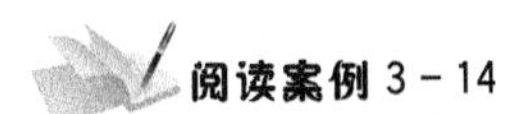
阅读案例 3－14

志愿者需培训亲和力

2008年残奥会前，志愿者在进行培训时，都要亲身体验残障人士的感觉。如坐在轮椅上与人交流，以及蒙上眼睛被人引路。这种培训方式让志愿者真正以残障人士的角度去感受，是换位思考的最好形式。在残奥会进行的过程中，志愿者注意不要去帮助残障人士，因为残障人士往往内心渴望被当作健全人看待，不希望别人给予同情；对于坐轮椅的残障人士，志愿者要蹲下来平视对方，对于盲人，不要主动帮助他们提拿随身物品等。

2008年“5·12”大地震后，志愿者在四川灾区为当地受灾群众做心理辅导，有一些话是不能说的，如：“我很同情你们”（这句话显得姿态很高），“我理解你们的痛苦”（没有经历地震，再怎么样也没法体会受灾者的痛苦），还有“你们受苦了”“你们太不容易了”，这些都是不太好的说法。正确的方法是讲未来，讲今后怎么做。面对失去亲人的受灾群众，应该说：“虽然无法挽回亲人的生命，但是我们坚强地生活下去，就是对亲人最大的告慰。”

资料来源：崔小屹．电话销售与成交技巧实训[M]．北京：化学工业出版社，2010.

3．善于赞美

美国著名女企业家玛丽·凯曾说过：“世界上有两种东西比金钱和性更为人们所需——认可与赞美。”赞美别人，仿佛用一支火把照亮别人的生活，也照亮自己的心田，有助于发扬被赞美者的美德和推动彼此友谊健康地发展，还可以消除人与人之间的龃龉和怨恨，所以赞美是人际关系的润滑剂。

每个人都有自己引以为骄傲的事物，每个人也都有那么点虚荣心，希望别人夸奖自己。赞美，是对对方优良品质、能力和行为的一种语言肯定，它实际上是人们对待世界的一种健康心态。赞美别人，也是一种艺术。赞美时注意如下几点：

（1）要把握赞美的时机。赞美必须看准火候，别“拍马屁拍到马蹄上”。

（2）要善于挖掘别人尚未张扬之处。客户的风度气质、衣着服饰、谈吐学问、事业经营、家庭或公司的环境布置等，都可作为赞美的话题，特别要善于挖掘别人尚未张扬之处，更能触动顾客的心灵。

（3）要注意赞美的分量得当。赞美必须掌握分寸，自然大方，使对方能欣然接纳。

（4）多转述赞美。

（5）善用顾客的喜好。

（6）赞美要发自内心，过于牵强会使对方感到不真诚、不舒服、有奉承之嫌。

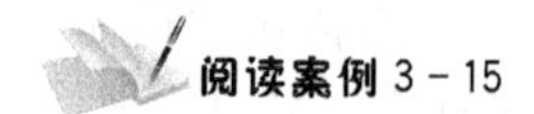
阅读案例 3-15

只剩九十九顶高帽了

清朝《一笑》中有这么一则故事：有位京中的朝官将要到地方任职，临行前向他的老师道别。老师教诲他说："外官难做，你好自为之。"这位朝官踌躇满志地说道："老师请放心，学生已准备下了高帽一百顶，逢人便送一顶，当可化险为夷。"老师面带愠色道："我辈以直道做人，怎么能这样做呢？"那位朝官赶忙回道："天下像老师您这样不喜欢戴高帽的人，实在是太少了，我辈应该向您学习呀！"老师这才喜笑颜开，点头道："你这话不无道理呀！"那人出门后便自言自语道："我的一百顶高帽只剩下九十九顶了。"

资料来源：华业．管理鸡汤[M]．北京：中国商业出版社，2010.

例如，看到一个小孩蹦蹦跳跳，东摸西抓，片刻不停，你也许会心中生厌，但作为推销员，你却必须对他母亲说："这孩子真是活泼可爱！""啊，这孩子很淘气！"他母亲也许会这么说。这时你千万不能附和，最好夸奖地说："哦！聪明的孩子都这样。"又如，面对高额的美容套餐价格，客户正在犹豫不决，价格很可能是主因，服务小姐可以这样表达："小姐，其实您的年纪较轻，而且皮肤的底子不错，现在不需要做这么深层的护理，您选择另外一种更基础一些的护理就足够了。"服务小姐的话既赞美了客户，又得体地维护了客户嫌贵的隐情，维护了客户的自尊心，也促成了购买。

如果你去推销，在院子里看到一条小狗而并未过分注意，依旧介绍着你的产品，恰恰这条小狗是一条人见人夸的小狗，主人因此十分自豪，而你见到他家的狗却没有表示，主人也许会产生失望心理。无形中你错失良机——一个博得你顾客好感的机会。他也许会因此而拒绝你呢。如果你当时略似亲昵地拍拍小狗，说一句"多漂亮的小狗啊！"，你成功的机会也许就多了一分。

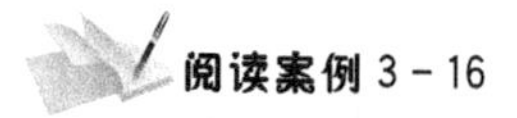
阅读案例 3-16

最好摸两圈半

美国人际关系专家卡耐基曾说：推销员赞美顾客的话应当像铃铛一样摇得叮当响。

古河长次郎将自己多年的工作经验，自编了600套赞美词，在不同的场合中赞美顾客。如他看到顾客的小男孩，就弯下腰和小孩一般高，一边摸小孩的头(最好摸两圈半)，一边说：好聪明呀，将来必像你爸爸一样做大生意。如果是小女孩，则说，好漂亮呀，长大一定跟妈妈一样是个美人儿。

资料来源：陈锐．推销实务[M]．重庆：重庆大学出版社，2010.

4．热情

推销人员的工作经常被人称作是"热情的传递"。热情散发出来的生机、活力、真诚与自信会感染客户，会让顾客真切地体验到你的热情，引起客户的共鸣，并愿意接受它。一位微软公司的招聘官曾对记者说："从人力资源的角度讲，我们愿意招聘'微软人'，他首先是一个非常有激情的人，对公司、对技术、对工作有激情。有时你会奇怪，他对行业情况了解不深，年纪也不大，我们却招了他，原因就是他的激情感染了我，我们愿意给他一个机会。"

3.3 推销工程师的能力

有人将推销工作比做“艺术”，要求推销人员具备侦察员的眼睛、哲学家的头脑、演说家的口才、数学家的缜密、外交家的风度、宗教家的执着和军事家的果断。因为推销员每天要面对不同的人和事，工作具有高度的灵活性和随机性，必须调动全身心的每一根神经，综合所有的知识储备，创造性地开展推销工作才行。这些能力和要求是非常具体的，绝不是一般人所说的有了吃苦精神和良好的口才就可以胜任推销工作的。

3.3.1 观察力

观察力是人们对所注意的事物的特征有分析判断能力和认识能力。具有敏锐观察力的人能通过看起来不重要的现象而洞察到事物的本质与客观规律，并从中获得进行决策的依据。推销人员应该从观察对方的谈话用词、语气、动作和神态等方面微妙的变化去洞察对方的心理，这对销售成功至关重要。然而，推销人员在推销过程中，经常遇到许多表面看起来很容易解决的问题，但着手解决时却发现事情并不那么简单，原来问题的实质被表面的假象所掩盖，从而影响了推销工作。

推销人员只有投身于变化的环境中并充满好奇和兴趣，细心观察，感受敏锐，才能获取瞬息万变的情报信息。在工作中，推销人员要养成把一切所见、所闻、所触的东西与自己工作紧密联系的习惯，如每当登门拜访客户时，应训练自己能用眼睛一扫就把房间的一切摆设和人物活动的情形尽收眼底，进而总结出这个家庭的特点。培养和开发观察力应从以下几方面入手：

(1) 通过对注意力的开发，使注意力集中到需要观察的推销对象或有关事物上。

(2) 调动所有感觉器官，尽可能多地获取观察对象的有关信息。对顾客的观察与了解可以按六个方面入手。一是顾客的社会背景，如家庭背景、职业、经历和收入水平等；二是顾客的气质、性格和兴趣爱好；三是顾客对社会、对工作和对购买的态度；四是顾客在整个购买过程中所担任的角色、所处的地位和所起的作用；五是顾客在人际关系中的特征，如对自己、对他人和对人际关系的看法与做法；六是顾客的体态、服饰和动作姿态等。

(3) 学会用全面、系统、联系的观点看事物。例如，通过衣服的颜色看一个人的性格；从人的服饰看人的职业与地位，看人的爱好。

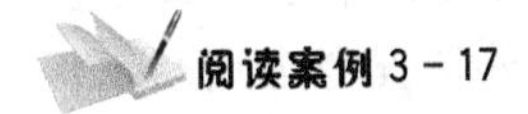
阅读案例 3-17

“我”的财富

某知名大公司想要招聘5名人才。经过3轮淘汰，11位应聘者胜出，他们将参加由总裁亲自面试的最后角逐。而面试当天出现了12名考生。“先生，第一轮我就被淘汰了，但我想参加今天的面试。”坐在最后一排的男子站起身说。在场的人都笑了，包括站在门口休闲的一位满头白发的老奶奶。总裁颇有兴趣地问：“你第一关都没过，来这儿有什么意义呢？”

男子说：“我掌握了很多财富，我本人也是财富。虽然我只有本科学历，中级职称，但我有10年的工作经验，曾在16家公司任过职……”总裁打断他说：“先后跳槽16家公司，我并不欣赏。”

男子说：“先生，我没有跳槽，是那16家公司先后倒闭了。我很了解那16家公司，也曾与大伙努力挽救它们，虽然不成功，但我从它们的错误与失败中学到了许多东西，我只有32岁，我认为这些就是我的财富……”站在门口的老奶奶这时走进来，给总裁泡了杯茶。男子离开座位，边走边说：“这10年经历16家公司，培养、锻炼了我对人、对事、对未来的敏锐洞察力，举个小例子吧——今天真正的考官不是您，而是这位泡茶的老奶奶。”其余11个考生哗然，惊愕地盯着泡茶的老奶奶，老奶奶乐了：“很好！你被录取了，顺便问一下我的表演‘失败’在哪里？”

资料来源：陈新武，龚士林．推销实训教程[M]．武汉：华中科技大学出版社，2006.

3.3.2 自控能力

推销工作包括繁重的日常事务和对各种突发事件的处理，推销人员要想干好这一切，必须具备相当的耐心与毅力，有很好的自我控制能力。自我控制能力不仅反映在推销人员的心理素质上，而且体现在推销人员的工作方式上，那种性情急躁，动不动就发火的人，是无法干好推销工作的，他们与顾客之间也很难结成融洽的交往关系。事先多做几种假设，多拿出几个方案来，遇到问题时就能做到有备无患。

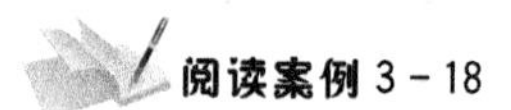
阅读案例 3－18

钉钉子

有个脾气很坏的小男孩，动不动就发脾气，令家里人很伤脑筋。一天，父亲给了他一大包钉子和一只铁锤，要求他每发一次脾气都必须用铁锤在家里后院的栅栏上钉一颗钉子，直到自己满意为止。

第一天，小男孩就在栅栏上钉了三十多颗钉子。但随着时间的推移，小男孩在栅栏上钉的钉子越来越少。他发现控制自己的脾气要比往栅栏上钉钉子更容易些。

一段时间之后，小男孩变得不爱发脾气了。于是父亲就建议他：“如果你能坚持一整天不发脾气，就从栅栏上拔下一颗钉子。”又过了一段时间，小男孩终于把栅栏上所有的钉子都拔掉了。

这时候，父亲拉着儿子的手来到栅栏边，对他说：“儿子，你做得很好。可是，你看看那些钉子在栅栏上留下的小孔，栅栏再也不会是原来的样子了。当你向别人发脾气之后，你的言语就像这些钉子孔一样，会在人们的心灵中留下疤痕。你这样做就好比用刀子刺向别人的身体，然后再拔出来。无论你说多少次‘对不起’，那伤口都会永远存在。”

资料来源：杨秀君．心理素质训练[M]．上海：上海交通大学出版社，2010.

3.3.3 应变能力

在推销洽谈中，有很多因素影响推销进程乃至推销结果，这些因素并不是一成不变的。虽然可以在推销前进行充分准备，尽量将推销中可能会出现的意外情况考虑周全，但仍然有很多情况是出乎意料的，这就要求推销员具有很强的应变能力，能够随时处理各种突发事件。请记住鲁迅先生说过的话：“不是临事时没有时间思考，而是有时间的时候没有思考。”

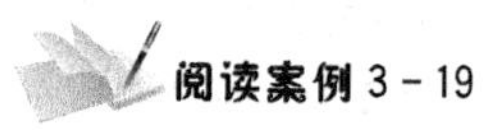
阅读案例 3－19

推销玻璃酒杯

有一个推销员当着一大群客户的面推销一种钢化玻璃酒杯。在他进行产品说明之后，就向客户做产品示范，也就是把一只钢化玻璃杯扔到地上而玻璃杯不会破碎。可是他碰巧拿了一个质量没有过关的杯子，猛地一扔，酒杯砸碎了。

这样的事情在他整个推销酒杯的过程中还未发生过，大大出乎他的意料，他感到十分吃惊。而客户呢，更是目瞪口呆。因为他们原先已十分相信这个推销员的推销说明，只不过想亲眼看看，以得到一个证明罢了，结果却出现了如此尴尬的局面。

此时，如果推销员也不知所措，没了主意，让这种沉默继续下去，不到三分钟，准会有客户拂袖而去，交易会因此遭到惨败。但是，这位推销员灵机一动，说了一句话，不仅引得哄堂大笑，化解了尴尬的局面，而且更加博得了客户的信任，从而大获全胜。

那么，这位推销员怎么说的呢？

原来，当杯子砸破之后，他没有流露出惊慌的神情，反而对客户们笑了笑，然后沉着而富有幽默感地说："你们看，像这样的杯子，我就不会卖给你们。"大家禁不住一起笑了起来，气氛一下子变得活跃。紧接着，这个推销员又扔了五个杯子都成功了，博得了信任，很快就推销出几十打酒杯。

资料来源：马福存．世界上最伟大的推销员[M]．北京：中国纺织出版社，2009.

3.3.4 创新能力

推销工作是一种创造性的工作，是体力、脑力劳动相结合的工作，是一种带有综合性、复杂性、体脑结合的创造性劳动。推销人员所接受的推销任务，大多数都是比较棘手的问题，非一般常规方法能够奏效。如果一个推销员按照固定模式进行推销，先不说客户是否对你的老一套感到厌倦，推销员自身可能也会缺乏激情。推销员必须具有创新能力，尤其是推销方法和手段，能够不沿袭前人，不因循守旧，而能另辟蹊径、独创新招地开展活动，完成推销任务。既要能够别出新意，引起社会的关注，引起顾客的重视，努力提高组织的知名度和美誉度，又要善于创出新招，为社会和顾客提供更好的服务。

阅读案例 3-20

美国鲑鱼销售竞争

在美国鲑鱼市场上，有两种颜色的鲑鱼，红色和粉红色。两者竞争十分激烈，双方都说自己的销售量略胜一筹，其实，在前几年，是粉红色鲑鱼的销量大，知名度和利润都是要高一些。

销售红色鲑鱼的经理做梦都想超过粉红色鲑鱼的销售。多年来，他们想出来很多招数，但是，都作用不大，因为别人也在努力。这一次，总裁下了狠心，他对业务部门的人员说："限你们 90 天之内找到打败对方的办法！否则，我把你们摔成粉红色！"业务部门想出一条妙计，只是在标签上多写了一句话。3 个月之后，红色鲑鱼的销量上升。刚开始总裁还以为是偶然事件，因为以前也有这样的情况。又过了 3 个月，销量继续稳定上升。总裁十分高兴，召集业务部门开会。大家告诉他，就是因为标签上多加了一行字，销量才会这样稳定上升，并且知名度也在上升。那一行威力巨大的字是："正宗挪威红鲑鱼，保证不会变成粉红。"第一句话强调了自己的正宗地位，第二句话则暗暗贬低了对方。这句话暗含的意思是，粉红色的鲑鱼不是正宗的，非正宗的鲑鱼可能会变成粉红色。尤其是"保证"二字，给人强烈的暗示。但是，综观这两句话，没有一处明显贬低对方的话，并且，这样的话让竞争对手无语。

资料来源：李平收．金牌业务员之顶尖技巧[M]．北京：中国商业出版社，2003.

3.3.5 社交能力

推销人员面对的是各种各样的顾客，其职责就是为企业或顾客建立一个"人和"的环境。因而，推销人员必须具备与各种各样的人士进行交往沟通、建立业务关系与感情联系的能力；同时，还应处理好各种微妙的人际关系，善于清除各种人际障碍和协调各种人际冲突；并要善于适应各种人际关系环境，进一步为自身的工作创造一个各方支持的人际环境。

3.3.6 语言表达能力

推销员的根本任务是劝说潜在顾客购买推销员推荐的产品，语言是传递信息的载体，是沟通买卖双方情感的纽带，是推销员实现成交的重要手段。如何驾驭推销语言、达到最佳说服效果是一门艺术。这一内容在第 12 章有详尽的介绍。

推销人物专栏

汤姆·霍普金斯

汤姆·霍普金斯大学辍学后，在建筑工地扛钢筋为生。不过，他相信世上一定会有更好的谋生手段，并开始尝试进行销售。

但在初踏入销售界的前 6 个月，他屡遭败绩，穷困潦倒，于是决定把最后的积蓄投资到世界第一激励大师金克拉一个为期五天的培训班。没想到，这五天的培训成为他生命的转折点。在之后的岁月中，他潜心学习钻研心理学、公关学、市场学等理论，结合现代推销技巧，在短暂的时间里获得了惊人的成功。

他是全世界当年销售最多房屋的地产业务员，平均每天卖掉一幢房子，3 年内赚到 3000 万美元，27 岁就已成为千万富翁。至今，汤姆·霍普金斯仍是吉尼斯世界纪录的保持者。

汤姆·霍普金斯是国际培训集团的董事长，他每年出席全球上百场演讲会，向全世界梦想获得巨大成功的人们传授销售知识，分享自己毕生的成功经验，被公认为“销售冠军的缔造者”。如今全世界 90%的销售培训课程，都来源于他的销售培训系统。他出版的众多经典销售培训书籍，被翻译成 30 多种语言，让全球超过 5000 万人受益。在销售培训方面，被公认为说服大师和销售冠军的缔造者，曾与世界著名领袖包括美国前总统布什，英国前首相撒切尔夫人等同台演讲。

本章小结

1. 推销人员的职责包括销售企业产品，开发潜在顾客，建立联系，保持良好关系，传递商品信息，提供多种服务，树立形象。

2. 推销人员的思想品德方面要求：职业信念——强烈的事业心，职业精神——百折不挠的进取精神，职业道德——诚实并言行一致，职业态度——应该具备强烈的成功欲望。

3. 推销人员必须掌握的基本知识包括客户知识、产品知识和公司知识三部分。

4. 推销人员重要的个人品性包括：自信心、亲和力、赞美和热情。

5. 推销人员应具备一定的观察力、自控能力、应变能力、社交能力、创新能力和语言表达能力。

6. 吉姆公式又称为自信公式，即推销员必须相信自己推销的产品、相信自己所代表的企业、相信自己。

关键术语

推销工程师的职责　　亲和力　　合一架构法　　吉姆公式

思考与应用

一、单项选择题

1. 下列说法中不正确的是(　　)。

A. 推销员长年在外，四处奔波，工作很辛苦

B. 推销员在推销中经常遭受挫折，没有积极的心理准备做不好

C. 推销员阅历丰富、交友广泛，是企业形象的重要代表

D. 推销员工作轻松，收入较多，还能到处旅游，是个好职业

2. 下列说法中正确的是(　　)。

A. 推销员的任务就是赚钱，不赚钱的买卖谁做

B. 推销员的任务就是把竞争对手打倒，这样自己才能立起来

C. 推销员的任务就是要做大市场份额，提高本企业产品的市场占有率

D. 推销员的任务就是卖产品，只要能将产品卖给顾客就行

3. 营销专家告诫我们，推销人员要培养自己的第二天性，那就是(　　)。

A. 自信　　B. 热情　　C. 坚持　　D. 诚信

4. 推销人员的核心职责和最主要的工作(　　)。

A. 销售企业产品　　B. 开发潜在顾客

C. 建立联系，保持良好关系　　D. 传递商品信息

5. 当您拜访经常吃闭门羹的客户时，您应该(　　)。

A. 不必经常去拜访他　　B. 根本不去拜访他

C. 经常拜访并试图改善关系　　D. 请求业务经理更换他人去试试

6. 假如您的客户向您咨询有关产品的问题，您不知如何回答，您将(　　)。

A. 以您认为对的答案来回答

B. 承认您自己缺乏这方面的知识、然后去找正确的答案

C. 答应将问题转呈给业务经理

D. 给他一个听来很好的答案

7. 假如您觉得有点泄气时，您应该(　　)。

A. 请假一天不去想公事　　B. 强迫您自己更卖力去做

C. 尽量减少拜访客户　　D. 请求业务经理和您一起出去

二、多项选择题

1. 优秀的推销人员应该具备(　　)思想品德。

A. 对方必须被打倒　　B. 强烈的事业心

C. 百折不挠的进取精神　　D. 应该具备强烈的成功欲望

E. 诚实并言行一致

2. 面对顾客的拒绝，(　　)才能克服被拒绝而带来的沮丧情绪以及更加坚定自己的意志。

A. 脸皮要厚　　B. 正确认识智力与推销业绩的关系
C. 算出平均成交收益　　D. 不断学习
E. 思考可行办法

3. 著名的吉姆(GEM)公式，从心理学角度揭示了成功推销的三大心理要素，包括(　　)。

A. 相信自己　　B. 相信自己所推销的产品
C. 相信客户　　D. 相信法律
E. 相信自己所代表的企业

4. 亲和力建立之“五步法”包括(　　)。

A. 情绪同步　　B. 语调和速度同步
C. 生理状态同步　　D. 语言文字同步
E. 合一架构法

5. 下列(　　)方法有助于自信心的培养。

A. 目空一切　　B. 积极的心态
C. 充分的准备　　D. 心理暗示
E. 重视自己的成功，不断鼓励自己

6. 有关赞美的要求，下列描述正确的是(　　)。

A. 要把握赞美的时机　　B. 要善于挖掘别人尚未张扬之处
C. 赞美要发自内心　　D. 赞美要夸大其词
E. 善用顾客的喜好

7. 对顾客的观察与了解可以按(　　)方面入手。

A. 顾客的社会背景　　B. 顾客的气质、性格和兴趣爱好
C. 顾客在人际关系中的特征　　D. 顾客的体态、服饰和动作姿态
E. 善用顾客的喜好

三、判断题

1. 任何企业的推销员，都承担着一些相同的基本职责。(　　)

2. 推销人员在与他人打交道时，要有一种自控、忍让的精神，必要时可以放弃推销原则。(　　)

3. 所谓合一架构法，不直接反驳和批评对方，不使用“但是”“就是”“可是”，而应使用“同时”。(　　)

4. 当客户正在大发宏论，而且他所说的很明显是错误时，您应该聆听并指出错误之处。(　　)

5. 客户告诉您，他正在考虑竞争者的产品，问您对竞争者产品意见时，您应该指出竞争者产品的缺点。(　　)

四、简答题

1. 推销人员的职责有哪些？哪些是最重要的？

2. 怎么理解推销人员思想品德方面的要求？
3. 推销人员必须掌握的基本知识有哪些？
4. 吉姆公式的含义及意义是什么？
5. 培养推销人员的自信心和亲和力有什么样的方法？
6. 培养推销人员的观察力、自控能力有什么样的方法？

【实训项目】

◎内容

任务一：阅读成功推销员的故事

任务二：采访身边从事推销工作的人们，了解他们的感悟与心得

◎目的

通过任务一，让学生从成功推销员身上总结他们优秀的素质及能力；通过任务二，让学生接触生活中的推销员，积累经验。

◎要求

从各种媒体阅读成功推销员的故事，记录下你喜爱的经典故事及名言，完成表3-1；采访身边从事推销工作的人们，了解他们的推销感悟，完成表3-2。

表3-1 成功推销员的故事及名言

推销员姓名及身份	经典故事及名言

表3-2 身边推销员的故事及感悟

推销员姓名及身份	他们的推销经历	自己的感悟与体会

◎步骤

（1）学生按4人分成若干组，组成小组。

（2）任务一：每位学生课余时间完成表3-1，课上组内交流。

（3）任务二：每位学生课余时间完成表3-2，课上组内交流。

（4）每组推荐两位同学全班交流。

案例分析

带着创意拜访顾客

张某已干了二十多年推销员的工作。在这二十多年里，他推销过多种产品，从一个门外汉变成一位推销高手。在别人请教他成功的经验时，张某说："推销员一定要带着一个有益于顾客的构想去拜访顾客。这样，你所遭遇的拒绝就会少，你就会受到顾客的欢迎。推销员要做建设性的拜访。"

张某在推销地板用木砖时，虽然他拥有的客户数目不少，但每个客户的订货量不大，其原因是客户因受到资金的限制而无法大量购买他的产品。如何才能让顾客大量购买产品呢？经过认真调查分析和思考，张某为客户想出了一个加速资金周转的办法。他建议客户从时间上来改善，平常不必大量储存的材料，应计划安排好，在材料使用前几天内将货补齐，这样可以加速资金周转。客户采纳了他的建议后，果然不必在事前大量储存材料，节约了资金占用，加速了资金周转，终于能大量地采购张某的产品了。

张某认为，推销员应多多拜访顾客，但是，如果能做建设性访问，访问才会有效果。张某的一位客户是一家零售店的老板，他曾这样说："今天早晨在张某来访问我之前，已经有15个推销员来过了。这15个推销员都只是一味地为他们的商品做广告或谈价钱，或让我看看样品。然而，当张某把产品的陈列方法告诉我时，我宛如呼吸到新鲜空气一样，真让人高兴。"

张某把如何才能对顾客有新帮助的想法铭刻在心，这样，他从不放过一个能对顾客有帮助的机会，即使是一个偶然的机会。

一次，张某与一个技术人员交谈，当时这位技术人员正计划要成立一个水质净化器制作与安装公司。张某为了能赢得顾客，便认真地去思考一个富有建设性的方法。

当张某在另外一位客户的办公室等候的时候，他看到了一本与自来水有关的技术杂志，便一页一页地翻起来。结果发现一篇具有经济价值的工程论文，这是论述在蓄水池上面安装保护膜的一篇论文。

于是，张某把这篇论文复印，然后带着复印材料去访问那位技术人员。他对张某提供的这份材料感到万分高兴。此后，他们的商业交往一直都进行得很顺利。

事后，张某在总结自己的经验时说："看到这本杂志后，才得到这个好运。但是能获得此佳运，也并非出于偶然。因为，如果我不是经常在想着建设性的访问目标，那么，我绝不会去翻阅那本杂志。倘若我没有看到那篇论文，我还会去寻找其他东西。对每位顾客都做建设性访问的我，随时都能对所有机会产生机敏的反应。"

张某的一个客户是一位五金厂厂长，这位厂长多年以来一直在为成本的增加而烦恼不已，其成本增加的原因，多半是该公司购买了许多规格略有不同的特殊材料，且原封不动地储存起来所造成的。张某在考虑如何才能帮助客户把成本降下来。一次，张某偶然去访问一家与该五金厂毫无竞争关系的客户时，产生了一个想法。然后，张某再次来拜访五金厂厂长，把自己的构想详尽地描述出来。厂长根据张某的构想，把360种存货降到254种，结果使库存周转率加快，同时也大幅度地减轻了采购、验收入库及储存、保管等事务，从而降低了费用。而后，五金厂厂长从张某那里购买的产品大幅度增加。要能够提出一个有益于顾客的构想，推销员就必须事先搜集有关信息。张某说："在拜访顾客之前，如果没有搜集到有关信息，那就无法取得成功。""大多数推销员忙着宴请客户单位的有关负责人，我则邀请客户单位的员工们吃顿便饭，以便从他们那里得到有利信息。"

一次，张某和客户单位的员工边吃边谈，得知该公司业务部在那一周里一直在加班，并了解到每个月他们都会如此加班，原因是所用的电脑出了问题。"我所获得的这些资料已足够我去接近客户。"张某说，"当我访问该公司时，便针对他们问题的症结，向他们提出办公设备的事情。同时，我也提供他们实际的数据，让他们做一比较。从比较中，他们得知6家同业公司，都因减少加班时间，每个月至少可节省几千元加班费。"

张某仅如此稍做一点准备，搜集到一些信息，便采取有针对性的措施，打动了客户的心弦。张某正因为认真地寻求可以助顾客一臂之力的方法，带着一个有益于顾客的构想去拜访客户，所以才争取到不计其数的客户。

资料来源：易世志．现代推销学[M]．成都：电子科技大学出版社，2009.

【思考与分析】

张某的成功访问奥秘何在？

第4章 推销模式

教学要求

知识要点	能力要求	相关知识
爱达模式	(1) 了解爱达模式的含义，了解引起注意、唤起兴趣、激发欲望的含义 (2) 掌握引起注意、唤起兴趣、激发欲望的方法	(1) 爱达模式的含义 (2) 引起注意 (3) 唤起兴趣 (4) 激发欲望
迪伯达模式	(1) 了解迪伯达模式的含义 (2) 掌握迪伯达模式各步骤的内容	(1) 迪伯达模式的含义 (2) 迪伯达模式的具体步骤
埃德帕模式和费比模式	(1) 了解埃德帕模式和费比模式的含义	(1) 埃德帕模式 (2) 费比模式
SPIN模式和电话销售中的4C模式	(1) 了解SPIN模式的含义 (2) 掌握SPIN模式各步骤的要求和4C模式的内容	(1) SPIN模式的含义 (2) 情境性问题 (3) 难点性问题 (4) 暗示性问题 (5) 需求满足性问题 (6) 电话销售中的4C模式

导入案例

展示讲稿范例

业务员：各位好，欢迎您莅临参观本企业推出的“不沾油妙妙炒菜锅”展示。现代社会，厨房已不是专属于女人的了，不管是先生或是太太都可能下厨做菜。不知道王先生，是否也有下厨做菜的经验？

王先生：是啊！太太也上班，谁先回家，谁就先动手做饭。

业务员：请问王先生，当您做菜时，您是否觉得炒一盘青菜要比煎鱼或炒肉方便多了？

王先生：当然，煎鱼、炒肉不管怎么样都会粘锅，炒第二盘菜时非得洗锅不可。

陈小姐：是啊！每次煎鱼的时候，鱼皮有一半都粘在锅上，除非放很多的油。

业务员：如果有一种炒菜锅，不管您炒什么菜，都不用担心会粘锅，您是否会觉得使用起来比目前要方便？

陈小姐：当然。

业务员：本企业新推出的“妙妙炒菜锅”，即是针对解决炒菜粘锅特别开发出来的一种新产品。这是一种鳟鱼，是最容易粘锅的，我们来看使用“妙妙炒菜锅”时，是否会粘锅。我们先把油倒进锅里，您可看出我倒油的分量几乎比一般要少1/3，火不用开到最大，锅很快就热了。“妙妙炒菜锅”的导热速度要比普通锅快1/2，可以节省煤气的耗用量。现在我们把鱼放进去，您可看到油并不附着于锅上，因此油虽然比普通锅少1/2，却都能有效地接触到鱼的全身，因此不容易被煎糊、煎焦。陈小姐，这是锅铲，请您将鱼翻面，您可以再翻一面，您看就是这么容易，一点也不粘锅，锅的温度能均匀散布，锅底能发挥最大的导热效果，因此您仅需要用中火就可以了，能节省煤气的用量。

现在我们来炒第二道菜。您只要把“妙妙炒菜锅”用清水一冲，锅上没有残余一滴油腻。王先生您看是不是省了很多时间处理以往煎鱼后的清洗工作？就这么轻松，您可以继续炒第二道菜，再也不要为油锅的油腻而伤脑筋。

目前的家居生活都讲究提高生活品质，“妙妙炒菜锅”能大大地提高您厨房工作的效率，它既可以让您节约炒菜时间，还能让您烧出色香味俱全的佳肴。它让您不再视厨房为畏途，同时也能达到省油、省煤气的附带效果。陈小姐、王先生，“妙妙炒菜锅”既能增进您烹调的乐趣，又让您的家人吃到健康美味的食物。今天晚上就让“妙妙炒菜锅”开始为您服务吧！

资料来源：张洪山．第一次推销[M]．呼和浩特：内蒙古人民出版社，2007.

推销模式是根据各种推销活动的特点、顾客购买行为各阶段的心理特征以及推销员应采用的相关策略，归纳总结出的一套具有代表性的程序化的推销操作方式。然而，在推销活动过程中，由于市场环境的多样性、推销活动过程的复杂性和变动性，推销人员不应生搬硬套标准化的推销模式，而应以典型推销模式理论为指引，具体问题具体分析，灵活运用这些模式理论，才能有效提高推销效率。

4.1 爱达模式

4.1.1 爱达模式的含义

“爱达”是AIDA的译音，AIDA则是英文Attention(注意)、Interest(兴趣)、Desire(欲望)、Action(行动)的第一个字母的组合。爱达模式是指一个成功的推销员必须把顾客的注意力吸引或者转移到产品上，使顾客对推销人员所推销的产品产生兴趣，最终采取购买行动。

爱达模式较适合于店堂推销，如柜台推销、展览会推销，适合于一些易于携带的生活用品和办公用品的推销，适合于新推销人员进行的推销，以及面对的是陌生推销对象的推销。

爱达模式是推销专家海因兹·姆·戈德曼提出的，是被推销学界普遍认同的推销模式之一，其总结的四个步骤被认为是成功推销的四大法则。

爱达模式的引起注意、唤起兴趣、激发欲望和促成购买(在第6章中详细介绍)四个阶段，给推销人员发挥聪明才智、展示推销才华提供了极大的空间，推销人员可根据具体的推销环境与对象自主创新。这一模式中推销四步骤的完成时间和先后次序也并非固定不变，而应根据推销人员的工作技巧和所推销的产品性质灵活变化。每一阶段可长可短，也可重复某一步骤，或省略某一步骤。无论如何，达成交易的可能性总是存在，这就是奉行这一模式的终极目标。

每一个推销人员都应该根据爱达模式检查自己的销售谈话内容，并向自己提出以下四个问题：我的销售谈话是否能立即引起顾客的注意；我的销售谈话能否使顾客感兴趣；我的销售谈话能否使顾客意识到他需要我所推销的产品，从而促使顾客产生购买的欲望；我的销售谈话是否使顾客最终采取了购买行动。

4.1.2 引起注意

所谓注意，是指人们心理活动对一定客体的指向和集中，以保证对客观事物获得清晰的反映。它是感觉、知觉、记忆、思维等心理活动过程的综合特征。引起顾客注意的主观因素主要有需要、欲望、情感、兴趣等；客观因素主要有强烈刺激、变化刺激和新异刺激，其中，唤起顾客注意的客观因素称为推销刺激。

根据心理学的研究结果，人们在最初接触的30秒内获得的刺激信息，比在此之后10分钟里获得的要深刻得多。因此，推销人员必须在特定场所、时间和空间的限制下，充分利用“首因效应”，用极短时间和最有效的手段，引起消费者的有意注意，从而使其正确、高效地认识所推销的商品或服务。具体采用何种方法，不在于怎样发出信息，而在于怎样有利于顾客接受信息。

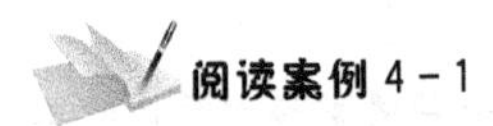
阅读案例4-1

奇特的电脑彩券

一位推销员用电脑制成了一张彩券，把他的照片放入所有的号码栏内。然后用彩色打印机印出彩券，再把彩券贴到一张厚纸板上，最后覆以锡纸，制成刮刮乐的表面。上面写道：在直排、横排或对角线中，只要出现三张相同的照片，您就中奖了！

他把这张制好的彩券寄给电视制作圈内知名的主管，并且每一位都回了他的电话，包括目前并不缺人的制作人。有一位制作人特地打电话来告诉他：“我们接到成千上万的履历表和电话，虽然目前我们公司还不需要招人，可是我倒想看看制作这张彩券的到底是何方神圣！”

资料来源：孙奇．推销学全书[M]．北京：中国长安出版社，2003.

1. 引起顾客注意的方法

(1) 形象吸引法。推销人员或统一着装，穿西装、企业工装，或迎合消费者的偏好，或突出个性，都要以整洁、合身、精神为原则。对特殊环境与特殊消费者，还可刻意设计一种特殊的形象给目标顾客视觉上以良好的刺激，使之在瞬间产生潜意识里的信任、欣赏等积极态度。

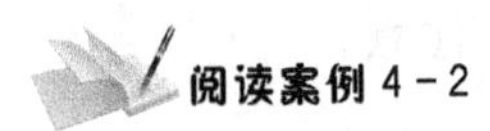
阅读案例4-2

原一平的名片上的“0～766 000”

原一平的名片上印着一个数字：0～766 000。

客户接到他的名片时总是问他：“这个数字是什么意思？”

他就反问道：“您一生中吃几顿饭？”几乎没有一个客户答得出来。

原一平便回答说：“766 000顿饭嘛！假定退休年龄是55岁，按日本人的平均寿命计算，您还剩下19年的饭，即20 805顿……”由此把话题引向寿险。

资料来源：孙奇．推销学全书[M]．北京：中国长安出版社，2003.

(2) 语言吸引法。这是推销人员所使用的最基本的方法。通常消费者在听第一句话的时候，注意力往往是最集中的，听完第一句话，很多消费者就会立刻决定是继续谈下去还是尽快把推销人员打发走。为此，推销人员应在事先作好充分准备，可采用以下几种方法吸引消费者的注意力：

① 出奇言。用不同于别人也不同于自己以往的语言给消费者以具有新奇感的刺激，使其集中注意力。

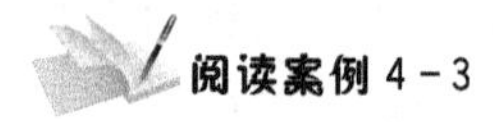
阅读案例 4-3

推销人寿保险

“5千克软木，您打算出多少钱？”

“我不需要什么软木！”

“如果您坐在一艘正在下沉的小船上，您愿意花多少钱求生呢？”

——来说明人们必须在实际需要出现之前就投保。

接触并吸引客户的注意，有时也可用一句大胆的陈述或问句来开头，有时候还需要用一些技巧或“花招”。

乔·格兰德尔有个非常有趣的绰号“花招先生”。他拜访客户时，会把一个3分钟的蛋形沙漏计时器放在桌上，然后说：“请您给我3分钟，3分钟一过，当最后一粒沙穿过玻璃瓶之后，如果你不要我再继续讲下去，我就离开。”

他会用蛋形沙漏计时器、闹钟、20元面额的钞票及各式各样的花招，让他有足够的时间让客户静静地坐着听他讲话，并对他所卖的产品产生兴趣。

② 谈奇事。以目标消费者尚不可能了解的新奇可见的事情作为开场白，引起消费者的好奇心。例如，“各位都知道有托儿所，但各位是否知道现在有‘托老所’？”这个开头，可让消费者怀着好奇心倾听老年公寓这一新颖的养老方式的介绍。又如，“××先生，请问你知道世界上最懒的东西是什么？”顾客摇摇头，表示猜不准。“就是您收藏起来不花的钱，它们本来可以购买空调，让你度过一个凉爽的夏天。”

③ 提需求。推销开始后的第一句话就指出消费者的主要需求，使其对推销产生关注。例如，有一位推销员经常以下面的询问方式来展开推销：“比起其他包装机器，我这种机器能提高10%的生产效率，而且可以节省许多养护费。您知道吗？”然后再接着说：“您是否要看看有关的比较数字？”这么一问，大部分客户都不得不说“好”。

(3) 动作吸引法。推销人员的动作潇洒利落，言语彬彬有礼，举手投足得体，气质风度俱佳，都可以给顾客在视觉上形成良好的第一印象，从而引起顾客的注意。

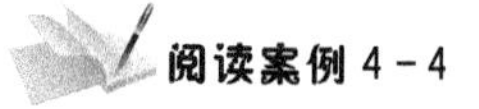
阅读案例 4-4

陈子昂摔琴

古代陈子昂字好但无人问津，于是他买了当时最好的琴到城楼上弹。然后摔琴发感叹：琴好字更好……于是字畅销。

(4) 产品吸引法。即利用产品本身的新颖美观、艺术化的包装装潢所具有的魅力或利用产品一目了然的特殊功能吸引消费者的注意力。

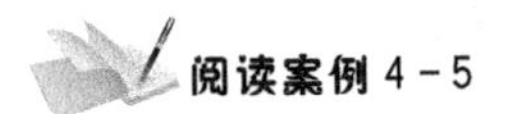

阅读案例 4-5

一裤成名

前几年，上海有家名叫“蓓英”的以经销牛仔裤为主的服装店巧妙地借巨人穆铁柱之“势”。

在整个20世纪80年代，中国篮球的第一明星不是姚明，也不是王治郅，而是身高达2.28米、被称为“亚洲第一巨人”的中国男篮中锋穆铁柱。身材上的与众不同，使穆铁柱走到哪里就把新闻带到哪里。

由于竞争激烈，“蓓英”的销路不畅。怎么办？经过苦思冥想，店主终于得出一条妙计：专门制作了一条近两米长的牛仔裤挂在店堂，上面别着一张纸条：“合适者赠送留念”。

这么巨型的裤子又有谁能“合适”？不久，这一新鲜事就吸引了新闻界的视线。

一时间，上海滩为到底谁能穿走这一“大裤”而议论纷纷。就在议论最为热闹的时候，《上海经济透视》《新民晚报》等媒体揭开了秘密，以“腰围1.3米的牛仔裤被穿走了”“穆铁柱穿上了牛仔裤”为题进行了报道，各大报刊又相继转载，上海电视台、中央电视台也播放了这条新闻。

结果，“蓓英”没花一分钱广告费就名噪天下，光顾者络绎不绝，营业额翻了几番。

资料来源：郭羽．营销宣传策划：企业如何借媒体之力打开市场[M]．南昌：江西人民出版社，2005.

2. 必须注意的问题

(1) 从顾客最感兴趣的问题入手。如果推销员发现顾客对首次信息并无热烈反映，那么说明顾客并没有对此信息产生兴趣，在此情况下，推销员必须尽快寻找其兴趣所在，先设法“接上火”，然后引导和转移其注意力到自己这边来。

(2) 把推销品的利益迅速告知对方。从心理学的角度看，人的有意注意仅以那些与自己利益相关的事物为对象，这种相关性越强，注意力越容易集中。因此，推销员既不能总处于附和顾客兴趣的地位，也不能要求顾客围绕自己的想法转，而应让顾客考虑如何得到自身的利益。这种情况下，引起顾客注意是极有效率的，如“王经理，我是来告诉您有什么办法可以让贵公司节省一半电费的。”“张主任，安装这部发电机，一年内将会使贵公司多获利200万元。”

(3) 调整好对顾客刺激的强度与频度。人所关心的利益绝非仅此一项，同时，被吸引的非自发注意力的集中时间大都不会自动延长。因此，推销员还应科学、巧妙地安排刺激源的释放强度与频率，以达到增强顾客注意力集中度并延长其时间的目的。推销员不仅应追求增大刺激力，在新颖、奇特、幽默等方面下工夫，而且必须在刺激源释放的安排程序、强度调整、过渡等方面下工夫，以达到引起顾客注意的最佳效果。

(4) 任何吸引消费者注意的方法都应当与推销的内容有联系。推销人员应当注意无论采取什么新奇别致的方式开展工作，都必须围绕推销产品的根本目的进行，防止推销方式过于奇异或举止轻浮，从而分散了消费者的注意力、损害了推销人员的形象。

(5) 巧妙处理推销中的干扰，保持顾客的注意力。

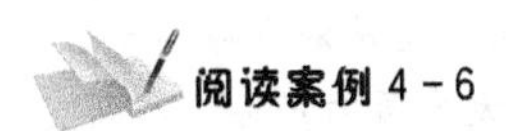

阅读案例 4-6

若客户身心二用如何应对？

若客户身心二用，要求一边签发支票，一边听你介绍商品，推销员该如何应对？

方法一："如果你能够通过一个简单的小试验，我可以在你签发支票时介绍商品。"

"什么小试验?"

"请你一边背诵惠特曼《草叶集》中的一首诗，一边在纸上写下'玛丽有一只小绵羊'这几个字。"

方法二："我要能像您似的，有一心两用的本事该多好啊!"

方法三：提上一个简单的问题：

"你们公司开业多久了?"

"15年了，怎么样?"

"我只是随便问问，您是不是自公司成立以来就一直为它服务?"

"您干这一行的时间可不短了，准能判断出买什么划算，买什么不划算，请看……"

方法四："不，我宁可等您把事办完，如果您的注意力不集中，咱们俩都不能以公正的态度对待这种产品。"

方法五：把一样有趣的东西塞进客户的手里或放在他的桌上。

资料来源：孙鹤翎．推销员口才训练[M]．北京：中国纺织出版社，2002.

4.1.3 唤起兴趣

兴趣是以注意、需要为基础的，同时又强化注意。推销员一方面必须向客户表明产品或服务如何发挥效用，如何给客户带来利益，并证明之，使顾客消除疑虑；另一方面，必须使顾客从情感上靠近推销人员，"爱屋及乌"及至产品，因为兴趣本身就是情感变化的过程。当然，这一切的前提是推销员把握特定顾客的兴趣集中点，围绕一两个兴趣集中点来展开推销。

1. 向顾客示范所推销的产品

示范又称演示，指把客户带引至产品介绍前或透过实物的观看、操作，让客户充分了解产品的外观、内饰具有的功能，以及能给客户带来的利益，借以达成销售的目的。陈述事实不同于证实事实，重复自己说过的话也不同于用事实证实自己的话，而示范可达到证实事实的目的。产品越复杂、技术性能要求越高，就越有必要通过示范使其具体化。即使顾客对推销人员的示范表示兴趣不大，或对所推销的产品有所了解，推销人员也要作示范，而且示范的越早，效果就会越好。请记住：即使你所出售的商品只是一粒毫不起眼的石子，但你仍需以天鹅绒的包装；销售员在任何时候都不应把能演示的东西用语言来描述。

1）示范的作用

（1）能强化销售陈述。

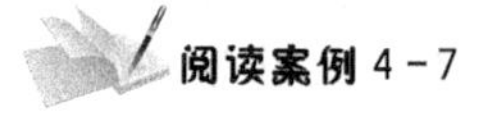
阅读案例 4-7

两种洗涤剂的对比

小张销售工业洗涤剂。他的顾客包括医院、大学、旅馆、娱乐中心和其他拥有大型洗涤设施的单位。小张曾经难以向某个医院推销其产品，因为该医院正在用的洗涤剂是一家非常强大公司的产品。在研究了双方产品特点后，小张设计了一个小小的演示方案。在下次拜访医院时，他随身带了两块正方铝箔，小张将铝箔放在顾客的办公桌上，然后在上面放少许自己的和竞争者品牌的洗涤剂，并滴上几滴水。不一会儿，竞争品牌的洗涤剂开始冒泡，很快将铝箔烧穿了一个洞。该医院的买主发现目前使用的洗涤剂能严重损坏医院的服装及洗涤器械，就决定立即向小张订货。

资料来源：印训荣．推销技巧[M]．南京：东南大学出版社，2004.

（2）改进沟通，因为眼睛效用是耳朵的20～25倍。

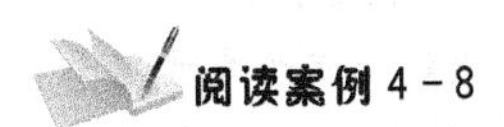

表演法

F先生为说服学校董事会为校舍添购最新照明设备，他站在董事会前，把一根钢棍举放头前，两手捏紧钢棍的两端，使它微微弯折，说：“各位先生，这根钢棍只能弯到这个程度，但是，如果我用力过度，这根棍子就被毁坏，不能再恢复原状。它就像孩子们的眼睛，他们的视力只能承受到这个程度的压力，如果超过这个程度，视力就难恢复了。”

资料来源：邓琼芳．第一次销售就成功[M]．长春：时代文艺出版社，2010.

（3）请顾客参与，顾客更相信自己的感觉。顾客的参与，比推销人员的独自演示更有说服力，也更能调动起顾客的兴趣。如一位瓷器推销人员把看起来十分精致的盘子放到地板上，然后笑容可掬地对顾客说：“你可以站到盘子上试试，来，请吧！”顾客迟疑地小声唠叨：“那能行吗？”推销人员诚恳亲切地说：“没问题，试一试吧！”当顾客站到精美的盘子上而没有发生他所担心的破损时，盘子牢固的质量已经得到了确凿无疑的证明。

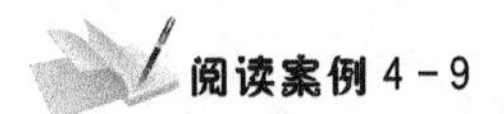

推销裹铜不锈钢炊具

国外有家铜业公司，生产裹铜不锈钢炊具，其特点是比不裹铜的钢炊具导热性能好，导热更快。为了证明这一点，公司发给每个推销员一根“导热棒”，棍子不长，用钢制成，其中一半包了一层铜，另一半则未包铜。推销的时候，推销员请顾客拿着这根“导热棒”，一手握住一端，然后推销员用打火机烧棍子的中央，一直烧到顾客松开先烫手的那一端为止，而这一端则是裹了铜的。对此，亲身体验过的顾客都不得不信服。于是，该公司的炊具逐渐受到顾客欢迎。

资料来源：崔玉华．实用推销技巧[M]．上海：上海财经大学出版社，2008.

（4）强化记忆。心理学家统计，3小时后，人们平均能够记住自己听到的10%，听到和看到的70%，所听、所见、所参与的90%。

（5）减少顾客异议。

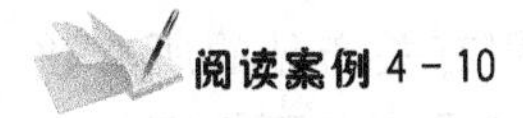

销售安全玻璃

有一个销售安全玻璃的业务员，他的业绩一直都维持整个区域的第一名，在一次顶尖业务员的颁奖大会上，主持人说：“你有什么独特的方法来让你的业绩维持顶尖呢？”他说：“每当我去拜访一个客户的时候，我的皮箱里面总是放了许多截成15厘米平方的安全玻璃，我随身也带着一个铁锤子。每当我到客户那里后我会问他，‘你相不相信安全玻璃？’当客户说不相信的时候，我就把玻璃放在他们面前，拿锤子往桌上一敲，而每当这时候，许多客户都会因此而吓一跳，同时他们会发现玻璃真的没有碎裂开来。然后客户就会说：‘天哪，真不敢相信。’这时候我就问他们：‘你想买多少？’直接进行缔结成交。而整个过程花费的时间还不到1分钟。”

当他讲完这个故事不久，几乎所有销售安全玻璃的公司的业务员出去拜访客户的时候，都会随身携带安全玻璃样品以及一个小锤子。但经过一段时间，他们发现这个业务员的业绩仍然维持第一名，他们觉得很奇怪。

而在另一个颁奖大会上，主持人又问他："我们现在也已经做了同你一样的事情了，那么为什么，你的业绩仍然能维持第一呢？"他笑一笑说："我的秘诀很简单，我早就知道当我上次说完这个点子之后，你们会很快地模仿。所以自那时以后我到客户那里，唯一所做的事情是把玻璃放在他们的桌上，问他们：'你相信安全玻璃吗？'当他们说不相信的时候，我把锤子交给他们，让他们自己来砸这块玻璃。"

资料来源：赵一兵．把客户的心抓住[M]．北京：中华商业出版社，2004.

(6) 减轻销售负担，提高信心。

2) 示范应注意事项

(1) 定制演示，需按每位顾客的兴趣校正演示。

(2) 尽可能增加点戏剧性。示范可以带有简要的说明，深入浅出地说明产品性能或工作原理，不能用深奥的专业原理吓跑了顾客。在示范过程中，增添一些戏剧性，会使顾客感觉新鲜而提高注意力，增强推销的效果。如油污清洁剂的推销人员，当着顾客的面在自己笔挺的西装上沾上一些油渍，然后在对方惊诧的目光下不慌不忙地用自带的产品去除污渍，产品的优异功能显而易见。

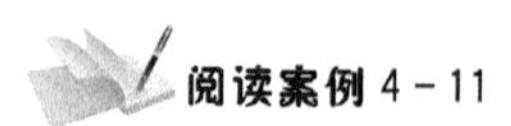
阅读案例 4－11

10米高处砸下的塑料桶

在2001年的农博会上，小孟的塑料软桶展位上有个透明可折叠的塑料桶，装满了30千克大米。小孟将它从10米高的地方狠狠地砸下来——居然完好无损！他又将另一个装满渍菜的软桶高高举起，这桶里有盐和水，同样容积却重了20千克，但砸下来后仍完好无损。

演示后，小孟娓娓道来："第一，作为储米桶储米时，不生虫，不用了可以折叠存放，省地方；楼房住户用它搬运，既轻又干净。第二，一桶多用，还能用来腌咸菜；渍酸菜时只用6天就可以了，而且渍出的酸菜味儿正，欢迎大家现场尝尝！第三，这种桶是按国际标准和规格订制的，用的全是进口材质，无毒无害。第四，要特别强调的是它只能装红酒！白酒、啤酒、豆油等一律不能装。"

资料来源：陈新武，龚士林．推销实训教程[M]．武汉：华中科技大学出版社，2006.

(3) 当产品不便随身携带时，推销人员可以利用模型、样品、照片和图片作示范。还适用于用语言不便简要说明或难以说明的产品相关信息，如一些产品的设计原理、工作原理、统计数据、价目表等，采用文字、图片演示法既准确可靠，又方便省力、生动形象，可以使推销对象容易理解、印象深刻。推销人员要能熟记和灵活运用有关产品的所有数据，并能即时随手画出示意图和图表，有助于使顾客产生形象概念，给顾客留下栩栩如生的感官印象。要提前做好资料的选择、整理与展示的准备工作，力求突出推销品的特点，给顾客以强烈的刺激，如文字的放大特写，图片的色调结构，做到大反差衬托的效果；要注意资料的系统性、真实性、权威性和新颖性，随时修正、补充、更新有关的演示资料。

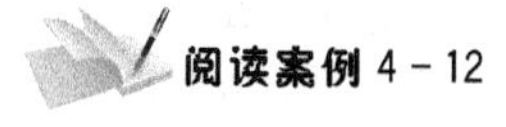
阅读案例 4－12

家具制品的推销人员

一位推销家具制品的推销人员，提包里总是带有产品的说明书、价目表、产品获奖证书、质量检验证书、公司生产的所有产品的相册。在向顾客推销产品时他就会拿出来给顾客看。“您看看，这间卧室有多气派！室内陈列的就是本公司制造的全套家具。我这有公司产品的说明书、价目表、获奖证书、质检证书，请您过目！”(边说边掏出来给顾客看)每次推销，他都要充分地向顾客演示说明，取得了不菲的业绩。

资料来源：龚士林，曾艳丽．推销技术[M]．武汉：武汉大学出版社，2008.

(4) 慎重使用宣传印刷品。通常顾客在接到推销人员送给他的宣传小册子时，会以为业务洽谈接近尾声，于是起身用客气话礼送推销人员。推销人员应注意送给顾客宣传小册子时，要对宣传印刷品的主要内容进行简要的解释，确保顾客对其内容有透彻的了解。

(5) 帮助顾客从示范中得出正确结论。每一次示范都应该有具体的目的，推销人员在示范前就必须清楚地知道这一次示范是为了证明什么。检验推销人员示范效果的标准是顾客的信服程度，因而推销人员不能忽视示范的影响，而要注意检查顾客的反应。例如，某推销员向客户展示减肥的设备及步骤时，会发给每位参观展示说明的客户一个相当于10千克猪肉的体积及重量的东西，请客户提在手上，然后询问客户：“你们愿意让这个东西一天24小时地跟随在您身上吗?”顾客立即感受到肥胖的累赘，减肥的必要。此外，推销人员不要强迫顾客下决心，特别是在他们进行抉择的时候。

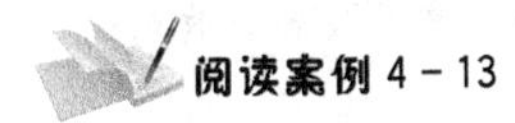
阅读案例 4-13

暗示

心理学表明，一个人在接触一件新事物时，头脑易呈放射性思维。而暗示作用，会使人思维定向。譬如，客户品尝一种新饮料，你若愚蠢地问：“味道怎么样?”客户立刻会思维“紊乱”，或好或坏，或太酸，或太甜等等。一旦第一概念产生，很难抹掉，于谈判大为不利。你应该真正的暗示道：“这个饮料先酸后甜，还有一股淡淡的香味。”喝过后再问他“对不对?”

事实证明，如果你说“先酸后甜”，他就点头“不错”；如果你说“先甜后酸”，他就点头“正是”。

资料来源：陈新武，龚士林．推销实训教程[M]．武汉：华中科技大学出版社，2006.

2. 使顾客从情感上靠近推销人员

要说服人，首先必须赢得对方的好感，并以此改变对方的态度，使对方按照你的意愿去思考，并心悦诚服地接受你的建议。推销人员要赢得对方的好感，就必须增强自己的人际吸引力，善于同素不相识的人结成良好的人际关系。而要提高这一能力，应注意从以下几个方面努力：

(1) 利用邻近性因素。人与人之间关系的建立总是以彼此的相互接触为前提的，空间上的邻近性为人们提供了交往的机会并结成一定的人际关系。邻近性能增进人际吸引力，一是出于“有用性”，正如人常说的“远亲不如近邻”；二是出于长期性的考虑，大家都想有个友善的人际环境。

(2) 利用相似性因素。接受相同的信息，引起相似的理解，产生情感的共鸣，往往导致相互吸引。相似性主要包括几个方面内容：①年龄相似。人生的不同阶段，具有不同的生理和心理特征。所受教育、生长环境等共同特征较多，易于相互吸引。②社会经历、社会地位相似。包括籍贯、受教育程度、生活环境、在社会群体中扮演的角色、经济状况等。这些因素可以产生“自己人效应”，更易于相互吸引。③态度与价值观的相似。共同爱好、共同理想，往往产生极大的吸引力。

（3）利用补偿效应。补偿效应也称需要互补。心理研究告诉我们，人的任何行为都是为了寻求某种需要的满足。需要的互补是将人联系在一起的最强有力的纽带，补偿性吸引力是最强的人际引力，是人际吸引的实质所在，其他诸种增进人际吸引的因素之所以起作用，最终都是这种需要的互补。互补表现为两方面：一是个性特征上互补、互嵌，即不同气质、性格、能力之间的吸引；二是双方需求的相互满足，这是增进人际吸引力的决定性因素。

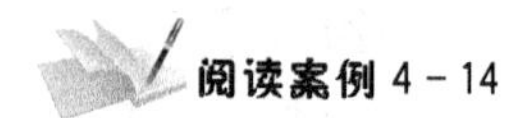

阅读案例 4－14

“算账时不赠鸡，赠鸡时不算账”

一个开餐馆的个体户，他请了一位会计每星期六晚上来替他算账。每次算完账，餐馆老板都包一包烧鸡让会计带走。后来，他的朋友给老板出了个主意：“算账时不赠送鸡，赠送鸡时不算账”。餐馆老板照办后，与会计的关系更加融洽，那位会计也主动替餐馆老板分析收支情况，加强经济核算。这时双方都好像感到自己的行为是出于朋友情谊的举动，而不是交易市场上的买卖。这样就达到了感情投资的最佳效应。感情投资的时间差，会给投资者带来利息，使小量的感情投资收到较大的效果。因此，应当事先进行感情投资，不能“平时不烧香，急时抱佛脚”。在谈判过程开始后，才用你的感情投资，效果往往不佳，甚至适得其反。

资料来源：石永恒．商务谈判精华[M]．北京：团结出版社，2003.

（4）利用情感相悦效应。情感是人积极活动的心理动力源泉。彼此间的赞赏与接纳，可以减少心理冲突，付出爱与接受爱都可以增加人际吸引力。

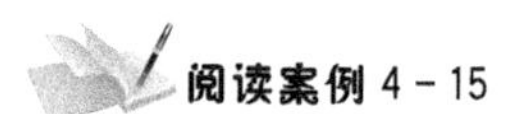

阅读案例 4－15

张松献地图

《三国演义》中有一段张松献地图的故事，讲的是刘备取西川是既定方针，但他对汉中张松却远接远迎，连日宴请，只说闲话，闭口不提西川之事。张松以言挑之，他假装糊涂，一味谦让，一直到十里长亭为张松设宴送行，他也眼泪汪汪，只叙友情。这使张松感动异常，终于把原来准备献给曹操的西川地图献给了刘备，并甘愿为刘备入西川充当内应。在这里，刘备欲擒故纵，反而后来居上，比曹操抢先一步。

资料来源：崇东．谋略致胜[M]．北京：中国社会出版社，2005.

（5）利用仪表的魅力。对美的追求是人类的一种共性的需要。虽然人们对美的定义不尽相同，仪表的魅力却始终是增进人际吸引力的因素之一。要善于发现自己的魅力，挖掘自己的魅力。

（6）培养人际吸引的人缘型人格特征。人缘型人格特征有许多特征：①在性格特征上，表现为对他人和集体的热情、友善，富有同情心，乐于助人，有进取精神；②在理智特征上，表现为感知敏锐，观察力强，善于记住所接触的人和事，具有丰富的想象能力和创造力；③在情绪特征上，表现为善于控制和支配自己的情绪，保持乐观开朗、豁达的心境，与人相处时能给人带来欢乐，令人精神舒畅；④在意志特征上，表现为生活目的明确，行为自觉，遇事沉着冷静，坚韧不拔，积极主动，耐心细致等一系列积极的品质。

（7）利用增进人际吸引的情境因素。这里的情境包括社会环境、自然环境和心理环境。人们的交往不是在真空中进行，信息交流和情感交流对交往起着积极的作用。某些特定的社会环境会促使两个人(或两群人)的接近与亲和。共同的动机使不和的双方因共同利益改善了关系。自然环境也常对社会行为产生举足轻重的影响。优美的环境可以强化交往进程中双方的积极情感，促进交往顺利进行。因此，想要善于交往，就要善于选择时机与环境。心境作为一种较为持久而稳定的心理状态，影响着人们对事物的感受和体验。

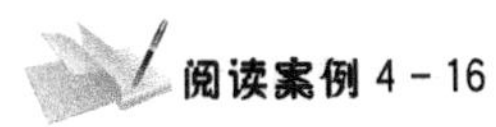
阅读案例 4－16

吃饼干

日本商界名士渡纪彦主张在列车内要善尽“睦邻之道”。他在《促销术》一书中，说他经常在皮包内带些饼干之类的东西，一来为解咖啡之瘾，二来是为了请邻座吃。他还强调，请吃饼干的时机得适当，必须见机行事。如果邻座在看书，你拿出饼干时，他只不过会用余光瞟一下而已；如果你吃了一两口，嘴里还含着一半时，向邻座递上饼干，“要不要来一片?”结果对方一定会有反应，有人会接受，有人会拒绝。但不管怎样，你便可以开始问了：“哪里下车?”因为你送饼干分享，表示友善，对方会立刻解除警戒心。渡纪彦说他一再故伎重施，还未失败过呢！

资料来源：马俊英．推销员实战[M]．北京：海潮出版社，2002.

4.1.4 激发欲望

欲望是期望占有的心理。欲望来自需要，但需要不一定导致欲望。需求来自欲望，强烈的、首位的欲望。欲望还取决于满足需要方式的选择，消费者可买、租、借。即使买，消费者也有“5W1H”的选择。因此，推销员应努力使消费者心理产生不平衡，让其对推销产品有积极肯定的心理定式与强烈拥有的愿望，把推销产品的欲望排在重要位置上。在对消费者进行诱导时，推销员要注意尽量不要提及消费者以往没有购买推销品，避免造成顾客情绪不佳，而要大说特说拥有产品后可以获得种种好处的将来，使顾客认为拥有这样的产品是最明智的选择。

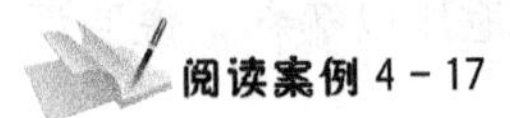
阅读案例 4－17

推销打字机

如果你推销的是产品是打字机，当你向顾客展示产品后，顾客对产品各方面都感到满意，并且表现出了兴趣。但你发现他只是有兴趣而已，并没有购买欲，因为他没有考虑到打字机对他有什么用处，他并没有对打字机的需求。

如你获知你的顾客有一个正在读书的女儿，此时你不妨来为他创造一下需求，告诉他：“如果你女儿有这么一台打字机，我想，不用多久她一定能打出一手又快又干净的漂亮字来。”听了你这句话，顾客会在心里想：“对呀！我怎么没想到女儿需要一台打字机呢?”如此一来，他就有了购买欲望。如果你再刺激他去想象女儿因为能打一手好字而在将来的竞争中处于优势，那么你成功的把握就更大了。

资料来源：立言．出色上班族的99项基本技能[M]．乌鲁木齐：新疆青少年出版社，2003.

激发欲望不同于向顾客证实他对这种商品有需要，而应要向顾客摆事实、讲道理，为顾客提供充分的购买理由。具体来说，有以下方法可用：

(1) 语言生动活泼，配合演示和顾客参与，提高顾客想象力。促使顾客想象，就是要让他觉得眼前的商品可以给他带来许多远远超出商品价值之外的东西，一旦拥有甚至会给他带来一个新的世界、新的生活。当然，你启发顾客想象应该是基于现实的可能，而不是胡思乱想。

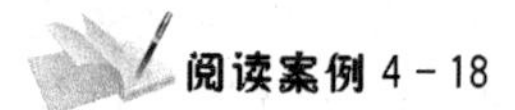
阅读案例 4-18

营业员的语言艺术

有一天，一位北方客人来到上海绣品商店为好友购买绣花被面。面对五彩缤纷的绣花被面，他被其中一条绣有一对白头翁的被面吸引住了，但又显得有点犹豫，目光盯住这一对白头翁，自言自语地说："这鸟的姿态很好，就是嘴巴太长了点，以后夫妻吵嘴。"

这时营业员听到后，笑眯眯地向他介绍道："您看见了吗？这鸟的头上发白，象征夫妻白头偕老。它们的嘴巴伸得长，是在说悄悄话，是相亲相爱的表示。"

这位北方顾客听了后连说："有道理，有道理！"高兴地为朋友买下了这条绣花被面。

资料来源：周庆．商务谈判实训教程[M]．武汉：华中科技大学出版社，2007.

(2) 尽数利益，使利益具体化、现实化、扩大化。推销人员还应通过与顾客仔细盘算，把顾客可能得到的利益一一摆出来，仔细算出来，并且记录在案。如产品能使顾客"节省"，推销员不能把"节省"的结果算出来，把概念性的"节省"一词变成具体的、事实的数字，那么，"节省"就是一个空泛的词汇，不会具有打动顾客的作用。具体的细节比笼统的说法更易打动顾客，如一位高压锅推销员对顾客说："五口之家用高压锅，每天可节省一块半煤，1毛钱，每年可节省36元。高压锅按国家规定的标准可用8年，这就是说，您家使用高压锅，不仅省时、省事，节省的煤钱就达300元，而我们的高压锅才卖70元。"

(3) 将准备好的证据提供给顾客。这些证据包括：有关权威部门的鉴定、验证文件；有关技术与职能部门提供的资料、数据、认可证书；有关权威人士的批示、意见等；有关消费者的验证或鉴定文件、心得体会、来信来函等；有关部门颁发的证书、奖状、奖章等；知名人士的言论及签字；各种统计资料、图表、订货单据等；各种大众媒介的宣传、报道与评论；若干真实的消费者购买事例等。同时，推销人员应详细地加以解释，说明证据的重要性和权威性。

(4) 多方分析、比较、启发。见推销洽谈的逻辑提示法。

4.2 迪伯达模式

4.2.1 迪伯达模式的含义

"迪伯达"是6个英文单词第一个字母DIPADA的译音。这6个单词概述了迪伯达模式的6个推销步骤，即：准确发现(Definition)顾客有哪些需要和愿望；把推销品和顾客的需要与愿望结合(Identification)起来；证实(Proof)推销品符合顾客的需要与愿望；促使顾客接受(Acceptance)推销品；刺激顾客的购买欲望(Desire)；促使顾客采取购买行动(Action)。迪伯达模式被认为是一种创造性的推销模式，是以需求为核心的现代推销学在推销实践中的突破与发展，被誉为现代推销法则。迪伯达模式的特点是紧紧抓住了顾客需要这个关键性环节，充分体现说服劝导的原则。虽然该模式比爱达模式复杂、步骤多，但针对性强，推销效果较好，因而受到推销人员的重视。

迪伯达模式适用于生产资料市场产品的推销；适用于对老顾客及熟悉顾客的推销；适用于保险、技术服务、咨询服务、信息情报、劳务市场上无形产品的推销；适用于有组织购买即单位(或集团)购买者的推销。

下一小点内容主要介绍迪伯达模式的前三个步骤，因为第四个步骤将在第6章异议处理相关内容处详细介绍，而第五个步骤和第六个步骤均与爱达模式中的第三个步骤和第四个步骤相同。

4.2.2 迪伯达模式的具体步骤

1. 准确发现顾客有哪些需要和愿望

采用迪伯达模式时，所推销的产品主要是生产资料。生产资料市场的购买者之所以会购买产品或服务，往往源于生产与经营的需要，一般都是理智型购买者。同时，出于行业需求的差异，他们的需求与购买千差万别，不可替代，表现为需求缺乏弹性，因此，凡是他们不需要的产品，一般情况下他们是不会购买的。另外，生产资料市场的购买者往往具有明确的采购目标与采购要求，所以推销员在向他们推销时，首先要准确地发现顾客的具体需要和愿望，从为顾客解决困难与满足需要出发，才能开始推销及达到成功推销的目的。

在实际推销活动中，推销员可从关心顾客、问候顾客的角度出发，直截了当地向顾客提出有关需求的问题，从中了解信息，从而发现顾客的困难与需求。这种提问了解的技术将在4.4节SPIN推销模式中有详尽的介绍。

2. 把推销品与顾客的需要和愿望结合起来

当推销员在准确地总结出顾客的愿望和需求之后，便应转向介绍所推销的产品，并把产品与顾客的需求和愿望结合起来。这样就能很自然地把顾客的兴趣转移到推销的产品上来，为进一步推销产品铺平道路。“结合”实质上就是一个由探讨需求的过程向开展实质性推销过程的转折，转折得是否自然、顺利，将直接影响进一步的推销，因此，应注意“结合”的步骤和程序。

1)“结合”的步骤

(1) 简单地总结与提示顾客的主要需求及有关需求。推销员应及时地对顾客的需求与愿望作一简单的总结，总结与提示应简单明了且符合顾客的实际情况，并征求顾客的同意与确认。

(2) 简要地介绍推销产品。简要地介绍推销产品为的是转换话题。因此，只要把产品的主要优点及性能做简单扼要、准确明了的介绍即可。

(3) 把产品与顾客需求结合起来。推销员必须针对所推销的具体产品及顾客的具体需求，采取不同的结合方式和不同的结合语言，把产品与顾客的需求结合起来，这是迪伯达模式的关键，也是推销工作的实质性的开始。

2)“结合”的方法

(1) 从结合的表达形式分，可以分为以下两种：一种是语言结合法。即通过推销员的语言表达与介绍，说明产品的某个性能特点正符合顾客需要达到“结合”的目的。另一种是行为结合法。有时顾客需求的满足与困难的解决，并不是单凭语言就可以使顾客信服的。这时，推销员的实际行动胜过千言万语，比如顾客有对交货期及时的需要，有对销售服务及许诺的需要等。推销员与其信誓旦旦，不如拿出实际行动来(如签订保证书等)更令人信服。

(2) 从结合的内容分，可以分为以下三种：①物的结合法，指从所推销产品物的特征上可以体现的结合。如果所推销产品具备满足顾客需求的优点、功能等产品实体特征，只要推销员加以介绍与证实，顾客也会理解。在推销中，物的结合是最根本的、最直接的结合方式。②信息结合法，即推销员可以直接或间接地向顾客传递适用的信息，从而引发顾客对推销产品大量需求的方法。如某丝绸厂通过市场调查向某一服装厂发出丝绸服装将畅销的最新消息，并且帮助服装厂开发新产品，于是使服装厂对丝绸厂的产品产生了大量需求。③关系结合法，即“推销是靠百分之七八十的关系”，所言实不过分。人是社会中的人，任何人都有着与生俱来的和后天形成的关系网，所以推销员通过关系导致的结合成为推销中一个重要的结合方式。关系结合可考虑“上行关系”“平行关系”和“下行关系”进行结合。

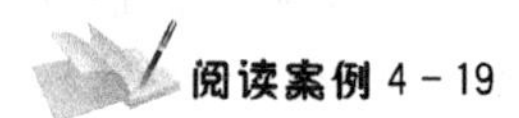
阅读案例 4-19

图德拉的生意经

委内瑞拉的图德拉是一位自学成才的工程师，他想做石油生意，听说阿根廷想买2000万美元的天然气，就赶到了阿根廷。可他既无资金又无关系，于是他就打听阿根廷想卖什么，在知道阿根廷的牛肉过剩后，他就飞到了西班牙，那里的造船厂正为没有人订货而发愁。他就告诉西班牙人，如果你们向我买2000万美元的牛肉，我就订购你们一艘2000万美元的超级油轮。接着他又赶到意大利的一家石油公司，以购买对方2000万美元的天然气为交换条件，让石油公司租用他在西班牙制造的超级油轮。就这样，他单枪匹马、身无分文地杀入了石油海运的行列，很快变成了亿万富翁。

资料来源：张文金．兵法与商战[M]．济南：山东人民出版社，1992.

(3) 从对需求的管理方法分，可以分为以下三种：①适合需求结合法。当顾客当时存在的需求是合理的，推销员应通过企业整体营销活动迎合顾客需求，从而把产品与顾客的需求结合起来的方法。②调整需求结合法。有时，顾客提出的需求存在着明显的不合理、不现实及过分苛求，甚至是无理与无益的需求，令推销员无法满足。推销员应以诚挚的态度与真实的信息沟通方法劝说顾客调整需求并使需求尽可能与产品结合的方法。③教育与引导需求结合法。在顾客因各种原因缺乏对所推销产品的需求时，推销员可以科学理论为依据，以价值分析方法为手段，从顾客的购买利益着想去引导顾客，使顾客认识推销产品所具备的优点与利益差别，从而达到推销产品的方法。

3. 证实所推销的产品符合顾客的需求与愿望

所谓证实，就是推销员运用各种手段与证据，证明产品的确能满足顾客的需求。证实不是简单的重复，而是在于帮助顾客寻求购买的理由和佐证，使顾客认识到产品是符合他的需求的，他需要的也正是所推销的产品。而要达到这个目的，推销人员事先必须做好证据理由的收集和应用等准备工作，熟练掌握展示证据和证实推销的各种技巧。

(1) 证实的准备工作。首先，做好证据的收集工作。要证实就必须有证据。而证据必须主动去收集才可以获得。从事推销工作的机构与人员，尤其是生产资料类产品的推销员，必须掌握收集证据的本领，即取证本领。科学的市场调查是取证的好方法。其次，做好证据的应用准备工作。在推销前，推销员应做好在推销活动中如何应用与展示证据的准备工作。推销员应对每份证据的内容、重点以及重要性有清楚的了解，对证据的展示时机、步骤、背景与洽谈时的讲解做到心中有数。只有这样，推销员才可以在推销过程中运用自如、声情并茂地演示证据，才可令顾客相信证据。

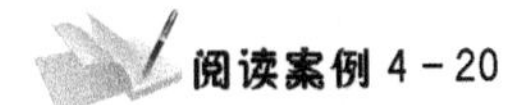
阅读案例 4-20

另类销售簿

C先生是一家冰淇淋公司的推销员。他使用的方法是将彩色照片贴于作业簿上，他将此种照片簿称为销售簿，而那些照片是他3年来所服务过的97家零售店的照片。至于照片的内容则是公司生产的各种冰淇淋陈列于各零售店的实际情形，另外还有各零售店老板一家人、服务人员的照片，记载了各零售店3年来的销售额及各老板的证言，并有各老板的印鉴为证。

资料来源：陈企华．成功赢得新客户[M]．北京：中国纺织出版社，2003.

(2) 证据的分类。从证据的提供者划分，有人证、物证和例证这三种；从证据的获取渠道划分，有生产现场证据、销售与使用现场证据、顾客自我经验所提供的证据这三种；从证据的载体划分，有文字证据和图片证据。

(3) 证据的展示。获取了证据只是拥有了进行推销活动的工具，推销员还必须恰当地向顾客展示证据并获得顾客的认可。在推销展示中有很多技巧，请参考4.1节爱达模式中有关示范的论述。

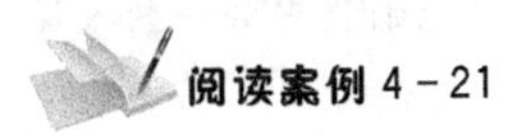
阅读案例 4-21

巧用“迪伯达”推销公式

以下是国外的两个推销案例，请读者通过这两个案例的对比，来证实“迪伯达”推销公式的有效性。

案例(一)

奥尔顿·马奇是一个手表生产商的代理人。工厂对一些手表零售商店状况进行了调查，调查中发现手表零售商的销售策略有问题。零售商店的售货员对推销该厂生产的手表不感兴趣。上述情况引起了手表厂管理部门的重视。为此，手表厂管理部门决定开办一所推销技术专科学校，并派出工厂的推销代表包括马奇在内，到各手表零售商店进行说服工作。目的是使他们对开办推销技术专科学校产生兴趣，并要求各商店给予支持。马奇来到一家钟表店，同表店的负责人开始谈话。

马奇：迪尔先生，告诉您一条重要的消息。

迪尔：什么？

马奇：是这么一回事。我们厂管理部门准备为你们办一件大事，这是其他任何一家钟表制造厂从来没有做过的。

迪尔：是给我们商店更多的折扣吗？那对我们的帮助可就是太大了！

马奇：不是折扣，但是，这比折扣对你们来说更有利。

迪尔：您快告诉我吧！

马奇：嗯，我们要办一所推销技术专科学校。

迪尔：那是什么意思？你们销售给我们商店的手表还少哇？

马奇：不是那个意思。这所学校不是为我们这些推销员办的，而是为你们办的。

迪尔：为我，我出售的手表还不够多吗？

马奇：哎，不是为您本人办的，是为您的职员……

迪尔：好，请等一下，在这个问题是，您认为我有决定权吗？

马奇：当然，这件事是你说了算，迪尔先生；不过，我们可能对您所帮助的，您说对不对？

迪尔：好吧！如果我需要您的帮助的话，我会告诉您的。现在你能告诉我，你们工厂准备为我们办的而其他工厂从未办过的那件大事吗？

马奇：哦，刚才已经告诉您了，就是为你们办一所推销技术学校，是否需要我详细向您介绍一下情况？

迪尔：不用啦，谢谢。等您下次来的时候再说吧，您知道，我现在很忙，外面还有不少顾客在我呢！我还是先去办点正事吧。

案例(二)

奥尔顿·马奇的“推销”失败了，他的同事萨默·特伦顿采用“迪伯达”推销公式同迪尔交谈，却获得了成功。下面请看特伦顿是怎么说服迪尔的：

特伦顿：迪尔先生，我这次来这里的目的主要是想向你了解一下商店的销售状况。我能向您提几个简短的问题吗？

迪尔：可以，您想了解哪个方面的情况？

特伦顿：您本人是一名出色的推销员……

迪尔：谢谢您的夸奖。

特伦顿：我说的是实话。只要看一看商店的经营，就知道您是一位出色的推销员。不过您的职员怎么样，他们的销售成绩与您一样吗？

迪尔：我看不行啦，他们的销售成绩不太理想。

特伦顿：完全可以进一步提高他们的销售量，您说呢？

迪尔：对，不过也需要具体分析他们的销售量，他们的经验还不太丰富，而且他们当中的一些人现在还很年轻。

特伦顿：我相信，您一定会尽一切可能帮助他们掌握推销技术，对吗？

迪尔：对，尽力而为吧！但我们这个商店的事情特别多，我整天忙得不可开交，这些您是知道的。

特伦顿：当然，这是难免的，假如我们帮助你解决困难，为你们培训商店职员，你有什么想法？您愿不愿让您的职员学习和掌握一些东西；比如怎样制定销售计划？如何掌握赢得顾客、如何增加销售量、如何唤起顾客的购买兴趣，如何促使顾客对产品兴趣、如何诱导做出购买决定等等，使他们像您一样成为出色的推销员。

迪尔：我一百个赞成。谁不愿意有个好的销售班子。你们的想法太好了，不过，怎样实现你们的计划？学校办在什么地方？什么时候开课，另外，需要我出多少钱？

特伦顿：迪尔先生，我们厂为你们这些零售商店的职员开办这样一所学校，目的就是训练这些职员掌握您希望掌握的技能，我们特别聘请了一些全国最有名气的推销学导师负责学校的培训工作，他们本人都是经验丰富的推销员……

迪尔：听起来挺不错的，但我怎样才知道他们所学的东西正是我们希望他们学的，而不是你们希望他们学的呢？

特伦顿：增加您的销售量符合我们的利益，也符合您的利益，这是其一。其二，在制定训练计划时，我们非常希望您能对我们的教学安排提出宝贵的意见和建议。

迪尔：我明白了。

特伦顿：给，迪尔先生，这是一份课程安排表，还有其他一些细节的有关材料。我们把准备怎样为您培训更好的销售人员的一些设想都写在这份材料上了。您是否把材料看一下？

迪尔：好吧，把材料交给我吧。(特伦顿向迪尔介绍计划)

特伦顿：这就是我们的计划。我已经把您刚才提的两条建议记下来了。现在，您还有什么不明白的问题吗？

迪尔：没有了。

特伦顿：迪尔先生，你对这个计划有信心吗？

迪尔：有信心，办这所学校需要多少基金？需要我们分摊吗？

特伦顿：钱是要出的，迪尔先生。不过，您只需要负担受训职员的交通和膳宿费用。其他费用包括教员的聘金、教学费用、教学工具等等，统统由我们包了。我们初步算了一下，每培训一个推销员，花费45英镑还是值得的。您说呢？假如经过培训，每个受训职员的销售量增加5%的话，您很快就可以收回支付的这笔费用了。

迪尔：这是实话，可是……

特伦顿：假如受训职员的推销水平只是你的一半……

迪尔：那就是很不错了。

特伦顿：迪尔先生，我想你可以先派三个有发展前途的职员参加第一届训练班。这样，您就知道我们训练的效果如何了。

迪尔：我看派两个吧！目前，我们这里的工作也比较忙，不能多派了。我们商店的生意也需要人照料才行啊！

特伦顿：您看着办吧！您准备先派哪两位去受训呢？

迪尔：我初步考虑派穆尼太太和罗杰先生……不过，我还不能最后决定。需要我马上做出决定吗？

特伦顿：不，没有那个必要。我给你留两个名额。您先考虑一下，到底是派穆尼太太还是罗杰先生还是另派别人。您下星期告诉我，好吗？

迪尔：行，就这样办吧。

资料来源：黄文恒．现代推销实务[M]．北京：机械工业出版社，2010.

4.3 埃德帕模式和费比模式

4.3.1 埃德帕模式

“埃德帕”是5个英文单词的第一个字母IDEPA的译音，是迪伯达模式的简化形式。5个单词概括了埃德帕模式的五个阶段：把推销品与顾客的愿望结合起来(Identification)；向顾客示范推销品(Demonstration)；淘汰不合适的产品(Elimination)；证实顾客所做出的产品选择是正确的(Proof)；促使顾客接受推销品(Acceptance)。

埃德帕模式适用于有着明确购买愿望和购买目标的顾客。无论是中间商的小批量进货、批发商的大批量进货，还是厂矿企业的进货，也无论是采购人员亲自上门求购，还是通过电话、电报等通信工具询问报价，只要是顾客主动与推销人员接洽，都是带有明确的需求目的的。

1. 把推销品与顾客的愿望结合起来

推销员应注意对上门主动求购的顾客应热情接待，尽量满足顾客需求。对上门求购的顾客，推销员应按照顾客提供的需求标准，尽量提供较多的货源供顾客选择，千万不要怕麻烦。同时，对顾客原来没有打算购买的产品，推销员应在揣摩顾客的愿望与要求的基础上，恰当地将产品与愿望结合起来。

2. 向顾客示范推销品

推销员在示范时应注意按照顾客的需要示范产品，如果顾客是拿着进货清单的话，那么对清单上所列产品都应加以示范，除非顾客表示不需要；如果推销员能按照顾客的需求，向顾客推销进货清单上没有的产品，如刚出厂的新产品、即将成为畅销货的产品、进销差价大的产品等，顾客就会很高兴，推销员越是能准确地发现顾客的需要并示范产品，达到交易的可能性就越大。

3. 淘汰不合适的产品

不合适的产品就是不符合顾客需求的产品，由于在前两个步骤中，推销员向顾客提供了较多的产品，所以需要把不合适的，即与顾客需求标准距离较大的产品筛选掉，使顾客尽量买到合适的产品。但在淘汰不合适的产品时，应该十分谨慎，推销员应了解顾客压缩购买的原因是什么。对于老顾客，推销员应准确地掌握顾客每次的进货额；对于新顾客，推销员应尽量了解顾客进货的档次、数量。

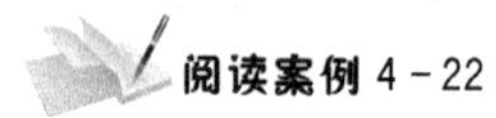
阅读案例 4－22

废纸篓的秘密

一家超市的总经理刚刚上任，他负责的这家门店经济效益平平，在这一地区和这家超市规模大小相同的竞争者还有五家。

如今人们买东西常采用集中购买的方式，为了防止丢三落四，还会事先写一个购物清单。有一次，这位总经理看见一位女顾客买完东西要走时，把一张纸条和收款单据同时扔到商场门口的纸篓里，他马上跑过去捡起来，发现纸条上写的货物同收款单据上的不同，有两种顾客要买的商品他的超市里也有，但不是顾客点名要的品牌。他根据这一信息，更换了该商品的品牌，果然收到了不错的效果。于是总经理决定每天派人把废纸篓里被顾客丢掉的纸条全部捡回来，仔细研究顾客的需要，很快就分析出顾客对哪类商品感兴趣、喜欢哪些品牌、对某些商品的需要集中在什么季节、顾客不喜欢什么商品等重要信息。在总经理的带动下，这家超市总是以最快的速度淘汰不合适的商品，补充顾客需要的商品，并且合理引导顾客进行消费，使这家店的经济效益、社会效益跃居该地区之首。

资料来源：崔玉华．实用推销技巧[M]．上海：上海财经大学出版社，2008.

4. 证实顾客选择是正确的

对于一些畅销的产品、一些顾客争购的产品，似乎不用向顾客证实他的选择是正确的；对于其他的产品证实，主要的办法是用案例证明某个产品在某个市场或由某个商人销售得很好，年利润不少，但当顾客选择产品后，证实与赞扬顾客的挑选是正确的就是必不可少的一环了，因为这将直接关系到推销的最后成功和交易的完成。

5. 促使顾客接受推销品

此时，影响顾客购买的主要因素已不是推销品本身，而是购买后的一系列问题。推销员应针对顾客的具体特点开展工作，如有的应帮助他们尽快办好进货手续；有的需要在货款的结算上给予方便；有的要解决运输问题；有的则要求退货赔偿及降价赔偿等，推销员应尽力给予解决。推销人员若能对上述问题予以尽力解决，就会坚定顾客的购买信心，使其迅速做出购买决定。

4.3.2 费比模式

费比模式是由美国奥克拉荷马大学企业管理博士、中国台湾中兴大学商学院院长郭昆漠总结出来的推销模式。费比是英文FABE的中文译音，而FABE则是英文单词Feature、Advantage、Benefit和Evidence的第一个字母。这4个英文字母表达了费比模式的四个步骤，如下所述。

1. 将产品特征详细地介绍给顾客

该模式要求推销人员在见到顾客后，要以准确的语言向顾客介绍产品的特征。介绍的内容应当包括产品的性能、构造、作用、使用的简易性及方便程度、耐久性、经济性、外观优点及价格等。如果是新产品则应更详细地介绍；如果产品在用料和加工工艺方面有所改进的话，也应介绍清楚；如果上述内容多而难记，推销人员应事先打印成广告式的宣传材料与卡片，以便在向顾客介绍时将材料和卡片交给顾客。

2. 充分分析产品的优点

模式要求推销人员应针对在第一步骤中介绍的特征，寻找出其特殊的作用，或者是某项特征在该产品中扮演的特殊角色、具有的特殊功能等。如果是新产品，则务必说明该产品的开发背景、目的、设计时的主导思想、开发的必要性以及相对于老产品的差别优势等。当面对的是具有较高专业知识的顾客时，则应以专业术语进行介绍，并力求用词准确，言简意赅。

3. 罗列产品给顾客带来的利益

这是费比模式中最重要的一个步骤。推销人员应在了解顾客需求的基础上，把产品能给顾客带来的利益，尽量多地列举给顾客。不仅要讲产品外表的、实质上的利益，而且要讲产品给顾客带来的内在的、附加的利益。从经济利益、社会利益到工作利益以至社交利益，都应一一列举出来。在对顾客需求了解不多的情况下，应边讲解边观察顾客的专注程度和表情变化，在顾客表现出关注的主要需求方面，要特别注意多讲解、多举例。

4. 以证据说服顾客

模式要求推销人员在推销中要避免用“最便宜”“最合算”“最耐用”等字眼，因为这些话已经令顾客反感而没有说服力了。因此，推销人员应用真实的数据、案例、实物等证据解决顾客的各种疑虑，促使顾客购买。

费比模式与其他几个模式相比，有一个突出优点是逻辑性强，环环紧扣消费者心理活动的过程；另一个明显的特色是事先把产品特征、优点及带给顾客的利益等列出来，印在纸上或写在卡片上，这样就能使顾客更好地了解有关的内容，减少产生疑问与异议的空间。为了尽可能地发挥费比模式所具有的这一特色的效果，推销人员应事先准备好各种推销用语，并将各种行之有效的推销用语印在纸上，牢记心里，达到随时能脱口而出的熟练程度。

阅读案例 4-23

“我们打开它的盖子，有个舌状的倒出口，出口上有7cm槽沟，可防止液体外漏，而注入口可倒出各种液体等。”

“最大的优点是倒出酱油后，瓶口不会沾有残余的液体，可保持周围的清洁，非常卫生。本厂曾选择一百个用户实验，经一年的试用，反映甚佳。”

“我们再来看它的外形，正如你所见，有光洁的圆锥形外表，圆顶状盒子，摸起来舒服，看起来别致。有红、黄、绿三种颜色，任君选择。”

“由于它具有时髦而现代感十足的外形，所以不仅可以放在厨房、餐桌，还可以使家庭陈设倍添光彩。如放在贵店展销，不会占据太大空间，但看起来又很悦目，可以提高商店形象，定能吸引顾客的目光”

“据我所知，目前市场上尚未有同类产品，相信销售前景相当可观，定能给你带来很大效益。”

资料来源：王行健．超级口才训练[M]. 北京：地震出版社，2012.

4.4 SPIN模式和电话销售中的4C模式

4.4.1 SPIN模式

美国Huthwaite公司的销售咨询专家尼尔·雷克汉姆与其研究小组分析了35 000多个销售实例，与10 000多名销售人员一起到各地进行工作，观察他们在销售会谈中的实际行为，研究了116个可以对销售行为产生影响的因素和27个销售效率很高的国家和地区，耗资100万美元，历时12年，于1988年正式对外公布了SPIN模式。被培训过运用该模式的人在销售额上比同一公司的参照组的销售员提高了17%。

SPIN是英文Situation Question(情境性问题)、Problem Question (难点性问题)、Implications Question (暗示性问题)、Need－pay off Question (需求满足性问题)首词的第一个字母的组合。SPIN模式是指一个成功的推销员通过提出情境性问题、难点性问题、暗示性问题及需求满足性问题来探明顾客需求的一种提问技术。这种模式就是针对顾客心理反应的每一阶段，制定相应的推销战略，从而赢得推销成功。英国克兰费尔德管理学院的推销专家指出：“要想成功地说服、诱导顾客购买某种产品，首先必须根据顾客的决策过程以及在此过程中所考虑的因素进行分析。没有意识到这一点，说服工作就很难进行。”

SPIN模式针对的是大额产品、高附加价值的工业品行业，如工程机械、中央空调、电气自动化、医疗器械、IT集成等行业，销售效果更佳。下面结合东风卡车的销售来说明SPIN模式的运用(表4-2至表4-6)。

1. 情境性问题

情境性问题即有关买方现在的业务和状况的事实或背景。如“你们用这些设备有多久了?”或“您能和我谈谈公司的发展计划吗?”尽管背景问题对于收集信息大有益处，但如果过多，则会令买方厌倦和恼怒。因此，询问的时候要把握两个原则：①数量不可太多；②目的明确，问那些可以开发为明确的需求，并且是你的产品或服务可以解决的问题。情境性问题示例见表4-1。

表4-1 情境性问题示例

类型	编号	问题
S	1	你使用什么牌子的车?
	2	你的车拉什么货?
	3	一般拉货，大概有多少吨?
	4	最大承载量是多大?
	5	拉货的距离是长途还是短途呢?
	6	行驶的路面是城区还是乡村呢?
	7	以前车辆是否经常超载呢?
	8	发动机的马力怎样?
	9	平均百公里的油耗是多少?

2. 难点性问题

难点性问题即发现客户的问题、难点和不满，这就要求你发现并理解买方的隐含需求——难题和不满，进一步放大澄清，并转为明确需求。如“这项操作是否很难执行?”或“你担心那些老机器的质量吗?”难点性问题为订单的开展提供了许多原始资料。但难点性问题有一定的风险性，所以许多缺乏经验的销售人员很难把握提问的时机。难点性问题示例见表4-2。

表4-2 难点性问题示例

类型	编号	问题
P	1	在马力方面，你感觉有什么问题呢?
	2	你每天需要行驶300千米的情况下，油耗方面有哪些不满意的地方?
	3	在高速行驶中，提速方面有什么问题?
	4	在高速行驶的过程中，马力小，速度慢，在安全方面会有什么问题呢?
	5	因为马力小导致运输的次数与时间发生变化，有什么问题呢?
	6	在平时，服务维修方面，感觉有哪些需要改进的地方?
	7	平时在爬坡方面，有什么问题呢?
	8	整车寿命方面，相对其他车辆有什么问题呢?
	9	平时，拉货主要是老客户，他们对你会有什么抱怨吗?

3. 暗示性问题

暗示性问题即扩大客户的问题、难点和不满，使之变得清晰严重，并能够揭示出所潜伏的严重后果的问题。如“这个问题对你们的远期利益有什么影响吗?”或“这对客户的满意程度有什么影响吗?”暗示问题就是通过积聚潜在顾客难题的严重性，使它大到足以付诸行动的程度。询问暗示问题的困难在于措辞是否恰当和问题的数量是否适中，因为它往往使潜在顾客心情沮丧、情绪低落。如果还没有问情景问题和难点问题而过早引入暗示性问题，往往使潜在顾客产生不信任甚至拒绝。暗示性问题示例见表4-3。

表4-3 暗示性问题示例

类型	编号	问题
I	1	马力小，导致提速比较慢，这对你在高速上行驶又意味着什么?
	2	同时，提速比较慢，在爬坡方面又会产生什么严重的后果呢?
	3	提速比较慢，同样一批货，拉货的时间方面会有什么影响呢?
	4	拉货时间长，导致客户的抱怨会不会增加呢?
	5	客户的抱怨增加，对市场竞争的今天，又意味着什么呢?
	6	客户产生流失，对你利润又意味着什么?
	7	同时，我们也发现拉货时间长，导致耗油量增加，这意味着什么?
	8	油耗量增加，成本加大，对你的利润又产生什么严重的后果呢?
	9	马力小，导致承载量偏小，周期加大，收益减少，你有没有考虑过呢?

4. 需求满足性问题

销售人员通过问这类问题，描述可以解决顾客难题的对策，让顾客主动告诉你，你提供的这些对策让他获利多少。如“如果把它的运行速度提高10%对您是否有利呢?”或“如果我们可以将其运行质量提高，那会给你怎样的帮助呢?”这些都是典型的需求满足性问题。销售人员最易犯的错误就是在积聚起问题的严重性之前，过早地介绍对策，在潜在顾客没有认识到问题的严重性之前会为你的需求开发设置障碍。因此，问需求满足性问题的最佳时机是：在你通过暗示问题建立起买方难题的严重性后，而又在你描述对策之前。在每笔生意中，出色的销售人员较之一般销售人员所问的需求满足性问题要多10倍。需求满足性问题示例见表4-4。

表4-4 需求满足性问题示例

类型	编号	问题
I	1	假设，解决马力问题，你对提速方面又带来了什么帮助呢?
	2	提速快，对你拉货时间方面又带来了什么好处呢?
	3	这对你老客户反应速度是否有帮助呢?
	4	如果对老客户的反应速度提升，效率高，你对维持老客户方面有什么帮助?
	5	提速快，对于爬坡能力提升，对你行驶的安全有什么改善呢?
	6	同时，提速快，拉货时间缩短，导致耗油量减少，对于成本有什么帮助呢?
	7	解决了马力小的问题，提速快，拉货时间缩短，老客户反应快，效率高，对于多接业务是不是有帮助呢?

5. SPIN模式综合运用举例(表4-5)

表4-5 利用SPIN来引申"马力小"的问题以塑造东风的价值表

问题	销售顾问	用户
S	你好，欢迎到本公司来，我可以为你服务吗?	好啊!
	你以前使用过车吗?	用过。
	什么牌子的车呢?	金杯车。
	金杯车，不错，最近几年上市的品牌车，你使用几年了?	三年了。
	这样一来，最近应该带来丰富的收益哦，你平时拉什么货为主?大概几吨?	拉五金货物，至少有4吨吧。
P	五金生意不错，基本上是走经销商为通路的，你这三年使用下来，整体使用方面怎样?	一般性，价格是比较便宜，马力小了。
	马力小，平时在使用中产生了什么问题吗?	费油，提速慢，承载能力小，爬坡能力也不够。
	看得出来，你是一个老司机，对你的车的性能非常熟悉，至少有10年了吧。	还可以，自己的车啊!已经有12年了。
	难怪，你对车非常有研究啊，那我想进一步问一下，除了上面的问题以外，还有什么问题吗?例如在运输时间、相应速度等?	周期肯定长。
	是啊，周期长，响应速度相对就比较慢。	有这种情况发生，但是不多。
I	那运输周期长，耗油方面会有什么影响呢?	耗油肯定多，平均按百公里来计算，一天以三百公里来计算的话，至少要多3升油。
	一天3升，还是比较多的，这样一个月至少90升，一个月的投资成本就是450元，一年就是5 400元．三年就是16 200元，这还是严重的问题啊!	是啊，这就是我不满意的原因啊，因为至少三年以来少赚20 000元呢!
	竞争激烈，钱难赚啊! 哎，张老板，你是车子方面的行家，我问你，马力小，对发动机及整车使用寿命方面又会有什么影响呢?	是啊，会有影响的，发动机烧缸，甚至发生更严重的交通事故。
	万一发生交通事故，后果还是不堪设想的，同时，马力小，导致爬坡能力也不够，提速也比较慢，这对你来说，又意味着什么呢?	不言而喻，时间长，速度慢。
	时间长，客户的响应速度就会慢，这对你生意方面，又会产生什么影响呢?	又可能发生老客户的流失，导致生意更加难做!
	是的，生意难做，就等于赚钱少，利润薄，是这样吗?	是的，难啊!
	所以，张老板，你刚刚说，马力小导致油耗增加，成本增大，如果近三年来计算的话，意味着少赚16 200元人民币;同时，马力小，提速慢，拉货时间长，客户响应时间长，客户可能流失，生意会受影响，是吗?	是啊!

续表

问　题	销售顾问	用　　户
N	张老板，如果我们尝试找一些适合的车来解决马力小的问题，对你有什么好处呢？	提速快、承载力强、油耗相应减少等。
	油耗减少，又会对生意有什么直接的帮助呢？	当然，可以实现利润增加。
	假设，有办法解决这个问题，你需要我给你推荐一下吗？	可以啊，这样更好。

资料来源：丁兴良．SPIN－顾问式销售技巧[M]．北京：经济管理出版社，2006.

4.4.2　电话销售中的4C模式

电话销售中的4C模式，即电话销售人员迷茫客户(Confuse Customer)、唤醒客户(Clear Customer)、安抚客户(Comfort Customer)和签约客户(Contract Customer)。第一个C是应用在第一阶段的，第二个C、第三个C是应用在第二阶段的，第四个C是应用在第三阶段的。4C是实施电话销售技巧的一个标准流程，经验不足的电话销售人员可以在初期的时候按照这个销售流程执行，熟练以后一般就忘记了这个流程，但是销售实力却不知不觉地明显提高了。

阅读案例4-24

成功的电话销售

销售员：您好，请问，李峰先生在吗？

李峰：我就是，您是哪位？

销售员：我是××公司打印机客户服务部章程，就是公司章程的章程，我这里有您的资料记录，你们公司去年购买的××公司的打印机，对吗？

李峰：哦，是，对呀！

章程：保修期已经过去了7个月，不知道现在打印机的使用情况如何？

李峰：好像你们来维修过一次，后来就没有问题了。

章程：太好。我给您打电话的目的是，这个型号的机器已经不再生产了，以后的配件也比较昂贵，提醒您在使用时要尽量按照操作规程，您在使用时阅读过使用手册吗？

李峰：没有呀，不会这样复杂吧？还要阅读使用手册？

章程：其实，还是有必要的，实在不阅读也是可以的，但寿命就会降低。

李峰：我们也没有指望用一辈子，不过，最近业务还是比较多，如果坏了怎么办呢？

章程：没有关系，我们还是会上门维修的，虽然收取一定的费用，但比购买一台全新的打印机还是便宜的。

李峰：对了，现在再买一台全新的打印机什么价格？

章程：要看您要什么型号的，您现在使用的是××公司3330，后续的升级的产品是4100，不过完全要看一个月大约打印多少正常的A4纸张。

李峰：最近的量开始大起来了，有的时候超过10 000张了。

章程：要是这样，我还真要建议您考虑4100了，4100的建议使用量是15 000张一个月的A4正常纸张，而3330的建议月纸张是10 000张，如果超过了会严重影响打印机的寿命。

李峰：你能否给我留一个电话号码，年底我可能考虑再买一台，也许就是后续产品。

章程：我的电话号码是888××××转999。我查看一下，对了，你是老客户，年底还有一些特殊的照顾，不知道你何时可以确定要购买，也许我可以将一些好的政策给你保留一下。

李峰：什么照顾？

章程：4100型号的，渠道销售价格是12 150元，如果作为3330的使用者，购买的话，可以按照8折来处理或者赠送一些您需要的外设，主要看您的具体需要。这样吧，您考虑一下，然后再联系我。

李峰：等一下，这样我要计算一下，我在另外一个地方的办公室添加一台打印机会方便营销部的人，这样吧，基本上就确定了，是你送货还是我们来取？

章程：都可以，如果您不方便，还是我们过来吧，以前也来过，容易找的。看送到哪里，什么时间比较方便？

后面的对话就是具体落实交货的地点时间等事宜了，这个销售人员用了大约30分钟完成了一个4100打印机的销售，对于章程表现出来的电话4C销售的把控来说，他的业绩应该非常正常。在这段对话中，请读者运用4C的销售次序和原理来解释一下。

资料来源：王静．如何做电话营销[M]．北京：中国物资出版社，2008.

推销人物专栏

博恩·崔西

博恩·崔西是美国首屈一指的个人成长权威人士，在成功学、潜能开发、销售策略及个人实力发挥等各方面拥有独树一帜的心得。他是当今世界上个人职业发展方面最成功的演说家和咨询家之一，被誉为“世界第一名提升效率专家”。

他曾获得C. P. A. E. (Council of Peers Award of Excellence)美国演讲家最高荣誉，每年在美国国内和国外的听众人数达到45万人之多。另外，他为500多家公司提供咨询服务，其中包括IBM、美国麦道公司、安达信公司、百万圆桌会等等。

博恩·崔西的教学训练课程从1988年开始在美国连续14年创下有史以来的最高销售纪录。他还主持了300多种电台和电视财经节目，这些节目风靡全球，成为最有效的学习工具。

除了进行演说和咨询活动，博恩·崔西还是畅销书作家，其著述颇丰，作品包括《博恩·崔西销售思想全集》《销售中的心理学》《时间力》《创建你的未来》《魅力的力量》《创造自己的财运》等。迄今为止，他出版了26本书、300多盒相关的录音带和录像带，很多作品被翻译为多种文字，畅销世界各地。

本章小结

1. 爱达模式有四个步骤：引起消费者的注意、唤起消费者的兴趣、激起消费者的购买欲望、促成消费者的购买行为。

2. 迪伯达模式有六个推销步骤：准确发现顾客有哪些需要和愿望；把推销品和顾客的需要与愿望结合起来；证实推销品符合顾客的需要与愿望；促使顾客接受推销品；刺激顾客的购买欲望；促使顾客采取购买行动。

3. 埃德帕模式有五个阶段：把推销品与顾客的愿望结合起来；向顾客示范推销品；淘汰不宜推销的产品；证实顾客所做出的产品选择是正确的；促使顾客接受推销品，做出购买决定。

4. 费比模式包括四个步骤：将产品特征详细地介绍给顾客；充分分析产品的优点；罗列产品给顾客带来的利益；以“证据”说服顾客。

5. SPIN 模式是指一个成功的推销员通过提出情境性问题、探究性问题、暗示性问题及需求满足性问题来探明顾客需求的一种提问技术。

6. 电话销售中的4C模式，即迷茫客户、唤醒客户、安抚客户、签约客户。

关键术语

爱达模式　迪伯达模式　埃德帕模式　费比模式　SPIN 模式　4C 模式

思考与应用

一、单项选择题

1. 运用“爱达”模式唤起顾客兴趣的方法是(　　)。

A. 示范　B. 表演　C. 询问　D. 讨论

2.(　　)适用于向厂商、批发商和零售商推销各种工业品、无形产品。

A. AIDA 模式　B. DIPADA 模式　C. IDEPA 模式　D. FABE 模式

3. SPIN 模式中“I”指的是(　　)。

A. 难点型问题　B. 暗示性问题

C. 情境性问题　D. 需求满足性问题

4.1958 年，推销专家(　　)的《推销技巧》问世，宣布了现代推销学的产生。

A. 堂 · 吉拉德　B. 海因兹姆 · 戈德曼

C. 罗伯特 · 布莱克　D. 瓦拉美卡

5. 爱达公式不太适用于(　　)的推销。

A. 熟悉的顾客　B. 陌生的顾客

C. 生活用品　D. 办公用品

6. (　　)被认为是一种创造性的推销模式。

A. 爱达模式　B. 吉姆模式　C. 费比模式　D. 迪伯达模式

7. 在展示印刷品等推销资料时，您应该(　　)。

A. 交给客户，在他阅读时解释销售重点

B. 先递交推销资料，然后再选重点念给他听

C. 推销资料留下来，以等待访问之后让他自己阅读

D. 希望他把一些印刷物张贴起来

二、多项选择题

1. “埃德帕”模式的五个阶段是(　　)。

A. 示范　B. 淘汰　C. 结合

D. 证实　E. 接受

2. 诱导顾客购买兴趣的方法是(　　)。

A. 示范表演法　　B. 情感沟通法

C. 开头语出奇制胜法　　D. 语言吸引法

3. 电话销售中的4C模式指的是(　　)。

A. 迷茫客户　　B. 安抚客户　　C. 唤醒客户

D. 签约客户　　E. 探究客户

4. 从需求与新产品结合的内容分，可以分为(　　)几种。

A. 物的结合法　　B. 信息结合法

C. 适合需求结合法　　D. 关系结合法

E. 调整需求结合法

5. 埃德帕模式主要适用于(　　)。

A. 向有明确购买愿望和购买目的的上门购买顾客进行推销

B. 向熟悉的中间商进行推销

C. 向来电来函询问的购买者推销

D. 生产资料产品的推销

E. 无形产品推销

6. 著名的推销专家海因兹·姆·戈德曼的《推销技巧——怎样赢得顾客》一书介绍了(　　)模式。

A. 爱达模式　　B. 迪伯达模式

C. 费比模式　　D. 埃德帕模式

E. SPIN 推销模式

7. SPIN 模式，是指一个成功的推销员通过提出(　　)来探明顾客需求的一种提问技术。

A. 暗示性问题　　B. 情境性问题

C. 需求满足性问题　　D. 探究性问题

E. 难点性问题

三、判断题

1. 顾客接受推销的心理活动过程具有明显的阶段性。　(　　)

2. “迪伯达”模式是“爱达”模式的发展与创新。　(　　)

3. 唤起注意应将重点放在对有意注意的唤起。　(　　)

4. 推销过程既是买卖双方商品交易的过程，也是推销员与顾客感情交流的过程。　(　　)

5. 埃德帕模式适用于有着明确购买愿望和购买目标的顾客。　(　　)

四、简答题

1. 爱达模式的具体内容和最终目标是什么?

2. 推销人员在“引起消费者注意”阶段应注意哪些问题?

3. 对推销人员示范的要求包括哪些?

4. 推销员如何刺激顾客的购买愿望?

5. 迪伯达模式的具体内容是什么？

6. SPIN 模式的推销步骤有哪些？

【实训项目】

项目 1

◎内容

尝试使用爱达模式、迪伯达模式、埃德帕模式、费比模式和 *SPIN* 模式。

◎目的

掌握爱达模式、迪伯达模式、埃德帕模式、费比模式和 *SPIN* 模式的运用。

◎步骤

(1) 全班分成五个小组，请每个小组在家人或好朋友找一个吸烟者，交代其基本状况，抓阄使用爱达模式、迪伯达模式、埃德帕模式、费比模式和 *SPIN* 模式说服他们戒烟。

(2) 每个小组均要就本小组运用模式的情况上台汇报，其他小组的同学作为观察者，指出每个小组的优点和不足。

(3) 教师点评，就讨论中所涉及的知识点和技能进行归纳总结。

项目 2

◎内容

请为王强用迪伯达公式设计推销语言。

◎目的

掌握迪伯达模式的运用。

◎要求

用迪伯达公式 *DIPADA* 设计推销语言，必须按照所规定的步骤写(字数不得少于 2 000 字)，开头要交代推销对象的状况与喜好等内容。

◎步骤

每位同学都要上台汇报，其他同学作为观察者，指出其优点和不足。

◎背景材料

王某是大学三年级的学生，他在“枫叶”健身俱乐部做暑期工。王某的工作是出售会员证。“枫叶”俱乐部提供羽毛球、保龄球和台球场地、室内和室外的网球场地、设备齐全的健身房、游泳池、蒸汽桑拿浴、更衣室、餐厅和酒吧、停车场和购物中心等多方位服务。会员证每人每年 4 000 元，双人每人 3 200 元，家庭每年 5 400 元。王强希望通过暑期工来挣下学期的学费。下面是王某与俱乐部经理朱某有关这份工作的谈话。

朱某：好啦，我已经把有关俱乐部以及会员证的情况都告诉你了，我给你足够的会员证表格和俱乐部简介。你的报酬是从会员证的销售额中提取 10% 的佣金。如果你每天卖出一个会员证的话，那么你一个月就可以挣 10 000 多元。

王某：“我自己负担自己的开销吗？”

朱某：“对！你自己负担各种开销。不过你可以使用俱乐部的设备，包括我们的电话和电脑。”

王某：“那么，我的工作从哪开始呢？”

朱某：“这是你自己的事。不过最重要的是与尽可能多的人保持联系。10 个人中，可能有 8 个人对健身不感兴趣，一个人已经参加了其他健身俱乐部，所以 10 个人中真正属于你的潜在顾客也许只有 1 个。”

案例分析

(一) 艰难的设备中标

林某是江苏一家电气设备生产商的业务代表，他负责的是上海地区的业务。他所在的企业生产各种电气设备，包括大型配电柜、普通的配电箱、电缆桥架等，主要应用于房屋建筑中。该企业的产品在当地还是比较有名气的，管理也比较规范，通过了 ISO 9001 的认证。但近年来越来越多的企业加入这类产品的生产，同行业间的竞争也越来越激烈。

在上海众多的在建房屋工程中，林某把时代大厦列为重点目标之一。时代大厦为某政府部门的工程，资金充沛，拖欠贷款的风险小；同时建筑面积高达 6 万平方米，一次性需求大，预计在 300 万元左右。另外，林某有一位熟人刚好在该工程管理处工作，不过不是直接主管工程建设的。

当林某到该工程建设处推销时，已经有二十多家企业的业务代表来过，都留下了产品资料。林某进来看到其他企业的一位代表刚好与一位主管聊天，仿佛很随便的样子。很明显，一些推销人员和这里的主管人员建立了良好的关系。虽然林某也递上了产品介绍书，并一再强调自己产品的优越性，但该工程主管有点心不在焉，没说几句就送客了。因为很多公司的产品都很接近，光说产品很难引起他们的兴趣。同时工程建设已经到了一定阶段，设备招标迫在眉睫。林某只有尽快取得进展，否则很可能在第一轮的竞争中就被刷下来。

根据林某以往的经验，工程建设管理人员之间的关系复杂，找出其中的关键人物是成功的基础。他首先想到了那位熟人，于是去了解该工程管理班子的情况和内在的关系。结果他了解到，虽然设备招标的决定权在工程总指挥，但其中直接主观的意见非常重要。因为时代大厦是一个政府工程，大家首先是“但求无过”，然后才考虑其他因素。因此，没有直接主管的同意，工程总指挥也不敢擅自拍板。因此，林某认为关键环节还是在于工程的直接主管。

该项目的直接主管是两个人组合，其中一位是刚毕业不久的助理工程师，而另一位是即将退休的高级工程师。熟人所能提供的资料主要就这些，他本人和这两位主管也并不是很熟悉。根据这些资料，一般人可能会毫不犹豫地把高级工程师作为最关键人物，而林某却不这么认为。到底是谁更重要呢？他们之间的关系如何呢？林某准备去探一探虚实。

林某再次来到工程管理处后，恰好高级工程师比较悠闲，于是他就敬上香烟开始聊，没想到高工的兴致很高，大谈自己的家庭和爱好。这期间，年轻的助理工程师也过来了，林某照例恭敬地递上香烟，结果碰了个软钉子。助工只是问了他几个技术问题，显然助工是认真看了他们的资料了。

针对这次面谈，林某觉得可以总结出几点：一是高工即将退休，尽管对技术比较熟悉，但对产品本身不是特别关注；而助工由于刚毕业，责任心强，对产品质量、售后服务等情况比较关注。二是高工由于做过不少工程，比较习惯于享受所谓甲方的特权；而助工却相对正直，对推销人员的殷勤比较敏感。三是上级主管仿佛更看重助工的能力，助工在他们的两人组合中很有发言权。

根据以上的分析，林某认为至少两个人同样都很重要，但是同时邀请两个人肯定会顾此失彼，于是决定各个击破。

邀请高工比较顺利。林某直接打电话约他晚上方便的话一起吃个饭，同时讨教一些技术问题，高工爽快地答应了。林某请高工在一个豪华的中餐馆吃饭，还有歌舞表演，显得热闹非凡。林某一个劲地称呼老前辈，一席话说得高工很是开心；席间谈到设备问题，高工表示现在大家技术水平都能过关，关键看合作关系怎么样了。吃饱喝足后，高工拿着林某准备的高档烟酒满意地走了。

约助工颇费一番周折。对于林某晚上的邀请，助工差不多是一口拒绝。所幸的是林某在高工那里了解到助工喜欢运动，特别是保龄球，还经常去某一个保龄球馆。得知这一消息后，林某抓紧约自己朋友经常去该保龄球馆，很快就积了十几张赠票。终于在随后的一次拜访中，林某与助工聊起了保龄球，林某表示想和助工切磋球技，并说自己刚好有一些赠票。林某一再强调仅仅是不要钱的赠票而已，终于得到了助工的同意。球馆中和助工的交流就比较充分了，林某了解到助工确实希望自己订购的设备能够物美价廉，因为他的路还长，做好本分工作才有助于将来的发展。于是林某向他详细介绍了产品特点，特别强调由于他们已经成为朋友，一定会合作好，做好售前售后工作，让助工放心。打完保龄球，林某请助工去了必胜客，努力把氛围控制在朋友的层面上。

不久后，林某接到了招标的通知。林某让公司报了价格，为305万，并很顺利地通过了第一轮招标，正式进入第二轮谈判阶段。通过精心准备和设计谈判，特别是在价格、保修期限和自己的产品优势方面，进行了认真比较和分析，最终他们公司中标了。

资料来源：石永恒，郑仰南．谈判之路：通过沟通取胜[M]．海口：南海出版公司，2007.

【思考与分析】

1. 林某在艰难环境下中标的奥秘何在？
2. 该案例给我们什么启示？

（二）让商场成为家，让顾客成为专家

轻松自在的购物氛围是全球150家宜家家居的共同特征。宜家鼓励顾客在卖场“拉开抽屉，打开柜门，在地毯上走走，或者试一试床和沙发是否坚固。这样，你会发现在宜家沙发上休息有多么舒服。”

让商场成为“家”，是宜家的推销理念。宜家很少有孤零零的商品展示，在展示餐桌和餐椅的地方，你会看到鲜花、果蔬、玻璃杯、咖啡用具、刀叉、瓷盘等。在床上用品区的各式被子、床单、枕头、玩具、灯具总是在各式大床上展示它们的效果，更别说那些书房、客厅、浴室的示范室了……它们往往集中了宜家家居所售卖的大部分商品品种，摆放有序，像一个真“家”那样设施齐全，风情万种。

在宜家，用于对商品进行检测的测试器总是非常引人注目。在厨房区，橱柜的柜门和抽屉不停地开、关，数码器上显示的次数已经突破了26万次，相当于已使用了35年……在沙发区，一架沙发测试器正不停地向被测试的沙发施加压力，显示表明沙发已经承受过58万次压力……

“让顾客成为专家”。宜家总是提醒顾客：“多看一眼标签，在标签上您会看到购买指南、保养方法和价格”。如宜家出售的“四季被”的标签上，就这样写着：“四季被，三被合一，一层是温凉舒适的夏季被，一层是中暖度的春秋被，你也可以把两层放在一起，那就是温暖的冬季被。四季被可在60°温水中清洗，也可以用洗衣机甩干。”在宜家，无论购买什么商品，看完介绍后，你都可以亲自感受一番，你一定不会担心自己购买后上当。即便你对此还不放心，那也不要紧，宜家的《商场指南》里写着：“请放心，您有14天的时间可以考虑是否退换”。14天以内，如果你对已购货品不满意，可以到宜家退货处办理更换货品或退款手续。

宜家认为，顾客会在购买过程中找到自己需要的一切，布置一个真正属于自己的舒适雅致的家。作为商家，如果你是最好的，就不要害怕让顾客知道，顾客知道得越多，就只会更加倍信赖和喜爱你。但如果你做得还不够好，那么你有两条路可走：一是努力做好，并让顾客知道这一点；二是从顾客面前消失，或者坐等他们全部从你面前消失。

资料来源：王强．让你的产品营销环环相扣[M]．北京：机械工业出版社，2006.

【思考与分析】

1. 这一案例体现了哪一种推销模式？
2. 你认为宜家的成功推销之处在哪里？应当如何进一步改善？

第5章　推销程序(一)

教学要求

知识要点	能力要求	相关知识
寻找客户	(1) 了解各种客户管理工作 (2) 熟悉客户资格鉴定 (3) 掌握寻找客户的思路和方法	(1) 寻找客户的思路 (2) 各种寻找客户的方法 (3) 客户资格鉴定的MAD模式 (4) 客户管理
推销约见	(1) 了解约见4W1H的内容 (2) 掌握约见三种方法	(1) 约见的内容 (2) 约见三种方法
推销接近	(1) 了解推销接近目标 (2) 熟悉推销接近前的准备工作 (3) 掌握接近顾客的方法	(1) 推销接近目标 (2) 推销接近前的准备工作 (3) 接近顾客的方法

导入案例

推销成功的诀窍

刘某是华美制冷设备厂的推销员，他的空调产品销售额遥遥领先，居销售科之冠。他的成功诀窍有四个方面：

首先，推销员要从建筑设计人员入手来掌握市场需求信息、寻找客户。各类产品都有其不同类型的客户，因此寻找客户的方法也各不相同。刘某推销的是风机管、风柜、组合式空调机组、空调管道及配件、各种散流器等产品。这类产品的市场是比较特殊的，客户往往直接向厂家购买，很少通过中间商。

刘某认识到，自己所推销的产品专用性强，技术性强，又是直接用在工程项目上，目前还没有一家商业机构经销这类产品；每到一个城市，总能看到不少高楼大厦，但工地施工的人不是购买产品的人；基建工程项目多，说明市场很大，但要进入这个市场，必须找到门路。刘某在推销中首先掌握和沟通信息，尽量详尽地占有信息，例如，在自己分管的销售区域内有多少个工程项目需选用自己这一类空调产品，工程在什么时候开工，计划什么时候竣工和投入使用，大致在什么时间确定购买空调设备等，而这一类工程信息，刘某一般可以从各设计院的暖通空调设计人员处获知，所以和设计院建立联系是必要的。在和设计人员接触中，不仅可以了解工程信息，也可以介绍自己的产品，使设计人员了解并尽可能在设计方案、图纸中选用自己的产品。在掌握了大量工程信息以后，进一步要做的是分出重点和一般，近期和中、远期项目。刘某划分重点和一般的标准是两条：一是订货额；二是影响程度。当然这也是绝对的，会随着销售季节和市场需求而变化，具有一定的弹性。

其次，刘某的体会，就是要对近期的、重点的项目进一步调查研究，找到对方的关键人物。这里关键人物影响力大、有权威，是不是用刘某的产品，往往是这样的人说了算。不同的项目，关键人物也会不同。有时候，对方是设计人员、工程承包方、业主三家一齐来谈，情况比较复杂。这就需要分析，找出最有权威的一方。有的业主一方由于缺乏空调方面的专业人员，可能会将工程一揽子交给承包方，包括设备采购，都由工程承包方决定；有时候，又可能会由于设计院安排了一位在暖通空调界有影响的权威负责设计，于是大家都得听他的。当然也有业主一方说了算的时候，也有三方联合说了算的时候，但就是一方说了算，也要弄清是哪一个人说了算。一个年轻的刚提拔的科长可能要按一位老资格的科员意见办，这是要分清的。下结论一定要谨慎，否则可能选错了主攻方向。

再次，企业市场的购买不是一个单独的由一两个人决定的事情，而是一个有组织的决策过程。一个成功的销售活动，就是要首先弄清买方这个购买组织中的人员结构，了解不同阶段的主要决策者。然后单独、重点地对这个组织施加影响，使其最终作出对推销员有利的购买决策。要施加影响，需要针对不同人的特点，做有针对性的说服。刘某发现，在向企业用户推销时，买方常常会有许多人参加讨论，有的关心性能，有的关心质量，有的关心价格，还有的关心售后服务以及维修方便与否等。总之，如果一个推销员对自己的产品不熟悉，还真应付不了。

最后，刘某认为搞好销售工作，还需要处理好内部与外部的关系。刘某觉得销售工作有时挺像下象棋，推销员就像棋手，根据棋局的变化，有时要调动车、马、炮，有时甚至要调动将、士、相，不仅是为应付各种局面，同时也是为了克敌制胜。有时不仅是销售部门经理，甚至要调动公司总经理出马。作为普通推销员，要想做到这一点，就必须建立良好的人际关系，建立在领导者心中的信任感，在关键时刻，才可能得到领导者的理解和支持。

资料来源：吴健安．现代推销理论与实务[M]．北京：高等教育出版社，2005.

客户是推销员的推销对象。然而，谁是客户？谁是真正的客户？这是一个至关重要却又非常复杂的问题。整个推销过程中的第一步就是寻找客户，确定推销对象，这是一个基础性和关键性的环节，特别是在工业品市场、保险市场这些领域，如果仅靠守株待兔，等待客户主动上门求购，是很难有良好业绩的。因此，推销员必须走出去，主动寻找并善于识别客户，在人海茫茫的消费者或成千上万的企业中，选择最有成交希望的客户并找到理想的推销机会。

5.1 寻找客户

在现代推销学中，通常把那些能够从推销人员所推销的产品中获益，并且有能力购买但尚未购买该产品的组织和个人称为准顾客或潜在顾客。

5.1.1 寻找客户的思路

推销人员必须先确定自己的推销对象，即明确谁是目标顾客，并花费较多的时间去寻找目标顾客，只有这样才能使推销活动有明确的目标和方向，然后才能有效地开展推销工作，最终使潜在顾客变成现实顾客。

寻找准顾客是从搜寻“线索”(lead)开始的。“线索”指的是一个很有可能成为准顾客的个人的名字或组织的名称。而“线索”的搜寻具体思路为：

(1) 推销人员必须根据产品的特征，提出一些可能成为准顾客的基本条件。这个基本条件界定了购买产品的顾客群体的范围、类型以及推销的重点区域。如果推销的产品是个人消费品，推销人员就应该根据产品的特性、价格和档次等因素，确定该产品应满足哪一类消费者的需求；如果推销的产品是工业品，则同样应根据一些相关因素确定该产品应满足哪一类企业的需求。在寻找“线索”的过程中，可运用STP原理，对市场进行适当细分之后，找出自己的目标客户。如谭木匠梳子根据送礼场合分为新婚礼物、情侣礼物、生日礼物、感念长辈、商务送礼等，还可按材质、功能用途、工艺、规格等进行分类，这样可找到相应的准顾客群体。

(2) 根据顾客的基本条件，通过各种可能的途径，运用恰当的方法，寻找出适合基本条件的“线索”。

(3) 推销人员在取得线索后，还需要对其购买的能力、欲望和权限进行鉴定，看其是否具备准顾客的资格和条件。如果具备这一资格，就能列入正式的准顾客名单之中，并建立相应的档案系统，作为推销对象；如果不具备这一资格，就不能称为一个合格的准顾客，也就不能将其列为推销对象。

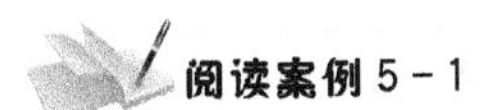
阅读案例 5-1

报警系统销售市场分析

在住宅防盗报警市场，要销售报警系统，最可能的方案是把产品卖给现在的住户或正在建设住宅的人。如果人们正在建房子，就是销售报警系统最好的时机，因为住房还没有建好，不用花额外的费用就能把电线布在里面。

所以，现在你有两个潜在的、独立的市场。一个是现在的住户，这实际上包含了电话簿上的每一个人。但是，这并不是最好的名单，因为你不清楚哪一家已经安装了报警系统，哪一家有钱准备买报警系统。虽然这是不错的潜在顾客名单，但并不是个好的起步，因为这个清单包括的范围太大了。

然后，你转到了第二个市场——新建住房市场，当然每个销售报警系统的人也都想到了这个市场。你也许会想：“我不能太晚进入这个市场。我如何尽早发现这些人呢？”每个建房子的人都获得了房地产管理部门的许可，这是公开的信息。去房地产登记部门做些调查。然而，即使你确实发现了一些潜在的市场，依然会遇到许多竞争。

你应该做的是创建一个对特定的市场有需求的客户名单，然后再一个接一个地去创建市场。

资料来源：吴健安．现代推销理论与实务[M]．北京：高等教育出版社，2005.

5.1.2 寻找客户的方法

1. 普访法

普访法也称地毯式访问法，是指推销人员在特定的区域或行业内，用上门探访的形式，对估计可能成为顾客的组织、家庭乃至个人，无一遗漏地进行访问并确定销售对象的方法。采用这种广泛搜寻的方法，可以捕捉到一定数量的准顾客。

普访法的理论依据是“平均法则”。即认为在被访问的所有对象中，必定有推销人员所要寻找的潜在顾客，而且分布均匀，潜在顾客的数量与被访问对象的数量成正比关系，即推销人员拜访的人越多，可能找到的潜在顾客也会越多。

普访法比较形象地说明了推销人员寻找准顾客的过程，就像家庭主妇清洗地毯一样逐一检查。采用该方法要求推销品必须具有广泛的适应性，许多人都存在着对这种商品的需求。如果需求者人数极少，运用这种方法往往事倍功半。为了更好地利用这种方法，在访问之前一定要进行必要的接近研究，找到一条最适合的“地毯”，即划定走访的范围。

推销人员首先确定一个地区或一定范围内的普访对象，即寻找一块具有可行性的、可供访问的目标“地毯”。一般是由推销人员根据推销产品的用途、根据产品的基本使用价值和特性，根据企业市场营销策略确定的目标市场的范围，根据推销人员的初步判断与研究，确定出一个较为可行的推销地区或推销对象范围。这个范围可以是一个符合企业产品目标市场特征的地区、一个社会人群、一个行业等；可以是一个地区的所有工厂、一个地区的所有大专院校、一个居委会的所有居民家庭、一个办公大楼内的所有公司或者所有的职员等。如果你是一次性尿布的推销员，你挑选的“地毯”可能是妇幼保健院、医院等；如果你推销的是某种特效洗衣粉，你确定的“地毯”可能是某以社区的居民或宾馆客房部。然后，推销人员按照地图或已有的线索逐个不漏地进行拜访。普访法的优、缺点见表 5-1。

表 5-1　普访法的优、缺点

优　　点	缺　　点
(1) 不会遗漏有价值的客户 (2) 可借机进行市场调查，能够较客观全面地了解顾客的需求情况 (3) 可以对整个“地毯”及相关地区产生较大的影响，形成有利于企业的整体印象 (4) 有利于培养和锻炼初涉推销领域的人员	(1) 盲目性较大，比较费时费力，成功率相对较低 (2) 突然走访，顾客没有任何心理准备，往往遭到冷遇

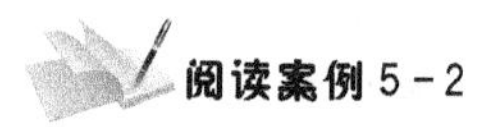
阅读案例 5-2

台阶访问

在美国旧金山有一位叫巴哈的寿险推销员，他在进行推销时，专门挑选其他推销员所不愿去的、门前有 50～100 级台阶的住户进行推销，因为这些住家很少有人前来推销，所以巴哈的访问很受欢迎，获得了很多顾客。

资料来源：邱训荣．推销技巧[M]．南京：东南大学出版社，2004.

2. 连锁介绍法

所谓连锁介绍法，是指推销人员依靠他人，特别是依靠现有顾客，来推荐和介绍他们认为有可能购买产品的潜在顾客的一种方法。据美国的一份调查报告显示：在寻找新顾客的各种途径中，由现有顾客推荐而取得成功者占 38%，而其他方法均在 22%以下。

连锁介绍法的理论依据是事物普遍联系的法则，即世上的万物都按一定的方式与其他事物发生联系。连锁介绍法就是根据消费者消费需求与购买动机的相互联系和相互影响，根据各位顾客之间的社会联系，通过顾客之间的连锁介绍，寻找更多的新顾客。研究表明，在耐用品消费领域，有 50%以上的消费者是通过朋友的引荐而购买商品的，有 62%的购买者是通过其他消费者得到新产品信息的。其基本思路是：推销人员在每一次洽谈时应乘机让客户介绍几位潜在购买者，再寻找几个可能的顾客，在此基础上对这些顾客进行拜访，再进一步利用这些顾客的关系，这样不断地使自己的顾客群越来越大，向纵深发展。

但这种方法最关键的是现有顾客的合作。其实顾客并非不愿做引荐，只是担心推销员的推销活动破坏了他们之间的友谊，也不愿意为这些琐碎的事情而烦恼。因此，要尽量打消顾客的疑虑。告诉他就像我们对他一样，只是打个电话告诉一下我们的做法，如果不感兴趣，会就此作罢，绝不会影响他的一切；如果他们有兴趣，我们将聚一聚，而且同样提供像给他那样的专业服务。如此，在轻松的氛围中推销员就增加了新潜在顾客到“册子”上来了。

连锁介绍法在寻找无形商品，如投资、金融、保险等的可能买主时尤其适合，因为在服务领域里，信誉与友谊显得特别重要。但从使用范围来说，工业用品更多地使用这种方法寻找潜在用户，因为同类型的工业用户之间通常较为熟悉，且具备广泛的联系。连锁介绍法的优、缺点和注意事项见表5-2。

表5-2　连锁介绍法的优、缺点和注意事项

优　　点	缺　　点	注意事项
(1) 信息比较准确，可以避免推销人员主观判断潜在顾客的盲目性 (2) 有利于取得潜在顾客的信任 (3) 效率高而且可靠	(1) 只适用于寻找具有相同消费特点的客户，或在销售群体性较强的产品时采用；不适合开发新型客户 (2) 受到现有顾客的钳制，可能使整个推销工作处于被动地位	(1) 不管业务是否能够达成，都请他尽力帮忙介绍，要坚持不懈 (2) 一定要让客户信任你的为人和产品，才有可能为你介绍 (3) 必须给介绍者一定好处

小资料5-1

吉拉德的“250法则”

乔·吉拉德的一句名言是：“买过我汽车的顾客都会帮我推销。”他的60%的业绩就来自老顾客及老顾客所推荐的顾客。

有一次，吉拉德从朋友的母亲的葬礼主持人那里偶然了解到，每次葬礼来祭奠死者的人数平均为250人左右。后来，吉拉德参加一位朋友在教堂里举行的婚礼，又偶然从教堂主人那里得知，每次婚礼新娘方参加婚礼的人数大概为250人，新郎方大概也有250人参加婚礼。由此，他总结出“社交圈250法则”，即认为一个人一生的亲戚、朋友、同学等经常往来的人数平均大约是250人。他联想到他的客户后说，能把产品卖给一位客户，就意味着可能再卖给250位客户，但关键是要让他将亲朋好友介绍给自己。

为此，吉拉德非常善于让老客户来帮助介绍新客户，并给以一定的“报酬”——如果介绍成功、生意谈成，则客户可提成25美元，就这样他不断开发了许多新的客户。

资料来源：萧野．乔·吉拉德的推销思想[M]．北京：中国纺织出版社，2008.

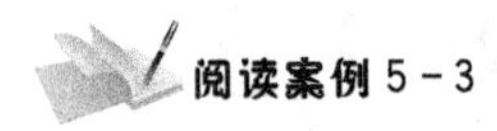
阅读案例5-3

必须帮他将范围缩小

你的客户可能在一个星期内曾遇见许多人，但在你问他的那一瞬间，他很难立即给你一个比“没有”或“目前没有”更好的答案，因为他不可能马上回想起所有曾见过的人，更别说那些人的个性或他们有些什么需要。

至于你，身为销售员，你必须帮他将范围缩小。譬如，可以进行以下对话。

你：哈利，你一定想赶快试试(我卖给)你的新滑雪装备吧？

哈利：是的，我和5个朋友约好周四去滑雪，我想它一定很棒。
你：哈利，请问你的朋友都拥有自己的滑雪装备吗？
哈利：不，他用租的。
你：你想他很快就会有兴趣买一套吗？
哈利：我认为会。他虽然才学，却已经很入迷了。
你：你介意我记下他的名字吗？我想打电话给他，看看我能否为他做点什么
哈利：没问题，他叫×××。
你：你有他的电话号码吗？
哈利：我一时记不起来。不过，他就住在小镇上的枫树街。
你(写下资料)：谢谢。其他的朋友怎么样？他们的滑雪装备都还行吧？
哈利：我想不是。艾莉虽然技巧很好，可惜使用的是老式的装备。
你：难道她不想将装备升级？
哈利：想啊，不过她老是抱怨装备太贵了。如果可以分期付款，她应该会考虑换新装备。
你：这没问题。你能给我她的名字和联络电话吗？
哈利：她姓孟，电话是××××××。
你：哈利，谢谢你帮了我这么多忙，我真感激！
哈利：哪里，哪里。
你：我还想再请教一下，你的滑雪伙伴就是这几位吗？
哈利：除他们以外，还有我参加的滑雪俱乐部……
资料来源：[美] 赛思·戈丁．销售人员入门必读[M]．俞璇，译．汕头：汕头大学出版社，2008.

3. 中心开花法

中心开花法是指推销人员在某一特定范围内首先寻找并争取有较大影响力的中心人物或顾客，并通过他来影响该范围内的其他人成为顾客的方法。一般来说，中心人物或组织往往在公众中具有很大的影响力和很高的社会地位，他们常常是消费者领袖，诸如政界要人、企业界名人、文体界明星、知名学者、专家、教授等。这些中心人物或组织的知名度高，且拥有很多的崇拜者或追随者，他们的购买与消费行为，能在其崇拜者心目中形成示范作用和先导作用，从而影响甚至左右崇拜者的购买与消费行为。

中心开花法所依据的理论是心理学的“晕轮”效应法则。心理学家认为，人们对在自己心目中享有一定威望的人是信服并愿意追随的。中心人物的购买与消费行为可能在他的崇拜者心目中形成示范作用和先导效应。中心人物是“时尚”在人群中传播的“震源”。只要确定中心人物，使之成为现实的顾客，那么就很有可能发展与发现一批潜在顾客。利用中心开花法寻找顾客，关键是取得中心人物的信任与合作。中心开花法的优、缺点见表5-3。

表5-3　中心开花法的优、缺点

优　　点	缺　　点
(1) 节约时间和精力，避免了推销人员重复单调地向每一个潜在顾客进行宣传与推销的过程 (2) 可以利用中心人物的名望与影响力提高产品的声望与知名度，打造品牌效应	(1) 很难确切发现真正的中心人物，如果选错了中心人物，结果将会适得其反 (2) 这个“中心”的后期表现非常关键，可能会出现“成也萧何，败也萧何”的局面，增加推销风险

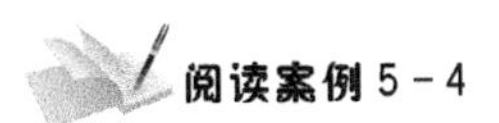
阅读案例5-4

中心开花法在新药推销中的运用

某推销人员准备到南方山区一个城市推销该企业生产的新药品，但他所面临的销售地区地广人稀，通常方圆几十里只有二三十口人。整个地区大小医院药店四百多家，若按传统的地毯式访问法，每天上门推销一至两家，要几个月时间才能拜访完。他没有这样做，因为他找到了一个相当好的合作伙伴，一个该地有名的外科主治医师，退休前曾是管理全区各乡镇医院的负责人。正巧那年9月15日该地区组织所有的医院院长参加一个学习班，讲师就是这位主治医师。学习班结束后，由主治医师组织这些院长，听取了该推销人员对新产品特点的详细讲解。后来，经过这位主治医师的大力推荐，二十几位院长每人下了5箱的订单。

事情到此还没有结束，这些院长回到乡镇，在每月的18日又有一次全乡镇各村屯卫生所大夫的例会。从15日的学习班，到提货、送货、收货款的25日那天止，100件新药的销售工作全部完成。结果是全地区的四百多家医疗单位同时使用了这种产品。全区大部分患者都了解了这种药，企业却没有花一分钱的广告费。

资料来源：龚荒．商务谈判与推销技巧[M]．北京：清华大学出版社，2005.

4. 委托助手法

委托助手法是指推销人员委托有关人员帮助寻找顾客的方法，即企业推销人员雇佣一些低级推销人员、信息员或兼职推销员等相关人员去寻找顾客，以便自己集中精力从事实质性推销活动。这些接受雇佣、被委托寻找顾客的人士通常被称为“推销助手”或“猎犬”。当推销人员时间紧迫，需要在很短时间内拜访太多客户时，或推销人员觉得某些场合自己亲自出面不太合适时，多用此法。

委托助手法的理论依据是经济学中的最小、最大化原则与市场相关性原理，即推销员用最小的推销费用和推销时间，取得最大的推销效果。因为委托一些行业与外单位的人员充当推销助手，在特定的推销地区与行业内寻找顾客及搜集情况，然后由推销人员去约见与洽谈，这样所花费的时间和费用肯定比推销人员亲自外出搜集情况更合算一些。更何况有些推销助手对潜在顾客有较大的影响力，甚至能直接说服其购买商品。例如，准备购买洗衣机的顾客，往往会向洗衣机维修人员打听哪种牌号的洗衣机质量好，因为维修人员清楚这一点，所以他们的话对顾客的影响力很大，这些顾客也通常会按他们的建议去购买。另外，行业间与企业间都存在关联性，使用其他行业的人可以较早地发现推销产品的市场先行指标的变化，可以为推销提供及时、准确的第一手信息。委托助手法的优、缺点见表5-4。

表5-4 委托助手法的优、缺点

优　点	缺　点
(1) 可以使推销人员把更多的时间和精力集中在有效的推销工作上，避免浪费大量的时间和金钱 (2) 可以获得有效的推销信息 (3) 推销助手通常对潜在顾客有较大影响力和说服力，扩大商品的社会影响	(1) 推销助手的人选确定较为困难 (2) 推销人员处于被动的状态，其绩效往往取决于推销助手的合作程度 (3) 由于助手不是企业的人员，无法加以控制，这些人可能同时也作为其他同类竞争对手的探子

5. 个人观察法

个人观察法也叫直观法或视听法，是指推销人员根据自身对周围环境的直接观察、判断、研究和分析，寻找准顾客的方法。这是一种寻找准顾客最古老、最基本的方法。利用个人观察法寻找顾客，关键在于培养推销人员个人的灵感和洞察力。推销人员还应具备良好的观察能力与分析能力，善于从报纸杂志、广播电视、人们的言行举止、一些杂乱无章的闲谈中搜寻你的准顾客。在实际生活中，准顾客无处不在，有心的推销人员只要“睁大眼睛”“竖起耳朵”，留心周围的任何事，并善于分析，多向自己提问为什么，就能寻找到可能的买主。例如，你是旅游公司的员工，当你听到某处的自然旅游资源被电视台首次报道的时候，你“嗅”到了什么呢？某一个街区被电力管理部门告知在 24 小时之内要停电检修，你是杂货推销员，你又有什么反应呢？7 月初各大中小学开始放假了，你是运输公司的推销员，首先意识到的是什么呢？国家推行五天工作制，运动俱乐部的推销员又有何打算呢？国家法定节假日时间的更改，又会有哪些新的机会？个人观察法的优、缺点见表 5－5。

表 5－5　个人观察法的优、缺点

优　　点	缺　　点
(1) 可以使推销员扩大视野，养成良好的思维习惯，积累推销经验，提高推销能力 (2) 可以使推销员直接面对市场与社会，有利于培养和提高推销人员的才干	(1) 由于受到个人知识、经验和能力的限制，失败率较高，容易挫伤推销员的积极性 (2) 往往只能观察到一些表面现象，甚至可能受表面现象的迷惑

阅读案例 5－5

豪华凯迪拉克

在凯迪拉克公司工作的 5 年中，迪恩·豪斯已成为业绩最为突出的推销员。迪恩成功的主要原因是他对时间的有效利用。当他手头上没有客户时，他有一套特殊的寻找潜在客户的方法。他开着配有电话的新款豪华凯迪拉克在街上开来开去，寻找自己的目标客户。当他发现谁家门前停着旧款豪华车时——特别是旧款的豪华凯迪拉克时，他就把车开过去停下，然后通过地址目录来查找这一住户主人的姓名及电话。迪恩在拨通电话后，一般采取如下方式进行推销：“喂！下午好！××先生(夫人)，我是凯迪拉克公司的迪恩·豪斯，您是否想体验一下驾驶新款凯迪拉克的感觉？这只耽误您几分钟，我现在就在您家的车库边。”

资料来源：东方营销培训管理中心．销售圣经·实践版[M]．北京：中国经济出版社，2010.

6. 广告拉引法

广告拉引法是指推销人员利用各种广告媒介寻找顾客的方法。广告拉引法所依据的原理是广告学原理。广告学原理说明，利用现代化通信手段，能更快、更真实、更具吸引力与艺术感染力地向覆盖区域的受众传达关于产品的推销信息，所需支付的费用更少、效果更好，更符合部分目标市场消费者收集信息的习惯。推销主体与推销对象之间通常存在着信息的阻隔，运用现代化的传播手段往往使信息传递层面拓宽，使推销员与买主之间的信息沟通在短期内得以完成，缩短了推销过程的时间，无形中扩大了市场，提高了推销效率。可以这样说，一则好的广告可以相当于成千上万的推销员。产品的销售战役，首先是广告的前哨战，其次才是推销员的常规战。

广告拉引法通常用于市场需求量大、覆盖面较广的商品的推销。推销走访前首先发动广告攻势，刺激和诱导市场消费需求的产生，在此条件下不失时机地派员推销商品，使“拉引”与“推动”策略结合起来，提高推销效率。制作广告可用的媒体种类很多，可根据市场的特点、产品性能、销售范围及销售对象综合考虑后做出决策，报纸、杂志、广播、电视、邮寄目录、样品、说明书等都是可以利用的好传媒。广告拉引法的优、缺点见表5-6。

表5-6 广告拉引法的优、缺点

优　　点	缺　　点
(1) 利用现代化的信息传播手段，信息传递的容量大、范围广 (2) 广告的先导作用不但能为企业探查顾客，而且也能刺激需求，说服顾客购买 (3) 可以使推销盲目性减少，时间节省，推销效率提高 (4) 可以使顾客有所准备，有利于顺利实施推销访问工作	(1) 推销对象的选择难以掌握，从而影响广告媒体的选择 (2) 广告拉动法不是对所有商品都有用 (3) 难以测定广告拉动的实际效果

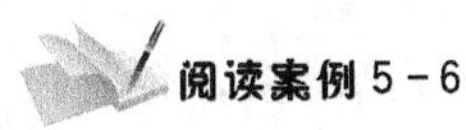
阅读案例5-6

湖南“伏特加”借力回执

湖南某酒厂生产的“伏特加”酒要到美国市场上出售。行动前，该厂将第一批生产的10 000瓶酒进行了编号，然后在“圣诞节”前夕准备了精美的贺年卡，分别寄给了100多名美国最著名的大企业家，并写明“我厂生产一批喜酒，准备将编号第××号至第××号留给您，如果您要，请回信。”由于节日前夕收到大洋彼岸的贺卡，这些企业家分外喜悦，纷纷回信表示愿意要。然后，推销员拿着100多名大企业家的回信，再去找批发商进行推销，结果一举成功。这说明，推销员善于获取和利用推销证明材料，可以大大增强说服的效果，为推销洽谈成功助一臂之力。

资料来源：邱训荣．推销技巧[M]．南京：东南大学出版社，2004.

7. 文案调查法

文案调查法就是指通过收集整理现有文献资料，以寻找可能买主的方法。这种方法，实际上是一种市场调查方法，着重于现成资料(或称为第二手资料)的收集、整理及分析，以确定潜在顾客。文案调查法寻找客户的主要来源见表5-7。企业应建立市场营销信息系统，不断地输入和更新内部与外部信息，以便包含推销员在内的各种人员查询使用。文案调查法的优、缺点见表5-8。

表 5-7 文案调查法寻找客户的主要来源

资料名称	主要内容
电话号码黄页	记录了部分个人、公司或机构的名称、地址和电话号码
团体会员名册	如刊物订阅者名册、协会会员名册、股份公司的股东名册、行业内公司名册等
证照核发机构	如工商企业名录、企业经营许可证、烟酒专卖证、驾驶执照等
税收缴纳名册	有助于确定一定财力范围的人员名单，可向他们营销诸如汽车、楼房之类的高档品
报纸杂志	包含新公司成立、新商店开业、新工程修建以及一些公开招标信息等，他们往往需要多种产品和配套服务，企业可以主动上门，有可能会将他们发展成为企业客户
信息服务报告	利用信息服务机构、管理咨询公司、数据调查公司所提供的有偿报告来寻找目标客户

表 5-8 文案调查法的优、缺点

优点	缺点
（1）减少推销工作的盲目性 （2）时间省，见效快 （3）节省推销费用 （4）可以进行顾客接近前的准备工作	（1）时效性差 （2）不是所有想要的信息都能查阅得到

8. 网络搜寻法

网络搜寻法就是借助互联网寻找潜在顾客的方法。随着上网人数的日渐增多，企业很容易在网络上找到客户，该方法前景广阔，其实施步骤见表 5-9。

表 5-9 网络寻找法的实施步骤

阶段	名称	主要内容
1	登录专业网站查找、发布信息	根据自己的经营范围登录专业网站，浏览国内外的需求信息，并与这些有需求的客户联系，还可以在网上发布供应信息，吸引客户，进而积累客户资源
2	登录专门商务网站寻找客户	登录专门的电子商务交易网站，如阿里巴巴的商务通、贸易通，去寻找客户并与之即时沟通，从而挖掘和开发客户；也可以在网上发布产品供应信息
3	通过网络公共空间发布信息	通过多种网络交流渠道，例如，可以进入聊天室，以及一些专业 BBS、论坛、博客，广交海内外的朋友。从中寻找客户，或者请结交的朋友帮忙介绍客户
4	自身网站宣传	企业在自己的公司网站上，设计产品宣传页，吸引潜在的客户来与自己联系

9. 其他寻找顾客的方法

（1）会议寻找法。会议寻找法是指到目标客户出席的各种会议中，如订货会、采购会、交易会、展览会和博览会，捕捉机会与目标客户建立联系，从中寻找开发客户的机会的方法。如出版社利用“全国书市”聚集全国各地的大小书店、图书馆等的机会，与他们接触、交谈，争取把他们培养成为自己的客户。运用会议寻找法时要注意技巧，否则有时容易引起对方的反感。

(2) 特定场所寻找法。“物以类聚，人以群分”，每个人都有自己的小圈子和自己特定的活动场所，因此，如果能够进入目标客户的社交圈子，对该客户的开发工作也就容易进行了，胜算也大一些。例如，打高尔夫球的一般是高收入阶层的人士，有个叫小张的保险推销员为了能够接触到这类人士，很用心，也花了不少钱，参加了一家高尔夫球俱乐部，这使得他有机会经常与这些高收入人士交流球技，与他们做朋友……结果，他签到了许多大的保险单。

(3) 关系网寻找法。关系网寻找法是指将自己接触过的亲戚、朋友列出清单，然后拜访，争取在其中寻找自己的客户。每个人都有一个关系网，如同学、同乡、同事等，因此，可以依靠人际关系网进行客户开发。

5.1.3 客户资格鉴定

通过以上寻找顾客的方法，寻找的仅是“线索”，能否成为准顾客，还须对其客户资格鉴定。顾客资格鉴定就是对潜在顾客实施的筛选审查，即推销人员对线索是否真是一位潜在顾客进行分析判断的全部活动过程。顾客资格鉴定并非与寻找潜在顾客截然分开，实际上它贯穿于寻找潜在顾客过程的始终。顾客资格鉴定主要包括顾客需求审查(Desire)、支付能力审查(Money)和购买权限审查(Authority)。这些对顾客资格鉴定可称为MAD模式，通过对这三个方面的审查，以最终决定访问对象。

1. 顾客需求审查

需求审查是顾客资格鉴定的一项重要内容，是推销员考察线索是否确实需要推销品，使用推销品能为购买者解决什么实际问题或获得何种利益。只有顾客真正需要某种商品或服务，只有推销的产品能帮助顾客解决实际困难，使购销双方均获利，这种推销才是一般倡导的满足需求型的推销。顾客需求审查应从以下几方面入手：

(1) 分辨顾客是否需要推销品，可能买主是否已经意识到购买某种产品的必要推销人员应当仔细辨识顾客的需要及其程度。有些顾客的需要是显露的，并直截了当地表达自己的需要，而且还希望能马上得到满足；有些顾客的需要却是潜在的，自身还未认识到对推销产品的需求，推销员应该采取必要的手段提示顾客，甚至创造需求。

(2) 了解线索对推销品的品牌所持的态度。线索可能需要，但却表现出不同的态度。有的顾客会说，我压根儿就没有想过购买你们这个品牌的产品；有的顾客也许会说，我从未听说过你们这种牌子；也有人会说，我就只是想买你们品牌的产品。只有对此有所了解，才能够明确在访问中应采用的推销策略。

(3) 分析判断线索为满足自身需要能够接受何种价格水平。购买欲望大的人可能会比购买欲望小的人愿意出更多的价格，高收入阶层的人或财大气粗的组织比低收入阶层的人或实力弱小的组织在付款上有更大的灵活性，此外，需要的紧急程度也影响购买价格和付款方式。

如果顾客在上述三个方面都表现出极大的消极性，则说明顾客没有需求，推销员没有必要浪费时间向他们推销产品；如果顾客是处于中间状态，则值得试一试；如果顾客是处于积极的状态，则这些线索是走访的重点对象，推销员极有可能从他们那里获得订单。

2. 支付能力审查

支付能力审查的内容包括组织的财务状况、个人的收入水平等能够反映购买者支付能力的有关指标。但这些指标都不会轻易公开，因而对线索的支付能力做出审查就有一定的难度。尽管有着这样或那样的困难，推销员仍可以通过一定途径从一些侧面去了解其财务状况。例如，对企业支付能力的审查，如果是上市公司，可以从传媒中收集公司有关财务指标，也可以从政府或主管部门那里查询有关资料，还可以通过推销员的询问观察判断其财务状况的好坏，并据此确认是否具有购买能力。在对个人购买者的购买力审查时，主要通过询问、观察线索来判断，一般购买力强的人，注重自身的衣食住行与社会地位及身份的协调。然而，切忌“以貌取人”“以服饰取人”，见面之初就轻易给对方的购买能力下结论，可能导致推销失误，甚至丧失绝好的推销机会。除此之外，还需要对购买者的潜在购买能力进行审查，即使不具有现实支付能力，并不意味着他将来也不具备支付能力。如果购买者或组织只是暂时缺乏资金，推销员则可以在一段时期之后再行拜访，鼓励顾客使用。

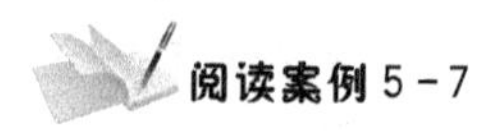
阅读案例 5-7

卖空酒瓶

一位房地产推销员去访问一家顾客。顾客对他说：“我先生忙于事业，无暇顾及家务，让我做主购买一套别墅。”推销员一听非常高兴，便三番五次到她家拜访。有一次，他们正在谈话，有人敲门要收购废品，这位太太马上搬出一堆空酒瓶与收购者讨价还价，推销员留心一看，这些酒多是一些低档酒，很少有超过 10 元钱的，推销员立即起身告辞，从此便不再登门。

资料来源：斯默尔．销售人员第一本书[M]. 北京：中国民航出版社，2005.

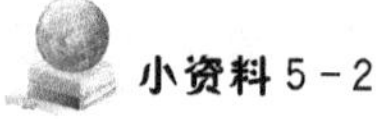
小资料 5-2

支付能力审查中几个容易忽视的问题

目前，存在着一些不重视客户支付能力审查的做法，这些做法使一些推销人员放松了应有的警觉，致使企业遭受各种拖欠与丢失货款的损失，甚至上当受骗。现举例如下：

(1) 忽视对老客户的审查。认为某某是“老朋友”了，因此对客户的支付能力不关注、不过问、不追踪、不观察，直到有一天发现其经营状况与财务状况有了重大变化时，已经铸成大错。其实，老关系户不一定不出问题。有的骗子惯于用“放长线钓大鱼”的伎俩，在开始交易时表现得很守信用，等到推销人员麻痹后，骗取一笔大的货物或货款逃跑，所以当客户的购买行为发生明显变化时，应及时地进行资格审查。

(2) 忽视对有“来头”客户的审查。“客户是某某领导介绍的，怎能不信任呢！……我这笔生意是某某领导关照过的，怎能不去做，不做不好交代呀。”一些不良商人经常利用人们对领导人的信任进行欺骗。

(3) 忽视对熟人的审查。“某某是我的老同学、老街坊了，没问题，我了解他，放心吧。……这个采购经理是我的一个亲戚，应该没有问题。”忽视对熟人支付能力的审查，结果铸成大错的推销员大有人在。

(4) 忽视对大公司的审查。"对方是大公司，我们要发展，就要跟大公司做生意。万一赔了就算交学费。"不少推销人员对"大公司"总有几分自然的敬畏与盲目信任。其实，打着大公司招牌进行欺骗的犯罪分子也不少。等到发现有问题，大公司一句"查无此人""我们也是受害者"，即令企业蒙受损失。

(5) 认为"跑了和尚，跑不了庙"而忽视审查。有人认为"跑了和尚，跑不了庙"，"反正他那里还有一个大公司在，有房子在，有汽车在，还有上级机关在"等。这也是一种糊涂思想。有个建筑工程队为业主单位"好心"地垫付了几百万元建筑费用，一直得不到偿还，却固执地认为"反正还有一个大楼在，怕什么?"，结果是大楼早就几经转手。工程队在对方设计的圈套中，步步失利，最终血本无归。

(6) 盲目乐观。有的推销人员认为"反正现在有法律保护，只要我在合同上写明白了，不怕他耍花招"。本来有效合同上的条款是应该受到法律保护的。可是，一方面，如果对方属于有意欺骗的话，合同也犹如一张"废纸"；另一方面，即使打赢官司，在计算各种费用、无形资产的损失时，也往往是得不偿失的。

资料来源：钟立群．现代推销技术[M]. 北京：电子工业出版社，2005.

3. 购买权限审查

购买权限审查即是调查研究推销对象的购买决策状况。从现代推销学的角度来看，向一个家庭或组织推销，实际上是向家庭或组织的购买决策者进行推销。因此，购买权限审查的目的就在于缩小推销对象的范围，避免盲目推销，提高推销工作的效率。

个体购买者市场与组织市场由于具有不同的市场特征，购买决策也就各不相同。对于个体购买者市场来说，推销对象可能是某一个人或某一家庭，大多数日用消费品很容易判断出购买决策者及购买者，审核对该种物品是否具有购买决策权也就相对容易。但对于一些价值高、不经常购买、且需冒一定风险的高档商品的购买来说，购买决策权很难截然分开，家庭成员之间的意见或建议都可能影响对推销品的接受性，推销员必须重视所有的家庭成员，并依据推销品的性质、类型、适用对象等，抓住关键的决策者进行推销。组织市场比个人市场更加复杂，影响购买决策的人员类型与数量更多，掌握购买决策者的意见就显得更加重要。组织市场购买带有很强的专业性，通常是理智型的采购，一般购买决策均由企业管理者做出，采购员的灵活性较少。例如，制造公司需要的原材料或零部件的采购决策通常由供应部门负责人做出，而日常办公用品的采购决策则由行政部门负责人做出。推销员应深入调查了解企业组织机构的设立办法，根据具体的推销品选好推销对象。

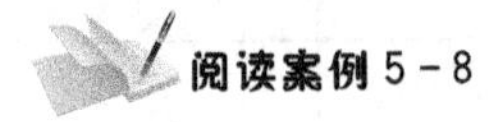
阅读案例 5-8

谁有决定权

一名江西推销员与湖北某电器公司的购货代理商谈业务，时间过了半年多，却一直没有结果。他百思不得其解，于是他怀疑自己是在与一个没有决定权的人士打交道。为了证实自己的猜疑，他给这家机电公司的电话总机打了一个匿名电话，询问公司哪一位先生负责购买电器订货事宜。他从侧面了解到把持进货决定权的是公司的总工程师，而不是那个同自己多次交往的购货代理商。

资料来源：李世宗．现代推销技术[M]. 杭州：浙江大学出版社，2004.

5.1.4 客户管理

1. 进行客户分类

划分潜在顾客的标准主要有两种：

（1）以潜在顾客购买概率作为分级标准把最有可能的购买者确定为 A 级，有可能的购买者定为 B 级，可能性小的购买者定为 C 级，划分时应具体确定其数量界限。

（2）以购买量作为分级标准推销员根据潜在顾客购买数量分为 A、B、C 三个等级，然后对照实际的购买数量再进行调整，以便有针对性地“照顾”购买量大者，从而达到事半功倍的推销效果。

2. 建立客户档案

选择好准顾客后，就应建立客户档案，即将可能的顾客名单及所掌握的背景材料以顾客资料卡或顾客数据库的形式建立客户档案，以便在推销活动中随时使用。客户档案一般分家庭购买顾客和企业（公司）购买顾客两种。家庭购买的客户档案一般应包括姓名、年龄、职业、住址、家庭成员情况、情趣爱好、性格、购买方式、推销方式等信息；企业（公司）购买的客户档案应包括企业（公司）名称、地址、现有员工、购买能力、顾客信誉、购买概率、银行资信、企业采购人员的情况、企业负责人的情况、与本企业的交易合作情况等信息。例如，表 5 - 10 是一份企业客户资料卡。

表 5 - 10　企业客户资料卡

编号：

单位名称		电　话		地　址	
联系人姓名		性　别		年　龄	
联系人情况	决　策				
	特　点				
	最后一次拜访时　间				
单位情况	购买商品				
	经营状况				
	购买部门				
	信　用				
备　注					

年　　月　　日

对客户档案应做到分类管理，以便于保管和利用。分类时，可以按地区分，也可按照预期目标划分。按地区可分为国内、国外，国内又可再按省区分类；按照预定目标划分，可分为现有顾客、未来顾客、过去顾客这三类。有了客户档案，对推销员来说是笔受用不尽的财富。

5.2　推销约见

约见是指推销人员事先征得顾客同意见面的过程，也是接近行动的开始。约见作为推销活动的一个环节，对整个推销活动的成败起着极为重要的作用。约见活动概括起来就是

“4W1H”，如图 5.1 所示。

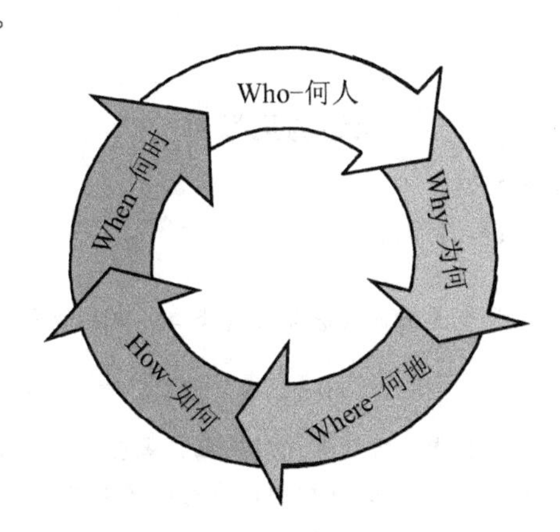

图 5.1 约见活动的“4W1H”

5.2.1 约见的内容

约见的内容即约见的基本要素，即图 5.1 中的“4W”。

(1) 确定访问的对象(who)。访问的对象是指对购买行为具有决策权或对购买决策有影响的关键人物，避免在无关紧要的人员身上浪费时间。

(2) 明确访问的事由(why)。推销人员与客户打交道，目的一般包括推销商品、市场调查、提供服务、签订合同、收取货款、走访用户等。

(3) 约定访问的时间(when)。这是约见的一个重要内容。时间的选择很可能决定着推销工作的成败。最好由客户确定见面的时间，或者推销员根据约见对象的情况，选择一个双方都合适的时间。确定约见时间，要综合考虑各种相关因素，如客户的工作节奏和习惯、约见的目的、产品的特点、客户的职业、天气和交通状况等。

(4) 约定访问的地点(where)。约见地点对推销效果有重要影响。一般可遵循“方便客户，利于推销，避免干扰”的原则选择恰当的约见地点。推销员可选择的约见地点主要有工作地点、社交场所、公共场所等。需要注意的是，当今社会，人们一般不欢迎推销员进入家庭，因此，除非是客户主动提出在家里见面，一般不宜把客户家作为约见地点。

5.2.2 约见的方法

约见的方法就是图 5.1 中的“How”，即如何来与客户约定。

1. 电话约见

电话联系既经济又便捷，很多约会可以在很短的时间内安排下来。采用电话联系的方式来安排约会，一定要长话短说，简明扼要。记住，打电话是为了安排一次约会，而并不是为完成这次交易。遵循以下五步去做可以使你成功地通过电话来安排约会，如图 5.2 所示步骤。

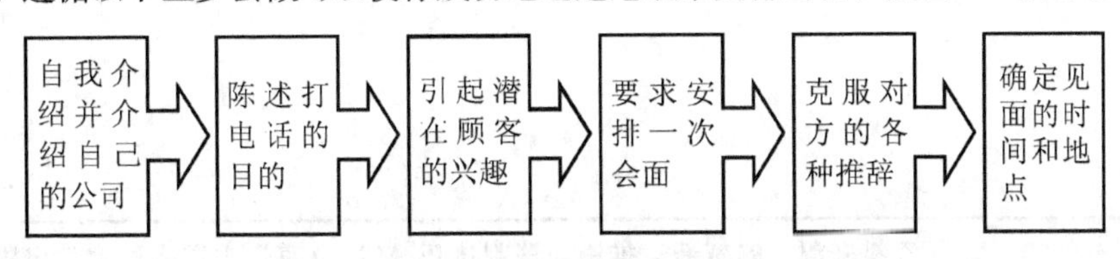

图 5.2 电话约见的步骤

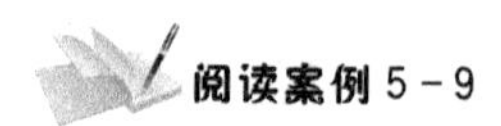
阅读案例 5-9

电话约见举例

秘书：您好。请问您找哪一位？

推销人员：麻烦请陈处长听电话。

秘书：请问您是……

推销人员：我是利华公司业务代表王鹤，找陈处长商谈有关办公业务的事情。

（电话转接中）

陈处长：您好。

推销人员：陈处长，您好。我是利华公司业务代表王鹤，本公司是文书归档处理的专业厂商，我们开发出一项产品，能让贵处的任何相关人员在20秒钟内能找出档案内的任何资料，相信将能使贵处的工作效率大幅提升。

陈处长：20秒钟，很快嘛！

推销人员：处长的时间非常宝贵，不知道您明天上午还是下午方便我们见面为您说明这项产品。

陈处长：明天下午2：00好了。

推销人员：谢谢陈处长，明天下午2：00的时候我会准时拜访您。

资料来源：陈伟民．金牌直销员特训手册：12天打造直销员[M]. 北京：中国商业出版社，2004.

2. 信函约见

信函约见是指推销员通过信函或电子邮件来约见客户。这是求得客户接见的重要方法。信函约见的优点是适应性广、成本低廉、简便快捷，同时表达内容广泛，更能表达推销员的诚意。但是信函约见也有一定局限性，由于是单向的信息沟通，许多客户对推销信函约见不感兴趣，甚至不去拆阅，因此成功率低，且由于其速度较慢，不适于快速约见。

常见的信函约见方式主要有个人信件、单位公函、会议通知、请帖、便条等。使用信函约见可以将广告、商品目录等一起寄上。

撰写推销信函的主要注意三点：

（1）简洁扼要，重点突出，内容准确，中肯可信，文笔流畅。

（2）要引起客户的兴趣及好奇心。

（3）不要过于表露希望拜访客户的迫切心情。

阅读案例 5-10

信函约见举例

亲爱的杨先生：

在你目前的染料生意中，每升染料你至少少赚了一元。

我将在下周抵达贵地，并周四上午专程去拜访你。我们的染料报价肯定会使你大吃一惊。

如果周四上午不方便的话，请你按上面的电话号码与我联系，我们再另约定时间。

此致

敬礼

王强

2013.8.10

资料来源：安贺新．推销与谈判技巧[M]. 北京：中国人民大学出版社，2006.

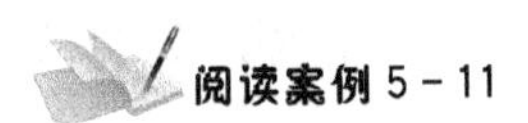
阅读案例 5－11

美国布得歇尔保险公司的推销约见活动

布得歇尔保险公司的推销人员首先给顾客寄各种保险说明书和简单的调查表，并附上一张优惠券，写明："请您把调查表填好，撕下优惠券后寄给我们，我们便会赠送两枚罗马、希腊、中国等世界各国古代硬币(仿制)。这是答谢您的协助，并不是要您加入我们的保险。"推销人员总共寄出 30 000 多封信，收到 23 000 多封回信。推销人员便带着仿古钱币按回信地址上门拜访，亲手把硬币送给顾客。由于顾客现在面对的是前来送硬币的推销人员，自然不会有戒心，在道谢后，就高兴地从各种古色古香的硬币中挑选两枚自己喜欢的留下。推销人员这时就会不失时机地渗入推销话题。据说该公司因这次活动获得 6000 名顾客加入保险，在当时曾引起轰动。

资料来源：钟立群．现代推销技术[M]．北京：电子工业出版社，2005.

3. 委托约见

委托约见是指委托第三者约见客户的方式，也叫托约法。所委托的人应是与推销员或推销对象本人都有一定社会联系和社会交往的人士，如同学、同事、朋友、亲戚、邻居、接待人员等，也可以是各种中介机构。委托约见可以借助第三者与推销对象的特殊关系，使目标客户克服对陌生推销员的戒备心理，帮推销员取得目标客户的信任与合作，有利于进一步的推销接近与洽谈。

当然，托约法也有一定局限性，一是推销员一般不会有足够多的与目标客户有联系的熟人；二是托约往往不受客户重视；三是托约容易引起误约。如果托约人不负责任，常常还会引起误约。因此，推销员要注意把握时机，看准对象找到合适的托约人进行托约。

注意：其他约见方式还有广告约见、网上约见等。

5.3 推销接近

所谓推销接近，是指推销人员正式与潜在顾客进行的第一次面对面接触，以便把推销引入洽谈的一个活动过程。成功推销的基础在于推销人员成功地接近推销对象，而且很多交易能否达成，往往取决于推销洽谈前几分钟。如果接近是有效的，就有机会过渡到洽谈；如果接近是失败的，将丧失推销陈述的机会，也就等于宣告本次推销访问的终结。

接近顾客的过程是推销人员与客户之间进行双向信息沟通的过程。一方面，推销员介绍有关企业的背景、概况以及推销品的特点和利益，引起顾客的注意和兴趣；另一方面，推销人员应设法了解顾客的需要或面临的问题，帮助顾客确定其真实的购买目的，分析何种产品有助于其需要的满足。

5.3.1 接近的目标

接近顾客的目标不在于实际达成交易，指望一接触就能够成交，似乎不大可能。接近顾客的目标是为实质性地达成交易创造一个良好的开端，主要包括以下几个方面。

1. 建立良好的印象

推销员与顾客接触时，给顾客一个良好的第一印象很重要。顾客对推销员有了好的印象，才可能开始一步一步地走向购买。规范的谈吐、真诚的态度、整洁的穿着都是建立良好印象的基本要素，要让顾客直观地感受到推销员是值得信赖的。

2. 验证事先所得信息和获取新信息

经过寻找顾客与顾客资格审查阶段，推销人员掌握了一些有关顾客的信息，据此准备了相应的推销方法。但是，这些信息毕竟是过去的，信息是否全面、准确、有效，还是未知数。推销人员应利用最初实际接触顾客的时间，运用观察、提问、倾听等方法，验证事先收集的信息是否准确。如果发现原有的信息错误，应迅速加以改正。更重要的是，要及时修正根据原有信息确定的推销方法。这一点非常重要，许多推销人员很容易忽视。

除了要验证事先所得信息外，往往还需要通过提问获取以下信息：①揭示潜在顾客的需求或出现的重大问题。②判断潜在顾客是否要满足这些需求或解决所面临的问题。③设法让顾客自己说出这些需求或问题，了解他们的打算。

3. 引起顾客的注意

在接近阶段，许多顾客的注意力往往出于种种原因分散于不同事物之中。对于这类顾客，是很难开展有效的说服工作的。因此，推销人员必须在接近之初就设法使其注意力集中在洽谈上，能否吸引顾客的注意力是决定推销洽谈能否深入进行下去的关键所在。

4. 培养顾客的兴趣

如果在引起顾客的注意之后，不能很快使顾客对产品产生兴趣，这会使顾客的注意力重新分散，更难以激发顾客的购买欲望。因此，在接近过程中，必须设法尽快培养顾客的兴趣。

5. 顺利转入实质性洽谈

当对顾客有了较多的了解后，推销员就应在简短的接近过程之后，自然而然地进入洽谈的阶段。这里很难找到一个准确的“界碑”来区别接近与洽谈两个不同的推销阶段。推销员应视具体的推销对象和推销品，把握接近过程的“火候”，及时地转入交易洽谈过程。但如果话题的转换过于突然，可能引起顾客的不安，给实质性洽谈制造障碍，因此，应该谨记要自然而然地转换话题。

5.3.2 接近前的准备

接近前的准备主要指推销员在与合格的准顾客正式接触会谈前所做的各项准备工作，包括材料准备、议程准备、精神准备、仪表仪容与辅助设备的检查等方面。

1. 材料准备

材料准备是指在接近前，推销员应熟悉有关准顾客的各种资料和所要推销的产品和服务的各种材料。这些材料通常包括：购买的决策者是谁，购买决策的影响者是谁，决策者和购买决策影响者的姓名、职务是什么，他们喜欢什么样的称谓，是先生、女士、小姐，还是其他；准顾客的性格特征、爱好以及特别的兴趣；你的产品或服务的特性(包括产品的制造工艺、主要功能、质量检测、原材料、售后服务及各种保修措施等；与准顾客现在所使用的产品或服务相比是否更具优势；准顾客的需求、欲望或具体问题；你的产品或服务的哪些方面可迎合这些需求、欲望或解决具体的问题；你可能会遇到什么样的不同意见；何时何地是最佳的访问时间和地点等。要将这些资料分门别类整理好，在需要用到的时候能够迅速取出。如果一个推销洽谈人员在洽谈中需要用到某些资料不能立即找到，不但使双方尴尬，还会让推销人员自信心遭受挫折，买方也会对产品的优良性能产生一定的怀疑。

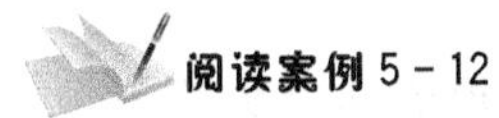

阅读案例 5－12

尴尬的拜访

一位推销人员急匆匆地走进一家公司，找到经理办公室，敲门后进屋。

推销员：您好，李先生。我叫李明，是美佳公司的推销员。

曲经理：我姓曲，不姓李。

推销员：哦，对不起。我没听清楚您的秘书说您姓曲还是姓李。我想向您介绍一下我们公司的彩色复印机……

曲经理：我们现在还用不着彩色复印机。即使买了，可能一年也用不上几次。

推销员：是这样……不过，我们还有别的型号的复印机。这是产品介绍资料。(将印刷品放到桌上，然后掏出烟与打火机)“您来一支?”

曲经理：我不吸烟，我讨厌烟味。而且，这个办公室里不能吸烟。

资料来源：黄文恒．现代推销实务[M]．北京：机械工业出版社，2010.

2．议程准备

议程准备实际就是访问计划，指推销员设计、规划、准备向准顾客推销介绍时所要阐述的主题、观点以及陈述程序的过程。在接近顾客前，推销员都应根据不同的准顾客来设计规划好其推销访问计划，使推销介绍有目的、有计划地进行。推销访问计划的内容主要是：归纳出推销介绍中所要阐述的重点内容，如产品的效用、利益或好处；计划出推销介绍的陈述程序，即先说什么，后说什么；站在顾客的立场，设想一些对方可能提出的问题或异议；针对可能出现的拒绝和问题，准备相应的劝说工作，设计出自己处理这些问题、异议时应采取的方式和技巧，并进行一些练习，由此来提高自己的应变、说服能力。

3．精神准备

在接近顾客前，一般最容易犯的毛病就是信心不足，总是有这样或那样的担心：是否会搅乱被访者的正常生活？顾客是否会接受推销访问？顾客拒绝成交怎么办？这种无形的“恐惧”如果表现在推销过程的言行举止中，会使顾客丧失对你个人及你所推销的产品的信心。要时刻牢记一句话：“推销是信心的传递，要想使你的顾客相信，你必须对你自己及你所推销的产品表现出十足的信心。”同时，必须克服畏难情绪和逃避心理，敢于正视顾客的拒绝，时刻保持一种高昂的精神状态，沉着冷静地去排除接近过程中遇到的种种障碍。

4．仪表仪容与辅助设备的检查

推销员在接近准顾客前，应认真检查自己的仪表仪容，做到穿戴得体、举止得当、整齐利索、诚恳自信、沉着镇定、应付自如，保持愉快的笑容，以便能在准顾客面前塑造出良好的形象。辅助设备主要是一些用来演示的模型、样品，如幻灯片、电影、录像、录音、挂图、投影等。要将推销中需要用到的工具进行编号或做上标记。在接近准顾客前，应检查这些辅助设备，保证装备齐全、外表美观，以免发生诸如设备在演示时突然失灵，或要给顾客产品说明书时却找不到它，或在放映幻灯片时灯泡突然熄灭等令推销员尴尬并会给顾客留下不良印象的事情。

5.3.3 接近的方法

大量研究结果表明，一次推销行动是否能够成功，往往取决于推销活动的头几分钟，即取决于是否采用合理的接近方式与方法。

1. 介绍接近法

通过约见，推销人员按时在约定地点拜见顾客，推销人员通过自我介绍或他人介绍的方式让顾客了解推销人员的身份、姓名、背景及目的。同时，推销人员应通过展示身份证、名片、单位介绍信等有关的证件来证明口头介绍的准确性。接近时递上一张名片，可以让顾客尽快了解推销员和所推销产品的概貌，迅速缩短与顾客的距离。

自我介绍是最常用的方法，也是其他许多接近方法的基础，但事实表明，推销员在开始接近顾客时所做的自我介绍绝大多数是毫无意义的。顾客一般不大关心推销员的自我介绍，只是在推销员的建议令他感兴趣后，才重新询问推销员的姓名或查看推销员的名片。因此，在接近顾客之初，推销员不一定要详细地进行自我介绍，就是进行自我介绍也要和其他方法配合使用。作为一名推销人员，特别是销售新手，练就一套专业的接近语言，可以助推销一臂之力。表达接近语言的步骤如图 5.3 所示。

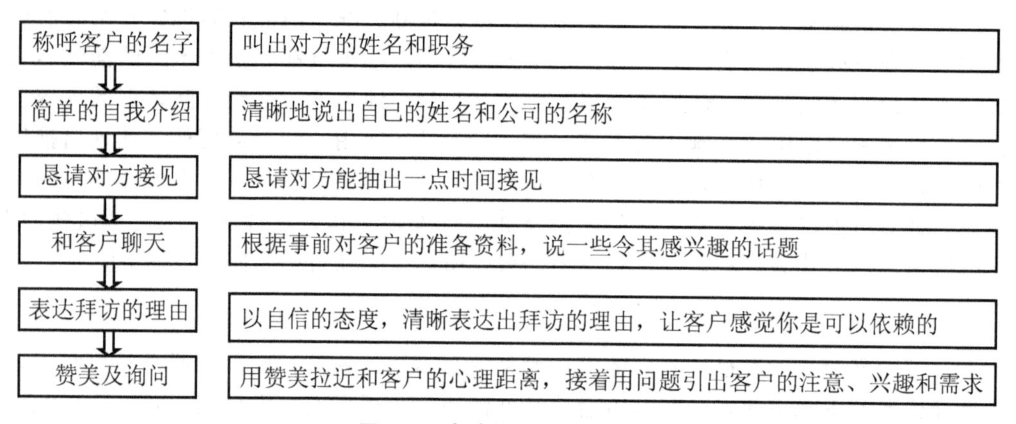

图 5.3 表达接近语言的步骤

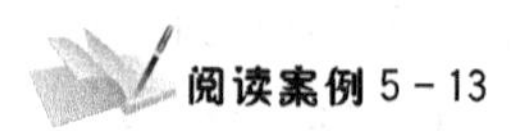**阅读案例** 5－13

推销员工保险

寿险推销员李铭以稳健的步伐走向王总经理，当视线触及王总时，可轻轻地行礼致意，视线可放在王总的鼻端。当走至王总近前可停下，向王总深深地点头行礼。推销员李铭此时面带微笑，先向王总经理问好以及自我介绍。

李铭：王总经理，您好。我是大华公司的推销员李铭，请多多指教。

王总经理：请坐

李铭：谢谢，非常感谢王总经理在百忙之中抽出时间与我会面，我一定会把握住这么好的机会。

王总经理：不用客气，我也很高兴见到您。

李铭非常诚恳地感谢王总经理的接见，表示要把握住这个难得的机会，让王总经理感受到自己是个重要的人物。

李铭：贵公司在王总经理的领导下，业务领先业界，真是令人钦佩，我拜读过贵公司内部的刊物，知道王总经理非常重视人性化的管理，员工对您都非常敬爱。

李铭将事前调查的资料中，将有关尊重人性的管理这点，特别在寒暄中提出来，以便待会在诉求团体保险时能有一个好的铺垫。

王总经理：我们公司是以直接拜访客户为导向，需要员工有冲劲及创意。冲劲及创意都必须靠员工主动去做的，用强迫、威胁的方式是不可能成为一流公司的。因此，我特别强调人性化的管理，公司必须尊重员工、照顾员工，员工才能真正地展现出自己的实力。

李铭：王总经理，您的理念确实是反映出了贵公司经营的特点，真是有远见。我相信贵公司在照顾员工福利方面一定是不遗余力，已经做得非常好。我谨代表本公司向王总经理推荐本公司最近推出的一个团保方案，最适合外勤工作人员多的公司采用。

王总经理：新的团体保险？

李铭：是的。王总平时那么照顾员工，我们相信王总对于员工保险这项福利知道得多，不知道目前贵公司有哪些保险的措施呢？

资料来源：肖胜萍．顶尖推销术[M]．北京：中国纺织出版社，2011.

2. 产品接近法

所谓产品接近法，是指推销人员直接利用所推销的产品引起顾客的注意和兴趣，从而顺利进入推销面谈的接近方法。推销员采用产品接近法，直接把产品、样本、模型摆在顾客面前，让产品作自我推销，给顾客一个亲自摆弄产品的机会，以产品自身的魅力引起顾客的注意和兴趣，既给了顾客多种多样的感官刺激，又满足了顾客深入了解产品的要求，这是产品接近法的最大优点。这种方法最适合于具有特色的产品，或颜色鲜艳、雅致，或功能齐全，或造型别致等，因为这类产品很容易吸引顾客的注意力，诱发顾客的询问。

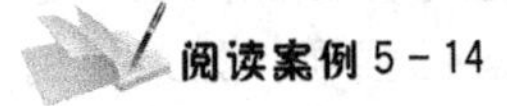
阅读案例 5－14

复写纸推广有妙招

“我可以使用一下您的打字机吗？”一个陌生人推开门，探着头问。在得到主人同意后，他径直走到打字机前坐了下来，在几张纸中间，他分别夹了八张复写纸，并把它卷进了打字机。“您用普通的复写纸能复写得这么清楚吗？”他站起来，顺手把纸分给办公室的每一位，又把打在纸上的字句大声朗读了一遍。毋庸置疑，来人是上门推销复写纸的推销员，疑惑之余，主人很快被这种复写纸吸引住了。

资料来源：陈莞．成功推销的秘密[M]．北京：经济管理出版社，2003.

3. 利益接近法

利益接近法就是推销员抓住顾客追求利益的心理，利用所推销的产品或服务能给顾客带来的利益、实惠、好处，引起顾客的注意和兴趣，进而转入面谈的接近方法。在实际推销工作中，普通顾客很难在推销人员接近时立即认识到购买商品的利益，同时为了掩饰求利心理，也不愿主动向推销人员打听这方面的情况，而往往装出不屑一顾的神情。如果推销人员在接近顾客时主动提示商品利益，可以使商品的内在功效外在化，有助于顾客迅速对产品产生兴趣，从而达到接近的目的。

利益必须符合实际，不可浮夸。利益必须可以证明，才能取信于顾客。推销人员必须为利益找到可靠证据，例如财务分析、各种技术性能鉴定书或用户反映情况资料等。即使推销人员对顾客能获利有十足的把握，也必须拿出有关证据来，并且要帮助顾客真正受益。

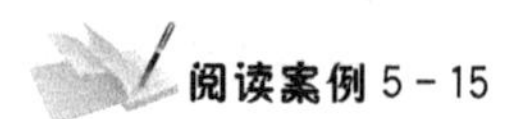
阅读案例 5－15

利益的魅力

一位保险公司代理人在接近顾客时，首先递给顾客一张特制的600美元支票副本，然后问道："您希望退休后每月收到这样一张支票吗？"顾客承认非常希望如此，并要求告知详情。

一位冰淇淋供应商见面就问某冷饮店经理："您希望使您所出售的冰淇淋每加仑单位成本减少4角钱吗？"那位经理马上表示愿意知道其中的奥妙。

一位文具推销员开头就说："本厂出品的各类练习本比其他同类产品便宜一半。"这话一出口就使推销工作成功了一半。

资料来源：张永．推销人员手册[M]．北京：中国人事出版社，2003.

4．求教接近法

求教接近法是指推销人员虚心向顾客讨教问题，利用这个机会，以达到接近顾客的一种方法。推销人员可以是真的有问题，也可以是以求教作为借口。在实际推销工作中，多数顾客都有一些"自以为是"的心态，推销员若能登门求教，自然会受欢迎。如"赵工程师，您是电子方面的专家，您看看我厂研制并已投产的这类电子设备在哪些方面优于同类老产品？"这种方法体现了敬重顾客、满足顾客自尊的心理需求为原则的推销思想，尤其是对那些个性较强，有一定学识、身份和地位的专家型顾客，满足了他们高人一筹的自我心理，十分有利于推销工作的展开。

请教可以是推销品经营方面的问题，也可以是人品修养、个人情趣等方面的问题，还可以是哲学或者其他问题。但是推销人员应注意求教的问题必须是顾客的强项，如果推销人员的问题顾客回答不了，则会非常尴尬，也会引起顾客的不快，反而适得其反。同时不论请教什么方面的内容，推销人员都应本着赞美在先，求教在后；求教在先，推销在后；态度诚恳，言语谦虚的原则。

5．赞美接近法

赞美接近法是指推销人员利用溢美之词博得顾客好感以达到接近目的的方法。推销人员只要仔细观察和留心倾听，就不难找到赞美顾客的话题：如顾客的办公环境、居住环境；顾客的外表、修养、品质；顾客的升职或被嘉奖；顾客兴旺的业务或事业；顾客的家人特别是孩子；甚至是顾客墙上的字画、照片或纪念品等。但不论是赞美顾客的哪一个方面，都要诚心诚意、把握分寸。还要讲究方式和方法，推销人员应细心观察与了解顾客，切合实际地对顾客值得赞美的地方加以赞美，使顾客觉得自然亲切、备受尊重，比如对于严肃的顾客，赞语应自然朴实，点到为止；对于虚荣的顾客，则可以赞美得稍微夸张一些；对于年老的顾客，应多用间接、委婉的赞美语言；对于年轻的顾客，则可以使用比较直接、热情的赞美语言。

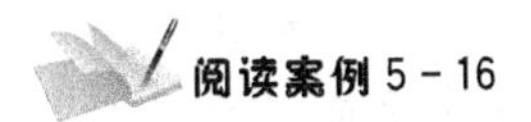
阅读案例 5-16

谈判也要有技巧

金星啤酒进军中山市场大型餐饮业的任务落到了销售经理小赵身上。

赵：哇，这么多空酒瓶！老板，看到中午客人喝了这么多啤酒，就知道您的生意做得红红火火，现在啤酒销量不错吧？(语音洪亮、真诚)

老板：马马虎虎，请问有什么事？

赵：哦，我是金星啤酒集团的小赵，我早就听说您是中山餐饮业起步最早、做得最好的老板。今天来拜访您，跟您学学生意经，交个朋友。

老板：没有什么经验，只是踏踏实实做生意罢了。

赵：这才是最宝贵的经验，也是做生意最基本的原则。正是因为您的实在，讲信誉，您的顾客才信任您，愿意和您打交道，您的生意才越做越大了。

老板：还是你们文化人会总结。

赵：文化高不能决定事业的成功，关键是做事和做人，听说您是凭着一个“义”字把生意做大了？

老板应该怎么办？

资料来源：郑方华．业务谈判技能案例训练手册[M]．北京：机械工业出版社，2006.

6. 提问接近法

提问接近法是指推销人员直接向顾客提出问题，以引起顾客的注意和兴趣，引导顾客去思考，并顺利转入正式面谈阶段的一种有效的推销方法。这种方法可以单独使用，也可以与其他方法配合使用，如好奇接近法、利益接近法等都可以以提问作为开始。推销人员可以首先向顾客提出一个问题，然后根据顾客的回答，再提出其他一些问题，或提出事先设计好的一组问题，引起顾客的注意和兴趣，引导顾客去思考，环环相扣，一步步达到接近的目的。像第4章中的SPIN模式和电话销售中的4C模式就是很好的提问接近法。

使用这种方法时要注意以下几点：一是问题必须突出重点，应抓住顾客最关心的问题，有的放矢。二是问题表述必须简明扼要，最好能形象化、量化，不可含糊不清，模棱两可。例如，对酒店经理说：“您希望保证贵酒店正常经营的情况下，明年电费开支减少10%吗?”对食品店经理说：“您是否想在不增加营业面积和费用开支的情况下使贵店明年的销售额增加50%呢”等。三是问题应当是顾客乐意回答和容易回答的，要避免提出有争议、伤感情和顾客不愿意回答的问题，以免引起顾客的反感。

7. 震惊接近法

震惊接近法是指推销人员设计一个令人吃惊或震撼人心的事物来引起顾客的兴趣，进而转入正式洽谈的接近方法。例如，一位推销汽车轮胎的销售人员在接近顾客时可以说：“去年，高速公路上发生多起交通事故，有近1/3都是由于爆胎引起的。”以这种令人震惊的事实，提醒顾客安装优质轮胎或及时更换旧轮胎的重要性。这种方法的关键在于推销人员要收集大量的事实资料，并且对材料进行分析，提炼出一些具有危害性、严重性的问题，并且刚好自身产品可以采取防范措施或者减小、杜绝上述危害问题的发生。

使用这种方法时应该要注意以下几个问题：一是推销员利用有关客观事实、统计分析资料或其他手段来震撼顾客，应该与该项推销活动有关。二是推销人员无论利用何种手段震惊顾客，必须先使自己震惊，确保奏效。三是推销人员震惊顾客，应该适可而止，令人震惊而不引起恐惧。四是必须讲究科学，尊重客观事实。切不可为震惊顾客而过分夸大事实真相，更不应信口开河。

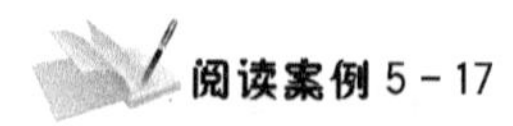
阅读案例 5－17

推销人寿保险

某人寿保险推销员弄到一位顾客的照片，他请摄影师加以修饰，以使照片里的人看起来很衰老。推销员走进那位准顾客的办公室，递上那张修饰过的照片，问道："先生，今天您打算为这位老人做点什么呢？"

还有一位人寿保险推销员利用一项统计资料接近顾客："据官方最近公布的人口统计资料，目前有一个值得人们关切的事实：平均有90%以上的夫妇，都是丈夫先妻子而逝，因此，你是否打算就这一事实早做适当安排呢？最安全可靠的办法，当然是尽快买下合理的保险。"

资料来源：邱训荣．推销技巧[M]．南京：东南大学出版社，2004.

8．好奇接近法

好奇接近法是指推销人员询问一个问题或做某事来使顾客对产品或服务感到好奇的接近技术。例如，"你知道为什么最近的《工人日报》把我们的柔性加工单元描述成'制造业的革命'吗？"推销员说着把报纸拿出来，给顾客看了一下标题，还未等顾客索取报纸就把它收好。要是顾客去细看文章的内容，就有可能分散顾客的注意力，从而影响推销洽谈的效果。又如，在访问一个爱抽雪茄的男买主时，推销员把一个雪茄烟盒放在买主的桌上。一阵闲谈之后，买主问道："盒子里是什么？"推销员把盒子递给这位男士并说："打开就知道了！"里面正是推销员想推销的产品。

9．馈赠接近法

馈赠接近法是指推销人员把一些小巧精致的礼品赠送给顾客，借以达到接近顾客的一种方法。在某些情况下，推销人员可以用一些小礼品来"收买"顾客，以换取他们短时间的注意力。小赠品的价值虽不高，却能发挥很大的效力，不管拿到赠品后顾客喜欢与否，都会使顾客感受到别人的尊重，内心的好感必然会油然而生。公司要费尽心机地制作一些小赠品，比如记事簿、签字笔、打火机、广告伞等，供推销人员初次拜访时赠送给顾客。

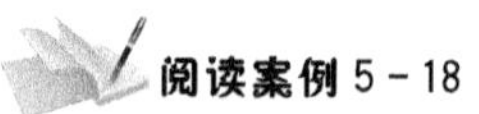
阅读案例 5－18

香　烟

乔·吉拉德讲了这样一个故事：

客户或许想抽支烟，摸摸口袋却发现已经抽完了。

"请稍等一下"，我会这样说，并且很快从自己的箱子拿出十种不同牌子的香烟。

"您愿意抽哪种？"

"就要万宝路吧。"

"那好，给您。"我会打开一盒万宝路，递一支给他，再给他点燃，然后把剩下的全塞进他的衣袋里。

实际上，这些人情小礼物和那种巨富比起来，只能是小巫见大巫，但却能在关键的时候，增进气氛，促成生意。

资料来源：李海琼．现代推销技术[M]．杭州：浙江大学出版社，2005.

注意：以上介绍了九种接近顾客的方法。此外，还有调查接近法、表演接近法、搭讪与聊天接近法和接近圈接近法等，这里不一一介绍了。在实际工作中，推销人员应灵活运用各种接近方法，既能单独使用，也可以配合使用，还可以自创独特方法接近顾客。

推销人物专栏

W·克莱门特·斯通

W·克莱门特·斯通是杰出的企业家、慈善家和自助励志作家。他从报童做起，开始了他伟大的推销生涯。20岁时，他组建了自己的销售公司，推销意外险和健康险，取得了巨大成功。在一生当中，斯通夫妇一共奉献了近3亿美元给各个慈善机构，支持了无数的人道主义事业。他曾经担任"芝加哥男孩俱乐部"董事长、"美国男孩俱乐部"董事会成员、"全美音乐夏令营"董事会成员、"音特洛根艺术学院"董事会成员、"美国周期研究基金会"董事会主席、"美国宗教与精神病学基金会"董事会主席等。

斯通先生著有《永不失败的成功系统》，与拿破仑·希尔合著有《积极思维成功学》等书。

销售秘诀：

努力去做对的事情

让失败逆转

在前进中解决问题

集中精力去成功

激励是一种力量

本章小结

1. 要掌握寻找客户的思路(三步骤)，要学会灵活运用各种寻找客户的方法，了解其优缺点，了解客户资格鉴定的MAD模式，做好客户管理工作。

2. 约见是指推销人员事先征得顾客同意见面的过程，也是接近行动的开始。要了解约见4W1H的内容和掌握电话约见、信函约见和委托约见三种方法。

3. 推销接近是指推销人员正式与潜在顾客进行的第一次面对面接触，以便把推销引入洽谈的一个活动过程。要了解推销接近目标(五方面)，要掌握推销接近前的材料准备、议程准备、精神准备和仪表仪容、辅助设备的检查工作。要学会灵活运用各种接近顾客的方法。

关键术语

线索　MAD模式　普访法　连锁介绍法　中心开花法　约见　推销接近

思考与应用

一、单项选择题

1. 下列有关寻找顾客方法的说法不正确的是(　　)。

A. 采取地毯式访问法要求推销品必须具有广泛的适应性

B. 连锁介绍法在寻找无形商品，如投资、金融、保险等的可能买主时尤其适合

C. 委托助于法即推销人员委托低级推销员全权代理推销业务

D. 广告寻找法常用于市场需求大、覆盖面较广的商品或服务

2. 利用赞美接近法，应该避免(　　)。

A. 诚心诚意　　B. 把握分寸

C. 还要讲究方式和方法　　D. 给对方多戴高帽子，让对方高兴

3. 利用馈赠接近法，应该避免(　　)。

A. 慎重选择馈赠用的礼品

B. 了解客户的价值观念，以确定送礼的方式

C. 尽量送其高档的礼品

D. 礼品尽量与所推销的产品有某种联系

4. 利用问题接近法，推销员应避免(　　)。

A. 问题必须突出重点，有的放矢

B. 问题表述必须简明扼要，抓住顾客的关注点

C. 问题应该让对方感到压力

D. 问题应当是顾客乐意回答和容易回答的

5. 下面有关约见的说法，不正确的是(　　)。

A. 要简洁扼要、重点突出

B. 要引起客户的兴趣及好奇心

C. 要过于表露希望拜访客户的迫切心情

D. 信函约见是单向的信息沟通

6. 下列有关顾客需求审查的说法，不正确的是(　　)。

A. 分辨顾客是否需要推销品

B. 有些顾客还未认识到对推销产品的需求，推销员应该放弃该顾客

C. 了解顾客对推销品的品牌所持的态度

D. 分析判断顾客为满足自身需要能够接受何种价格水平

7. 您正用电话去约一位客户以安排拜访时间，总机把您的电话转给他的秘书小姐，秘书问您有什么事，您应该(　　)。

A. 告诉她您希望和他面谈

B. 告诉他这是私事

C. 向她说明您的拜访将给他带来莫大的好处

D. 告诉他，您希望同他讨论您的产品

二、多项选择题

1. 在下列(　　)情况下，“线索”才能成为准顾客。
A. 有强烈的购买欲望　　B. 有足够的购买力
C. 有对推销品的渴求　　D. 有购买决策权
2. 潜在顾客评估的MAD法则是指评估准顾客的(　　)。
A. 需求　　B. 心理　　C. 社会地位
D. 支付能力　　E. 购买决策权
3. 地毯式访问法的优点主要有(　　)。
A. 可以借机进行市场调查
B. 可以积累推销工作经验
C. 可以扩大推销产品和服务的影响
D. 可以迅速打开市场
E. 可以有针对性的面对目标客户推销产品
4. 下列有关震惊接近法的说法正确的有(　　)。
A. 有关令人震惊的材料应该与该项推销活动有关
B. 为震惊顾客可以过分夸大事实真相
C. 无论利用何种手段震惊顾客，必须先使自己震惊，确保奏效
D. 推销人员震惊顾客，应该适可而止
E. 必须讲究科学，尊重客观事实
5. 推销员在与合格的准顾客正式接触会谈前应准备(　　)工作。
A. 材料准备　　B. 议程准备
C. 路线准备　　D. 精神准备
E. 仪表仪容与辅助设备的检查
6. 接近顾客的目标是为实质性地达成交易创造一个良好的开端，主要包括以下(　　)方面。
A. 建立良好的印象　　B. 验证事先所得信息
C. 获取新信息　　D. 引起顾客的注意
E. 培养顾客的兴趣
7. 约见活动概括起来就是“4W1H”，即包括(　　)。
A. 确定谁去拜访　　B. 明确访问的事由
C. 约定访问的时间　　D. 约定访问的地点
E. 确定约见的方法

三、判断题

1. 推销活动通常是从寻找顾客开始的。　(　　)
2. 推销方案是推销人员对推销活动的事先规划和安排。　(　　)
3. 地毯式访问法最大的缺点在于其盲目性。　(　　)
4. 只要顾客有钱，推销人员就应该把他作为推销对象。　(　　)
5. 中心开花法的关键是找出核心人物，并利用他们的影响力，带动一大批潜在顾客。　(　　)

四、简答题

1. 什么是潜在顾客？什么叫“线索”？两者如何区分？

2. 寻找顾客的常见方法有哪些？

3. 顾客资格鉴定的主要内容包括哪几个方面？

4. 举例说明三种接近顾客的方法。各要注意什么问题？

5. 假如你是一名厨房设备推销人员，在开始进行推销活动以前需要做好哪些准备工作？

五、问答题

1. 张强和李刚大学毕业后，立志开创自己的事业，他们分析各种因素和情况后，注册成立了一个花卉销售公司，他们认为肯定大有前途。可是万事开头难，他们不知道从哪里能够找到自己的顾客，不知道如何开展业务？

请给他们一些建议：可以从什么渠道寻找到自己的顾客？为什么？如果他们找到了顾客的有关信息资料，他们应该如何开展关于花卉的推销活动呢？成功或者失败的原因可能有哪些？为什么？

2. 广东省的张勤俭在一次收听广播时，偶然听到郑州永新花生制成的花生酱上市了。他怦然心动，心想：花生，我们这里有的是。于是他灵机一动，一口气写了十几封信寄往北京、天津等大中城市副食公司，询问要不要用新收获的花生制成的花生酱。过了没多久，他首先收到了天津市河东区副食公司的回函，要求寄上样品。张勤俭立即请能人研磨，制作了一小桶，亲自带着上了天津。对方见过样品后，当即要求订货5万千克，张勤俭成功了，盈利上万元。

请为张勤俭撰写一封推销约见信函。信函约见应注意什么问题？

【实训项目】

◎内容

以推销某一件具体产品(例如，某品牌矿泉水、化妆品或其他熟悉的产品)为例，设计三种以上不同的约见客户的方法，然后再使用五种以上接近客户的不同方法接近客户。

◎目的

掌握约见客户的方法和接近客户的方法运用。

◎步骤

(1) 按照每3个学生小组的标准，对全班的学生进行分组。

(2) 在每一个小组内部，安排两个人分别代表推销人员和客户，另一个人在旁边进行观察记录；然后再进行角色的转换。

(3) 最后，选出各小组内部自己评选出的“优秀推销员”，面向全班同学进行汇报表演。

案例分析

(一) 领养婴儿

安德鲁的工作是把那些做工精美的布娃娃以250美元价格售出，并请顾客“收养”。当然，人们是很喜欢收养“婴儿”的，安德鲁把自己的店铺装饰得和婴儿房一样。他还让雇员们像正规医生、护士一样穿着白大褂。总之，他创造出这样一种气氛——似乎顾客们不是来买玩具，而是来领养婴儿。

要是有顾客提到“玩具娃娃”这个词，雇员们就会立刻纠正说：“这些小宝宝可不愿别人叫他们玩具哦。”甚至，雇员们还会进一步地说：“没有人能够像花钱买商品一样买走‘他们’。这些‘娃娃’都有出生证，他们需要有人领养。自然，这里也就没有什么标价，我们只收领养费。”

在领养室里，一大群人的右手都举着一份领养保证书。雇员们的出色表演会让很多“继父母”双眼噙满泪花。经常可以看到这样的镜头：骄傲的“父亲”们忍不住笑嘻嘻地大声叫起来：“瞧，这是个男孩！或我领养的是个可爱的小姑娘！”

“有些人来的时候满腹疑虑，但是几分钟后，他们就完全被这里的气氛感染了。”一位正规护士解释说：“有时，仅仅因为一个布娃娃的脸，他们就被吸引住了。譬如，有人想要个长着红色卷发和雀斑的‘小男孩’，因为‘他’看起来像她的丈夫。而丈夫本来很冷淡，这一下来了兴致，四处寻找一个像他太太一样长着蓝眼睛和小酒窝的‘小女孩’。不知不觉中他们就像真的父母亲一样，自豪地走了出来。”

一位年轻的见习师说：“人们抱着刚刚领养的‘婴儿’。小心翼翼、百般呵护，简直就像对待他们的第一个宝宝，他们的眼里充满了爱意，即使是那些最初持怀疑态度的丈夫们也是如此。

资料来源：杨宜苗．现代推销学[M]．大连：东北财经大学出版社，2010.

【思考与分析】

1. 安德鲁是使用什么方法寻找准顾客的？
2. 安德鲁寻找、对待准顾客的做法给您带来什么启发？
3. 如果由你来销售“婴儿”，还有哪些方法可寻找到准顾客？

(二) 一个图书推销员的推销接近

文先生是一位图书推销员，他正在拜访刚毕业1个月的一家书店的舒经理。以下是文先生接近舒经理时前面部分的内容。

文先生：舒经理，你将会对我送来的书感兴趣的。我有销量最好的幽默类书籍。我们是为多家书店供应此类书籍的顶级出版商。低价格会让你很快地将它们销售一空，当然，××出版社在业内也有很好的声誉。对于其他的书，销量也很不错。我想，你对此也很熟悉。

舒经理：不。事实上，我刚刚做了一个月的图书业务，我以前经营的是服装店。

文先生：哦……是这样。我保证能帮你解决问题。我们为什么不从销量最好的图书开始呢？让我们看看一般的种类。这儿有一张目录，让我们一起看看吧。第一本书《谁动了我的奶酪》，我们得到了很好的销量反馈。我认为这本书还有很大的潜力。它已销出5万多册，有的书店进几十本到几百本。以你这个书店的规模，我建议你先进100本。你觉得如何？如果销量不错，你可以随时打电话给我，我保证在2天之内将书送到。

舒经理：(感觉很勉强)我不知道该不该进这类图书，更不能确定要进多少。我很感谢你的拜访，但我还需要好好想想。

在上述文先生和书店舒经理的对话中，我们设想两人之间的谈话是如下情景。

文先生：真是一家吸引人的书店！装修漂亮，环境幽雅。

舒经理：谢谢。我们这儿的一切都是为了满足市场的需求。

文先生：在你心里，有没有什么重点的目标市场客户。

舒经理：我们主要针对经常光顾书店的女性客户。

文先生：那你们打算多进哪些类型的书呢？

舒经理：我们对各类小说、散文和菜谱、健身等类的书籍有更大的需求。

文先生：你们有什么不想进的书吗？

舒经理：我们一般不进廉价书、库存书和低价幽默类图书。

文先生：(文先生心想，幸亏我没从幽默书和廉价书开始推销)你在选择书上还有什么其他的原则吗？

舒经理：我倾向于带有书评的文学类书籍，另一原则就是根据我的预算来进书。我现在差不多已经花完了我开业时所有的预算，所以我要做一些选择。

文先生：我这儿有些可能正是你想进的书。我给你一本装帧很美的四色烹调书《烹任技术大全》……

资料来源：吴健安．现代推销理论与技巧[M]．北京：高等教育出版社，2008.

【思考与分析】

1. 在此案例中文先生使用了哪些推销接近方法？

2. 你认为此案例中图书推销员文先生的接近有哪些可取之处？

（三）两人就成了棋友

王强是一家网络设备制造公司的销售代表，他打算去拜访某省电力系统主管采购的许部长，由于工作原因，他必须在第一次拜访中就了解客户的相关资料。

王强来到客户的办公室，敲门进去。许部长正在打电话，示意王强坐下来。王强坐在沙发上，并利用这段时间仔细观察客户的办公室。这是一个很大的办公室，许部长的办公桌靠近窗口，上面堆放了很多资料。许部长的对面是一个书架，书架上摆满了书籍。办公桌和书架的左边是沙发和茶几，茶几上有很多技术方面的杂志。在门口左边的墙角里有一台放在电脑桌上的台式电脑。沙发距离电脑很近，可以看到电脑上有客户下载的股票和围棋的图标。

“我来之前就了解到您是搞技术出身的，对计算机和网络都非常在行。桌上的这些资料都是很专业的杂志，您一直都在看吗？”

“对，每一期我都看。”

“您都关心哪些内容呢？”

“我主要看一些网络设备产品的动态和一些网络服务器应用方面的文章。”

“这确实是一个了解行业状况的好方法。我这次从北京过来是专门拜访电力系统客户的，您已经采购了不少我们的产品，我希望听听您的使用意见。另外，我们有很好的高端产品，也希望利用这个时间了解一下您这方面的需求。您看好吗？”

“好吧。”

半个小时以后，王强认为已经可以告一段落了，便说：“许部长，您的书架上有很多书。我能看看吗？”

“好吧。”许部长离开座位，与他来到书架前。

“您喜欢看哪方面的书？”王强问。

“我最近对历史方面的书比较有兴趣。另外一直在看网络技术方面的书。”

“我也是。我可以去机房参观一下吗？别人告诉我您的机房的设计是一流的。”

结束拜访回到北京以后，王强写了一封信给许部长，对他的接待表示感谢。与信一起寄给客户的还有一套他非常喜欢的《中华上下五千年》和《明朝那些事》。另外，公司需要尽快在许部长这里做一次新产品的技术交流。王强也喜欢围棋，便开始邀请许部长在联众上下棋，很快，两人就成了棋友。

资料来源：黄文恒．现代推销实务[M]．北京：机械工业出版社，2010.

【思考与分析】

1. 王强主要采用了什么方法来接近客户？

2. 你觉得王强还可以采用什么方法来接近客户？

3. 从本例中，你得到了什么启示？接近客户需要注意采取什么策略？

第6章 推销程序(二)

教学要求

知识要点	能力要求	相关知识
推销洽谈	掌握推销洽谈的各种方法	(1) 提示法 (2) 演示法
处理异议	(1) 了解顾客异议含义、产生的原因、类型 (2) 熟悉处理顾客异议的原则、价格异议的内容 (3) 掌握处理顾客异议的方法	(1) 含义 (2) 产生的原因 (3) 类型 (4) 原则 (5) 方法 (6) 价格异议的内容
推销成交	(1) 了解推销成交的含义，达成交易、未达成交易的注意事项 (2) 熟悉成交信号的识别 (3) 掌握推销成交的方法	(1) 含义 (2) 成交信号的识别 (3) 方法 (4) 达成交易、未达成交易的注意事项

推销普通纸传真机

地点：总经理办公室

销售人员：王总，谢谢您给出这么长一段时间，听了我们推荐的普通纸传真机的产品说明，刚才我们也看了实际的操作演示，我们可以以贵企业目前实际使用的需求状况，以贵企业的立场来评估这台传真机的优点与缺点，如果您不介意的话我们在纸上描述出来。

(取出一张纸，在中间画一条线，左边写上有利点，右边写上不利点，等待王总的许可。)

您提到过普通纸接收的传真能让您很容易地在收到的资料上进行批示；您也希望一定规格的输出纸张，便于归档，又不易遗失；30张A4的记忆装置，让您不用担心缺纸而遗漏信息；它的速度比您目前的传真机速度要快，能节省许多长途电话费；纸张容量是200张，不需要经常换纸；况且纸张是放在外盒，一眼就能发现是否缺纸；普通纸的成本还不到热敏纸的1/4，纸张成本也大大节省了。这些都是您使用后立刻能获得的好处。当然，这台机器还有一些功能，目前贵企业使用的可能较少，但相信随着贵企业业务的发展，这种需求一定日渐增加。

此外，您也提到体积较大、价格较高两个缺点。是的，这台传真机的确比您目前的那台要大一些，如果我们把它同一般的台式电脑比较起来，它还是要小很多，个人电脑在贵企业几乎人手一台，您就把它当成是多装了一台电脑。该机的价格是比一般的热敏纸机器要高，但如果我们以使用5年来看，相信王总您立刻可以发觉您在每月的国际电话费、传真纸上所节省的费用，早就可以再买一台机器了。

王总，您看(将优点、缺点分析表再次递给王总看，见表6-1)。

您选择的这台普通纸传真机，不但能提升工作效率，费用方面还能节省，越早换机越有利。王总，是不是明天就把机器送来?

表6-1 ××普通纸传真机优点、缺点分析表

优点	缺点
(1) 普通纸接收的传真，容易在上面书写 (2) 一定规格的输出纸张，易于存档 (3) 30张A4的记忆装置，不会遗漏商机 (4) 速度快，有利于节约电话费 (5) 不需要经常换纸，且缺纸时一眼就可以发现 (6) 节省纸张成本	(1) 体积稍大 (2) 价格较高

资料来源：易开刚．现代推销学[M]．上海：上海财经大学出版社，2012.

接近客户之后，推销员就加速转入洽谈。洽谈是整个推销过程的一个关键性环节。洽谈的核心是沟通。这种沟通是双向的、合作的，即买卖双方交换信息和想法，使双方达成共识。推销员要利用有效的沟通艺术技巧识别客户需求，并向客户证明他所推荐的方案比竞争对手推荐的方案更能满足这些需求。

6.1 推销洽谈

推销洽谈是买卖双方为达成交易，以维护各自的利益、满足各自的需要，就共同关心的问题进行沟通与磋商的活动。因此，推销洽谈属于商务谈判的一种，推销洽谈的特点、类型、原则和程序等内容在商务谈判的相关章节中有详尽阐述。

推销洽谈是一项专业性和艺术性都较强的工作。推销洽谈人员必须针对不同的谈判对象和情景，恰当地掌握和运用洽谈的各种方法。推销洽谈的方法相对于其他谈判来说，是比较独特的，因此，本节只介绍推销洽谈的方法。推销洽谈的方法可以分为提示法和演示法两种。

6.1.1 提示法

提示法是指推销人员通过言语和行动，提示顾客产生购买动机，促使其做出购买决策的推销洽谈方法。提示法可分为直接提示法、间接提示法、自我提示法、明星提示法、积极提示法、消极提示法、动意提示法和逻辑提示法等。

1. 直接提示法

直接提示法是指推销人员开门见山，直接劝说顾客购买其所推销的产品的方法。这是一种被广泛运用的推销洽谈提示方法。这种方法的特征是推销人员接近顾客后立即向顾客介绍产品，陈述产品的优点与特征，然后建议顾客购买。因而这种方法能节省时间，加快洽谈速度，符合现代人的生活节奏，所以具有一定优越性，但局限也明显。

1）局限

（1）可能忽略了顾客。直接提示法从介绍产品、介绍企业或从推销人员的角度开始推销洽谈，在语言表达上，如果没有刻意把顾客和顾客的利益放在第一位，只重视产品的优势介绍，忽视顾客的需求，就会使推销洽谈的感染力降低。如果推销人员的推销语言平淡，介绍内容又不能吸引顾客的话，推销洽谈也许会被迫停止。

（2）对顾客产生较大的压力。由于在推销人员的产品陈述与成交提示之间，没有给顾客留有充分思考与选择的时间，顾客会感到有较大的心理压力。如果顾客不能立即下决心购买的话，就只有选择回避、撤退等。如果顾客感到这种方法对自己不够尊重的话，则会使人际关系紧张而影响推销的进一步发展。

（3）要求高。推销人员必须在很短的时间内判断顾客的需求及主要购买动机，并用适当的语言对推销产品和顾客的购买动机进行综合性表述。这要求推销人员有很好的观察能力与判断能力，很好的语言表达能力与感染能力。

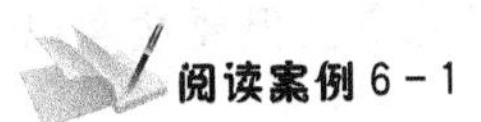
阅读案例 6-1

直接提示法

直接提示法是直接陈述与动意提示的结合。直接陈述法的语言主角是推销人员。例如：这种健身器可以使您身材更好看！要买，现在就买吧。今天是优惠推销月的最后一天，如果明天买，就要多花几十元钱了。

“这套设备您已经看到了，质量高，性能好，技术档案齐全。要买请立即下决心，B公司的人还在另一间房间内等着我呢。”

动意提示详见第7小点介绍。

2）注意事项

（1）提示必须抓住重点，直接提示顾客的购买动机。应以顾客的需求与购买动机作为洽谈的开始，放在首位，同时把其需求和产品的使用价值结合起来。例如：“听说贵公司在寻找一种反应速度更快的试剂(询问需求)，我们公司新近开发了一种新的试剂产品，它能将反应的速度提高5～6倍，这是这种试剂的实验室报告，您看看，完全可以达到您的要求(直接陈述并且与顾客需求结合起来)，如果满意，可拿一些回去试用，也可以立即送货上门。”

（2）提示产品的主要优点与特征。如中国台湾地区“达新”与“三和”反光雨衣之争，胜者“三和”的广告语是“晚上100米能看到我”。

（3）提示的内容要易于被顾客理解。如“你不想节省6分钟的刮脸时间吗”“使用这种牙膏，一天只需刷牙一次”。

（4）提示的内容应尊重顾客的个性。不同的顾客有不同的需求、不同的购买动机与购买行为，直接提示不得冒犯顾客。例如，对一位爱便宜货又有虚荣心的顾客，就不宜当众说明推销品是处理品或便宜货。

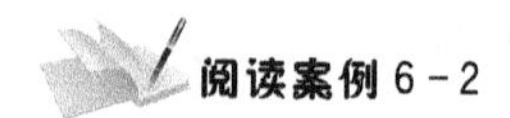
阅读案例 6-2

提示的妙用

推销人员向顾客推销防晒用品。推销人员："小姐，您以前使用防晒霜时，皮肤是否会有油腻的感觉，很不舒服，并且担心它是否会保护您的皮肤不会晒黑，甚至皮肤会晒伤？"见顾客点头称是，推销人员接着说："我们公司生产的这种防晒霜SPF值是30，强防晒，涂抹在身上绝对不会有油腻的感觉，而且我们的产品中含有植物补水保湿成分，配合着珍珠粉，在深度防晒的同时，能够给皮肤补给充足的水分，具有补水、美白、防晒的多重功效，还有淡淡的清香。"

资料来源：李海琼．现代推销技术[M]．杭州：浙江大学出版社，2004.

2. 间接提示法

间接提示法是指推销人员运用间接的方法劝说顾客购买推销品的洽谈方法。这是一种有效的心理减压法，增加洽谈介绍的信任力度，制造有利的面谈气氛，避开了一些敏感的话题，顾客也容易接受推销员的购买建议，但会给顾客一种不够直率的感觉。但要注意以下事项。

（1）应虚构或泛指一个购买者，不要直接针对面前的顾客进行提示，从而减轻顾客的心理压力。

（2）使用委婉温和的语气与语言，间接地提示购买动机与需求。

（3）控制洽谈内容与过程，避免偏离推销主题。

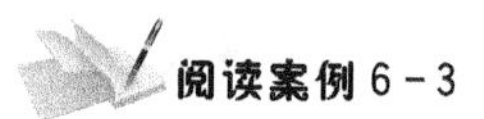
阅读案例 6-3

如何应对顾客提出的问题

当顾客就推销产品的某个方面提出问题后，推销人员可以说："您提到的问题很对，但有人说这个问题并不重要。"推销人员以"有人"来做中间媒介，会让顾客感到这也许不是推销人员的看法，这只是有人在这样看问题，起码推销人员没有强迫他接受这个观点，心理压力不会太大。

"您提到的那个牌子的空调机，到用户那里去问问，就知道了。那个牌子的空调机是不是很吵？"这位推销人员根本不提竞争对手产品的牌子，而让顾客去问用户，购买过那个牌子空调机的用户在这里是间接提示的媒介。

"您听说了吧？一个企业购买了这种产品后，取得了很好的效益，其他一些企业都在考虑购买呢！连报纸上都登出来了，看来不买是有点赶不上形势了。"一个推销成套设备的高级工程师，指着一家商报上的一篇关于企业进行设备更新的新闻报道对顾客这样说。他既陈述了推销主题，又以对顾客关怀的口吻说话，顾客没有了来自推销人员的压力，却有了来自满足自己需求的迫切感。

3. 自我提示法

自我提示法也称自我暗示法、联想提示法，是指推销人员暗示与顾客自我提示结合成一体的推销洽谈法。推销人员不直接向顾客提示推销要点，而是用各种暗示方法，主要是提示刺激物去刺激顾客或暗示顾客，使顾客可以通过自我提示或自我暗示认识到推销陈述的重点。推销人员的提示刺激工具可以是自己、自己的语言、自己的行为、自己的表情、自己的神态，以及展示给顾客看的文字、实物、图片或者让顾客体验的情境等。

1）优点

（1）能很好地吸引顾客的注意与兴趣。推销人员用以提示顾客的刺激物，一般都与顾客的切身利益或主要购买动机有关，所以顾客都会表现出极大的注意与兴趣。

（2）使推销提示既有弹性又有针对性。购买同一件产品，不同的顾客可能有完全不同的购买动机，在推销洽谈中，推销人员既不可能全部了解，也不可能全部提示，更不可能全部有针对性地进行提示。但利用自我提示法，推销人员可以不用担心，因为只要把提示刺激物展示给顾客，说一两句引导的话，或者不说话，顾客也完全可以按自己的理解与期望进行自我提示，而且这种自我提示总是很有针对性，很准确。

（3）不会冒犯顾客。即便是一些正当的需求，正当的购买动机与正当的购买行为，有的顾客也会不愿意将其公之于众，也有的顾客不愿意被公开提示。有的顾客也许不喜欢推销人员进行当面提示。在这些情况下，推销人员不能进行明示，只能进行暗示，以免冒犯顾客。

2）局限

（1）使顾客的期望值提高。顾客面对提示刺激物所展示的情景与购买利益，会浮想联翩，构想出各种购买后的美好情景，使顾客的期望值提高。顾客的购买期望值高，可能带来的失望值也大，如果产品没能达到顾客的期望，可能会引发顾客的不满。

（2）给虚假推销提供了温床。由于提示刺激物可能不是真实产品，所暗示的情景也只是一种展望，于是自我暗示法成了一些推销人员欺骗顾客、愚弄顾客的惯用手法。他们往往在提示刺激物内提供更多更好的产品，在实际推销中却不能实现，因此常常引发矛盾与诉讼。

阅读案例6-4

“小姐，您看看这两张照片，这张是没服用减肥药前照的，这张是服用一个疗程后照的，您看她多苗条、多漂亮。”一位售货员对一位体态有些发胖的小姐这样说。这位售货员没有直接指出那位小姐需要减肥，也没有陈述减肥药的作用和功效，而是把摆在柜台上的一组照片中的两张指给她看。售货员的语言及照片就是提示物，或者叫刺激物，而那位小姐看了这两张照片后会产生自我暗示：“我服用这种减肥药片后，也会变得这样苗条，看来，我还是赶紧买来试一试吧。”

“经理，您看这个报道中的总经理获得了‘五一劳动’奖章，他们厂用的是我们的设备。”推销人员指着一张报纸上的一篇报道说，并特意把报纸上刊登的大幅照片，照片上经理的笑容，以及他胸前的大奖章指给顾客看。顾客也是一位经理，推销人员希望顾客看到这篇报道后能引起自我暗示，并进而对推销的产品发生兴趣。

“您看，这是某厂产品在市场上被争相购买的情景，他们的产品包装是我们设计。”这位推销人员没有直接说明推销产品如何好，而是把经销商购买产品后营业繁忙的状态提示给顾客看，对经销商的说服力应该是比较大的。

3）注意事项

（1）选择好提示物，推销人员可以从多个角度发明与制作提示物，而且越新奇越引人入胜越好。

（2）提示物应该是可靠真实的。

（3）提供适宜的提示内容，提示内容应主要展示顾客的主要购买动机与期望的主要利益，提示重点应是顾客的情感要求与动机，从而能更好地引发顾客的心理暗示。

（4）语言提示应一针见血，示而不语，引而不发，点到为止。

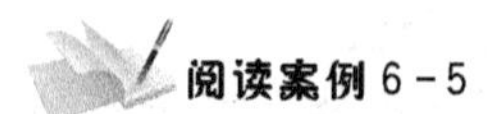

阅读案例 6-5

推销灯光设备

一位推销灯光设备的推销人员对顾客说："这些光彩夺目的灯光设备，在白天您可能感觉不到它的好处，但是夜幕降临时，可以使所有的行人都看到贵店的橱窗。如果不安装这些灯光设备，即使人们从你的橱窗外面经过，也注意不到橱窗里的展品。反之，安装了这些灯光设备以后，会使贵店的外观比对面的商店显得更舒适、温馨，耀眼的灯光充分地照射在橱窗内的展品上，行人都会清楚地看到。您想一想，要是这些灯光设备能为您吸引成千上万的顾客，那您就会增加多少单生意啊！"

4. 明星提示法

明星提示法是推销人员借助一些有名望的人来说服、动员顾客购买产品的方法。明星提示法迎合了人们求名的情感购买动机，另外由于明星提示法充分利用了一些名人、名家、名厂等的声望，可以消除顾客的疑虑，使推销人员和推销产品在顾客的心目中产生明星效应，有力地促进顾客的购买欲望。使用这一方法应注意：提示中的明星应是顾客熟知的崇拜对象，应与推销品有必然的内在联系，所提及的事实是真实的。

5. 积极提示法

积极提示法是推销人员用积极的语言或其他积极方式劝说顾客购买所推销产品的方法。所谓积极的，可以理解为肯定的、正面的提示，热情的、赞美的等能产生正向效应的语言。可以用提示的方式引起顾客注意，先与顾客一起讨论，然后再根据顾客的问题，给予正面的、肯定的答复，产生积极的正效应提示，从而克服正面语言过于平淡的缺陷。使用这一方法应注意：坚持正面提示和真实性原则。

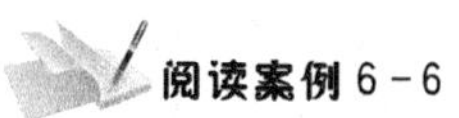

阅读案例 6-6

"欢迎参加我们社的旅游团，既安全又实惠，所看景点又多又好！"

"你看，这是摩托车手参加比赛的照片，小伙子们多神气！他们戴的是我们公司生产的头盔。"

6. 消极提示法

消极提示法也称激将提示法，是指推销人员不是用正面的、积极的提示说服顾客，而是用消极的、不愉快的，甚至是反面的语言及方法劝说顾客购买产品的方法。例如："听说了没有，过了60岁，保险公司就不受理健康长寿医疗保险，到那时要看病可怎么办？"用的就是消极提示法。消极提示法运用了心理学的"褒将"不如"贬将"、"请将"不如"激将"的道理，因为顾客往往对"不是""不对""没必要""太傻了"等词句的反应更为敏感。因此，运用这种方法，可以有效地刺激顾客，使其做出相反的回答和反应，从而更好地促使顾客立即采取购买行为。但消极提示法比较难以驾驭和把握，实施时应注意以下几点：

（1）明确适用对象。反面提示法只适用于自尊心强、自高自大、有缺陷，但不愿让人揭短、反应敏感、爱唱反调的顾客，而对于反应迟钝的顾客不起作用。但是对于特别敏感的顾客又会引起争执与反感。因此，分析顾客类型，选准提示对象是成功运用这个方法的关键。

(2) 刺激要适度。语言的运用要特别小心，做到揭短而不冒犯顾客，刺激而不得罪顾客，打破顾客心理平衡，但又不令顾客恼怒。对于那些千方百计护短的顾客，对于有些先天不足而一时又不能弥补的缺陷，推销人员都不应提起，以免伤害顾客。

阅读案例 6-7

一位推销人员对一位老板说："您这样年轻有为，领导有方，别人都有奔驰了，您还坐丰田？有没有搞错！"其实这位老板早就想买一部好车，只因资金不充裕而未能如愿，这位汽车推销人员自以为跟老板很熟，先是赞美后是消极提示。没想到顾客正为这事恼火呢。推销活动的接近目标实现了，但洽谈却失败了。

一位美容化妆用品的推销人员对一位小姐说："您身材标准苗条，打扮时尚，看起来像一位电影明星，只是皮肤……似乎让人感到有点美中不足。您看看这个产品的说明书。"这位美容化妆用品的推销人员就比较细心，他用了消极提示的方法，但没有冒犯顾客。

(3) 提示要针对顾客的主要购买动机。推销人员应在反面提示后，立即提供一个令顾客满意的解决方案，使推销人员的坦率、善意与服务精神打动顾客，形成良好的洽谈氛围，将洽谈引向交易。

(4) 避免引起顾客不利于推销的联想。如果消极提示法与顾客的购买动机及个人心理活动特征产生矛盾，会使顾客产生不愉快的、不利于购买的联想。如业务员对顾客说："欢迎您参加我们公司的旅游团，我们保证大家不会出事，不会克扣大家费用，不会让大家漏看一个景点，决不会因为让大家买东西而耽误日程。"顾客听了这些话，也许会产生反面效应，会引导顾客产生一些不愉快的联想，如"克扣""漏看景点""出事"和"导游拿购物回扣"等。在这里，消极提示就会影响顾客情绪，使推销不易成功。

7. 动意提示法

动意提示法是推销人员建议顾客立即采取购买行动的洽谈方法。当一种观念、一种想法与动机在顾客头脑中产生并存在的时候，顾客往往会产生一种行为的冲动。这时，推销人员如果能够及时地提示顾客实施购买行动，效果往往不错。例如，当一个顾客觉得某个产品不错时，推销人员觉察到并及时提示顾客："这种款式很好卖，这是剩下的最后一件了。"只要提示得及时合理，效果一般不错。在运用动意提示法时应注意以下几点：

(1) 动意提示的内容应直接诉述顾客的主要购买动机。

(2) 为了使顾客产生紧迫感，语言应简练明确。

(3) 应区别不同的顾客，对于那些具有内向、自尊心强、个性强等特征的顾客，最好不用动意提示法。

8. 逻辑提示法

逻辑提示法指推销人员利用逻辑推理劝说顾客购买推销品的洽谈方法。逻辑提示法符合顾客的理智购买动机。比较成熟的顾客，沉着冷静，从容不迫，对推销员的建议认真聆听，有时还会提出自己的看法，但不会轻易作出购买决定。对此类顾客，推销员必须采用逻辑思维的方式，应用层层推进引导的办法，多方分析、比较、启发，使顾客进行理智的思考，使顾客全面了解利益所在，以期获得顾客理性的支持。特别适合于生产资料的推销洽谈。例如，“所有企业都希望降低生产成本，这种材料可以帮助贵厂降低生产成本，提高经济效益。所以，贵厂应该采用这种新型材料”。这是一个比较典型的三段论述推理模式，包含大前提、小前提和结论三个命题。

1）注意事项

（1）要选择具有理智购买动机的顾客。

（2）要了解产品所依据的科学原理，再加以严密的逻辑推理，做到以理服人。

（3）根据逻辑推理原理总结出简单可行的说理方式，如“如果……那么”法、对比法、概括选择法等。

（4）要做到情理并重，对顾客既晓之以理，又动之以情，才能使顾客的购买行为合理化。

2）常用的说理方式

（1）启发式。任何一种观念、看法及知识，一旦进入顾客心理活动范围，只要一经提示与启发是可以付诸实施的。

正面启发，使其购买决定朝积极的方向发展。不但希望同意，且希望以某种方式表示出来。如“买这东西肯定很值得，是吧？”

反面启发，使其购买决定朝消极的方向发展。如“这东西您不能用，是吧？”

中性启发，不能决定使其购买决定朝积极或消极的方向发展。如“您认为这东西怎样？”

陈述句，好像强迫买主接受你的意见。如“你在别处买不到这么值得买的东西。”

（2）“鞭子”与“萝卜”式。如“您的轮胎已经很薄了。最近几天就有可能爆炸。您难道不知道那将意味着什么吗？别拿老婆孩子的生命下赌注。当您的太太驾着车子，在四顾无人的崎岖山路上抛了锚，那种焦急的心情您曾想过吗？本公司出品的轮胎，具有双层构造，任凭跋山涉水，永不爆裂。身为一家之主的您，请您为您太太设想，改换本公司出品的新式轮胎吧！”

（3）选择式。如“您是继续使用旧车或还是购买新车？如果继续使用旧车，您必须马上买新轮胎，不然就有出事故的危险；如明年再为旧车折价，折价款就会减少；在明年一年您不得不为各种各样的小修付一笔钱；您将享受不到新车里的空调设备和先进的刹车装置；而购买新车……”

（4）提供伪理。有时候，顾客准备购买时，心中已有决定，这时只不过需要推销员帮助其找一个看似有道理的理由而已。

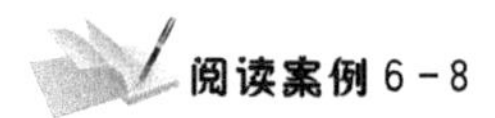

阅读案例 6-8

“无中生有”

早年曾宪梓把领带从“金狮”改名“金利来”后依然难销，他不服气，于是买了外国的高级领带来解剖，发现其实质量差不多，他认定是广告问题，就抓住“父亲节”的机会，在报纸上登了个广告：“向父亲们致敬，赠送金利来领带。”在广告用语上，他还善于“无中生有”她大胆联想，例如“圆点代表爱慕关怀”“斜纹代表勇敢决断”……总之，男人在女人面前表现的种种气派都在他不同款式的领带里找得到代表。

6.1.2 演示法

演示法就是推销员通过操作示范或者演示的途径介绍产品的一种方法。根据演示对象即推销工具的类别，演示法主要可分为产品演示法、文字或图片演示法、证明演示法等。这部分内容见第4章的AIDA推销模式。

6.2 处理异议

6.2.1 顾客异议的含义

所谓顾客异议，是顾客对推销人员所发出的信息持怀疑或不合作的态度。换言之，是顾客用来作为拒绝购买理由的意见、问题和看法。一般情况下，顾客对推销品、推销人员、推销方式和交易条件，不提任何问题或异议的情况是很少见的，几乎所有的交易都包含着顾客异议。这是因为顾客总是处于自身有限的购买能力与无限的消费欲望的矛盾之中，他在购买中必然会做出评价并考虑由此承担的风险，必然会提出种种疑虑。

有句俗话说得好："褒贬是买主，喝彩是闲人。"用来评价顾客异议，可谓一语中的。顾客提出异议，正是表明推销品和推销活动已引起买方的注意，是买方为争取有利的交易条件所付出的努力；若是顾客无动于衷，完全不感兴趣，连看都不愿多看一眼，何需多费口舌提出异议。因此，推销人员应正确认识顾客异议：

1. 异议是推销活动到一定阶段的必然结果

推销活动过程中的各个阶段，对于商品的任何方面，绝大多数顾客都会提出异议。这说明顾客不仅听到了介绍，而且可能还进行了思考，知道自己的疑虑所在。推销人员应将异议视为客户希望获得更多的信息，回答他(她)自己心中的疑虑。一些成功的推销人员甚至认为，顾容提出异议，正是推销洽谈的目的与追求的效果。因为，只有当顾客开始说话，提出反对购买的理由时，推销人员才可能进行针对性的介绍与解释，这才是推销活动的真正开始。因此，作为推销人员不要害怕顾客提反对意见，而应欢迎并理解顾客异议，虚心听取顾客的不同意见、看法，认真分析顾客异议的根源，并以此作为检验自身推销活动优劣的参考依据之一。

2. 异议是障碍，也是成交信号

异议是顾客对推销品产生兴趣的标志，顾客在争取有利的交易条件，无疑孕育着成交的机会。同时，顾客发出疑问、抱怨或否定意见，总是有一定原因的：要么是商品性能、质量还不尽如人意；要么是商品价格还不够合理；要么是交易条件过于苛刻。退而言之，即便是顾客对物美价廉的商品和优惠的交易条件缺乏了解，也正好说明推销活动还存在不足之处。如果推销人员能够恰当地解决顾客提出的问题，使他对产品及交易条件有充分的了解和认同，就可能产生购买意向。推销人员应该设法引导顾客公开异议，认真分析并及时总结，采取恰当方式妥善处理异议，克服顾客为成交设置的种种障碍，尽量满足他的需求，取得最终的成交。

6.2.2 异议产生的原因

1. 来自顾客方面的异议

1）顾客未发现对产品的需求

现代科技飞速发展，新产品层出不穷，对有些新产品，尤其是技术含量高的产品，顾客尚未认识到它能给自己带来的利益。某些新产品的需求，需要通过宣传介绍去唤起。

2）顾客无权购买

无论是集体购买还是个人购买，都有一个权威中心点的问题。接受推销员推销的顾客，不一定就是购买的决策者。如果顾客的确缺乏或没有足够的购买权力，那就说明推销人员在对顾客资格认定和接近准备上出现了失误，所推销的对象不是你所要寻找的准顾客。

3）顾客无支付能力

顾客没有钱购买，是属于顾客客观情况方面的异议，但有的顾客常常以缺乏支付能力为借口，向推销人员施加压力，希望争得更多的交易利益，这需要区别对待、认真分析，不要放过有支付能力的潜在顾客。

4）顾客的购买经验和认知

顾客认知通常受到顾客过去的经验、信息、心理等因素影响，顾客就自己的认知而提出异议。在推销实践过程中，推销人员对于固守购买经验与成见的顾客，从认知的角度进行科学的分析，做好转化与耐心的解释工作，改变顾客落后的、错误的观念，树立顾客对推销活动的进步的、正确的认识与态度，以达到有效处理顾客异议的目的。

5）要求更好的销售条件

有时潜在顾客的异议是以改善销售条件为目的出现的。例如，“如果你满足了我的要求，我就买。”或者，“你降价10%，我立即下订单。”

6）顾客有固定的采购关系

大多数顾客在长期的生产、经营活动中，往往与某些推销人员及其所代表的企业形成了比较稳定的购销合作关系，组织购买者尤其如此。当新的推销人员及其企业不能使顾客确信可以从推销中得到更多的利益和更可靠的合作时，顾客是不愿冒险随便丢掉长期以来建立的固定的业务合作关系的。

7）顾客的自我表现

由于自尊心的驱使，顾客往往会在不同场合以不同的方式不同程度地自我表现。对于推销员所做的产品介绍，顾客往往认为没有必要，会自以为是。推销人员越是在顾客面前介绍产品优点和提出推销建议，他就越觉得自己有必要提出一些不同的看法，甚至试探一下推销人员的能耐和见识。当推销人员在其言行举止中流露出自鸣得意的神情时，顾客则往往会采取自我表现的态度，以求得心理上的满足。

8）顾客的偶然因素

在推销过程中，会遇到一些来自顾客无法预知的偶然因素造成的顾客异议。如顾客的一时心境不良、情绪低落、人际关系紧张等导致不愿购买。

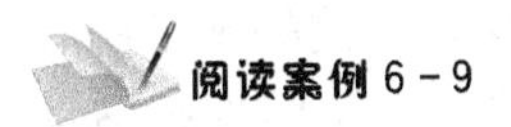
阅读案例 6－9

自作主张的广告经理

美国一家报社广告部的销售经理帕尼·卡尔有一次试图说服妇女服装店的老板们在报纸上做假期减价的广告，开始他碰了个大钉子："做了报纸广告根本不能提高我的销售额。"商店老板说，"报纸上有那么多的广告，谁会去注意呢？这无非是你们的宣传而已。"帕尼认真听取了这些异议以后，带着一个新想法回到了报社。

假期减价开始了，帕尼一大早就来到了服装店。"销售量上升得怎么样?"帕尼问。"非常大。"老板回答，"当我刚到店子准备开业时，有许多顾客在门口等我。他们都认为我应该半个小时以前就开门营业。""啊，那是我的错。"帕尼回答，伸手拿出了一份当天的报纸。"我自作主张在报纸上为你的商店做了一个免费广告……并故意搞错了开业时间。"商店老板终于心服口服，从那以后，这家服装店所有的减价消息都开始在报纸上刊登。

资料来源：邱训荣．推销技巧[M]．南京：东南大学出版社，2004.

2．来自推销方面的异议

1）推销品不能满足需要

无论是产品的核心部分、形体部分还是附加利益部分，只要有一个方面令顾客不满意，或者推销品不能比竞争品更令顾客满意，而推销员又不能在较短的时间内让顾客相信推销品正是顾客所需要的，就可能导致顾客异议。产品方面的异议主要表现在：一是产品的用途与顾客需要不相符；二是产品质量、功能、品种、价格不适当等，推销品有待改进。从这个意义上来看，推销品性能上的落后，对推销员来说永远是"难啃的骨头"。

2）信息传递不充分

有时，潜在顾客似乎是提出异议，实际上是请求给予更多的信息。潜在顾客可能已被激起购买兴趣，他们想要产品，但不相信推销员的产品最好，或者不相信推销员是最好的供货商。一种情况是信息量不够，顾客没有获得充分的信息，仍然不能做出购买决策；另一种情况是，信息质量不够好。有时，推销人员已经向顾客提供了较多的信息。但是，由于信息的质量不高，不能令顾客信服，顾客仍然会提出异议。

3）推销员自身原因

如果推销员自身存在着某些主观或客观上的问题，必然会引起顾客的反感，并因此而流露出反对情绪或提出反对意见。由于推销人员自身引起的顾客异议，可能反映在：缺乏对顾客的热情、缺乏对推销品的信心、方法不当、形象欠佳、信誉不好等。

6.2.3 异议的类型

1．按顾客异议的动机划分

第一类是作为不想购买或不便于购买的借口；第二类是在有意购买前提下从自己的利益出发谋求对某些产品推销要素的商榷；第三类是由于相关知识信息缺乏而提出一些误解或偏见。

1）虚假异议

第一类又称为虚假异议。虚假异议是指顾客用来拒绝购买而故意编造的各种异议，是顾客对推销洽谈的一种虚假反应。虚假异议的内容不是顾客的真实想法，即使处理了所有的虚假异议，也不能对顾客的购买行为产生促进作用，也称无效异议。在实际推销活动中，虚假异议的比例并不少。日本有位推销专家曾对378名顾客进行了“当你受到推销员访问时，你是如何拒绝的?”的调查。结果发现：有明确拒绝理由的只占19%；没有明确理由，随便找个理由拒绝的占16.9%；因为忙碌而拒绝的占6.9%；不记得是什么理由，好像是凭直觉而拒绝的占46.1%；其他类型的占10.3%。这说明有近七成的人并没有什么明确的理由，只是泛泛地反对推销人员打扰，可见虚假异议之多。

2）真实异议

第二、三类又称为真实异议。真实异议是指顾客对推销的真实看法，是顾客购买行为的有效障碍，因此真实异议也称有效异议。对于顾客的真实异议，推销人员必须正确理解并详细分析，认真对待，不可忽视任何一个有效异议。

2. 按异议的显露程度划分

1）公开异议

顾客将心中的疑虑坦率地表露出来。例如，“我觉得买这种型号的产品，不如等新款式问世再定夺”“这个产品价位可能高了点”。

2）隐藏异议

当潜在顾客不愿说出异议时，要么采取不说，或是说出来的也并非真正的原因，而是一种搪塞性的异议。例如，一位顾客对一辆轿车很喜爱，但又嫌太贵。他可能会说“我不喜欢这种颜色，可是又没有其他颜色的车可供选择，太遗憾了”“我现在还不想买”“听说马上就有新款上市，我想等到新款上市以后比较新旧两种款式产品的差异之后再做决定”之类的话。

3. 按异议的对象划分

1）需求异议

需求异议，即顾客对商品的使用价值在满足自己需求方面与满足程度上产生异议，提出自己不需要推销品。例如，“这东西有什么用?”“我们的存货已经够多了!”需求异议是对推销的一种拒绝。可能是顾客确实不需要推销品，也可能是顾客对推销品给自己带来的利益缺乏认识。

2）产品异议

产品异议，即顾客出自与其他产品的比较，或是以往采用的经历，对推销品的内在质量、花色品种、功能、配件、包装情况等提出的异议。生产者可能说“这种原材料质量不好”，经销商可能说“这种商品我卖不出去”。

3）货源异议

货源异议，即顾客对推销品来自哪个地区、何种品牌、什么厂家，甚至推销员的来源提出的异议。货源异议可分为两种情况，一种是顾客对货源来路的真实性提出疑问；另一种是顾客表示不愿意接受信不过的厂家或品牌的推销品。

4）支付手段异议

支付手段异议，即在商业信用和消费信用不断发展的情况下，顾客对推销者所提出的货款支付方式、方法的异议，诸如提出分期付款、先提货后付款、先试用再付款、使用信用卡购物等要求。

5）价格异议

价格异议，即顾客在对商品价格水平与其品质比较后提出的异议。价格过高的商品，顾客会觉得不划算，而对价格过低的商品，顾客也会产生质量是否可靠的怀疑。

6）购买时空异议

购买时空异议，即顾客对推销者提出的交易时间和地点的异议。例如，“如果你现在有可供挑选的货物我就选购，如没有就算了”；或是，“现在不想买，等我多了解几处比较后再说”。

7）服务异议

服务异议，即顾客对推销品交易附带承诺的售前、售中、售后服务的异议。这些异议包括了对服务方式方法、服务延续时间、服务范围大小、服务延伸度(如家用电器是否带保险)、服务实现的保证程度等多方面产生的问题。

8）人员异议

人员异议，即顾客由于某种原因拒绝接待某一特定销售人员和他所推销的商品。顾客的人员异议往往使推销人员感到尴尬。在许多情况下，潜在顾客提出异议的起因可能来自于推销人员本人，如客户可能认为销售人员没有经验，或是推销员工作的过失引起了顾客的反感。

6.2.4 处理异议的原则

1. 坚持证实的原则

“证实”是化解异议的关键，“证据”是最有效的“证实”。证实顾客确实存在着需求，而推销品也确实能满足顾客的需求，证实推销介绍中所讲的、所提示的、所演示的都是真实的。有时推销员对顾客异议进行反复处理后，顾客仍然会存在异议，尤其是存在着对来自推销方面的异议，这说明推销员向顾客所做的“证实”还不够。

2. 坚持倾听和及时反应的原则

在顾客发表异议时，推销员应该耐心倾听、认真分析异议的真实原因，以便区别对待，同时倾听的态度也容易为推销员赢来信任和青睐。如果反应过于迟钝，顾客就会产生很多不好的联想，比如认为推销员无法答复或是不重视顾客异议等。因此，推销员即使是打算对顾客异议采取不理睬的方法进行处理，也应及时做出反应。

3. 坚持永不争辩原则

在处理顾客异议过程中，推销员应始终坚持与顾客和睦相处、平等协商，避免争辩。异议经由处理能缩短与订单的距离，经由争论会扩大与订单的距离。因为对推销人员来说，主要目的是推销产品，而不是和顾客讨论是非曲直。因此，推销人员必须加强自身的修养，能够容忍顾客刻薄的异议，面对顾客的异议和抱怨，推销人员既不能与其发生争吵，也不能够对顾客冷嘲热讽。尤其面对一些敏感的话题，推销人员用词要谨慎，即使无意冒犯，也可能会引起顾客的不满。

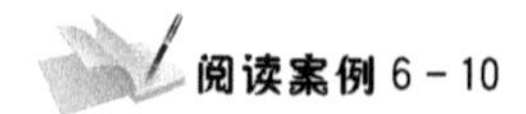
阅读案例 6-10

犹太人克洛里是如何推销木材的

犹太人克洛里是纽约泰勒木材公司的推销人员。他说："多年来，我总是指责那些大发脾气的木材检验员的错误，虽然我在口舌上获胜了，但他们绝不改变自己的错误，这使公司丧失了成千上万的金钱。因此，我决定不用这种方法了。

有一天早上，我办公室的电话响了，一位愤怒的主顾在电话那头抱怨。在木材卸下1/4后他们的木材检验员报告说，55%的木材不合格。他们的公司已经下令停止卸货，请我们立即把木材运回去。我到现场去查看，才知道他们的检验员检查得太严格了，而且把检验规格也搞错了。我继续观看，然后问他们木材不合格的理由。我一点也没有暗示他们检查错了。我先告诉他们本公司以后送货时要更好地满足他们公司的需要，并以一种非常友好而合作的方式请教，并且坚持把他们认为不合格的木材挑出来，使他们感到高兴。我又小心地提问，让他们觉得有些不能接受的木材可能是合格的。

渐渐地，他们的态度都有了很大的改变。结果，在我走后，他们把卸下的木材又重新检查了一遍，并且全部接受了，于是我收到了一张全额支票。"

资料来源：薛辛光，隋兵．实用推销技术[M]．北京：中国经济出版社，2008.

6.2.5 处理异议的方法

1. 反驳处理法

反驳处理法又称直接否定法，是指推销人员根据比较明显的事实与理由，对顾客异议进行及时、正面而直接进行否定的一种异议处理方法。其优、缺点和注意事项表6-2。

表6-2 反驳处理法的优、缺点和注意事项

优　　点	缺　　点	注 意 事 项
(1) 以合理而科学的根据反驳顾客，增强推销人员说服力 (2) 增强顾客的信心 (3) 节省推销的时间，提高推销效率	运用不好，容易引起正面冲突，增加顾客抗拒心理 ，又增加了新的障碍	(1) 适合处理由于顾客的无知、误解、成见、信息不足的有效异议 (2) 有理有据 (3) 态度友好 (4) 提供更多的信息

阅读案例 6-11

销售员：请试一下这个重量，如果是塑料制成的会有这么重吗？

销售员：抱歉，本公司一向规定不打任何折扣。

顾客：我听说A品牌远比你们的品牌好卖，而且能获得超出你们产品两倍的利润。

销售员：我不知道你信息从何而来，这不符合实际。实际上，我们品牌的销售已在最近赶上A，让我们看看两公司的销售报表。

顾客(焦急地问)：这种颜色在阳光照射下会褪色吗？

销售员：不，绝对不会，试验已多次证明，我们也可担保。

2. 间接否定法

间接否定法也称但是处理法，是指推销人员根据有关事实和理由来间接否定顾客异议的一种方法。其表达句式为“但是……”在更多情况下，推销人员对顾客的异议首先表示同情、理解，然后话锋一转，用有关事实和理由来否定顾客异议。心理学家研究表明，转折词“但是”的使用，会使顾客感觉不柔和，因此转折词要尽量婉转。推销人员最好选择“3F法”。所谓“3F法”，是指利用感觉(Feel)、感受(Felt)、发觉(Found)三个词组来转折处理顾客异议的陈述方法。这种方法会使顾客的感觉更好，克服了用“但是”一词的生硬，容易获得顾客信任。例如：“张先生，我很了解你的感觉，以前我访问过的许多人也都有同样的感受……这就是他们试用之后所发觉的……”这种表达方式更易于为多数顾客从心理上接受，因此更为常用。这种方法的优、缺点和注意事项见表6-3。

表6-3 间接否定法的优、缺点和注意事项

优　　点	缺　　点	注意事项
(1) 不会冒犯顾客，保持良好的人际关系和气氛 (2) 给推销人员一个躲闪的机会，有时间思考 (3) 较容易为顾客所接受	(1) 削弱人员的说服力量，增强顾客信心，提出更多异议 (2) 经常用“但是……”令顾客感到对方在玩弄文字和技巧，是在回避矛盾 (3) 有可能影响企业的形象与商品的市场定位	(1) 适用于受示型强的顾客异议，不适用于自我个性强的顾客异议 (2) 应重新选择推销的角度 (3) 提供大量信息 (4) 注意转换词的选配，如“不过”“我觉得”“还”等比较委婉的措辞

阅读案例6-12

顾客(提出价格异议)：我觉得你们的产品价格太高了。

推销人员：您的感觉有一定道理，其他顾客在购买时也曾有过这种感觉，不过他们使用之后普遍反映因为我们的产品比其他同类产品性能更优良，功能也更加完善，从性价比的角度考虑是合算的。您只要使用过，就会体会到物有所值。

顾客(提出产品异议)：这个数码照相机功能太复杂了，用起来一定很麻烦。

推销员：是的，这是一款高级照相机，功能的确要多一些，不过这正是它的高级之处，功能是效果的保证。况且它的使用说明和提示十分人性化，操作其实很简单，您只要按图标操作，就能拍摄出很好的效果。

推销员：是的，相比我们价格是高了些，不过如果你再想想我们所提供的免费安装调试服务，以及为期两年的质量担保，我想你会得出这样的结论，我们的价格是非常具有竞争力的。

3. 预防处理法

预防处理法是指推销人员为了防止顾客提出异议，在预先做好准备的情况下，在顾客没有提出异议之前，把顾客可能提出的异议内容抢先进行了处理，从而使其不再就此提出异议的处理方法，其优、缺点和注意事项见表6-4。

表 6-4 预防处理法的优、缺点和注意事项

优　　点	缺　　点	注意事项
(1) 缩短时间 (2) 处于主动地位 (3) 可预防隐藏异议	(1) 咄咄逼人之势，顾客心理上易筑起抵触的防线 (2) 其中有没有意识到的无关异议，易失去购买信心	(1) 三个不适于(自高自大的顾客、无关异议、主要需求) (2) 要充分地准备，要淡化处理 (3) 不要将顾客作为批评与反驳的对象

例如，推销人员认为顾客可能会对价格提出异议，便在顾客没有开口之前说道："您可能认为我们的产品价格高了，您可以上网查一查其他企业相关产品的价格。如果了解情况后，您就会认为我们的这个价格是合理的。"这时推销员会说："黑色包装有许多优，若不介意占用您一点时间，我会详细介绍黑色包装的优点。"

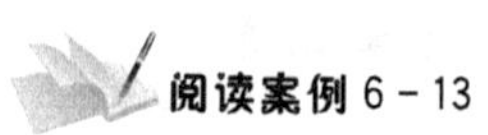

阅读案例 6-13

一名推销员的成功拜访

有一位推销洽谈人员在拜访一位客户之前，打听到这位客户非常挑剔，总喜欢提出异议。于是，他经过精心准备之后，满怀信心地去拜访这位客户。一见面，这位推销洽谈人员就很礼貌地说："我知道您是一位非常有主见的人，对于我的推销一定会提出不少的好的建议。"一边说着，一边将事先准备好的36张卡片摊在客户面前，说道："请随便抽出一张来。"客户从中随手抽出一张卡片。卡片上写的正是一些异议。等这位客户把36张异议看完后，这位推销洽谈人员说："请把卡片翻过来读一下。"客户发现每张异议的背后都标明了对异议的理解和解释，便忍不住笑了起来。于是，双方成交了。

资料来源：于雁翎．推销实务[M]．广州：广东高等教育出版社，2006.

4. 补偿处理法

补偿处理法是利用顾客异议以外的该产品的其他优点或长处对顾客异议涉及的短处进行补偿或抵消的一种方法。当客户提出的异议有事实依据时，应该承认并欣然接受，否认事实是不明智的。同时要记住，要给客户一些补偿，让他取得心理的平衡。其优、缺点和注意事项见表 6-5。

表 6-5 补偿处理法的优、缺点和注意事项

优　　点	缺　　点	注意事项
(1) 客观辩证。承认异议，顾客心理得到平衡，能创造出良好的人际关系与推销气氛 (2) 有助于重点推销，进一步特出优点及利益，促成交易	(1) 令顾客失去信心 (2) 不加分析会使原本无效的异议变成有效异议	(1) 只承认真实有效的异议 (2) 实事求是，降低顾客异议的权重系数 (3) 不要处理主要购买动机

美国著名的推销专家约翰·温克勒尔在他的《讨价还价的技巧》一书中指出："如果顾客在价格上要挟你，就和他们谈质量；如果对方在质量上苛求你，就和他们谈服务；如果对方在服务上提出挑剔，你就和他们谈条件；如果对方在条件上要挟你，就和他们谈价格。"

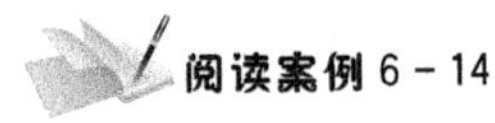
阅读案例6-14

顾客说："这个皮包的设计、颜色都很棒，令人耳目一新，可惜皮料的质量不是最好的。"

推销员说："您真是好眼力，这个皮料的确不是最好的。若选用最好的皮料，价格恐怕要高出现在的五成以上。"

5. 利用处理法

利用处理法指推销人员利用顾客异议中的积极因素来处理异议中的消极因素，从而帮助顾客找到购买理由的一种异议处理方法。这种方法用顾客之矛攻顾客之盾，使之在最关键的问题上转换看法，进而转换对销售介绍的态度，并且可以使顾客无法再提出新的异议，促使销售进入成交阶段。利用处理法的优、缺点和注意事项见表6-6。

表6-6　利用处理法的优、缺点和注意事项

优　点	缺　点	注意事项
(1) 具有很强的说服力，使推销人员变被动为主动，从"防守"转入"进攻" (2) 化顾客异议中的消极因素为积极因素，化销售障碍为销售动力 (3) 正视异议并转化，有利于建立良好的合作关系	(1) 直接利用顾客的异议进行转化，会使顾客产生一种被人利用与愚弄的感觉，可能会引起顾客的反感、恼怒与失望 (2) 迫使顾客提出新的更难处理的异议	(1) 真诚地赞美异议 (2) 区别对待，不能不加分析地对顾客的异议一概加以肯定与赞美 (3) 应该传递正确信息，不能为了推销产品而误导顾客，不负责任地传递虚假信息

6. 询问处理法

询问处理法是指推销人员通过对异议提出疑问来处理异议的一种方法。这种方法将一般性反对意见变成具体化的反对意见，可深入了解异议的根源。在实际推销过程中，运用询问处理法可以帮助推销人员判断顾客异议的真实性及其根源，排除成交障碍，因为有时异议可能仅仅只是顾客为拒绝购买而信口编造的一个借口，或异议与顾客的真实想法恰恰相反等。其优、缺点和注意事项见表6-7。

表6-7　询问处理法的优、缺点和注意事项

优　点	缺　点	注意事项
(1) 可获得更多的顾客信息，为进一步销售奠定基础 (2) 带有请教的意味，可使销售保持良好的气氛与人际关系 (3) 有较多的时间进行思考 (4) 可由被动听异议转为主动提问题与其探讨	(1) 询问过多或询问不当，会引起顾客的反感，甚至产生抵触情绪 (2) 由于顾客本来就有不少异议，在进一步追问下又会引发新的异议	(1) 应及时询问 (2) 应该有针对性，针对有效的、重点的异议提问；对于无关的、次要的异议则不应该询问 (3) 应该适可而止，对于顾客不愿意讲的，或者讲不清楚的异议根源，不应该穷追不舍 (4) 讲究推销礼仪

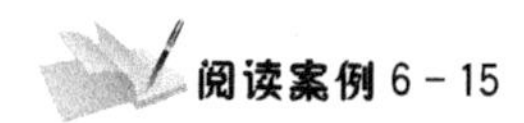

阅读案例 6－15

询问处理法

顾客：你认为就精致的布料而言，这种商品太粗糙了。

顾客：是吗？先生，您心目中的理想的布料是什么样子的呢？

顾客：这种药材倒是不错，不过我们和某某厂已有十几年的协作关系，现在要换这种药材我可做不了主。

推销人员：科长，您真是太谦虚，您做不了主谁能做主？

顾客：这台复印机的功能，好像比别家要差。

销售人员：这台复印机是我们最新推出的产品，它具有放大缩小的功能，纸张尺寸从 B5 到 A3；有 3 个按键用来调整油墨的浓淡，每分钟能印 20 张，复印品质非常清晰……

顾客：每分钟 20 张实在不快，别家复印速度每分钟可达 25 张，有 6 个刻度调整浓淡，操作起来好像也没那么困难，复印品质比您的要清楚多了……

销售人员：请问您觉得哪个功能比哪一家的复印机要差？客户的回答也许只是他曾经碰到某某牌的复印机，具有 6 个刻度调整复印的浓淡度，因而觉得所推销的复印机的功能好像较差。

销售人员：贵企业的复印机没有专人负责操作，任何员工都会去复印，因此调整浓淡的刻度过多，员工往往不知如何选择，常常造成误印，本企业的复印浓度调整按键设计有 3 个，一个适合一般的原稿，一个专印颜色较淡的原稿，另一个专印颜色较深的原稿。

7. 模糊处理法

模糊处理法是指对顾客异议不予急于正面解答或理睬，采取一带而过的处理方法。这里所谓的模糊是表面糊涂，心里明白。有些顾客的异议与购买无关，有些异议幼稚可笑，还有些异议属于发牢骚。对这些异议或装聋作哑，或微笑点头，表示“同意”或表示“听了您的话”“您真幽默”“嗯，真是高见”等，更能有效地消除异议。模糊处理法的优、缺点和注意事项见表 6－8。

表 6－8　模糊处理法的优、缺点和注意事项

优　　点	缺　　点	注意事项
（1）一带而过，可以避免发生节外生枝的争论 （2）减少不必要的时间浪费，把精力集中在推销的重点问题上	（1）处理得不好，让顾客有不被尊重的感觉 （2）如果判断失误，可能会失去真正的推销机会	（1）无关异议 （2）态度要温和谦恭，不能冷漠无情，最好不要反驳 （3）要有宽容的精神，不计较顾客牢骚中刺耳的话

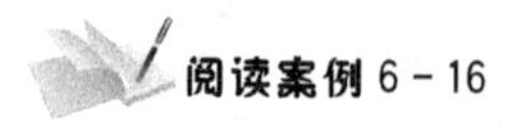

阅读案例 6－16

模糊处理法

顾客：这种吸尘器为什么叫春花牌的，不叫夏花牌的？

推销人员可以说：您看，这种吸尘器造型多漂亮！即转移话题。

顾客：你们厂子那个地方交通真不方便！

推销人员：是的，我们厂的位置是有点偏。您看看我们的新产品在功能上又有一些改进。

顾客：喂，推销人员，你们公司的化妆品，为何不请张柏芝来做广告代言人？

推销人员：你问的这个问题，只有公司才能回答你，我们这些推销人员不清楚这些事情，请问先生，你要购买哪一种化妆品呢……

8．缓冲处理法

缓冲处理法是指在推销现场，以应有的宽容或适当的让步及时化解顾客的异议的方法。由于情绪而引起的顾客异议，只有消除顾客的不佳情绪，才能转化异议。如果推销人员难以采取时间推移和场所变更的方式处理顾客异议，可以在推销现场采取缓冲处理法进行处理。缓冲处理法的优、缺点和注意见表事项表6－9。

表6－9　缓冲处理法的优、缺点和注意事项

优　点	缺　点	注意事项
(1) 可以避免形成僵局和争吵，有效化解顾客的情绪异议 (2) 提高推销效率	如果判断失误，缺乏针对性，让顾客得不到应有的信息	(1) 针对情绪上的原因 (2) 要有足够的耐性与时间去化解顾客的不佳情绪 (3) 对于个别顾客认为推销人员宽容就是软弱可欺，也要有理有礼有节地从容对待

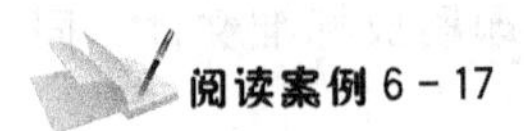
阅读案例6－17

缓冲处理法

在一家皮鞋店，老板在接待顾客时，只见有位顾客提出一连串的异议："这双鞋跟太高""这双样式太旧""这双价格太贵" "这双皮子不好"……这位老板一直耐心听着顾客的议论，不时简单地"噢""啊"地答着。等到这位顾客发完牢骚，老板耐心地说道："请您稍候。"随后，到里面又拿出一双递到这位顾客面前说："请你再看看，不妨试一试，这双一定会使您满意。"结果，顾客高高兴兴地买了这双鞋。这个事例说明，如果对方滔滔不绝地唱反调，不妨让他说个够，用耐心的倾听去化解他的异议。

一位顾客气冲冲地来到经理室，要求退掉前几天买的一件上衣。这位经理礼貌地让他坐下，并递上一杯水，说道："大热天，您一定渴了，请先喝点水。"这位顾客的怒气消失了。然后，经理问清原因，向他讲明退货的有关规定："因领口有污，不能退货。"这位顾客心平气和地离去。这个事例说明，以温和的态度去应付来势汹汹的顾客，可以避免争吵，更有利于异议的化解。

9．转移处理法

转移处理法是指利用时间和场所的变换处理顾客的异议的方法。人的心理变化是奇妙的，对待同样的问题，在不同的时间和不同的场所有不同的态度。顾客的异议也是如此，它可能会随着时间和场所的变化自然化解。转移处理法可缓解买卖双方的紧张关系，给顾客充分的时间进行理智思考，有利于转化由于情绪不佳而引起的异议。

例如，某推销员在与一个商场经理进行推销洽谈时，这位经理提出："这么高的价格，我们难以卖出去。"推销员已意识到他想压价，说道："好吧，今天上午就谈到这里吧。您再仔细核算一下，我们的价格实在不能再降低了。何时进货请告诉我一下。"推销洽谈因价格问题而中断了。下午，这位经理便叫推销员再来面谈，价格自然没有再压。对于一些

故意压价的顾客，不妨采用推移时间的方法，让时间使顾客冷静下来，冲淡顾客的异议。又如，某推销员在与顾客洽谈时，因一句话考虑不周而得罪了顾客，这位顾客不依不饶，提出不进货了，这位推销人员也没有继续进行推销。晚上，推销员到这位顾客的家里，向这位顾客赔礼道歉，于是达到了预期目的。对于心境不好的顾客，不妨换个场所进行推销。

运用转移处理法时，要有沉着自若的态度，给顾客以信心坚定的印象，而且时间不宜拖得过长，以免失去成交机会。

10. 原则处理法

原则处理法是指用既定的事实和抽象的原则处理顾客的异议的方法。人们在事实和原则面前有时会显得无能为力，因为事实是难以改变的，原则是应该坚持的。在社会生活中，人们可以用事实和原则去否定他人的意见；在推销劝说中，推销人员可以用事实和原则去转化顾客的异议。例如，顾客说："这种商品价格有点高，请您再降点。"推销人员不慌不忙地拿出公司报价表和其他客户的订货单，递给顾客说："请您过目，这是公司的定价，我无法变更，我们与其他单位都是以这种价格成交的。"顾客在原则与事实面前，不再要求降价。又如，顾客提出异议："产品、价格可接受，能否延期付款?"推销人员拿出公司的文件，指着有关条款讲："我们公司规定，要坚持货到付款，一律不得拖延。"

原则处理法可以避免许多不必要的争议，能有效地解决推销劝说难以化解的争议。运用原则处理法，事前要进行相应的准备，把有关"原则"和"事实"印刷成标准文件，同时要显示出对顾客的理解和自己的无能为力。

11. 重复削弱处理法

重复削弱处理法是指针对某些不确切的、夸大了的反对意见，推销人员先用婉转的语气将顾客异议复述一遍，使其变得较为确切，甚至改变了它的性质，通过转换话题、转移重心，过渡到阐述自己观点的一种处理方法。这种方法的核心，即通过重复来削弱顾客异议的尖锐程度甚至改变其性质，来缓和洽谈气氛。其缺点是：这类异议经过"降温"以后，再予以答复，但推销人员一般只能减弱而不能改变顾客的说法，顾客会认为推销人员歪曲他的意思而对你产生不满。

阅读案例 6-18

顾客：又涨价了，真没想到价格涨得这么快！

推销人员：您认为这些产品的价格真不便宜，是吗?（或者：是啊，我也有同样的感觉，价格涨得真快!）

顾客：我在别的商店看到一模一样的皮包，只卖 25 元，你卖的皮包价格简直是天价。

推销人员：当然 25 元了，那是合成革的。皮革材料有真皮，也有合成革的。从表面上看极为相似，您用手摸摸，再仔细看看，比较一下，合成革提包哪能与真皮提包相比，我的皮包价格确实要高一些，但您为它付这个价格值得。因为这只真皮皮包提在手里，可以显示您的身份和地位，而且在社交场合里，您也会因为拥有它而感到自豪。

顾客：你们这些推销人员在推销商品时，即使商品不好，也非要说好！

推销人员：我不会把不好的商品卖给您，您可能有所不知，您看我这里有很多已买客户的评价，您可以看一看……

注意：处理顾客异议的方法还有很多种，如使用证据法、有效类比法、替换处理法等，在此不一一列举。

6.2.6 价格异议

在实际推销工作中，价格异议是最常见的一种现象。

1. 价格异议的原因

1）来自推销人员方面

一是推销人员缺乏价格构成信息；二是推销人员无权价格决策；三是推销人员对顾客缺乏了解，对产品缺乏信心，在顾客讨价还价的压力下，节节败退。

2）来自顾客方面

一是顾客的无知，二是顾客缺乏价格信息，三是顾客缺乏支付能力，四是顾客价值观念差异。

3）来自顾客购买策略

一是声东击西策略。例如，顾客明明想购买A商品，却和销售人员在B商品在纠缠不清，以吸引销售人员的注意力，使得销售人员误认为顾客非B商品不买，从而在B商品上让步很小，对A商品毫无防备，而顾客却不经意间“杀个回马枪”，以较低的价格买到A商品。

二是一叶障目策略。顾客会指出推销品的种种不是和瑕疵，以削弱推销员的信心，从而达到以较低的价格买到推销品。

2. 顾客价格心理

顾客有以下一些价格心理：价格价值观念心理 、价格需求心理、价格预期心理、价格质量心理、价格习惯心理、差价心理、价格制度心理和价格折射(价格比拟)心理。

需要说明的是，所谓价格折射(价格比拟)心理，指消费者在购买商品的过程中，会通过联想与想象等心理活动，把商品价格的高低与个人的偏好、情趣、个性等心理特征联系起来，有意或无意地进行价格比拟，以满足个人的某种社会性需要。这种心理有两种形式：社会经济地位比拟和生活情趣比拟。

3. “太贵了”的含义分析

太贵了，是推销人员经常听到的来自顾客的价格异议。其实，顾客这句话的含义很广，概念也很含糊。一个工厂花上千万元购买一条生产线会认为很便宜，花几百元钱买一个消毒碗柜会认为很贵。总之，顾客需要的东西就是便宜的。顾客需要的产品的价格叫作“积极价格”，顾客认为不需求的，无可奈何不得不支付的产品价格叫作“消极价格”。凡是消极价格的产品顾客都会认为是贵的，而具有积极价格的产品，即便是价格高了点，也会被顾客认为是便宜的。在实际推销过程中，顾客说“太贵了”还可能有其他原因：顾客认为价不符值、顾客经济状态不佳、所需款项高于预先准备好的货币数、价格高于竞争对手同类产品价格、顾客爱挑剔、试探推销员对价格的态度是否坚定和寻找不买的借口。

4. 价格异议处理的原则

(1) 科学定价原则。

(2) 稳定与坚持定价原则。对价格有信心，不要对价格敏感，一般不让步，让步必须有代价。

(3) 先价值后价格原则。先讲产品能令顾客需求得到满意的程度与好处，不要先讲价格，不到最后成交时刻不谈价格。

(4) 向顾客证明原则。在顾客询问下推销人员应向顾客解释价格的来源及定价的合理性，并且通过证实使顾客相信。

(5) 小单位报价原则。

(6) 相对价格原则。推销人员应通过与顾客共同比较与计算，让其看出产品的价格相对于产品的价值是低的、合理的。

6.3 推销成交

推销活动的目的就是达成交易，成交是推销活动的高潮和关键阶段。前面工作做得再好，最后不能达成交易，等于白做。如同足球比赛中的临门一脚：后卫铜墙铁壁，防守极严；中场控球能力强，屡屡向前方传球，前锋就是不争气，临门一脚太臭，不是偏了，就是高了，这样的球队是赢不了比赛的。

6.3.1 推销成交的含义

推销成交就是推销员帮助购买者做出使买卖双方彼此都受益的购买决策的活动过程。推销成交是前一阶段推销洽谈的延伸和继续，是整个推销活动的最终目的。在一般情况下，顾客即使对推销品发生了兴趣并有意购买，也会处于犹豫不决的状态。这时推销人员不应坐享其成，悉听尊便，而应不失时机地诱导顾客进行实质性思考，强化其购买意识，帮助其克服购买障碍，促使顾客实际进行购买。

1. 成交是准顾客对推销员及其推销建议和推销品的积极响应

在推销过程中，推销人员给顾客进行介绍说明和示范操作之后，顾客必然会有所反应。如果这种反比是积极的(即有利于成交的)，则必将向最终达成交易迈进，拿到订单只是履行例行手续而已；如果顾客的反应是消极的，则可能远离订单，需要推销人员消除顾客对推销品及推销建议的疑虑，并审视自身的推销洽谈设计是否合理，在此基础上重新对推销品进行说明或展示。因此，成交是对良好洽谈的积极反应和回报，是对推销人员与推销建议、推销品的认同与肯定。

2. 成交是顾客接受推销员推销建议的渐进过程

成交是顾客进行心理斗争，由排斥推销员、推销建议和推销品到信服并最终做出购买决策的活动过程。这就要求推销员在洽谈中要善于察言观色，摸清顾客心理、消除顾客疑虑，抓住时机及时促成交易。

3. 成交是顾客接受推销建议并立即购买推销品的行为

在推销洽谈中，如果推销员不善于捕捉成交信号，抓住成交良机，可能会使谈好的最终交易条件发生变故，进而导致顾客猜疑，改变主意，甚至最终使洽谈破裂。因此，推销员对顾客的反应不应熟视无睹，不要消极等待顾客向推销员“示爱”，而要积极发挥主导作用，促使顾客立即采取购买行动，请求签订买卖合同。据调查，有71%的推销员未能适时提出成交要求。请记住这句话：“今天近在眼前的订单，明天就会远在天边。”

4. 成交是克服成交障碍的结果

成交是整个推销环节中最重要一环，气氛比较紧张，容易使推销员产生一些心理上的障碍，直接阻碍成交。美国施乐公司前董事长彼得·麦克说：“推销员失败的主要原因是没有要求签订单。不向顾客提出成交要求，就好像瞄准了目标却没有扣动扳机一样”顾客异议是属于顾客方面的成交障碍，推销员可以利用有关推销技巧去处理、清除这些障碍。

推销员方面的成交心理障碍包括：担心提出成交请求后遭到顾客拒绝、有职业自卑感和认为顾客会主动提出成交等心理恐惧症。有成交心理恐惧症的推销员在与顾客洽谈中，始终处于下风，自然不敢提出成交请求。优秀的推销员和优秀的足球运动员一样，既要有一种百折不挠、坚持到“临门一脚”的精神，又要能站在顾客的立场，掌握顾客的心理，采用一切办法促使交易达成。

6.3.2 识别成交的信号

成交信号是指顾客在推销洽谈过程中所表现出的各种成交意图，往往通过语言、行动、表情等泄露出来。成交活动是一种明示行为，而成交信号则是一种行为暗示，成交信号是顾客暗示成交意图的行为。在实际推销洽谈中，顾客往往不会首先提出成交，更不愿主动明确提示成交。通常，顾客为确保自己提出的交易条件，或者为了杀价，即便心里很想成交，一般不会轻易表示，似乎先提出成交者一定会吃亏。

一位推销专家曾经这样风趣地说过：推销员等待顾客提出成交要求，就像等待一群在外吃草的牛自动回家一样。在直销情况下，只有3%的客户会主动向推销员提出成交要求，其余97%的顾客需要推销员请他们购买。用心理学理论分析，顾客的这种心理状态不利于成交，是成交的障碍。不过，好在“爱”是藏不住的，成交的意图总会以各种方式表现出来，推销员必须善于观察顾客的言行举止，捕捉各种成交信号，及时成交。客户若没有发出成交信号，就说明你工作还没有做到家，还应该进一步洽谈而不宜过早地提出达成交易。如果客户已经发出成交信号，而推销员疏于接收，则会错失成交良机，有可能会造成难以弥补的损失，与推销的最后成功失之交臂。在实际推销活动中，一定的成交信号取决于一定的推销环境和推销氛围，还取决于顾客的购买动机和个性。一般来说，成交信号可分为以下四种。

1. 语言信号

1）提出问题

顾客会对产品的一些具体问题(包装、颜色、规格)提出具体要求和意见，或用假定的口吻谈及购买、关于产品的使用与保养事项等，推销员可以以反问方式(见表6-10)作为回应，这有助于探测潜在顾客的需求和想法。如果推销员的问题得到了积极的回答，就表明潜在顾客有极高的购买兴趣，你正在迈向成交。

表 6-10 以反问方式回答潜在顾客提出的购买信号方面的问题

潜在顾客的提问	推销人员的回答
价格是多少？	您要买多少？
您提供哪些交易条件？	您想要哪种交易条件？
您什么时候能交货？	您想要什么时候交货？
我现在和下月分两次订购能否得到这个特殊价格？	您愿意分两次装运吗？
你们有 8、12、36 及 54 英寸的管子吗？	你们常用这么大小的管子吗？
我要订购多少才能获得优惠呢？	您有意买多少？
有 6400 型号的现货吗？	那是你们最喜欢的一种型号吗？

2）征求别人的意见

例如，总经理打电话给某人说："赶紧来我这里，有件事想问问你。"又如，丈夫转而向妻子说道："你认为怎样？"

2. 表情信号

表情信号是顾客在洽谈过程中通过面部表情表现出来的成交信号，这是一种无声的言语，它能够表现顾客的心情与感受，其表现形式更微妙，更具迷惑性。如果有以下几种表情，就可视为成交信号：

（1）面部肌肉由紧张转为放松，紧锁的眉头逐渐松开。

（2）面带微笑，流露出对产品的浓厚兴趣。

（3）眼神变得和蔼可亲，并不时与推销人员进行交流。

3. 行为信号

推销人员还可以从观察顾客的动作来识别顾客的成交意向。从心理学上讲，顾客表现出来的某些行为是受其思想支配的，是其心理活动的一种外在反应。顾客一旦完成了认识与情感过程，拿定主意成交时，他将表现出与推销人员在介绍产品时完全不同的行为。

（1）由静变动。顾客由原先不动声色地听推销员介绍，转为动手操作产品、翻动产品、频频点头、细看产品说明书与合同书等。

（2）由紧张变轻松。顾客由原来细心听推销员的介绍，身体前倾并靠近推销人员和产品，变为放松姿态，或擦脸弄发，或做其他舒展动作，或由抬肩、手握拳、摇头、两手交叉抱胸变为肩下垂、放开手心、伸出手指、点头、敞开胸怀等，这些情绪化的动作变化表明了顾客的内心成交意愿。

（3）由单方面动作变为多方面动作。顾客由远到近，由一个角度到多个角度观察产品，仔细触摸产品，再次翻看说明书、合同书。

（4）有签字倾向的动作。如顾客开始找笔、摸口袋，甚至是靠近订货单、拿订货单看。

4. 事态信号

事态信号，即与推销活动有关的事态发展所表示的购买信号。如向推销人员介绍有关购买的其他人员；提出变更推销程序；改变洽谈地点与环境，由会议室、大办公室转移到小房间或私人房间；对推销人员的态度更友好并安排食宿；乐意接受推销人员的约见等。

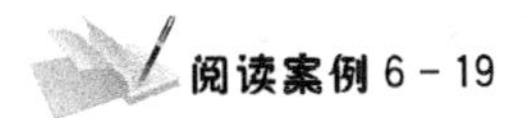
阅读案例 6-19

陈平慧眼识歹徒

陈平起初为项羽卖命，后来觉察到刘邦比项羽更有前途，就准备易主，投靠刘邦。在投靠刘邦的路途中，要渡江才能过去。渡陈平过江的是两个壮年船夫，陈平起初没有在意。当船划到江中心时，船夫不划了。陈平一看这情势，非常危急。原来，这段时间以来，有很多像陈平这样离开项羽投靠刘邦的人，他们随身携带了大量金银财宝，这两个船夫就是专门等候这些人，干着谋财害命的勾当。尽管陈平衣着很好，但他并没有携带什么金银财宝。他想，就算跪地求饶，这两个人也不会放过他。为什么呢？因为，他们的阴谋被识破了。情急之中，陈平站起来对两个劫匪说："两位划累了，我来吧。"说着，脱下外套，并将脱下的外套递给对方，自己拿起双桨开始划船，安然躲过了劫难。

资料来源：彭先坤，梅艺华，彭志红．推销技巧[M]．北京：北京理工大学出版社，2011.

6.3.3 推销成交的方法

1. 直接请求成交法

直接请求成交法，即推销员用简单明确的语言，向顾客主动提出成交要求，直接要求顾客购买推销产品的一种方法。其优、缺点见表 6-11。

表 6-11 请求成交法的优、缺点

优　点	缺　点
(1) 可以有效地促成交易 (2) 可借要求成交向顾客直接提示并略施压力 (3) 可以节省销售时间，提高工作效率 (4) 体现出一个推销员灵活机动、主动进取的销售精神	(1) 若应用的时机不当，可能给顾客造成压力，破坏成交的良好气氛 (2) 若顾客增加心理压力过大，反而使顾客产生一种抵触成交的情绪 (3) 可能使顾客认为推销人员有求于他，从而使推销员失去成交的主动权

小资料 6-1

(1) 针对比较熟悉的老顾客。推销员应了解老顾客的需要，而老顾客又多次接受过推销员的产品，因此老顾客一般不会反感推销员的直接请求。如："李经理，您是我们的老顾客了，您知道我们公司的信用，您看是否三天后向你们供货？"

(2) 顾客的异议已被解决，但仍犹豫不决。即顾客虽然已没有什么问题，但仍然有一定顾虑，拿不定主意或不愿主动提出成交的要求时，推销员这时就可以用请求成交法来促成交易。如："王经理，现在我们的问题都解决了，您打算订多少货？"

(3) 顾客对推销的产品有好感，但还没有意识到成交的问题，或是不愿先开口。此时为了增强其购买的信心，可以巧妙地利用请求成交法以适当施加压力，达到直接促成交易的目的。如："张主任，这批货物美价廉，库存已不多，趁早买吧，您会满意的。"

2. 假设成交法

假设成交法就是推销员在心中假设顾客肯定会购买商品，然后向顾客询问一些关键性问题来结束销售。询问的问题不应是关于商品本身的问题，而应是涉及如何交货、付款、保修及保管产品等，或是手写订货单、开发票等。其优、缺点见表 6 - 12。

表 6 - 12　假设成交法的优、缺点

优　　点	缺　　点
(1) 可以节约时间，提高推销效率 (2) 因为它是暗示成交，可以适当地减轻成交的压力	(1) 若使用不当，也有可能给顾客产生强压于人的感觉，破坏成交气氛 (2) 若时机不对，会让顾客反感，产生更大的成交障碍 (3) 不利于顾客自由选择，不利于成交

推销员始终要有这样的信念：自己推销的产品是物超所值的，自己的推销能力是最棒的，顾客一定会购买产品。有了这种自信，推销员在与顾客的接触中，就会占据主动。只要顾客透露出一丝购买信号，推销员即可发动攻势，提出成交假定，如果顾客不反对，买卖就成了。

阅读案例 6 - 20

"黄总，既然您对产品很满意，那么就这样定了，我明天给您送货。"

"先生，这是你刚才挑选的衣服，我给您包装一下好吗？"

"张经理，我打电话回公司，安排马上给你们送货。"

美国一家大的石油公司聘请一位销售专家做顾问。销售专家到加油站考察。加油站的员工手里拿着油枪，对前来加油的汽车司机说："先生，加多少？"销售专家说："停！你这个问法不对。应该说：'先生，给你加满吧？'司机开车来加油站，就是来加油的，不是来买汽水的。你尽管大胆对他说：'把油箱加满！'"

长途汽车站、火车站售票窗口都有一个大的条幅："保险自愿，不买请声明。"这一句话，在乘客看来，很别扭。为什么不说："保险自愿，要买的请声明。"组织推销语言，不是作文课，强调语言通顺、符合逻辑。推销的逻辑就是要扩大销售、多挣钱。乘客的购买习惯一般是随大流，不愿搞特殊化，也不想多说话，就那样把钱递了进去。那么，售票员递出的一定是车票连同保险单。不声明，就视同购买。就是这样的"强盗逻辑"，就是这一个"不"字，为运输公司、铁道部不知挣了多少钱。

3. 选择成交法

选择成交法是指推销人员为顾客提供一个有效的选择范围，并要求顾客立即作出抉择的成交方法，这种方法可以说是假定成交法的应用和发展，推销人员在假定成交的基础上，向顾客提供成交决策的比较方案，先假定成交，后选择成交，使顾客无论作出何种选择，导致的结局都是成交。其优、缺点见表 6 - 13。

表 6 - 13　选择成交法的优、缺点

优　　点	缺　　点
(1) 把选择机会交给了顾客，调动了顾客决策的积极性，又控制了顾客决策的范围 (2) 回避要还是不要的问题，而只是在不同的数量、规格、颜色等方面进行选择，可减轻成交的压力 (3) 对犹豫不决的顾客，提供备选方案能缩小其选择的余地，加快成交速度	(1) 要能准确地确定顾客的真正需要提供适当的选择方案，对推销人员要求高 (2) 选择方案不宜过多，否则反而会使顾客拿不定主意 (3) 若顾客还没决定购买，就要求其从中做出选择，会使顾客产生反感

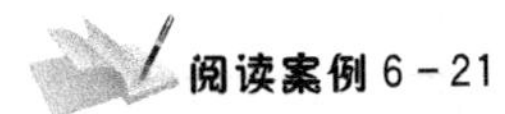
阅读案例 6－21

某汽车推销员设计了一个表格，在客户来买汽车的时候，他绝对不会说：“您买汽车吗?”或“您买什么牌子的汽车?”他绝对不会提出这么大的要求，而是问顾客：“您是喜欢红色的汽车还是黑色的汽车?”顾客说：“是黑色的。”他在“黑色的”地方打个钩，然后又问顾客：“您是喜欢 6 个缸的还是 8 个缸的汽车?”顾客说：“8 个缸的。”他又在“8 个缸”的地方打个钩，再问顾客：“您是喜欢带音响的还是不带音响的?”顾客说；“带音响的。”他又在“带音响”的地方打个钩……当一个个问题被提出之后，他把表格总结一下递给顾客，“这就是您要的汽车。”这位推销员从头到尾都是从小处着手，诱导顾客的钱一步一步地钻到他的口袋里。

4. 优惠成交法

优惠成交法即推销员通过提供优惠的条件促使顾客购买产品的一种方法。它实际上是对顾客的一种让利，主要满足顾客的一种求利心理动机。其优、缺点见表 6－14。

表 6－14　优惠成交法的优、缺点

优　　点	缺　　点
(1) 充分满足了顾客的求利心理，能让顾客满意，可以促成大量交易 (2) 有利于巩固和加深买卖双方的关系 (3) 对于一些较难推销的产品，能够起到有效的促销作用	(1) 会增加推销费用，减少收益 (2) 可能会加重顾客的心理负担，过多使用会让顾客产生疑虑心理

阅读案例 6－22

优惠成交法与“最后机会”结合起来运用，更能增强对潜在顾客的刺激强度，诱导性更强烈。优惠的机会“千载难逢”，特别是当未来预期对潜在顾客不利时，谁都希望搭上最后的“末班车”，这对达成交易将更为有利。商场里的电视机厂家营销员对顾客说：“您看我们公司从今年 6 月份起大屏幕彩电价格下调了 30%，而且国家又出台了征收利息所得税的政策，物价可能会上涨，千万不要犹豫了，趁此大好机会赶紧选购。”

“我们这段时间有一个促销活动，如果您现在购买我们的产品，我们将在本月底赠送给您价值 200 元的一个大礼包，包您满意。”

某太阳能热水器公司的推销员对房地产开发商经理说：“每安装 10 套热水器，我们就免费为顾客安装 1 套，别的公司可没有这么优厚的条件哦。”

5. 保证成交法

保证成交法即推销员直接向顾客提出某些方面的保证，促使顾客同意成交的一种方法。这是一种消除顾客的疑虑心理，促成顾客放心成交的一种方法。其优、缺点见表 6－15。

表 6－15　优惠成交法的优、缺点

优　　点	缺　　点
（1）可以消除顾客成交的心理障碍，增强其成交信心 （2）可以增强推销员的说服力及感染力 （3）有利于推销员妥善处理有关成交的异议	（1）必须要有企业的能力和信誉作保证 （2）增加了销售成本 （3）有些顾客还会质疑推销员的保证，引起不必要的冲突

 **阅读案例 6－23**

“王经理，如果您还有什么不放心的话，我们可以先扣压产品5%的货款在您那里，等一个月后您使用该产品满意后，我们再来收这5%的余款，好吗？”

“张经理，您的服务完全是由我负责，我在公司已经有8年的时间了。我们有很多顾客，他们都是接受我的服务的。”

“我向您保证，如果在一年内，有什么产品质量问题一定给您更换或退货。”

6．小点成交法

小点成交法是指推销人员利用交易活动中的次要方面来间接促成交易的成交方法。如果推销员一开始向对方提出一个大的要求，会把对方吓跑。推销员的策略就是，从小处着眼，一点一点地促成成交。

 **阅读案例 6－24**

男追女，不能一开口就说：“你嫁给我，做我的妻子吧。”那非把对方吓跑不可。只能一步一步慢慢诱导：“今天，我们去看场电影吧。”“好啊。”“明天，我们去逛逛商场，想买件衣服送给你。”“好啊。”“后天，我们去唱唱歌、跳跳舞吧。”“好啊。”“三个月后，你嫁给我吧？”“好啊。”到手了。

7．诱导成交法

诱导成交法又称“肯定”成交法、“6＋1”成交法，是指推销员在推销洽谈中要么诱导顾客同意自己的推销建议，最后迫使对方得出成交的结论而签约，要么诱导顾客提出具体意见，推销员帮助顾客解决问题，从而导致成交的方法。依照心理学的统计发现，如果你能够持续问对方6个问题而让对方连续回答6个“是”，那么当第7个问题或要求提出后，对方也很自然地回答“是”。这就如同你和客户面前有一堆火，火焰的强度就代表着客户的购买意愿，每当你得到客户一个肯定的答案时，就好像丢了一些燃料到这个火堆，而每当你得到客户一个否定的答案时，也就如同泼了一盆水。

推销员诱导顾客同意自己的看法，就要一步步推理，最后让对方自己做出购买决策。所以，采用这种方法要求推销员要进行周密思考，要使顾客对所提出的问题总是给予肯定的回答，在一系列的问题提完后，顾客便会自己做出购买推销品的决定。

 **阅读案例 6－25**

销售员：张先生，这台个人电脑有比您需要的更多内存吗？

顾客：是的。

销售员：我想您一定也喜欢敲击键盘的感觉吧？

顾客：是的，非常舒服。

销售员：您说您更喜欢彩显而不是单显。

顾客：是的。

销售员：而这个软件包几乎能满足您所有的需要？

顾客：当然是。

销售员：仅仅12 000元，价格您也能接受？

顾客：是的。

销售员：既然所有的特性都满足您的要求，那您能在订单上签名吗？

顾客：当然。

8. 概括成交法

这种方法指用书面方式将所推销产品的优缺点展现给所推销的顾客，让顾客看后一目了然，便于作出购买决定的一种成交方法。这种推销方法弥补了口头推销的不足，口头推销往往缺乏条理，顾客不容易记住。这项技巧简单、清晰、易于理解、效果明显，而且，还可以通过它与其他关键人士沟通。采用此法能让客户更容易坚定地下决心，特别是您在书面写下这些信息时，能让客户感觉到您只是代表他把他的评估写在上面。本章导入案例就是这种方法的运用。

9. “因小失大”推理式成交法

就是强调客户不做购买决定是一个很大的错误，有时候即使是一个小错误，也能导致非常糟糕的结果。销售员可以通过这种强化“坏结果”的压力，刺激和迫使客户急切地成交。

阅读案例6-26

伊德·伊尔曼是全美最大的保险代理商之一，他曾对他的顾客说：“艾伦，即使你认为现在最好不做决定，我们今天也必须拿出一个解决办法来。这里有两条选择，你自己看着办。一条是你同意投资3000美元购买保险，而这份保险将来可能被证明买得没有必要。虽然你我都不愿意犯哪怕是1美元的错，但是我相信你的生意和生活方式绝不会因为这点小错误而被根本改变。另一种选择是你迟迟不做决定、无动于衷，这样或许能节约3000美元……但是你想过没有？这样也可能导致你损失50万美元的错误。难道你看不出现在要改正这个巨大的错误是多么的轻而易举吗？……尤其是当你处在生意发展最关键的时刻。”

优秀的人寿保险代理商，在运用同样的逻辑推理去说服一位顾客每周投资20美元购买5万美元的保险单时，他说：“这就好像是我的公司建立一笔替您保管的特别款项，总额为5万美元。您每付一次保险费，这笔钱就增多一些。做生意就应该有投入也有收益。我呢，就负责替您积累资金——每周只有20美元！”

“但同时，我还要为您做些别的。等到有一天您需要提取保险金，我会把5万美元填在现金登记本上，还要在您的纳税一栏写上‘免税’二字。到那时，您或许要挣10万美元，不，您可能得挣100万美元才能抵得上这笔免税的保险偿付费。”

“如果您愿意把20美元放在口袋里，我并不认为您会觉得很富有。如果您少了20美元，我不相信您会感到像破了产。坦率地说，要是您认识到了20美元能带来的巨大差异，您会很吃惊，可您现在没有……”

资料来源：孙奇．推销学全书[M]．北京：中国长安出版社，2003．

注意：提请成交的方法还有很多种，如试用成交法、最后机会成交法、从众成交法、总结利益成交法等，在此不一一列举。

6.3.4 达成交易后与未达成交易的注意事项

推销成交并非意味着推销活动的结束，而仅仅是“关系推销”进程的开始。推销员在签订推销合同之后，要及时向顾客表示感谢和告别，并根据合同条款的要求做好货物发放、装运等后续服务，并定期与顾客联系，解决顾客在使用产品中所碰到的各种问题，让顾客满意，并发展和巩固双方的友谊，让顾客成为终身顾客。

1. 达成交易后的注意事项

(1) 在交易达成后，仍应保持一份冷静，不要得意忘形，谨防乐极生悲，要用诚挚的语言对顾客的合作表示感谢。例如：

“您做出了一项明智的选择，谢谢您。”

“能跟您达成这笔交易，我感到万分高兴，谢谢您的合作。”

“请让我代表公司对您的合作再一次表示感谢。”

但推销员也应认识到，交易的达成是对购买双方都有利的事情，是一种互惠互利的交易，因此，不要过分地表示感谢。推销员帮顾客解决了他们所遇到的问题，同时也获得了订单，是“双赢”的好事。

(2) 在交易达成后，不要滞留太久，应及时与顾客握手告别，因为顾客可能会有别的事情要做。一般来说，第一个站起来道别的应该是推销员。

2. 未达成交易的注意事项

促成消费者的购买行为是在完成前几个推销阶段后的最后冲刺，若没有成交但洽谈暂时圆满结束。这时推销人员应考虑推销努力是否放弃得太早，同时应注意：

(1) 分析顾客不能做出购买决定的原因。

(2) 将样品留给顾客试用。

(3) 给顾客写确认信，概括洽谈过程中达成的协议，重申顾客购买产品将得到的利益。

(4) 为再次推销创造条件。

(5) 要坚持多次地向顾客提出成交要求。

例如，美国一位超级推销员依自己的经验指出，一次推销成交成功率为10%左右，他总是期待着通过2次、3次、4次、5次的努力来达成交易。据调查，推销员每获得一份订单平均需要向顾客提出4.6次成交要求。

推销人物专栏

邰勇夫

邰勇夫，从1986年开始从事营销工作，从内地到沿海，再到跨国集团，曾被他推销过的产品不计其数。在15年的推销生涯中，从痛苦中磨炼，在失败中成长；经历了一次又一次的拼搏，成为一个优秀的推销员。他被媒体誉为“中国第一推销员”“中国最伟大的推销员”。

2001年，邰勇夫成功地将他“用血汗做墨，用双腿做笔，用苍茫辽阔的大地做纸，用艰辛的步履一步一步亲历的中国推销员的英雄史诗”写成了一部自传体小说《我推销我生存》，书一上市就在全国十多家大书店上了排行榜，连续加印了六次，修订版书名改为《中国最伟大的推销员》。这以后，邰勇夫又相继推出了《中国推销人的一千零一夜》《行销在中国》。

销售秘诀：

观察走在你前面的人，看看他为什么领先，学习他的做法。

如果你不知道自己一生要的是什么，你还想得到什么？

知道自己为什么失败，这已经是一种财富。

机会通常先以挫折的形式考验人。

你还在等什么？为什么要等？一切始于行动！

本章小结

1. 推销洽谈是整个推销过程中的关键阶段，推销人员必须熟练掌握并灵活运用推销洽谈的直接提示法、间接提示法、明星提示法、动意提示法、积极提示法、消极提示法、逻辑提示法和演示法等方法。

2. 顾客异议主要来源于顾客和推销人员两方面。顾客异议有真异议、假异议、公开异议和隐藏的异议四种类型。处理顾客异议要提前做好充分的准备，认真分析异议，以正确的态度和原则对待顾客异议。处理顾客异议的主要方法有反驳处理法、间接否定法、预防处理法、补偿处理法、询问处理法、利用处理法、模糊处理法、缓冲处理法、转移处理法和原则处理法等，每种方法各有优、缺点和注意事项。

3. 成交是一切推销活动的最终目的。推销人员要想取得推销的成功，就要识别购买信号，包括语言、表情、行为和事态信号，同时掌握常见的促成推销的方法：直接请求成交法、假定成交法、优惠成交法、保证成交法、选择成交法、小点成交法、诱导成交法、概括成交法和“因小失大”推理式成交法等。

关键术语

推销洽谈　顾客异议　成交　动意提示法　利用处理法　诱导成交法　假定成交法

思考与应用

一、单项选择题

1. (　　)是指推销人员利用顾客异议以外的、能补偿顾客利益或抵消顾客损失的一种处理顾客异议的方法。

A. 补偿处理法　B. 委婉处理法　C. 忽略处理法　D. 转移处理法

2. 顾客说：“你介绍的产品的确很好，但我们厂规模小，不适合使用这种产品。”这种异议属于(　　)。

A. 需求异议　　B. 产品异议　　C. 财力异议　　D. 对推销员的异议

3. 推销员说:“价格不能再降了，不过我们可以承担运输费用，你看这样可以吗?”处理这种异议的方法属于(　　)。

A. 直接否定法　　B. 利用处理法　　C. 补偿处理法　　D. 询问处理法

4. 当顾客询问“你们什么时候可以交货?”较好的一种回答是(　　)。

A. 告诉顾客一个准确的交货时间

B. 不正面回答，而是反问“您看什么时候交货比较合适”

C. 提出问题“你是不是现在就需要?”

D. 告诉顾客“我需要请示一下厂里”

5. 推销员应当树立“顾客总是有道理”的观念，属于处理顾客异议原则中的(　　)。

A. 坚持证实　　B. 永不争辩

C. 坚持真实性　　D. 坚持倾听和及时反应的原则

6. 如果觉察到顾客马上就会提出某种反对意见，最好是(　　)。

A. 在顾客提出异议之前提前回答　　B. 对顾客的异议立即给予答复

C. 对顾客异议延迟回答　　D. 尊重顾客的意见

7. 价格异议处理的策略有(　　)。

A. 先谈价值，后谈价格；多谈价值，少谈价格

B. 先谈价格，后谈价值；多谈价值，少谈价格

C. 先谈价值，后谈价格；多谈价格，少谈价值

D. 先谈价格，后谈价值；多谈价格，少谈价值

二、多项选择题

1. 推销洽谈的方法可以分为(　　)。

A. 诱导法　　B. 提示法　　C. 介绍法

D. 演示法　　E. 请教法

2. 按异议的显露程度划分，异议可以划分为(　　)。

A. 公开异议　　B. 隐藏异议　　C. 真实异议

D. 虚假异议　　E. 需求异议

3. 反驳处理法的优、缺点有(　　)。

A. 给顾客直接、明确、不容置疑的否定回答

B. 传送与顾客异议不一致的信息，可以加大说服力度

C. 可增强顾客的信心

D. 可达到提高推销效率的目的

E. 不会冒犯顾客，保持良好的人际关系和气氛

4. 采用但是处理法的缺点是(　　)。

A. 可能产生负面效应，让顾客得寸进尺

B. 也可能会增加顾客新的异议处理因素

C. 也有可能影响企业的形象与商品的市场定位

D. 采用这种方法语气较委婉

E. 咄咄逼人之势，顾客心理上易筑起抵触的防线

5. 下列现象中，属于成交信号的有(　　)。

A. 肩下垂、放开手心、伸出手指、点头

B. 对推销人员的态度更友好并安排食宿

C. 客户打哈欠

D. 客户皱眉

E. 客户询问能否试用商品

6. 成交(　　)。

A. 只对推销人员有利　　B. 是顾客的一种积极响应

C. 等待顾客主动提出　　D. 使买卖双方均受益

E. 克服成交障碍的结果

7. “张老板，就您刚才提的交货时间问题，我以我的人格向您保证，在10日之内一定送到。另外，如果您现在就汇款，您还能享受本月的特殊优惠政策，再给您“满百赠二”的优惠。”推销人员应用的成交方法有(　　)。

A. 请求成交法　　B. 保证成交法

C. 小点成交法　　D. 优惠成交法

E. 假设成交法

三、判断题

1. 重复削弱法是指推销人员先用相对温和的语气复述顾客异议，然后再加以处理的方法。(　　)

2. 利用处理法是指推销人员先同意和接受顾客所提的意见，并用有关优点或其他利益来抵补的一种顾客异议处理方法。(　　)

3. 在顾客同意购买你的商品之前，就假定他已决定要购买，这样做属于强迫推销法。(　　)

4. 如果顾客对推销员推销的商品不甚了解，犹豫不决，这时，推销员如果主动出击，积极诱导，顾客反而会十分反感，坚定不购买的信心。(　　)

5. 如果顾客说某某公司的同样产品价格比推销员所推销的产品价格低，此时，推销员坚决否认，将会导致顾客的反感和不信任。(　　)

四、简答题

1. 什么是推销洽谈?

2. 间接提示法有哪些优点?

3. 自我提示法有哪些优点?

4. 顾客异议产生的根源有哪些?

5. 处理顾客异议的方法有哪些?

6. 什么是顾客异议?并简述对顾客异议的认识与思考。

7. 何为购买信号?成交中的购买信号有哪些表现形式?

8. 指出下面的例子使用的是什么成交方法。

(1) 推销员推销某种化妆品，在成交时发现顾客露出犹豫不决、难以决断的神情，就对顾客说：“小姐，这种牌子化妆品是某某明星常用的，她的评价不错，使用效果很好，价钱也合理，我建议您试试看。”

（2）一位推销员对顾客说：“对于买我们的产品您可以放心，我们的产品在售后三年内免费保养和维修，您只要拨打这个电话，我们就会上门维修的。如果没有其他问题，就请您在这里签字吧。”

（3）“这种裤子每条卖60元，如果您买3条的话，我再送您1条。”

（4）“王处长，这种东西质量很好，也很适合您，您想买哪种样式的?”

（5）“刘厂长，既然你对这批货很满意，那我们马上准备送货。”

（6）一个推销员到顾客的单位推销化工产品。他认为所推销的产品价格合理，质量很好，断定顾客非买不可。所以，在见到顾客寒暄了几句之后，就把话题转到化工产品上来，立即就问：“老王，我是先给你送50吨来，还是100吨全部都送来?”

【实训项目】

◎内容

推销水溶珍珠粉胶囊的保健品。

◎目的

通过模拟业务洽谈训练，掌握处理顾客异议的技巧，针对不同的异议，灵活运用不同的方法和策略。

◎步骤

（1）在班里找出10位学生(最好是学生毛遂自荐)，5位学生扮演以下背景材料中的顾客，5位学生扮演推销员，每人准备5分钟。

（2）进行推销训练，要求通过对话处理顾客异议。

（3）推销员每人写一份书面处理方案。

（4）其他同学打分，教师点评。

◎背景材料

某公司最近新研制并生产了一种叫做水溶珍珠粉胶囊的保健品，具有美容、养颜、滋补健身之功效，可以口服，可以外用，产品优点是：与普通珍珠粉相比易溶于水，易被人体吸收，价格比普通珍珠粉稍高。假定你是该公司的一位保健品推销员，在推销产品的过程中遇到了以下几位顾客。

甲顾客(保健品零售店售货员)：“我这里目前有好几家公司的珍珠粉。这类商品一般价格比较高，不太好卖。”

乙顾客(保健品商店经理)：“我们这儿虽然也卖口服美容品，顾客一般选用新产品时较为慎重。”

丙顾客(商场保健品柜柜长)：“我们这里是小城市，消费水平低，根本不需要你的产品。”

丁顾客(美客店老板)：“我们美客店的珍珠粉主要是外用的，你推销的口服保健品，我们用不上。”

戊顾客(保健品批发部经理)：“价格太高，利润率太低了，不如经营其他保健品划算。”

案例分析

（一）童装专卖店的推销员

小龚是一名童装专卖店的推销员。有一天，一位中年妇女走进来，看了看挂在墙上的童裙，摸了又摸，脸上表现出犹豫不决的样子。小龚走上前说道：“这种童裙系列是专家针对儿童的特点设计的，你看这色彩、样式都很时尚。”这位中年妇女回答道：“我很喜欢这种童裙系列，可惜布料太薄了，现在的女孩子都很淘气，这种裙子恐怕穿不到两天就会破，一般人是不会买的。”接下来，小龚说：“看到这套裙子的顾客都担心它不经穿，这种布料看上去是很薄，其实它是用一种高级纤维织成的，穿在身上轻飘、凉爽，但耐磨力和抗拉力都相当好，顾客知道了它的优点是会喜欢的。”最后，这位中年女士还是为她的女儿买了一条。

【思考与分析】

1. 小龚采用了什么方法来化解顾客异议?
2. 你还能讲出其他化解顾客异议的方法吗?假如你是小龚,你还有更好的办法吗?

(二) 推销帐篷

王强是一名大型体育用品商店的销售员。这家商店最近在报纸上做了大量的广告,并在公司内举办了一个产品展览会。星期四下午,一位客户进了展厅,开始仔细查看展出的帐篷。王强认为他是一名该产品的潜在客户。

王强:正如您所见,我们有许多种帐篷,能满足任何购买者的需求。

客户:是的,可选的不少,我都看见了。

王强:这几乎是一个万国展了。请问您喜欢哪种产品?

客户:我家有5口人,3个孩子,都10岁以下。我们想去南方度假,因此打算买个帐篷,但不能太贵,度假花销已经够多了。

王强:这儿的许多产品都能满足您的需求。例如这种,里面很大,可容纳下像您家那么大规模的家庭;质地很轻,而且不用担心,它是防水的;右边的窗子可以很容易地打开,接受阳光;底面是用强力帆布特制的,耐拉、防水;能很容易地安装和拆卸,您在使用中不会有任何问题。

客户:看上去不错,多少钱?

王强:价格合理,985元。

客户:旁边那个多少钱?

王强:这个圆顶帐篷是名牌,比前一个小一点,但够用,特性与前面一个相差无几,价钱是915元。

客户:好的,现在我已经了解了许多,星期六我带妻子来,那时再决定。

王强:这是我的名片,如果有问题可以随时找我,我从早上开业到下午6点都在这儿,星期六我很高兴能与您和您妻子谈谈。

资料来源:牛海鹏,屈小伟.专业销售[M].北京:企业管理出版社,1998.有改动.

【思考与分析】

1. 你如何评价王强为完成销售所做的努力?
2. 这个客户来商店是买帐篷,为什么王强没有完成交易?你建议王强怎样做?
3. 你认为王强能够在星期六实现交易吗?

(三) 推销新型打包机

某推销员向一家商品包装企业的厂长推销新型打包机,他的目的是让这个企业全换上这种机器。下面是他与厂长的对话。

推销员:王厂长,您好,我带来了一种新型打包机,您一定会感兴趣的。

厂长:我们不缺打包机。

推销员:王厂长,我知道您在打包机方面是个行家。是这样,这种机器刚刚研制出来时间不长,性能相当好,可用户往往不愿用,我来是想请您帮着分析一下看问题出在哪里,占不了您几分钟的时间,您看,这是样品。

厂长:哦,样子倒挺新的。

推销员:用法也很简单,咱们可以试一试(接通电源,演示操作)。

厂长:这机器还真不错。

推销员:您真有眼力,不愧是行家。您看,它确实很好。这样,我把这台给您留下,您先试用一下,明天我来听您的意见。

厂长：好吧。

推销员：您这么大的厂子，留一台太少了，要一个车间试一台，效果就更明显了。您看，我一共带来五台样机，先都留在这吧。如果您用了不满意，明天我一块来取。

厂长：全留下？也行。

推销员：让我们算一下，一台新机器800多元，比旧机器可以提高工效30%，每台一天能多创利20多元，40天就可收回成本，如果您要得多，价格还可以便宜一些。

厂长：便宜多少？

推销员：如果把旧机器全部换掉，大概至少要300台吧？

厂长：310台。

推销员：那可以按最优价，每台便宜30元，310台就是二万多元了。这有协议书，您看一下。

厂长：好，让我们仔细商量一下。

至此，买卖已经步步逼近成交。

资料来源：张国良，赵素萍．商务谈判[M]. 杭州：浙江大学出版社，2010.

【思考与分析】

1. 该推销员用了哪些成交的方法？
2. 你从该案例中得到哪些启示？

第7章 推销管理

教学要求

知识要点	能力要求	相关知识
自我管理	(1) 了解个人财富管理的内容 (2) 熟悉时间管理方法(5As模型) (3) 掌握个人目标与计划管理	(1) 个人目标与计划管理 (2) 个人时间管理 (3) 个人财富管理
销售管理	(1) 了解推销人员的激励的原则和方式 (2) 熟悉绩效评估的指标体系、销售过程管理的方法 (3) 掌握绩效评估的方法	(1) 销售过程管理 (1) 绩效评估的指标 (2) 绩效评估的方法 (3) 推销人员的激励
应收货款管理	(1) 了解信用额度的内容，应收货款账龄分析、不宜采用的讨债手段 (2) 熟悉利用回访进行监督 (3) 掌握讨债的基本策略和依法讨债的方法	(1) 信用额度 (2) 应收货款账龄分析 (3) 利用回访进行监督 (4) 讨债的基本策略 (5) 依法讨债 (6) 不宜采用的讨债手段

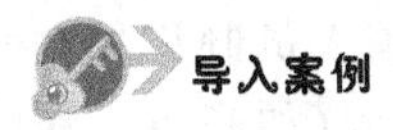

政策导向与销售业绩紧密相关

广东有一个著名的小食品企业，到了20世纪90年代中期，其经营形式(等客上门)，使其销售业务陷入了低谷，年销售额从曾经的一个亿陡然下降到3 000多万。老板万分着急，于是痛下决心，在广州建立销售中心，除个别人员外，上到老总，下到业务员，全部从社会上招聘销售人员，准备大干一场，以恢复昔日的市场地位和信心。老板对这次招聘活动和销售中心的建立非常重视，亲自参与其中。经过层层面试和复试，第一批业务人员到位。公司安排了一周的封闭性培训，然后，带队回到位于粤东的公司总部进行交流和文化活动，参观工厂、文艺晚会、体育比赛等，之后按区域分配地区经理和业务人员，奔赴目标市场，各就各位，先进行为期两周的市场调查，回公司述职以后即刻开赴前线，进入业务操作。当时，公司给各区域分配了销售指标，利用规范化的制度和表格加以管理，销售人员的收入是按底薪加福利补贴加提成的方式计算，各区域业务人员销售热情很高，当年公司销售额翻了一番。但到年终结算时老板发现，销售额增加了，但费用失控了，费用率达到25%，综合利润为负，公司出现亏损。于是，第二年，老板决定采取区域费用和收入包干制度，即区域业务人员的工资奖金和市场推广费用全部从该地区销售额中提取，由区域经理统筹。这样一来，老板倒是省事了，可各地区纷纷裁减业务人员以减少费用，有的地区只有地区经理一人，采用“一脚踢”的做法，各地区都考虑自己的腰包，不愿意在市场推广方面投入资金，整个市场一片萧条，死气沉沉，当年企业倒是赢利了，但销量下滑了。老板发现这样下去不行，第三年又重新采用底薪加福利补贴加业绩奖金的形式，稳定和激励了业务队伍，重新恢复了业务员的信心以及市场的信心，实现了公司销售业务的稳定增长。

资料来源：于雁翎．推销实务[M]．广州：广东高等教育出版社，2006.

由于推销工作流动性强，弹性大，可控性低，加强对推销行为的组织与管理，完善对推销行为的监督与控制，是非常必要的。推销管理的目的在于把整个推销活动纳入企业的科学化、现代化管理之中，提高推销效率，降低推销成本，巩固推销成果。推销管理的范围相当广泛，包括推销人员的选拔与培训、推销组织的设计、推销员的自我管理、销售过程管理、销售绩效管理、推销员的激励、应收货款管理等。由于推销人员的选拔与培训和推销组织的设计的内容程序化较强，内容较枯燥，故本章不作介绍。

7.1 自我管理

在智慧女神雅典娜的神庙上刻着一句话：“认识你自己。”千百年来，这一直是对世人最伟大的建议。推销员在认识自己的心路历程中，要明确自我管理“三部曲”，即个人目标与计划管理、时间管理、财富管理。其中个人目标与计划管理是目标和方向，时间管理是手段和保证，财富管理是结果和支撑。

7.1.1 个人目标与计划管理

1. 推销计划

推销计划是企业经营计划的重要组成部分，是指企业推销管理部门根据企业生产经营实际状况确定推销目标、销售费用和利润，并使企业推销工作得以有目的、有步骤、高效率展开的方式和步骤。推销计划的内容可以分为推销效益计划、客户发展计划。

（1）推销效益计划。该计划一般按年制订，是企业推销管理部门和推销人员制订的在一年内完成的效益指标计划，可根据本企业全年的推销总量和不同时间进度（如旺季、淡季）制定所完成的销售分配量的计划指标。如制订推销效益计划表，参考格式见表 7－1。

表 7－1 推销效益计划表

计划指标	全年	一季度			二季度			三季度			四季度		
		1	2	3	4	5	6	7	8	9	10	11	12
销售额													
目标达成率													
折扣率													
毛利率													
货款回收率													
推销费用													

(2) 客户发展计划。客户发展计划关系到企业的持续发展，使推销活动对象客户的目标化，有利于客户发展计划得以有效实施，其主要内容如表7-2所示。

表7-2　客户发展计划

地理区域	客户类型	姓　　名	通讯地址	产品类别	成交率	预计目标
北京 华北地区 华东地区	大客户					
	一般客户					
	小客户					
	潜在客户					

2. 推销目标

推销员在工作中应将企业计划进行分解成若干个自己的销售目标。如每个季度每个月要完成的销售额？拜访的潜在顾客有多少？现有的顾客随访情况如何？顾客信息的收集整理是否做到规范有序？每月、每季、每年应向企业汇报的业绩报告何时提交等。推销员只有将以上的目标细化成具体的方案并逐一完成，才会体会到成功的喜悦。

推销员个人目标设定要明确，切合自身的实际，并且可以经过自己的努力来实现，同时还要考虑：在实现目标过程中需要学习哪些知识和技能；对实现目标有帮助的人、团体及榜样是谁，向他们学习哪些经验，每年要做些什么；如何制订实现目标的具体计划和切实可行的方案；在遇到困难和挫折时如何调整自己的情绪和心态，如何不断增强实现目标的信念等。

例如：你想在工作5年内买一辆汽车，并把此作为你的奋斗目标，但这样的目标太含糊了。因为买一辆5万元的汽车和买一辆20万元的汽车完全是两回事。如果你将目标具体设定为工作5年后要买一辆价格在5万～10万元的汽车的话，你就会清晰地知道自己要什么，为什么要，需要多长时间，现在与推销目标的差距，从而进行绩效分析，找出偏差出现的原因，采取相应的改进措施。

7.1.2　个人时间管理

时间管理就是管理自己的行为，合理安排自己的事，使时间这一资源的配置达到最优。从这一意义上来说，时间管理就是自我管理。其管理的对象不是时间而是个人，因为时间对每个人来说都是公平的，每天都只有24小时。但实际上，总有人比其他人在同样的时间里能取得更大的成功，这其中的奥妙就是成功人士更善于管理和控制自己，更能合理利用时间。

1. 时间管理方法——5As模型

5As模型从了解(aware)、分析(analyze)、分配(assign)、消除(attack)和安排(arrange)5个角度进行研究，该模型为推销人员进行时间管理提供了思路和方法，如图7.1所示。

(1) 了解。在时间管理中，首先，推销人员要做到自我了解，如自我的愿景与目标、

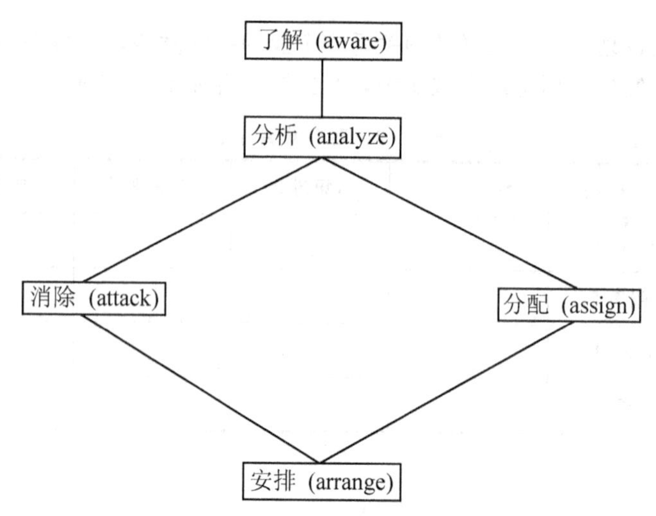

图 7.1 时间管理 5As 模型示意图

自我优势与缺点、性格特征与沟通风格等；其次，需要对工作进行了解，了解销售区域内的顾客需要、顾客类型、销售目标和销售要求。通过这两方面的了解，推销人员可以对自己和工作有较为清醒的认识，为客观分析工作和合理分配时间奠定基础。

(2) 分析。通过分析工作时间安排表(表 7-3)，推销人员可以研究自己时间运用的情况，看看自己是否在高效地利用时间，是否在时间管理方面存在问题。

表 7-3 工作时间安排表

时　间	工作内容	重要紧急程度	完成方式
8：30			
8：45			
9：00			
9：30			

(3) 分配。首先要确定工作的轻重缓急，按时间次序确定组织实施，力戒办事拖拉；其次不要在销售的黄金时间(上午 10：00～11：00，下午 14：00～16：30)去干杂事，那些事可以利用中午或其他零碎的时间去做。再次对于用电话联系客户、节假日问候客户这一类的事务性工作，可以安排在专门的时间内集中完成，这样的方法不仅可以使你在工作中将同类事务性工作集中管理，使之发挥最佳效果，而且也提高了工作效率。

(4) 消除。要消除浪费时间的因素。推销人员需要经常审视自己的时间表和活动安排，看看究竟是哪些事占用了自己大量的时间。

(5) 安排。通过了解和分析，利用时间分配法，科学合理地安排年度、周及日计划，将其变成图表和文字，经常督促自己按计划工作、生活，同时也可以检验其时间管理是否产生了效果。

2. 注意节省时间的细节

(1) 事先联络好客户，以免等待或白白浪费时间。

(2) 不要一味地等待客户，如果正巧客户外出或有事不能见面，应尽可能在附近开展推销工作，而不要再去会见一位很远的客户。

(3) 只要可能，在电话中将一些问题谈清楚。

(4) 事先设定好推销路线，将同一路线上应拜访的客户和应做的其他事情都做完，免得为一件事单独跑很远的路。

(5) 对不感兴趣的客户要判断其潜力，如果客户既无兴趣、销售潜力也不大，则不要推销太久。

(6) 对客户资料进行审查，不要在无权决策或根本没有能力购买的人身上浪费时间；不要和与客户无关的工作人员应酬太长时间，这样做既耽误你的工作，也会引起你的客户主管的不满。

(7) 想办法弄清客户的工作时间特点。

(8) 上班或下班途中可以沿路观察市场的概况，有时可选择不同路线回家。

作为一个推销员，你工作的大多时间不应用在办公室，而是应用在你的客户身上；你的时间应用在客户身上，而不是用于其他的闲事(逛街、购物或聊天)上面。你在客户身上投资的时间越多，收获也越多；你的时间管理得越好，业绩也必然越好。

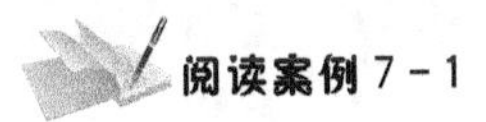
阅读案例 7-1

一堂实验课

在一次时间管理课上，教授在桌上放了一个装水的罐子，然后又从桌子下面拿出一个大约拳头大小，正好可以从罐口放进罐子的鹅卵石，当教授把石块放完后，问他的学生道：“你们说这罐子是不是满的?”

“是。”所有的学生异口同声地回答说。“真的吗?”教授笑着问，然后再从桌底下拿出一袋碎石子，把碎石子从罐口倒下去摇一摇，再加一些，于是再问他班上的学生：“你们说，这罐子现在是不是满的?”这回他的学生不敢答得太快。最后，班上有位学生怯生生地细声答道：“也许没有满。”“很好!”教授说完后，又从桌下拿出一袋沙子，然后把沙子慢慢倒进罐子，倒完后再问班上的学生：“现在你们告诉我，这个罐子是满的呢、还是没满?”“没有满。”全班同学这下学乖了，大家都很有信心地回答说。

“好极了!”教授再一次称赞这些孺子可教的学生们。

称赞完，教授从桌子底下拿出一大瓶水，把水倒进看起来已经被鹅卵石、小碎石和沙子填满的罐子。当这些事都做完后，教授正色地问班上的同学：“我们从上面这些事情学到了什么重要的道理?”

班上一阵沉默，然后一位自以为聪明的学生回答说：“无论我们的工作多忙，行程排得多满，如果要紧一下的话，还是可以多做些事的。”

这位学生回答完后心中很得意地想：“这门课到底讲的是时间管理啊!”

教授听到这样的回答后，点一点头，微笑道：“答案不错，但这并不是我要告诉你们的重要信息。”说到这里，这位教授故意顿住，用眼睛向全班同学扫了一遍后说：“我想告诉各位最重要的信息是：如果你不先将大的鹅卵石放进罐子去，你也许以后永远没机会把它们再放进去了。”

资料来源：彭先坤，梅艺华，彭志红．推销技巧[M]．北京：北京理工大学出版社，2011.

7.1.3 个人财富管理

财富管理不仅仅是个人理财的概念，更是一个推销员全新的金钱思想。推销员要树立

“赚钱后要用钱为我工作”的思路，了解金钱运动规律并使其为自己服务。每一个销售目标的实现，都离不开资金的投资与回报。推销员要搞清楚自己的财富状况，销售初期的收入如何分配，开支有哪些等，因为随着推销能力的增长，推销员的收入将有所提高，同时开支也会有相应改变。一方面，随着收入的变化，销售目标的调整，业务的广泛开展也随之而来，你的工作业绩也逐渐会得到公司领导的认可；另一方面，你也可以通过展示推销业绩来获得公司领导的工作支持和帮助。因此，推销员在实施个人财富管理中，一定要本着一切为实现销售目标的目的，制订可行的财富计划，将收入、支出情况理清楚，从个人收入提高、顾客沟通和事业发展三个方面来开展财富管理，不去虚荣地攀比别人，理性地本着“钱为我的工作服务，工作为我带来更大的财富”的心态，定能做好财富管理，提高自己的理财水平与能力。

阅读案例 7-2

罗伯特《穷爸爸、富爸爸》

这本书中通过对穷爸爸、富爸爸在理财观念与结果对比，给我们一种强烈的震撼。

学习意识：

穷爸爸认为应该努力学习得到好成绩，就能找到高薪并得到有很多好处的职位；

富爸爸认为应该努力学习去发现并收购好公司。

风险意识：

穷爸爸认为挣钱的时候要小心，别去冒险；

富爸爸认为不要怕风险并学会风险管理。

管理意识：

穷爸爸教孩子如何写简历找份好工作；

富爸爸教孩子写雄心勃勃的事业规划和财务计划。

金钱意识：

穷爸爸说，我对金钱不感兴趣，不准在桌上谈论金钱；

富爸爸则坦诚告诉孩子，金钱就是力量。

理财意识：

穷爸爸主张努力存钱；

富爸爸主张不断投资。

资料来源：陈锐．推销实务[M]．重庆：重庆大学出版社，2010.

7.2 销售管理

7.2.1 销售过程管理

销售过程管理是指按照推销程序和推销活动过程，对推销人员的工作和活动情况实施的管理。鉴于推销人员工作活动时间与地点的不确定性，管理的基本思路是按照销售工作内容和推销活动程序，由推销人员自行以报告的形式进行汇报，然后由销售经理进行事前和事后的管理与监督。报告书的内容和形式如下。

1. 推销可行性报告管理法

推销的可行性报告是对于市场营销可行性报告的落实和细化，是对在具体的地区或者行业，对具体的目标市场或者对象顾客开展销售活动的理由和营利性的分析和说明。销售可行性报告可以采取简单报告书或者报告表格的形式，由人员推销在销售活动开始前交给销售经理审批。销售经理通过审批实施事先的管理。推销活动可行性报告形式见表7－4。

表7－4 推销活动可行性报告表

报告人姓名	所属单位
销售活动目标市场情况（地区、行业、需求特征、市场营销可行性结论）	估计顾客数目、市场容量、销售总额及其理由
销售指标、影响因素和策略	可能的增长率、增长理由
开展活动的计划安排	销售活动负责人 工作建议
所需条件、费用和来源	审计制度
业务主管意见	上级审批意见
上报时间	备注

2. 推销拜访报告管理法

推销拜访报告管理法是指在推销人员开始推销拜访活动之前，销售经理对推销活动的各项内容进行管理和审查的管理方法。推销人员在对顾客进行拜访前，配合约见顾客前的准备工作，需要以报告的形式把活动对象和拜访内容以及推销策略准备情况向销售经理进行报告，以便批准和指导。拜访计划报告书至少应该复印三份，一份交回给推销人员使用；一份由销售经理保留以便检查；另外一份作为资料保管，存入顾客档案，以备以后分析和总结。推销拜访计划报告表格的形式和内容见表7－5。

表7－5 推销拜访计划报告书

报告人（销售人员单位和姓名）	
拟拜访的对象：包括企业的全称、简称	
法人代表的姓名、性别、年龄	
拜访理由	
拜访目的	
可能存在的问题和原因	
关键因素的确定和解决的方法	
有利因素和应用的策略	
拜访路线、交通工具、次数和日程、议程安排	
推销费用明细表	
销售经理审批意见	

3. 拜访活动报告书

推销人员在每次拜访顾客后，都应该把拜访过程、结果和心得体会向业务主管进行汇报。业务主管应该把拜访情况汇报中记录的信息资料及时输入到顾客档案中，作为企业的高级商业机密，进行加密处理。同时对推销人员的工作进行考核和评估。推销人员拜访顾客活动考核和评估形式如表 7-6 所示。

表 7-6　拜访顾客活动报告书

报告人			
顾客姓名单位		顾客地址	
顾客姓名、简称		实际拜访地址	
		最方便的联系方式	
拜访的次数		拜访过程和结果 （简单描述）	
拜访时间			
顾客提出的主要异议			
解决方式			
对拜访结果的分析		顾客购买行为分析及备忘	
经验和具体体会		教训和具体体会	
下次拜访的策略和技巧		批示	
汇报人员单位和姓名		汇报书面处理结果、时间及负责人签字	
资料级别		档案记录形式、编号及输入员签字	
处理时间			

4. 拜访顾客总结报告书

在推销人员经过一定时间的活动后，应该对推销活动给予定期总结，以利提高。推销活动总结报告的形式见表 7-7。

表 7-7　推销活动总结报告

呈报	
报告人员单位和姓名	报告时间间隔：201 年　月　日— 　月　日
报告期拜访顾客人次数 （分地区、行业和类型）	其中老顾客的人数和比例 新顾客的人数和比例
拜访期失去的老顾客人数	与老顾客维持和发展良好关系的要求
典型顾客	
失去的原因	
可能产生的影响	

续表

拜访时期增加的新顾客人数类型、需求特点、需求规模、信誉等级等	潜在顾客的特征、规模和发展前景
发展新顾客的建议、预期和理由	对建立、维持发展顾客关系的建议
报告人单位和姓名	报告时间
业务主管审查结果	审查时间和签字

由于推销人员工作性质的原因，不同企业的报表和报告书的具体内容可能不相同。但是推销人员的各种计划书、报告书，相当于生产工人和生产线流程上的台账，是推销人员工作和活动的真实记录。因此，必须认真对待，所有资料必须妥善保管，报告书的内容应该不断修正、改进。

7.2.2 推销人员绩效评估的指标

推销人员的绩效评估是指企业或推销人员对一定时期内推销工作的状况进行衡量、检查、评定和分析，目的在于总结经验和教训，进一步制订新的推销计划，改进推销工作，取得更好的推销业绩。要搞好推销人员业绩考评，必须建立科学的绩效评估的指标体系。

1. 结果标准

1）销售量

销售量是推销绩效评估的主要内容之一，推销人员推销出去的产品越多，其推销成绩就越大。要正确评估销售量，首先要对销售量的范围进行准确的界定，确定销售量所包含的内容，运用统一的口径。销售量是指企业或推销人员在一定时期内实际推销出去的产品数量。它包括合同供货方式和现货供货方式，已售出的产品数量以及尚未到合同交货期提前在报告期内交货的预交产品数量，但要扣除销售退回的产品数量。其次要运用一定的方法考察销售量的变化，准确地评价推销人员的工作业绩，如通过对产品推销计划的完成情况、不同品种的销售量、对新老用户的销售量等进行考察，进一步分析其原因以及销售量和市场占有率的变化发展趋势等。

2）推销额

推销额是以价值形式反映产品销售情况，既考虑产品数量也考虑产品价格。在评估销售额时，应先根据各推销产品的不同价格和销售量计算出区域或推销人员、各种产品、不同消费者群或推销对象的销售额，累加求出总的销售收入，再依据一定的方法进行比较分析。

3）推销费用

推销费用是在推销产品过程中所发生的费用，包括与产品推销活动紧密相关的成本、费用开支，如推销项目可行性调研的费用、有关资料的印刷费和广告费、交通费、通信费、业务招待费、展销场地租赁费等。考核推销人员为完成推销任务所支出的直接和间接费用，可以及时发现费用开支中的问题，有利于把费用控制在预算范围内，提高费用使用效率。进行推销费用评估常用的指标有：

（1）产品推销费用率。它是指一定时期内推销费用与推销额的比例。

（2）推销费用降低率。它是指一定时期内推销人员实际支出的推销费用与计划核定的

推销费用限额之间的比例，它反映推销费用节约或超支的程度。

费用的评估，可以按总费用或各分类费用，结合各类别的费用配额进行比较分析。

4）销售利润

销售利润是推销成果的集中体现。将销售收入与销售成本和费用进行比较，就可以看出推销人员为企业创造的利润的多少。在分析销售利润时，不仅要分析销售利润的计划完成情况，而且要进一步分析其变化的原因，分析不同因素如销售量、产品价格、销售成本和销售结构等对销售利润的影响，以便于及时发现问题，提出改进的措施。利润的评估也可以按总利润及各分类利润进行分析。利润评估可以加强高利润区域、高利润产品、高利润消费者群的工作，保证公司利润的实现。毛利目标实现情况考核公式为：

毛利目标达成率＝实现毛利额/毛利额目标×100％

5）推销效率

评估推销效率可以更全面地评价推销人员的工作程度和效果，掌握推销人员之间存在的主客观差距，并通过奖勤罚懒，提高推销人员的工作努力程度，促进推销业绩的提升。

评估推销效率的指标主要有推销配额完成率、用户访问完成率、推销人员人均推销额、推销费用降低率、订单平均订货量、订货合同完成率等。

（1）推销配额完成率。它反映推销人员对计划或定额推销任务的实际完成情况，公式为：

推销配额完成率＝实际完成销售量(额)/计划(配额)销售量(额)×100％

（2）推销人员人均推销额。它是衡量销售部门平均工作成绩的指标，推销人员了解人均推销额，就可以将自己的推销成果与之对照分析，更好地激励自己努力工作，赶超先进水平。

（3）订单平均订货量(额)。它是指一定时期内获得的订单或合同订货量(额)与订单或合同总数的比值。这一指标可以衡量推销人员所获取的订单的数量与质量，它适用于考评那些推销价格低、品种规格多、用户分散、订单订货量少的产品的推销员的工作业绩，公式为：

订单平均订货量(额)＝订单订货总量(额)/订单总份数

（4）订货合同完成率。它又称为履约率，主要是衡量订货合同的执行情况，通过订货合同完成率的高低来评价推销人员的工作效率和质量，公式为：

订货合同完成率＝合同期交货数/合同期订货数×100％

其中，合同期交货数＝实际交货数－(合同期欠交数＋合同期超交数)。

6）货款回笼率

推销员只有在完成货款的回笼之后，其业绩才受到评价。因此，应将“销售产品——回笼货款”视为销售行为的一个循环过程。货款回笼率是指在一定时期内(如1个月、1年)，推销人员所销售产品的已收货款与应收货款之比。其计算公式为：

货款回笼率＝已收货款/应收货款×100％

货款回笼率越高，说明资金周转越快，推销人员经济效益就越好；反之，则说明资金周转慢，推销人员的经济效益不理想。

7）客户数量

客户数量具体包括新客户数量、客户丢失数量、客户流失率等。

以推销结果作为推销绩效的标准时，可能并没有完全反映出一个推销人员的实际能力，因为每个区域的市场状况是有差异的，还应制定行为方面的标准，其重点是测定每个销售人员具体做了什么。

2. 行为标准

（1）销售访问。具体包括：对潜在客户的信函或电话访问次数、顾客访问次数、计划访问次数、每个客户的访问次数、每次访问的平均使用时间。

用户访问完成率。它是指一定时期内推销人员访问顾客的实际次数与计划规定的次数的比例。考核推销人员的用户访问完成率可以从推销活动过程上来衡量推销人员的工作努力程度，公式为：

用户访问完成率＝实际访问用户次数/计划访问用户次数×100％
＝实际访问用户数/计划访问用户数×100％

（2）辅助行为。具体包括：已上交的所要求报告的数目、工作天数、推销时间与非推销时间之比、培训次数、顾客抱怨次数、正式演讲次数、服务访问次数、提出建议次数等。

7.2.3 推销绩效评估的方法

1. 横向对比分析法

推销人员绩效的横向对比分析，就是企业对所有推销人员的工作业绩加以相互比较。推销人员绩效的横向比较表示例见表7-8。

表7-8 推销人员绩效的横向比较表示例

评价因素	推销员甲	推销员乙	推销员丙
因素一：销售收入			
（1）权数	0.5	0.5	0.5
（2）目标/元	200 000	400 000	300 000
（3）完成/元	160 000	360 000	300 000
（4）效率［(3)/(2)］	0.8	0.9	1.0
（5）绩效水平［(1)×(4)］	0.4	0.45	0.5
因素二：订单平均订货额			
（1）权数	0.3	0.3	0.3
（2）目标/元	500	600	400
（3）完成/元	450	480	320
（4）效率［(3)/(2)］	0.9	0.8	0.8
（5）绩效水平［(1)×(4)］	0.27	0.24	0.24
因素三：每周平均访问次数			
（1）权数	0.2	0.2	0.2
（2）目标/次	25	40	30
（3）完成/次	20	30	27
（4）效率［(3)/(2)］	0.8	0.75	0.9
（5）绩效水平［(1)×(4)］	0.16	0.15	0.18
绩效水平合计	0.83	0.84	0.92
综合绩效	83％	84％	92％

表 7－8 中，评价甲、乙、丙三个推销员的因素为销售收入、订单平均订货额和每周平均访问次数，由于这三个因素在考核推销绩效中的重要性不同，分别给予 0.5、0.3 和 0.2 的权数，同时，根据各自情况制定不同的目标。如乙所在地区潜在顾客较多，竞争对手力量不强，故其销售收入目标为 400 000 元，高于甲和丙。通过各个推销员各项目标的完成情况，可计算出各项相应的绩效水平，然后再累加得出各个推销员的综合绩效。推销员丙的综合绩效最高，为 92％。

正确运用横向对比分析法，必须在充分考虑到各地区市场潜量、工作量、竞争激烈程度、企业促销配合等因素的基础上制定出合理的目标。但在实际评估中，推销管理部门很难面面俱到地考虑所有的影响因素，在目标的制定上有一定的主观偏差，如果仅用这种分析方法容易引起误解。因此，在横向对比分析的基础上，配合纵向对比分析，能够更全面、准确地评估推销绩效。

2. 纵向分析法

纵向分析法是指通过推销指标绝对数值的对比确定数量差异的一种方法，其作用在于揭示客观存在的差距，发现值得研究的问题，为进一步分析原因指明方向。依据分析的不同要求，主要可进行三种比较分析，即：将实际资料与计划资料对比，说明计划完成情况；将实际资料与前期资料对比，考察推销活动发展变化；将实际资料与先进资料对比，找出差距和原因，挖掘潜力。推销人员绩效的纵向比较表示例见表 7－9。

表 7－9　推销人员绩效的纵向比较表示例

推销员：W	所辖区域：××市			
评价因素	2009	2010	2011	2012
(1) 产品 A 销售额/元	251 300	253 200	270 000	263 100
(2) 产品 B 销售额/元	423 200	439 200	553 900	561 900
(3) 销售总额/元 [(1)＋(2)]	674 500	692 400	823 900	825 000
(4) 产品 A 推销定额完成率	95.6％	92.0％	88.0％	84.7％
(5) 产品 B 推销定额完成率	120.4％	122.3％	134.8％	139.8％
(6) 产品 A 毛利/元	50 260	50 640	54 000	52 620
(7) 产品 B 毛利/元	42 320	43 920	55 390	56 190
(8) 总毛利/元[(6)＋(7)]	92 580	94 560	109 390	108 810
(9) 销售费用/元	10 200	11 100	11 600	13 200
(10) 销售费用率 [(9)÷(3)]	1.5％	1.6％	1.4％	1.6％
(11) 访问顾客次数	1675	1700	1680	1666
(12) 每次访问成本/(元/次) [(9)÷(11)]	6.09	6.53	6.90	7.92
(13) 顾客平均数	320	324	328	334
(14) 新增顾客数	13	14	15	20
(15) 失去顾客数	8	10	11	14
(16) 每一顾客平均销货额/元 [(3)÷(13)]	2108	2137	2512	2470
(17) 每一顾客平均毛利/元 [(8)÷(13)]	289	292	334	326

销售经理可以从表 7－9 中了解到推销员 W 的有关情况。W 的总销售量每年都在增长(第 3 行)，但并不一定说明 W 的工作很出色。对不同产品的分析表明，W 推销产品 B 的

销售量大于推销产品A的销售量(第1行和第2行)。对照产品A和B的定额达成率(第4行和第5行)，W在推销产品B上所取得的成绩很可能是以减少产品A的销售量为代价的。根据毛利额(第6行和第7行)可以看出，推销产品A的平均利润要高于产品B.W可能靠牺牲毛利率较高的A产品为代价，推销了销量较大、毛利率较低的产品B。推销员W虽然在2012年比2011年增加了1100元的总销售量(第3行)，但其总销售额所获得毛利总额实际减少580元(第8行)。

销售费用占总销售额的百分比基本得到控制(第10行)，但销售费用是不断增长的(第9行)。销售费用上升的趋势似乎无法以访问次数的增加予以说明，因为总访问次数还有下降的趋势(第11行)，这可能与取得新顾客的成果有关(第14行)。但是该推销员在寻找新客户时，很可能忽略了现有客户，这可从每年失去客户数的上升趋势得到说明(第15行)。最后两行每个客户平均购买额和每个客户平均毛利要与整个公司的平均数值进行对比才有意义。

如果W的这些数值低于公司的平均数，也许是他的客户存在地区差异性，也许是他对每个客户的访问时间不够。可用他的年访问次数与公司推销员的平均访问次数相比较。如果他的平均访问次数比较少，而他所在销售区域的距离与其他推销员的平均距离并无多大差别，则说明他没有在整个工作日内工作，或者是他的访问路线计划不周。

3. 尺度考评法

这是将考评的各个项目都配以考评尺度，制作出一份考核比例表加以评核的方法。在考核表中，可以将每项考评因素划分出不同的等级考核标准，然后根据每个推销人员的表现按项目评分，并可对不同的考评因素按其重要程度给予不同的权数，最后核算出总的得分。

阅读案例7-3

A公司的销售部制定了明确的政策，只要推销员在一个季度之内拿到一定额度的订单，推销一定套数的管理软件，就算完成销售指标，就能够拿到底薪和比较高的提成。这样A公司的推销员都一门心思放在业绩上了，而中间的管理工作，如参加公司的例会、培训，公司的文化和制度方面的学习，填写必要的管理表单以及进行工作谈话等，都忽略了。由于平时这方面缺乏管理，推销员很自然就认为只要把业绩搞好就是最好的，而这些业绩全是自己一个人努力的结果。这种以业绩一票否决的管理模式被称为“承包制、放羊式管理”。显然，A公司的承包制、放羊式管理导致了推销员的思想变化，也最终导致企业对整个销售部门的管理混乱。

而B公司从来不重视对销售队伍的培训，培训机制存在着许多不足的地方，结果推销员只能“八仙过海，各显神通”。有的推销员对产品的了解比较深入，于是以产品去打动客户；有的酒量很不错，于是经常与客户“煮酒论英雄”，以酒量去征服客户；有的则搞一些桌椅底下的交易，专走旁门左道。运用以上各种方法，B公司的一部分推销员也的确有了不错的业绩，这部分人士只能被称为所谓的“草莽英雄”。这些“草莽英雄”对于自己能干出一些业绩很得意，都觉得自己本领很大，而事实上他们并没有熟悉真正规范的销售流程和模式。由此看来，由于B公司不重视对员工的管理，导致了整个销售队伍没有团队精神，缺乏核心力量，最终的结果是公司的市场生命周期不会长久。

资料来源：董亚辉，霍亚楼. 推销技术[M]. 北京：对外经济贸易大学出版社，2007.

7.2.4 推销人员的激励

1. 奖酬系统管理

奖酬系统管理是指选择和运用组织奖酬，以指导推销人员的行为朝着组织的目标努力。组织提供的奖酬可分为物质性奖励和非物质性奖励两大类。物质性奖励(Compensation Rewards)是对可接受的业绩或努力的回报，主要是指推销人员的薪酬，也包括晋升、成就感、个人发展机会、认可及安全感。非物质性奖励(Non-compensation Rewards)是指与销售人员的工作状况和福利状况有关的因素，例如，给销售人员一定程度的自主权，可以自己安排推销工作的时间和方式；提供信息反馈，促进改善销售业绩；给推销人员购买医疗保险等。

2. 激励推销人员的原则

销售经理应该认识到，他们所做的任何事情都可能影响到推销人员的行为。用人方式、奖励政策、培训、沟通风格及管理方式等会改变或影响推销人员的预期努力，管理层必须要用好相关的政策制度，最大限度地调动推销人员的工作积极性。

激励推销人员的主要原则是：

(1) 吸纳那些个人动机、工作要求与公司可以开支的报酬相匹配的人员从事推销工作。

(2) 鼓励和奖励销售人员时，应尽可能地把个人需求融合到激励方案中去。

(3) 给销售人员提供技能培训，并提供足够的信息，以利于其完成销售工作。

(4) 把个人工作设计与再造作为激励的工具。

(5) 通过建立销售人员的自尊来增加对销售人员的激励力量。如以正强化来表示赞同，业绩不理想时提出建设性意见。

(6) 努力找出激励中存在的潜在问题，在问题暴露之前解决掉。

3. 激励推销人员的方式

1) 物质激励

物质激励是指对做出优异推销业绩的销售人员给予晋级、奖金、奖品和额外报酬等实际利益，以调动所有销售人员的积极性的刺激手段。在所有的激励中，物质激励对销售人员的刺激作用最为强烈，也是销售经理最为常用的激励方式。但在使用时，往往要与其他激励方式配合使用。

2) 精神激励

精神激励是指对做出优异推销业绩的销售人员给予表扬、颁发奖状、奖旗或授予荣誉称号等非物质刺激的方式，以此来激发推销人员的进取心。对大多数推销人员来说，物质激励是基本需要，精神激励是高层次的需要，而且也是必不可少的，特别是对于那些接受过正规教育的年轻人。销售经理应深入了解每个销售人员的实际需要，不仅要满足他们物质生活上的需求，解除他们的后顾之忧，而且要帮助他们实现其理想、成就、荣誉、自尊及自我价值等。如安排成绩突出的推销人员与公司董事长见面、共进午餐、授予“冠军推销员”称号、出席新闻发布会等。

3）目标激励

目标激励是指为销售人员确定的、通过自身努力能够实现的目标。目标是用来激励推销人员努力进取的动力，主要的目标有销售额、毛利额、访问数、新客户数、访问费用及货款回收率等。

4）环境激励

环境激励是指企业创造一种良好的工作氛围，使推销人员能心情愉快地开展工作。企业要创造良好的工作条件，减少推销人员因为担心失业而形成的不安全感；企业还应为推销人员配备必要的通信设施，以方便销售工作的开展；销售经理应真诚地关心推销人员的成长，帮助他们取得良好的业绩，认同他们在推销事业上所取得的成就，并不时地予以肯定。

7.3 应收货款管理

在采用赊销或分期付款方式推销成交后，及时回收货款、保证货款安全是推销人员的一项重要职责，也是保证企业能够正常运转的一个前提条件。一些推销员在催款中会表现出某种程度的软弱，例如有的推销员收款时“心太软”“不欠款客户就不会进货，欠款实在是没有办法的事。”“客户资金怪紧张的，就让他拖欠一次吧!”“看这位客户不像是个骗子，过几天就会还款的。”这种软弱和心态推销人员一定要避免，否则，是回收不了恶意拖欠客户货款的。为减少货款回收的风险，事前要采取了一些降低风险的控制措施，但商品赊销后仍然存在货款回收的风险。因此，推销人员应掌握应收货款的回收与讨债的技巧和手段。

7.3.1 信用额度

信用额度是企业赋予客户的一种商业信用，即允许客户在一定时期内有一定数额的欠账。赊销对于企业来讲，当然存在风险，可能会有部分商品的货款收不回来，造成坏账损失。但只要采用信用政策所增加的盈利能够超过所支出的成本，这一政策仍有采用的必要。这主要涉及两个问题，即信用标准和信用条件。

1. 信用标准

企业在制定信用标准时，必须对客户的资信情况进行调查，在此基础上，判断客户的信用等级并决定是否给予客户信用优惠。通常，可通过对客户进行“五C”系统评估，从而确定客户的资信程度。所谓“五C”系统，是指评估客户资信程度高低的五个方面。

(1) 信用品质(Character)。即客户履约或赖账的可能性。这是衡量客户是否信守契约的重要标准，也是决定是否给予赊销的首要因素。企业必须设法了解客户过去的付款记录，看是否有按期如数付款的一贯做法，与其他交易对象的关系是否良好。

(2) 偿付能力(Capacity)。即客户的偿债能力。客户的偿债能力取决于其资产特别是流动资产的数量、质量(变现能力)及其与流动负债的比率。一般而言，客户的流动资产越多，流动比率越大，表明其偿还债务的能力越强；反之，则偿付能力越差。同时，还要注意客户流动资产的变现能力。

(3) 资本(Capital)。资本反映了客户的经济实力，表明客户可能偿还债务的背景，是客户偿还债务的最终保证。

(4) 抵押(Collateral)。即客户拒付货款或无力支付货款时能被用做抵押的资产。企业如无法收回这些客户的货款，便可用其抵押品进行抵补。这对于初次交易不知底细或信用状况有争议的客户更为重要，一般只有这些客户能够提供足够的抵押，才可以考虑向他们提供相应的商业信用。

(5) 条件(Conditions)。即可以影响到客户偿债能力的一般经济趋势和某些经济领域的特殊因素。比如，出现经济不景气，会对客户的付款产生什么影响，客户会如何做，客户是否具有较强的应变能力等。这需要了解客户在过去类似情况下的付款历史。

在对客户资信情况充分调查的基础上，对客户进行分级，可分为 A、B、C 三类，A 类客户是指那些经营规模大、资金雄厚、守信用的客户，对此类客户可采取较低的信用标准；B 类客户是指那些经营状态良好，信誉较好的客户，对此类客户可采取一般的信用标准；C 类客户指那些口碑不佳的客户或新客户，对此类客户可采取严格的信用标准，比如，要求客户必须提供抵押品才可享受信用优惠。

2. 信用条件

信用条件是企业接受客户信用订单时所提出的付款要求，一般包括信用期限、现金折扣和折扣期限等。信用条件通常表述为“3/10，2/20，*N*/45”，即如果客户在 10 日内付款，则给予 3%的现金折扣；如果客户在 10 至 20 日内付款，则给予 2%的现金折扣；如果放弃折扣优惠，则必须在 45 日内付清全部货款。在此，45 天为信用期限，10 天为折扣期限，3%、2%为现金折扣(率)。企业规定信用条件，一般可根据本行业的惯例及企业的具体情况而定。

通常，信用期限过短，不足以吸引客户，在竞争中会使销售额下降；信用期限过长，会使收账费用和坏账损失相应增加，企业的收益下降。因此，企业是否给客户延长信用期限，应视延长信用期限所增加的边际收入是否大于增加的边际成本而定。

例如，某企业过去一直按照行业惯例采用 30 天的信用期限，现根据有关情况变化，拟将信用期限放宽到 60 天，假设该企业的投资报酬率(利润总额/投资总额)为 10%，其他有关资料见表 7-10。

表 7-10　某企业边际收入资料表　　单位：元

项　目	30 天	60 天	增加额
销售额	1 000 000	1 200 000	200 000
变动成本	800 000	960 000	160 000
边际收入	200 000	240 000	40 000
可能发生的收账费用	6 000	8 000	2 000
可能发生的坏账损	10 000	20 000	10 000

本例中，信用期限放宽到 60 天后，增加的边际收入为：240 000－200 000＝40 000(元)。

边际成本为：(1 200 000－1 000 000)×(60－30)×(10%÷365)＋(8000－6000)＋(20 000－10 000)≈13 643.84(元)

由于放宽信用期限后增加的边际收入 40 000 元大于所增加的边际成本 13 643.84 元，故选择 60 天的信用期限是合理的。

7.3.2 应收货款账龄分析

企业已发生的应收货款时间有长有短，有的尚未超过收款期，有的则超过了收款期。一般来说，货款拖欠时间越长，收回的可能性越小，形成坏账的可能性越大。国外专门负责收款的机构的研究表明，收款的难易程度取决于账龄而不是账款金额。据英国销售专家波特·爱德华的研究，赊销期在 60 天之内，要回的可能性为 100%；在 100 天之内，要回的可能性为 80%；在 180 天内，要回的可能性为 50%；超过 12 个月，要回的可能性为 10%。另据国外专门负责收款的机构的研究表明，账款逾期时间与平均收款成功率成反比。账款逾期 6 个月以内应是最佳收款时机。如果欠款拖至一年以上，成功率仅为 26.6%，超过两年，成功率则只有 13.6%。因此，推销员要经常进行应收货款账龄分析，随时掌握货款回收情况，并采取相应措施。对应收货款进行账龄分析，通常是通过编制账龄分析表进行的。账龄分析表是一张能显示应收货款在外天数(账龄)长短的统计表，其参考格式见表 7-11。

表 7-11 应收货款账龄分析表

统计时间：2013 年 11 月 20 日

客户名称	货款金额/千元	赊销到期时间	距到期日剩余天数	超过信用期天数	超期未付原因	催收情况
甲	500	2013.12.3	13			
乙	230	2013.11.10		10		
丙	160	2013.11.15		5		

应收货款账龄分析表是推销员为加强对应收货款的监督而填制的一种工作用表，因此，其栏目可根据实际需要灵活设计。推销员利用账龄分析表可以随时了解应收货款的到期情况，以便做好经常性监督和及时催收工作。

7.3.3 利用回访进行监督

回访客户是推销工作的一个重要环节，也是推销员的一项重要职责。通过经常回访客户既可以增进双方感情、融洽双方关系，同时，利用回访客户的机会还可以“很自然地”加强对应收货款的监督。在回访客户的过程中，推销员要有目的地重点观察了解客户的销售状况、库存情况、财务状况、债权债务状况等情况，要特别注意观察了解客户有无下列异常变化情况。

(1) 经常找不到公司负责人或公司负责人发生意外。

(2) 处理并不滞销的库存商品。

(3) 频繁调换管理层、业务人员，公司离职人员增加。

(4) 公司决策层存在较严重的内部矛盾，未来发展方向不明确。

(5) 突然大额订货。

(6) 下层客户赊销过多，货款回收困难。

(7) 办公地点由高档向低档搬迁。

(8) 经常换银行账户或开户行。

(9) 无正当理由拖延付款等。

一旦发现异常情况，或对于到期的应收货款，要马上采取果断措施催收货款或索回货物。对于催收未果者，应采取有效措施进行讨债，以避免因拖欠时间过长而发生坏账，使企业蒙受损失。

自古以来，欠账还钱是天经地义的道理。从理论上讲，履约付款是客户义不容辞的责任和义务。但是，如果企业对所有客户拖欠或拒付货款的行为都对簿公堂、付诸法律手段加以解决，往往不是最好的办法。因为企业解决与客户货款纠纷的目的，首先主要不是争论谁对谁错的问题，而在于怎样最有成效地将货款收回；其次，如果企业直接向法院起诉追债，不仅需要花费大量的时间和费用，而且效果往往也不理想。因此，通过法院收回货款一般是企业不得已而为之的最后办法。基于这种考虑，在运用法律手段讨债之前，推销员要尽可能运用一定的策略来收回货款。

7.3.4 讨债的基本策略

1. 提前催收，及早上门

推销员要经常查看自己制作的账龄分析表，对于赊销即将到期的客户要提前催收，提醒客户事先准备好款项。不少推销员重推销轻收款，往往是等到月末公司财务部门公布推销员货款回收情况时，才发现自己赊销商品的货款很多已超期未付，才匆忙向客户催收。而客户往往以“业务忙，忘记了”或“你提前没提醒，这几天款不凑手”等借口为由继续拖欠。因此，提前催收就可以堵住客户的这些借口。到了合同规定的收款日，推销员要及早上门办理结算手续，特别是对于一些中小客户，由于流动资金有限，往往是谁先去、谁要得紧，先给谁付款。去晚的客户，货款往往被拖欠。

2. 以诚相待，提供帮助

在实际经济活动中，客户拖欠货款的原因是多方面的：有的是客观原因，有的是卖方的原因，有的是客户的主观原因。因此，当客户拖欠或拒付货款时，推销员首先要分析弄清原因，然后像医生治病一样对症下药，才能收到好的效果。

对于客观原因导致的货款拖欠，如客户受大气候影响，产品销售不畅或其下游客户相互拖欠货款等原因，导致资金短缺，无力偿付货款时，推销员若能帮助客户开拓市场，打开销路，帮助客户收回下游欠款等，客户会因此受到感动，一旦取得款项不仅会首先偿付你的货款，而且还会与你长期合作，患难与共。

对于卖方原因导致的货款拖欠，如客户临时追加的产品发货不及时、发货品种不全(但不违背合同)，使销售受到影响；产品实际破损率大于合同规定的供货方应承担的标准，客户因此受到损失；卖方对客户的广告宣传等促销活动支持力度不够，服务不到位等。对于这些问题，若确实因卖方的产品或服务不到位使客户受到了损失，虽然卖方不违背合同，但为了能够长期合作，推销员应说服自己的领导正视现实，争取企业给客户一个折中的解决方案。请记住，推销员只有以诚相待帮助客户，才能实现双赢。

对于那些恶意拖欠、信用品质恶劣的客户，推销员态度要强硬，首先将其从信用清单中除名，不再对其赊销，并加紧催收所欠；催收无果，可与其他经常被该客户拖欠或拒付账款的企业联合，向法院起诉，以增强其信誉不佳的有力证据；同时，集体的力量对恶意拖欠的客户也会起到一种威慑作用。

阅读案例7-4

厂长让一位推销科长去催贷款，因为在他之前已有好几位业务员去催过，但一无所获。临行前厂长对推销科长说："不追回货款，就不要回来过年了。"推销科长无可奈何地上了火车。在火车上，他看到对面是一个中年男人单身带一个小孩。由于人多车挤、孩子闹，中年人忙得手足无措。困难中这位推销科长伸出了热情帮助之手。当中年人知道推销人员是为了到一个单位催要货款时，立即对他说："这个事您就放心吧，包在我身上。"果然，推销人员住下的第三天，单位就来电话说货款已经到账了。他很惊喜。原来，中年人是一个高级工程师，他是把孩子送回家乡让父母带的。他曾经为欠款单位解决过重大技术问题。后来，推销员与这位高级工程师鸿雁往来，友谊一直保持下来，其间，工程师为推销员提供了很多帮助，介绍了不少顾客。

资料来源：李桂荣．现代推销学[M]. 北京：中国人民大学出版社，2008.

3. 重点公关，建立友谊

经验丰富的推销员非常重视与客户各部门搞好关系，特别是与客户的采购部门和财务部门搞好关系。他们平时特别注重对客户的采购负责人和财务负责人进行"感情投资"，与之建立深厚友谊，如经常问候、有空聚聚、节日看望等。其结果是，在产品同等条件下，采购部门会优先采购你的产品，财务部门有款时会首先支付你的货款。这样，你不仅产品卖得多，而且货款收回也及时。

4. 掌握客户心理，采取适当对策

(1) 对于付款情况不佳的客户，见面不必跟他寒暄太久，应直截了当地告诉他你来的目的就是专程收款。如果推销员见客户要账时吞吞吐吐、羞羞答答的，反而会使对方在精神上处于主动地位，在时间上做好如何对付你的思想准备。应把握的原则是，态度坚决，口气和顺；不卑不亢，软硬兼施。

(2) 软硬兼施，缠住不放。对于那些信誉不良的客户，如果一见面就开始讨好你，或请你稍等一下，他马上去某处取钱还你；或者让你先回去，过两天就把款给你打过去。这十有八九是拖逃计。你决不能轻易相信，一定要软硬兼施，缠住不放，他走到哪里你跟到哪里。

阅读案例7-5

女业务员哭着要账

一位女业务员到客户那里去结账，手里还提着一个皮包。与业务经理谈了一会，结不出款，这时那位女业务员觉得再谈下去也无济于事，回公司向经理又交不了差，干脆坐在客户那里不走了，过了半小时仍不见效，便哭了起来，越哭越觉得伤心，干脆放声大哭了，不断地从皮包里掏出餐巾纸擦眼泪，两个小时过去了，皮包里的餐巾纸都用完了，办公桌上竟然放了一大堆。客户那里围观的人越来越多，人们的表情和态度各不相同，闹得业务经理非常被动，后来客户的总经理过来问发生了什么事情，知道是欠了人家6万元钱的货款，赶紧让会计开了一张支票，结了账。这时女业务员露出笑脸，愉快地回公司去了。

资料来源：宋桂元．现代推销实务[M]. 重庆：重庆大学出版社，2006.

5. 选择讨债场合，促使客户还款

1）登门催款

登门催款就是指推销员走出去，到债务人的所在地或大本营，与债务人直接进行面对面的交涉、协商，直接向债务人就债务的清偿进行催讨。从古至今，登门催款几乎在人们头脑中形成了一种思维定式。目前我国大多数债权人或催款人在选择催款的场合时，也仍然将债务人的所在地作为首选目标。登门催款的好处是：

（1）登门催款使债务人在舆论上处于不利地位。在我国传统观念里，债务人被追上门来催款通常是一件不光彩的事，而且人们都会同情和支持债权人。更重要的是，个人或组织欠债不仅是缺乏诚信的表现，往往很难获得他人的信任，并最终失去大量业务发展机会。所有这些情况，无形中会对债务人造成巨大压力，迫使其还款。

（2）登门催款帮助债权人做到了知己知彼。上门催款可以帮助债权人了解到债务人生产经营的一些真实情况和债务人欠债不还的具体原因，从而使债权人为下一步行动作出准确判断和充分准备。特别是在发现债务人明明有偿债能力而故意拖欠时，债权人就可以大胆地采取法律诉讼等非常手段催要欠款。

（3）登门催款便于开展催款活动。债权人上门催款，便于寻求社会支持，以促使债务人尽快履行债务。在债务人的大本营进行催款活动，债权人不但能和债务人进行针锋相对的交涉，而且还可以寻求债务人所在地方政府经济部门、新闻媒介的支持，从而利用各种社会力量对债务人施加压力，迫使其还款。

登门催款时，不要看到客户处有另外的客人就走开，一定要说明来意，专门在旁边等候，这本身就是一种很有效的催款方式。因为客户不希望他的客人看到债主登门，这样做会影响他别的生意，或者在亲朋好友面前没有面子。在这种情况下，只要所欠不多，一般会赶快还款，打发你了事。另外，你在旁边等候的时候，还可以听听客户与其客人交谈的内容，并观察对方内部的情况，也可以找机会从对方员工口中了解对方现状到底如何，说不定你会有所收获。

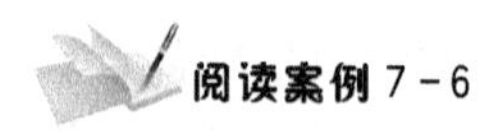

阅读案例 7-6

女子讨债队

据报载，某市总工会曾专门组织一支女子讨债队帮助企业登门讨债。除了讨债所应当具备的一些物件之外，每人出发时还特地带一二斤毛线在身。凡是遇到那些欠债不还的企业，这些女同志便整天坐在厂长或经理的办公室，一边打着毛线衣，一边陪着那欠债不还的经理(厂长)办公。遇到其他的客户找经理(厂长)谈生产、拉业务的人绝不回避。过不了几天，这些欠债油子乖乖地答应履行债务。

资料来源：邱训荣．推销技巧[M]. 南京：东南大学出版社，2004.

2）请进自家门

推销员选择自己的大本营作为实施讨债活动的地点，在一般人看来有些不可思议，甚至会觉得荒唐。试想，债权人怎么可能将债务人请进自己的大本营向他交涉要债？债务人自己走进债权人的大本营交涉债务问题不等于自己给自己戴脚镣和手铐吗？这些看法是有道理的。如果债务人存在赖债或故意要拖欠的情况，他当然不愿意与债权人见面。不过，这种债务人毕竟为数不多，大多数债务人不能按合同约定的期限还债，都确实有值得同情的原因。他们一般不会害怕同债权人见面，更不会躲避债权人，甚至还会主动拜会债权人，向债权人说明情况，争取得到债权人的理解和同情，争取得到债权人同意缓期履行债务的允诺。对于那些暂时确实没有偿还能力的债务人，推销员亲自上门讨债其理想的结果也不过是和债务人协商制定一个可行的延迟履行合同，这样的讨债结果债权人在其他场合也完全可以达到。

推销员将债务人请进自己的大本营实施讨债行为，最关键的是“请”的方式和“请”的时间。只要推销员请的方式巧妙，请的时间恰当，不但债务人会愉快地接受邀请，而且推销员也会顺利地达到其讨债的目的。什么样的方式和时间最好，这就要推销员根据各自的情况决定了。需要提醒的是，不要等到债务人不还债的时候才想办法去向债务人追讨，虽说是亡羊补牢，犹未为晚，但毕竟要遭受一定的损失。对债权人来说最好是债务人能按时清偿债务，为此，在债务合同的期限快到之时，推销员将债务人请进自己的大本营以极其巧妙的方式暗示对方要遵守债务合同的约定，按时清偿到期债务，这或许能在某种程度上防患于未然。

更有一些老练的推销员在债务合同快到期之际，邀请债务人商谈另一笔生意，或者对与债务人再次合作表示极大的兴趣，当然，其前提自然是要债务人先将快到期限的债务结清。有利可图，任何一个债务人都会乐意合作。这样推销员便会很轻松地达到索要债务的目的，至于是否真的要同债务人再继续合作，主动权仍旧操纵在推销员手上。他也可能的确愿意同债务人再次合作，也许所许诺的这另一笔生意仅仅只是一个诱饵。不论是否继续合作，推销员都已经达到了讨债的目的。他同债务人之间的债权债务关系已经了结，他完全可以自由选择下一次合作伙伴。

另外，推销员必须认识到，如果直接通知债务人于什么时间到什么地方就有关债务问题进行商榷，势必会在债务人心理上造成一种逆反、对抗情绪，导致债务人拒绝同推销员见面商谈。如果推销员友好地邀请债务人前来参加联谊会、讨论会、交易会之类的活动，债务人就比较容易接受邀请。

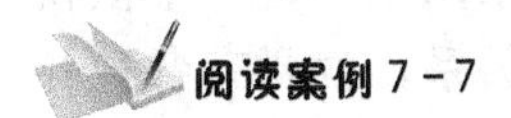
阅读案例 7-7

智讨债款

某公司原来从事汽油销售业务，与一些大的运输公司采用压批滚动的方式进行货款结算。开始业务做得还比较顺利，运输公司占压一定的批量，能按时结算油款。后来，由于受国家石油专营政策等因素的影响，该公司的汽油购销业务终止了，改行从事木材加工生意，但原来打交道的一家运输公司仍欠有5万多元的油款未能收回。公司先后派人多次到该运输公司索要欠款都未能如愿，前后一年多时间，清欠工作毫无进展。经分析研究，认为在对方恶意拖欠的情况下，必须变被动为主动，再借助法律的配合，才能使这笔债权得以落实。于是公司安排一名此项业务的参与者做向导，带一名该运输公司不熟悉的人员前往对方所在地。先在当地的纤维板厂购买了一批公司正常经营所需的板材，然后由那位对方不熟悉的人员出面，到该运输公司去雇用车辆运输板材。运输公司的调度员看到有找上门来的生意当然高兴，毫不犹豫地安排车辆即刻起程。经过几个小时的跋涉，一辆崭新的“东风”大货车就开进了公司的大院（在雇车时隐瞒了公司的真实名称），至此，运输业务完成，但车却被扣押下来。原来，该公司已提前派人到法院去办理了车辆的扣押手续，当运输公司的经理接到扣押通知后，第二天便派人把拖欠了一年多的欠款全部结清，而且还支付了8 000元因拖欠货款而造成的费用和利息损失。

资料来源：王国梁．推销与谈判技巧[M]．北京：机械工业出版社，2009.

3）不期而遇

在现实中不乏这样的情况：推销员多次登门讨债均因债务人外出不得不空手而归，正当推销员为此苦恼不堪，一筹莫展之时，却意外地在某种场合又碰上了债务人。对债务人来讲这种场合当然是极不愿意碰上的，可对推销员来讲，这是天赐良机。推销员必须抓住这个得之不易的机会，同债务人进行有礼有节、认真耐心地交涉，向债务人实施讨债行为并力争得到债务人的承诺，尽快清偿所欠债务。

这种不期而遇的场合很多，比如在火车、轮船、飞机等交通工具上，在一些公众场所或者在一些社交场合，推销员都可以遇上久寻不见的债务人。在这种场合下，推销员切忌感情冲动而引出一些过激言词和过火行为，首先要沉着、稳重，保持冷静，对债务人应当像久别重逢的朋友意外相遇似的，热情、礼貌。等债务人在你的感染下也摆脱了窘境之后，再有礼有节、柔中有刚地向债务人讲明你对债务的清偿要求。因为机会难得，所以推销员一定要有不达目的决不罢休的知难而上的精神。可以设想，在这种场合之下，债务人一旦摆脱了窘境之后，必然是想千方百计摆脱推销员的纠缠，他也许会对你低声哀求，或者是动之以情，或者是欺哄瞒骗。推销员此时务必要保持清醒的头脑，不要上债务人的当。推销员此时只需记住一点：债务人不答应立即履行债务，你就一直同他纠缠下去，直到他答应履行债务为止。当然，这里所说的答应，绝不是口头上的承诺，谨防债务人以空口无凭为由继续拖欠、赖债。

另外，还有一种表面是不期而遇，实际上则是有意相会的“邂逅”。这就是推销员经过调查知道了债务人的去向，然后跟踪而至。一般来说，债务人单纯为躲债而出去观光旅游的不多，特别是一些企业的厂长经理们，他们出去大都是既躲债又开展业务，假如讨债人跟踪而且缠住不放，势必对他的业务活动造成不良影响。因此，这种“不期而遇”的讨债方式往往都会产生奇效。

4）各种聚会

现代社会当中，每一个社会成员都处在上下左右、纵横交错的关系网中，每一个债权人或者债务人都有极其复杂广泛的社会关系。要应酬如此众多的社会关系，就要有各种各样的社交、聚会场合，推销员就可以利用这样的聚会、社交场合向债务人实施讨债行为，特别是对那些故意拖欠债务的债务人，推销员在这种场合向他实施讨债行为常常会取得令人满意的结果。

需要注意的是，推销员在这样的场合实施讨债行为，更要做到有礼有节。推销员言行举止是否符合礼仪要求，对他是否被参加聚会的人接受影响极大。倘若推销员举止粗鲁、出言不逊，恐怕就会遭到人们的拒绝和谴责，从而不但无法实施讨债行为，人们还会转而对债务人抱有某种同情态度。因此，推销员要在各种聚会场合讨债，必须要有较强的社交技巧及应变能力。

5）喜庆场合

在现实经济生活中，一旦债权债务关系产生，那么债权人应密切注意债务人的重大行动。当赊销合同期限快到之时，推销员应更加关注债务人的一切重大活动，只有这样，才能抓住时机实施催讨债务的行为。特别当债务人遇到喜事时，推销员出现在这种喜庆场合抓住时机实施讨债行为，往往会产生特殊效果。

比如当债务人举行隆重的庆典，如厂庆、产品获奖、工厂晋级等活动时，债权人或讨债人前去贺喜，在庆贺的过程中把握住适当的时机巧妙地向债务人提醒或催讨债务。债务人心情高兴之时常常都会有“慷慨之举”的。特别需要提醒的是，推销员不能怀有敌意，抱着捣乱的态度出席债务人的喜庆活动。虽然目前在一些私人之间发生的债务纠纷中，常有债权人趁对方喜庆之时大吵大闹以损毁债务人的信誉、面子的现象，有时也能起到讨债的作用，但也很容易引起债务人强烈的逆反心理和对抗情绪，使彼此之间的关系进一步僵化，债务合同更加难以履行。

6. 把握形势，壮士断腕

赊销商品的货款存在着收不回来的风险。因此，在实际工作中，推销员如果掌握了客户资不抵债的信息，或者发现客户有关门逃债的迹象后，要迅速报请领导批准，采取果断措施。首先要把赊销商品的剩余部分迅速拉回；然后要求客户以他的其他货物抵债。总之，在特殊情况下，推销员一定要把握形势，敢于壮士断腕，多收回一点东西，企业就少损失一点利益。

7.3.5 依法讨债

债权人运用法律方式保护自身合法权益常用的有以下六种手段。

1. 选择管辖权法院

《中华人民共和国民事诉讼法》(简称《民事诉讼法》)第25条规定：“合同的双方当事人可以在书面合同中协议选择被告住所地、合同履行地、合同签订地、原告住所地、标的物所在地人民法院管辖”。这就是说，当事人可以根据这些原则，选择对自己有利的法院管辖有争议的案件，所以在发生债务纠纷后的协商调解过程中，就应签订补充协议，并规定法院管辖地，以利在协议执行无效后，能向对自己有利的法院提出诉讼。

2. 申请财产保全

《民事诉讼法》第92条规定：“人民法院对于可能因当事人一方的行为或者其他原因，使判决不能执行或者难以执行的案件，可以根据对方当事人的申请，作出财产保全的裁定”。第93条规定：“利害关系人因情况紧急，不立即申请财产保全将会使其合法权益受到难以弥补的损害的，可以在起诉前向人民法院申请采取财产保全措施。”在营销实践中，有的债务人明知自己应承担的债务，但拒不偿还，即使仲裁机关做出裁决或人民法院做出判决，也往往难以执行；有的债务人实质上是在进行经济诈骗活动。遇到这种情况，债权人可根据上述规定，在提出债务诉讼的同时，向人民法院递交一份财产保全申请书，并提供有关债务人的财产情况，以便法院采取查封、扣押、冻结银行账户或法律规定的其他方法，保证判决顺利执行。

3. 申请支付令

《民事诉讼法》第191条规定：“债权人请求债务人给付金钱、有价证券，符合下列条件的，可以向有管辖权的基层人民法院申请支付令：①债权人与债务人没有其他债务纠纷的；②支付令能送达债务人的。”为了保证支付令的执行，第193条规定：“债务人应当自收到支付令之日起到十五日内清偿债务，或者向人民法院提出书面异议。债务人在前款规定的期间不提出异议又不履行支付令的，债权人可向人民法院申请执行。”

为了使支付令能起到应有的作用，债权人在向人民法院提出申请之前，要做好以下准备工作：①理顺债权债务关系，提出书面债权文书(协议书)；②没有债务凭据的，要债务人出具表明拖欠金钱或有价证券数额的书面凭证；③核实清楚债务人名称、所在地等基本情况，以便支付令能够到达。

4. 申请法院执行

《民事诉讼法》第212条规定：“发生法律效力的民事判决、裁定，当事人必须履行。一方拒绝履行的，对方当事人可以向人民法院申请执行”。第217条、第218条、第219条中还规定：被执行人未按执行通知履行法律文书确定的义务，人民法院有权冻结、划拨被执行人的存款；有权扣留、提取被执行人应当履行义务部分的收入；有权查封、扣押、冻结、拍卖、变卖被执行人应当履行义务部分的财产。为了使申请法院执行能及时得到批准和顺利执行，债权人应积极搜集债务人有关存款、收入、财产的证据，为法院提出执行措施提供可靠的依据。

5. 办理债权文书公证

《民事诉讼法》第214条规定：“对公证机关依法赋予强制执行效力的债权文书，一方当事人不履行的，对方当事人可以向有管辖权的人民法院申请执行，受申请的人民法院应当执行。”

在现实经济生活中，债权文书常以双方协议形式出现，这种协议不具备法律效力，所以，债权人在与对方协商还债的过程中，应先争取办理债权文书公证，并在公证的文书中，写明所欠债务总额、偿还债务时限、抵押担保的财物或担保人、计息办法等，这样到期时对方当事人如不履行义务，可直接向法院提出申请执行，不必再经过诉讼程序。

6. 责任延伸

(1) 债务人为分公司时，分公司无力偿还的，所欠债务应由母公司承担。

(2) 所欠债务的单位若被其上级撤销，其所欠债务应由宣布撤销的上级单位负责。

依法讨债中的注意事项：

(1) 要明确主体。确定被告是依法讨债的前提。一般说来，在债务合同纠纷中，被告是确定的，但在实际中，因企业的关停并转，可以引起诉讼主体的变化，企业在诉讼前，一定要依据有关法律规定，弄清谁是民事法律关系主体，否则会因主体的要素不具备，可能中途被迫撤诉，使债务悬空。

(2) 要重视时效。我国法律规定，民事诉讼时效为2年，否则诉讼时效一过就得不到法律的保护，因此债权人千万不可有“你欠我的，黑字写在白纸上，官司打到天边输不了”的想法。在催讨不成时，要一张还款承诺的纸条也是有用的，证明你去催讨过，从而延长催讨时效。

(3) 要收集证据。民事诉讼不同于刑事诉讼，它有一个重要原则，就是“谁主张，谁举证”，如果取证工作马虎，在法庭上辩护时，就会一问三不知，或被对方驳得张口结舌，由主动变被动，甚至败诉。

7.3.6 不宜采用的讨债手段

1. 利用金钱诱惑帮助实现讨债目的

讨债人员为了达到让债务人尽快履行债务的目的，以给债务人或者给其他有关人员一笔好处费、信息费等为手段，刺激他们尽力尽快地帮着催讨、清偿债务。还有的讨债人员在讨债过程中对有关人员请客送礼、甚至出钱请他们出国旅游，以此促使债务人尽快履行债务。

2. 利用色情手段达到讨债目的

当前很多人都认为这是一种高明的手段，还美其名曰"充分利用人性的弱点"。许多组织、债权人为了达到讨债目的，动员说服、金钱诱惑甚至高压强制一些靓丽、开放的女性对债务人进行色情勾引、诱惑，拖债务人下水，然后以此要挟债务人清偿债务。

3. 恐吓、绑架、打人等暴力行为讨债

这些就是现在社会上流传的所谓"黑吃黑"的办法。这种办法有时确实能产生效果，但是，讨债人员采取这些手段本身就是违法的，是法律所不允许的。一旦出现这种讨债行为，不管结果如何，不管讨债人员是否讨回了欠款，法律都会制裁讨债人员。

4. 选派一些能吵能闹、撒泼的中年妇女到债务人大本营大吵大闹

因为在日常经验当中，人们对泼妇总是畏惧三分的，这种办法虽然谈不上什么违法犯法，可如果撒泼的妇女在又哭又吵又闹的过程中恶语伤人，债务人也就有了借口将泼妇赶走，最终难以达到催款的目的。

以上几种非常手段在讨债实际过程当中往往能起到一些特殊作用，其主要原因就在于大多数债务人都自认为欠债不还没有道理，从而对讨债人的侵权、违法行为一味纵容，而不敢依靠法律、利用法律保护自己的正当、合法权益。尽管如此，应坚决反对讨债人员采取上述违法犯法、违反道德准则，危害社会治安的手段达到讨债目的。

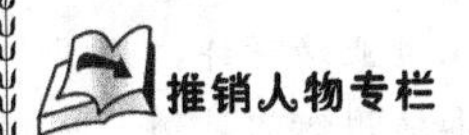

李·艾柯卡

李·艾柯卡，22岁以推销员的身份加入福特公司，25岁成为地区销售经理，38岁成为福特公司副总裁兼总经理，46岁升为公司总裁。他创下了空前的汽车销售纪录，公司获得了数十亿美元的利润，从而成为汽车界的风云人物。54岁被亨利·福特二世解雇，同年以总裁身份加入濒临破产的克莱斯勒公司。六年后，创下了24亿美元的盈利纪录，比克莱斯勒此前60年利润总和还要多。

1956年，艾柯卡被提为费城地区销售副经理。这时，福特公司推出了56型新车，公司发给艾柯卡一部介绍该车安全装置的广告影片，以放映给汽车销售商看。影片的解说词介绍说：这种防震的安全垫很有效，如果你从二楼把鸡蛋扔到安全垫上，鸡蛋会从垫子上弹起来而不会破碎。艾柯卡过于相信解说词的真实性，为追求推销宣传工作的戏剧效果，他决定在有1100个汽车销售商参加的地区推销会上，搞一次实物表演。他把新型安全垫铺在地板上，然后带着一纸盒鸡蛋爬上高梯子，

亲自做掷蛋表演。第一个鸡蛋落下来，落在地板上，鸡蛋碎了，引起一场哄堂大笑。第二个鸡蛋扔下来时，替他扶梯子的助手不巧晃了一下，结果鸡蛋掉在这位助手的肩膀上，又引起了一阵喝倒彩声。第三个、第四个鸡蛋虽然落到垫子上，但不幸都碰破了。直到第五个鸡蛋才算成功，博得观众一片欢呼声。福特公司这场安全装置的宣传攻势并未取得预期的效果，福特汽车在各地的销售反而变得疲软。艾柯卡所在的费城地区更糟，落在最后一名，艾柯卡面临被炒鱿鱼的危险。艾柯卡急中生智，挖空心思想出一个名为“花56美元钱买一辆56型福特汽车”的推销策划。按照这个策划，凡购买56型福特汽车的客户，购买时只需先付售价的20%，其余部分每月缴付56美元，3年付清。艾柯卡把这个点子向上级汇报，在得到许可实施的情况下，利用当地媒体大肆宣传。“花56美元买56型新车”这个诱人的广告，使福特汽车在费城地区的销量直线上升，仅仅3个月，就从原来的最末一名，一跃而居全国第一位。福特公司把这种分期付款的推销方法在全国各地推广后，公司的年销量猛增了7.5万辆。李·艾柯卡就是做了14年汽车推销工作后，凭借着对汽车购买者的了解和对汽车熟悉，成就了“野马之父”。

销售秘诀：

“我懂得了一个亲密无间的家庭可以给人以力量；我懂得了奋斗，即使时运不济；我懂得了不可绝望，哪怕天崩地裂；我懂得了世上没有免费的午餐；我懂得了辛勤工作的价值。”

代表作品：

《艾柯卡自传》《什么是真正的领导》

本章小结

1. 推销管理的内容相当广泛，主要包括推销员的自我管理、推销绩效的评估、推销关系管理、应收货款管理等。

2. 明确自我管理“三部曲”，即个人目标与计划管理、时间管理、财富管理。其中个人目标与计划管理是目标和方向，时间管理是手段和保证，财富管理是结果和支撑。

3. 销售过程管理的基本思路是按照销售工作内容和推销活动程序，由推销人员自行以报告的形式进行汇报，然后由销售经理进行事前和事后的管理与监督。推销绩效评估是指企业或推销人员对一定时期内推销工作的状况进行衡量、检查、评定和分析。要搞好推销人员业绩考评，必须建立科学的绩效评估的指标体系和使用科学的方法。奖酬系统管理是指选择和运用组织奖酬，以指导推销人员的行为朝着组织的目标努力。可采用物质激励、精神激励、目标激励及环境激励等方式激发推销人员的最大潜能。

4. 推销成交后，及时回收货款、保证货款安全是推销人员的一项重要职责。推销人员应掌握应收货款的回收与讨债的技巧和手段包括合理确定信用额度、应收货款账龄分析、利用回访进行监督、讨债的基本策略和依法讨债，避免使用不宜采用的讨债手段。

关键术语

推销管理　推销员的自我管理　推销关系管理　推销绩效的评估　销售过程管理　讨债

思考与应用

一、单项选择题

1. 信用条件“1/30”表达的含义是：(　　)。

A. 购买 30 件商品优惠1 件　　B. 购买 30 件商品 1 件不收款
C. 购买 1 件商品给予 30 天的赊销期　　D. 30 天内付款给予 1%的折扣

2. (　　)是指在推销人员开始推销拜访活动之前，销售经理对推销活动的各项内容进行管理和审查的管理方法。

A. 推销可行性报告管理法　　B. 推销拜访报告管理法
C. 拜访顾客总结报告书　　D. 拜访活动报告书

3. (　　)是指推销人员在每次拜访顾客后，都应该把拜访过程、结果和心得体会向业务主管进行汇报。

A. 推销可行性报告管理法　　B. 推销拜访报告管理法
C. 拜访顾客总结报告书　　D. 拜访活动报告书

4. (　　)是将考评的各个项目都配以考评尺度，制作出一份考核比例表加以评核的方法。

A. 推销拜访报告管理法　　B. 横向对比分析法
C. 纵向分析法　　D. 尺度考评法

5. 据国外专门负责收款的机构的研究表明，账款逾期时间与平均收款成功率成反比。账款逾期(　　)应是最佳收款时机。

A. 6 个月以内　　B. 12 个月以内
C. 18 个月以内　　D. 24 个月以内

6. 为了保证支付令的执行，第 193 条规定：“债务人应当自收到支付令之日起到(　　)清偿债务，或者向人民法院提出书面异议。债务人在前款规定的期间不提出异议又不履行支付令的，债权人可向人民法院申请执行。”

A. 十日内　　B. 十五日内　　C. 三十日内　　D. 六十日内

7. 推销人员在应收货款的回收与讨债时，不宜采用下列(　　)策略和手段。

A. 提前催收，及早上门　　B. 掌握客户心理，采取适当对策
C. 利用金钱诱惑帮助实现讨债目的　　D. 选择讨债场合，促使客户还款

二、多项选择题

1. 推销人员在应收货款的回收与讨债时，适宜采用下列(　　)策略和手段。

A. 提前催收，及早上门　　B. 掌握客户心理，采取适当对策
C. 利用金钱诱惑帮助实现讨债目的　　D. 选择讨债场合，促使客户还款
E. 依法讨债

2. 推销激励的主要方法有(　　)。

A. 目标激励　　B. 环境激励　　C. 物质激励

D. 精神激励　　E. 权力激励

3. 推销管理主要包括的内容有(　　)。

A. 推销员的自我管理　　B. 销售过程管理

C. 推销绩效管理　　D. 推销人员管理

E. 应收货款管理

4. 一般来讲，推销人员的推销业绩可以通过销售量、(　　)、推销费用、(　　)、推销效率和(　　)等几个方面来进行评估。

A. 推销额　　B. 销售利润　　C. 销售访问

D. 辅助行为　　E. 货款回笼率

5. 时间管理的5As模型从(　　)角度为推销人员进行时间管理提供了思路和方法。

A. 了解　　B. 分析　　C. 分配

D. 消除　　E. 安排

6. 正确运用横向对比分析法，必须在充分考虑到各地区(　　)等因素的基础上制定出合理的目标。

A. 市场潜量　　B. 工作量

C. 销售费用　　D. 企业促销配合

E. 竞争激烈程度

7. 通常，我们可通过对客户进行“五C”系统评估，从而确定客户的资信程度。下列(　　)属于“五C”系统。

A. 信用品质　　B. 偿付能力　　C. 资本

D. 抵押　　E. 相互关系

三、判断题

1. 推销绩效评估的纵向对比分析法是指对企业所有推销人员的工作业绩加以相互比较。(　　)

2. 对推销员的考核只需要对其销售额进行考核，而不用考虑其他因素。(　　)

3. 赊销商品存在着货款收不回来的风险，因此，企业不能赊销商品。(　　)

4. 推销员小张在赊销合同上付款日期处写着“10月以后付款”。(　　)

5. 为降低货款回收风险，只要客户逾期未付款就要起诉他。(　　)

四、简答题

1. 为什么要重视推销的时间管理?

2. 对推销人员进行绩效考核的内容有哪些方面?

3. 怎样对推销人员实施激励?

4. 怎样对推销人员的个人绩效进行评估?

5. 简述推销员怎样加强应收货款的监督。

6. 简述讨债的一般手段和基本策略。

【实训项目】

◎内容

结合实际销售工作或者学生的实习活动，要求书写销售各个环节的报告书，然后组织成员进行讨论。

◎目的

掌握销售各个环节的销售报告书的写法。

◎步骤

(1) 每位同学确定销售的单位和产品。

(2) 撰写销售各环节的销售报告书

(3) 组织大家对报告书进行讨论。

(4) 评定同学的销售实习成绩。

案例分析

(一) 对推销员的管理

下面是某公司的销售经理陈先生与其下属人员小张的一次对话。

陈经理：小张，再一次同你谈话真是太好了。距上一次我们谈话好像已经一年了，是吗?

小张：是的。

陈经理：今天的谈话主要是对你过去一年的业绩进行评估。

小张：那好啊。

陈经理：我首先要祝贺你取得令人赞赏的业绩。你可能已经知道自己的销售量了。当然，我一直没有机会同你一起进行推销。不过，在我们的非正式讨论中，你大可不必紧张，随便一点。

小张：谢谢您的夸奖。

陈经理：我们感觉或许你的销售数量还能再高一点。对此，我们多少有点失望。

小张：我很抱歉。我认为我已尽了自己最大的努力。有什么办法能让我的销售量提高吗?

陈经理：当然，比如平时尽量多拜访客户。

小张：我平均每天有6～8次拜访活动，我认为这也是你们所希望的。在计算机销售行业中，更多的拜访活动未必会扩大销售量。你知道，大多数客户是不需要这种设备的。

陈经理：或许你应该改进你的促进交易的方法。当你想要有所突破时，自信是最重要的。

小张：我认为，只用销售量来衡量销售业绩是不公平的。

陈经理：可能吧，但那是比较容易测定的方法，也是相对较为公正的方法。

小张：也许是吧，但总觉得有些不公平。在计算机行业，平均5～6年要进行更新，你不可能希望在短期内有许多重复性的销售。不过，在这段时间内，你仍然要进行推销访问，特别是已安装了竞争者系统设置的用户。你需要对自己的用户进行服务拜访，并且在他们需要增添设备时去看望他们。否则，他们的家中可能已有另一个推销员了。

陈经理：你说得有些道理，但是，销售量是最低要求，而且是评价推销人员所必需的。

资料来源：吴健安．现代推销理论与技巧[M]．北京：高等教育出版社，2008.

【思考与分析】

1. 陈经理的管理方法是否合适？还可以怎样做这件事?

2. 销售量是评价推销人员的唯一标准吗？如果不是，还有哪些重要的评价标准?

3. 你认为对这种推销职位应采用何种奖酬制度?

(二) 向新客户赊销的后果

从南方来了一位业务员推销羊毛衫。当他来到北京一家服装店时，店家老板看货后讲：“这货很不错，肯定能在北京卖个好价钱，我的销售能力也强，在北京市控制的销售网点达100多家，就让我来做这种产品吧。”销售人员非常高兴：“有您的支持，我们的产品一定能卖好，你就经销我们的产品吧。”这时候店老板就又讲了：“哎呀，我也很愿意做，但我现在手里没有钱，我的钱都花在进货上了。但是你不要担心，我们把产品卖出去后，大家不都有钱了吗?”推销员接着说：“那我就赊销你一批产品吧，100件如何?”店老板讲：“100件怎么够呢，它只够我一人卖。我下面一百多家商店呢，你还是给我运来一万件吧，怎么样?”年轻的推销员没有经验，就把一万件货发给了这家客户。在生意场上有“货到地头死”这么一句口头禅，即你的产品一旦到达客户的手中，主动权就掌握在客户的手里。他想给你卖好就能卖好，不想卖好就可以卖不好。例如，他把你的产品往墙角一扔，也不做什么标签，根本就卖不好。

过了一月之后，羊毛衫没有卖出去多少。推销员就找到了店老板。店老板对他讲：“真对不起呀，东西的确是没有卖好，当时我可能是计算错了，真是个麻烦事。”推销员着急了：“这该怎么办呀?货都运来了，这不让我为难吗?”店老板讲：“我看你小伙子挺实在的，那就帮人帮到底吧。这样你看行不行，你原来是100元/件，现在以20元/件，我全买下来，其他损失都算我的。”推销员此刻没有办法，东西已经送过来了，也只能接受店老板的条件。最后店老板就花了20万元把所有的羊毛衫都买了下来，第二天他就打出了条幅“原价100元现价30元”。于是店老板的100多家店都开始“血本大甩卖”了。由此可以看出，一些大甩卖背后常常能发大财。因此，作为一个业务员要防止上当。

资料来源：宋桂元．现代推销实务[M]．重庆：重庆大学出版社，2006.

【思考与分析】

1. 案例中推销员失败的原因是什么?
2. 第一次向新客户发货应注意哪些问题?
3. 应从哪些方面了解新客户的信用?

第8章 商务谈判概述

教学要求

知识要点	能力要求	相关知识
谈判的含义与特征	(1) 了解谈判的含义、原因 (2) 掌握谈判的特征	(1) 谈判的含义 (2) 谈判的原因 (3) 谈判的特征
商务谈判的含义与特征	(1) 了解商务谈判的概念、类型 (2) 掌握商务谈判的特征、要素	(1) 商务谈判的概念 (2) 商务谈判的特征 (3) 商务谈判的类型 (4) 商务谈判的要素
商务谈判的模式与原则	全部掌握	(1) 阵地式谈判的概念及特点 (2) 阵地式谈判的类型 (3) 理性谈判的特点 (4) 商务谈判的原则
商务谈判的评判标准和成功模式	(1) 了解商务谈判的成功模式 (2) 掌握商务谈判的评判标准	(1) 商务谈判的评判标准 (2) 商务谈判的成功模式

导入案例

基辛格说媒

一次，基辛格主动为一位穷老农的儿子做媒，想试试自己的谈判技巧。

他对老农说："我已经为你物色了一位最好的儿媳。"老农回答说："我从来不干涉我儿子的事。"

基辛格说："可这姑娘是罗斯切尔德伯爵的女儿(罗斯切尔德是欧洲最有名望的银行家)。"老农说："嗯，如果是这样的话……"

基辛格找到罗斯切尔德伯爵说："我为你女儿找了一位万里挑一的好丈夫。"

罗斯切尔德伯爵忙婉拒道："可我女儿太年轻。"

基辛格说："可这位年轻小伙子是世界银行的副行长。"

罗斯切尔德伯爵："嗯……如果是这样……"

基辛格又去找到世界银行行长，说道："我给你找了一位副行长。"

行长说："可我们现在不需要再增加一位副行长。"

基辛格："可你知道吗？这位年轻人是罗斯切尔德伯爵的女婿。"

世界银行行长："如果是这样的话……"

基辛格功德无量，促成了这桩美满的婚姻，让穷老农的穷儿子摇身一变，成了金融巨头的乘龙快婿。

基辛格用的是“梅特涅策略”，即告诉甲一个“秘密”，又告诉乙一个“秘密”，再告诉丙一个“秘密”。因为他深知甲、乙、丙之间将互相封锁消息，要在许多年以后才会相互公开各自掌握的所谓的“秘密”，而在此之前，他早已达到了自己的目的。基辛格运用自己高超的谈判技巧把看似不可能的事变成了可能，说明了谈判技巧的魅力和谈判力量的巨大。

资料来源：周忠兴．商务谈判原理与实务[M]．南京：东南大学出版社，2012.

“谈判”一词对于人们来说并不陌生，自古以来，各种形式的谈判就存在于人类社会活动之中。在人们的日常生活与工作中，在企业之间的货物买卖、引进与输出技术、利用外资与对外投资等国际经济合作活动中，各种商务谈判活动无时无刻不在进行着。正如谈判大师荷伯·科恩曾说：“人生就是一张谈判桌，不管你喜不喜欢，但已经置身其中了。就像在生活中一样，你在商务上或工作上不见得能得到你所要的，你靠谈判能得到你所要的。”谈判成为人们日常交往、解决矛盾纠纷、进行各种商贸活动交往的媒介，它构成人们生活与商务活动的一个极其重要的方面。

8.1 谈判的含义与特征

8.1.1 谈判的含义

“谈判”(Negotiation)一词就其字面意义来讲，谈是沟通和交流，判是确定和认可。“谈”是“判”的前提和基础，“判”是“谈”的结果和目的。不过，给谈判下一个大家都认同的专业性的定义，可能也还需要一个“谈判”的过程。目前，比较有代表性的至少可列举如下：

美国学者尼尔伦伯格认为，谈判是人们为了改变相互关系而交换意见，为了取得一致而相互磋商的一种行为，是一种能深刻影响各种人际关系和对参与各方产生持久利益的过程。这一观点强调谈判是作为人与人之间的一种交往活动而存在的。

美国知名谈判咨询顾问威恩·巴罗和格莱恩·艾森认为：谈判是一种双方都致力于说服对方接受其要求时所运用的一种交换意见的技能。这个观点突出谈判活动要有高超的“交换”技巧。

而我国主流学派将谈判认定为一种协商过程。通过协商满足当事人多方面的利益，并就利益达成协议。这一观点强调谈判活动的协商过程。

综上，本书认为谈判是有利害关系的双方或多方以彼此需求为动因，为谋求一致而进行协商洽谈的活动和过程。

该定义有以下几点内涵：

(1) 谈判的主体是有关各方，所谓各方是指其利益是独立的，关系是相互对立、相互依存的。

(2) 谈判具有鲜明的目的性，是为了自身的利益，不是闲谈、瞎聊。

(3) 谈判的客体是一项涉及各方利益的事务，不是随随便便的事，因此它是比较正式的，当事人也是比较重视的。

(4) 谈判的过程是一个磋商和调整的过程，结果是一种妥协，是一种平等地位的互相协商和妥协，是一种心理斗争艺术，而不是强迫、命令或武力威胁。

(5) 谈判的成功和谈判的完成以达成一致为标志，没有达成协议就意味着谈判没有成功或谈判没有完成。

8.1.2 谈判的原因

1. 谈判源于各自的需要

谈判产生的基本动因是需要。人们为了满足某种需要才去谈判，不存在需要就不需要谈判。这种需要与当事人有着利害关系，它可能是经济上的，也可能是政治上的，或者是其他方面的。

2. 交易条件的差异性、联系性和可调性

首先，谈判双方之间的交易条件存在着分歧或差异，所以才需要商谈，显然，没有需要上的分歧就不需要谈判，直接成交就可以了。其次，谈判双方的交易条件须存在一定的联系或相对接近才有可能谈判，如果条件相差太远或根本没有达成一致的可能性，就不可能也没有必要谈判。再次，谈判之所以能进行，是因为谈判双方的交易条件可以调整，存在着商谈的余地；相反，“一口价”、“明码标价”就无须谈判，命令或强迫对方接受自己的条件就不是谈判。

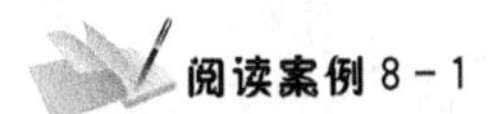
阅读案例 8-1

分蛋糕

某一家庭有两个男孩，有一天兄弟俩为吃一块蛋糕而争吵起来，谁都想多吃一点，甚至独吞，而不愿意平分，为此闹得不可开交。他们的父亲向他们建议：由一个孩子先来切蛋糕，他愿意怎么切就怎么切，另一个孩子则可以先挑自己想要的那一块，也就是说，一个孩子可以拥有操刀切蛋糕的权力，另一个孩子则拥有优先挑选蛋糕的权力。两个孩子都觉得这个建议比较公正，就接受了。结果，兄弟俩高兴地分完了蛋糕。这样一来，既满足了双方的需要，又维护了双方的关系，同时又毫不费事地解决了矛盾，所以谈判的效率很高。

资料来源：石永恒．商务谈判实务与案例[M]. 北京：机械工业出版社，2008.

8.1.3 谈判的特征

1. 谈判是合作基础上的竞争

谈判既是合作，亦是竞争；合作是基础，竞争是关键。谈判的合作性表现在谈判是一种互利互惠的活动，谈判者要考虑对方的合理利益，谋求一致，实现双赢；谈判的竞争性表现在谈判同时是一种斗智斗勇的活动，谈判者都在为追求自己的最大利益而与对方斗争，谈判充满着冲突、压力和对抗，是一场典型的没有硝烟的战争。没有合作，就没有谈判的基础；而没有竞争，就不能争取自己的利益。只讲竞争不讲合作，是一种狭隘的利己主义，不是成功的谈判；只讲合作不讲竞争，就不能维护自己的利益，也不是成功的谈判。因此，谈判要追求合作与竞争的辩证统一，是“合作的利己主义”，即在保持合作的基础上追求己方利益的最大化。

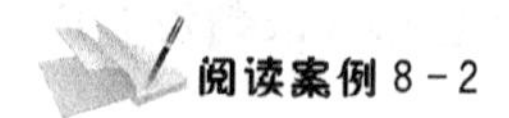
阅读案例 8-2

如何平衡利益与冲突

某房客在租用房东的房子期间，发现由房东提供的电暖气坏了。按租约的规定，室内原有设备如果不是故意损坏的，由房东负责修理、更换。但现在房东说没有钱买新的设备。拖了一段时间后，房东仍不肯让步。最后，房客找到房东说："我今天来通知你，我准备下星期就搬出你这儿，你必须在下周一前，把我预交的三年租金如数退还。如果你下周一前不退钱，我将采取其他方式迫使你退钱。"房东心想，预收的房租已经用来盖楼房了，退不了租金可能就要被告到法庭上去。最终房东做了让步，电暖气得到更换，问题得到解决。

这个问题之所以得到解决，是因为在他们对立的立场背后，既存在着冲突性利益，又存在着共同的利益。上例中，房东与房客双方的共同利益是：

(1) 双方都希望关系稳定。房东希望有一个长久的房客，房客希望有一个长久的住所。

(2) 双方都希望房子得到良好的维护。房客希望住条件好的房子，房东希望提高房子的价值和好的名声。

(3) 双方都希望与对方搞好关系。

他们之间的冲突性则体现在：

(1) 房客因为房子太冷，要求房东修理电暖气；房东则不愿意负担修理或更换的费用。

(2) 房客希望退回预交的租金；房东则已把钱移作他用，不能马上拿出这笔钱。

(3) 房客说要"采取其他方式"迫使房东退钱；房东则不愿把事情闹到法庭上去。

在双方权衡了这些共同利益和不同利益之后，更换电暖气的问题就容易处理了。

资料来源：陈福明，王红蕾．商务谈判[M]．北京：北京大学出版社，2006.

2. 谈判各方存在自己的利益边界

双方的谈判利益边界如图 8.1 所示。假设谈判的双方为甲、乙两方，整个圆代表谈判的总利益。A 是甲方必须从谈判中获得的最低利益，C 是乙方从谈判中必须获得的最低利益，B 则是双方讨价还价、积极争取为本方所有的利益。对甲方来说，在谈判中他的利益边界是 $A \leqslant X \leqslant A+B$，这里 X 代表甲方的利益，如果 $X<A$，那么甲方必然退出谈判而使谈判破裂；而当 $X>A+B$ 时，因乙方退出而使谈判破裂。反之，亦然。

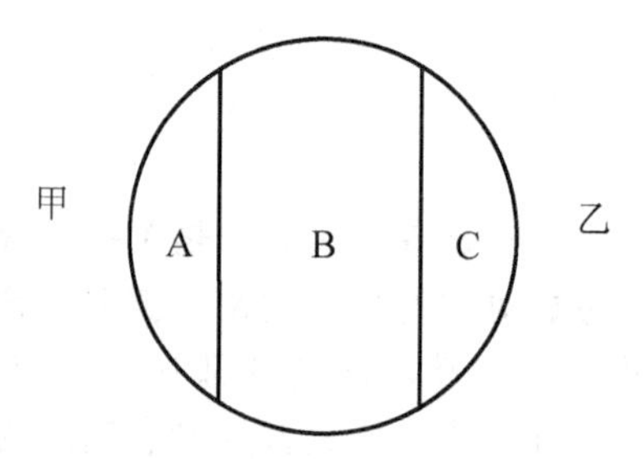

图 8.1 双方的谈判利益边界

了解和把握谈判的利益边界是非常重要的。在谈判中必须满足对方的最低需要，无视对方的最低需要，无限制地逼迫对方，最终会因对方退出而使自己到手的利益丧失。因此，在谈判中要把握好进攻的"度"，适可而止地争取自己的利益。

3. 谈判的基本工具是语言，主要方式是说服对方

谈判是在平等自愿基础上沟通协商的过程，其基本工具是语言艺术，而说服对方接受自己的条件则是语言艺术的集中体现。虽然在谈判中不排除采用一些非语言的工具和非说服的方式，但它们是补充，而不是主旋律。这是采用谈判方式使对方接受自己的条件与采用非谈判方式使对方接受自己的条件(如强买强卖)的一个根本区别。

4. 谈判的根本目的是实现己方的谈判目标

谈判具有鲜明的目的性，这种目的性不能简单地归结为达成协议，而要取决于谈判者的谈判目标。谈判目标总体来说可分为两类：一是以达成协议为主(合作为主)；二是以实现己方的最大利益为主(竞争为主)。两种不同的谈判目标决定了不同的谈判思路和策略，但无论哪一种谈判目标，谈判者都会有自己的最低利益目标。因此，谈判的根本目的是实现己方的谈判目标，而不是一味地追求谈判的成功。显然，谈判目标一方面制约着谈判活动的进行；另一方面谈判目标是否清晰、可行也影响着谈判的有效性。

5. 谈判是双方运用经验、智慧、勇气、能力与技巧达成统一意见的过程

谈判各方所得利益的确定，取决于各自的谈判实力和谈判者的能力。谈判实力不仅包括经济实力，还包括时限、空间、信息、权限等方面的因素。谈判中，谈判双方利用自己的谈判实力，逐步精确地切割利益。当然，谈判者的技巧在这其中起到了重要的作用。谈判者的技巧的发挥靠的就是谈判人员的经验、智慧、勇气与能力。谈判者的经验是以往学习和实践的积累，帮助谈判者认清现状；智慧可以帮助谈判人员根据现状，调用经验，做出创造性的反应；勇气可以帮助谈判人员做出正确的决断；而能力可以帮助谈判人员处理好某个具体的问题。从这个意义上说，谈判人员要做到经验丰富、有勇有谋，能力强。

阅读案例 8-3

毛遂自荐

下面是一则很有趣的历史故事《毛遂自荐》，请讨论毛遂是怎样“找到工作”的？怎样帮助“老板”和“KA”(Key Account，大客户)“谈判”的？毛遂有哪些素质和能力？

秦之围邯郸，赵使平原君求救，合从于楚，约与食客门下有勇力文武具备者二十人偕。平原君曰：“使文能取胜，则善矣。文不能取胜，则歃血于华屋之下，必得定从而还。士不外索，取于食客门下足矣。”得十九人，余无可取者，无以满二十人。门下有毛遂者，前，自赞于平原君曰：“遂闻君将合从于楚，约与食客门下二十人偕，不外索。今少一人，原君即以遂备员而行矣。”平原君曰：“先生处胜之门下几年于此矣?”毛遂曰：“三年于此矣。”平原君曰：“夫贤士之处世也，譬若锥之处囊中，其末立见。今先生处胜之门下三年于此矣，左右未有所称诵，胜未有所闻，是先生无所有也。先生不能，先生留。”毛遂曰：“臣乃今日请处囊中耳。使遂蚤得处囊中，乃颖脱而出，非特其末见而已。”平原君竟与毛遂偕。十九人相与目笑之而未废也。

毛遂比至楚，与十九人论议，十九人皆服。平原君与楚合从，言其利害，日出而言之，日中不决。十九人谓毛遂曰：“先生上。”毛遂按剑历阶而上，谓平原君曰：“从之利害，两言而决耳。今日出而言从，日中不决，何也?”楚王谓平原君曰：“客何为者也?”平原君曰：“是胜之舍人也。”楚王叱曰：“胡不下！吾乃与而君言，汝何为者也!”毛遂按剑而前曰：“王之所以叱遂者，以楚国之众也。今十步之内，王不得恃楚国之众也，王之命悬于遂手。吾君在前，叱者何也？且遂闻汤以七十里之地王天下，文王以

百里之壤而臣诸侯，岂其士卒众多哉，诚能据其势而奋其威。今楚地方五千里，持戟百万，此霸王之资也。以楚之疆，天下弗能当。白起，小竖子耳，率数万之众，兴师以与楚战，一战而举鄢郢，再战而烧夷陵，三战而辱王之先人。此百世之怨而赵之所羞，而王弗知恶焉。合从者为楚，非为赵也。吾君在前，叱者何也?”

楚王曰：“唯唯，诚若先生之言，谨奉社稷而以从。”毛遂曰：“从定乎?”楚王曰：“定矣。”毛遂谓楚王之左右曰：“取鸡狗马之血来。”毛遂奉铜盘而跪进之楚王曰：“王当歃血而定从，次者吾君，次者遂。”遂定从于殿上。毛遂左手持盘血而右手招十九人曰：“公相与歃此血于堂下。所谓因人成事者也。”

平原君已定从而归，归至于赵，曰：“胜不敢复相士。胜相士多者千人，寡者百数，自以为不失天下之士，今乃于毛先生而失之也。毛先生一至楚，而使赵重于九鼎大吕。毛先生以三寸之舌，强于百万之师。胜不敢复相士。”遂以为上客。(选自《史记》)

资料来源：杨雪青．商务谈判与推销[M]. 北京：北京交通大学出版社，2009.

8.2 商务谈判的含义与特征

8.2.1 商务谈判的概念

商务谈判(Business Negotiation)是经济主体之间为了满足各自经济利益的需要，对涉及各方切身利益的分歧进行磋商，以谋求取得一致和达成协议的过程。

商务谈判是在商品经济条件下发展起来的，其已经成为现代经济社会生活中必不可少的组成部分。可以说，没有商务谈判，经济活动就很难进行，日常生活中购物时的讨价还价，大到企业之间的交易、国家之间的技术合作和交流都离不开商务谈判。商务谈判所涉及的知识领域极广，是融市场营销、国际贸易、金融、法律、科技、文学、艺术、地理、心理和演讲等多种学科为一体的综合性学科，是一项集政策性、技术性和艺术性于一体的社会经济活动。

8.2.2 商务谈判的特征

商务谈判除了具有谈判的一般特征外，还具有以下几方面的特征。

1. 商务谈判以获取经济利益为目的

俗话说：“亲兄弟，明算账”“生意场上无父子”。这些都说明在生意场上，追求经济利益的动机是首要的，人情、面子等处在次要的位置。有的谈判者虚荣心比较强，对方奉承几句，就说大话，承诺本不该过早承诺的条件，把谈判计划抛在了一边。有的谈判者怕丢面子，不好意思谈“钱”，贻误了战机。有的谈判者动不动发脾气，时常进行人身攻击，不谈正题。谈判双方都是为经济利益而来，我方应该坚持获取“经济利益”这个出发点，并以获取“经济利益”来衡量这次谈判的效果。当然，追求经济利益是在对方不是有损我方的起码尊严的情况下才能实施的。如果对方侮辱我方人格，那么这样的合作伙伴，不要也罢。

“放长线，钓大鱼。”这句话说明了以小搏大的道理，不要只关注短期利益，还要稳固顾客关系，以获取远大的利益。不要只关注短期利益，不是“不要短期利益”，谈判者要学会兼顾长短期利益。

在追求经济利益的时候，“度”是一个重要概念，“适度”是一个重要原则。“过犹不及”中的“过”和“不及”都是指不适度。谈判者是会“适度”追求利益的人。我们常听生意人说“钱是赚不完的”，钱是个好东西，但人的贪婪是要不得的。谈判者要学会“放弃”，因为你一点也不让步，别人一般不会一直让步的，双方都不让步，交易不会实现。生意场上，诱惑很多，“同时追两只兔子，一只也追不到。”懂得舍，才能得。

动物世界中，优秀的捕食者目标非常明确。正像英国谈判专家盖温在《谈判是什么》这本书中所说：谈判者不是狡猾的狐狸，不是蠢笨的驴子，不是任人宰割的羔羊，而是目标明确、心志坚定的鹰枭。

2. 商务谈判各方的地位是平等的

商务谈判活动不同于行政活动，商务谈判双方没有隶属关系，没有上下级关系，无论双方的经济实力是强是弱，谈判能力是高是低，其地位是平等的。在商务谈判中，当事各方对交易项目及交易条件都拥有同样的否决权。在谈判中，尊重对方的平等地位，是强者有气度的表现。强者也有义务根据对方的意愿和要求，相应地调整自己的需要，互相让步，最终达成一致。同时，弱者更要有胆量争取说话的机会，据理力争，维护自己的整体利益。其实，谈判的实质是人际关系，人际交往中，人与人的地位是平等的，只不过有的人或环境故意制造了不平等的假象，如座次、职位等，即使在这些不平等中也要平等地交往。

3. 商务谈判以价格谈判为核心

商务谈判所涉及的因素很多，谈判者的需求和利益表现在众多方面，但价格则几乎是所有商务谈判的核心内容。这是因为在商务谈判中，商品价值的货币表现形式——价格最直接地反映了谈判双方的利益。谈判双方在质量、数量、付款方式、付款时间等利益要素上的得与失，拥有的多与少，在很多情况下都可以折算为一定的价格，并通过价格升降而得到体现或予以补偿。

需要指出的是，一方面，我们要以价格谈判为中心，坚持己方的利益；另一方面，又不能仅仅局限于价格，可以拓宽自己的思路，从其他因素上争取利益。有时，在其他因素上要求对方让步，可能比从价格上争取对方让步更容易做到，并且比较容易隐蔽己方的真实意图。例如，倘若对方在价格上不肯让步，则可要求对方在售后服务等方面提供优惠条件，以此让对方易于接受。

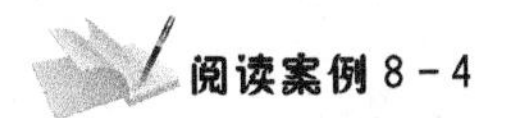
阅读案例 8-4

刘进转让专利技术

刘进是某一项专利技术的拥有者。他想把这项技术出让给恒大公司，但在转让价格上，双方差距很大，互相谈不拢。刘进了解到天宝公司不是不想要这项技术，而是吃不准这项专利技术能给企业带来多少效益，害怕吃亏，因此他们需要有一个对此项专利技术的市场效益进行考察的过程。根据恒大公司的这种需要，刘进采取了为恒大公司着想的办法。他建议分两期付清转让费，先付1万元，这是恒大公司最初同意的开价，作为转让费的第一部分，然后在1年以后，核算该项专利所产生的效益，再按效益的20%给转让费。由于这个方法满足了对方通过市场认识这个专利价值的需要，恒大公司很快同意了这个方案，与刘进达成了技术转让协议。

资料来源：郭秀君．商务谈判[M]．北京：机械工业出版社，2008.

4．商务谈判注重合同条款的严密性与准确性

商务谈判的结果是由双方协商一致的协议或合同来体现的，合同条款实质上反映了各方的权利和义务，合同条款的严密性与准确性是保障商务谈判所获得各种利益的重要前提。有些谈判者在商务谈判中做了很大努力，好不容易为自己获得了较有利的结果，对方为了求得合同，也迫不得已做了许多让步，似乎这时谈判者已经获得了这场谈判的胜利。但如果拟订合同条款时，谈判者掉以轻心，不注意合同条款的完整、严密、准确、合理、合法，结果被谈判对手在条款措辞上略施小计就掉进陷阱，不仅把到手的利益丧失殆尽，而且还要对此付出惨重代价，这种例子在商务谈判中屡见不鲜。可见，在商务谈判中，谈判者不仅要重视口头上的承诺，更要重视合同条款的准确性和严密性。

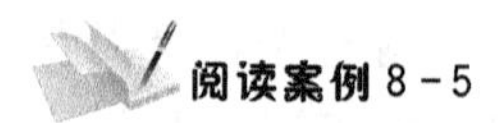

阅读案例 8－5

某化肥厂的教训

某化肥厂从日本引进一套化肥设备，合同中有这样一条："××管线采用不锈钢材料"。没有具体指明管线应包括阀门、弯管、接头等。结果，在合同履行中，日方认为管线只指管子，我方则认为包括其他，但由于合同没写明，也无从交涉，只能吃哑巴亏。

资料来源：吴炜，邱家明．商务谈判实务[M]．重庆：重庆大学出版社，2008.

8.2.3 商务谈判的类型

通过对商务谈判进行分类，可有效地认识商务谈判，但内容较为空洞，在此不再详细叙述，仅作简单提示，具体情况请有兴趣的同学课后自行查找资料。

按内容，可分为：货物买卖谈判、投融资谈判、技术贸易谈判、工程承包谈判、融资租赁谈判等。

按参加人数，可分为：一对一谈判和团体谈判。

按谈判地点，可分为：主场谈判、客场谈判、主客场轮流谈判、第三地谈判。

按照谈判的透明程序，可分为：公开谈判、半公开谈判、封闭谈判。

按照谈判中各方面的语言交往方式，可分为：口头谈判、书面谈判。

按照参与谈判各方的身份和对谈判的准备与关切程度，可分为：正式谈判、非正式谈判。

按照谈判中双方采取的态度和方针来分：硬式谈判、软式谈判、理性谈判。

按谈判的方法分为：纵向谈判与横向谈判。

1．纵向谈判

纵向谈判是指在确定谈判的主要问题后，逐个讨论每一问题和条款，讨论一个问题，解决一个问题，一直到谈判结束。例如，一项商品贸易谈判，双方确定出价格、质量、运输、保险、索赔等几项主要内容后，开始就价格进行磋商，如果价格确定不下来，就不谈其他条款。只有价格谈妥之后，才依次讨论其他问题。纵向谈判的优缺点见表 8－1。

表8-1 纵向谈判的优缺点

优　　点	缺　　点
(1) 程序明确，把复杂问题简单化 (2) 每次只谈一个问题，讨论详尽，解决彻底 (3) 避免多头牵制、议而不决的弊病	(1) 议程确定过于死板，不利于双方沟通交流 (2) 讨论问题时不能相互通融，当某一问题面临僵局后，不利于其他问题的解决 (3) 不能充分发挥谈判人员的想象力、创造力，不能灵活、变通地处理谈判中的问题

2. 横向谈判

横向谈判是指在确定谈判所涉及的主要问题后，多项议题同时讨论，反复进行，直到所有内容都谈妥为止。例如，在资金借贷谈判中，谈判内容要涉及货币、金额、利率、汇率、期限、担保、还款以及宽限期等问题，如果双方在期限上不能达成一致意见，就可以同时再讨论担保、还款等问题，直到都达成一致意见为止。横向谈判的优缺点见表8-2。

表8-2 横向谈判的优缺点

优　　点	缺　　点
(1) 议程灵活，方法多样 (2) 多项议题同时讨论，有利于寻找变通的解决办法 (3) 有利于更好地发挥谈判人员的创造力、想象力，更好地运用谈判策略和技巧	(1) 加剧双方的讨价还价，容易促使谈判双方做出对等让步 (2) 容易使谈判人员纠缠枝节问题，而忽略了主要问题

8.2.4 商务谈判的要素

商务谈判要素是指形成整个商务谈判所必需的、最基本的元素，它包括谈判主体、谈判客体、谈判目的和谈判行为四个方面。

1. 谈判主体

谈判主体由关系主体和行为主体构成。关系主体是有权参加谈判并承担谈判后果的自然人、社会组织及其他能够在谈判或履约中享有权利、承担义务的各种实体。行为主体是实际参加谈判的人。关系主体和行为主体有时是分离的，有时合而为一。如中国某进出口公司和美国某公司谈判一笔进出口贸易业务，谈判关系主体是两个公司，而行为主体则是两个公司派出的谈判小组。在这种分离的情况下，行为主体要正确反应关系主体的意志。

对谈判主体有关规定的研究和认识是很有必要的。因为谈判主体是谈判的前提，在谈判中，要注意避免因谈判的关系主体和行为主体不合格，而使谈判失败造成损失。如果谈判的关系主体不合格，便无法承担谈判的后果；如果未经授权或超越代理权等的谈判行为主体则为不合格，谈判的关系主体也不承担谈判的后果。具体而言，谈判主体不合格的情况大致有以下几种。

(1) 不具备某些谈判的特定法人资格。例如，不具备出口代理商的法人资格。

(2) 不具有谈判所必需的行为能力。如没有相应的经济实力，或经营范围不相符，以及有精神障碍等。

(3) 没有代理权或超越代理权，是指谈判行为主体未得到谈判关系主体的相应授权或超越了其授权范围。

在现实谈判中，由于忽视了事先考虑己方或对方的主体资格，而使谈判归于无效，并遭受经济损失的事例常有发生。特别要注意对对方的主体资格进行审查。不能仅凭对方的一面之词，要审查对方的各种证件，并进行实地考察。在商务谈判中的各种材料主要有自然人身份方面证件、法人资格方面的证件和经营资格方面的证件、代理权方面的证件，技术设备项目进行谈判中涉及履约能力方面的各种设备、设施、技术等证明。如果对方的证件有可疑之处，对方言辞狡猾狡辩，就不能与之合作。有的还可以委托有关中介组织，如咨询机构，进行了解考察。

2. 谈判客体

谈判客体是指谈判的议题和标的。议题有属于资金方面的，如价格和付款方式等；有属于技术合作方面的，主要是技术标准方面的问题；有属于商品方面的，如商品的品质、数量、储存、装运、保险和检验等。总之，涉及交易双方利益的一切问题，都可以成为谈判的议题。谈判议题，最大特点在于当事人各方认识的一致性。如果没有这种一致性，就不可能成为谈判议题，谈判也就无从谈起。谈判议题按其涉及的内容分，有货物买卖、技术贸易、劳务、工程承包等；按其重要程度分，有重大议题、一般议题；按其纵向和横向结构分，有主要议题及其下的子议题、以主要议题为中心的多项并列议题、互相包容或互相影响的复合议题等。

标的是承载物质利益的载体，可以是有形物，也可以是劳务或者是知识产权。在一定的社会环境中，谈判的事项受到诸如法律、政策、道德等内容的制约。因此，谈判内容是否符合有关规定，是决定谈判成功的关键。

在商务谈判中，搁置不谈的议题和不明确的标的，在合同履行阶段会造成双方的争执。在谈判最后阶段，一定要解决搁置的问题。

3. 谈判目的

谈判目的是指参与商务谈判各方都必须通过与对方打交道并促使对方在特定时间、空间条件下采取某种行动或作出某种承诺来达到本方的目标。如果只有谈判的主体和客体而没有谈判目的，谈判仍是不完整的，我们将无特定目的的交流称作闲谈。闲谈与谈判的区别在于：闲谈不涉及各方的利害冲突和经济关系，不会导致各方的尖锐对立或竞争，闲谈通常是轻松愉快的；谈判恰恰是在涉及各方利益、存在相互依存、尖锐对立或竞争的条件下进行的，无论谈判在表面上是不是轻松愉快、诚挚友好、坦诚认真的，实质上都是有关各方智慧、胆识、应变能力的一次交锋。有无目的性和达到这种目的的手段决定了闲谈与谈判在一定条件下相互转化的可能性。

4. 谈判行为

谈判行为是谈判行为主体围绕谈判事项进行的信息交流和观点的磋商。谈判主体是“谁来谈”，谈判客体是“谈什么”，那么谈判行为是“怎么谈”。其内容包括谈判各方的信息交流，评判谈判胜负的标准，谈判策略、方式、方法和技巧等。

8.3 商务谈判的模式与原则

商务谈判的模式有阵地式谈判和理性谈判两种。

8.3.1 阵地式谈判

1. 阵地式谈判的概念及特点

阵地式谈判是指双方站在各自的立场，为自己讨价还价，最后作出一定的妥协，找到双方都能接受的折中方法。在阵地式谈判中双方的“领地”逐步被对方“蚕食”，双方很难达成一致意见，如图 8.2 所示。

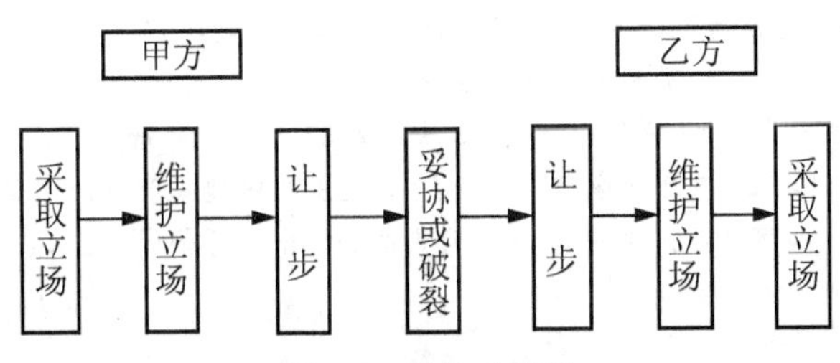

图 8.2 阵地式谈判

阵地式谈判是一种非理性的谈判模式，其特点体现在以下四个方面：

1）难以达到谈判目标

当谈判双方的注意力集中于维护立场时，他们极少有余力去关心原定的目标，致使原定目标难以达到。谈判双方都以为持极端立场并固执己见的一方会得到好处，但结果常常是得到同样强硬的回答，从而使双方筋疲力尽。

2）会产生不明智的协议

由于人们更多地注意立场而忽视如何满足各方的基本要求，达成协议的可能性变得很小。达成的协议仅仅是各方在立场分歧上妥协的机械反应，而不是如何尽量满足各方的合理利益，其结果总是使各方感到不满意。

3）谈判效率低

每方都极力设法达成任何有利于自己的协议，每方都在开始时先提出一个极端的立场，并固执地坚持不放。然后，为了促使谈判能继续下去，每方再做小小的让步。这种策略会阻挠协议的迅速达成。因为一方提出的立场越极端，其让步的幅度越小，于是双方就要花更多的时间和精力，去探求达成协议的可能性。最终，因为互相施加压力，互相不肯让步，不仅增加了谈判的时间和成本，而且也可能使谈判破裂。

4）损害双方和谐长久的关系

在立场上的讨价还价会使谈判成为一场意志的较量。每个谈判者都宣称要做什么或不做什么，取得互相同意的解决办法就成为一场战斗，各方都凭意志的力量迫使对方改变立场。当一方发现自己屈服于对方坚强的意志，而自己的合法利益却未被顾及时，就会产生愤懑的情绪。因此，立场争执会使双方的关系紧张，有时甚至导致关系破裂。

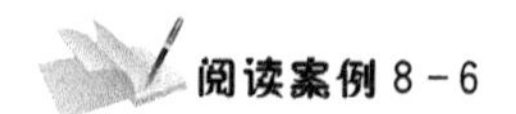
阅读案例 8-6

顾客买盘子

一名顾客前来购买盘子，他向老板问道："这个铜盘子多少钱?"

精明的老板回答："你的眼光不错，75 块。"

顾客："别逗了，这儿还有块压伤呢，便宜点。"

老板："出个实价吧。"

顾客："我出 15 块钱，行就行，不行拉倒。"

老板："15 块，简直是开玩笑。"

顾客做出让步："那好，我出 20 块，75 块钱我绝对不买。"

老板说："小姐，你真够厉害，60 块钱马上拿走。"

顾客又开出了 25 块，老板则说进价也比 25 块高。顾客最后说，37.5 块，再高她就走人了，老板让顾客看看上面的图案，说这个盘子明年可能就是古董等等。

在这个谈判中，顾客出价从 15 块到 20 块、25 块，到 37.5 块，逐渐上扬，而老板出价从 75 块到 60 块，在讨价还价中逐渐下降，双方的阵地都被"蚕食"，这就是阵地式谈判的例子。

资料来源：王贵奇．如何与客户谈判 与客户谈判的 101 个技巧[M]. 北京：中国经济出版社，2010.

2. 阵地式谈判的类型

阵地式谈判有两种类型，一种是硬式谈判；另一种是软式谈判。它们都是在立场上讨价还价而采取的不同策略，同属于传统型谈判法。

1) 硬式谈判

硬式谈判也称为立场型谈判，是指以意志力的较量为手段，坚守己方的强硬立场，并要求对方牺牲其利益来达到己方的目的的谈判模式。硬式谈判法的指导思想不是"双赢"，而是"不谈则已，要谈必胜"的强权哲学。一旦谈判双方采取硬式谈判法，往往会使谈判受制于各方所持的立场。谈判双方一面维护自己的立场，一面设法令对方作出让步，最后进行妥协并达成协议，但若妥协不成，则谈判随之破裂。

硬式谈判有着明显的局限性：它将谈判对手视为敌人，目标是单纯满足自身需要，不惜用手段对对方施加高压和威胁，因而难以达成谈判目标，不具有效率，并常常会破坏谈判双方的人际关系。一般情况下它只适用于一次性交往或是谈判双方实力相差悬殊的情况。

谈判者如果面对采用硬式谈判法的对手，要冷静地分析对方的战术，保护自己，要制定好己方的底线，若超越此界，决不可迁就妥协；要善于把矛盾的焦点引导到双方都有利的方案上去，不要正面反击。此外，还可以邀请第三者出面调解，由于第三者不直接涉及谈判中的利害关系，易于将人和问题分开，从而将谈判引向实质性利益方案的选择上去。

2) 软式谈判模式

软式谈判也称让步型谈判，是指以妥协、让步为手段，希望避免冲突，为此甚至愿意牺牲己方利益来换取合作或协议的谈判模式。许多人都承认进行艰巨的硬式谈判要付出很大代价，特别是顾忌硬式谈判对参与方之间相互关系的损害，他们希望通过一种较为温和的谈判方式来避免。

这类谈判者如果是卖主，一般不提出过高要求，通常在常规范围内提出中等偏高的价格标准，决不漫天要价。如果是买主，能争取到一点优惠就算一点，以争取长期合作。这种谈判模式强调建立与维护关系的重要性，家庭与朋友或长期贸易伙伴之间的谈判大部分采取这种形式。这种谈判过程能以高效率进行，至少会迅速产生结果。由于各方以慷慨大方与乐于合作的姿态谈判，达成协议的可能性很大，但是签订的协议并不一定是明智的协议，因为任何把关系放在主要地位的协议都有可能成为一个草率协议。

软式谈判法回避斗争，强调统一，以让步、牺牲为代价换取协议和合作。所以，软式谈判法并不是普遍使用的方法，只有在特殊情况下为了达到特殊的目的才被采用。例如，当远期合作利益高于近期局部利益时，有必要作出妥协让步以求得未来的更大利益。否则，离开长远的、总体的利益作为总目标，软式谈判法就失去了意义。在软式谈判法下，今天的“失”是为了明天的“得”，单纯地为合作而合作的谈判是不存在的。

阅读案例 8-7

长远的买卖

A先生与B先生谈一笔黄豆的买卖。A先生是买方，出价每吨136美元；B先生是卖方，报价是每吨150美元。经过认真、坦率的谈判，互相妥协。A先生表示愿出140美元买进，B先生表示愿以145美元的价格卖出。最后，双方因上司授权限制，这是最低(最高)价格，说了爱莫能助之类的话后分手告别。3天后，A先生接到B先生的电话，说愿以每吨140美元的价格卖出，不知3天前A先生的报价是否有效？原来，B先生公司资金周转出了些问题，急需现金。A先生约B先生面谈，B先生在介绍了情况后，A先生说，伙计，经过慎重考虑，我愿以每吨145美元的价格买进。B先生喜出望外，紧紧握住A先生的手连声道谢。事后，有人问A先生为什么这样做？他说：“每吨差价5美元，总数300吨，差额1500美元。实际上，上司授权我的买入价是140～145美元之间。当然，如果我以140美元的价格买进，上司会发给我一笔奖金，会拍我的肩膀称赞几句。这称赞和奖金对我今后的业务谈判无丝毫帮助。有5美元权限的机会不是很多的，我抓住这个机会这样做了，B先生会真正认识我这个人。”果然，从此以后，B先生总是找A先生做生意。在有人对A先生展开竞争时，B先生也实言相告：“有人出价××美元，如你也接受这个价格，我就卖给你。”感情就是这样慢慢培养起来了。

资料来源：刘志强．哈佛商务谈判 第3卷[M]．长春：吉林摄影出版社，2002.

硬式谈判与软式谈判的模式虽然截然相反，但其产生的后果都是非理性的，不能达到明智、合理的结果，不利于谈判效率的提高和良好人际关系的建立，因而并不是普遍适用的。

8.3.2 理性谈判

1. 理性谈判的含义

理性谈判是一套将人类独特的理性思维运用于谈判过程的模式，又可称为原则谈判法和价值谈判法。它是美国哈佛大学在谈判方法研究中，提出的一种能代替阵地式谈判的现代型谈判方法。理性谈判模式不是通过双方的讨价还价的过程来做最后决定，而是指导谈判双方尽可能寻求共同利益。当双方利益发生矛盾时，理性谈判强调坚持独立于双方意志之外的公正标准。它对于谈判标准来说是硬式的，对谈判的人来说是软式的。掌握这种方法，可以使谈判者不失体面地得到应得的利益，既能保持公正的态度，又能防止别人从中渔利，如图8.3所示。

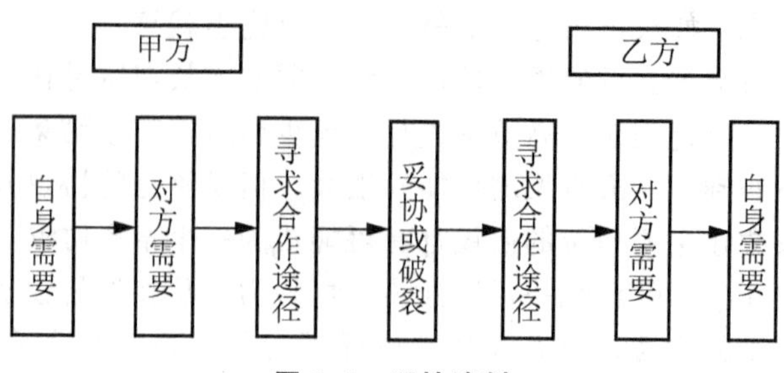

图 8.3 理性谈判

2. 理性谈判的特点

1）把人与问题分开

即通常所说的“对事不对人”。把人与问题分开，是谈判者把对人的态度和对问题的态度分开。商务谈判所涉及的是有关双方利益的事物，如货物的价格等，不是双方谈判者之间的个人矛盾，谈判者只不过是企业的代表、事物的载体，真正的矛盾是条件上的矛盾，而不是谈判者之间感情、主观看法的矛盾。所以，在对事的态度上，谈判者要争取有利的条件，当然要强硬，当仁不让，据理力争；而对人的态度上，则应是友好的、温和的，关系融洽的。

在商务谈判中，当双方互不了解，出现争执，以及因人论事，想解决问题是很困难的。这是因为参加谈判的是有血有肉、有感情、有自我价值观的人。人与人之间可以经由信任、了解、尊敬和友谊建立起良好的关系，从而使谈判变得顺利、有效。相反，发怒、沮丧、仇视和抵抗心理，会将个人的人生观和现实问题能合在一起，导致加深误解，强化成见，使谈判艰难、无效。

要在谈判中做到把人与问题分开，必须进行有效的人际沟通和建立信任感，具体做法如下。

(1) 尽量从对方的立场来考虑问题。在谈判中，当提出方案和建议时，要从对方的立场出发考虑提议的可能性，理解或谅解对方的观点、看法。当然理解并不等于同意，对别人思想、行动的理解会使自己全面正确地分析整个谈判形势，从而缩小冲突范围，缓和谈判气氛，有利于谈判顺利进行。

站在对方的角度看待问题，会较好地克服想当然的推断所造成的偏见，从而正确地分析理解双方对问题的看法。人们往往习惯于对谈判对手所说的话或提议加以最坏的推测，即使挑不出对方的提议对自己有什么危害，也总觉得他们是为自己利益提出的建议，恐怕于我方不利，不能轻易地同意了事。但如果尝试从对方的角度看问题，或是提出“假如我是对方，我会如何做”的设想，就会使你抛弃这些先入为主的偏见，看到事物的全部，也就能够客观、冷静地分析具体问题，那么，事情就好办多了。

有个例子恰当地说明了这一道理。在桌子上放着一个盛着半杯凉水的杯子，你既可以说，桌子上放着一个半空的杯子，你也可以说，桌子上有半满的一杯凉水。为什么同一事物却有不同的说法？这是因为看问题的角度不同，某一角度反映了一个事物的一个侧面，综合起来，才是事物的整体。所以站在对方立场上考虑一下问题，对双方都有好处。

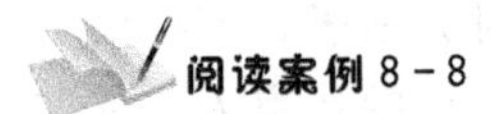

阅读案例8-8

美国著名的谈判大师荷伯·科恩在他的谈判经历中，有一件以满足需要为策略而成功的事例。

荷伯·科恩曾代表一家大公司到俄亥俄州去购买一座煤矿。矿主是个强硬的谈判者，开口要价2 600万美元，荷伯还价1 500万美元。"你在开玩笑吗?"矿主粗声吼道。"不！我们不是开玩笑，请你把实际售价告诉我们，我们好做考虑。"矿主坚持2 600万美元不变。在以后的几个月时间里，买方的出价逐渐提高：1 800万美元、2 000万美元、2 100万美元、2 150万美元，但是卖主毫不心动。2 150万美元与2 600万美元对峙起来，谈判形成僵局。如果就价格问题继续谈判下去，而不从对方需要方面考虑，肯定不会有所进展。那么，卖主为什么固守己见，不接受这个显然是公平的还价呢？还真是个谜。荷伯一次接一次地请矿主吃饭，反复向矿主解释自己的还价合理，可是矿主总是环顾左右而言他。一天晚上，矿主终于对荷伯的反复解释搭腔了。他说："我兄弟的煤矿卖了2 550万美元，而且还有一些附加利益。""啊!"荷伯明白了："这是他固守2 600万美元的理由。他有别的需要，我们显然忽略了。"有了这点信息，荷伯马上跟公司的有关经理人员联系。荷伯说："我们首先要搞清楚他兄弟究竟得到多少，然后我们才能商量我们的建议。显然我们应该处理好个人的重要需要，这跟市场价格并无关系。"公司的官员同意了，荷伯按这个思路进行工作。不久，谈判就达成了协议。最后的价格并没有超过公司的预算，但是付款方式和附加条件却使矿主感到自己干得远比他的兄弟强。

资料来源：朱凤仙．商务谈判与实务[M]. 北京：清华大学出版社，2006.

(2) 尽量阐述客观情况，避免责备对方。谈判中经常出现的情况是双方互相指责、抱怨，而不是互相谅解、合作。其原因就是混淆了人与事的区别。当对谈判中某些问题不满意时，就会归罪于某一方或某个人，因而出现了把问题搁在一边不管，却对对方或某人进行指责、攻击，甚至谩骂的局面。

在这种情况下，较好的方法是对对方的提议或见解给予某种肯定，同时，客观地指出双方的分歧所在。这种肯定与分歧的结合看起来并不协调，甚至矛盾，但是，正是这种不协调，才有助于问题的解决。心理学中有一种理论是认识不协调论，认为人们讨厌不协调，并愿意消除它。如果你在肯定对方的提议的同时，能指出他的提议与谈判中问题的不一致性造成了双方认识的不和谐，那么，他通常会放弃原先的主张，同你取得一致，以克服这种不和谐。

同时，在语言的表达上，也需要一定的策略和技巧。如果你讲述自己的看法而不是讲别人的言行与动机，能够收到更好的效果。如"我感到失望"，而不是"你背信弃义"；"请原谅，我没有理解你话的含义"，而不说"是你没说清楚你的意思"等等，这样既讲明了客观情况，又避免了因责备对方而引起的防卫性反应。

(3) 让双方都参与提议与协商。谈判出现矛盾分歧，多数情况下是由于双方各自从自己的立场出发，拿出一个提议或方案让对方接受，这样，即使是对谈判有利的协议，对方也因怀疑拒不接纳，结果常常会导致僵局。但如果改变一下方式，就可以避免出现上述情况，这就是让双方都参与方案的起草、协商。一个能容纳双方主要内容、包含双方主要利益的建议会使双方都认为是自己的，如果他们切切实实感到自己是提议的主要参与者、制定者，那么达成协议就会变得比较容易。当各方对解决的办法逐一确认时，整个谈判过程会变得更加有秩序、有效率，因为对提议内容的每项批评改进与让步，都是双方谈判人员积极参与的结果。

(4) 保全面子，不伤感情。谈判人员有时固执地坚持己见，并不是因为谈判桌上的建议无法接受，而只是因为他们在感情上过不去。因此，在谈判中顾及对方面子，不伤对方感情十分重要。在与对方谈判代表打交道时，不能由于对方是企业或公司的代言人，就忽略了对方个人的感情变化，忽略了对方对某些问题特别敏感的反应。当对方觉得你藐视他个人，损害了他的面子，自尊心受到伤害时，他就会变得像刺猬一样，充满敌意，防卫自己，攻击别人，这种状况是很不利于双方沟通的。

2）着眼于利益，而不是立场

利益是谈判者实质的需求、欲望、关切或忧虑，通常是内隐的。

在谈判中，立场是谈判者追求利益的态度和要求，往往表现为双方在某个条件上的言谈举止，是人们利益的表现形式，是非常具体的。有什么态度，有什么要求，就是有什么立场。态度强硬，不轻易改变要求谓之立场坚定，如果双方立场都非常强硬，互不让步，谈判就不可能进行下去。一般情况下，会哭的孩子有奶吃，在对方可接受方位内，立场坚定的一方，所获得的利益也就越多。

立场和利益之间的关系，不是一对一那么简单，每种利益可能有多种满足的途径和方式。透过立场寻求利益，寻找一条既能符合己方利益，又能与对方根本利益相结合的途径，是取得谈判的顺利进展的科学方法。

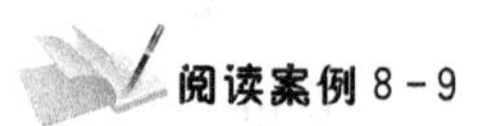
阅读案例 8-9

戴维营协议

埃及与以色列于1978年签订的戴维营协议是一个着眼于利益的成功案例。以色列自1967年以来一直占领着部分西纳半岛。当埃以双方1978年坐下来谈判缔结和约时，他们的立场是完全对立的。以色列坚持占据西纳半岛某些地区；埃及则坚持西纳的每一寸土地都要重归埃及主权。结果，在领土问题上做妥协，埃及决不接受；回到1967年以前的情形，以色列又坚持反对。然而，审视双方的利益而不是立场，却使谈判有了转机。以色列的利益是在安全上，他们不想让埃及的坦克布置在自己的边界上，随时可以发动进攻。而埃及的利益在主权上，西纳半岛自从法老王时代，就一直是埃及的一部分。自从被希腊人、罗马人、土耳其人、法国人和英国人占领了数世纪之后，埃及仅在近代才取得完整的主权，因此，绝不能再把任何部分让给另一个外国征服者了。在美国支持下，埃及总统萨达特和以色列总理贝京在戴维营达成协议：西纳完全归还埃及，但大部分地区必须实现非军事化，以确保以色列的安全。埃及的国旗可以在西纳到处飘扬，坦克则不能接近以色列。

资料来源：任正臣，庞绍堂，童星．商务谈判[M]．南京：译林出版社，2004.

3）考虑多种备选方案

这一点要解决的是如何在压力之下，找到最令人满意的解决办法。某些人认为只要对我方有利的方案就一定对他方不利，因此固守阵地，放弃双方共同利益而设计方案。然而，在实际谈判中客观存在着多种备选方案，最后选出的方案应该是在确保己方利益的前提下最大限度地满足双方的需求。也就是说，在达成协议之前，应探讨双方受益的方案，强调共同利益以使谈判顺利进行。

4）坚持以客观标准为基础

在谈判中，解决问题靠的不是一方的压迫，另一方不断地退让，而是坚持客观标准。客观标准是独立于双方之外，为双方都接受的观点和准则。通过客观标准的讨论而不是固执地坚持自己的立场，就可以避免一方向另一方屈服的问题，使双方都服从于公正的解决办法。

可供双方用来作为协议基础的客观标准是多种多样的。可以是市场价格、专业标准、道德准则、行业标准等。选择的客观标准都应该是独立于双方的意志力之外的，并且为双方所接受的。

为了更有效地运用客观标准，应该注意以下几个方面：

(1) 尽量发掘可作为协议基础的客观标准。一般说来，这种标准往往不止一种。譬如：市场价、先例、科学的判断、专业的标准、效率、成本、法院的可能决定、道德标准、同等待遇、互惠原则等等。发掘越多，越有可能择取好的标准并帮助达成公平协议。

(2) 客观标准一定要公正。客观标准应该独立于各方的主观意志之外，要切合实际并合乎法律。一个著名的例子是，在国际谈判中，有不少人坚持自身拥有民族自决的权力，却不承认对方也有同样的权力，结果，反倒败坏了民族自决这一原则的名声。

(3) 让双方都共同努力来寻求客观标准。譬如购买房地产的谈判，你开始可以说："你想高价卖，我想低价买，让我们看看公平的价钱是多少？最适当的客观标准是什么?"如果是对方先阐明立场，定了价，你可以问："你是怎么得到这个数字的？你的理由是什么?"对方如果提出了标准，只要可行，你便可以按照他的标准提出你的看法，借以说服他，这通常是很有说服力的。

(4) 始终保持冷静的理性态度。谈判的实际情况毕竟可能是复杂多变的，你的对手可能只从自己的利益出发提出某种标准，甚至进而将它发展为不可让步的原则立场。这时你要冷静。首先，客观标准本身有多元性，你不一定非采纳不可，别的更为公平的标准也可能存在，应该通过比较来共同决定取舍；其次，如果几个客观标准都必不可少，则可考虑妥协折中的方式以打破僵局。例如我国许多单位的住房分配综合了多种标准：工龄、职称、职务、学历……然后将它们折算成可相加的分值。再次，如有必要，亦可邀请双方都认为公平的第三者，把所有标准交给他，由他进行仲裁。

(5) 不屈从压力。贿赂、威胁、摆老资格、拒不让步等等都是压力。坚持客观标准就意味着决不屈从压力，无论对方如何千变万化，回答都一样：请说明理由，提出公认的客观标准。除非对方真的不让步，否则，只要还能谈下去，你就能取得优势，因为你坚持合理合法的客观标准，拒绝随意的让步。

三种谈判模式的比较见表 8-3。

表 8-3　三种谈判模式的比较

项目	阵地式谈判		理性谈判
	硬　式	软　式	
关系	将对方视为对手	将对方视为朋友	将对方视为与自己并肩合作的问题解决者
目标	目标是取得胜利	目标是达成协议	要获得有效率的友好结果
让步	把对方让步作为建立关系的前提条件	作出让步来维系关系	把人与问题分开
态度	对人和事采取硬的态度	对人对事采取软的态度	对人软、对事硬

续表

项目	阵地式谈判		理性谈判
	硬　式	软　式	
信任	不相信对方	相信对方	信任与否与谈判无关
立场	坚持自己的立场	轻易改变自己的立场	着眼于利益，而不是立场
方法	向对方发出威胁	向对方发出要约与建议	寻求共同利益
要求	坚持自己最低限度的要求	提出自己最低限度的要求	没有最低限度
协议	坚持把己方片面得利作为达成协议的前提	同意以己方的损失来促成协议	提出互利的选择
方案	寻找自己可以接受的方案	寻找对方可以接受的方案	探讨多重方案
原则	坚持自己的立场	坚持达成协议	坚持客观标准
意志	努力赢得意志的竞争	避免一场意志的竞争	寻找意料之外结果
压力	施加压力	屈服于压力	服从原则而不是压力

8.3.3 商务谈判的原则

商务谈判的原则是指在商务谈判过程中各方应当遵循的指导思想和基本准则，是商务谈判内在的、必然的行为规范，是商务谈判的实践总结和制胜规律。认识和把握商务谈判的原则，有助于维护谈判各方的权益，提高商务谈判的成功率和指导商务谈判策略的运用。

1. 平等互利原则

平等互利原则的基本含义是：商品交易双方不论其经济实力强弱与否，在相互关系中都处于平等地位，实行等价交换原则；双方都应根据实际需要和客观可能，“有给有取”，利益均沾，使双方都能获益。当然，谈判者也应该清醒地认识到，绝对的平等互利是没有的，只能是双方经过艰苦的谈判后都感到自己有所得，虽然不是平分秋色，但整个格局应是各有所得。在这种情况下，双方都会感到满足。

一场成功的谈判，每一方都是胜者，这是由市场经济规律所决定的。市场经济讲求等价交换，即平等互利。如果谈判的一方总是竭力想压倒对方，以达到自己单方面所期望的目标，这样的谈判是难以成功的。即使这次勉强谈成，也只能是“一锤子买卖”。

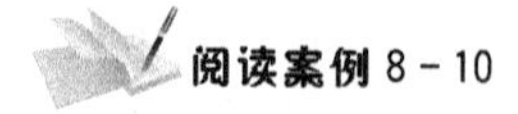

阅读案例 8－10

美国“旅店大王”希尔顿的借钱谈判术

美国“旅店大王”康拉德·希尔顿曾经有过这样一件使他终身引为自豪的事情：当年，希尔顿计划在达拉斯建造一座耗资百万元的新旅店，以实现他的“以得克萨斯州为基地，每年增加一家旅馆”的发展计划，但由于资金短缺，不得不中途下马。希尔顿毅然去见卖给他地皮的达拉斯大商人杜德，直截了当地告诉杜德，饭店工程无法继续。开始杜德不以为然，认为希尔顿没钱盖饭店与他无关。

希尔顿说："杜德先生，我来找你是想告诉你，饭店停工对我的确不是什么好事，但你的损失会比我还大。""我不明白你在说什么"，杜德说。希尔顿向他解释其中的道理："如果我再向人透露一下，饭店停工是因为我想换一个地方盖饭店，那么饭店周围的地价一定会暴跌，这样的结果对您也是不利的，您看是不是这样呢？"结果，杜德乖乖地同意了希尔顿的要求：由杜德出钱将那家饭店盖好，然后交给希尔顿，待赚了钱再分期偿还还给杜德。1925 年 8 月，由商人杜德出钱盖成的达拉斯希尔顿大饭店正式营业。

资料来源：马金章．金点子赚大钱[M]. 深圳：海天出版社，1996.

2. 相容原则

相容就是谦让、容忍、豁达。相容是与谈判者的素养和相互平等、独立的地位相关的，没有较好的素养，以及平等、独立的地位，相容就无从谈起。一般说来，谈判中的自信心与相容度存在着正比关系，自信心强的人，相容度就大。相容原则要求谈判者在谈判中心胸宽广，遇到难题时，主动让步，以退为进；当形势发生转机时，再主动进攻，避开冲突，以对方易于接受的方式，达到目的。当然，相容原则并非无原则地妥协、忍让，而是要将谈判的原则性和灵活性有机地结合起来，以便更好地实现谈判的目的。

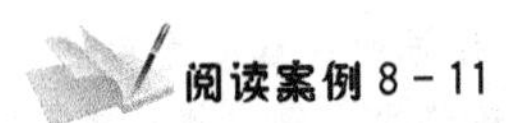
阅读案例 8－11

"水晶杯"和"细瓷"比翼齐飞

西方许多国家的餐桌上，都习惯同时摆上英国"水晶杯"公司的水晶玻璃高脚杯和另一家"细瓷"公司的细瓷餐具。这两种都是高档的名牌餐具，然而却出自两家公司。按照"同行如仇敌"的传统观念，二者应当是水火不相容的。而这两家公司通过谈判，却达成了联合推销、互取所需的协议。"水晶杯"公司利用"细瓷"多年来在日本市场的信誉，通过联合推销，将其产品打入了日本市场；而"细瓷"公司利用"水晶杯"产品在美国市场上优势，打开了它在美国的市场。通过联合推销，出现了两家公司比翼齐飞的局面，都大幅度地提高了销售额，实现了双方共同受益、皆大欢喜的目标。

资料来源：黄卫，管俊林．营销艺术系列 国外经营奇方妙策[M]. 济南：山东人民出版社，1993.

3. 守法原则

守法是指在商务谈判及其合同签订的过程中，应遵守国家的法律、政策、条令；在对外贸易谈判中，还应当遵守国际法则和对方国家有关法规。遵守法律，也是人类社会的最基本准则。任何商品交易活动，在谈判的内容、方法、技巧等方面只有符合有关法律、法规的要求才能促进经济的发展和社会的安定。任何与法律、法令相抵触的商务谈判，不管交易的双方主观意愿如何，都是损害国家和社会利益的。

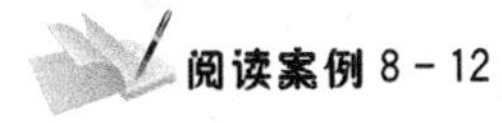
阅读案例 8－12

德国磨坊主和皇帝的故事

磨坊主是个钉子户，威廉一世在 19 世纪后期担任德国皇帝。威廉一世喜欢走遍祖国大地，到处去视察。每到一处总要居住在条件比较舒服、比较安逸的地方。威廉一世想在波斯坦建一个行宫，建的时候没发现行宫前面有一个磨坊，建好后，皇帝站在自己的阳台上发现这个磨坊特别碍眼，特别让他心里不爽，然后就派手下的人去看看，能不能把磨坊买下来，算是国家征用这片土地。殊不知磨坊主不答应，然后内务大臣回去给皇帝汇报，并建议一定要买下来。皇帝说再增加价格，并给予优厚的补偿。但磨坊主仍坚持不卖，皇帝很生气，就强制把磨坊拆了。

磨坊主在拆房子的时也不着急，袖手旁观。皇帝权力很大，当然你想做这个事情是可以的，但是我德国还有法院和法律在，此不公平之事，必诉于公堂之上。于是第二天他就找律师，律师帮他一纸诉状将皇帝告上了法庭。磨坊主诉威廉一世案在法院立案了。天哪！一方当事人是皇帝，这个案件怎么审？但是德国的法官，德国的伟大，他们硬是判决皇帝败诉了：私有财产神圣不可侵犯，不经房主的同意是不可以进行强制拆迁的。这样一个房子在你的面前并不构成对你自己财产实质性的影响。所以判决皇帝恢复原状，赔偿损失。结果皇帝拿到一纸诉状后，不禁哑然失笑：做皇帝的权力太大，不禁利令智昏。幸亏德国还有这么好的法官和律师，能使案件得到公正判决。皇帝就赶快派人按原来的图纸修复了磨坊，并赔偿了损失。

过了一些年，威廉一世去世了，威廉二世登基了。老磨坊主去世了，磨坊主二世也登基了。小磨坊主根本不愿意再去经营这个磨坊，决定去城市生活。而且经营也不善，濒临破产边缘，最后突然想起父亲讲起与皇家的诉讼。现在的小皇帝是不是也愿意把这片土地买回去？然后就写了一封信，告诉他说我现在穷得不行了，请皇帝把磨坊买下来，我有了钱，还了债我就走了，不在这儿呆了。过了几天他收到了威廉二世的回信：我亲爱的邻居，听说你现在磨坊的经济到了非常严峻的程度，作为邻居，我感到非常的同情，但是你要卖磨坊是万万不可以的，此磨坊已经不再是一个普通的产业，而是我德国司法独立的里程碑，它必须世世代代保留在你磨坊主的名下，不可改变。鉴于你现在生活困难，请务必理解作为邻居的一种同情，所以我差人送上三千马克给你，请务必收下，这是邻居的一点心意而已。如果你觉得不好意思的话，就算是我借给你的，什么时候有了钱，什么时候再还给我，你的邻居威廉二世。

资料来源：李静美．民主的软肋[M]．北京：华龄出版社，2006.

4. 诚信原则

决定商务谈判进度及其结果的首要问题，是要建立谈判双方彼此间相互尊重、相互信赖的关系。因此，诚信是参加商务谈判的一项重要原则。诚信原则即诚实与守信原则。所谓诚实是指任何谈判必须诚心实意，不欺诈，这与保守业务机密并不矛盾；所谓守信即是言必行、行必果，不能言而无信，朝令夕改。只有守信，才能取得对方的信任，才能建立一种诚挚和谐的谈判气氛，进而促使交易的成功。

为了在谈判中遵循这一原则，谈判者应该做到如下几点。

(1) 信任对方。此乃守信的基础，也是取信于人的方法。只有信任对方，才能得到对方的信任。

(2) 不轻诺。此乃守信的重要保障，轻诺寡信，必将失信于人。

(3) 讲信用。遵守谈判中的诺言，实践诺言，所谓“一诺千金”，此乃取信于人的核心。

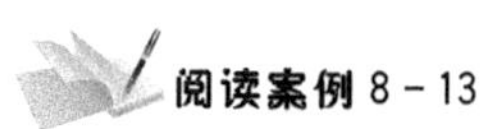
阅读案例 8－13

琼斯借款

琼斯为了使自己具备良好的信用，在他还是通信员时，就先从银行里借出不派什么用场的 50 美元。

琼斯这样解释自己的行为：“我借这笔钱没有别的目的，只不过想借此树立卓著的信用。我决不动用此项借款，等催款单一到，就立即送还。”以后我借款数额逐步增加，终于有一次增加到 2 000 美元。当我决定自己发行商业新闻时，需要 1 万美元借款。于是我到经常借款的银行出纳部和他们商议这个计划。他们愿意借给我 1 万美元，不过叫我去和经理商量。由于银行总裁对我的赏识，借款终于成功了。

银行总裁是怎么想的？他说："我很高兴把钱借给琼斯。他这个人如何我不大清楚，但是我知识他常从这里把钱借去，还钱时从来没有误过期。"琼斯借钱是好借好还，再借就不难了。

资料来源：金禹良．会说话 好办事[M]．北京：地震出版社，2007.

5. 灵活性原则

灵活性原则即在谈判中要灵活运用多种谈判技巧以使谈判获得成功。谈判的过程是一个不断思考、协调的过程，在守信的原则下，还需灵活掌握各种谈判技巧，预测出对方内心的想法与计策，使自己在谈判中始终占据有利位置。要时刻注意在不放弃重大原则的前提下，通过灵活的谈判技巧实现总体目标。特别是要根据不同的谈判对象，不同的市场竞争情况，不同的谈判意图，采用不同的谈判技巧。

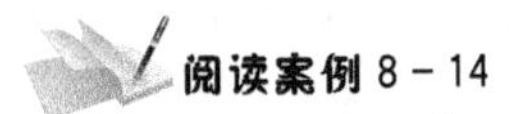
阅读案例 8－14

变一次付酬为分期付酬

20世纪40年代，美国电影明星珍·拉塞尔与制片商霍尔休斯签订了一项价值100万美元的为期1年的雇用合同。1年期满，恰逢休斯资金周转发生困难，如果立即提现，将损失很大一笔利息。休斯与拉塞尔谈判，要求推迟付酬期限。起初，拉塞尔坚决不同意，坚持要按合同规定办。其实，双方这样僵持着，对谁也没有好处。后来，灵活的拉塞尔向休斯传递了可以变通的信息，双方开始合作。经过一段时间的商讨，创造性地提出了一个使双方满意的解决方案，双方同意将付酬合同修改为分期付款，每年付5万美元，分20年付清。对休斯来说，解决了资金周转困难；对拉塞尔来说，付酬总数100万美元没有变化，每年5万美元，所得税适用税率降低，20年付税总额减少，实际收益提高了。而且演员职业不稳定，有20年的基本收入保证，是拉塞尔梦寐以求的事。

资料来源：殷庆林．国际商务谈判[M]．北京：现代教育出版社，2010.

8.4 商务谈判的评判标准和成功模式

8.4.1 商务谈判的评判标准

谈判不是一场比赛，不要求决出胜负，也不是一场战争，要将对方消灭或置于死地，相反，谈判是一项互惠的合作事业。若把谈判看作是一场竞技比赛，目标就难以实现，即使勉强达成协议，也难保协议能够得到好的履行。从谈判是一项互惠的合作事业这个观点出发，可以把评价商务谈判是否成功的价值标准归纳为以下几点。

1. 商务谈判目标的实现程度

谈判人员在参加商务谈判时总要事先规划好一定的谈判目标，将自己的利益需求目标化。当谈判结束时，我们就要看一下自己规划的谈判目标有没有实现，在多大程度上实现了预期的谈判目标，这是人们评价商务谈判成功与否的首要标准。需要指出的是，不要简单地把商务谈判目的理解为利益目标，这里所指的商务谈判目标是具有普遍意义的综合目标。不同类型的商务谈判，不同的参谈者，其谈判目标均有所不同。比如，举办合资企业的谈判，对于中方来讲，其谈判目标有可能是尽快地以最合理的控股权在某地合资生产某种产品；对于租赁业务的洽谈，其谈判目标则有可能是以最低的租金租到功能较齐全的某种设备。因此，谈判目标只有在具体的谈判项目中才能具体化。

2. 商务谈判的效率

所谓谈判的效率是指谈判所获得的收益与所耗费的谈判成本之间的对比关系。如果所耗费成本很低，而收益却较大，则本次谈判是成功的、高效率的；反之，如果谈判所耗费成本较高，收益却很少，则本次谈判是低效率的、不经济的，甚至在某种程度上讲是失败的。

通常一场谈判有如下三种成本。(1)为达成协议所做的让步，也就是预期谈判收益与实际谈判收益的差距，这是谈判的基本成本。(2)人们为谈判所耗费的各种资源，如投入的人力、物力和时间，这是谈判的直接成本。(3)因参加该项谈判而占用了资源，失去了其他获利机会，损失了有望获得的其他价值，即谈判的机会成本。

在这三种成本中，由于人们常常特别注重谈判桌上的得失，所以往往较多地注重第一种成本，而忽视第二种成本，对第三种成本考虑得更少，这是需要予以注意的。

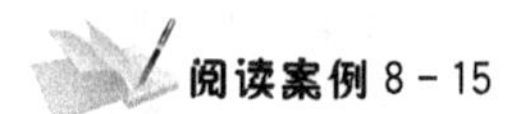
阅读案例 8－15

中美商务谈判的高效率

2004年4月21日，有“铁娘子”之称的中国国务院副总理吴仪，第一次以中美商贸联委会中方主席的身份带团访美，与联委会美方主席——美国商务部部长埃文斯和贸易代表佐立克会晤后，双方宣告中美贸易史上规格最高的一次会谈圆满结束。只通过四个半小时的谈判，就达成八项协议的签署，看起来中美双方都得到了自己想要的东西。这次谈判因为效率高而蜚声海内外。

资料来源：甄珍．商务谈判[M]．北京：首都师范大学出版社，2009.

3. 商务谈判后的人际关系

商务谈判是两个组织或企业之间经济往来活动的重要组成部分，它不仅从形式上表现为谈判人员之间的关系，而且更深层地代表着两个企业或经济组织之间的关系。因此，在评价一场谈判成功与否时，不仅要看谈判各方市场份额的划分、出价的高低、资本及风险的分摊、利润的分配等经济指标，而且还要看谈判后双方的人际关系如何，即通过本次谈判，双方的关系是得以维持，还是得以促进和加强，抑或遭到破坏。商务谈判实践告诉我们，一个能够使本企业业务不断扩大的精明的谈判人员，往往将眼光放得很远，而从不计较某次谈判的得失，因为他知道，良好的信誉、融洽的关系是企业得以发展的重要因素，也是商务谈判成功的重要标志。任何只盯住眼前利益，并为自己某次谈判的所得大声喝彩者，这种喝彩也许是最后一次，至少有可能与本次谈判对手谈判是最后一次，是“捡了眼前的芝麻，丢掉长远的西瓜”。

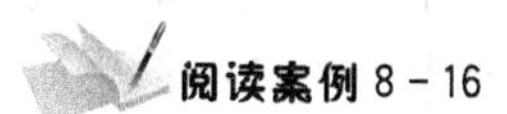
阅读案例 8－16

经理的感情用事

美国约翰逊公司的研究开发部经理，从一家有名的公司购买了一台分析仪器。数月后，一个价值2.95美元的零件坏了，可这家仪器公司却召集了几名他们最高明的工程师，来证明故障是约翰逊公司使用不当的后果，双方为此争执了两个半小时。仪器公司的工程师花了九牛二虎之力，才证明责任在约翰逊公司一方，他们胜利了。但此后的整整20年，约翰逊公司那位经理一直告诫他的人不要再买那家公司的产品，他说："我也知道这不合理，太感情用事，但我还是这样做。"可见，人际关系的破坏会带来难以估量的损失，谈判者必须高度重视。

资料来源：张炳达，陈婧，杨慧．商务与管理沟通[M]．上海：上海财经大学出版社，2010.

综合以上三个评价指标，一次成功的或理想的谈判应该是：通过谈判，双方的需求都得到了满足，而且这种较为满意的结果是在高效率的节奏下完成的，同时双方的友好合作关系得以建立或进一步发展和加强。

8.4.2 商务谈判的成功模式

中西方学者通过大量的理论和实践的研究，找到了一条商务谈判中能够顺利到达成功彼岸的道路，即商务谈判的成功模式。

1. 制定洽谈计划

在制定洽谈计划时，首先要做到知己知彼，即先要弄清本方在该次谈判中的目标是什么，然后要通过各种渠道设法去搞清对手的谈判目标是什么。明确了双方的谈判目标之后，要进一步仔细分析双方的目标构成，通过对比分析双方利益一致的地方和可能产生分歧的地方，以便我们在正式谈判时采取不同的对策。通常，在正式谈判开始时，首先应把双方的一致之处提出来，并请双方核实确认。这样做的好处是，能够提高和保持双方对谈判的兴趣，也能增强双方积极投入谈判的信心，为谈判的成功打下良好的基础。对于双方利益不一致的地方，则要在制定谈判计划阶段加以周密思考，想好一切对策，并在谈判过程中通过双方的交锋，充分发挥各自的创造力和想象力，谋求使双方都能满意的方案，实现谈判的各自目标。

2. 建立洽谈关系

在正式洽谈之前，就要与对手建立良好的关系。这种关系不是指比较浅显的表层关系，而是一种有意识形成的、能够使双方洽谈者在洽谈过程中都能感到顺畅、融洽、自然、舒展的关系，这种关系是使洽谈顺利的保障。

通常情况，人们都愿意与自己比较了解、信任的人做生意，而不愿意同自己一无所知、更谈不上信任的人达成什么协议。如果我们同一个从未见过或听过的人打交道、做生意，那么我们就会十分谨慎，层层设防，在谈判中肯定会小心从事，不轻易许诺。因此，当双方都已相互了解，并且建立了一定程度的信任关系，那么就会减少双方之间的戒备心理，从而使谈判的难度大为降低，而成功的可能性就大大提高。可以肯定地说，洽谈双方的相互信任关系是洽谈成功的基础。

3. 达成洽谈协议

应核实对方的谈判目标，对彼此意见一致的问题加以确认，而对彼此意见不一致的问题则要通过双方充分的磋商，互相交流，寻求一个有利于双方利益需求的满足，并且双方都能接受的方案来解决问题。

4. 履行洽谈协议

达成协议并不是业务洽谈的最终目标，商务谈判的最终目标应该是：达成协议后，协议的内容能够得以圆满地贯彻和执行。我们在洽谈中，最容易犯的错误就是：一旦达成了令自己满意的协议就会松一口气，认为谈判已经圆满地结束了。但对方有时不会像你想象的那样，义不容辞，毫不犹豫地履行他的义务和责任。俗话说“夜长梦多”。因为事情总是千变万化，从协议签订到实施这段时间里，不知又会有什么因素影响双方对协议的履行。

经验告诉我们，与同我们谈判的签约方保持联系，并对其履约行为给予良好的反应，是最能鼓舞其干劲的。因此，在对方努力信守协议时，给予及时的肯定、赞扬和感谢，其信守协议的精神就会保持下去。同时，也要向对方汇报自己的履约实情，向对方证实我方的诚实守信，从而加速双方的履约进程。情感反应方式很多，比如，亲自拜访问候并表示感谢，也可以通过现代通信工具表示自己的谢意，书信的方式也是很好的选择。总之，运用情感交流促使协议兑现，是成功模式所提倡的方法，也是十分奏效的。

5. 保持良好的关系

在实际业务交往过程中，特别是亲身参与谈判的人员，都有一个切身体验，那就是：与某业务往来对手之间的关系，如果不积极、有意识地对其加以维持的话，就会逐渐淡化，慢慢地双方就会疏远起来，有时甚至由于某种外因还会导致关系的恶化。而一旦疏远了或者恶化了，再想重新恢复到原来的水平，则需要花费很多的精力和时间，甚至比与一个新对手建立关系还要复杂。因此，为了以后的业务发展，对那些已经通过自己努力，并在本次谈判中建立起良好关系的业务伙伴，应想方设法与他们保持友好的关系，以免事后再花费精力和时间去重新建立。其实，维持与对方的关系也很简单，主要是保持与对方的接触和联系，特别应注意个人之间的接触，因为不管什么样的经济实体，它都是由人来构成的，没有人也就谈不上其他的了。另外，还可以在对方有什么重要纪念意义的日子发去贺电或信函，以表示自己的问候，这就很自然地维持了双方的关系。

按照这五个步骤去计划、组织和实施我们的业务谈判，就一定会成功的。

谈判人物专栏

荷伯·科恩

荷伯·科恩是美国著名的谈判专家。在他过去的几十年的谈判生涯中，参加过数千次各种各样的谈判，从国内的企业吞并到与国际恐怖分子谈判，从代表政府机构进行的谈判到和一些小商店的店主交往，可以说他经历过凡是人们能够想象得到的任何场面。

在他所著的《人生与谈判》一书中，记叙了他与一家电器商店老板的谈判经历。科恩在这次谈判中，尽管事先毫无准备，却能在交谈中抓住细微的信息，顺藤摸瓜，了解对方的想法，利用他的观点，动之以情，并以长远利益来说服商店老板放弃眼前小利，其中暗含了“远交近攻”战术的运用。在很短的时间内(45 分钟)做成了一桩公平的交易。再以后，科恩与商店老板成了朋友，建立了亲密的信任关系。

本章小结

1. 谈判是有利害关系的双方或多方以彼此需求为动因，为谋求一致而进行协商洽谈的活动和过程。内涵可从主体、客体、目的、过程去理解，还总结了谈判的原因和特点。

2. 商务谈判是经济主体之间为了满足各自经济利益的需要，对涉及各方切身利益的分歧进行磋商，以谋求取得一致和达成协议的过程。总结了商务谈判特征、要素和基本原则，对其进行了分类，重点分析了硬式谈判、软式谈判和理性谈判的区别所在，并总结了其评判标准和成功模式。

关键术语

谈判　商务谈判　阵地式谈判　硬式谈判　软式谈判　理性谈判
商务谈判的成功模式　商务谈判的评判标准

思考与应用

一、单项选择题

1. “谈判的参与各方是独立平等的主体”是指谈判各方(　　)。
A. 不能是一个组织内部的关系和成员　B. 具有法人资格的个体
C. 能够代表各自独立的利益主体　D. 是社会中一切组织和个体

2. (　　)会收到更好的谈判效果。
A. 运用灵活变通的策略　B. 利用己方优势，给对方造成压力
C. 坚持立场，毫不让步　D. 激怒对方，使其丧失理智

3. 在区分和处理人与问题的关系上，你赞同的观点是(　　)。
A. 见机行事　B. 对人软，对事硬
C. 对人、对事都采取硬的态度　D. 对人、对事都采取软的态度

4. 商务谈判中，若交易条款存在“难题”，明智之举是(　　)。
A. 按条款顺序依次耐心磋商　B. 从易到难跳跃
C. 从难到易跳跃　D. 视具体情况选择跳跃

5. 你赞成下列哪一种交易？(　　)
A. 互利的交易　B. 对己有利的交易
C. 各为自己打算的交易　D. 对己有利、对他不利的交易

6. 商务谈判中，你如何对待各方的分歧和矛盾？(　　)
A. 激怒对方，使他丧失理智　B. 坚持立场，毫不妥协
C. 变通策略，调和矛盾　D. 寻求共同利益，搁置分歧

7. 你认为商务谈判成功的标志是什么？(　　)
A. 不惜一切代价，争取己方最大的经济利益

B. 使对方一败涂地

C. 以最小的谈判成本，获得最大的经济利益

D. 既要实现最大的经济效益，也要实现良好的社会效益

二、多项选择题

1. 明智友好协议的检验标准是(　　)。

A. 达成协议　　B. 实用有效　　C. 增进双方关系

D. 履约率高　　E. 条款简单

2. 学会区分人与问题应该做到(　　)。

A. 从对方的立场出发考虑提议的可能性　　B. 多阐述客观情况

C. 使双方都参与提议协商　　D. 保全面子，不伤感情

E. 坚持提出问题

3. 提出互利选择的具体做法应该是(　　)。

A. 以横向谈判为主

B. 不要在立场上纠缠

C. 打破传统的分配模式

D. 寻找共同利益，增加合作可能性

E. 协调分歧利益，达成合作目标

4. 谈判“成功模式”的步骤是(　　)。

A. 制订洽谈计划　　B. 建立洽谈关系

C. 达成洽谈协议　　D. 履行洽谈协议和维持良好关系

E. 维持良好关系

5. 所谓谈判效率是指谈判所获得的收益与所耗费的谈判成本之间的对比关系。谈判成本一般包括(　　)。

A. 谈判的基本成本　　B. 谈判的直接成本

C. 谈判的间接成本　　D. 谈判的机会成本

E. 谈判的后续成本

6. 为了在谈判中遵循诚信原则，谈判者应该做到(　　)。

A. 信任对方　　B. 自方不讲假话

C. 不轻诺　　D. 实事求是

E. 讲信用

7. 理性谈判与阵地式谈判相比，下列说法正确的是(　　)。

A. 前者将对方视为朋友　　B. 前者把人与问题分开

C. 前者对人对事采取软的态度　　D. 着眼于利益，而不是立场

E. 前者寻找对方可以接受的方案

三、判断题

1. 区分人与问题就是对人和对事持不同的态度。　　(　　)

2. 理性谈判提倡着眼于利益，而不是立场。　　(　　)

3. 商务谈判达成了协议即表明谈判全部完成。　　(　　)

4. 谈判一方可获得的经济利益的大小，是评价其谈判成功与否的唯一标准。 （ ）
5. 商务谈判的客体包括参加谈判的人员和谈判议题。 （ ）

四、简答题

1. 怎样区分人与问题？
2. 简述怎样坚持客观标准。
3. 商务谈判的原则有哪些？
4. 商务谈判的成功模式有什么样的内容？
5. 硬式、软式和理性谈判这三种谈判模式有什么不同？

【实训项目】

项目1

◎内容

畅谈谈判经历

◎目的

了解谈判的含义，理解谈判成功的评判标准。

◎步骤

(1) 选择生活中的谈判事件(比如购物、旅游、人际交往等)，以小组为单位，每位成员畅谈个人经历过的谈判事件，通过小组全体讨论，选择一个典型的谈判事件，就谈判内容、方式、策略等方面进行集中分析，判断其是否为一场成功的谈判，进而提出改进方案。

(2) 每个小组均要上台汇报，就本小组讨论的谈判案例与其他小组进行交流，其他小组的同学可以根据自己的理解提出个人的不同观点。

(3) 教师点评，就讨论中所涉及的知识点和技能进行归纳总结。

项目2

◎内容

运用不同的商务谈判模式

◎目的

通过比较三种不同的商务谈判模式，体会其谈判过程与效果的差别。

◎步骤

全班分成若干个小组，每两个小组可自选谈判主题，也可依据下面背景材料，分别采用硬式谈判法、软式谈判法、原则式谈判法的方式进行模拟谈判。试比较三种模式的效果，并详细记录谈判的过程，最后在教师的带领下进行分析。

◎背景材料

有一个关于机电产品的销售谈判，目前双方的分歧：卖方要抬高售价，买方要降低买价；卖方要延长交货时间，买方要缩短交货时间。但是，双方都有要成交的强烈愿望，双方还都有长期合作的打算，而且买方对卖方的产品质量和性能都很满意。卖方为高质量产品而自豪，希望售价从优；买方也愿为高质量的产品付出好价钱，但希望付款的方式有所改变。

案例分析

“香饵”式谈判

中国上海工业仪表公司(SIIC)和美国福夫斯波罗公司之间所进行的合作谈判，从20世纪80年代初期开始。1982年4月12日，双方在北京签订了为期20年的合资协议。上海福克斯波罗有限公司(SFCL)

成为美国和中国最早成立的技术转让合资企业之一。而且更值得一提的是，它是首家涉及高技术转让的美中合资企业。

应该说，这场谈判从一开始，双方实力与地位的差距是悬殊的。美国福克斯波罗公司创建于1908年，到1985年它已成为在各种型号和不同复杂程度的气动和电子操纵仪器以及计算机控制系统方面领先的全球供应商。1984年福克斯波罗公司销售额超过5亿美元，业务范围涉及全球100多个国家，是一家规模巨大的跨国公司，在世界生产过程——控制设备市场拥有最大份额。而20世纪80年代初期的中国，刚刚走上改革开放的道路，市场机制还很不健全，在高新技术机械产品领域尚处在落后状态。而且，由于这一谈判涉及极为敏感的高技术转让，美国出口管理部门严格限制福克斯波罗公司向中国转让的产品和技术的种类。因此，对于中方谈判者来说，谈判对手的实力是强大的，谈判中所存在的阻力与障碍又将使谈判的进行困难重重，要想取得谈判的成功是非常不容易的。

为了将谈判一步步向成功的方向引导，中方谈判者在充分了解对手和分析对手需要的基础上，首先向美方抛出了第一个“香饵”：中国国家仪表和自动化局与美方进行初步接触并向美方发出邀请，请他们组成代表团到中国进行实地考察。在考察过程中，中国方面巧妙地用各种方式向美方展示了中国机械和汽车产品领域的光辉前景。中国力求使美方确信，双方如果合作成功，将使福克斯波罗公司顺利占据这一世界上最后一个，同时也是最大一个在电子操纵设备和计算机控制系统等业务方面尚未被开发的市场，而这一点则是福克斯波罗公司所迫切需要的。通过考察，他们已被这一诱人的“香饵”深深吸引。紧接着，中方谈判者又不失时机地抛出了第二个“香饵”：为了表示合作的诚意，中方为美方特意选择了一个最佳的合资伙伴——上海仪表工业公司。这使美方既省去了进行选择的成本费用，又深感满意。随着谈判进入实质性磋商阶段，中方谈判者又拿出了第三个“香饵”：根据中国法律，合资公司将享受最优惠的税收减免待遇。正是这一系列“香饵”的作用，才使中方逐渐扭转谈判中期的被动局面，并把这一历史性的谈判一步步推向成功。付出了“香饵”，得到了“大鱼”：通过成立合资公司，中方获得了先进的过程——控制仪器生产技术。这将使中国在高技术机械产品方面达到一个新的水平，从而缩短赶超世界先进水平的过程。

如果从谈判对手——美国福克斯波罗公司的角度出发，再来考察这一谈判，就会发现，美方在谈判中也同样巧妙地采用了这一策略。在双方刚刚接触的时候，福克斯波罗公司也不是没有竞争者。当时的霍尼韦尔、费舍尔控制公司以及其他同行业的跨国公司也正在虎视眈眈地盯着中国市场，其原因一方面当然是由于该公司在技术方面的领先地位和丰富的专业化管理经验，另一方面是由于该公司抛出了诱人的“香饵”：福克斯波罗公司使中方确信，美方将保证使合资企业获得最先进的数字技术(而这恰恰是中方所梦寐以求的)，并且美方向合资企业提供的“学习产品”(即最初转让的产品)是投入应用仅九年且仍旧处于更新换代中的先进产品——电子模拟生产线200型。正是这些针对中方迫切需要的诱人“香饵”，才使福克斯波罗公司最终甩开了其他竞争对手，获得了中国这一富有潜力的巨大市场，为公司的长远发展开辟了道路。

资料来源：樊建廷．商务谈判[M]．大连：东北财经大学出版社，2001.

【思考与分析】

1. 这次合作谈判成功的原因是什么？
2. 中方是如何把握谈判进程，一步步变被动为主动的？
3. 谈判双方应该是一种什么关系？

第9章 商务谈判的准备与开局阶段

教学要求

知识要点	能力要求	相关知识
商务谈判准备的目的和任务	(1) 了解商务谈判准备的目的 (2) 掌握商务谈判准备的任务	(1) 商务谈判准备的目的 (2) 商务谈判准备的任务
商务谈判的信息准备	(1) 了解信息的作用和市场信息、科技信息、政策法规和金融方面信息的内容 (2) 掌握商务谈判对方信息的内容	(1) 商务谈判信息的作用 (2) 市场信息 (3) 商务谈判对方信息 (4) 科技信息 (5) 政策法规 (6) 金融方面信息
商务谈判的人员准备	(1) 了解商务谈判人员的个体选择与管理的内容 (2) 掌握商务谈判团队的组成与管理的内容	(1) 商务谈判人员的个体选择与管理 (2) 商务谈判团队的组成与管理
商务谈判目标与方案的准备	(1) 了解谈判方案的制定 (2) 掌握商务谈判目标	(1) 商务谈判目标 (2) 谈判方案的制定
商务谈判前的策略性准备	(1) 了解策略性准备的特点、目的，后勤准备的要求 (2) 掌握谈判地点的选择和谈判准备工作的检验方法	(1) 策略性准备的特点 (2) 策略性准备的目的 (3) 谈判地点的选择与后勤准备 (4) 谈判准备工作的检验
商务谈判的开局	(1) 了解开局气氛的类型、交换意见的内容和探测对方虚实的方法 (2) 掌握营造良好的开局气氛的方法、开场陈述原则和开局策略的选择	(1) 营造良好的开局气氛 (2) 交换意见 (3) 开场陈述 (4) 探测对方虚实 (5) 开局策略的选择

范蠡救子

范蠡有三子：大儿随父艰辛创业，惜钱如命；二儿继承父业，在外行商，忘义贪求；三儿沉于玩乐，浪荡成性。范蠡因年迈体弱，疏于教养，三子皆不成器。当时，楚国某地三年苦旱，二公子受商人鲍利教唆，乘灾囤粮。范蠡闻讯大惊，立即修书命二儿“赈放存粮，迅即返家”。谁知书到之时，二公子已因哄抬粮价激怒灾民，被告上朝廷。楚王震怒，把其逮捕下狱。二公子下狱凶讯传到范府，全家震惊，范蠡推断必判死罪。

范母哀求范蠡救子，范蠡于是修书一封，命三儿带重金去楚国，找忘年至交庄生大夫“赎儿之命”。庄生是楚国谋臣，深受楚王器重。小儿子带了千两黄金，坐牛车去楚国。就要出发时，范蠡的长子死活不同意，说：家里出了事应该由长子出面解决，父亲不派我去，这是对我的不信任，说明我不孝顺，我不如死了算了。范蠡给搅得没有办法，只好派长子去。但是范蠡再三叮嘱长子，到了后不论任何事情都要任由庄生安排，千万不要与之争执。长子答允了，可出发时又私自带了几百两黄金。

长子到了楚国找到庄生，发现庄生穷得一塌糊涂，住所利用城墙作为后墙，门前满是杂草。庄生虽然贫穷，但廉洁正直闻名天下，从楚王以下都把他当老师一样尊崇。长子按照范蠡的交代，把千镒黄金交给庄生。庄生听明来意，便说：“你现在赶快离开，千万不要逗留，即使弟弟放出来了，也不要问所以然！”至于范蠡送来的黄金，他并不想接受，想要等事成以后归还。但是范蠡的长子不明所以，以为给这样的人黄金毫无用处。长子并没有离开楚国，而是用私自带的黄金献给楚国的权贵，以求门路。

庄生找了一个适当的时机见楚王，说：“某星宿移动到某个位置，对楚国有危害。”楚王向来相信庄生，问庄生如何是好。庄生说只有做好事才能消除。楚王表示明白了，然后命令使者去将钱财物资的府库严密封起来。

楚国接受贿赂的官员听说消息后惊喜地告诉范蠡长子，说：“楚王就要大赦天下了。”长子不解，官员说：“每次王实施大赦，怕人乘机在大赦前抢劫，所以常常先把府库封闭，昨晚楚王已命令封闭府库了。”长子以为楚国即将大赦，他的弟弟自然会放出，那么千两黄金岂不是白白便宜庄生了？长子立刻去见庄生。庄生见到长子，大惊道：“你怎么还没有离开呀？”长子十分不客气地说：“当然没有离开！当初是为了弟弟的事情，现在弟弟的罪，大家都知道会自动赦免了，所以特来向先生辞行！”庄生这下明白他的意思，往里面一指说：“钱都在里面，你自己拿走吧。”长子拿回财物，心下窃喜。

庄生被长子的做法激怒，又去见楚王说：“我上次说星宿的事情，王说要用修德的方法来回报，这当然很好。但现在我在街市上听很多人说，陶有一位富人叫朱公，他的儿子杀了人被囚在楚国，他的家人拿了许多金钱贿赂了王的左右，所以王并不是为了体恤国民而实行大赦，而是因为朱公儿子的缘故！”楚王一听，大怒说：“胡扯！我虽然没什么德行，但怎么会因为朱公儿子的缘故而特别施恩大赦呢？”就命令杀掉了范蠡的儿子，第二天才下达赦免的命令。

范蠡的长子最终带着他弟弟的尸体回来。到家以后，家人都很悲伤，范蠡说：“我就知道他一去必然会杀死他弟弟的！他不是不爱他的弟弟，只是舍不得花钱呀！这是因为他年少时和我一起经营，知道谋生的困难，历尽艰苦，所以不轻易花钱。至于小儿子，生来就看见我很富有，坐着好车，骑着良马，哪里懂得钱财是怎样积聚的，所以不会吝惜。我原想派小儿子去，就是因为他能舍弃财物呀！而大儿子是做不到的，所以最后必然杀死他的弟弟，这是合乎常理的，没什么好悲伤！我本就日日夜夜在等着丧车的到来！”

范蠡无疑是非常聪明的，他对长子、三子的个性了解很清楚，他是有知人的智慧的。如果事情按照他起初的安排，是一定可以成功营救二儿子的。但其长子因为不好好落实范蠡的救人策略，结果让自己的弟弟付出了生命的代价。

资料来源：毛晶莹．商务谈判[M]．北京：北京大学出版社，2010.

一场谈判能否达到预期的目的，获得圆满的结果，不仅要看谈判桌上有关策略、战术和技巧的运用发挥如何，还有赖于谈判前的充分细致的准备工作，后者是前者的基础。

9.1 商务谈判准备的目的和任务

9.1.1 商务谈判准备的目的

1. 知己知彼

孙子曰：知己知彼，百战不殆。在谈判中，不仅要了解自己，更要了解对手一切跟谈判有关的信息，了解对手越多、越正确，谈判的主动权越强。

2. 增强实力

谈判实力是影响谈判结果的主要因素，因此如何增强己方的谈判实力成为谈判者关注的问题。而谈判实力如何，很大程度上来源于谈判前的准备，准备得越充分，谈判实力越强。

3. 建立期望

商务谈判准备的重要目的之一就是要设法建立或改变对方的期望，通过“信号”和谈判前的接触，建立对方某种先入为主的印象，使之产生某种心理适应，从而减轻谈判的难度，为实现谈判目标奠定良好的基础。

4. 创造条件

只有在谈判前经过充分的准备，才能客观地分析自己的优势和劣势，进而寻找办法弥补己方的不足，为谈判的顺利进行创造时间、人员、环境等方面的有利条件，推动谈判的成功。

9.1.2 商务谈判准备的任务

1. 谈判信息的搜集与分析

商务谈判信息是指那些与谈判活动有密切联系的情况及其属性的一种客观描述，是一种特殊的人工信息。在商务谈判中，谈判者对各种信息的拥有量，特别是谈判者对谈判信息的搜集、分析和利用能力，对谈判活动有着极大的影响。

2. 选择谈判对象与时机

1）选择谈判对象

对所有可能的谈判对象，在资格、信誉、注册资金和法定地位等方面进行审核。在不了解客商情况、不熟知国际市场及商情变化，以及众多问题尚未清楚的情况下，不要举行任何正式谈判。

(1) 确认谈判需要。需要是谈判产生的前提，要弄清对方是否有真正的谈判现实需要，是否有谈判的诚意和愿望，是否需要通过谈判来解决问题，以避免无效谈判。

(2) 探询交易群体。有谈判需要的交易对象有哪些？他们的情况如何，是否有谈判合作的意向？探询既可以直接探询，也可以采取间接探询(委托第三者)的方式。

(3) 确定谈判对象。在候选对象中，考察对方的信誉、可靠性、诚信度、谈判实力等情况，重点考察分析几家意向伙伴，根据自身意图，择优选用。

2）谈判时机的选择

谈判时机的选择常常是一个被谈判者所忽视的问题，实际上，时间是制约谈判结果最关键的因素之一，时间可以改变双方的实力对比。选择好谈判时机，有助于增强谈判实力，掌握谈判的主动权，扭转谈判的局面。谈判时机选择的主要依据是：

（1）谈判前的准备程度。争取在己方已做好足够的准备时开始谈判。一般来说，准备越充分，谈判实力越强，谈判时机就越有利，但有时要处理好谈判时机和准备状态之间的矛盾。

（2）对我方的有利程度。谈判的态势对我方越有利，谈判的时机越佳。如果你是买方，则应主动避开卖方市场；如果你是卖方，则应主动避开买方市场，因为这两种情况难以进行平等互利的谈判。不要在你急需某种商品或亟待出卖产品时进行谈判，要有一个适当的提前量，要知道“凡事预则立”。

（3）双方实力对比情况。谈判时间最好选择己方的谈判实力强于对手之时，而尽量避免选择己方的谈判实力明显弱于对手的时候。如果己方的谈判实力不足以与对方谈判，那么就应设法增强己方的谈判实力后，再与对方谈判。

3. 谈判人员选择与组织

商务洽谈是一种有组织的经济活动。为了使谈判能够顺利进行，需要由一定的组织形式作保证。也就是说对参加商务洽谈的人员进行筛选、谈判班子的配备、谈判人员的管理等方面的工作。

4. 制定谈判方案与计划

谈判方案与计划是谈判人员在谈判前预先对谈判目标具体内容和步骤所做的安排、是谈判者的行动指南。一个周详、可靠而又不失灵活的谈判方案可以使谈判人员胸有成竹，在关键时刻处乱不惊，一如既往地去争取谈判目标的实现。

5. 谈判前的策略性准备

谈判前的策略性准备是指谈判者在正式谈判之前开展的一种非正式谈判，其目的在于设法影响或建立对方的心理期望，或者增强己方的谈判实力，为正式谈判取得良好效果而创造条件、奠定基础。

9.2 商务谈判的信息准备

商务谈判作为人们运用信息达成自己所期待的交易的一种经济活动，对信息的依赖更加强烈。谈判信息收集的主要内容包括市场信息、商务谈判对方的信息、科技信息、政策法规、金融方面的信息等。

9.2.1 商务谈判信息的作用

不同的谈判信息对于谈判活动的影响是极其复杂的。有的信息直接决定谈判的成败，而有的信息只是间接地发挥作用。谈判信息在商务谈判中的作用可以表现在以下几个方面。

(1) 谈判信息是制定谈判战略的依据。谈判战略是为了实现谈判的战略目标而预先制定的一套纲领性的总体设想。谈判战略正确与否，在很大程度上决定着谈判的得失成败。一个好的谈判战略方案应当具有战略目标正确可行、适应性强、灵敏度高的特点，这就必须有大量可靠的信息作为依据。在商务谈判中，谁能拥有谈判信息上的优势，掌握对方的真正需要和对方谈判的利益界限，谁就更有可能制定出正确的谈判策略，掌握谈判的主动权。

(2) 谈判信息是控制谈判过程的手段。要对谈判过程做到有效控制，必须先掌握“谈判的最终结果是什么”这一谈判信息，依据谈判战略和谈判目标的要求，确定谈判的正确策略。为了使谈判过程始终指向谈判目标，使谈判能够正常进行，必须有谈判信息作为保证，否则，对任何谈判过程都无法有效地加以控制和协调。

(3) 谈判信息是谈判双方相互沟通的中介。在商务谈判活动中，尽管谈判的内容和方式各不相同，但有一点是共同的，即都是一个相互沟通和磋商的过程。沟通就是通过交流有关谈判信息，以确立双方共同的经济利益和相互关系的过程。没有谈判信息作为沟通中介，谈判就无法排除许多不确定的因素，就无法进一步磋商，也就无法调整和平衡双方的利益。因此，掌握一定的谈判信息，就能够从扑朔迷离的信息中，发现机会与风险，捕捉达成协议的共同点，使谈判活动从无序到有序，消除不利于双方的因素，促使双方达成协议。

阅读案例 9-1

1982年，上海某玻璃厂引进英国某公司浮法工艺技术。在谈判前，该厂进行深入细致的市场调查，从上海专利管理局取得了一条重要信息：在英国公司拥有的137项英国专利中，已失效和即将失效的有51项。该厂的谈判人员根据掌握的这一情况同英方谈判，使引进浮法工艺技术费用从开价的1250万英镑降至52.5万英镑。

资料来源：袁革．商务谈判 案例式 现代商务谈判教程[M]．北京：中国物资出版社，2007.

9.2.2 市场信息

市场信息的内容很多，归纳起来主要包括以下几个方面。

1. 有关国内外市场分布的信息

主要是指市场的分布情况、地理位置、运输条件、政治经济条件、市场潜力和容量、某一市场与其他市场的经济联系，等等。通过调查应摸清本企业产品可以在什么市场(国内、国际)上销售，确定长期、中期及短期的销售发展计划，从而有助于谈判目标的确立。

2. 消费需求方面的信息

包括消费者忠于某一特定品牌的期限；消费者忠于某品牌的原因、条件、因素；消费者开始使用某一特定品牌的条件和使用原因；使用者与购买者之间的关系；购买的原因和动机；产品的多种用途；消费者购买的意向和计划；产品被使用的次数及消费量；消费者对产品的态度；消费者对企业市场活动的反应与态度；消费者喜欢在何处购买；新的使用者的情况及使用原因；产品(资金或劳务)的需求量、潜在需求量；本企业产品的市场覆盖率和市场占有率；市场竞争形势对本企业销售量的影响，等等。

3. 产品销售方面的信息

如果是卖方，则要调查本企业产品及其他企业同类产品的销售情况。如果是买方，则要调查所购买产品的销售情况，包括该类产品过去几年的销售量、销售总额及价格变动；该类产品的长远发展趋势；拥有该类产品的家庭所占比率；消费者对该类产品的需求状况；购买该类产品的决定者、购买频率；季节性因素；消费者对这一企业新老产品的评价及要求。通过对产品销售方面的调查，可以使谈判人员大体掌握市场容量、销售量，有助于确定未来的谈判对手及产品销售(或购买)数量。

4. 产品竞争方面的信息

这类信息主要包括生产或购进同类产品的竞争者数目、规模以及该类产品的种类；生产该类商品的各主要生产厂家的市场占有率及未来变动趋势；各品牌商品所推出的形式与售价幅度；消费者喜爱的品牌与价格水平、竞争产品的性能与设计；各主要竞争者所能提供的售后服务的方式；顾客及中间商对此类服务的满意程度；当地经销该类产品的批发商和零售商的毛利率；当地制造商与中间商的关系；各主要竞争者所使用的销售组织的形态：是生产者的机构推销，还是中间商负责推销；各主要竞争者所使用的销售组织的规模与力量；各主要竞争者所用的广告类型与广告支出额，等等。

如果己方是卖方，通过对产品竞争情况的调查，能够使谈判人员了解己方同类产品竞争者的情况，寻找他们的弱点，更好地争取己方产品的广阔销路，有利于在谈判桌上击败竞争对手，也能使谈判者预测己方的竞争力，使自己保持清醒的头脑，在谈判桌上灵活掌握价格弹性。此外，摸清竞争者和谈判对手的销售形式还可以使己方在运输费用的谈判上掌握机动权。

5. 产品分销渠道

包括主要竞争对手采用何种经销路线；当地零售商或制造商是否聘用人员直接推销，如使用，其使用程度如何；各种类型的中间商有无仓储设备；各主要市场的批发商与零售商的数量；各种销售推广、售后服务及存储商品的功能，哪些应由制造商提供，哪些应由批发商和零售商负担，等等。

9.2.3 商务谈判对方信息

对商务谈判对方的调查是商务谈判准备工作最关键的一环，如果与一个事先毫无任何了解的对手谈判，会造成极大的困难，甚至会很大的风险。对商务谈判对手的调查可从以下几方面入手。

1. 谈判对方的合法资格

商务谈判的结果是有一定的经济法律关系的，作为参加商务谈判的企业组织必须具备法人资格。谈判人员不仅要详细掌握对方企业名称、企业住所、成立时间、注册资本、经营范围等，还要弄清对方法人的组织性质，是股份有限公司还是有限责任公司，是母公司还是子公司或分公司。在国际商务谈判中，还要确定企业法人的国籍。

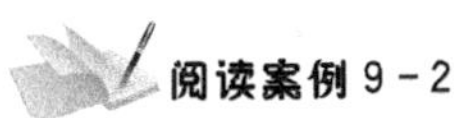
阅读案例9-2

我国一家国际投资公司在海外投资房地产，与国外一位商人谈判，将房子建在他的地产上，建成后按一定比例分享房地产利益。谈判一开始，该商人出示了地产证明，谈判进行得相当顺利。当房子造好时，这位商人的妻子找到我国公司，说我方侵权。理由是我方把房子建在属于她的土地上，并出具了合法证明(原来地产证已转到该商人夫人的名下，而该公司在签约时对此未做进一步核对)。由此，她提出了两个解决方案，一是房子造好后，除了她丈夫应得的部分外，再给她若干套房；二是现在就从她的地产上撤走。这就使那家投资公司傻了眼，煮熟的鸭子飞走了。由于在签约时，没有验明土地的产权证明，结果陷入了相当被动的境地。这家公司实在不甘心，于是聘请律师打官司。这场官司打了三年多，结果不仅要承担昂贵的律师费，而且由于错过出售房子的时机，房地产价格大跌，导致这家公司最终损失惨重。

资料来源：林逸仙，蔡峥，赵勤．商务谈判[M]．上海：上海财经大学出版社，2004.

2. 谈判对方的资本和商业信誉

对方具备了法律意义上的主体资格，并不一定具备很强的行为能力，故要对对方的资本和商业信誉进行调查。对谈判对方资本的审查主要是审查对方的注册资本、资产负债表、收支状况等有关情况；对谈判对手商业信誉及履约能力的审查，主要调查对方经营历史、经营作风、产品的市场声誉与金融机构的财务状况，以及在以往的商务活动中是否具有良好的商业信誉。

3. 谈判对方的权限

一般来讲，前来洽谈的客商可能是公司的董事长、总经理，但更多情况下则是公司内部的某一部门的负责人。如果来者是该公司内部的某一部门的负责人，那么就存在一个代表资格或签约资格的问题。事实上，并非一家公司或企业中的任何人都可以代表该公司或企业对外进行谈判和签约。从法律的角度来讲，只有董事长和总经理才能代表其公司或企业对外签约。若公司或企业对其工作人员超越授权范围或根本没有授权，那么该谈判者对外所承担的义务是根本不负任何责任的。这就需要严格把关，防患于未然。

4. 谈判对方的合作意愿

谈判对方同我方合作的意图是什么？合作愿望是否真诚？对我方的信赖程度如何？对实现合作成功的迫切程度如何？是否与我国其他地区或企业有过经济往来？等等。总之，应尽可能多地了解对方的需要等信息。对方的合作欲望越强，越有利于谈判向有利于我方的方向发展。可通过对对方谈判目标的分析来了解，见表9-1。

表9-1 对方谈判目标分析表

目　　标	最高目标	最低目标	可能还价幅度	成交可能性
价格/价值 数　量 时间安排 质　量 其他补偿				

5. 谈判对方的谈判期限

谈判期限主要指对方所拥有的谈判时间及其谈判的最后时限，即谈判人员需要在一定时间内完成特定的谈判任务。对谈判人员而言，时间越短，用以完成谈判任务的选择机会就越少；哪一方可供谈判的时间越长，他就拥有较大的主动权。当掌握了对方的谈判期限后，就可以了解对方在谈判中会采取何种态度、何种策略，我方就可制定相应的策略，促使对方接受有利于己方的条件。

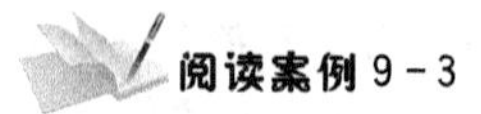

阅读案例 9-3

巧妙的准备

一位美国商界代表被公司派往东京进行一次为期不长的谈判，这个期限自然是保密的。当他走下飞机时，已有两位日本代表在等候他了，并帮助他顺利通过了海关，引导他坐入一辆豪华舒适的轿车。在车上，日本代表一再表示，谈判期间将会对客人的生活尽力照顾，紧接着问道："你回去的时间确定了吗？是否已订好了回程的机票？我们可以先将汽车准备好送你到机场。"美商代表感动之下毫不犹豫地从口袋里拿出回程机票交给他们，好让对方安排车子。但他没有想到，因为这一举动，日本人轻而易举地获悉了他来日本只限两个星期的底线，并开始筹划如何利用这一最后期限。下榻之后，日本人并没有立即开始谈判，而是花了一个多星期的时间陪他参观，以便了解日本的礼仪及文化，游览名胜古迹，甚至还安排了一次英文讲授的课程来说明日本人的信仰，每天晚上还安排四个小时的日本传统宴会。美商代表几次问起谈判开始的时间，日本人总是答道："噢，还早嘛，有的是时间！"谈判终于在第 12 天开始，但日本人提出今天会议必须提早结束，说是为了让客人能去打高尔夫球。第 13 天，又说会议必须提早结束，以便参加为他举办的欢送宴会。第 14 天上午开始谈到重点。正当谈判进行到关键时刻，送他去机场的汽车已经到了，日本人建议在车内继续交涉。美商代表没有时间再继续与对方周旋了，但又不愿空手而回，就在汽车到达机场之前答应了对方的条件，签订了协议。

资料来源：王绍军，刘增田．商务谈判[M]．北京：北京大学出版社，2009.

6. 对方谈判组成员的情况

对方谈判组是由哪些人组成的？各自的身份、地位、性格、爱好、谈判经验如何？谁是首席代表？其能力、权限、以往的成功与失败的经历，特长和弱点，以及对谈判的态度、倾向性意见如何？根据谈判性质、要求的不同，有时还要收集一些更为深入、细致、针对性较强的情报信息。例如，谈判对方各自的想法和打算是什么？相互之间关系如何？谁可能是主要对手？谁可能是争取的对象？有没有幕后操纵者？

通过调查，分析对手与己方相比，具有哪些优势和强项，哪些劣势和不足，同时分析一旦谈判失败，对方会有什么风险和损失。准确分析谈判对手的优势、劣势和可控因素以及谈判失败可能给对手造成的风险与影响，非常有助于提高谈判的主动权。

9.2.4 科技信息

在技术方面，主要应收集以下各方面的资料。

(1) 要全面收集该产品与其他产品相比在性能、质地、标准、规格等方面的优缺点，以及该产品的生命周期的竞争能力等方面的资料。

(2) 收集同类产品在专利转让或应用方面的资料。

(3) 收集该产品生产单位的技术力量和工人素质及其设备状态等方面的资料。

(4) 收集该产品的配套设备和零部件的生产与供给状况以及售后服务方面的资料。

(5) 收集该产品开发前景和开发费用方面的资料。

(6) 尽可能多地收集有关对该产品的品质或性能进行鉴定的重要资料或指标及其各种鉴定方法和鉴定机构的相关资料，同时也要详尽地收集可能导致该产品发生技术问题的各种潜在因素的资料。

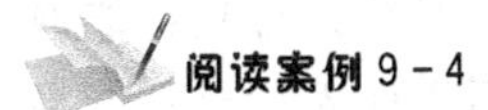
阅读案例9-4

一次，一批日本客商前往法国参观一家著名的照相器材厂。该厂实验室主任热情而有礼貌地接待了日本客人，在他带领客人参观实验室时，他一面耐心地解答客人提出的诸多问题，一面仔细地注意客人的一举一动。因为他深知，有许多人是借参观之机，以达到窃取先进技术的目的。在参观一种新型的显影溶液的时候，实验室主任发现，一位日本客商俯身贴近盛溶液的器皿，认真地辨认溶液的颜色时，这位客人的领带末端不小心浸入了溶液之中。这一细节被实验室主任看在眼里，记在心上。他不动声色地叫来一名女服务员，悄悄地吩咐了一番。在参观即将结束时，这位服务员小姐捧着一条崭新的领带来到那位日本客商的面前，彬彬有礼地说："先生请稍等，您的领带弄脏了，给您换上一条崭新的、漂亮的，好吗?"面对主人的一番盛情，日本商人只得尴尬地解下他那条沾有显影剂的领带。原来，日本人此举的目的是为了将溶液黏附在领带上，带回日本进行分析，以获取显影剂的配方。但由于实验室主任的细心观察，一次窃取机密的阴谋在友好的氛围中被挫败了。

资料来源：陈文汉．商务谈判实务[M]．北京：中国电力出版社，2009.

9.2.5 政策法规

在谈判开始前，应当详细了解有关法律法规，以免在谈判时因不熟悉法律法规而出现失误。如果是国内商务谈判，要按照国家法律法规和政策办事。商务谈判人员不但要掌握有关现行税制，还要熟知经济法规，以便在进行各项经济交往时做到有法可依。如果是国际商务谈判，除了要了解本国与对方所在的国家或地区的法律法规外，还要了解相关国际条约、国际惯例。

9.2.6 金融方面的信息

金融方面的信息主要包括以下四个部分的内容。

(1) 收集国际金融市场上的信息，随时了解各种主要货币的汇兑率及其浮动现状和发展趋势。

(2) 收集进口出口地主要银行的营运情况，以免受银行倒闭而影响收汇。

(3) 收集进出口地的主要银行对开证、议付、承兑赎单或托收等方面的有关规定，特别是有关承办手续、费用和银行所承担的义务等方面的资料。

(4) 收集商品进出口地政府对进出口外汇管制措施或法令。

9.3 商务谈判的人员准备

谈判人员是谈判方案的具体执行者，也是企业形象的代表者，如何选择优秀的谈判人员，并组成优化的谈判班子，是谈判成功的重要保证。

9.3.1 商务谈判人员的个体选择与管理

商务谈判的谈判人员总是代表某一企业或集团，为其经济利益而相对独立的在“作战”。谈判又是谈判人员知识、智力、勇气、耐力和技巧等综合方能的较量，是一种高度思维的活动过程。谈判人员的素质如何，直接影响整个谈判的进展，影响谈判的成功与否，最终影响双方的利益。弗雷斯·查尔斯·艾克尔在《国家如何进行谈判》中指出：“一个合格的谈判家，应该心智机敏，有无限的耐心；能巧言掩饰，但不欺诈行骗；能取信于人，但不轻信于人；能谦恭节制，但刚毅果敢；能施展魅力，但不为他人所惑；能拥有巨富，藏娇妻，但不为钱财和女色所动。”

1. 谈判人员的素质

一般来说，谈判人员的素质包括三个方面，即基本素质、知识结构和能力结构。

1）基本素质

谈判人员的基本素质泛指谈判者个人综合素质，它是由谈判者的政治素质、业务素质、心理素质、文化素质、身体素质等构成，它是谈判者所具有的内在的特质。

业务素质包括基础知识、专业知识、语言表达、判断分析、谈判策略运用能力。谈判人员应该具备较高的学历和相当广泛的阅历，有较强的求知欲和获取新知识的能力。谈判人品应具备相关的专业知识，熟悉本专业领域的科学、技术及经营管理的知识，能够担当专业性较强的谈判任务：谈判者应能够熟练运用口头、书面、动作等语言和非语言表达方式准确地向对方表明自己的意图，达到说服和感染对方的目的；谈判者应善于观察对方，及时捕捉对方信息，发掘其价值，冷静预见其谈判前景，并适时调整己方的谈判策略，促使谈判成功。

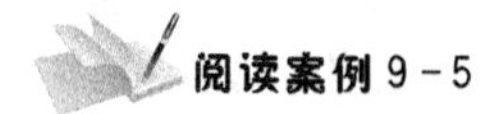
阅读案例 9－5

中国某钢铁基地要引进十几亿美元的先进设备，委托中技公司的专家代理谈判。经过艰苦的谈判，技术和贸易上的问题都较好地解决了，但中方人员还是不松懈。当时这笔交易我方要使用外方70%的贷款，利率是7%，是当时最低的利率。但谈判结束后，距还贷还有两年的时间，这两年里，利率是否会下调呢？经过认真研究，我方决定利用国际惯例，追加一条附加条款，即如果我国财政允许，在还款期限前，我方一次性还清全部贷款，不算利息，没有其他附加条件。

又经过一番较量，外方同意我方要求。

到1987年还款前，国际市场的利率果然下调。我方乘机借了一笔5.4%利率的贷款，还掉即将到期的7%利率的贷款。

由于谈判人员认真负责，用自己的经验和能力，为国家节省了一大笔资金。

资料来源：林逸仙．商务谈判[M]．上海：上海财经大学出版社，2004.

2）知识结构

谈判人员应具备良好的知识结构。谈判人员必须具备丰富的知识，不仅要有广博的知识面，而且还要有较深的专业知识。具体地说，商务谈判人员要掌握各种商务知识及与其有关的知识，如金融知识、市场知识、技术知识、法律知识等。还要掌握一到两门外语，以便在谈判中应变自如。

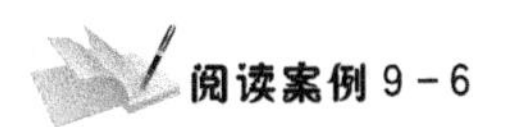
阅读案例 9-6

一句唐诗获取低关税待遇

法国盛产葡萄酒，外国的葡萄酒要想打入法国市场是很困难的，然而四川农学院留法研究生李华经过几年的努力，终于使中国的葡萄酒奇迹般地打入了法国市场。可是，内地葡萄酒在香港转运时却遇到了麻烦。港方说，按照土酒征80%关税、洋酒按300%征税的规定，内地的葡萄酒应按洋酒征税。面对这一问题，李华在与港方的谈判中吟出了一句唐诗："葡萄美酒夜光杯，欲饮琵琶马上催。"并解释说："这说明中国唐朝就能生产葡萄酒了。唐朝距今已有1300多年了，而英国和法国盛产葡萄酒的历史，要比中国晚几个世纪，怎么说中国葡萄酒是洋酒呢?"一席话驳得港方有关人员哑口无言，只好将内地葡萄酒按土酒征税。

资料来源：李昆益．商务谈判技巧[M]. 北京：对外经济贸易大学出版社，2007.

3）能力结构

谈判人员除具备基本的知识结构外，还要有将知识转换成能力，具备较强的运用知识的能力。知识和能力是密切相关的，只有掌握了一定的知识，并能灵活运用，才能使知识转变为能力。商务谈判人员应具备的能力：协调能力、表达能力、判断能力、应变能力、决策能力、创新能力和社交能力，这些内容在第3章已有阐述。

2. 谈判人员的管理

1）谈判人员的基本要求

（1）一致性：是指谈判人员的行动统一性，即不论谈判人员的地位高低，处在台前还是台后，都必须对外统一口径，保持高度的一致性。即使成员之间有不同意见，也不应公开暴露在对手面前，以免自毁防线，让对手钻空子。

（2）保密性：是指对谈判人员信息保密的管理。谈判过程中，双方的信息在一定阶段内必须保守，过早泄漏就会给谈判带来不利影响，因此必须加强谈判人员的保密意识。

（3）纪律性：是指谈判人员应遵守谈判规则和纪律，必须有集体意识和组织观念，必须服从组织的领导，不得擅自行动。如不许单独收受对方的礼品和宴请，不许越权作决定，必须服从时间安排等。

（4）责任性：是指谈判人员必须具有清廉勤奋、努力进取，具有维护和争取己方利益，树立和提升组织形象的高度责任感。

2）谈判人员的一般职业习惯

（1）注重社交礼节与道德规范。

（2）尊重商务交往惯例。

（3）尊重对方的人格与习俗。

（4）守时、讲信用。

（5）不要随便推翻已做出的决定。

（6）不在公共场所谈论谈判业务。

（7）不要随便乱放谈判资料和文件。

（8）一般不借用对方的函电工具。

（9）理智对待不友好事件。

(10) 善于与对方个人交朋友。

9.3.2 商务谈判班子的组成与管理

商务谈判班子是指参加一场谈判的全体人员组成的群体。组织好一个谈判的班子，是进行一场成功谈判的根本保证。

1. 谈判班子的组成

在商务谈判中，应根据不同的技术经济特点，不同的难易程度，选择不同的谈判人员，组成不同的阵容。它包括谈判的决策层、执行层和关联层3个层次，如图9.1所示。谈判中每一个层次的人员均不可忽视，必须充分调动所有相关部门和人员的力量为谈判服务，而不能形成阻碍或起消极作用。

(1) 决策层：是指为谈判进行决策的人员，他们不一定出现在谈判桌中，但对谈判进行幕后指挥，必要时才走到台前。

(2) 执行层：是指直接参与谈判的人员，是谈判的台前人员，包括谈判负责人和谈判小组的成员，一般包括商务人员、财务人员、技术人员、记录人员和翻译人员等。

(3) 关联层：是指为谈判提供支持、服务的人员或影响谈判的外界人员，如商务谈判中的销售服务部门、技术部门、介绍人、主管部门人员、其他相关的合作单位人员等。

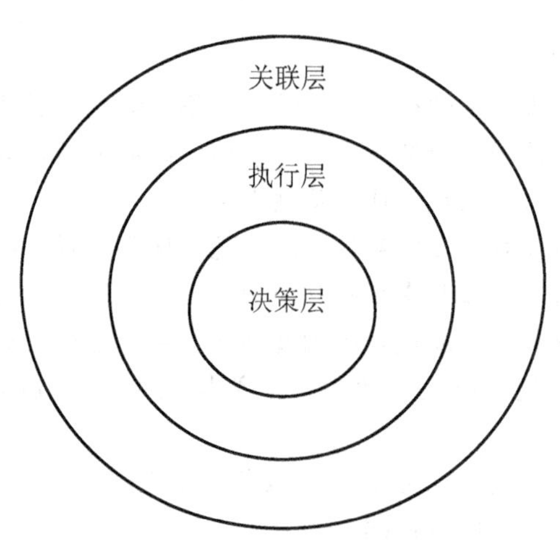

图9.1 商务谈判班子的组成

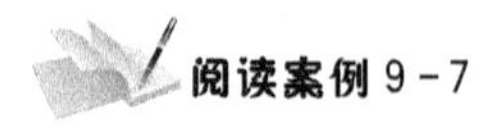 阅读案例9-7

使用翻译人员的好处

有一家日本公司驻美国分公司的经理能讲一口流利的英语，但他在商务谈判时始终用日语，通过翻译与对方进行交流。到了商务谈判结束后的庆祝会上，他却用英语和对方谈笑风生，令对方大吃一惊。有人问道："为什么在刚才的交谈中，不用英语直接和他们交谈？"这位日本经理回答说："在一项交易谈判中，存在许多微妙的问题，往往在当时的气氛下考虑不周而说了出去，事后才发现讲错了话，然而要挽回却是很难了。如果通过翻译进行谈判，可将原因推到翻译身上，比如翻译在用词上不恰当，或者意思理解有误而翻译错了。这样，万一受到对方的攻击，自己很容易避开。此外，在翻译转述的时候，自己也可利用这段时间进行思考，同时还可以观察对方的反应。使用翻译有这么多好处，为什么不利用呢？”

资料来源：刘园．国际商务谈判：理论·实务·案例[M]．北京：中国商务出版社，2005.

2. 谈判班子的配备原则

一场成功的谈判往往可以归结于谈判人员所具有的良好个人素质，然而单纯凭个人高超的谈判技巧并不总能保证谈判获得预期的结果。一场商务谈判要达到预期目标，需要谈判群体的功能互补与合作，必须强调谈判队伍各成员之间的协调。可以说，商务谈判班子的构成是谈判的关键环节，谈判班子的构成要遵循以下原则。

1）目标性原则

所谓目标性原则，是指谈判班子中人员的质量、数量及结构必须由谈判的目标决定。谈判目标决定谈判的形式、内容，谈判的相关活动都是围绕一定的目标开展的，作为谈判主体的人员，应围绕目标的实现而组成。如果谈判项目关系重大，必须配备训练有素的人员参加；如果是一般性质谈判，可以让一些谈判新手锻炼一下。

2）互补性原则

所谓互补性原则，是指通过科学的配备和组合，使谈判班子各成员之间在素质上、情感上、性格上相互补充，在整体上符合谈判的综合要求，达到最佳的结构状态。为此，不仅要求组成谈判班子的各成员在素质上、知识结构上的协调，而且要求谈判班子各成员在情感上的协调，个人恩怨或隔阂的存在必然会使内部冲突的可能性加大。再者，谈判班子中的谈判人员性格要互补协调，将不同性格的人的优势发挥出来，互相弥补其不足，才能发挥出整体队伍的最大优势。

阅读案例 9-8

1959年，苏联部长会议主席赫鲁晓夫与美国总统艾森豪威尔参加一次首脑会议。喜好辩论的赫鲁晓夫不时地向美国总统提出一些问题。但是军人出身的艾森豪威尔每被问及时，并不马上回答他的对手，而是看着他的国务卿杜勒斯，等后者把一张张便条递过来之后，他才开始作答。反之，当艾森豪威尔向赫鲁晓夫询问一些问题时，赫氏却不假思索地像演员背诵台词一样，不打奔儿地回答对方。赫鲁晓夫对自己的脑瓜儿和口才非常得意。他在后来撰写的回忆录中认为，自己既然是一国的领袖，理所应当地知道所有问题的答案，不需要旁人指点他如何回答和回答些什么。赫鲁晓夫同时不无讽刺地问道：“究竟谁是(美国)真正的最高领袖？是杜勒斯还是艾森豪威尔？”

然而国际谈判圈子中对此却另有评价：艾森豪威尔作为美国代表团团长，事事要听助手的意见当然不足为训，但是在个人弱点和国家利益之间的权衡中，却表现了他的睿智和严肃。艾氏显然明白，他虽然是第二次世界大战战场上的赫赫英雄，又贵为当时美国最高的行政首脑，但在外交谈判桌上，他的经验毕竟不如久经外事沙场的国务卿杜勒斯，更何况他所面对的是另一个超级大国的一位能言善辩、集党政大权于一身的领袖人物。艾森豪威尔在谈判桌上听取自己部下的意见，既表现了他求实认真、沉着稳重的统帅作风，也为他争取了思考问题的时间，避免了回答上的差错。

资料来源：陈建明．商务谈判实用教程[M]．北京：中国农业大学出版社，2009.

3）对等性原则

所谓对等性原则，是指谈判班子的组成以及分工与谈判人员的能力、特长与其在谈判中的角色、地位相适应，分工明确，权责清晰，使他们的才能得到充分的发挥。谈判班子每一个人都要有明确的分工，担任不同的角，每个人都有自己特殊的任务，不能工作越位，角色混淆。遇到争论不能七嘴八舌争先恐后发言，该谁讲，就谁讲，要有主角和配角，要有中心和外围，要有台上和台下。当然，分工明确的同时，要注意大家都要为一个共同的目标密切配合好。

如谈判双方就交货问题久谈不下，这时卖方的主谈人说："我们的货物很畅销，两个月内交货很困难。"这时他的一个辅谈人说："可不是，我手上就有好大一把订单，三个月以内能交货就不错了。"这个补充无疑加重了主谈人观点的分量。相反，若辅谈人接口道："若让工人加加班，我看两个月交货没啥问题。"这就削弱了己方主谈人的讲话分量，使己方在谈判中处于被动地位。

4）有效性原则

所谓有效性原则，是指在组织谈判班子时，应该以效率为目标，通过科学的配备组合，保证谈判高效地完成预期目标。过于庞杂和精简的群体都不符合有效性原则。谈判班子的组成应该利益至上，摒弃各种庸俗关系。

3．谈判班子的规模

谈判班子的规模主要受到谈判所需专业知识的范围、谈判策略的需要、主谈人的能力素质、谈判效率的需要等因素的制约。实践证明，商务谈判班子的理想规模一般以2～4人为宜，既可以保证谈判的策略需要，也可以保证谈判的效率需要，但这不是绝对的。

4．谈判班子的职能结构

谈判班子的职能结构见表9-2。

表9-2　谈判班子的职能结构

职　务	主要职能	辅助职能
决策人	组班子，提要求，听汇报，适当参与	礼仪，破僵局，促成交
负责人	负责谈判小组的全面工作，与上级联络，调度谈判小组人员，适当参与谈判	配合主谈人谈判（谈判桌上），配合组织谈判人员准备谈判
主谈人	准备谈判总体方案，主持与对方谈判，负责谈判目标的实现	配合负责人向上级汇报，配合辅谈人的专业谈判并破其僵局
辅谈人	协助主谈人谈判，负责专业问题（技术、工程、法律等）的谈判	配合角色分配，配合主谈人实现谈判目标和条件

主谈人是谈判的核心和关键角色，直接影响着谈判的效果。在小型的谈判中，谈判负责与主谈人往往合二为一。

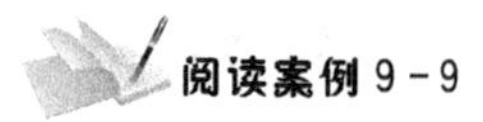
阅读案例9-9

谈判班子的组成

谈判负责人：王先生：销售部经理
谈判成员：车先生：工程师
张先生：法律顾问
吴先生：公司会计师

赵小姐：经理助理

谈判人员的分工：王先生：该项谈判的负责人和主谈人

李先生：负责所有工程和生产方面的谈判

张先生：负责谈判中涉及的所有法律问题

吴先生：负责谈判中涉及的所有财务问题

赵小姐：负责谈判的记录工作

资料来源：王婉芳．商务谈判[M]．沈阳：辽宁大学出版社，2007.

9.4 商务谈判目标与方案的准备

9.4.1 商务谈判目标

1. 谈判目标的层次

由于谈判的目标是一种主观的预测性和决策性目标，谈判的具体目标可分为如下四个层次。

1）最优目标

最优目标又称最优期望目标或最高目标，是指对谈判者最有利的一种期望目标，它在满足己方实际需求利益的同时，还有一个“额外的增加值”，在谈判中主要用于报价和讨价还价。最优期望目标是谈判开始的话题，如果一个诚实的谈判者一开始就推出他实际想达到的目标，由于谈判心理作用和对手的实际利益，他最终可能达不到这个目标。如在资金供求谈判中，需方可能实际只想得到 50 万元，但谈判一开始，需方可能报价 80 万元，这 80 万元就是需方的最优期望目标，这个数字比它实际需要的 50 万元多 30 万元。

用一个公式表示：

$$Y + \Delta Y = E$$

Y 为需方的实际需求资金数额；ΔY 为多报价即增量；E 为需方的最优期望

但是，供方绝不会做出提供 80 万元资金的慷慨之举。根据供方了解的信息(如偿还能力、经济效益高低和利率等情况)，他明知对方实际只需要 50 万元，为了使谈判深入下去，使主动权掌握在自己手中，就故意压低对方的报价，只同意提供 30 万元。如此这般，几经交锋，双方列举各种理由予以论证，谈判结果既不是 80 万元也不是 30 万元，可能是略低于或者略高于 50 万元。

如果一开始需方不提出 80 万元，或供方不提出 30 万元，谈判就无法进行。为什么在谈判中形成这种习惯，其原因极为复杂，涉及心理、信誉、利益，乃至历史成见等诸多因素。需要说明的是最优期望目标不是绝对达不到的。一个信誉极高的企业和一家资金雄厚、信誉良好的银行之间的谈判，达到最优期望目标的机会是完全可能存在的。

2）实际需求目标

实际需求目标是指谈判各方根据主客观因素，考虑到各方面情况，经过科学论证、预测和核算后，纳入谈判计划的谈判目标。这是谈判者调动各种积极性，使用各种谈判手段，努力达到的谈判目标。如在上例中，其中 50 万元资金就是实际需求目标。

这个层次目标具有如下特点。

(1) 它是秘而不宣的内部机密，一般只在谈判过程中的某几个微妙阶段才提出。

(2) 它是谈判者“坚守的最后防线”。如果达不到这一目标，谈判可能陷入僵局或暂停，以便与谈判者的单位或谈判小组内部讨论对策。

(3) 这一目标一般由谈判对手挑明，而己方则“见好就收”或“给台阶就下”。

(4) 该目标关系到谈判一方主要或全部经济利益。例如，企业若得不到50万元资金，将无法更新主体设备，使企业在近期内停产或不能扩大再生产，等等。正因为如此，这一目标对谈判者有着强烈的驱动力。

3) 可接受目标

可接受目标是指在谈判中可努力争取或做出让步的范围。它能满足谈判一方的部分需求，实现部分经济利益。在上述例子中，资金供方由于各种原因(如资金筹措能力、对方偿还能力等)只能提供部分资金(如35万元或40万元等)，没有满足需方的全部实际需求，这种情况是经常发生的。因此，谈判者在谈判前制定谈判方案时应充分估计到这种情况的出现，并制定相应的谈判措施和目标。可接受目标对于谈判一方来说应采取两种态度：①现实态度，即树立“只要能得到部分资金就是谈判的成功”的观念，绝不能硬充好汉，抱着“谈不成出口气”的态度，这样可能连可实现目标也无法达到；②资金来源多样化，应多交谈判伙伴，就有可能获得需求目标的总体利益。

4) 最低目标

最低目标是谈判考的最低利益要求，即“最后防线”，如果这一目标不能实现，那么就放弃谈判。最低目标是谈判目标中最关键、最重要的目标，是谈判者的利益底线。可以确定，最低谈判目标是低于可接受目标的。可接受目标在实际需求目标与最低目标之间选择，是一个随机值。而最低目标是谈判一方依据多种因素，特别是其拟达到的最低利益而明确划定的限制。如在上述获得资金的例子中，最低目标如定在10万元，那么可接受目标在10万～50万元之间。

实际需求目标是一个定值，它是谈判一方依据实际经济条件做出的“预算”。而最优期望值是一个随机数值，只要高于实际需求目标即可，这是谈判的起点，是讨价还价的“筹码”。

假设在公司的某次谈判中以出售价格为谈判目标，则以上四种目标可以表述为：

最高期望目标是每台售价1 400元；

实际需求目标是每台售价1 200元；

最低目标是每台售价800元；

可以接受并争取的价格在800～1 200元之间。

值得注意的是，谈判中只有价格目标的情况是很少见的。一般的情况是存在着多个谈判目标，这时就需要考虑谈判目标的优先顺序。

谈判者制定的目标应符合“伸手不及，跳而有获”的标准，即通常所说的“跳起来摘桃子”。这样的目标既能体现出谈判者的积极进取心，能对谈判者有较强的约束力，能给谈判者带来较大的利润，又有较大的成功可能性，不至于因为同谈判对手的目标差距过大而导致谈判关系破裂。

当谈判中存在着多重目标时，应根据其重要性加以排序，确定是否要达到所有的目标，哪些目标可舍弃，哪些目标可以争取，而哪些又是万万不能降低要求的。与此同时，还应考虑到长期目标和短期目标的问题。

2. 商务谈判目标的保密

做好谈判目标的保密工作，可从以下三个方面入手。

(1) 尽量缩小谈判目标知晓范围。知晓的人越多，有意或无意泄密的可能性就越大，就越容易被对方获悉。

(2) 提高谈判人员的保密意识，减少无意识泄密的可能性。

(3) 有关目标的文件资料要收藏好，废弃无用的文件资料尽可能销毁，不要让其成为泄密的根源。

小资料 9-1

谈判信息资料保密的措施

谈判信息资料保密的一般措施包括：

① 不要给对方造成窃密机会，如文件调阅、保管、复印、打字等。

② 不要随便托人代发电报、电传等。

③ 不要随意乱放文件。

④ 不要在公共场所，如餐厅、机舱、车厢、过道等地方谈论有关谈判业务问题。

⑤ 不要过分信任临时代理人或服务人员。

⑥ 最后的底牌只能让关键人物知道。

资料来源：陈文汉．商务谈判实务[M]. 北京：中国电力出版社，2009.

9.4.2 谈判方案的制定

谈判方案是指为实现谈判目标而制定的策略性指导意见，是谈判的行动纲领。其核心内容是决策者就本次谈判所拟定的一些标准和要求。由于谈判过程千变万化，因此仅制定一个谈判方案是不够的，特别是一些重大的谈判往往制定若干个方案，包括首选方案、次选方案、应急方案等。

1. 谈判方案的基本要求

从形式上看，谈判方案应该是书面的。文字可长可短，可以是长达几十页的正式文件，也可以是一页的备忘录。一般来说，一个成功的谈判方案应该注意以下三方面的基本要求。

1) 谈判方案要简明扼要

所谓简明扼要就是要尽量使谈判人员很容易地记住其主要内容与基本原则，在谈判中能随时根据方案要求与对方周旋。谈判的方案越是简单明了，谈判人员照此执行的可能性就越大。

2) 谈判方案要具体

方案的简明扼要不是目的，它还要与谈判的具体内容相结合，以谈判的具体内容为基础。谈判方案的内容虽有具体要求，但不等于把有关谈判的细节都包括在内。如果事无巨细、样样俱全，执行起来必然十分困难。

3) 谈判方案要灵活

由于谈判过程千变万化，方案只是谈判前某一方的主观设想或各方简单磋商的产物，不可能把影响谈判过程的各种随机因素都估计在内。所以，谈判方案还必须具有灵活性，要考虑到一些意外事件的影响，使谈判人员能在谈判过程中根据具体情况灵活运用。例如，对可控因素和常规事宜应安排细些，对无规律可循的事项可安排粗些。

2. 谈判方案的基本内容

谈判方案的基本内容如下。

（1）谈判议题。所谓谈判议题就是谈判所要讨论和解决的主要问题，它关系到谈判者的主要利益和基本要求，涉及什么不该谈、什么先谈、什么重点谈的问题。

（2）谈判目标。谈判目标是谈判者要实现的主要和基本利益要求，它既包括以价格为标志的总体目标，也包括围绕价格的相关交易条件的分项目标。

（3）谈判策略。谈判策略是指实现谈判目标的基本思路和方法。它主要包括谈判的总体策略、基本步骤和阶段策略等内容。其内容一般有：对外口径的统一，包括文件、资料、证据和观点等；谈判过程中各种可能性的估计及其对策安排；谈判的顺序，何时提出问题，提什么问题，向何人提出这些问题，由谁提出，谁来补充，何时打岔，谁来打岔，在什么时候要求暂停讨论等；谈判人员更换的预先安排。

（4）谈判时间和地点。谈判时间的安排包括谈判时机的选择和谈判期限的确定两个方面的内容。在谈判期限的安排时应考虑留出适当的余地，以免受制于“谈判死线”（最后期限）。谈判地点的选择包括主场、客场、中立场的选择和谈判场所的具体安排两个方面。

（5）相关规定。主要是明确谈判权限规定和联系汇报制度。谈判情况超出谈判小组负责人的权限时，就需要向上级请示，同时上级也需要及时了解谈判的进展情况，以便及时决策，为此就要事先拟定好联系的渠道和汇报的程序。

3. 谈判方案与谈判计划的区别

谈判方案是企业决策层或上级领导就某项谈判的内容所拟定的谈判主体目标、准则、具体要求和规定；而谈判计划是谈判小组为实施谈判方案所规定的内容而制定的具体执行部署。

4. 谈判计划的基本内容

谈判计划是执行谈判方案的具体安排，它主要包括谈判各阶段的目标和任务，各阶段的主要对策，谈判议程的安排，谈判时间和谈判人员的具体安排以及为使谈判顺利进行而作的行政后勤准备等内容。

9.5 商务谈判前的策略性准备

谈判前的策略性准备是指谈判者在正式谈判前开展的一种策略性准备活动，可以看做是一种非正式谈判和无形谈判。对实施的一方来说，因其已经开始了谈判的行动，因此可以说是一种谈判；而对另一方来说，因其不知晓对方已经开始了谈判行动，因此又可以说不是一种谈判。

9.5.1 策略性准备的特点

策略性准备的特点如下。

(1) 提前性。策略性准备是在正式谈判开始之前进行的，其意在蓄力和诱导，先入为主，先声夺人，一旦谈判正式开始，就失去其意义了。

(2) 无形性。策略性准备常常是在对方不知觉的情况下实施的，正因为对方不知觉，所以才具有可信度、渗透力，一旦对方知晓，产生了防范或戒备，就失去其作用了。

(3) 策略性。策略性准备具有鲜明的意图性和目的性，它本身就是一种谈判策略，其实施一定要围绕谈判者的目的、策略，方能奏效。

9.5.2 策略性准备的目的

策略性准备的主要目的是为了建立或影响对方的谈判期望，降低对方的期望值和谈判实力，增强己方的谈判实力；同时通过谈判前的接触，也是为了摸清对方的底细，调整与对方的关系，为正式谈判取得有利的结果打下良好的基础。策略性准备对改变双方的实力对比、掌握谈判的主动权具有显著的作用，但常常被谈判者所忽视。

1. 建立对方的期望

如前所述，策略性准备的主要目的就是要设法建立对方的期望。为什么要在谈判前建立对方的期望？这是因为对方对谈判结果的要求往往是由其期望值所决定的，而且期望值建立得越早、越无形，就越奏效，谈判开始以后尤其是到了谈判的后期阶段，要想改变对方的期望值是非常困难的。因此，要建立对方的期望值，最好在谈判之前进行。

1) 建立对方期望的目标

建立对方的期望值，主要从如下几方面入手。

(1) 传递谈判的重要概念。要将谈判中可能产生分歧的一些重要概念、原则、观点等事先传递给对方，让对方产生心理适应或理解认同，届时对方就不会坚持自己的异议了。如某单位要解雇一批员工(这总是一件头疼的事)，比较好的方法是事先将这一消息通过非正式渠道传递出来，让那些有可能被解雇的员工先有心理准备，届时再正式与员工洽谈解雇事宜时，难度就会降低。

(2) 降低对方的期望值。谈判前要设法降低对方的心理期望值，要将己方的谈判目标和要求以可信的方式传递给对方，使其逐步认识、认同，同时让对方感觉到自己原有的期望是不正确的、过高的，正如温克勒所说："让对方习惯你的大目标。"

(3) 削弱对方的谈判实力。谈判前通过寻找和利用对方的漏洞与错误，使对方感觉到内疚、惭愧，就可以大大降低对方的期望值，削弱对方的谈判实力。

2) 建立对方期望的方式

建立对方期望的主要方式是使用"信号"，既要将信息发布出去，又要使"信号"可信、有效，其最佳的方式是看似无意的"放风"(非正式渠道)，或有意地犯错让对方获悉(如故意将保密资料放在对方可以发现或得到的地方)，或利用第三者来传递。直接、明示、正式地发出"信号"，往往会使"信号"失去效力或让对方产生防备。

阅读案例 9-10

1994 年，美国全年贸易逆差居高不下，约为 1 800 亿美元，其中，对日本的逆差位居首位，达 660 亿美元，其中 60%的逆差产生于进口的日本汽车中，日本汽车大量进入美国市场(约 400 万辆/年)。于是就有了 1995 年美日汽车贸易谈判，美方认为，日本汽车市场不开放，而日方却认为本国政府未采取任何限制措施。为了使谈判顺利进行，日方在谈判正式开始前就致力于改善谈判气氛，日本汽车制造业协会出资在华尔街报纸做广告，广告标题是："我们能多么开放呢？"接着文字说明："请看以下事实：对进口汽车，零件无关税；对美国汽车，实行简便的进口手续；美国汽车免费上展台；销售商根据市场需求决定卖什么车。"之后，又总结出美国车在日本销售不好的原因：日本汽油昂贵，所以日本人只能买省油的小型汽车，而美国出口的是大型车。广告最后得出结论："自由贸易才是成功之路。"日本汽车制造业协会进行的市场调查表明，看过报纸的人都认为日方讲得有道理，形成了谈判的良好气氛。

资料来源：卞桂英，刘金波．国际商务谈判[M]．北京：中国农业大学出版社，2008.

2. 积聚谈判的力量

如果在谈判前己方的谈判实力不足以与对方抗衡，那么就需设法增强己方的谈判实力，找到一种加强力量的方式，待己方的谈判实力积聚到一定程度后再与对方开展谈判。积聚谈判的力量，是谈判准备阶段的重要任务。

(1) 比对手先行一步。为比对手先行一步，需将准备工作做得更加充分。

(2) 在谈判前就让对方信任你。如果在谈判前就能获得对方的信任，那么将可以大大加强己方力量。要获得对方的信任，就必须让对方信赖谈判者的人品，必须以事实和行动来向对方表明自己是一个重承诺守信用的人。

(3) 调整关系距离。如果己方的地位较弱，那么就应把双方关系的非正式味道搞得浓一点，应该与对方尽可能面对面地会谈，使自己与对方的私人关系处得近一些；如果己方的地位较有利，就应该适当地与对方保持距离，减少会面，让对方递交书面文件等。

(4) 适当进行拖延。无论谈判地位如何，拖延几乎总是可以影响谈判力量，随着时间的推移，力量的对比就会发生变化。当然，一个重要的环节是事先评估一下，拖延对对方更有利还是对己方更有利。同时，善于建立交易的"最佳时机"，使对方觉得此时是交易的最好时机。

(5) 查找对方差错。作为加强力量，还要善于懂得找出对方一些差错或不足，适当发一些抱怨，可以变得有点吹毛求疵，找到对方的错误，数落对方的不是，以此来削弱对方的地位。当然，应当懂得分寸，如果再能加点幽默，那么效果就更好。

(6) 谨慎地施加压力。要加强谈判实力，向对方施加适当的压力是一种有效的手段，如可以含蓄地告诉对方若不做成这笔生意将有何种损失，或向对方施加某种时间压力等等。但是使用压力须谨慎，最好不要让对方感觉到，通常应隐藏在说话的方式之中，用暗示来发出信号，而不是流露在字面上。

阅读案例 9-11

A 市城郊 Q 镇与日本外商谈判合资兴办稠酒厂。为促成该项目，Q 镇采取了以下措施：

精心制作了电视专题片，反映 A 市作为千年古都的文化优势，以及历史悠久的稠酒生产历史。

召开新闻发布会，介绍 A 市便利的交通条件、丰富的自然景观，推介产销稠酒的前景、条件及技术资料。

由负责人、经济师、工程师、律师、通晓谈判业务的翻译组成了谈判"五人团"。

传播了港商同时商谈此项目的消息。

制定和运用了应付突发性谈判形势变化的谋略。

终于，Q 镇顺利地与日商达成协议，签订了合资办厂的合同。

资料来源：袁革．商务谈判 案例式现代商务谈判教程[M]．北京：中国物资出版社，2007.

9.5.3 谈判地点的选择与后勤准备

1. 谈判地点的选择

商务谈判地点，即谈判进行的地方、场所。谈判地点的确定，是商务谈判计划中一个重要程序。谈判地点对谈判的结果有着不可忽视的影响，起着非常重要的作用。

谈判地点的重要作用主要体现在如下三个方面。

(1) 谈判地点影响谈判者的心理。舒适的布置、优雅的环境、称心如意的服务等使谈判者感到轻松愉悦，从而在轻松合作的心理状态下展开谈判，有利于谈判目标的实现。

(2) 谈判地点决定谈判氛围。一个令人感到亲切、熟悉甚至流连忘返的地点是调节谈判气氛最好的调料，它会使紧张的谈判氛围变得自然融洽，会缓和双方争论、对立的气氛。反之，不合适的谈判地点会使双方更加紧张和拘谨，使双方彼此高度警惕甚至敌视对方。

阅读案例 9-12

一家日本公司想与另一家公司共同承担风险经营，但困难的是，那家公司对这家公司的信誉不太了解。为了解决这个问题，有关人员邀请两家公司的决策人在一个特别的地点会面商谈。这是个小火车站，车站站口有一座狗的雕塑，在它的周围站满了人，但几乎没有人看这件雕塑，只是在等人。原来关于这只狗有个传说，它叫“巴公”，对主人非常忠诚。有一次主人出去再没回来，这只狗不吃不喝，一直等到死。后来人们把它称为“忠犬巴公”，把它当成了“忠诚和信用”的象征，并在这传说的地方为它塑了像。许多人为了表示自己的忠诚和信用，就把这里当成了约会地点。当两个公司的决策人来到这里时，彼此都心领神会，不需太多的言语交流，就顺利地签了合同。

资料来源：王政挺．中外谈判谋略掇趣[M]．北京：东方出版社，1992.

(3) 谈判地点影响双方利益。谈判地点通过影响心理从而影响双方的利益。如果谈判地点是己方选择，那么就可以选择对己方最有利的地点来达到地利，充分占有主场优势，在一定程度上能影响对方心理，从而取得利益先机。

小资料 9-2

美国心理学家拉尔夫·泰勒曾经按支配能力(即影响别人的能力)把一群大学生分成上、中、下三等，然后各取一半组成一组，让他们讨论大学10个预算削减计划中哪一个最好。一半的小组在支配能力高的学生寝室里，一半在支配能力低的学生寝室里。泰勒发现，讨论的结果总是按照寝室主人的意见行事，即使主人是低支配力的学生。

由此可见，一个人在自己或自己熟悉的环境中更有说服力。所以在日常生活中应充分利用“居家优势”，如果不能在自己家中或办公室里讨论事情，也应尽量争取在中性环境中进行，这样使对方也没有“居家优势”。

资料来源：张晚豪，焦志忠．谈判控制[M]．北京：经济科学出版社，1995.

2. 谈判地点的选择

谈判地点的选择一般有三种情况：一是在己方国家或公司所在地，俗称“主场”；二是在谈判对方所在国或公司所在地谈判，俗称“客场”；三是谈判双方之外的国家或地点谈判，俗称“第三地”。不同地点均有其各自优点和缺点，需要谈判者充分利用地点优势，克服地点劣势，促使谈判成功。

1）在主场谈判

对己方有利因素：谈判者在家门口谈判，有较好心理态势，自信心比较强；自方谈判者不需要耗费精力去适应新的地理环境、社会环境和人际关系，从而可以把精力集中于谈判；可以选择己方较为熟悉的谈判场所进行谈判，按照自身的文化习惯和喜好来布置谈判场所；作为东道主，可以通过安排谈判之余的活动来主动掌握谈判进程，并且从文化上、心理上对对方施加潜移默化的影响；“台上”与“台下”人员沟通联系比较方便，谈判人员可以非常便捷地与领导层联系，获取所需资料和指示，谈判人员心理压力相对较小；谈判人员免去车马劳顿，以逸待劳，可以以饱满的精神和充沛的体力去参加谈判；可以节省去外地谈判的差旅费和旅途时间，提高经济效益。

对己方不利的因素：由于身在公司所在地，经常会由于公司事务需要解决而受到干扰，分散谈判人员的注意力；由于离高层领导较近，会产生依赖心理；己方作为东道主要负责安排谈判会场以及谈判中的各种事宜，要负责客人的接待工作。

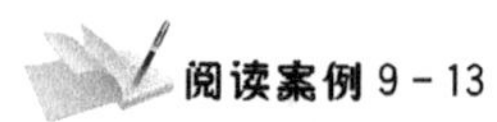
阅读案例 9-13

日本人很想购买澳大利亚的煤和铁，因为澳大利亚的矿石品位高、质量好。而澳大利亚凭借自己的优势来可以任意选择买主，在他们的谈判中，显然澳大利亚处于有利的地位。日本人利用优厚的条件把澳大利亚的谈判者请到了日本。而一到日本，双方的谈判地位就发生了微妙的变化。澳大利亚人过惯了富裕的生活，尽管日本人竭尽全力地热心照顾，他们在到达日本之后不久，就还是希望回到游泳池、海滨浴场或妻子儿女身边。而这就使他们在谈判中急躁冒进、粗枝大叶，他们恨不能立刻达成协议，好赶快回到家乡去。日本人占尽地利之优势，不慌不忙地讨价还价。于是日本人只花了很少的招待费，却在谈判桌上占了大便宜。

资料来源：齐宪代．谈判谋略[M]．北京：经济科学出版社，1995.

2）在客场谈判

对己方有利因素：己方人员远离公司，可以全身心地投入谈判，避免主场谈判时来自工作单位和家庭事务等方面的干扰；在授权范围内，可以充分发挥谈判人员的主观能动性；可以实地考察一下对方公司的产品情况，获取直接信息资料；己方省去了招待事宜。

对己方不利因素：信息传递、资料获取比较出难，某些重要问题也不易及时磋商；谈判人员对当地环境、气候、风俗、饮食等方面会出现不适应，再加上旅途劳顿、时差不适应等因素，会使谈判人员身体状况受到不利影响；谈判场所、谈判日程安排等方面会处于不利地位。

3）在第三地谈判

对双方有利因素：对双方来讲都是平等的，不存在偏向，双方均无东道主优势，也无作客他乡的劣势，策略运用条件对等。

对双方不利因素：双方首先要为谈判地点谈判，要花费不少时间和精力；不易融洽双方关系，不易增强双方信任程度。

3. 谈判的后勤准备

谈判前应做好如下几方面的准备工作。

(1) 谈判资料准备。将谈判所需的有关文字资料撰写、打印或复印好，需装订的要装订成册，在谈判开始前，送交已方的谈判者手中。若需送交对方的材料，也要如此准备。若谈判中需要出示某些实物，如样品等，则应精心挑选准备好。

(2) 谈判用品准备。谈判用品准备包括接送谈判人员的车辆，谈判所需的摄像、摄影、通信设备和谈判会议的有关票证等。

(3) 谈判室的准备。谈判至少需要2个房间，在集体谈判时更是如此。其中一间是主要谈判室；另一间是私下密谈室，以利于当需要时可进行个人之间的直接交往。

主谈室应当舒适、光线充足，具备良好的灯光、冷暖调节、通风、隔音等条件，并配有一定的装饰、摆设、烟茶用具等，最好还能安装类似黑板的视觉中心。除非经双方同意，一般不要配备录音摄像设备，因使用这些设备后，人们本能地难以畅所欲言。

密谈室是双方均可使用的单独房间，是协调、缓冲的场所。它既可供某一方谈判小组私下协商之用，亦可供双方人员进行私下讨论之用。密谈室应贴近主谈室，其物质条件应与主谈室类似，但必须配备黑板或笔记本与笔、小型桌子、茶几或比较舒适的座椅、沙发以及现代通信设备。密谈室最重要的条件是隔音。

(4) 谈判环境的布置。谈判环境的布置是谈判准备不可忽视的环节，对方会从环境的布置中看出你方对谈判的重视程度和诚意，因而留下较深的印象。谈判环境的布置一般应以尊重、整洁、优雅、舒适为基本格调，能显示已方的精神面貌，符合礼节要求，同时还可根据对方的文化、传统及爱好增添相应的设置，这样能促使人们以轻松、愉快的心情参与谈判。

(5) 谈判人员的行程与食宿安排。谈判人员的行程与食宿安排，也是谈判准备工作中不可缺少的一个方面。在食宿方面为对方提供满意的服务，能表示我方的诚意、热情和文明礼貌，要注意对方人员的生活习惯、文化传统等。当然，在行程方面也要为对方创造尽可能方便的条件。

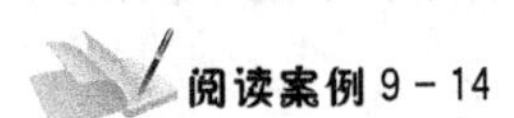
阅读案例 9-14

朝核会谈

2006年7月25日距朝核问题六方会谈召开只有不足24小时，北京钓鱼台国宾馆芳菲苑一层大宴会厅上方的9盏木制宫灯已全部测试完毕。会场布置已进入收尾阶段，在能容纳千人的会场中央，谈判桌围成一个正六边形，上覆墨绿色台布，六边形谈判桌中间空地上摆放的不再是五颜六色的鲜花，取而代之的是持续时间更久、朴实无华的马蹄莲和绿叶植物，使整个会场的气氛显得更加肃静庄重，与本轮六方会谈的环境似有共通之处。与前三轮会谈一样，作为东道主的中国代表团依然坐在面向正南的位置。从这里看去，会场的全景及落地窗外的葱翠景致一览无余。美国代表团依旧坐在中国代表团对面。中国代表的西侧依次是韩国、俄罗斯代表团，东侧则是日本和朝鲜代表团。会场的布局基本没变，会场内布局还是有一些细微变化。首先，各代表团的座席数都增加了。每个代表团主要会谈人员的座位由上次的5个增加到6个，而且主谈人员身后的座席也增加到了15个，分前后两排。大厅两侧也增加了不少沙发，分成四组，各自围成一圈。据工作人员介绍，这是供分组讨论时代表们休息时使用的。其次，谈判桌上已整齐地摆放着印有"北京六方会谈"中英文烫金字样的文件夹和大小两种便签，印刷质量比前几轮会谈更加精致。会场上，数米高的门板和落地窗被一遍又一遍地擦拭过，桌上的矿泉水被一丝不苟地摆在同一直线上。管理人员对服务员的发型都提出了严格的要求。大宴会厅内的音响、灯光、消防、安全等全部准备工作均已在24日晚就绪，会谈现场对外界封闭，实行严密的安保措施。所有这些细节，无一不体现出中方为会谈创造良好气氛与对话平台的诚意。

资料来源：杨雪青．商务谈判与推销[M]. 北京：北京交通大学出版社，2009.

9.5.4 谈判准备工作的检验

检查谈判准备工作的落实情况，发现遗漏及时补救。若未如期完成必要的准备，则应限期加速完成，以免影响正式谈判的开始。

1. 谈判准备工作检验的作用

（1）检验谈判方案与计划的可行性、有效性。谈判方案与计划是对未来将要发生的正式谈判的预计，这本身就受思维方式、考虑问题的立场、角度等因素的局限，谈判方案与计划难免有不足之处和漏洞。事实上，谈判方案与计划是否完善，只有在正式谈判中方能得到真正的检验，但这毕竟是一种事后检验，一旦发现问题，为时已晚。通过对谈判准备工作认真、细致的检验，能及时发现谈判方案与计划的不足之处和漏洞，可尽早修改和完善。

（2）提高谈判人员的谈判技巧和应变能力。正如舞蹈演员演出前在脑海里练习舞步，教师在上课前备课一样，检验谈判准备工作能起到重要的积极的作用。据心理学原理，正确的想象练习能提高检验者的能力。

2. 谈判准备工作检验的方式

（1）谈判人员互相提问。把谈判者聚集在一起，充分讨论，自由发表意见，共同想象谈判的全过程。这种方式的优点是利用人们竞争心理，使谈判者充分发表意见，相互启发，共同提高谈判水平。

（2）专业人员评价推敲。其形式与谈判人员互相提问的方式相类似，不同的是它有专业人员在场对谈判者的表现给予一定的评价，关键是要寻找出他们的缺点和不足，提出完善的建议。

（3）模拟谈判。就是从己方人员中选出或指定某些人在尽力“吃透”对方的基础上，扮演谈判对手角色。从对方的谈判立场、观点、条件、风格、个性、心理出发，与己方谈判人员进行谈判，预演可能的谈判过程，检查实施己方谈判方案、计划可能产生的效果。

9.6 商务谈判的开局

经过谈判前的准备工作之后，便进入正式谈判阶段。从谈判正式开始到达成协议的全过程来看，虽然错综复杂，变化无穷，但大体也有一定的程序。商务谈判过程一般包括开局阶段、磋商阶段、成交阶段。谈判者一定要掌握每个阶段的不同内容和要求，灵活地运用谈判技巧，才能达到预期的谈判目的。

开局阶段，是指双方谈判人员见面入座后开始洽谈，到话题进入实质性内容之前的阶段。这个阶段的主要工作是建立良好的洽谈气氛、交换各自的意见、作开场陈述、探测对方虚实和具体开局策略的选择。

9.6.1 营造良好的开局气氛

谈判气氛是谈判对手之间的相互态度，它能够影响谈到人员的心理、情绪和感觉，从而引起相应的反应。每一次商务谈判都有其独特的气氛，有的冷淡、对立，有的松弛、拘谨，不同的谈判气氛影响着谈判的发展变化。

1. 谈判气氛的种类

以下是三种典型的谈判开局气氛。

1）高调气氛

高调气氛是指谈判情势比较热烈，谈判双方情绪积极、态度主动、愉快因素主导的谈判开局气氛，又称为良好的开局气氛。通常在下述情况下，谈判一方应努力营造高调的谈判开局气氛：己方占有较大优势；己方希望尽早与对方达成协议。在高调气氛中，谈判对手往往只注意到他自己有利的方面，而且对谈判前景的看法也倾向于乐观，因此，高调气氛可以促进协议的达成。如：1972 年尼克松第一次中国之行下飞机时让警卫人员把守机舱门，不让其他人下来，以便突出他与周总理数秒钟的握手，创造了谈判的良好开端。而另一反面的例子则是两伊战争后，两伊外长谈判不愿握手，甚至拒绝面对面谈判，而由当时联合国秘书长来回斡旋，结果可想而知。

2）低调气氛

低调气氛是指谈判气氛十分严肃低落。谈判的一方情绪消极、态度冷淡，不快因素构成谈判情势的主导因素。通常在下面这种情况下，谈判一方应努力营造低调的谈判开局气氛：己方有讨价还价的砝码，但是并不占有绝对优势。低调气氛会影响谈判人员的心理、情绪和感觉，从而引起相应的反应，如果不加以调整和改变，就会强化那种气氛。在这种情况下，哪一方心理承受力弱，哪一方往往会妥协让步。因此，在营造低调气氛时，己方一定要做好充分的心理准备，并要有较强的心理承受力。

3）自然气氛

自然气氛是指谈判双方情绪平稳，谈判气氛既不热烈，也不消沉。自然气氛不需要刻意地去营造，许多谈判都是在这种气氛中开始的。

2. 营造良好的开局气氛

既然诚挚的、合作的、轻松的、认真的谈判气氛，对谈判可以起到积极和有利的推动作用，那如何来营造呢？具体来说，应做好以下几方面的工作。

1）塑造良好的自身形象

上海人有句话说：“不怕家中火烧屋，就怕街上扑一扑。”因为有的生意人全部家当都穿在身上，既显得虚伪可笑，又无可奈何。因为一个好的形象对生意是有巨大帮助的。同样，一些生意人不惜花大价钱买高档礼宾轿车，主要是通过这种轿车体现公司的实力和对对方的尊重。谈判者除了注重自身的服饰仪表外，还要注重气质、仪表风度等。

2）运用中性话题，加强沟通

开局初期常被称为“破冰”期。素不相识的人走到一起，极容易出现停顿和冷场，谈判一开始就进入正题，更容易增加“冰层”的厚度。因此，谈判人员应在谈判正题前，留出一定的时间，就一些非业务性的、轻松的话题，如气候、体育、艺术、地理和人物等，就回忆以往的合作和交往等进行交流，还可以进行私人问候，缓和气氛，缩短双方在心理上的距离。中性话题有雅俗之分，要分场合使用。

阅读案例 9-15

中国上海某进出口公司李经理到英国与某英国商人爱德华先生进行商务谈判。这是李经理初次跟英国人谈判，开局时，李经理为了创造和谐的谈判气氛，谈了一些来英国的见闻，紧接着谈了英皇室查尔斯王子和戴安娜、卡米拉等人的是是非非，并把它当作笑料。爱德华先生开始还听着，后来看见李经理越谈越起劲，便非常生气地结束了这次的会谈。李经理误以为对方对这次贸易没有诚意，而不再约见对方。

此项商务谈判中，由于李经理不了解英国商人讨厌对方把皇室的事作为谈笑的资料等的谈判风格，而误以为对方没有合作的诚意，造成谈判破裂，失去了一单生意。

资料来源：袁革．商务谈判 案例式现代商务谈判教程[M]．北京：中国物资出版社，2007.

3）树立诚实、可信，富有合作精神的谈判者形象

初始阶段通过恰当的方式显示自己的实力，取得对方的信任，让其放心地与你一起谋求合作。一个东北生意人跑到陕西做木耳生意，路途遥远，花费巨大，责任也重大。陕西商人怕被“忽悠”，果然不信任自己。这时，东北生意人不但拿出样品、经营许可证、身份证等相关资料，还拿出了结婚证。这个真诚的举动打动了对方。

一个谈判者需要对方信任的方面很多。比如：你需要使对手相信你是满足他需要的最佳生意伙伴，你就应该在介绍自己情况的时候表现出坦率、真诚和满足他需要的实力；你要使对手相信你是兼顾双方利益、真诚谋求合作的人，你就应该体现出你的友好与公正；你要使对手相信你有足够的权限，你就应该让他知道你的资历、地位；你要使对手不担心你的信用，你就应该通过一些具体的行动和事例真实、生动地表现出来；你要使对手不小看你，你就要表现出你的才智、技巧。

4）利用正式谈判前的场外非正式接触。

场外非正式接触主要有迎送工作、欢迎宴会、礼节性拜访、赠送礼品等。这些场合轻松活泼，双方都能放下紧张的心理包袱，可以增进感情，可充分影响对方人员对谈判的态度，推动谈判进程，特别符合我国国情。

5）合理组织。

包括谈判时间和谈判前的合理安排、谈判室的布置等。在安排时，注意尊重对方，表现我方的礼貌等。作为客方，要“客随主便”，尊重对方。

布置谈判室等工作是谈判人员工作上的一个组成部分，谈判人员要认真去做，而不是毫不在乎。上节“朝核会谈”案例就体现了这个思想。据资料表明，海尔公司要求工作人员认真布置谈判室，材料在谈判桌上要摆成一条线，绝不散乱。还有一些其他公司会犯一些小错误，如饮用水的瓶盖难以打开、地面湿滑嘉宾摔倒等，造成尴尬。

9.6.2 交换意见

在开局阶段，双方要交换一下意见，就谈判目标、议程安排和人员方面达成共识。

（1）确立谈判目标。它是双方的驱动力。这里的目标只是大体的、方向性的，如探索双方目标共同点之所在、寻找共同获利的可能性等。

（2）安排谈判议程。双方共同订立议程表，包括需要讨论的议题、双方共同遵守的规

程、分阶段的谈判进度安排和每次谈判的大约时间等。

（3）熟悉谈判人员。它是指谈判小组的组成情况，以及每个谈判人员的地位与职能。

上述问题也许在谈判前双方就已经讨论了，但在谈判开始前，仍有必要再就这些问题协商一次。最为理想的方式是以轻松、愉快的语气先谈双方容易达成一致意见的话题。例如，“咱们先确定一下今天的议题，如何?”“先商量一下今天的大致安排，怎么样?”这些话，从表面上看，好像无足轻重，分量不大，但这些要求往往最不容易引起对方否定的答复，因此比较容易产生一种一致的感觉。如果对方急于求成，一开局就喋喋不休地大谈实质性问题，己方应巧妙地避开对方否定的答复，把对方引到谈判目的、议程上来。如对方一开始就说：“来，咱们雷厉风行，先谈价格条款。”我方可以接口应道：“好，马上谈，不过咱们先把会谈的程序和进度统一一下，这样谈起来效率更高。”这也是防止谈判因彼此追求的目标、对策相去甚远而在开局之初就陷入僵局的有效策略。

9.6.3 开场陈述

开场陈述主要是谈判双方各自陈述己方对问题的理解，即己方认为谈判应该涉及的问题及问题的性质、地位；己方希望获取的利益和谈判的立场。俗话说“丑话说在先”“先小人后君子”。如邓小平同志在“香港回归”谈判中，首先对英国首相撒切尔夫人说“主权问题是不可以谈的，其他问题都可以谈。”

陈述的目的是使对方理解己方的意愿，既要体现一定的原则性，也要体现合作性和灵活性。双方分别陈述后，需要做出一种能把双方引向寻求共同利益的陈述，即倡议。倡议时，双方提出各种设想和解决问题的方案，然后再在设想和符合商业标准的现实之间，搭起一座通向成交道路的桥梁。

谈判各方在做开场陈述时要遵循下列原则。

（1）各方只阐述己方的谈判方场。

（2）所做陈述的重点放在阐述己方的谈判利益上。

（3）所做陈述要简明、扼要，只做原则性的陈述。

（4）各方所做陈述均是独立的，不要受对方陈述内容的影响。

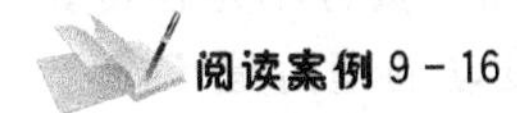
阅读案例 9-16

开场白

A公司是一家实力雄厚的房地产开发公司，在投资的过程中看中了B公司所拥有的一块极具升值潜力的地皮。而B公司正想通过出卖这块地皮获得资金。于是双方就土地转让问题展开谈判。

A公司代表：我公司的情况你们可能也有所了解，我公司是××公司、××公司合资创办的，经济实力雄厚，近年来在房地产开发领域业绩显著。在贵市去年开发的××花园收益很不错，听说你们的周总也是我们的买主啊。你们市的几家公司正在谋求与我们合作，想把他们手里的地皮转让给我们，但我们没有轻易表态。你们这块地皮对我们很有吸引力。我们准备把这块地皮的旧建筑全部拆掉而建一幢新的商业大厦。前几天，我们公司的业务人员对该地区的住户等进行了广泛的调查，基本上没什么大的问题。时间就是金钱啊。我们希望以最快的速度就这个问题达成协议，对此我们准备简化正常的法律及调查程序，不知你们的想法如何？

B公司的代表：很高兴能与你们公司有合作的机会。我们之间以前虽没打过交道，但对你们的情况还是有所了解的。我们遍布全国的办事处也有多家住的是你们建的房子，这可能也是一种缘分吧。我们确实有出卖这块地皮的意愿，但我们并不急于出手，因为除了你们公司外，还有兴华、兴运等一些公司也对这块地皮表示出了浓厚的兴趣，正在积极地与我们接洽。当然了，如果你们的条件比较合理，我们还是愿意优先和你们合作的。我们可以帮助你们简化有关手续，使你们的工程能早日开工。

问题：1. 谈判的主动权掌握在何方手中？为什么？

2. 双方的讲话中有哪些可取和不可取之处？

资料来源：王景山．商务谈判[M]. 西安：西北工业大学出版社，2009.

9.6.4 探测对方虚实

在谈判的开局阶段，不仅要为转入正题创造气氛，做好准备，更重要的是，参与谈判的各方都会利用这一短暂的时间进行事前的相互探测，以了解对方的虚实。

在这一期间，主要是借助感觉器官接受对方通过行为、语言传送来的信息，并对其进行分析、综合，以判断对方的实力、风格、态度、经验、策略以及各自所处的地位等，为及时调整己方的谈判方案与策略提供依据。当然，这时得出的仅仅是初步的感性认识，还需在以后的磋商阶段加深认识。

老练的谈判者一般都以静制动，用心观察对手的一举一动，即使发言也是诱导对方先说；而缺乏谈判经验的人总是抢先发表己见。如果谈判者不想在谈判之初就过多地暴露弱点，就不要急于发表己见，特别是不可早下断语。因为谈判情势的发展，往往会使你陷于早下结论的被动局面。

为了准确地探测到对方的虚实，谈判人员应当做好以下工作。

1. 启示对方先谈看法

要想启示对方先谈看法，可采取以下几种策略，既能灵活、得当地使对方说出自己的想法，又表示了对对方的尊重。

(1) 征询对方意见。这是谈判之初最常见的一种启示对方发表观点的方法。如“贵方对此次合作的前景有何评价？”“贵方认为这批设备的质量如何？”“贵方是否有新的方案？”等。

(2) 诱导对方发言。这是一种开渠引水，启发对方发言的方法。如“贵方不是在传真中提到过新的构想吗？”“贵方对市场进行调查过，是吗？”“贵方价格变动的理由是？”等。

(3) 使用激将法。激将是诱导对方发言的一种特殊方法，运用不好会影响谈判气氛，应慎重使用。如“贵方的销售情况不太好吧？”“贵方是不是对我们的资金信誉有怀疑？”“贵方为何总未提出建设性意见？”等。

在启示对方发言时，应避免使用能使对方借机发挥其优势的话题，否则会使己方处于被动局面。

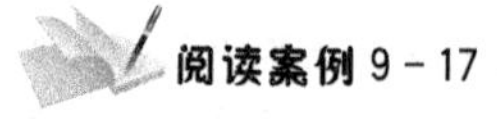
阅读案例 9-17

日本松下电器公司创始人松下幸之助平生第一次到东京找批发商谈判推销自己的产品时，与批发商刚一见面，批发商就友好地发问道：“我们是第一次打交道吧？以前我好像没见过您。”批发商以此为托词，为的是要探测对手究竟是生意场上的老手还是新手。松下幸之助缺乏经验，马上恭敬地回答道：“我是第一次来东京，什么都不懂，请多多关照。”松下这番极其平常的答复却使批发商获得了一个非常重要的信息：对手原来是一个初出茅庐的新手。批发商接着问：“你打算以什么价格出售你的产品？”松下又如实告知对方："我的产品每件成本是20元，我准备卖25元。"按照当时的市场价，松下的产品每件卖25元的价格是适中的，加上他们的产品质量又好，争取更高一些的价格是完全有可能的。但批发商已了解到松下幸之助在东京人地两生，而且急于为产品打开销路，因此趁机杀价："你首次来东京做生意，刚开张应该卖得更便宜些才是，每件20元怎么样？"双方最后以20元达成交易。

资料来源：王国梁．推销与谈判技巧[M]．北京：机械工业出版社，2009.

2．注意察言观色

当对方在作开场陈述的发言时，应对其进行察言观色。因为注意对方每一句话的意思和表情，研究对方的心理、谈判风格和意图，可为己方所做的第一次正式发言提供尽可能多的信息依据。在谈判桌上，不仅要注意观察对方发言的语义、声调、轻重缓急；还要注意对方的行为语言，如眼神、手势、脸部表情，这些都是传递信息的符号。优秀的谈判者会从谈判对手的一举一动中，探测对方的虚实。

当然，同时要注意在谈判中对方的言谈举止和其内心的真实想法往往很不相同，有时恰恰相反。《孙子兵法》上说："辞卑而益备者，进也。辞强而进驱者，退也。无约而请和者，谋也。来萎谢者，欲休息也。"意即"敌人言辞谦卑，私下加紧战备的，是准备进攻了。敌人措辞强硬，表面驰骋进逼的，是准备撤退了。没有约见主动登门请和的，要防备他玩计谋。找借口道歉的，是暂时休兵息战了。"谈判高手总是留心观察对方开场陈述时的姿势、表情及"入题"的能力。如果对方寒暄时不能应付自如，或者单刀直入地谈起生意来，我方从这些微妙之处可以断定对方是谈判生手。

3．探测具体问题

除了察言观色之外，过要对具体的问题进行具体的探测。例如，要探测对方主谈人和阵容是否发生变化，可以问："某某怎么没来？"要探测对方出价的水分，可以问："这个价格变化了吧？"要探测对方的资金情况，可以问；"如果我们要求付现金呢？"要探测对方的谈判诚意，可以问："据说贵方有意寻找第三者？"要探测对方有否决策权，可以问："贵方认为这项改变可否确定？"此外，谈判者还可以通过出示某些资料或要求对方出示某些资料等方法，达到探测的目的。

总之，探测对方虚实的正确策略是：在谈判之初启示对方先说，然后再察言观色，把握动向，对尚不能确定或需进一步了解的问题，就需进行具体的探测。

9.6.5 开局策略的选择

在开局阶段，谈判人员除了要注意创造良好的谈判气氛、探测对方虚实与作好开场陈述之外，还需注意开局具体策略的选择。典型的谈判开局策略有一致式开局策略、保留式开局策略、坦诚式开局策略、进攻式开局策略和挑剔式开局策略。

1．一致式开局策略

一致式开局策略是指在谈判开始时，为使对方对己方产生好感，以协商、肯定的方式建立起对谈判"一致"的感觉，从而在愉快而友好的气氛中将谈判引向深入的一种开局策略。心理学研究表明，人们通常会对那些与自己想法一致的人产生好感并愿意将自己的想法按照那些人的观点进行调整。这一结论正是一致式开局策略的心理学基础。

一致式开局策略的目的在于创造取得谈判成功的条件。运用一致式开局策略的方式有很多。例如，在谈判开始时，以一种协商的口吻征求谈判对手的意见，然后对其意见表示赞同和认可，并按照其意见开展工作。运用这种方式时要注意的是，拿来征求对于意见的问题应该是无关紧要的问题，对于对该问题的意见不会影响己方的利益。

一致式开局策略的运用还有一种重要方式，就是在谈判开始时以问询方式或补充方式诱使谈判对手步入你的既定安排，从而在双方之间达成一种一致和共识。所谓问询方式，是指将答案设计成问题询问对方。例如，问："你看我们把价格及付款方式问题放到后面讨论怎么样?"所谓补充方式，是指对对方的意见进行补充，使自己的意见变成对方的意见。

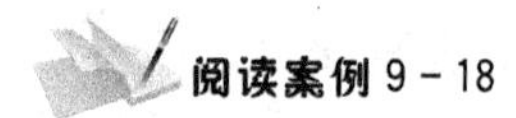 **阅读案例 9－18**

一致式开局策略的运用

1972 年 2 月，美国总统尼克松访华，中美双方将要展开一场具有重大历史意义的国际谈判。为了创造一种融洽和谐的谈判环境和气氛，我国方面在周恩来总理的领导下，对谈判过程中的各种环境都进行了精心而又周密的准备和安排，甚至对宴会上要演奏的中美两国民间乐曲都进行了挑选。在欢迎尼克松一行的国宴上，当军乐队熟练地演奏起由周总理选定的《美丽的亚美利加》时，尼克松总统简直听呆了，他绝没有想到能在中国的北京听到如此熟悉的乐曲，因为这是他平生最喜爱的并且指定在他的就职典礼上演奏的家乡乐曲。敬酒时，他特地到乐队前表示感谢，此时，国宴达到了高潮，而这种融洽而热烈的气氛也同时感染了美国客人。一个小小的精心安排，赢得了和谐融洽的谈判气氛，这不能不说是一种高超的谈判艺术。

20 世纪 70 年代，日本首相田中角荣为恢复中日邦交正常化到达北京，他怀着等待中日间最高首脑会谈的紧张心情在迎宾馆休息。迎宾馆内气温舒适，田中角荣的心情也十分舒畅，与随从的陪同人员谈笑风生。他的秘书早饭茂三仔细看了一下房间的温度计，是"17.8℃"。这一田中角荣习惯的"17.8℃"使得他心情舒畅，也为谈判的顺利进行创造了条件。

资料来源：黄卫平．国际商务谈判[M]．北京：中国人民大学出版社，2011.

2. 保留式开局策略

保留式开局策略是指在谈判开局时，对谈判对手提出的关键性问题不作彻底、确切的回答，而是有所保留，从而给对手造成神秘感，以吸引对手进入谈判。

运用保留式开局策略时，应注意不要违反商务谈判的道德原则，即以诚信为本，向对方传递的信息可以是模糊信息，但不能是虚假信息。否则，会将自己陷于非常难堪的局面。

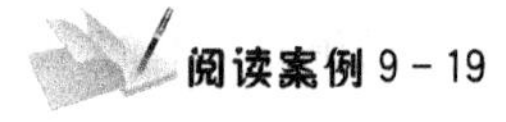 **阅读案例 9－19**

保留式开局策略的运用

江西省某工艺雕刻厂原是一家濒临倒闭的小厂，经过几年的努力，发展为产值 200 多万元的规模，产品打入日本市场，战胜了其他国家在日本经营多年的厂家，被誉为"天下第一雕刻"。有一年，日本三家株式会社的老板同一天接踵而至，到该厂订货。其中一家资本雄厚的大商社，要求原价包销该厂的佛坛产品。这应该说是好消息，但该厂想到，这几家原来都是经销韩国产品的商社，为什么争先恐后、不约而同到本厂来订货?

他们查阅了日本市场的资料，得出的结论是本厂的木材质量上乘，技艺高超是吸引外商订货的主要原因。于是该厂采用了“待价而沽”“欲擒故纵”的谈判策略。先不理那家大商社，而是积极抓住两家小商社求货心切的心理，把佛坛的梁、榴、柱，分别与其他国家的产品做比较。在此基础上，该厂将产品当金条一样争价钱、论成色，使其价格达到理想的高度。首先与小商社拍板成交，造成那家大客商产生失落货源的危机感。那家大客商不但更急于订货，而且想垄断货源，于是大批订货，以致订货数量超过该厂现有生产能力的好几倍。

资料来源：周庆．商务谈判实训教程[M]．武汉：华中科技大学出版社，2007.

3．坦诚式开局策略

坦诚式开局策略是指以开诚布公的方式向谈判对手陈述自己的观点或想法，从而为谈判打开局面。坦诚式开局策略比较适合于有长期业务合作关系的双方，以往的合作双方比较满意，彼此也互相比较了解，不用太多的客套，直接坦率地提出自己一方的观点、要求，反而更能使对方对己方产生信任感。

采用这种开局策略时，要综合考虑多种因素，例如自己的身份、与对方的关系、当时的谈判形势等。坦诚式开局策略有时也可用于谈判实力弱的一方。当己方的谈判实力明显不如对方，并为双方所共知时，坦率地表明自己一方的弱点，让对方加以考虑，更表明己方的诚意，同时也表明己方对谈判的信心和能力。

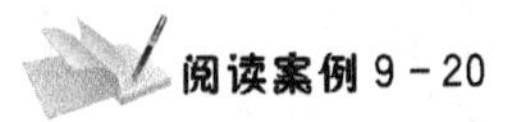
阅读案例 9－20

坦诚式开局策略的运用

北京门头沟一位党委书记在同外商谈判时，发现对方对自己的身份有强烈的戒备心理时，且这种状态妨碍了谈判的进行，于是这位党委书记当机立断，站起来向对方说：“我是党委书记但也懂经济、搞经济，并且拥有决策权，我们摊子小、实力不大，但为人实在、愿真诚与贵方合作。咱们谈得成也好，谈不成也好，至少你这个外来的‘洋’先生可以交一个我这样的‘土’朋友。”

寥寥几句肺腑之言，一下子打消了对方的疑惑，谈判顺利地向纵深发展。

资料来源：卞桂英，刘金波．国际商务谈判[M]．北京：中国农业大学出版社，2008.

4．进攻式开局策略

进攻式开局策略是指通过语言或行为表达己方强硬的姿态，从而获得谈判对手必要的尊重，并借以制造心理优势，使谈判顺利地进行下去。

采用进攻式开局策略一定要谨慎。因为在谈判开局阶段就设法显示自己的实力，使谈判双方一开始就处于剑拔弩张的气氛中，对谈判进一步发展极为不利。

通常，只在这种情况下使用进攻式开局策略：发现谈判对手在刻意制造低调气氛，这种气氛对己方的讨价还价十分不利，如果不把这种气氛扭转过来，将损害己方的切实利益。进攻式开局策略可以扭转不利于己方的低调气氛，使之走向自然气氛或高调气氛。但是，进攻式开局策略也可能使谈判陷入僵局。

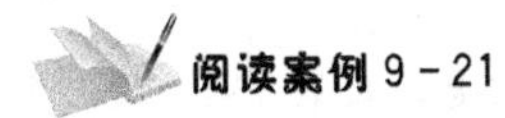
阅读案例 9－21

进攻式开局策略的运用

日本一家著名的汽车公司在美国刚刚“登陆”时，急需找一家美国代理商来为其销售产品，以弥补他们不了解美国市场的缺陷。当日本汽车公司准备与美国的一家公司就此问题进行谈判时，日本公司的谈判代表路上塞车迟到了。美国公司的代表抓住这件事紧紧不放，想要以此为手段获取更多的优惠条件。日本公司的代表发现无路可退，于是站起来说："我们十分抱歉耽误了你的时间，但是这绝非我们的本意，我们对美国的交通状况了解不足，所以导致了这个不愉快的结果，我希望我们不要再为这个无所谓的问题耽误宝贵的时间了，如果因为这件事怀疑到我们合作的诚意，那么，我们只好结束这次谈判。我认为，我们所提出的优惠代理条件是不会在美国找不到合作伙伴的。"

日本代表的一席话说得美国代理商哑口无言，美国人也不想失去这次赚钱的机会，于是谈判顺利地进行下去。

资料来源：卞桂英，刘金波．国际商务谈判[M]. 北京：中国农业大学出版社，2008.

5. 挑剔式开局策略

挑剔式开局策略是指开局时对对手的某项错误或礼仪失误严加指责，使其感到内疚，从而达到营造低调气氛、迫使对手让步的目的。上案例中美国谈判代表就是运用挑剔式开局策略。

谈判人物专栏

罗杰·道森

罗杰·道森是美国前总统比尔·克林顿和白宫的首席谈判顾问。20世纪末，他因单枪匹马从伊拉克大独裁者萨达姆手中救回美国人质而驰名国际政坛。在其长达近十年的总统谈判顾问生涯中，他一直周旋于美国白宫、参议院、耶路撒冷、巴尔干等国际政治的漩涡中心，历经九六年美国总统大选、巴以和谈、科索沃战争等一系列众多著名的历史事件。

因在公众演说领域的卓越贡献，罗杰·道森被美国国家演说家协会授予C. P. A. E. 奖，这也是协会所颁发的最高荣誉奖项，象征着公众演讲的最高水平。

罗杰·道森是商业谈判的集大成者，举世公认的全球第一商业谈判大师。"优势谈判""有效说服""自信决策"等经典谈判理论的创始人。他所著的《优势谈判》和《绝对成交》更是成为众多企业总裁和职业经理人人手一册的谈判"圣经"，特别是他的代表作《优势谈判》在全球发行量超过1 200万册，翻译成法文、中文、日文、西班牙文、阿拉伯文等三十八种语言，连续三十周雄踞《纽约时报》畅销书排行榜榜首，被普林斯顿大学、耶鲁大学、哈佛大学等美国名校指定为必读书目。

本章小结

1. 商务谈判准备的任务包括谈判信息的搜集与分析、选择谈判对象与时机、谈判人员选择与组织、制定谈判目标、方案与计划和谈判前的策略性准备等。

2. 谈判信息收集的主要内容包括市场信息、商务谈判对方的信息、科技信息、政策法规、金融方面的信息等。

3. 作为谈判人员，其基本素质、知识结构和能力结构要合理。构建商务谈判班子要考虑其组成、配备原则、规模和职能结构。

4. 谈判目标具体分为最优目标、实际需求目标、可接受目标和最低目标，谈判己方要做好谈判目标的保密工作。谈判方案要简明扼要，要具体、灵活。谈判方案的基本内容包括谈判议题、谈判目标、谈判策略、谈判时间和地点和相关规定。

5. 商务谈判前的策略性准备的目的是建立对方的期望和积聚谈判的力量。同时就做好谈判地点的选择与后勤准备以及谈判准备工作的检验。

6. 开局阶段的主要工作是建立良好的洽谈气氛、交换各自的意见、作开场陈述、探测对方虚实和具体开局策略的选择。

关键术语

谈判目标　商务谈判前的策略性准备　谈判方案　模拟谈判　谈判班子　开局阶段　谈判气氛　开场陈述

思考与应用

一、单项选择题

1. 商务谈判胜负的决定性因素在于(　　)。

A. 与对方的友谊　　B. 主谈人员的经验

C. 商务谈判人员的素质　　D. 谈判人报酬的多少

2. 商务谈判对己方来讲最为有利的谈判地点是(　　)。

A. 对方所在地　　B. 双方所在地之外的第三地

C. 己方所在地　　D. 双方所在地交叉

3. (　　)是商务谈判必须实现的目标，是谈判的最低要求。

A. 最低目标　　B. 可接受目标　　C. 最优目标　　D. 实际需求目标

4. (　　)是指在谈判开局时，对谈判对手提出的关键性问题不做彻底、确切的回答，而是有所保留，从而给对手造成神秘感，以吸引对手进入谈判。

A. 一致式开局策略　　B. 坦诚式开局策略

C. 保留式开局策略　　D. 进攻式开局策略

5. 若发现谈判对手在刻意制造低调气氛，则应运用(　　)。

A. 协商式开局策略　　B. 保留式开局策略

C. 坦诚式开局策略　　D. 进攻式开局策略

6. 要想启示对方先谈看法，不可采取(　　)策略。

A. 征询对方意见　　B. 使用能使对方借机发挥其优势的话题

C. 诱导对方发言　　D. 使用激将法

7. 谈判各方在做开场陈述时不要(　　)。

A. 各方只阐述己方的谈判方场

B. 所做陈述的重点放在阐述对方的谈判利益上

C. 所做陈述要简明、扼要，只做原则性的陈述

D. 各方所做陈述均是独立的，不要受对方陈述内容的影响

二、多项选择题

1. 选择自己所在单位作为谈判地点的优势有(　　)。

A. 便于侦察对方　　B. 容易寻找借口

C. 易向上级请示汇报　　D. 方便查找资料与信息

E. 在授权范围内，可以充分发挥谈判人员的主观能动性

2. 谈判方案的主要内容有(　　)。

A. 确定谈判目标　　B. 安排谈判人员

C. 拟定谈判议程　　D. 选择谈判地点

E. 确定谈判预算

3. 谈判人员的基本要求有(　　)。

A. 一致性　　B. 保密性　　C. 组织性

D. 纪律性　　E. 责任性

4. 谈判负责人(　　)。

A. 负责谈判小组的全面工作　　B. 即为主谈人

C. 与上级联络　　D. 调度谈判小组人员

E. 其主要职责是将已确定的谈判目标和谈判策略在谈判桌上予以实现

5. 谈判班子的配备原则有(　　)。

A. 目标性原则　　B. 互补性原则

C. 对等性原则　　D. 有效性原则

E. 权力性原则

6. 营造良好的谈判开局气氛应注意(　　)。

A. 塑造良好的自身形象

B. 运用中性话题，加强沟通

C. 树立诚实、可信，富有合作精神的谈判形象

D. 注意利用正式谈判前的场外非正式接触

E. 合理组织

7. 为了准确地探测到对方的虚实，谈判人员应当做好以下工作(　　)。

A. 做好接待工作　　B. 启示对方先谈看法

C. 做好组织工作　　D. 注意察言观色

E. 探测具体问题

三、判断题

1. 对重要的问题应在中立场地进行谈判。(　　)

2. 谈判方案要简明扼要、具体灵活。(　　)

3. 商务谈判中的情况千变万化，随时都有偶然情况出现，在制定谈判方案时，可以不列出细则议程，一切都靠随机应变。(　　)

4. 谈判方案与谈判计划没有什么区别。(　　)

5. 当己方占有较大优势时，最好营造低调气氛。(　　)

四、简答题

1. 谈判准备工作的内容上要有哪些？

2. 商务谈判班子的构成原则有哪些？

3. 谈判信息在商务谈判中的作用有哪些？

4. 简述商务谈判目标的层次及其含义。

5. 商务谈判前的策略性准备有什么样的目的？达到这些目的有哪些方法？

6. 主场、客场谈判，对自方而言，各有哪些有利因素和不利因素？

7. 营造良好的开局气氛应做好哪些方面的工作？

8. 若你是某公司的谈判人员，国外A公司第一次与你公司做交易，准备购买你公司的产品，领导要求你搜集有关的谈判信息，你需要搜集哪些信息？通过哪些渠道搜集？对这些信息怎样进行分析、整理写出一个方案来。

【实训项目】

◎内容

请为先科公司或耐特公司制定一份可行的谈判方案。

◎目的

认识谈判目标、谈判方案对于谈判的作用。

◎步骤

全班分成若干个小组，每个小组抽签决定要制定哪家公司的谈判方案，并说明所代表公司的谈判目标、主要优势、劣势和面临的风险是什么？并抽签决定与哪个小组代表的另一家公司进行模拟谈判。并由同学详细记录谈判的过程，最后在教师的带领下进行分析。

◎背景材料

先科公司是一家销售各种电子元件和设备的中等规模的公司，是国内外几家知名品牌的代理商。现在有一个重要客户耐特公司需要一批三种不同规格的元器件，这个客户曾在先科公司购买过各种各样的电子元器件，虽然在这个大地区还有几家竞争者，但他们一直合作得比较愉快。这个客户没有固定的购买计划，但他们通常一要货就购买先科的产品。根据以往的经验，客户不会同意提高这三种元器件的价格；过去有几次，对方提出过早些送货的要求，估计这次也会老调重弹，对方还很可能要求我们在当地保持一些存货，以保证早点发货；还可能要求以送到目的地的离岸价格交易；以前还提过10天内付款打2%折扣的要求。客户所要的这批元器件目前有些供不应求，价格有上扬的趋势。这个客户比较通情达理，希望供应商能赚些钱但又不牺牲自己的利润。先科公司的目标是获得订单，实现弹性送货，并争取以后一年的供货合同。

案例分析

艰难的谈判

2006年6月，空客项目决定落户天津之际，正是中国大飞机项目论证处于争执不下的关键阶段。当时业内人士普遍认为空客项目负有为中国大飞机项目积累制造经验的责任，但从一开始，空客项目就被明确：与中国大飞机项目没有关系。2006年4月，天津市主要领导拜会了中航一集团、二集团领导层，希望取得中国航空业的支持。两家航空集团随后从下属的哈飞、南昌洪都航空、西飞、上飞、沈飞、成飞抽调相关人员组成专家组，为天津空客项目服务。6月初，专家们集中到天津，开始与空客谈判。谈判开始后，中欧双方围绕着设备采购、空客外派人员的数量等问题争论激烈。谈判的主动权一直掌握在空客手中。中国航空业能否从设备采购过程中获益，是双方争论的第一个焦点。在整个空客项目投资中，设备投资数额巨大，仅港口到厂房之间运输飞机的设备，投资总额就达8200万欧元，而总装厂房内的设备投资高达2.04亿欧元，这还不包括发动机安装和测试试飞的设备。业内测算，天津项目的设备投资将超过30亿元人民币。一位专家介绍，在中方与空客此前的会谈纪要中，明确写道：双方一致同意，能够在中国进行国产化的安装设备，都应该在中国国内制造。2006年7月，中方项目组去德国汉堡的空客总装线进行实地考察，发现80%的设备都可以实现国产化。一个月后，中方项目组表示希望在中国国内采购部分设备，同时请空客提供有关资料。但空客方面不肯提供任何资料。

在中方的强烈要求下，2006年9月底，空客委托两家供应商组成项目控制小组，考察了西飞、哈飞、成飞、上飞、沈飞、洪都航空这6家中国飞机制造厂。此后，这个小组就杳无音信，中国供应商生产安装设备的事情也就无疾而终。另一位参与谈判的中方专家表示，空客与中方谈判的指导思想就是尽量由空客在欧洲的供应商提供各种设备。2007年5月15日，空客中国公司总裁博龙对国内媒体表示，在中国组装的A320系列飞机中，“中国制造”的零部件比例大概在15%～20%。双方激烈争论的另一个焦点是空客方面派到中国的工作人员的数量，因为外方人员工资需要合资公司支付，这直接关系到空客项目的收益。而空客认为外方技术工人太少难以保证总装质量。据参与双方人力资源谈判的天津保税区劳动人事局局长刘长江透露，空客一开始要求派到中国的员工的数量是200人(合资公司的全部员工预计规模不到1 000人)，而1980年中国与波音合资的麦道90项目的美方员工还不足20人。为了说服空客，中方在先后五轮招聘中，让空客充分了解中国工人的素质，最终空客同意将外派人数降低。即便如此，2007年4月20日，记者在天津港保税区航空产业支持中心采访时，该中心正在按一百多人的规模，为外方员工的到来做准备。2007年5月15日，空客A320天津总装线项目协调人戴丹利表示：“空客在开始阶段会派出一百五十多名专家的团队来保证初期的顺利生产。之后，这些专家会回到欧洲。当生产达到稳定的时候，90%将是中国的雇员。”谈判中，空客之所以始终占据主动，得益于他们对中方经济情报的及时获取，每次谈判之前，空客方面就已经得知中方的意图和计划。一位专家告诉记者，有一次，空客的谈判代表甚至直截了当地对中方说：“我们谈判就是一步不让，你们这个合同都得签。你们高层领导比我们急。”因此，在早期的谈判中，空客只是让中方尽可能承担一切费用，但对于外方在合资公司中以设备还是技术，或者还是以现金出资，一直不予明确。

让空客有机可乘的，还有中方的组织工作。空客方面由空客德国公司牵头，联合空客的供应商组成人员固定的项目工作组。而中方则缺乏专门的机构和人员。一位参与谈判的专家回忆起反映双方组织工作水平的一个细节：中方项目组与空客方面谈判时，每个人都用各自单位印制的名片，而空客则为所有参与项目谈判的人员，统一印制了有空客标识的项目组专用名片。“人家一看，就知道我们是一群乌合之众！”这位专家说。而中方对谈判的组织也相对被动：因为中方项目组主要领导不是业内专家(由天津港保税区管委会的领导兼任)，每次谈判中方都缺乏详细的谈判计划——专家们被临时招来，谈判后也不总结谈判中的问题和下次谈判的重点，又立即返回原单位。专家们戏称这种做法是“招之即来，谈后即去”。

资料来源：杨雪青．商务谈判与推销[M]．北京：北京交通大学出版社，2009.

【思考与分析】

1. 为什么谈判的主动权一直掌握在空客手中？
2. 你认为中方要改变这种被动局面，应该怎样做？

第10章 商务谈判的磋商阶段

教学要求

知识要点	能力要求	相关知识
商务谈判的报价策略	(1) 了解询价与报价的含义和如何对待对方的报价 (2) 熟悉报价应遵循的原则 (3) 掌握报价的基本策略	(1) 询价与报价 (2) 报价应遵循的原则 (3) 报价的基本策略 (4) 如何对待对方的报价
商务谈判的讨价还价策略	掌握讨价策略和还价策略	(1) 讨价策略 (2) 还价策略
商务谈判的让步策略	(1) 熟悉让步的基本原则、让步的模式和防止对方进攻的策略 (2) 掌握迫使对方让步的策略	(1) 让步的基本原则 (2) 让步的模式 (3) 迫使对方让步的策略 (4) 防止对方进攻的策略
商务谈判的僵局策略	(1) 了解僵局的成因 (2) 掌握打破谈判僵局的方法	(1) 僵局的成因分析 (2) 打破谈判僵局的方法

吊筑高台

从美国哥伦比亚广播公司(CBS)为1960年罗马奥运会支付转播费，到美国广播公司(ABC)成功地在1976年蒙特利尔夏季奥运会上投标，奥运会的转播费用已经涨得相当高了。卖价大约如下：1960年为150万美元；1964年为300万美元；1968年为500万美元；1972年为1 300万美元；1976年为2 200万美元。但当时的苏联人打破了这种具有连续性的增长。在蒙特利尔夏季奥运会期间，美国三大电视网的上层人物都应邀参加了在亚历山大·普希金号船上举行的舞会，苏联人对每个电视网的上层人物都单独接触并提出苏联式的要求：开价是21 000万美元——现金！

苏联人邀请了美国的ABC、CBS与美国全国广播公司(NBC)的高级代表到莫斯科谈判。事后，出席招待会的人士说，再也没有饮用过比这更好的伏特加酒，再也没有品尝过比这味道更美的鱼子酱，再也没有看到过比这更紧张和更坚决的面孔。当谈判进入最后阶段时，标价是这样的：NBC7 000万美元；CBS7 100万美元；ABC7 300万美元。一般说来，到了这个时候，在前10次奥运会中有8次转播经历的ABC会占上风。然而，CBS雇请博克帮忙。博克是来自德国慕尼黑的游说专家。这使得苏联人又和CBS的主席进行了一次高级会谈，会谈中CBS再一次同意提高它的价格，于是一桩交易拍掌定约。

当时，每个人都认为，CBS战胜了它的对手。然而，苏联人不反对“吹毛求疵”。1976年12月初，他们宣布进行另一轮投标。CBS的头头们心烦意乱，但还是返回莫斯科摊牌。摊牌的日子定在12月15

日。这时，苏联人宣布三大电视网刚刚有资格进入拍卖的最后阶段。美国人被苏联人的做法激怒了，他们不顾苏联人的威胁，全部退出了谈判。

为了引起新的竞争，苏联人提出了第四种可能的选择，他们宣称，此届奥运会的电视转播权现在属于美国一家名为SATRA的默默无闻的贸易公司，这家公司在纽约有一间办公室。SATRA不是新闻媒体类的联合企业，将电视转播权授予它，就相当于对一个刚会摆弄照相机的孩子说："你走运了，小家伙——奥运会转播权是你的了。"

由于SATRA的杠杆作用，博克重新与各大电视网联系，他在莫斯科与曼哈顿之间飞来飞去进行周旋、密约，最终以8 700万美元把这次奥运会的电视转播权转售给NBC。除此之外，NBC还同意付给博克600万美元的服务费及额外的招待费。当后来NBC知道苏联人原本希望得到的售价是6 000～7 000万美元时，懊悔不已。

资料来源：荷伯·科恩．你能谈成任何事[M]．邱君．译．海口：海南出版社，1999.

商务谈判的磋商阶段就是谈判的实质性阶段，它是指谈判开局以后到谈判终局之前，谈判双方就实质性事项进行磋商的全过程，这是谈判的中心环节。双方的任务是讨价还价，互相让步，突破僵局。

10.1 商务谈判的报价策略

10.1.1 询价与报价

1. 询价的含义

询价(询盘)是指交易的一方以口头或书面的形式向另一方询问交易条件、征求交易意向的表示。询价应尽量笼统、简要地介绍己方的需求、意图；语言文字表达要精炼、简短，叙述要明白、准确。

询价的特点是公开、笼统地表示某一商务活动的意图，不具有任何法律效力，对发出方没有任何约束力。其意义是询价发出方在陈述自己需求意向和期望后，借以了解市场行情和供求态势，摸清对方情况，探测对方意图，捕捉对方利益要求，以期占据谈判的主动地位。

2. 报价的含义和形式

1）报价的含义

报价(报盘)并不单纯指提出价格条件，而是指谈判一方主动或根据买方询价向对方提出自己的交易要求，包括商品的质量、数量、价格、包装、运输、保险、支付、商检、索赔、仲裁等各项交易条件。当然，在所有这些要求中，价格是其核心和关键。

报价标志着商务谈判进入实质性阶段，也标志着双方的物质性要求在谈判桌上"亮相"。许多商务谈判活动成功与否，都与报价是否恰当密切相关。同时，它与谈判双方在价格谈判合理范围内的盈余分割息息相关，对谈判各方的经济利益实现具有举足轻重的意义。

2）报价的形式

(1) 书面报价。通常是指谈判一方事先提供了较详尽的文字材料、数据和图表等，将本企业愿意承担的义务以书面形式表达清楚。

书面报价的优点在于能使对方有时间充分了解己方的报价要求，为双方的沟通提供基础，并且能使得谈判进程安排更为紧凑。缺点在于由于报价成为永久性记录的文字，对己方有较大的限制。同时给对方较多时间应对，容易使己方在价格谈判中处于不利的地位。此外，书面报价缺乏灵活性和生动性，会减少谈判磋商的意义。

（2）口头报价。通常是指不提交任何书面形式，只是以口头告知的方式提出交易条件。相比于书面报价，口头报价具有较大的灵活性。一方面，谈判人员可以根据谈判环境和谈判局势的变化，来不断调整价格期望和谈判策略，以获得更有利的价格条件；另一方面，由于口头报价奉行的是先磋商、后承担义务的原则，没有书面报价时的义务感约束，更有利于谈判双方充分发挥谈判的积极性、主动性和灵活性，促进交易的达成。

口头报价的缺点在于，对于某些价格条款比较复杂的谈判，口头报价不易将其中的复杂要点如数字、图表等表述清楚，双方的理解会产生偏差，而日后的磋商也容易因此而陷入无谓的讨论中。

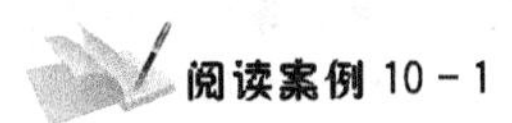

口头报价

中国北方某纺织品进出口公司和美国小约翰逊公司就向美方出口 10 000 打灯芯绒童装进行了谈判。下面是中方的报价情况：

“我们很荣幸能和贵公司就这笔交易进行谈判，小约翰公司是美国著名的服装经营商行，我们公司也是中国出色的服装生产企业，我们的产品在美国市场上是很受欢迎的，你们的《纽约时报》还专门出了一个专栏呢。现在我们向你们报一下我们的价格：10 000 打童装中有 4 000 打拥有配额证，这意味着你们将会以较低的价格成交，你知道我们为此是花了很大力气的，这 4 000 打每吨价格为 100 美元；另外 6 000 打为非配额出口，价格为 160 美元。这些价格都是 FOB 价格，当然，你们如果对 CIF 较感兴趣的话，我们还可以商量，不过你们就是要添一些麻烦。你们看有什么意见。”

资料来源：朱士钊．商务口才[M]．乌鲁木齐：新疆人民出版社，2004.

10.1.2　报价应遵循的原则

1．市场行情是报价的客观基础

顾客剩余理论认为：任何顾客在购买一种商品时，根据获得的信息资料，心中已形成了一个可接受的预期价格，这种预期价格与商品的实际价格之差就是顾客剩余。其计算公式为：

顾客剩余＝商品的预期价格－商品的实际价格

顾客剩余越多，买方的购物兴趣越高，就越容易达成交易。卖方要根据市场上同类商品的供求状况及价格水平，预测顾客已形成的预期价格，作为推销报价的基础。预测顾客的预期价格，是由推销谈判人员根据掌握的各种商业情报和市场信息，在对其进行比较、分析、判断和预测的基础上进行的，因此行情是报价的基础。推销谈判人员在搜集有关信息、情报、资料的基础上，还必须注意分析、预测市场动向，研究有关商品的市场供求关系及其价格波动状况，这是报价的前提条件。

顾客剩余中的商品实际价格则是交易双方讨价还价的结果。显而易见，作为卖方，总是希望所推销的商品能卖一个好价钱，商品价格当然越高越好；作为买方的顾客，则希望买进的商品价格越低越好。推销谈判人员的报价只有在被顾客接受的情况下才有可能达成交易。因此，价格的确立并不是买卖任何一方一厢情愿的事情。所以，推销谈判人员在向顾客报价时，不仅要考虑按报价所能获得的利益，还要考虑该报价被顾客接受的可能性，即报价成功的概率。要取得报价的成功，就要通过反复比较和权衡，设法找到报价者所得利益与该报价被接受的成功率之间的最佳结合点，即最理想最合适的报价。

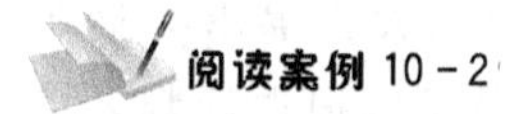
阅读案例 10-2

“俘虏”定价

卡特是美国的一个彩照实验室，1988 年推出一个“俘虏”消费者的新招牌，它首先在各大学普遍散发宣传其彩色胶卷新产品的广告，除了说明新彩卷性能优越外，还说明由于是新产品，故定价不高，每卷只要 1 美元(柯达胶卷价格为每卷 2 美元多)，以便让消费者有机会试一试。经济拮据的大学生们纷纷寄钱去购买。几天后，他们收到了胶卷，以及一张“说明书”，其上写：这种胶卷由于材料特殊、性能优良，因此，一般彩扩中心无法冲印，必须将拍摄后的胶卷寄回该实验室才行。

说明书上还列出了冲印的价格，这些价格比一般的彩照扩印店的价格贵一倍。但是，每冲印一卷，该实验室将无偿赠送一卷新胶卷。精明的大学生仔细一算，发现损益相抵后，胶卷、冲洗、印片三者的总价格仍高于一般水平，无奈已花费了 1 美元的“投资”，只得忍气吞声做了“俘虏”。

资料来源：赵国柱，胡祖光，王俊豪．市场营销学[M]. 北京：中国商业出版社，1998.

2. 报价要“狠”

作为卖方，报价策略是“喊价要最高”；作为买方，报价策略是“出价要最低”。这是报价的首要原则。基辛格曾说：“谈判桌上的成果完全取决于你能在多大程度上抬高自己的要求”。这话虽然说得有点极端，但也反映出谈判高手在谈判实践中广泛运用报价“狮子大开口”的策略。其原因是：

（1）报价给己方的要价定了一个最高的限度。一经报出就不好再提出更高的要价，顾客也不会接受比此更高的价格。因此，开盘价会直接影响最终成交价的高低。

（2）开盘价较高，会给顾客对推销品的印象和评价以积极影响。

（3）报价高一点，能为以后的讨价还价留有余地。

（4）报价往往对成交的价格水平具有实质性的影响，使自己在洽谈中更富有弹性，便于掌握成交时机。

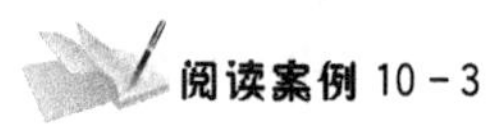
阅读案例 10-3

“铁娘子”撒切尔

1982 年 12 月，在欧共体的一次首脑会议上，撒切尔夫人表示，英国在欧共体中负担的费用支出过多，却没得到应有的利益。因此，她强烈要求将英国每年的费用负担减少 10 亿英镑。这个要求令在座的各国首脑甚为吃惊。他们为此“还价”为英国每年削减 2.5 亿英镑后，就不愿再作让步。撒切尔夫人仍坚持自己的“报价”，双方陷入僵持状态。尽管她的真实目标并不是每年削减 10 亿英镑，但她告诉下议院，原则上按照她提出的方案进行，暗示并无选择的余地，同时也是在警告其他各国。此举遭到法国媒体的批评。撒切尔夫人依旧立场坚定，顶住压力，凭着坚强的意志，终于迫使对方首先作出了让步。最后，欧共体其他各国同意英国每年削减 8 亿英镑的费用负担。这样，撒切尔的真实目标得以实现。

资料来源：周琼，吴再芳．商务谈判与推销技术[M]. 北京：机械工业出版社，2005.

3. 报价必须考虑洽谈时机和与对方的关系状况

如果对方为了自己的利益而一味坚持强硬态度，应采用高报价以给对方压力，保护己方的利益；如果与对方关系比较友好，尤其是有过长期合作关系，应稳妥报价以免破坏双方的关系；如果竞争对手众多，应将要价压低到至少能收到邀请而继续谈判的程度，否则会丧失谈判的机会，更谈不上达成交易。

4. 报价应合乎情理

报价不能漫天要价，信口开河，随心所欲。任何一个报价，必须讲出道理，说出“所以然”来。如果讲不出充分的理由，则会有损于整个洽谈过程，反而会使顾客认为这是一种欺骗与掠夺。如果顾客据理质问，己方将无言以对，会使自己陷于被动，破坏了相互信任的交易基础，结果可能导致谈判的失败。

5. 报价应该坚定，明确、完整而不加解释和说明

报价应坚定、果断，毫不含糊、犹豫，以给对方留下认真、诚实的好印象。报价应明确、清晰而完整，无需多加解释和说明就能使对方准确地了解己方的期望。

10.1.3　报价的基本策略

1. 报价的时机策略

报价的时机对报价的成效具有重要影响，时机不成熟时过早报价，会暴露己方的迫切心态，欲速则不达；而报价过晚，会错失成交的最佳时间。

1）先价值后价格

不管一方的报价多么合理，但价格本身并不能使对方产生成交欲望，对方注重的首先是产品的价值。所以，正式报价之前应确认对方对项目的价值和利益有所了解，尤其是价格弹性比较大的时候更应如此，以避免造成价格期望障碍。

2）对方对合作的兴趣高涨

谈判中提出报价的最佳时机应是对方对合作兴趣高涨的时候，因为这时对方的情绪高涨，价格谈判的阻力较小。

2. 报价的先后策略

1）先报价(见表10－1)

表10－1　先报价的利弊

好　处	弊　端
① 能够先入为主，为谈判划定一个大致的框框，使得对方进行讨价还价时也不得不以此为依据，保证最后成交价格尽量落在己方可控制的范围之内 ② 能影响对方的期望值，对对方造成实质性的心理影响，为己方争取到谈判的主动权	① 对方听了报价后，可以对他们自己原有的想法进行最后的调整，就可以修改原先准备的报价，获得意料之外的好处 ② 先报价的一方由于过早地暴露了自己手中的牌，处于明处，对方往往采取一切手段，调动一切积极因素，集中力量攻击其报价，逼迫其一步一步地降价，而并不透露自己究竟肯出多高的价格 ③ 承担报价过低或过高带来的风险。如果你的报价比对方期望的价格低，那么就使你失去了本来可以获得的更大利益；如果你的报价远高于对方的心理承受价格，会冒着失去交易或缺乏诚意的风险

阅读案例 10－4

多年前，北京服装检测中心的同志曾经公开说过，北京市场上的服装，往往高出进价的3倍至10倍。如果一套衣服进价100元，标价900元。请问，购买者还价会还到多少呢？何况买主愿意出600元、700元，甚至800元呢？一个人愿意在900元的价格上与他讨价还价，他就大大地成功了。

2）后报价（见表10－2）

表10－2　后报价的利弊

好　处	弊　端
① 在于后发制人，降低先出价失误的风险。因为无论对方报出什么样的价格，你都可以自由地还价，所谓“漫天要价，坐地还钱” ② 有时候还可以得到对方报价欠佳的好处	① 丧失了先入为主影响对方期望的机会 ② 还可能增加对方先报价与己方期望差距过大带来的谈判难度

一般来地说，应注意以下几点。

（1）如果对方是“行家”，自己不是“行家”，以后报价为好。

（2）如果对方不是“行家”，自己是“行家”，以先报价为好。

（3）双方都是“行家”，自己是“行家”，以先报价为好。

（4）在高度竞争或高度冲突的场合，先报价有利。

（5）在友好合作的谈判背景下，先后报价无实质性区别。

商务性谈判的惯例如下。

（1）发起谈判者与应邀者之间，一般应由发起者先报价。

（2）投标者与招标者之间，一般应由投标者先报价。

（3）卖方与买方之间，一般应由卖方先报价。

阅读案例 10－5

爱迪生歪打正着

美国著名发明家爱迪生在某公司当电气技师时，他的一项发明获得了专利。公司经理向他表示愿意购买这项专利权，并问他要多少钱。当时，爱迪生心里想：只要能卖到5 000美元就很不错了，但他没有说出来，只是督促经理说：“您一定知道我的这项发明专利权对公司的价值了，所以，价钱还是请您自己说一说吧！”经理报价道：“40万美元，怎么样？”还能怎么样呢？谈判当然是没费周折就顺利结束了。爱迪生因此而获得了意想不到的巨款，为日后的发明创造提供了资金。

资料来源：杨雪青．商务谈判与推销[M]．北京：北京交通大学出版社，2009.

3．报价的模式策略

1）西欧式报价模式

西欧式报价模式即先高后低模式。首先提出留有较大余地的价格，然后根据双方的实力对比和具体谈判情况，给予适当的让步，最终达成交易。该模式是通常的报价模式，是绝大多数谈判报价的选择，符合谈判活动的基本规律。

2）日本式报价模式

日本式报价模式即先低后高模式，是一种艺术化和策略化的报价模式。其一般的做法是，将最低价格或部分价格列在价格表上，以求引起买主的兴趣，增强竞争力。由于这种低价格一般是有条件的，或者难以全部满足买方的需求，如果买主要求改变有关条件，则卖主就会相应提高或增加价格。因此，买卖双方最后成交的价格，往往高于最初报价的价格。

日本式报价在面临众多外部对手时，是一种比较艺术和策略的报价方式，但它不适合买方的心理。可排斥竞争对手而将买方吸引过来，取得与其他卖主竞争中的优势和胜利；当其他卖主败下阵来纷纷走掉时，这时买主原有的买方市场的优势不复存在了。这样，双方谁都不占优势，卖方就可以根据买方在有关条件下所提出的要求，逐步地提高他的要价。

阅读案例 10－6

一年，东南亚地区的金枪鱼获得丰收，泰国、日本和中国的商人为推销金枪鱼展开了激烈的市场争夺战。一天，泰国商人和中国商人同时分别接待了两位客商。客人一边称赞卖主的货物质好价廉，一边褒奖货物的包装和运输方式也好，并分别以较高的价格与经销商签了订货的协议，中国商人和泰国商人当然十分高兴。而正当他们在为自己战胜了日本的竞争对手而庆贺的时候，却发现日本商人正在用低于他们的售价的价格在大力倾销大批的金枪鱼。他们急忙去找订货商，但却发现订货人从此一去不返，根本找不到了。直到这时他们才明白，原来日本人假意派人扮作订货商，用假协议稳住他们，制造了一个大力收购的假象，使他们没能及时采取推销措施。这就使日本商人赢得了推销的机会。

资料来源：齐宪代，等．谈判谋略[M]．北京：经济科学出版社，1995.

4．价格解释策略

在谈判一方(通常是卖方)报价后，另一方(通常是买方)可要求其作价格解释。所谓价格解释，就是对报价的内容构成、价格的计算依据、价格的计算方式所作的介绍或解释。报价方在进行报价解释时，应该注意遵守以下原则。

(1) 不问不答是指买方不主动问及的问题不要主动解释说明。其实，买方未问到的一切问题，都不要进行解释或答复，以免造成言多有失的结果。

(2) 有问必答是指对对方提出的所有价格疑问，都必须做出解答，并且言之成理；否则，对方会认为抓住了你的漏洞，从而对你提出更多要求。

(3) 避虚就实是指对本方报价中比较实质的部分应多讲一些，对于比较虚的部分，或者说水分含量较大的部分，应该少讲一些，甚至不讲。

(4) 能言不书是指报价能用口头表达的，就尽量不要用文字来表达。口头报价比较灵活，一旦发生问题可以及时调整；而书面报价比较刻板，是一种正式要约，不能随意更改。

在某些时候，对于对方报出的不合理的报价甚至是漫天要价，及时地要求对方做出合理价格解释也可以起到适当地提醒和警告作用，甚至可以用一些比较强硬的问题来直接拒绝对方的报价。此时，无论对方回答或不回答这一连串的问题，也不论对方承认或不承认，都已经使他明白他提的要求太过分了。

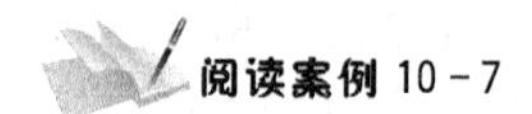
阅读案例 10-7

中国代表的四个问题

在一次中日关于某种农业加工机械的贸易谈判中，中方主谈面对日本代表高得出奇的报价，巧妙地采用了问题法来加以拒绝。中方主谈一共提出了四个问题：

第一个问题，“不知贵国生产此类产品的公司一共有几家?”

第二个问题，“不知贵公司的产品价格高于贵国××牌的依据是什么?”

第三个问题，“不知世界上生产此类产品的公司一共有几家?”

第四个问题，“不知贵公司的产品价格高于××牌(世界名牌)的依据又是什么?”

这些问题使日方代表非常吃惊，他们不便回答也无法回答。他们明白自己报的价格高得过分了。所以，设法自找台阶，把价格大幅度地降了下来。

资料来源：郭芳芳．商务谈判教程理论·技巧·实务[M]．上海：上海财经大学出版社，2012.

5. 报价的计量策略

1）整体报价

整体报价即给出一个完整的或总和的报价，其优点是有较大的价格回旋和调整空间，诚信度较高，其缺点是可能令报价显得较高。

2）分割报价

分割报价即用较小计量单位或部分主体产品的价格报价，造成价格便宜或总价较低的印象，吸引客户兴趣赢得先机。例如：茶叶每公斤 200 元报成每两 10 元；大米每吨 1 000 元报成每公斤 1 元。巴黎地铁公司的广告是：每天只需付 30 法郎，就有 200 万旅客能看到您的广告。另一种是用较小单位商品的价格进行比较，例如：“每天少吸一只烟，每天就可订一份×××报纸。”

10.1.4 如何对待对方的报价

在对方报完价后，比较策略的做法是，首先表现出某种程度的“惊愕”或“诧异”，给对方形成强大的心理压力，使其怀疑和动摇自己的报价。这种做法的效果非常显著，大多数情况下会令对方不攻自破，千万不要以为这样做太孩子气或太做作，谈判只不过是一场商业游戏而已。其次，继续要求对方降低报价，如果成功，可以争取到对方的让步，而我方既没有暴露自己的报价内容，更没有作出任何相应的让步。再次，可以要求对方对其价格的构成、报价的依据、计算的基础以及方式方法等作出合理的解释。通过对价格解释的分析，可以了解对方报价的实质、意图、诚意和“水分”，从中寻找破绽，为讨价还价提供可靠的基础。

10.2 商务谈判的讨价还价策略

10.2.1 讨价策略

讨价是指一方对报价方的报价或价格解释进行评价后，认为其报价离自己的期望目标太远，而要求报价方重新报价或改善报价的行为。讨价是一种谈判策略，可以误导对方对于己方价格期望的判断，并改变对方的价格期望，为己方还价做准备。讨价通常分为三个阶段：全面讨价－针对性讨价－再次全面讨价。

1）全面讨价

全面讨价即对构成总体价格和条件的各个方面要求重新报价。正式磋商阶段开始，我(买)方一般从总体的角度去压价，笼统地提要求，而不泄露己方掌握的准确材料。例如：“请就我方刚才提出的意见报出贵方的改善价格”；“我方的评论意见说到此，待贵方作出新的报价后再说”。这两种说法均是全面讨价的方式。

2）针对性讨价

针对性讨价即对方第一次改善价格之后，己方对分项价格和具体的报价内容要求重新报价。针对性讨价一般从报价中水分较大的项目着手，讨价次数要根据价格解释的情况和报价方价格改善的状况来定；只要报价方没有明显的让步，则说明其可能留有很大的余地，还应多次讨价。

3）再次全面讨价

经过针对性的讨价阶段后，进入再一次的全面讨价，使价格接近双方可接受的范围。最后的总体讨价往往也不是一次性定价，还有反复的可能。

对于我(买)方，要讨几次价合适，没有永远不变的确定答案，要根据具体情况而定。有时卖方可能在做了两次价格改善之后，就会打住，说：“这是我最后的价格，不能再降了，已经与进货价差不多了，仅仅挣一个跑腿钱而已。”此时，如果没有实质性改善，我方不要为卖方的“表演”所动，不能轻信卖方或者碍于面子而停止讨价，而应该根据己方的期望价格和卖方对成交的愿望，应继续抓住报价中的实质性内容或关键的谬误不放，继续向卖方不断施加压力迫使对方进行让步。如果对方报价已经有了比较合理的改善，而己方还不满足，迟迟停留在讨价阶段而不开始还价，会使对方对己方的谈判诚意产生怀疑，从而影响谈判的顺利进行。

另外，不要误入卖方圈套，提前进入还价环节。卖方在进行报价调整的时候，经常会停止报价，并向买方提问，如“那请问贵方到底想要一个什么价钱?”此时，如果买方用数字回答了对方的问题，按照商务谈判的惯例，即等于买方开始还价，也就是进入了还价环节。而买方一旦还了价，主动权又重新掌握到了卖方手中。所以，买方不应该用具体的数字或者定量的文字回答卖方的此类问题，而应该继续要求卖方调整报价。

阅读案例 10－8

“我不知道……”

美国一位著名谈判专家有一次替他邻居与保险公司交涉赔偿事宜。谈判是在专家的客厅里进行的，理赔员先发表了意见：“先生，我知道您是交涉专家，一向都是针对巨额款项谈判，恐怕我无法承受您的要价，我们公司若是只出100元的赔偿金，您觉得如何?”

专家表情严肃地沉默着。根据以往经验，不论对方提出的条件如何，都应表示出不满意，因为当对方提出第一个条件后，总是暗示着可以提出第二个，甚至第三个。

理赔员果然沉不住气了：“抱歉，请勿介意我刚才的提议，我再加一点，200元如何?”

“加一点?! 抱歉，无法接受。”

理赔员继续说："好吧，那么300元如何？"

专家等了一会儿道："300？嗯……我不知道。"

理赔员显得有点惊慌，他说："好吧，400元。"

"400？嗯……我不知道。"

"就赔500元吧！"

"500？嗯……我不知道。"

"这样吧，600元。"

专家无疑又用了"嗯……我不知道"，最后这件理赔案终于在950元的条件下达成协议，而邻居原本只希望赔偿300元！

这位专家事后认为，"嗯……我不知道"这样的回答真是效力无穷。

资料来源：卞桂英，刘金波．国际商务谈判[M]．北京：中国农业大学出版社，2008.

10.2.2 还价策略

1. 还价的含义与步骤

还价是一方根据对方的报价，在经过一次或几次讨价还价之后，估计其保留价格和策略性虚报部分，推测对方可妥协的范围，然后根据己方的既定策略，提出自己可接受的价格，反馈给对方。还价是以讨价为基础的，所以还价的时机主要确定于讨价的结果。如果对方的报价与己方的价格条件相差太大时，不必草率地提出自己的还价，而应首先拒绝对方的报价，还可以己方报价取代对方不实际的报价，必要时可以中断谈判，让对方在重新谈判时另行报价。

还价策略的精髓就在于"后发制人"。因为还价具有试探性质，即报出一个价格看一看对方的反应怎么样，同时也表现了己方对谈判的诚意程度。通常，还价的步骤如下。

（1）应根据对方对己方讨价所作出的反应和自己所掌握的市场行情及商品比价资料，对报价内容进行全面的分析。

（2）根据所掌握的信息对整个交易作出通盘考虑，估量对方及己方的期望值和保留价格，制订出己方还价方案中的最高目标，中间目标、最低目标。

（3）根据目标和估量对方可能的让步幅度，设计出几种不同的备选方案，力求使自己的还价既要给对方造成压力，影响或改变对方的判断，同时又要使对方有接受的可能性。

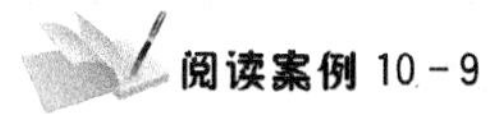
阅读案例 10-9

投石问路

杭州市余杭镇某鞋厂，是一家专门生产出口地毯鞋的厂家。2004年3月份因扩大生产规模需要欲购买100台缝纫机。为了能以较低的价格买到缝纫机，邀请我一起参与采购缝纫机的谈判。我建议该厂采用制造竞争对手策略和投石问路策略进行谈判。

为了制造竞争，为自己谋取有利的谈判地位，一开始我们就一起邀请了三家规模比较大的合格供应商，并约在同一天进行首次谈判。在谈判之前我们带领厂家的销售人员参观了新的厂房，告知一楼、二楼、三楼分别要购置100台，合计300台缝纫机。参观结束之后，我们安排三家供应商代表分别对自己的产品和报价进行了介绍，这使我们进一步了解了每家供应商的产品特点和价格情况。因为存在竞争对手，购买的数量又比较多，所以三家供应商的初次报价都比较合理。经过比较和筛选，我们选择了其中一家作为重点谈判对象。一周后，我们邀请对方再次来厂谈判。对方在300台的数量诱惑和竞争压力下，价格在初次报价3680元的基础上又下降了280元，之后就不肯再让步了。下午续谈，我代表厂家告诉对方，厂长认为每台3 400元的价格过高，资金无法一次性到位，按照现在的价格最多只能买200台。就算200台也要70万元左右资金，需要三个合伙人协商好资金问题后才能同意。同时希望对方能够每台再让步100元，以减轻财务上的压力。对方说他们从没有卖过这么低的价格，需要回去向领导请示汇报。

三天后，对方来电说每台最多可以再便宜60元。我告诉对方，这是一个好消息，我会立即向厂领导汇报。第二天，我打电话给对方，经三个合伙人协商，认为3 340元的价格可以接受。但是因为资金暂时有点紧张，一下子拿不出那么多现金，希望能采取分期付款的方式支付，首次支付30%的货款。对方说分期付款从无先例，绝对不行。于是我说，既然你们在支付方式上有所顾虑，不同意分期支付，我们只好先买100台，可以在调试安装好之后全额支付。若果同意的话，可以过来谈判签约事宜。如果不能同意，我们只能考虑别的选择。第二天，该厂家销售人员就过来签订了成交合同。

资料来源：施郁福．谈判大赢家[M]. 北京：机械工业出版社，2010.

2. 还价的方式

从性质上可分为两种：①按比价还价，即以相同的贸易业务价格为依据，参照比较，给予还价；②按分析的成本还价，即计算出各项成本，并加上一定的利润，最后构成商品的价格。

按项目分(每次还价项目的多少)可以分为单项还价、分组还价和总体还价三种方式。

单项还价是以商品报价的最小项目单位进行还价。如果是独立商品，可以按照计量单位进行还价；如果是成套设备，可以按主机、辅机、备件等不同部分进行还价；如果是服务费用，则可以按照不同的费用项目进行还价。

分组还价是把谈判对象分成若干项目，并按每个项目报价中所含水分的多少分成几个档次，然后逐一还价。对于水分含量较大的项目，就多还一些；对于水分含量少的项目，就少还一些。

总体还价又叫一揽子还价，是将整个报价按照一定的百分比进行还价，而不考虑报价中各部分所含水分的差异。

采取哪种还价方式应视具体情况而定，但总的来说，应该根据先易后难的原则，容易达成一致的在先，分歧大、难于达成一致的存后。

3. 还价起点的确定

还价的起点，也就是买方第一次提出的希望成交的条件。还价起点的确定，从原则上讲要低，但是又不能太低，要接近谈判的成交目标。因为讨价还价的基本原则之一便是还价要尽可能低，如果还价高了，会使得己方必须在还价之上成交，从而损害了己方的利益；如果还价过低了，又会引起对方的不满，认为己方无谈判诚意，从而影响谈判的顺利进行。所以，还价的起点不宜过高也不宜过低，要接近己方所期望的成交目标。

(1) 根据对方报价中含水量来确定。含水量高的部分，还价的起点应低一点；含水量低的部分，还价的起点可以相应较高。

(2) 根据对方报价与己方期望的成交目标之间的差距来确定。如果差距较大，还价的起点应低一点；如果差距较小，还价起点可以高一点。

(3) 根据己方准备还价的次数来确定。在每次还价的幅度约定俗成或基本确定的情况下，如果准备还价的次数较多，还价起点可以低一点；如果准备还价的次数较少，还价起点则应高一点。

10.3 商务谈判的让步策略

在商务谈判过程中，谈判双方都是需要作出让步的，可以说让步是谈判双方为达成协议所必须承担的义务。而对于某一项让步，谈判各方会作出何种反应，不仅取决于让步的绝对值的大小，还取决于彼此让步的技巧，即一方怎样作出这个让步，以及对方是怎样争取这个让步的。有的可以很小的让步换取对方较大的让步，并且还会使对方感到心满意足，愉快地接受；而有的即使作出大幅的让步，对方还不高兴。同时，不同的让步技巧给对方传递的信息不同。可见，让步是很有艺术性的。

10.3.1 让步的基本原则

1. 时机原则：要选择恰当的时机

如果让步过早，会使对方以为是“顺带”得到的小让步，这将会使对方得寸进尺；如果让步过晚，除非让步的价值非常大，否则将失去应有的作用。一般而言，主要的让步应在成交期之前，以便影响成交机会，而次要的、象征性的让步可以放在最后时刻，作为最后的“甜头”。

2. 需要原则：在最需要的时候让步

让步通常意味着妥协和某种利益的牺牲，对让步一方来说，作出让步的承诺就要失去一定的利益，这无疑是痛苦，不是迫不得已，不到紧急关头，不要轻易让步。交易的进程太快，对双方都不利。在谈判中，不要轻易让步，更不作无谓的让步。轻易作出的让步，即使很大，对方也认为是应该的。无谓的让步，是不能对对方造成良好影响的，对方根本不重视，也就谈不上让步的效果了，有时无谓的让步还能起到反作用。这是因为人们有这样一个共同特征，就是对经过自己努力奋斗争得的成果总是倍加珍惜，而对轻易就可获得的东西往往不那么看重。美国谈判专家卡洛斯说：“没有满足对方的需求而作的让步，是不明智的，通常很难获得对方的回应。”

3. 目标原则：应有明确的让步目标

让步的根本目的是保证和维护己方的利益。通过让步从对方获得利益补偿；通过交换获取对方更大的让步；通过让步来巩固和保持己方在谈判中的有利局面和既得利益。也就是说，让步之前，也就是“舍”之前，就要想好“取”的内容了。只不过这个目标是否能够达到，还要看对方的反应。

4. 交换原则：交换让步

谈判中交换让步是一种习惯性的行为，但要注意：交换让步不能停留在愿望上，而要保证交换的实现。一方在让步后应等待和争取对方让步，在对方让步前，不要再让步。如果多次连续让步，对方仍不作让步，那么一定要等到对方让步后再让步。没有得到某个交换条件，永远不要轻易让步。如“本方的让步是与上司的意图相悖的，为了对公司有个好的交代，贵方最好在支付条件上有一定的优惠。”或“如果贵方在交货期、支付条件方面不作让步，我方无法在价格上让步。”

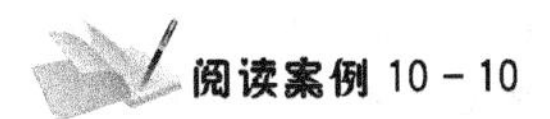
阅读案例 10－10

一波三折的价格谈判

联想收购IBM全球PC业务的谈判可谓一波三折。最大的障碍莫过于价格问题。

联想要在对方开价的基础上“横砍一刀”，但实际上IBM是非常专业的，当然也希望自己的股东能够拿到最好的回报，其作价有充分根据，所以双方谈得非常艰苦。当IBM把价钱谈到13亿美元，联想就站在11亿美元的基础上面不动。而IBM是两家同时谈，谁好就走向谁。在这种情景下，联想除了谈判条款的巨大压力外，还增加了一个竞争对手的压力。

IBM声称联想如果不能把价格加到13亿美金，就马上去找另外一家。当时是星期五下午，双方在纽约的Down town的一个地方谈判，很快IBM所有的团队就全部撤回，并要求联想立刻离开谈判大楼。

整个周六、周日，联想方面处于非常困难的境地。因为交易确实对联想、甚至对双方非常好，这个交易要是丢了着实可惜，但联想又不愿意轻易地加价。最后联想谈判人员采取了非正式接触，谈判团队里4个核心人员和对方核心谈判的3个人在一个酒店做了一次秘密会晤。号称秘密会晤，就是说双方都不通知自己的高层。这次会晤双方都做了一个妥协：联想把价格加到12亿美金，IBM也同意可以降到12.5亿美金。最后大家都同意把这5 000万叫做“主席交易”，就是说这5 000万的缺口留给主席。并购最终在双方都做出可以接受的让步后圆满结束。

资料来源：杨雪青．商务谈判与推销[M]. 北京：北京交通大学出版社，2009.

5. 轻重缓急原则

让步要分轻重缓急。让步是一种有分寸的行为，不可“眉毛胡子一把抓”。有经验的谈判人员，为了争取主动，保留余地，一般不首先在原则问题、重大问题上让步，也不要首先在对方尚未迫切要求的事项上让步。在己方认为重要的问题上力求使对方先让步，而在较为次要的问题上，根据情况需要，己方可以考虑先作让步。如果作出的让步欠周密，要及早收回，不要犹豫，不要不好意思收回已经作出的让步，最后的握手成交才是谈判的结束。美国谈判专家卡洛斯说：“在重要问题上先让步的一方，通常会最终吃亏。如果买主第一次就作出大幅度的让步，会引起卖主对价格的坚持，所以买主即使让步也要步步为营。小幅度的让步，即使在形式上次数比对方多，其结果也较有利。能控制自己让步程度的谈判者总是处于有利的地位，特别是谈判快要形成僵局时。”

6. 控制原则：要严格控制让步的次数、频率和幅度

一般认为，让步次数不宜过多，过多不仅意味着利益损失大，而且影响谈判的信誉、诚意和效率；频率也不可过快，过快容易鼓舞对方的斗志和士气；幅度更不可过大，过大可能会使对方感到己方报价的“虚头”大，会使对方的进攻欲望更强，程度更猛烈。让步应做到步步为营、斤斤计较。美国谈判专家卡洛斯说：“让步太快的卖主，通常让步的幅度累积起来也很大，其成交价也较低。要么不让，要么大让者，失败的可能性也较大。”

阅读案例 10－11

郝先生来到上海浦东长青轻工产品商场，打算购买两条毛巾被。他来到一家名为温馨之家的商铺前，拿起一条毛巾被问老板，“这个多少钱一条？”“300元一条。”来自北方的郝先生习惯于北方的讲价策略，“便宜点，200元一条吧！”老板不温不火，“老弟，没有那么大的利润空间哦，看你也是爽快人，便宜一点给你吧，295元如何？”“哪有这么降价的？200元一条的话我就买两条。”“老弟，真的没有那么大的利

润空间哦，看你也是诚心想买，便宜到家给你吧，290元一条，580元两条你拿回家，如何?”你来我往，在炎热的上海街头，郝先生最终花560元买了两条毛巾被回家。这个老板每次的让步都显得艰难无比，但是你一定知道，他肯定赚了郝先生不少。

资料来源：蔡玉秋．商务谈判[M]．北京：中国电力出版社，2011.

10.3.2 让步的模式

美国谈判大师卡洛斯曾总结提出了8种让步模式，这种模式将己方的让步假设为四个阶段，如果将让步利益的总份额规定为100的话，这8种让步模式可概括为表10－3所示的方式。

表10－3 让步模式

序号	让步模式	第一期让步	第二期让步	第三期让步	第四期让步
1	冒险型（正拐式）	0	0	0	100
2	愚笨型(反拐式)	100	0	0	0
3	希望型(虎头蛇尾式)	40	30	20	10
4	诱发型（高峰式）	10	20	30	40
5	阶梯型	25	25	25	25
6	妥协型	45	30	20	5
7	断层型	85	10	0	5
8	虚伪型(钩勾式)	60	40	−5	5

（1）0/0/0/100：即在谈判的前阶段，不论对方作何表示，己方则坚持不作让步，而在谈判进入后期或迫不得已的时候，一次让出全部可让利益。这种策略的长处在于：一步到位，可呈现大将风度。由于前三阶段拒绝让步，等于向对方传递了己方“绝不妥协”的坚定信念，如果对手缺乏毅力和耐心，有可能使己方获得较大的利益。而当己方在最后阶段一次让出全部可让利益时，会使对方产生一种险胜感，并给对方留下既强硬又出手大方的强烈印象。它的缺点是：由于在前三阶段丝毫不作让步，而提出的条件对方又不愿接受，有可能会使对方退出谈判，因此风险较大；同时也会给对方留下缺乏诚意的印象。这种让步策略适用于对谈判的依赖性小，不怕谈判失败，或在谈判中有优势的一方。采取这种策略要求谈判者态度果断，语言干脆利落，不给对方以可乘之机。

（2）100/0/0/0：这种模式与上一种模式正好相反，即所谓的“一口价”。这种速战速决、坦诚相见的策略，比较容易打动对手采用同样的回报行动；同时，率先大幅度的让步也会给对方以合作感、信任感，可提高谈判的效率，降低谈判成本。不足之处是：有可能失掉本来能够争取到的利益，也可能会让对方在大喜过望之后陷入大失所望，容易导致僵局的出现。这一策略一般适用于在谈判中处于劣势的一方或关系较为友好的谈判。

（3）40/30/20/10：即以递减的方式实施让步。它可给人以顺乎自然、顺理成章的感觉，易于为人们所接受；同时由于一步比一步更谨慎，故不会产生让步的失误，同时也可降低对方的期待，在己方停止让步后，对方也会随之刹车，可以防止对方获得超额利益。这是一种易于为人们所接受，也便于应用的策略，因而在谈判中采用得最为广泛；但会给对方形成越争取，所获利益越小的感觉，谈判终局情绪不高。

(4) 10/20/30/40：即递增让步方式。如果对手缺乏经验和耐心，就可为己方保住较大的利益，而不断地让利也会使对方产生成就感。但这种让步方式会将对方的胃口越吊越大，诱发对方不切实际的要求。这种策略适宜在竞争较强的谈判中由富于谈判经验的谈判高手来运用，而在具备友好合作关系的谈判中则不宜采用。

(5) 25/25/25/25：即等额让步。国际上将这种挤一点让一步的策略称之为“色拉米”香肠式让步策略。其长处是对于双方的充分讨价还价比较有利，容易在利益均沾的情况下达成协议；又由于让步平稳，坚持步步为营，这样不仅对方不会轻易占到便宜，如果遇到急性子或没有时间谈判的对手还会因此而获利。这种策略的缺点是每次讨价还价都会获得等额的利益，因而有可能刺激对方要求让步的信心，要求己方让出更多的利益。此策略对于竞争十分激烈，或缺乏谈判经验，以及进行一些较为陌生的谈判时效果较好。

(6) 45/30/20/5：即以较高的起点开始让步，然后依次减少。好处是在让步之初以高姿态出现，具有较强的诱惑力；而随着让步幅度的减小又向对方暗示出己方已尽了最大努力，做出了最大的牺牲，让对方明白要想取得进一步的利益是不可能的。其不足在于：前期让步幅度过大，给人以妥协意愿较强的印象，容易使强硬的对手认为让步方软弱可欺，从而加强攻势。这种策略一般适用于以合作为主的谈判。

(7) 85/10/0/5：即一开始就让出大部分利益，以表示诚意，第二步让利小很多，然后表示已没有一点利益可让，最后作稍微让步的让价策略。这种策略的优点是，以求和的精神为先，有可能会换得对方的回报，最后让出小利，以显示己方的诚意，使通达的谈判对手难以拒绝。缺点是初期让步过大显现出明显的弱势倾向，且容易刺激对方的期望值，如果对手强硬而贪婪，会使其变本加厉地向己方发起攻击，而后两期的寸步不让又使对方吊高了的胃口无法满足。这种让步方式对于在谈判中处于不利境地，又急于成交的一方适用。

(8) 60/40/—5/5：即以大幅让步开始，两次即让出全部可让利益，第三次赔本相让，最后再设法讨回的让步方式。这种方式的优点是具有很大的吸引力，往往会使陷于僵局的谈判起死回生，诱使对方沿着己方的思路走，当己方为谈判付出了代价时，再借口某种原因，讨回本不当失去的利益，促成和局。缺点是前期的超额让利会使对方的期望值增大，第三阶段讨回利益如果不成功，则会损害己方利益，甚至导致谈判的破裂。此方式适用于谈判陷于僵局或危难性的谈判，这种方式实施起来富于变化，要求谈判者要有丰富的经验和娴熟的技巧，对于谈判新手会有一定的难度。

不同的让步模式给对方传递不同的信息，选择、采取哪些让步类型，取决于以下几个因素：一是你准备采取什么样的谈判方针和策略；二是谈判对手的谈判经验；三是你期望让步后对方给予您什么样的反应。

10.3.3 迫使对方让步的策略

对抗是进入磋商阶段的一个重要特征。

在许多情况下，谈判者并不会积极主动地作出让步，双方的一致是在激烈的讨价还价中逐步达成的。精明的谈判者往往善于运用诱导或施压等策略迫使对方作出让步。诱导就是通过给予好处引诱对方让步，施压就是施加各种压力迫使对方让步，从而为己方争取尽可能多的利益。所谓“恩威并用”“大棒加金元”说的也是这个意思。

此外，迫使对方让步，可以调动影响谈判成败的三个关键要素：信息、时间和权力。这三个因素在谈判中始终存在，我方要想办法具备这三个方面的优势。如信息比较充足，对方碰到懂行的人，自然不敢乱要价；也可以合理安排让步的时机，不是用让步的绝对值促使对方让步，而是用本次让步的时机；可以利用自己的合法权利和表现出专业等迫使对方让步。具体有以下一些迫使对方让步的策略。

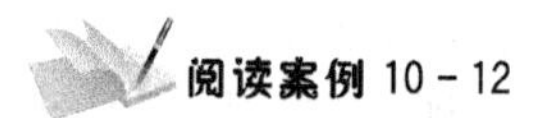
阅读案例 10-12

就是不一样

一家苹果公司的采购员来到果园，问：“苹果多少钱一斤?”对方回答：“8角。”“6角行吗?”得到答复：“少一分也不卖。”因为目前正是苹果上市的时候，买主很多，卖主显然不肯让步。“商量商量怎么样?”采购员仍不死心，“没什么可商量的。”采购员也生气了：“不卖拉倒，死了张屠户未必就吃混毛猪!”双方不欢而散。

不久，另一家公司的采购员走上来，先递上一支香烟，问：“多少钱一斤?”“8角。”“整筐多少钱?”“整筐也是8角一斤。”卖主仍然坚持不让。买主却并不急于还价，而是打开筐盖，拿起一个苹果掂量着，端详着，不紧不慢地说：“个头还可以，但是颜色不够红，这样上市卖不上价呀。”又伸手从筐里摸出一个个头小的苹果：“老板，您这一筐，表面是大的，筐底可不少小的呀。”边说边继续在筐里摸着，一会儿，又摸出一个带伤的苹果：“看！这里还有虫咬。您这苹果不够红，又不够大，有的还有伤，真的品质一般啊!”这时，卖主沉不住气了，说话也和气了：“您如果想买，给个价吧!”“农民一年到头也不容易，给您6角吧!”“那可太低了，您再添点吧!”“好吧，看您是个老实人，交个朋友吧，6角5分，我全包了。”双方愉快地成交了。

问题：第二个采购员和第一个有什么不同?

资料来源：杨雪青．商务谈判与推销[M]. 北京：北京交通大学出版社，2009.

1. “情绪爆发”策略

又称“脑际风暴”策略。在商务洽谈过程中，人们常常为了达到自己的洽谈目的而有意识地进行情绪发作，即所谓的情绪表演，这只是一种洽谈的策略而已。有时我们自己会利用这种“情绪爆发”的技巧来迫使对方让步。可是，如果对方用同样的办法来迫使我方让步，我们应该如何迎战对方“情绪爆发”的战术呢?

(1) 要泰然置之，冷静待之，妥善处理。当对方用此战术迫使我方让步时，我们要尽量避免与对方进行情绪上的争执。要知道，用对方有意识的情绪换得我方无意识的情绪是最不足取的。我们应该在避免争执的同时，把话题尽量地引回到实际的问题上来，并且，一方面表示出我方充分地了解对方的观点，另一方面又要耐心细致地解释不能接受其要求的理由，以便对方在倾听我方有道理的陈述之后降下火来。

(2) 可以宣布暂时休会，给对方以冷静平息的时间，让其自己平息下来，然后再指出对方行为不妥的一面，以便重新进行新一轮的实质性问题的洽谈。

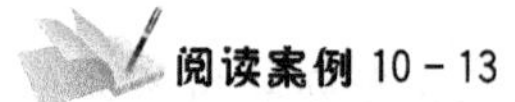
阅读案例 10-13

赫鲁晓夫在一次联合国大会上讲话时，情绪激动得竟然粗鲁地用皮鞋敲打桌面。他的这个举动一时风闻全球，被传为笑谈。据说，几个月后，有人将赫鲁晓夫用皮鞋敲击桌面的照片放大，发现这位怒气冲冲的苏联首脑的两只脚上仍然穿着鞋子。于是有人猜测，他是事先将那只皮鞋装在公文包里的，又有的人认为，他是在会议进行中从别的苏联代表那里借来的。无论是哪种情况，它都是一个事先设计好的圈套，预期的目的也许是让人们感到他的凛然不可侵犯，自觉地在谈判中对他作出某些让步。

资料来源：张晓豪．谈判控制[M]．北京：经济科学出版社，1995.

2．红白脸策略

红白脸策略又称软硬兼施策略，就是在谈判人员的角色搭配及手段的运用上软硬相间，刚柔并济。这里的“白脸”是强硬派，在洽谈中态度坚决，寸步不让，几乎没有商量的余地；这里的“红脸”是温和派，在洽谈中态度温和，拿“白脸”当武器来压对方，与“白脸”积极配合，尽力撮合双方合作，以达成对己方有利的协议。“白脸”一般是“放炮”人物，而“红脸”则是收场人物。

在运用红脸白脸策略时，应注意以下几点。

(1) 从扮相分工来看，一般来说，“红脸”由主谈人来充当，“白脸”由助手来充当，因为最后收场或拍板一般由主谈人来完成。

(2) 从扮相特征来看，两种扮相应基本符合本人的性格特征。扮“红脸”的人应该思路宽广，言语平缓，处事圆润，经验丰富；扮“白脸”的人应该反应迅速，抓住时机，力主进攻，言辞尖锐。如果让不相宜的人去扮演这种角色，那么就会出现该“硬”的话说不上去，该“收”的场面收不回来的现象；或者该说的也说了，但与其语气或人物性格特征相距较远，达不到预期的效果。当然，这并不是指从外表上看要与扮相多么一致，如“白脸”就要一副凶相，虎着脸，高门大嗓，“红脸”就要一副绅士气派。主要是看洽谈人员把握角色的能力。

(3) 这两种角色一定要相互配合好，否则会出乱子。当“白脸”发起强攻，声色俱厉时，“红脸”就要善于把握火候，让“白脸”好下台，及时请对方就范。否则，让“白脸”过了头，反而使己方处于被动，就只好暂停、休会，改日再谈了。

(4) 如果是一个人同时扮演“红脸”和“白脸”，要机动灵活。发动强攻时应给自己留有余地，避免把自己架起来。

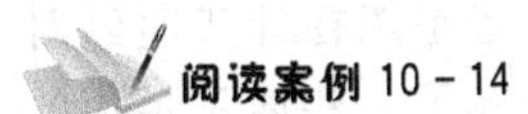
阅读案例 10-14

李 PK 黄金搭档

黄：小李啊，欢迎你来我们公司啊，我现在有事情，你先和我们的金副总聊聊。

李：金总，你好，我们第一次见面，非常高兴认识你，希望我们今后有很好的合作。

金：小李啊，你们这次能让多少？

李：我们最多能让5%，超过5%，没有了。

金：开玩笑，5%。你们到底还想不想做？不想做就拉倒了。小李啊，如果真不想做，你们就回去。5%，开玩笑你这是。(故作惊讶)

李：真的，超过5%就绝对没有了。

(两人 PK 了三四分钟，踢来踢去，没有任何结果，这个时候一定要出现一种力量来施加压力。黄回来了，把桌子一拍，把李吓一跳)

黄：你到底过来干什么的，你知不知道你们前任是怎么走的？(给李来个下马威)

李：对不起啊，黄总，确实我们没有更多的让步了，只有5%。

黄：随便你，告诉你，如果你不想做，你试试看，只让我们经历风雨不见彩虹，你搞什么搞！（气氛迅速进入冰点，黄、金发现不对）

金：小李啊小李，我们黄总是不轻易发火的，这样吧，你回去跟公司好好商量，余下的事情我来帮你处理。（收放自如）

（李的这种感觉就像吃川菜，被别人打了耳光，再来个人给你揉揉脸，感觉麻辣辣的。）

3. 吹毛求疵策略

吹毛求疵策略也称先苦后甜策略。它是一种先用苛刻的虚假条件使对方产生疑虑、压抑、无望等心态，以大幅度降低对手的期望，然后在实际谈判中逐步给对方优惠和让步。由于双方的心理得到了满足，便会作出相应的让步。该策略由于用“苦”降低了期望，用“甜”满足了对方的心理需要，因而很容易实现谈判的目标，使对方满意地签订合同。

使用这一策略，可以实现三个目的：①使卖方把价格降低；②使买主有讨价还价的余地；③让对方知道，买主是很聪明的，是不会轻易被人欺骗的。

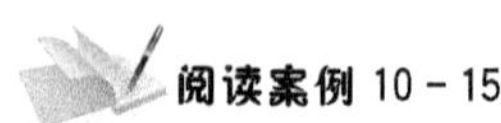
阅读案例 10-15

我国的一个电子厂家同某国公司进行引进家用电器生产线的谈判。开始，外方欺负我方不掌握市场行情，一开始就漫天要价，我方代表见此情况则立即改变策略，只字不谈价格问题，而是对该生产线展开了一场毁灭性的攻击，不断对其吹毛求疵，声称该生产线生产的产品有质量问题，该生产线的功能不尽如人意，产品的样式不够先进，等等。对方立即针对这些问题逐一予以解释和说明，双方你来我往争论不休，这样几个回合下来，我方突然提出价格条件，并表示不接受我们的价格条件就转向别国购买同类产品，该公司因一下没有准备，被打了个措手不及，于是只好接受我方的条件。我方谈判者终于如愿以偿。

资料来源：张成．做生意要懂心理学全集[M]．长春：吉林大学出版社，2010.

4. 虚张声势策略

有些谈判中，双方在一开始都会提出一些并不期望能实现的过高要求，随着时间的推移，双方再通过让步逐步修正这些要求，最后在两个极端之间的某一点上达成协议。谈判者可能会将大量的条件放进议事日程中，其中大部分是虚张声势，或者是想在让步时给对方造成一种错觉，似乎他们已经作出了巨大牺牲，但实际上只不过舍弃了一些微不足道的东西。平时生意中，本来满意了，但仍然装作不满意，不情愿成交，等待或要求对方再让步，这种现象也是虚张声势式的演戏。

谈判者要学会演戏。为了用尽浑身解数压低价格，谈判人员虚张声势说：“看起来不错，不过我要先向董事会回报一下，这样吧，我明天给你最终答复。”第二天，这个谈判人员告诉对方：“天啊，董事会真不好对付。我原以为他们会接受我的建议，可他们告诉我，除非你能把价格再降两百，否则这笔生意怕是没希望了。”其实这个谈判人员根本没有向董事会汇报。对手却往往心甘情愿让步。房产中介对房主说：“几个买主来看了，都说你的房子贵了。”房主对自己报价也没有信心，往往会降几百块。实际上，还没有买主看这个房子呢。由此看来，虚张声势策略总有些不太光明正大，但却非常有效。

阅读案例 10-16

开凿巴拿马运河的初期，由于法国巴拿马运河公司在巴拿马运河拥有一笔数量可观的资产，其中包括：3 000英亩土地，巴拿马铁路，7 000幢建筑物，大量的机械设备，医院，等等。就美国应付给法国巴拿马运河公司多少钱才能获得开凿巴拿马运河权利的问题，美国和该公司进行谈判。法国公司总的开价为1.4亿美元，不是一项项地谈判，而美国人开价仅仅2 000万美元，最后美国故意放出不如实施尼加拉瓜方案的烟幕弹给法国人，即开凿尼加拉瓜运河来沟通大西洋，这使法国人的报价急骤跌到4 000万美元，美国人取得了谈判的胜利。

资料来源：何国松.66招搞定业务搞定商务谈判[M].哈尔滨：黑龙江人民出版社，2004.

5. 最后通牒策略

最后通牒策略是指一方向另一方亮出最后的条件，迫使对方让步。在谈判双方的目标差距很大而又相持不下的时候，谈判一方向另一方发出最后通牒，告诉对方“这是我们最后的出价”，或者向对方声明“谈判即将破裂”，对方欲挽救谈判，会同意让步。

未经本策略尝试不可成交。

在绝大多数谈判中，最后一个必须用的策略就是“最后通牒策略”。只有使用了本策略，对方仍然不肯让步，才能肯定对方确实已经退让到了防御点。否则，对方还可能留有余地。在交易市场谈判中，最后付款成交之前，一定要走走看。你一走，对方的最后一让可能就被你逼出来了。你走了，卖家也不叫你，说明水分被挤干了，你可以再回去买下。

运用最后通牒注意如下几点。

(1) 本方的谈判实力应该强于对方，特别是该笔交易对对手来讲比对本方更为重要，这是运用这一策略的基础和必备条件。

(2)“最后通牒”只能在谈判的最后阶段或最后关头使用，因为这时对方已在谈判中投入了大量的人力、物力、财力和时间，花费了很多成本，一旦真正谈判破裂，他的这些成本也将付之东流，这样可以促使对方珍惜已花费的劳动，使之欲罢不能。

(3) 最后通牒的提出必须非常坚定、毫不含糊，不让对方存留幻想。

如果对方的“最后通牒”应该怎样处理呢?

首先，我们应该分析和判断对方的“最后通牒”是真还是假。

其次，我们可以置对方“最后通牒”于一边，改变交易的方式以及其他的交易条件，试探对方的反应。

第三，如果分析判断对方的“最后通牒”可能是真的，那么，我们应该认真权衡一下作出让步达成协议与拒绝让步失去交易的利弊得失，再作决策。

6. 积少成多策略

积少成多策略就是一点点地迫使对方妥协，使谈判朝有利于己方的方向发展。有时也称它为“蚕食策略”，意思是就像蚕吃桑叶一样步步为营，有人也把它形象地比喻为切“意大利香肠”。您想得到整根的意大利香肠，而您的对手抓得很牢，这时您一定不要去抢，而是恳求他给您切一片，这时他不会十分介意。

其基本做法是不向对方提过分的条件，而是分多次，从不同的侧面向对方提出一些似乎微不足道的要求。随着时间的推移，对方可能会作出一系列小小的让步，到最后发现，实际上他已经作出了极大的让步。运用这种策略，有时会使对方在不知不觉中放弃了自己大量的利益。对方的不知不觉，也反映了让对方一点点地让，对方的压力小，这些让步容易作出来。反之，则相反。所以这种方式实际上反对谈判中急于求成的思想。

阅读案例 10－17

“您这种显示器要价 1 400 元一台，我们刚才看到的同样的机器标价为 1 280 元，您能解释一下吗？”

“如果你诚心要买的话，1 280 元可以成交。”

“我公司是批量购买，总共购买 40 台，你有什么优惠吗？”

“对于大客户，肯定有优惠的，我们每台给予 60 元优惠。”

“我们现在资金有点紧张，是不是可以先购买 20 台，1 个月后再购买 20 台？”

卖主有些犹豫，但是他想到最近几个星期不太理想的销售状况，还是答应了。

“那么你的意思是现在可以以 1 220 元的价格卖给我们 20 台机器。”买主总结性地说。

卖主点了点头。“为什么要 1 220 元呢？凑个整儿，1 200 元一台，计算起来也省事，干脆利落，我们马上成交。”卖主想反驳，但是“成交”二字对他颇具有吸引力，他还是答应了。

“一下卖出 20 台显示器可是不小的单子了，您肯定是送货的吧？您也好认认门，为我们以后的长久合作打下个基础，如何？”

买主步步为营的得寸进尺的策略生效了，他把价格从 1 400 元压到了 1 200 元。

资料来源：蔡玉秋．商务谈判[M]. 北京：中国电力出版社，2011.

7. 制造竞争策略

当谈判一方存在竞争对手时，另一方完全可以选择其他的合作伙伴而放弃与他的谈判，那么，他的谈判实力就大大减弱。在商务谈判中，“脚踩两只船”，有意识地制造和保持对方的竞争局面，在筹划某项谈判时，可以同时邀请几方，分别与之进行洽谈，并在谈判过程中适当透露一些有关竞争对手的情况。在与其中一方最终形成协议之前，不要过早地结束与另外几方的谈判，以使对方始终处于相互竞争的紧张气氛中。有的时候，对方实际不存在竞争对手，但谈判者仍可巧妙地制造假象来迷惑对方，以此向对方施压。

阅读案例 10－18

某饭店改建，需建造一个标准游泳池。该饭店采用招标方式，初步选定甲、乙、丙三个承包商。饭店负责人在得到三个承包商的标单后，发现每个方案所提供的温水设备、过滤网、抽水设备、设计、装饰材料和价格均不相同。由于技术性强，选择十分困难。饭店负责人最后邀请三个承包商于同一天同一时间到达饭店，并在他们相互认识并了解意图之后，依次进行了谈判。谈判中，甲方告诉饭店负责人，他们建造的游泳池质量最好，乙方通常使用陈旧的抽水设备，丙方信誉不好。乙方告诉饭店负责人，甲方和丙方提供的都是塑料管道，而自己提供的是钢管道。丙方则告诉饭店负责人，甲方和乙方使用的过滤网品质低劣，报价太高。饭店负责人通过这种谈判，达到了以下目的：了解了有关建造游泳池的知识；积累了与承包商还价的经验。最后，在要求修改工程预算和施工方案的基础上，选定了价格最低的承包商。

资料来源：杜焕香．商务谈判[M]. 北京：北京大学出版社，2009.

8. 先斩后奏策略

先斩后奏策略就称“人质策略”。这在商务谈判活动中可以解释为“先成交，后谈判”。“先斩后奏”策略的实质是让对方先付出代价，并以这些代价为“人质”，扭转自己实力弱的局面，让对方通过衡量已付出的代价和中止交易所受损失的程度，被动接受既成交易的事实。

先斩后奏策略的具体运用包括，卖方先取得买方的预付的定金，然后寻找理由提价或延期交货；买方先获得卖方的商品，然后提出推迟付款或要求降价。在许多情况下，采取既成事实策略会损害对方利益，因此，这种做法不宜提倡，运用时所要掌握的度也非常重要，否则可能造成非常严重的后果。所以，上述做法如无正当理由，会被视为缺乏商业道德，而不宜采用。

9. 车轮战术策略

车轮战术策略在谈判桌上的一方遇到关键问题或与对方有无法解决的分歧时，借口自己不能决定或其他理由，转由他人再进行谈判。这里的“他人”可以是上级、领导，也可以是同伴、委托人等。不断更换本方的谈判代表，有助于形成一种人数、气数的强势，等到对手筋疲力尽之时，己方即可反守为攻，促使对方接受己方的条件。

此策略的核心是更换谈判主体，通过更换谈判主体，可以侦探对方的虚实，耗费对方的精力，削弱对方的议价能力，给对方造成巨大的心理压力，同时，为自己留有充分的回旋余地，从而掌握谈判的主动权。

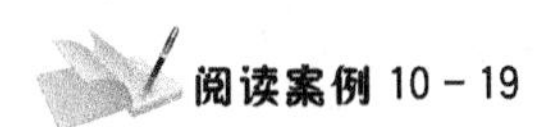
阅读案例 10 - 19

日本人的车轮战术

日本一家公司同美国的一家公司正进行一场贸易谈判。

谈判一开始，美方代表便眉飞色舞、滔滔不绝地向日商介绍情况，而日方代表则一言不发，埋头记录。

美方代表讲完后，征求日方代表的意见。日方代表恍若大梦初醒一般，说道：“我们完全不明白，请允许我们回去研究一下。”

第一轮谈判就这样结束了。

几星期后，日本公司换了另一个代表团。谈判桌上，日本新的代表团申明自己不了解情况。美方代表没有办法，只好再次给他们介绍了一遍。谁知，讲完后日本代表的态度仍然还是那句话：“我们完全不明白，请允许我们回去研究一下。”于是，第二轮会谈又告休会。

过了几个星期，日方再派代表团，在谈判桌上故伎重演。唯一不同的是，这次，他们告诉美方代表一旦有讨论结果立即通知美方。

六个月过去了，美方没有接到通知，认为日方缺乏诚意。就在此事几乎不了了之之际，日方突然派了一个由董事长亲率的代表团飞抵美国开始谈判，抛出最后方案，要求美方尽快表态，使美方措手不及，最后达成了明显有利于日方的协议。

资料来源：周琼，吴再芳．商务谈判与推销技术[M]．北京：机械工业出版社，2005.

10. 欲擒故纵策略

欲擒故纵策略是指洽谈中的一方虽然想做成某笔交易，却装出满不在乎的样子，将自己的急切心情掩盖起来，似乎只是为了满足对方的需求而来洽谈，使对方急于洽谈，主动让步，从而达到先“纵”后“擒”的目的。

具体运用这一策略时，要注意使自己保持不冷不热、不紧不慢的态度。比如，在日程安排上，不是非常急迫，主要随和对方。在对方态度强硬时，让其表演，不慌不忙，不给对方以回应，让对方摸不着头脑，制造心理战术。本策略中，“纵”不是“消极”地纵，而是“积极”有序地纵；通过“纵”激起对方迫切成交的欲望而降低其洽谈的筹码，进而达到“擒”的目的。

10.3.4 防止对方进攻的策略

在商务谈判中，任何一方都可能受到对方的攻击，承受各种直接的和间接的压力，或者在对方的逼迫下，或者是在无意识中作出某项让步。让步是需要的，没有适当的让步，谈判就难以继续下去。但是，一味地让步又直接损害本方的利益。因此，在对方的进攻面前，谈判者应善于运用各种有关策略构筑起有效的防线。如果说上一节是前锋，负责攻门，那么本节就是后卫、守门员。

阅读案例 10-20

两位美国人到欧洲去街头的同一个画家那里买画。

第一个美国人问：这幅画多少钱？

画家说："15 元美金。"说完后发现这个美国人没什么反应，心里想：这个价钱他该能够承受。于是接着说："15 元是黑白的，如果你要彩色的是 20 元。"这个美国人还是没有什么反应，他又说："如果你连框都买回去是 30 元。"结果这个美国人把彩色画连带相框买了回去，以 30 元成交。

第二个美国人问价时，画家也说 15 元。

这个美国人立刻大声喊道："隔壁才卖 12 元，你怎么卖 15 元？画得又不比人家好!"

画家一看，立刻改口说："这样好了，15 元本来是黑白的，您这样说，15 元卖给你彩色的好了。"

美国人继续抱怨："我刚刚问的就是彩色的，谁问你黑白的？"结果他 15 元既买了彩色画，又带走了相框。

资料来源：杨雪青．商务谈判与推销[M]．北京：北京交通大学出版社，2009.

面对对方的进攻，我方可采取一些策略来阻止对方的进攻。

1．限制策略

1）权力限制

权力限制是利用控制本方谈判人员的权力来限制对方的自由，防止其进攻的策略。如果你告诉对方"我没有权力批注这项费用，只有我们的董事长能够批准，但目前他正在国外，联系不方便。"那么对方就会意识到，在这件事上你不会怎么让步了。如果你是老总，你可以说："我虽然是公司老板，但是我要问一下营销副总。"

权力较小的谈判者，并不一定就处在谈判的劣势，把有限的权力当作阻止对方进攻的坚固盾牌。在极少数关键情况下用，可以起到很好的效果。请记住"在谈判中，受了限制的权力才是真正的权力。"

2）政策限制

这是本方以企业在政策方面的有关规定作为无法退让的理由，阻止对方进攻的一种策略。可以说"我们公司没有这方面的政策""我们暂时没有这方面的计划"，或"听起来，贵方的道理似乎很令人信服，但主管部门的先生们是否与我感觉一样，我不能代替他们做主，只有等转告他们之后才知道。"有限的政策，也可以直接转化为阻止对方进攻。

3）财政限制

这是利用本方在财政方面所受的限制，向对方施加影响，达到防止其进攻目的的一种策略。比如买方可能会说"我们很喜欢你们的产品，也很感谢你们提供的合作，遗憾的是，公司预算只有这么多。”卖方则可能表示“我们成本就这么多，因此价格不能再低了。”

向对方说明你的困难甚至面临的窘境，往往能取得比较好的效果。在许多情况下，人们对弱者抱有怜悯与同情之心，并乐于提供帮助。当对方确信你目前的财政情况，他可能会放弃进一步发动攻势的方法。卡洛斯说：“如果能把自己的预算告诉对方，往往能促使对方尽快作出决定。”

4）资料限制

在商务谈判过程中，当对方要求就某一问题进一步解释，或要求己方让步时，己方可以用抱歉的口气告诉对方：“实在对不起，有关这方面的谈判资料我方手头暂时没有(或者没有备齐；或者这属于本公司方面的商业秘密或专利品资料，概不透露)，因此暂时还不能作出答复。”

5）其他方面的限制

其他方面的限制包括自然环境、人力资源、生产技术要求、时间等因素，都可用来阻止对方的进攻。

限制的魅力：使己方有充分的时间去思考；使己方更坚定自己的立场；使对方不得不让步；使对方有面子地让步。

注意事项：限制策略运用过多，会使对方怀疑己方的诚意，或者请己方具备一定条件后再谈，使己方处于被动地位。请记住“使用限制策略的频率与效率成反比”。

2. 附加条件让步策略

有的谈判者虽然知道只有自己的让步才能换来对方的让步，但是也担心两点：一是自己作出了让步，但对方没有任何让步；二是对方虽然作出了让步，但不是你所希望的那种让步。正因为如此，谈判高手总是用条件句“如果……那么……”来表述自己的让步。前半句“如果……”是明确要求对方作出的让步内容，后半句“那么……”是你可以作出的让步。这前半句是条件，明示或者暗示这次商务谈判成功将会对以后的交易产生不利的影响；后半句是结果，应尽量圆满、严密，反复地解释自己的观点、理由，详尽地提供有关证明、材料。

这种表达有两个作用，一是对方必须在己方作出让步后，也作出让步来回报，因为你的让步是以对方的让步为条件的，对方如果不作出相应让步的话，你的让步也就不成立了。二是指定对方必须作出你所需要的让步，以免对方用无关紧要的、不痛不痒的让步来搪塞你。

阅读案例 10－21

柯泰伦是苏联派往罗威的全权代表，有一次，他就进口罗威鲱鱼有关事项与罗威商人谈判，罗威商人精于谈判，开出了一个很高的价钱，而柯泰伦久经商场一下子识破了对方的用意，买卖双方坚持自己的价格，谈判一时间无法进行。为了打破僵局，柯泰伦对罗威商人说：“好吧，我只好同意你们的价格了，但是如果我方政府不予批准的话，我愿意以自己的工资支付差价，当然要分期支付，可能要支付一辈子的。”罗威商人对这样的谈判对手无可奈何，只好降低鲱鱼的价格。

在一次批发买卖的谈判中，买方因为行情看好，所以希望交货期越快越好。他私下准备出一个较高的价，而卖方因为价格看涨，也希望卖个好价。谈判一开始，精于谈判之道的买方，坚持要求在不涨价的基础上成交，把交货日期越快越好的要求隐而不提。而卖方坚持要涨价，因为行情看好。在讨价还价的过程中，由于买方坚持不涨价，卖方的价格作了几次让步后，涨价的幅度已经非常小了，只比原来的价格高出了一点儿。此时，看看火候已到，买方觉得是作出必要让步的时候了。他非常聪明地采用了“附加条件让步法”，作出了如下让步：

“考虑到我们以往多次愉快的合作，如果贵方能够把交货期比以往提早 10 天的话，那么我方可以考虑贵方的涨价要求。”

卖方考虑到反正他能保证在对方所要的日期内交货，所以毫不迟疑地答应了。在这种行情看涨、价格上升的情况下，如果买方不是这样谈判，而是一开始就提出交货日期提前十天，价格放在后面谈判的话，卖方会有什么样的反应是可想而知的，谈判结果又会怎么样，是不难猜测的。

资料来源：杨祖红．隐谈判 后台交易[M]. 北京：民主与建设出版社，2011.

3. 兵不厌诈策略

这种策略是指谈判人员利用信息的非对称，利用人造的符合逻辑的假象，制造谈判优势，迷惑或迫使对手放弃自己的主张，实现自己的谈判目标。当然，这种策略不是指用违法的手段欺骗客户。

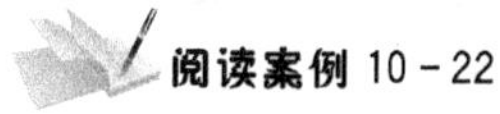
阅读案例 10 - 22

在 2007 年的法兰克福圣诞礼品展上，有一个美国客户来到 X 展位选购调酒棒，X 方报价为 0.98 美金/盒 FOB Shanghai，客户对此种产品非常感兴趣，还价 0.85 美金/盒。X 方不同意，并说明他们的调酒棒都是才开发出的新款式，质量也特别好，艺术含量高，工厂的生产成本高。客户坚持认为 X 方报价太高。X 方的李经理查了一下账目单，说：“考虑到你们是老客户，成交量也大，我们就让一步，但最低价就是 0.95 美金了”。美国客户接着还价，说他们要货量大，价格应该降为 0.93 美金。李经理拿出计算器，装模作样按了一会儿，思考一下，脸上流露出非常痛苦的表情，还不停地咂嘴叹气。然后又按了会儿计算器，眉头紧锁，很无奈地摇了摇头。客户见状说：“那就 0.95 美金吧。”等客户走后，李经理告诉我们，其实 0.85 美金我们就可以成交了。

资料来源：毛晶莹．商务谈判[M]. 北京：北京大学出版社，2010.

4. 装可怜相

典型例句是：“这样决定下来，回去无法交差。”这种策略利用对方的恻隐之心，装出一副可怜巴巴的样子，说可怜话，所以又叫“恻隐术”。即以示弱寻求对方的怜悯和同情，从而阻止对方的进攻。

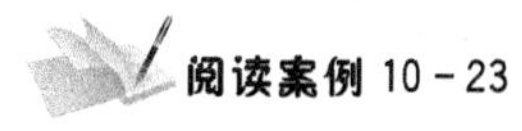
阅读案例 10 - 23

“弱小、卑微蕴含着巨大的力量。”

撒切尔夫人第一天出任英国首相，参加完就职典礼后回家，“嘭嘭嘭”的敲门声惊动了正在厨房为老婆摆庆功宴的撒切尔先生。“谁啊?”撒切尔先生随口问了一句。“我是英国首相!”刚刚荣登首相宝座的撒切尔夫人得意地大声回答。结果，屋子里无语，也没人来开门……撒切尔夫人恍然大悟，她清了一下嗓子，重新说了句：“亲爱的，开门吧，我是你太太。”这一回，声音不高，但很亲切，不一会儿，门打开了，她赢得了丈夫一个热烈的拥抱……

资料来源：紫陌．爱的密码[M]. 北京：中国长安出版社，2009.

5. 不开先例策略

这种策略以我方原有的做法拒绝对方过分的要求，对事不对人，对方往往只能见好就收。如“你们这个报价，我方实在无法接受，因为我们这种型号产品售价一直是××元。”又如：“在30%的预付款上可否变通一下，我们购买其他公司的同类产品一律按20%交预付款。”

6. 休会策略

休会策略是指在谈判进行到某一阶段或遇到某种障碍时，谈判双方或一方提出中断会议，休息一会儿的要求，以使谈判双方人员有机会恢复体力、精力和调整对策，促进谈判的顺利进行。休会策略运用得当，能起到控制谈判进程、缓和谈判气氛、融洽双方关系的作用。休会策略的运用一般有几种情况：①在会谈某一阶段接近尾声时，借休会分析讨论这一阶段的情况，预测下一阶段谈判的发展，提出新的对策；②谈判出现低潮；③出现僵局时，可采用休会的策略，这能使双方有机会冷静下来，客观分析问题；④在谈判出现疑难问题时，如出现难以解决的新情况，休会后各自进行协商，提出处理办法。

10.4 商务谈判的僵局策略

在实质磋商过程中，当谈判双方开出的条件存在明显的距离，却又不肯作出让步时，谈判便会陷入僵局。僵局在任何谈判中都会随时发生，并严重影响双方的关系，有时甚至会达到永久破裂的地步。但僵局也不是一无是处，它更能够促成双方的理性合作，僵局可以改变谈判均势。因此，许多谈判人员把僵局视为谈判失败，企图竭力避免它，在这种思想指导下，不是采取积极的措施加以缓和，而是消极躲避，这种思想是错误的。在僵局未解之前，任何进一步的谈判都是不可能的。

10.4.1 僵局的成因分析

无论在谈判中出现何种僵局，其形成都是有一定原因的，要破解僵局，首先要对形成僵局的原因进行分析，归结起来，其原因大体可分为六个方面。

1. 谈判一方有意制造谈判僵局

谈判的一方认为在势均力敌的情况下自己的利益是无法达到的，为了试探出对方的决心和实力而有意给对方出难题，向对方提出较高的要求，要对方全部接受自己的条件，扰乱视听、甚至引起争吵，迫使对方放弃自己的谈判目标而向己方目标靠近，使谈判陷入僵局，其目的是使对方屈服，从而达成有利于己方的交易。

2. 立场观点的分歧

这是形成谈判僵局的一个主要原因。如果谈判双方对某一个问题持有不同的看法，并且谁也不愿意作出让步，各自坚持自己的立场，致使分歧越来越大，到最后，连自己的根本利益都忘记了，仅仅只是为了各自的面子在顽固坚持立场，谈判变成了一种意志力的较量，自然会陷入僵局。

3. 信息沟通的障碍

谈判中，由于双方信息传递失真而导致双方之间产生误解，并因此而使谈判陷入僵局的情况时有发生。例如：谈判者对问题阐述不清，使对方产生误解；翻译人员不能正确翻译，出现理解错误；由于文化背景差异较大而出现沟通障碍；主观上不愿接受对方意见而拒绝沟通等。这些都可能使谈判陷入僵局。

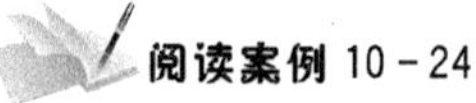
阅读案例 10－24

一个书生上街买柴，他向一个卖柴者招手说道："荷薪者过来。"

卖柴者听不太明白，但听到"过来"二字，便挑着担子走到他跟前。

书生又问："其价几何?"

卖柴者听到"价"字，便告诉他柴的价钱。

书生听了嫌贵，便又说道："外实而内虚，烟多而焰少，请损之。"

卖柴者实在听不懂，便挑起柴担子走人了。

资料来源：陈双喜，巴丽，杨爱兰．国际商务谈判[M]．北京：中国商务出版社，2006.

4. 合理要求的差距

在谈判中，双方提出的交易条件相去甚远，但这些条件从各自的立场来看又都是很合理的，而且双方都迫切希望能达成交易，却又不肯作出让步，那么僵局也就不可避免。比如，某厂计划用 50 万元购买一台关键设备，超过 50 万元则无处筹款。经过考察，相中了某公司所生产的设备，但卖方要价最少不能低于 60 万元。双方都很愿意做成此次交易，但因条件相距甚远，一时僵持不下。这种情况从各自的立场来看都很合理，只是因为双方的期望存在很大差距，从而导致谈判陷入僵局。

5. 人员素质的低下

谈判说到底，还是由人来完成的，可以说，所有的僵局都可以归结为人的原因。有些僵局的产生，往往是由于谈判者的素质欠佳，在使用一些策略时，时机掌握不好，运用方式不当，导致僵局的出现。谈判人员的性格、知识经验、策略技巧的不足或失误都可导致谈判僵局的产生。

6. 有意或无意的强迫

谈判中，人们常常有意或无意地由于采取强迫手段而使谈判陷入僵局。例如：购买对方的生产设备就要求对方也必须购买本公司生产的钢材；向对方提供基本建设贷款就要求对方使用其推荐的施工队伍。如果不答应，就以取消协议相威胁，等等，都是导致僵局出现的原因。

10.4.2 打破谈判僵局的方法

1. 多案选择法

由谈判双方的立场性分歧导致的谈判僵局，可以用多案选择法，它是一种典型的双赢并且打破僵局的方法。谈判者是为了自身的利益坐到一起的，然而在实际谈判中，谈判人员往往把更多的注意力集中在各自所持的立场上，当双方的立场出现矛盾和对立时，僵局就不可避免了。在双方处于僵持状态时，谈判者似乎并不愿再去考虑双方潜在的利益到底是什么，而是一味地希望通过坚持自己的立场来“赢”得谈判。这种偏离谈判的出发点，错误地把谈判看成是“胜负战”的做法，其结果只会加剧僵局本身。

如把注意力集中在立场背后的利益，找出几种全新的解决问题的方案来选择，可能会给谈判带来新的希望。谈判中一般存在多种可以满足双方利益的方案，而当这种方案不能为双方同时接受时，僵局就会形成。在这种情况下，可以再考虑用其他的替代方案去解决，僵局就可缓解。

阅读案例 10－25

有一家百货公司计划在市郊建立一个购物中心，而选中的土地使用权归张桥村所有。百货公司愿意出价100万元买下使用权，而张桥村却坚持要价200万元。经过几轮谈判，百货公司的出价上升到120万元，张桥村的还价降到180万元，双方再也不肯让步了，谈判陷入了僵局。

看起来，张桥村坚持的是维护村民利益的立场，因为农民以土地为本，失去了这片耕地的使用权，他们就失去了一部分生活之本。因此，他们想多要一些钱来办一家机械厂，另谋出路，而百货公司站在维护国家利益的立场上，因为百货公司是国有企业，让步到120万已经是多次请示上级才定下来的，他们想在购买土地使用权上省一些钱，用于扩大商场规模。然而冷静地审视双方的利益，则可发现双方对立的立场背后存在着共同利益：失去土地的农民要办一家机械厂谈何容易，而百货公司要扩大商场规模，就要招募一大批售货员，这也是迫在眉睫的事。早一些将项目谈成，让购物中心快点建起来，依靠购物中心吸纳大量农村劳动力，既可解决农民谋生问题，又可解决补充售货员的困难，这成为双方共同的利益所在。于是双方重新设定了一个替代方案，很快找到了突破僵局的做法。方案之一，按120万成交，但商场建成后必须为张桥村每户提供一个就业名额；方案之二，张桥村以地皮价120万入股，待购物中心建成后，划出一部分由农民自己经商，以解决生活出路问题。于是双方的需要得到了满足，谈判顺利突破了僵局。

资料来源：毛晶莹．商务谈判[M]．北京：北京大学出版社，2010.

2．转换议题法

转换议题法是指在某个议题上经谈判双方协商仍然毫无进展，导致双方的情绪都处于低潮，这时，可避开对该议题的讨论，换一个新的议题与对方磋商，以等待情绪高潮的到来。当其他议题取得成功时，再回过头来重新讨论原来陷入僵局的议题，就会比较容易达成协议。

3．场外缓解法

场外缓解法是指借用场外的行动来缓解僵局，从而促使交易的达成。场外谈判往往能得到正式谈判所得不到的东西。它是一种非正式谈判，场外的气氛更融洽、和谐，有利于人们平和心态、增进感情、交换意见，达到沟通、消除障碍、避免出现僵局之目的。场外缓解法有以下一些好处：可举办多种娱乐活动，使双方无拘无束地交谈，促进相互了解，沟通感情，建立友谊；可借助社交场合，主动和非谈判代表的有关人员(如工程师、会计师、工作人员等)交谈，了解对方更多的情况，往往会得到意想不到的收获；可由非正式代表提出建议、发表意见，以促使对方思考，即使这些建议和意见很不利于对方，对方也不会追究，毕竟讲这些话的不是谈判代表。

4. 仲裁调解法

仲裁调解法是指在谈判陷入僵局时，谈判的双方因为争执不下而请第三者来仲裁调停，从而缓解谈判僵局的策略与方法。当谈判双方严重对峙而陷入僵局时，双方信息沟通就会发生严重障碍，互不信任，互相存在偏见甚至敌意，这时由第三方出面周旋可以为双方保全面子，使双方感到公平，信息交流可以变得畅通起来。中间人在充分听取各方解释、申辩的基础上，能很快找到双方冲突的焦点，分析其背后所隐含的利益分歧，据此寻求弥合这种分歧的途径。

5. 中途换人法

中途换人法是指在谈判过程中，由于谈判人员的偏见与成见，在争论问题时伤害了一方或双方人员的自尊心，使谈判陷入僵局，或者由于谈判双方交情颇深，不想因为谈判把个人关系弄得太僵，便采用更换谈判人员的方法，以缓和谈判气氛，打破谈判僵局。中途换人，可以把己方对僵局的责任归咎于原来的谈判人员——不管他们是否应该承担这一责任，这种方法为自己主动回到谈判桌前找到一个借口，缓和了谈判场上对峙的气氛。

运用中途换人法应注意如下问题。

(1) 如果前任做出了于我方不利的允诺，替补者可以否定和修订前任已作的让步和允诺，要求重新开始。

(2) 如果需要打破已经形成和即将形成的僵局，替补者可以避开原来争吵不休的议题，更换议题；也可以继承前任的有利因素，运用新策略，更加有利于控制对方，迫使对方做出让步；还可以以调和者的身份，通过运用有说服力的资料、案例，强调所谓公平、客观标准和双方共同的利益，使大事化小，小事化了，以赢得对方的好感，为后续谈判的正常化打下基础。

(3) 如果对方成交心切，有求于我方时，我方即可通过替补者的出现和谈判的从头开始，给对方造成怕拖、怕变的压力，促使对方作出原来所不同意的让步，从而使我方达到谈判目的。

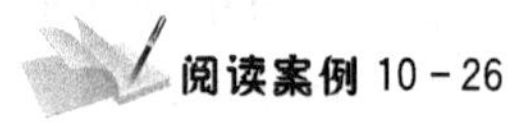
阅读案例 10-26

诸葛瑾索荆州

看过《三国演义》的人都知道，刘备并吞西川后，孙权打发诸葛亮之兄诸葛瑾到成都，哭诉全家老小已被监禁，要诸葛亮念同胞之情，找刘备归还当日向孙权所借之荆州。

诸葛亮不愧是位出色的外交活动家、谈判能手，得知诸葛瑾到，教刘备“只需如此、如此”。

诸葛瑾到达成都后，哭诉于诸葛亮前，诸葛亮满口答应道：“兄休忧虑，弟自有计还荆州便了”。

随即，引诸葛瑾见刘备。刘备先是不允，诸葛亮为表示手足之情，竟“哭拜于地”。刘备再三不肯，诸葛亮“只是哭求”。

这时候，刘备开始“动摇”了，在诸葛亮的苦苦哀求下，勉强答应道：“看军师面，分荆州一半还之，将长沙、零陵、桂阳三郡与他。”这是诸葛亮作了一个小小的点拨：“既蒙见允，便可写书与云长，令交割三郡。”刘备心领神会，给关羽书信一封，并叮嘱诸葛瑾：“子瑜到彼，需用善言求吾弟，吾弟性如烈火，吾尚惧之，切宜仔细。”

诸葛瑾随书到了荆州，关羽看了之后不买账，说：“吾与吾兄桃园结义，誓共匡扶汉室。荆州本大汉疆土，岂得妄以尺寸与人！‘将在外，君命有所不受。’虽吾兄有书来，我却只不还。”

诸葛瑾碰了一鼻子灰，只好再往西川见诸葛亮，而此时诸葛亮一开溜，出巡去了。诸葛瑾只好再去见刘备。

刘备仍保持其形象。对诸葛瑾说：“吾弟性急，极难与合，子瑜可暂回，容吾取了东川、汉中诸郡，调云长往守之，那时方得交付荆州。”

诸葛瑾悻悻而归，终未索回荆州。

在诸葛亮导演的这场谈判中，刘备一方四易其人，化解了一个又一个僵局，既未伤诸葛瑾的面子，又未归还荆州，谈判以刘备一方彻底胜利而告终。

资料来源：杜焕香．商务谈判[M]. 北京：北京大学出版社，2009.

6. *妥协退让法*

谈判过程中由于情绪性的对立，导致谈判双方僵持不下，最后甚至轻易地让谈判破裂，实在是不明智。其实如果能在一些问题上作有效的退让，说不定还能在其他条件上赢得更多的利益。所以有效退让也是化解僵局的一种非常有效的方法。

7. *以硬碰硬法*

当对方通过制造僵局，给您施加太大压力时，妥协退让已无法满足对方的欲望，应采用以硬碰硬的办法向对方反击，让对方自动放弃过高的要求。

阅读案例 10－27

一个农夫在集市上卖玉米。因为他的玉米棒子特别大，所以吸引了一大堆买主。其中一个买主在挑选的过程中发现很多玉米棒子上都有虫子，于是他故意大惊小怪地说：“伙计，你的玉米棒子倒是不小，只是虫子太多了，你想卖玉米虫呀？可谁爱吃虫肉呢？你还是把玉米挑回家吧，我们到别的地方去买好了。”

买主一边说着，一边做着夸张而滑稽的动作，把众人都逗乐了。农夫见状，一把从他手中夺过玉米，面带微笑却又一本正经地说：“朋友，我说你是从来没有吃过玉米咋的？我看你连玉米质量的好坏都分不清，玉米上有虫，这说明我在种植中没有施用农药，连虫子都爱吃我的玉米棒子，可见你这人不识货！”接着，他又转过脸对其他的人说：“各位都是有见识的人，你们评评理，连虫子都不愿意吃的玉米棒子就好吗？比这小的棒子就好吗？价钱比这高的玉米棒子就好吗？你们再仔细瞧瞧，我这些虫子都很懂道理，只是在棒子上打了一个洞而已，棒子可还是好棒子呀！我可从来没有见过像他这么说话的虫子呢！”

他说完这一番话，又把嘴凑在那位故意刁难的买主耳边，故作神秘状，说道：“这么大，这么好吃的棒子，我还真舍不得这么便宜地就卖了呢！”

资料来源：张国良，赵素萍．商务谈判[M]. 杭州：浙江大学出版社，2010.

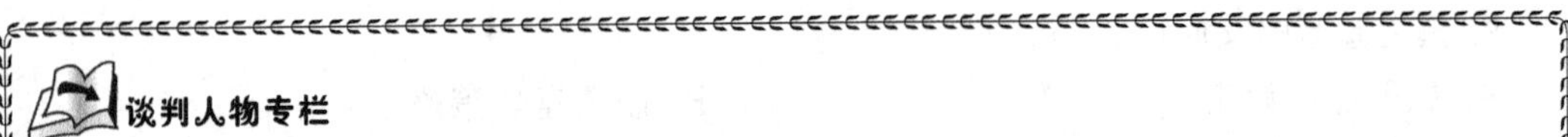

谈判人物专栏

契斯特·卡洛斯

契斯特·卡洛斯是美国最知名的谈判大师，也是全球规模最大的谈判公司“无敌谈判中心”负责人，科罗拉多州立大学工程学士、哥伦比亚大学企管硕士、南加州州立大学博士。过去30年，卡洛斯博士无数次签约担任买方或卖方的谈判代表并圆满完成任务；他的公司每年至少在世界各地举办一千场谈判研习会，为来自各界的企业精英讲授谈判策略和技巧。美国通用电气公司员工在接受卡洛斯博士的谈判训练后，90％的人认为大师的课程是所有在职训练中最有效的。除了《谈判大师手册》外，卡洛斯博士还著有《谈判竞赛》，同样脍炙人口。

本章小结

1. 商务谈判的报价策略。介绍了询价与报价的含义、报价应遵循的原则和从报价的时机策略、报价的先后策略、报价的模式策略、价格解释策略和报价的计量策略方面介绍报价的策略，并说明如何对待对方的报价。

2. 商务谈判的讨价还价策略。具体包括两个方面的内容：讨价的三种方式，即全面讨价、针对性讨价和再次全面讨价；还价策略介绍了还价的含义和步骤、还价的方式和还价起点的确定。

3. 商务谈判的让步。总结了让步的基本原则：时机原则、需要原则、目标原则、交换原则、轻重缓急原则和控制原则；介绍了八种让步的模式；概述了迫使对方让步的策略："情绪爆发"策略、红白脸策略、吹毛求疵策略、虚张声势策略、最后通牒策略、积少成多策略、制造竞争策略、先斩后奏策略、车轮战术策略和欲擒故纵策略；概述了防止对手进攻的策略：限制策略、附加条件让步策略、兵不厌诈策略、装可怜相、不开先例策略和休会策略。

4. 商务谈判的僵局策略讨论了僵局的成因和打破僵局的方法，方法主要有多案选择法、转换议题法、场外缓解法、仲裁调解法、中途换人法、妥协退让法和以硬碰硬法。

关键术语

询价　报价　日本式报价　讨价　"情绪爆发"策略　红白脸策略　吹毛求疵策略　先斩后奏策略　限制策略　不开先例策略　商务谈判僵局

思考与应用

一、单项选择题

1. 甲乙二人就汽车的颜色发生争执，甲认为红色的好，乙认为蓝色的好，互不相让，一时形成僵持局面，这种争执属于(　　)。

A. 立场观点的分歧　　B. 有意或无意的强迫
C. 人员素质的低下　　D. 合理要求的差距

2. 黑白脸策略又叫(　　)。

A. 软硬兼施策略　　B. 制造竞争策略
C. 虚张声势策略　　D. 吹毛求疵策略

3. "你们这个报价，我方无法接受，因为我们这种型号产品售价一直是××元。"这是(　　)。

A. 限制策略　　B. 不开先例策略　　C. 疲劳战术　　D. 装可怜相

4. 首先在某些条件上作出让步，然后要求对方让步。这是突破僵局中的(　　)。

A. 多案选择法　　B. 转换议题法　　C. 妥协退让法　　D. 中途换人法

5. 你是轻型货车的制造商。你最近经过了一场马拉松式的谈判，终于取得了一家买主的订单。但在签约之前，对方又提出了最后一辆车身要红、蓝两种色调。这两种颜色正是你计划中要用的新色调。对这种额外的要求，你将(　　)。

A. 告诉对方，如果他要这两种颜色则须付额外的费用

B. 告诉对方，完全可以

C. 问对方，这种颜色到底对他们有什么作用

D. 什么也不做，以静制动

6. 在一般情况下，双方的(　　)格构成价格磋商的界区。

A. 理想价格　　D. 保留价格　　C. 初始报价　　D. 可交易价格

7. 具体讨价一般应从(　　)交易条件开始。

A. 水分较小　　B. 水分最大　　C. 水分中等　　D. 任何一个

二、多项选择题

1. 卖方作价格解释应遵循的原则有(　　)。

A. 不问不答　　B. 有问必答　　C. 避实就虚

D. 能言勿书　　E. 实事求是

2. 要破解僵局，首先要对形成僵局的原因进行分析，归结起来其原因有(　　)。

A. 立场观点的分歧　　B. 信息沟通的障碍

C. 合理要求的差距　　D. 组织工作的失误

E. 人员素质的低下

3. 可用(　　)方法或策略打破谈判僵局。

A. 不开先例策略　　B. 多案选择法

C. 转换议题法　　D. 软硬兼施策略

E. 中途换人法

4. 精明的谈判者往往善于运用(　　)策略迫使对方做出让步。

A. 不开先例策略　　B. 虚张声势策略

C. 吹毛求疵策略　　D. 软硬兼施策略

E. “情绪爆发”策略

5. 在对方的进攻面前，谈判者应善于运用(　　)策略构筑起有效的防线。

A. 不开先例策略　　B. 虚张声势策略

C. 吹毛求疵策略　　D. 限制策略

E. 附加条件让步策略

6. “使用限制策略的频率与效率成反比”，那么限制策略的优点有(　　)。

A. 使己方有充分的时间去思考　　B. 使对方有面子地让步

C. 使对方怀疑己方无诚意　　D. 使对方不得不让步

E. 使己方更坚定自己的立场

7. 在绝大多数谈判中，最后一个必须用的策略就是“最后通牒策略”，那运用最后通牒应注意(　　)。

A. 本方的谈判实力应该强于对方

B. 对方的谈判实力应该强于本方

C. 只能在谈判的最后阶段或最后关头使用

D. 任何阶段都可使用

E. 最后通牒的提出必须非常坚定、毫不含糊

三、判断题

1. 先斩后奏策略的具体运用包括，卖方先取得买方的预付的定金，然后寻找理由提价或延期交货。（　）

2. 商务谈判中，报价仅指谈判某一方向对方报出交易商品的价格。（　）

3. 你打算处理掉一架在车库闲置多年的旧钢琴。有人想买，问你想卖多少钱。你按期望值的上限向他要价。（　）

4. 卖方在进行报价调整的时候，经常会停止报价，并向买方提问，如“那请问贵方到底想要一个什么价钱？”此时，买方可用数字回答了对方的问题。（　）

5. 日本式报价模式，即先高后低模式。首先提出留有较大余地的价格，然后根据双方的实力对比和具体谈判情况，给予适当的让步，最终达成交易。（　）

四、简答题

1. 先报价与后报价各有哪些优缺点？

2. 报价应遵循哪些原则？

3. 让步的模式有哪几种？各有什么特点？

4. 举例说明迫使对方让步有哪些策略。

5. 举例说明防止对手进攻有哪些策略。

6. 运用限制策略防止对手进功有哪些好处和注意事项？

7. 形成谈判僵局的原因可归结为哪几个方面？

8. 如何打破谈判僵局？

【实训项目】

◎内容

招商项目模拟谈判。

◎目的

培养谈判者多元利益意识和关于利益的思考、变通能力。

◎步骤

（1）在班上模拟谈判。请你根据背景资料，制订一份详细的谈判计划，列举谈判中可能遇到的所有问题及解决办法；考虑谈判小组中的人员组成，并策划谈判方案。

（2）在商务谈判中要始终贯彻利益原则，既要考虑经济利益、眼前利益、局部利益，又要考虑社会利益、长远利益和整体利益；既要考虑自己的利益，又要考虑对方的利益。

◎背景

2005年，某沿江城市A（以下简称A市）通过招商，与知名跨国精细化工企业B（以下简称B公司）达成合作意向。该公司计划投资1.5亿元，将其在国外的化妆品生产线整体迁移至A市。但B公司总裁要求A市提供市郊的一片公园作为厂址，理由是公园已经荒废，且离城市中心的商业区比较近，基础设施建设施度小，建设周期短，且便于今后产品的宣传、运输和销售，也便于未来公司员工上下班。A市环保部门坚决反对，理由是化工企业的污染问题难以处理；人防、公安、城管等部门也不同意，因为公

园虽然陈旧，但防空洞在公园底下，工厂会造成市区交通拥堵，环境难以治理等，共同主张在辖区下游毗邻 H 省的远郊滨江临山的一处较大面积的荒滩建厂。政府主管部门则认为，目前 A 市就业压力大，工厂在远郊不利于安排本市下岗工人，而且荒滩土地平整、水电供应、道路修建等需要花费大量时间和投资，将影响招商的进展。B 公司抓住政府主管部门的忧虑，坚持要求按照原来建厂的方案不变，否则将考虑易地投资，不与 A 市合作。谈判陷入僵局。

实际上，A 市的优惠政策相对于 B 公司考察过的几个合作者而言是最好的地方之一，B 公司也不愿意放弃 A 市这样的合作者。因为 A 市经济发展水平在沿江城市中属于比较低的水平，土地价格、人力成本、工程造价等都十分低廉，而且 A 市周边毗邻五省，离较远的省会城市只有 6 小时车程，且周边高速公路建设已经纳入“十五”建设规划，即将大大改善 A 市与周边的联系。这些 B 公司都是十分清楚的。

案例分析

（一）

意大利某电子公司欲向中国某进出口公司出售半导体生产用的设备，派人来北京与中方谈判。双方在设备性能方面较快地达成了协议，随即进入了价格谈判。中方认为其设备性能不错，但价格偏高，要求降价。较量一番后，意方报了一个改善3%的价格。中方要求再降，意方坚决不同意，要求中方还价。中方还价要求再降价20%。

意方听到中方还价条件，沉默了一会，从包里翻出了一张机票说：“贵方的条件太苛刻，我方难以承受，为了表示交易诚意，我再降2%，贵方若同意，我们就签约，贵方若不同意，这是我明天下午2：00回国的机票，按时走人。”

说完站起来就要走，临走又留下一句话：“我住在友谊宾馆×楼×号房，贵方有了决定，请明日中午12：00以前给我电话。”

中方在会后认真研究了该方案，认为5%的降价不能接受，至少应该要降低12%。如何能再谈判呢？中方调查了明天下午2：00是否有飞往意大利或欧洲的航班，结果没有。第二天早上10：00中方让翻译给该宾馆房间打电话，告诉他：“昨天贵方改善的条件反映了贵方交易的诚意，我方表示赞赏，作为一种响应，我方也愿意改变条件，只要贵方再降15%。”意方看到中方一步让了5%，觉得可以谈判了，于是希望马上与中方见面。中方赶到宾馆谈判并建议在此之前双方各让了5%，最后让步也应该对等，建议将剩下5%的差距让一半，即以降价12.5%成交，最终意方同意了中方的建议。

资料来源：黄卫平，等．国际商务谈判[M]．北京：中国人民大学出版社，2011.

【思考与分析】

1. 谈判双方经历了哪些重要的谈判过程？
2. 中方运用了哪些谈判技巧来促使意方让步和阻止对方的要求？
3. 意方运用了哪些谈判技巧来促使中方让步和阻止对方的要求？
4. 双方谈判较量中，哪一方更高明一些，为什么？

（二）

中国某公司与日本某公司在上海著名的国际大厦，围绕进口农业加工机械设备，进行了一场别开生面的竞争与合作、竞争与让步的谈判。

谈判一开局，按照国际惯例，首先由卖方报价。首次报价为1 000万日元。这一报价离实际卖价偏高许多。日方之所以这样做，是因为他们以前的确卖过这个价格。如果中方不了解谈判当时的国际行情，就会以此作为谈判的基础，那么，日方就可能获得厚利；如果中方不能接受，日方也能自圆其说，有台阶可下，可谓进可攻，退可守。由于中方事前已摸清了国际行情的变化，深知日方是在放“试探气球”。于是中方直截了当地指出：这个报价不能作为谈判的基础。日方对中方如此果断地拒绝了这个报价而感到震惊。他们分析，中方可能对国际市场行情的变化有所了解，因而己方的高目标恐难实现。于是日方便转移话题，介绍起产品的特点及其优良的质量，以求采取迂回前进的方法来支持己方的报价。这种做法既回避了正面被点破的危险，又宣传了自己的产品，还说明了报价偏高的理由，可谓一石三鸟，潜移默化地推进了己方的谈判方案。但中方一眼就看穿了对方在唱“空城计”。因为，谈判之前，中方不仅摸清了国际行情，而且研究了日方产品的性能、质量、特点以及其他同类产品的有关情况。于是中方运用“明知故问，暗含回击”的发问艺术，不动声色地说：“不知贵国生产此种产品的公司有几家？贵公司的产品优于A国、C国的依据是什么？”此问貌似请教，实则是点了对方两点：其一，中方非常了解所有此类产品的有关情况；其二，此类产品绝非你一家独有，中方是有选择权的。中方点到为止的问话，彻底摧毁了对方“筑高台”的企图。中方话未完，日方就领会了其中意思，顿时陷于答也不是、不答也不是的境地。但他们毕竟是生意场上的老手，其主谈人为避免难堪的局面借故离席，副主谈也装作找材料，埋头不语。过了一会儿，日方主谈神色自若地回到桌前，因为他已利用离席的这段时间，想好了应付这一局面的对策。果然，他一到谈判桌前，就问他的助手：“这个报价是什么时候定的？”他的助手早有准备，对此问话自然心领神会，便不假思索地答道：“以前定的。”于是日方主谈人笑着解释说：“唔，时间太久了，不知这个价格有否变动，我们只好回去请示总经理了。”老练的日方主谈人运用“踢皮球”战略，找到了退路。中方主谈人自然深谙谈判场上的这一手段，便采取了化解僵局的“给台阶”方法，主动提出“休会”，给双方以让步的余地。中方深知此轮谈判不会再有什么结果了，如果追紧了，就可能导致谈判的失败。而这是中日双方都不愿看到的结局。此轮谈判，从日方的角度看，不过是放了一个“试探气球”。因此，凭此取胜是侥幸的，而“告吹”则是必然的。因为对交易谈判来说，很少有在开局的第一次报价中就获成功的。日方在这轮谈判中试探了中方的虚实，摸清了中方的态度。同时也了解了中方主谈人的谈判能力和风格。从中方角度来说，在谈判的开局就成功地抵制了对方的“筑高台”手段，使对方的高目标要求受挫。同时，也向对方展示了己方的实力，掌握了谈判中的主动。双方在这轮谈判中，互道了信息，加深了了解，增强了谈判成功的信心。从这一意义上看，首轮谈判对双方来说都是成功，而不是失败。

第二轮谈判开始后，双方首先漫谈了一阵，调节了情绪，融洽了感情，创造了有利于谈判的友好气氛。之后，日方再次报价：“我们请示了总经理，又核实了一下成本，同意削价100万日元。”同时，他们夸张地表示，这个削价的幅度是不小的，要中方“还盘”。中方认为日方削价的幅度虽不小，但离中方的要价仍有较大距离，马上还盘还很困难。因为“还盘”就是向对方表明己方可以接受对方的报价。在弄不清对方的报价离实际卖价的“水分”有多大时就轻易“还盘”，往往造成被动，高了己方吃亏，低了可能刺激对方。“还盘”多少才是适当的，中方一时还拿不准。为了慎重起见，中方一面电话联系，再次核实该产品在国际市场的最新价格，一面对日方的二次报价进行分析。根据分析，这个价格，虽日方表明是总经理批准的，但根据情况看，此次降价是谈判者自行决定的。由此可见，日方报价中所含水分仍然不小，弹性很大。基于此，中方确定“还盘”价格为750万日元。日方立即回绝，认为这个价格很难成交。中方坚持与日方探讨了几次，但没有结果。鉴于讨价还价的高潮已经过去，因此，中方认为谈判的“时钟已经到了”，该是展示自己实力、运用谈判技巧的时候了。于是，中方主谈人使用了具有决定意义的一招，郑重向对方指出：“这次引进，我们从几家公司中选中了贵公司，这说明我们成交的诚意。此价虽比贵公司销往C国的价格低一点，但由于运往上海口岸比运往C国的费用低，所以利润并没有减少。另一点，诸位也知道我有关部门的政策规定，这笔生意允许我们使用的外汇只有这些。要增加，需再审批。如果这样，那就只好等下去，改日再谈。”这是一种欲擒故纵的谈判方法，旨在向对方表示己方对该谈判已失去兴趣，以迫使其作出让步。但中方仍觉得这一招的分量还不够，又使用了类似“竞卖会”的高招，把对方推向了一个与“第三者竞争”的境地。中方主谈人接着说：“A国、C国还等着我们的邀请。”说到这里，中方主谈人把一直捏在手里的王牌摊了出来，恰到好处地向对方泄露，把中国外汇使用批文和A国、C国的电传递给了日方主谈人。日方见后大为惊讶，他们坚持继续讨价还价的决心被摧毁了，陷入必须“竞卖”的困境；要么压价握手成交，要么谈判就此告吹。日方一时举棋不定，握手成交吧，利润不大，有失所望；告吹回国吧，跋山涉水，兴师动众，花费了不少的人力、物力和财力，最后空手而归，不好向公司交代。这时，中方主谈人便运用心理学知识，称赞日方此次谈判的确精明强干，中方就只能选择A国或C国的产品了。

日方掂量再三，还是认为成交可以获利，告吹只能赔本。这正如本杰明·富兰克林的观点所表明的那样，“最好是尽自己的交易地位所能许可来做成最好的交易。最坏的结局，则是由于过于贪婪而未能成交，结果本来对双方都有利的交易却根本没有能成交”。

资料来源：宋桂元．现代推销实务[M]. 重庆：重庆大学出版社，2006.

【思考与分析】

1. 日方在谈判中运用了哪些策略？
2. 中方是怎样化解的？
3. 你有什么评价？

第11章　推销与谈判的礼仪沟通技巧

教学要求

知识要点	能力要求	相关知识
推销与谈判的礼仪概述	(1) 了解礼仪的构成要素和推销礼仪的功能 (2) 掌握礼仪与推销礼仪的含义与礼仪的核心	(1) 礼仪与推销礼仪的含义 (2) 礼仪的构成要素 (3) 推销礼仪的功能 (4) 礼仪的核心
仪表礼仪	(1) 了解影响容貌的因素 (1) 理解着装色彩、服饰搭配的要求 (3) 掌握着装的原则、男士着装、女士着装的相关要求	(1) 容貌的因素 (2) 着装的原则 (3) 着装色彩 (4) 服饰搭配 (5) 男士着装 (6) 女士着装
形体沟通与仪态礼仪	(2) 了解手势的要求、面部表情与体态的传递的信息 (3) 理解交谈的距离、目光交流的规律 (3) 掌握微笑的方法、正确的站姿、走姿、坐姿的要求	(1) 手势 (2) 交谈的距离 (3) 目光交流 (4) 微笑 (5) 面部表情与体态 (6) 姿态
交际礼仪	(1) 了解舞会礼仪和记住姓名的方法 (2) 理解馈赠礼仪和宴会礼仪 (3) 掌握介绍、握手、交换名片的礼节和拜访、接待礼仪	(1) 介绍的礼节 (2) 握手的礼节 (3) 交换名片的礼节 (4) 称呼的礼节 (5) 馈赠礼仪 (6) 宴会礼仪 (7) 舞会礼仪 (8) 拜访礼仪 (9) 接待礼仪

身体语言的信号

陈先生去年从某大学市场营销专业毕业后，在一家办公用品公司从事生产管理工作，他最近被派到

Y省任销售代表。林先生是某大学办公室主任，想采购一批办公用品，包括打印机、打印纸、复印机、复印纸等。陈先生到达Y省后，该地区的负责人要他去拜访林先生。他身穿一套灰色西装走进了林先生的办公室，观察到林先生大约四十开外，正坐在一张很大的木质写字台后面，手臂和双腿都交叉着。以下是他们的交谈：

陈先生：(走进林先生的办公室，伸出手去)早上好，林主任。见到你真高兴，今天好吗？

林主任：好，挺好，你迟到一会儿了。

陈先生：也就5分钟，我在银行耽搁了。

林主任：(用食指摸着鼻子，手臂和两腿都交叉着)那么好吧。我能为你做什么？

陈先生：我是想告诉你我们公司的一些新式办公用品。我想你会喜欢的。

林主任：在你想说之前，我告诉你，我们刚向你的竞争对手下了一份订单。

陈先生：(手臂和两腿交叉，语速和语调都有所提高)听到这个消息，太遗憾了。你们应该等着我们来的，我们的价格要低10%～20%呢。

林主任：(手臂和两腿不再交叉，手托下巴)是吗？

陈先生：(解开大衣纽扣，站起身来)好吧，我想大概来迟了。既然你们已经下了订单，下次把机会留给我们，好吗？

当陈先生离开时，林主任坐在写字台后面，双肘放在桌子上，两手掌放在嘴前。

资料来源：吴健安．现代推销理论与技巧[M]．北京：高等教育出版社，2011.

中国素有“礼仪之邦”之称。礼仪的“礼”字指的是尊重，即在人际交往中既要尊重自己，也要尊重别人。古人讲“礼者敬人也”，实际上是一种待人接物的基本要求。我们通常说“礼多人不怪”，如果你重视别人，别人可能就重视你。礼仪的“仪”字顾名思义，仪者仪式也，即尊重自己、尊重别人的表现形式。推销与谈判中，礼仪沟通贯穿始终，推销与谈判人员注重礼仪，既可展现良好的个人素质，体现对对方的尊重，又可从对方的礼仪状况获知一些信息。

11.1 推销与谈判的礼仪概述

11.1.1 礼仪的概念及其构成要素

1. 礼仪的概念

礼仪，是人们在社会的各种具体交往中，为了表示互相尊重而体现在语言、仪表、仪态、礼节等方面的约定俗成的，共同认可的规范和程序。礼仪可展现良好的个人素质、个人修养，是“人际交往的通行证”。而个人修养包括学识、做人、职业道德，个人修养要做到心要谦虚，量要宏大，唯宽以容人，唯厚以载人。修养体现于细节，细节展示素质。

商务礼仪，是商务人员在商务活动中，用以维护企业或个人形象，对交往对象表示尊重与友好的行为和准则，包括商务礼节和仪式两方面的内容。推销与谈判均属于商务活动，商务礼仪的内容与要求均适合推销与谈判活动。

推销礼仪是指推销员在推销过程中所遵循的表现对客户、对自己尊重的规则。其具体包括仪表、仪态、礼节等。《礼记》云：“不失足于人，不失色于人，不失口于人”，告诫人们在行动上、态度上、言语上都不要失礼。商务谈判与推销人员也应具备这一素养，识礼懂礼，以礼待人，讲究礼貌，注重礼仪。“知，而后能行。”商务谈判与推销人员只有在深入了解各种礼貌和礼仪行为的基础上，才能比照着去执行，在谈判与推销中表现出彬彬有礼的形象，不失礼于人。

2. 礼仪的构成要素

礼仪的构成要素主要有如下几个。

(1) 礼仪主体：各种礼仪行为活动的操纵者，实施者。

(2) 礼仪客体：各种礼仪行为活动的指向者，承受者。

(3) 礼仪媒介：各种礼仪媒介，实体礼仪媒介，符号礼仪媒介。

(4) 礼仪环境：特定的时间和空间。

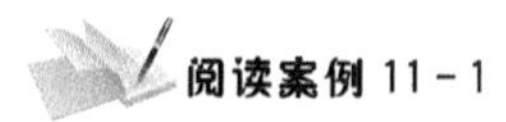
阅读案例 11-1

一口痰的代价

在某国一家医疗机械厂与美国客商进行的一场引进“大输液管”生产线的谈判中，双方在融洽友好的氛围中达成了一致意见，相约第二天举行签字仪式。谈判结束后，该厂厂长带领美国客人参观工厂车间，这位厂长向墙角吐了一口痰，然后用鞋底擦了擦，这一细节被美国客人看在眼里，毅然决定停止签约。在他给这位厂长的一封信中，他这样写道：“恕我直言，一个厂长的卫生习惯可以反映一个工厂的管理素质。况且，我们今后要生产的是用来治病的输液皮条。贵国有句谚语：人命关天！请原谅我的不辞而别……”

资料来源：马凌．公共关系学[M]．长春：吉林人民出版社，2006.

11.1.2 推销礼仪的功能

具体来说，推销礼仪有以下功能。

1. 推销礼仪直接构成推销员的整体形象

“推销员并非在推销产品，而是在推销自己”，是在推销自己的形象。推销员的推销形象是由仪表、服饰、举止等形体语言和非形体语言所构成的完整印象。可用如下公式来表述：

推销员的整体形象＝迷人的外表＋得体的服装＋恰当的装饰＋良好的语言谈吐

推销员在与客户交往时，第一印象十分重要。第一印象形成的依据就是在最初接触时所表现出的一切现象，包括仪表、礼节、言谈举止，对他人的态度，表情，说话的声调、语调、姿态等。第一印象是对不熟悉的社会知觉对象第一次接触后形成的印象。初次见面时对方的仪表、风度所给我们的最初印象往往形成日后交往时的依据。一般人通常根据最初印象而将他人加以归类，然后再从这一类别系统中对这个人加以推论与作出判断。心理学方面的有关研究表明，人们对其他人或事物在七秒钟之内的第一印象可以保持七年。给他人留下的第一印象一旦形成，就很难改变。同样，在销售过程中，第一印象也是最重要的印象，它对成功销售起着关键作用。据相关资料统计，销售人员的失败，80％的原因是留给客户的第一印象不好。也就是说，很多时候，在你还没开口介绍产品之前，客户就已经决定不与你进行下一步的沟通了。

2. 礼仪可以帮销售人员从细节上区分顾客的心理

礼仪贯穿于销售的每个程序，它可以帮销售人员从细节上区分顾客的心理，从而和顾客打交道时更加得心应手。

3. 礼仪能赢得顾客的好感、信任和尊重

礼仪更能让销售人员在和顾客打交道中赢得顾客的好感、信任和尊重。在推销工作中，礼仪是推销员的名片。顾客由推销员的礼仪而知其修养，产生信任与否、喜爱与否、接纳与否的情感，从而决定是否购买产品。

4. 礼仪是信息沟通的重要组成部分

沟通是一个将信息从一个人或群体传递到另一个人或群体的过程，包括语言表达、形体动作及推销物品三个要素。美国传播学家艾伯特·梅拉比安发现，在一条信息的全部效果中，只有38%是有声的，而55%的信号是无声的，文字占7%。这种“无声的”，是指人能看到或感觉到的，包括面部表情、着装或饰物、姿势、目光等。对于推销员来讲，这种“无声的”更多的属于推销礼仪的范畴，它比有声语言更能传情达意，在促进推销方面也起着令人意想不到的作用。完全离开了口头言语的身体语言并不比哑语高明多少，其传播的范围是有限的，也难以表达一些抽象的谈判议题。然而有趣的是，一旦口头语言与身体语言结合起来之后，语言只是起了方向性或规定性的作用，而身体语言才准确地反映出话语的真正思想和感情，担当起绝大部分的传播职能。同样一句话，可以反话反说，也可以反话正说；可以是郑重其事，也可以是有口无心，甚至是冷嘲热讽，这除了取决于语调之外，主要是取决于面部表情、身体动作等无声的身体语言。

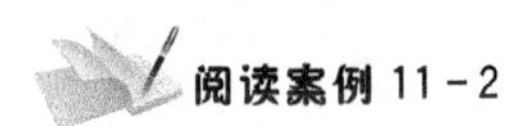
阅读案例 11-2

老布什的“总统经”

曾任美国总统的老布什，能够坐上总统的宝座，成为美国“第一公民”，与他的仪态表现分不开。在1988年的总统选举民意测验中一度落后于对手十几个百分点。不料两个月后，布什以光彩照人的形象扭转了劣势，反而领先十多个百分点，创造了奇迹。原来布什有个毛病，他的演讲不太好，嗓音又尖又细，手势及手臂动作总显出死板的感觉，身体动作不够美。后来布什接受了专家的指导，纠正了尖细的嗓音、生硬的手势和不够灵活的手臂动作，结果就有了新颖独特的魅力。为了吸引选民，经化妆师设计，布什还经常穿着浅色调的西服，配以卡其布蓝色条纹衬衫，以显示“平民化”，终于获得了最后的胜利。

资料来源：张岩松．现代公关礼仪[M]．北京：经济管理出版社，2005.

11.1.3 礼仪的核心

礼仪的核心是尊重。“尊重”二字是礼仪之本，也是待人接物的根基。尊重分自尊与尊他。首先是自尊为本，自尊自爱，爱护自己的形象。其次要尊重自己的职业。“闻道有先后，术业有专攻”。第三要尊重自己的公司。

对于尊重他人，用五句话来概括对不同人的尊重体现的个人修养：

尊重上级是一种天职，尊重下级是一种美德，尊重客户是一种常识，尊重同事是一种本分，尊重所有人是一种教养。

尊重他人的三原则：①接受对方，不要为难对方，不要让对方难堪，客人永远是对的。谈话中不要打断别人，不要轻易补充对方，不要随意更正对方。②重视对方，欣赏对方，多看对方的优点，不当众指正缺点。③赞美对方，懂得欣赏别人的人实际是在欣赏自己，是自信的表现。

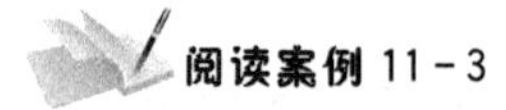

阅读案例 11-3

一支烟的代价

钱刚到一家私营公司去推销办公用品。他很专业地为几位部门负责人介绍了产品的样式、质量以及价格。因为他们公司本来就有较高的商业信誉，因此，老总很快就表达了购买意向。他告诉钱刚，如果质量能得到保证，他会签订6万元的合同单，“6万元”，钱刚压抑住自己的兴奋，赶紧给办公室里的每个人递上早已准备好的高档烟，并一一给他们点上。当看到一直在办公室抹桌子的上了年纪的老头时，钱刚扫了他一眼，“这个人无关紧要”，他递烟的手收回来了。

当钱刚再次来到该公司联系送货业务并准备签订单时，后勤主管通知他，他们不打算订购这批产品了。钱刚傻眼了。

“能告诉我原因吗?”

“我们老总的丈人嫌你的报价高，建议老总买其他公司的产品。”

“可老总的丈人怎么会知道呢?”

“你呀，谁叫你两眼看人低，舍不得一支烟呢? 老总的丈人说了，你这个毛头小伙子眼皮往上挑，做人不踏实，所以你来推销的产品也得不到完全的保证。”

钱刚回想当日的情景，如梦初醒，悔之晚矣。

资料来源：陈新武，龚士林．推销实训教程[M]．武汉：华中科技大学出版社，2006.

11.2 仪表礼仪

仪表，即一个人的外表。仪表礼仪指个人修饰与打扮的基本规范。仪表体现出一个人的生活情趣、审美意识、对他人的尊重程度，甚至其知识水平和价值取向。可以说，仪表等于一份有力的自我介绍。一些心理学家曾用观察实验的方法研究外表的魅力与人际吸引之间的关系，研究表明，一个人由于感受到对方外表的魅力而产生再次与之会见的愿望之间呈现正相关关系，比其他特征，如个性、兴趣等的相关度都要高。由此可见，要想做个杰出的推销员，一定要讲究个人的仪表礼仪。

11.2.1 容貌

一个人的五官长相是天生的，但是一个人的容貌是可以由自己决定的。林肯曾说过：“一个人过了四十岁就该对自己的面孔负责。”人的面容是一个综合的象征，它无法像服饰那样改变形状。但是，它的确是天天因自己所思所为在改变。经验的密度、知识的密度、思考的密度……驱使自己创造、实现某些行动的密度，面容就靠这些内在的积累，逐步被改造得与往日不同。日本“推销之神”原一平就是塑造自身魅力的专家。他的笑容被誉为“值百万美元的笑容”。

原一平的个子非常矮小，但他并没有为个子矮小而气馁，为了弥补这一生理缺陷，他着重从表情上下工夫。原一平在每次访问前，都要照照镜子，审视自己的表情和姿态。富有魅力的容貌不等于漂亮的脸庞，人的五官不易改变，但以下三个因素可以使人的容貌变得完美：

（1）健康。作为一个现代推销员，必须注重身体锻炼，拥有健康和健美的体质、体格、体型、体态和体貌，这样才能精神饱满，神采奕奕，给人留下美好的印象。有了健康的体魄，才能胜任需要常常四处奔走的推销工作。

（2）神采。神采指人面部的神气和光彩，它是一个人精神面貌的反映，是仪表的一个不可缺少的组成部分。作为一个推销员，必须精神饱满、充满自信、积极乐观、亲切热情，要在尚未胜利之时，就以一个成功者的姿态率先行动。这样，才能赢得客户的好感。

（3）面部修饰。女士化妆是自尊自爱的表现，也是对别人的一种尊重，是企业管理完善的一个标志。要求化淡妆，保持清新自然，更显示出女性的修养和审美情趣的高尚，化妆时，所选用的粉底液、眼影、腮红、口红的颜色应与人的皮肤、年龄、服饰的颜色协调，才给人和谐之美感。化妆注意事项：①化妆要自然，力求妆成有却无；②化妆要美化，不能化另类妆；③化妆应避人。

11.2.2 着装的原则

1. TPO原则

T、P、O分别是英语中Time、Place、Object三个单词的首字母缩写。“T”指时间，季节、时令、时代，泛指早晚、季节、时代等；“P”代表地方、场所、位置、职位；“O”代表目的、目标、对象。TPO原则是目前国际上公认的衣着标准。着装遵循了这个原则，就是合乎礼仪的。

如进入室内的礼节。一般进入别人室内时(特别是在国外)，男士应摘帽、脱大衣、去围巾，挂到衣架钩上或交给对方接待小姐。而女士除了大衣、风衣之外，其他如纱手套、帽子等均可在室内穿戴。

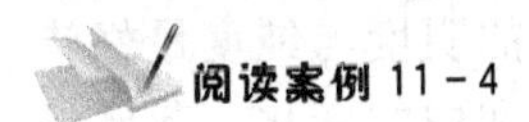
阅读案例11-4

着装要入乡随俗

几年前，我国某企业集团一行四人去朝鲜参加一次商务谈判，有两位男士和两位女士。两位男士身着西服，两位女士穿长裤和正式的上衣。在平壤火车站上，令中国谈判人员感到奇怪的是，来迎接的朝鲜伙伴在向中国人员表示礼节性欢迎的同时，目光不断打量两位中国女士的下半身。其中一位女士尽管不知道出了什么事，但已察觉到不对头，所以就打量了一下自己的下身，看看裤子上是否有脏点或出了什么差错。

原来在朝鲜，较有身份的女人一般要穿裙子，穿长裤很少见。虽然在平壤能见到身穿长裤的女性，但这些人一般是社会地位较低的普通公民，而社会地位较高的政府工作人员、穿长裤的女性极少见。本案例中的朝鲜伙伴不断打量两位中国女性谈判人员的下半身，唯一的原因是她们穿了长裤而没穿裙子。

资料来源：何伟祥．商务谈判[M]．杭州：浙江大学出版社，2004.

2. 整洁性原则

整洁是对仪表的最基本要求。男性推销员要特别注意头部的整洁，头发要经常梳洗，不可过长或过短，比较认可的长度是：前不及眼、左右不及耳、后不及衣领，发型不要过分追求新潮；要注意面部修理，及时清理胡须、鼻毛、耳屎、眼屎；注意牙齿清洁、美观，并且要保持指甲卫生。女性推销员的容貌修饰要典雅，发型应以中庸为原则，避免形态、色彩怪异。着装要干净整洁，身体不能散发异味。女性推销员，可以化一点淡妆，但切忌浓妆艳抹。会客前不要吃葱、蒜等有异味的食物，必要时，可在口中含一点茶叶或口香糖，以祛除异味。

保持服饰的清洁、整齐，这是服饰美的第一要求。衣领和袖口处尤其要注意整洁，杜绝出现少扣开线等现象。

3. 整体性原则

正确的着装，能起到修饰形体、容貌等作用，服装应与人的形体、肤色、气质、饰物和职业等相协调，形成和谐的整体美。

4. 个性化原则

个性化原则主要指依个人的性格、年龄、身材、肤色、爱好、职业等因素着装，力求反映一个人的个性特征。选择服装因人而异，通过个性化着装原则，可以起到扬长避短的作用，以增强个人魅力和最佳形象。

11.2.3 着装色彩

着装色彩，一般将服装的颜色控制在三色以内，即“三色原则”。

1. 服装配色的基本方法

(1) 同色搭配。即把同一色相，明度接近的色彩搭配起来。

如深红与浅红、深绿与浅绿、深灰与浅灰等。这样搭配的上下衣，可以产生一种和谐、自然的色彩美。

(2) 邻近色相配。把色谱上相近的色彩搭配起来，易收到调和的效果。

如红与黄、橙与黄、蓝与绿等色的配合。这样搭配时，两个颜色的明度与纯度最好错开。如用深一点的蓝和浅一点的绿相配或中橙和淡黄相配，能显出调和中的变化，起到一定的对比作用。

(3) 主色调相配。以一种主色调为基础色，再配上一二种或几种次要色，使整个服饰的色彩主次分明、相得益彰。这是常用的配色方法。采用这种配色方法需要注意：用色不要太繁杂、零乱，尽量少用、巧用。

2. 根据个人的肤色选择颜色

肤色黑，不宜着颜色过深或过浅的服装，而应选用与肤色对比不明显的粉红色、蓝绿色，最忌讳用色泽明亮的黄橙色或色调极暗的褐色、黑紫色等。

皮肤发黄的人，不宜选用半黄色、土黄色、灰色的服装。否则会显得精神不振和无精打采。

脸色苍白的人不宜着绿色服装，否则会使脸色更显病态。

肤色红润、粉白，穿绿色服装效果会很好。

3. 根据体形选择颜色

体形瘦小的人适合穿色彩明亮度高的浅色服装，这样显得丰满。

体形肥胖的人搭配明亮度低的深颜色则显得苗条。

大多数人体形、肤色属中间混合型，所以颜色搭配没有绝对性的原则，重要的是在着装实践中找到最适合自己的搭配颜色。

此外，衬衣与外套搭配应注意：衬衣颜色不能与外套同色，应利用衬衣的样式与外套服装的颜色有着明暗度、深浅度变化，有利于与之相衬托。

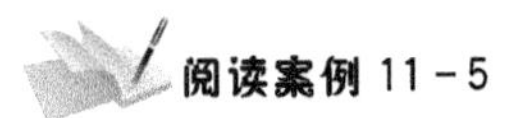
阅读案例 11－5

用服装来强调出学者专家的气势

有位女职员是财税专家，她有很好的学历背景，常能为客户提供很好的建议，在公司里的表现一直很出色。但当她到客户的公司提供服务时，对方主管却不太注重她的建议，她所能发挥才能的机会也不大。一位时装大师发现这位财税专家在着装方面有明显的缺陷：她26岁，身高147厘米、体重43公斤，看起来机敏可爱，喜爱着童装，像个小女孩，其外表与她所从事的工作相距甚远。所以时装大师建议她用服装来强调出学者专家的气势，可用深色的套装，对比色的上衣、丝巾、镶边帽子来搭配，甚至戴上了重黑色边的眼镜。女财税专家照办了，结果，客户的态度有了较大的转变。很快，她成为公司的董事之一。

资料来源：董乃群，刘庆军．社交礼仪实训教程[M]．北京：清华大学出版社/北京交通大学出版社，2012

11.2.4 服饰搭配

饰物是指与服装搭配对服装起修饰作用的其他物品，主要有领带、围巾、胸针、首饰、提包、手套、鞋袜等。饰物在着装中起着画龙点睛、协调整体的作用。

1. 饰物要少而精

（1）公文包或手提小包，带一个即可，不要两个都带。男人看表，女人看包。包是女性行为的符号。

（2）胸针。胸针适合女性一年四季佩戴。胸针样式应随季节、服装的变化而变化。胸针应戴在第一、第二粒纽扣之间的平行位置上。

（3）首饰。首饰尽量少戴。首饰主要指耳环、项链、戒指、手镯、手链等。选择与脸型、服装相协调的首饰。特别是工作和重要社交场合，不宜同时佩戴多件首饰。对于女性而言，有两类不戴：①炫耀自己财富的首饰不能戴，即珠宝类首饰一般不戴。②炫耀女性魅力的首饰不能戴，如脚链和耳环。

（4）眼镜。尽量选择适合自己的镜框。另外，千万不可戴太阳镜(护目镜)去面试，当然更不能戴反光镜。

（5）围巾和丝巾。要注意与衣服的协调搭配，如花色丝巾可配素色衣服，而素色丝巾则适合艳丽的服装。

（6）帕饰。男士在佩戴饰物时，一条领带或加上一枚领带夹足矣，在个别场合，在西服上衣胸前口袋上搭配一块装饰手帕，手帕须根据不同场合折叠成各种形状，插于西装胸袋。

(7) 鞋袜。鞋袜的作用在整体着装中不可忽视。

男士：正式场合中，男士皮鞋的颜色一般以黑色、深咖啡或深棕色为主，男士的袜子应该是深色。

女士：正式场合中，女士皮鞋以黑色、棕色、白色或与服装颜色相协调为宜。女士穿裙子时，肉色袜子相配最好，长筒丝袜口与裙子下摆之间不能有间隔，不能露出腿的一部分。

2. 两条原则

第一条就是数量的原则，0～3 的范围内。

第二条原则是要符合质地和色彩搭配的原则 。

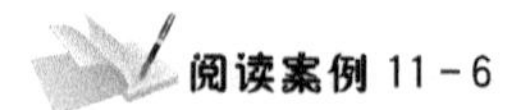
阅读案例 11－6

摩登女郎

小芸去一家外企进行最后一轮的面试。为确保万无一失，这次她做了精心的打扮：一身前卫的衣服、时尚的手包、造型独特的发型、新颖别致的耳饰。与其他应聘的人相比，“美丽动人”。而最后结果却出人意料，外企主管最后选择的是一名相貌平平的女孩，学历也不比她高。主考官的回答是：“我们需要的是工作人员，而不是一位摩登女郎来做经理助理。”

资料来源：苗爱群．旅游实用礼仪[M]．合肥：安徽大学出版社 ，2009.

11.2.5 男、女士着装

无论男士还是女士，是否正确的着装都代表着其是否礼貌或对他人是否尊重，也影响到他人对自己的评价。

1. 男士着装

西装是当今国际上标准的通用礼服，它可在各种礼仪场合穿着。西服以其设计造型美观、线条简洁流畅、立体感强、适应性广等特点而越来越深受人们青睐。西服的选择和搭配是很有讲究的，其穿着规范如下。

(1) 西装的套件。选择西装，最重要的不是价格和品牌，而是包括面料、裁剪、加工工艺等在内的许多细节。西装有单件上装和套装之分。非正式场合，可穿单件上装配以各种西裤，可以穿有领 T 恤和西裤，使自己显得随和而亲切，但要避免穿着牛仔装，以免显得过于随便；半正式场合，可视场合气氛在服装的色彩、图案上选择大胆些；正式场合，则必须穿颜色素雅的套装，以深色、单色为宜。西装袖口商标一定要拆掉。

(2) 领带。领带虽小，但是对佩戴者的身份、品位影响非常大。懂得自我包装的男士非常讲究领带的装饰效果，因为领带是点睛之笔。领带的面料一般以真丝为优，颜色尽可能不选择太浅的，黑色领带几乎可以和除了宝蓝色以外任何颜色的西服搭配。深色西服可以搭配比较华丽的领带，浅色西服搭配的领带也要相应浅一些。除了颜色必须与自己的西装和衬衫协调之外，还要求干净、平整不起皱。领带长度要合适，打好的领带尖应恰好触及皮带扣，领带的宽度应该与西装翻领的宽度协调。

(3) 衬衫。与西装配套的衬衫须笔挺、整洁、无皱折，尤其是领口，衬衣袖子应以抬手时比西装衣袖长2cm左右为宜。领子应略高于西装领，下摆要塞进西裤。如不系领带，可不扣领口。

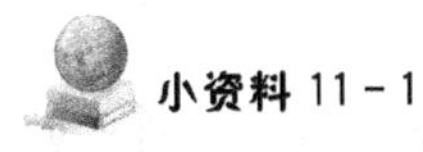
小资料11-1

衬衫速配小贴士

白衬衫永不败：给人朝气、干净之感。

条纹衫较保险：线与线之间的间距不要过大，线条不至于过粗，条纹之间的间距小于1cm。

格子衫要慎穿：若格子的面积比较大，不适宜于工作等正式场合穿。

虎背熊腰型：过于明显的条纹、格子图案就不适合你 。

中等型：挺度与厚度较高的布料衬衫。

下盘稳重或是长脚高个型：适合条纹、格子衬衫。

矮胖型：素色是唯一的选择。

(4) 纽扣。西装有单排扣和双排扣之分。双排扣西装，一般要求将扣全部扣好；单排扣西装，若是三粒扣子的只系中间一粒，两粒扣子的只系上面的一粒，或者全部不扣。

(5) 西装要干净、平整，裤子要熨出裤线。

2. 女士着装

女士的正式职业装一般以西装套裙为主，其穿着规范如下。

(1) 面料选择。选择质地上乘、纯天然的高档面料，不起皱、不起毛、不起球，悬垂较好，手感较好的面料。上衣、裙子和背心等必须是用统一质地、统一色彩的面料。

(2) 色彩。应当以冷色调为主，应当素雅而凝重，体现出女性的典雅、端庄与稳重。一套裙的全部色彩不要超过两种，否则会显得杂乱无章。

(3) 尺寸。裙短不雅，长裙无神。通常套裙中的上衣最短可以齐腰，而裙子最长则可以达到小腿的中部。裙子下摆恰好抵达着装者小腿肚子上的最丰满处，乃是最为标准、最为理想的裙长。套裙中超短裙的裙长应以不短于膝盖以上5cm为限，上衣的袖长以恰恰盖住着装者的手腕为好。上衣或裙子均不可过于肥大或包身。

(4) 穿着到位。在正式场合着套裙时，上衣的衣扣必须全部系上。不要将其部分或全部解开，更不要当着别人的面随便将上衣脱下。上衣的领子要完全翻好，有袋的盖子要拉出来盖住衣袋。不要将上衣披在身上，或者搭在身上。穿着袜子绝不可露出袜边。

(5) 搭配。衬衫应轻薄柔软，色彩与外套和谐。内衣的轮廓最好不要从外面显露出来。衬裙应为白色或肉色，不宜有任何图案，裙腰不可高于套裙裙腰而暴露于外。

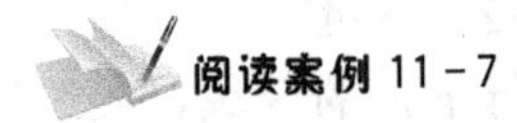
阅读案例11-7

着装的变化

一位女推销员在美国北部工作，一直都穿着深黑色套装，提着一个男性化的公文包。后来她调到阳光普照的南加州，她仍然以同样的装束去推销商品，结果成绩不够理想。后来她改穿色彩淡的套装和洋装，换了一个女性化一点的公文包，使自己有亲切感，着装的这一变化，使她的业绩提高了25%。

资料来源：卞桂英，刘金波．国际商务谈判[M]．北京：中国农业大学出版社，2008.

11.3 形体沟通与仪态礼仪

形体沟通与仪态指的是一个人的身体语言，包括人的手势、表情、行为举止、站坐姿态及人体其他部位的活动。当然，这一切要考虑到与对方的距离远近。身体语言有时能表达口语所无法表达的意思，更能体现人的心理状态。

11.3.1 形体沟通

1. 距离

人们在接触时，都有自己的个人空间，对于接触的距离都会有本能的反应，若接触距离太近，会使客户感到窘迫而不自在；但如果相隔太远，又会使客户觉得受到冷落，缺乏一种亲切感。一般来说，对客户最能产生影响力的距离是一米。所谓的“一米影响圈”就是推销员立足的地方，应该在以客户的立足点为圆心、以一米为半径所形成的一个圆周上。当然，在推销商谈过程中，推销员和客户之间的距离远近，还应视双方采取的姿势而定。

(1) 如果双方都是采取站立的姿势，一般保持一米的距离。

(2) 如果一方站着，一方坐着，则距离应该稍微接近一些，大约 60cm。

(3) 如果双方都是坐着交谈，为了可以进行“促膝交谈”，距离可进一步接近到 50cm 左右。

(4) 如果是在桌子旁边把说明书展示给对方看，则应把要看的资料递到对方容易看清楚的地方，这样距离自然可以接近一些。

推销员应把握好四种人际距离区域：

(1) 亲密区域(Intimate Space)，指为最亲密的朋友和爱人预留的区域。这个区域在 30cm 范围内，或一只手臂的距离，是最为敏感的区域。试图进入某些潜在顾客的亲密区域可能不会被社会所认同，或认为这种行为具有攻击性。

(2) 私人区域(Personal Space)，指一个陌生人或商业伙伴可以进入的最近区域，大约是 0.3～1m。即使进入这样的区域，有些潜在顾客可能也会感觉不自在，经常用像办公桌之类的东西作为隔离物，以阻止进入这个区域。

(3) 社交区域(Social Space)，指新顾客可以接纳推销员进行推销洽谈的区域，大约是 1～3m 的范围，购买者经常用一张桌子来保持这个距离。当站立的推销员与面对面坐着的潜在顾客交谈时，往往会使潜在顾客觉得推销员太咄咄逼人，因此推销员通常应保持坐姿来创造一种轻松的交谈氛围，位置大致位于这个区域的中间——1.8～2.4m 处。

(4) 公众区域(Public Space)，指推销员可以用于对一个群体进行推销的区域，大约在 3m 以上，如教室中老师与学生之间的距离。这个距离存在可以使潜在顾客感到轻松，不会受到来自推销员的威胁。

2. 手势

手势是人体语言中最丰富、最有表现力的体态语言。在日常生活中，人们借助于各种手势来表达个人思想和感情。职业人员适当地运用手势语，既可强化表达的形象性，又能增强感情。通过手势，可以表达介绍、引领、请、再见、夸奖等多种含义。同时，恰当地利用手势还可以起到强调交谈内容的作用。不同的手势在不同的国家有时也表示不同的含义。

在社交场合，手势的大小要适度。手势的上界一般不应超过对方的视线，下界不低于自己的胸区，左右摆的范围不要太宽，应在人的胸前或右方进行。一般场合，手势动作幅度不宜过大，次数不宜过多，不宜重复。同时要自然亲切，多用柔和的曲线型手势，少用生硬的直线型手势，以求拉近心理距离。任何情况下的“手势”都要以大臂为主动，以肩和胸为主动源。这样会使举止文雅大方、爽朗有魄力。如果以肘部作为主动带动手势动作，就会显得小里小气。

特别要注意避免不良手势，比如，与人交谈时，讲到自己不要用手指自己的鼻尖，而应用手掌按在胸口上；谈到别人时，不可用手指别人，更忌讳背后对人指点等不礼貌的手势。用手朝对方指指点点，或高举手腕指向别人脸部都容易被视为对对方的轻侮与蔑视，是一种很不礼貌的行为；要避免抓头发、玩饰物、掏鼻孔、剔牙齿、抬腕看表、高兴时拉袖子等粗鲁的手势动作。

几种常见手势有如下要求。

(1) 请进。迎接客人时，站立一旁，手臂向外侧横向摆动，指尖指向被引导或指示的方向。微笑友好地目视来宾，直到客人走过，再放下手臂。

(2) 引导。为客人引路时，应走在客人的左前方1～2步，小臂指引，手跟小臂呈一条直线，五指并拢，掌心斜向上方45°，指示前方，眼睛应兼顾方向和来宾，直到来宾表示清楚了，再把手臂放下。

(3) 请坐。接待客人入座时，用一只手摆动到腰位线上，使手和手臂向下形成一条斜线，表示请入座。

(4) 递接物品。递接物品时，应该用双手或右手，手掌向上，五指并拢，用力均匀，要做到轻而稳。注意：如果递送带尖、带刃或其他易于伤人的物品时，应做到刀尖向内。

(5) 鼓掌。鼓掌是用以表示欢迎、祝贺、支持的一种手势，多用于会议、演出、比赛或迎接嘉宾。其做法是：右手掌心向下，以右手四指有节奏地拍击掌心向上的左手手掌部位。必要时，应起身站立。

(6) 夸奖。这种手势主要用以表扬他人。其做法是：伸出右手，翘起拇指，指尖向上，指腹面向被称道者。此种手势在不同的国家可能含义不同，因此在涉外交往中要慎用。

小资料 1-2

手势不同的含义

不同的文化背景，有着不同的手势习惯，也有不同的文化含义。“OK”手势，是用拇指和食指连成一个圈而构成的姿势。它在英语语系国家表示同意，但在法国则意味“零”或“无”，而在日本可以用来表示钱，在巴西等南美国家则表示骂人的意思。“V”手势。“V”手势是把食指和中指伸出而构成的姿势。手掌向外的“V”手势，代表胜利，而手掌向内的“V”手势，就变成侮辱人的意思，带有骂人的含义，这在英国及澳洲非常普遍；在欧洲的许多地方，这一手势还可以表示数目“二”。跷大拇指，在美国、英国、澳洲和新西兰，这种手势有三种含义：一种是搭便车；另外一种表示OK的意思；若把拇指用力挺直，则表示骂人的意思。在希腊，这种手势的主要意思是“够了”；在意大利，竖起拇指表示一，加上食指为二。

资料来源：陈建明．商务谈判实用教程[M]．北京：中国农业大学出版社，2009.

3．目光交流

眼睛是心灵的窗口，眼神是面部表情的核心，它不会隐瞒，更不会说谎。目光接触是交往中常见的沟通方式，眼神不同，含义无穷，可以传达复杂而微妙的情绪和难以言传的思想意识。目光的瞥、瞄、盯、瞧、眺、盼、望等，都可反映出内心的不同情感或多种意义。因此，交谈时，眼神要真诚、坦然、亲切、有神，应正视对方，不应躲闪或紧盯对方眼睛。下面列举的一些眼神，传递许多信息。

(1) 短时间的眼神接触，并保持自然的状态，意味着诚实和自信。

(2) 眼睛直盯，顾客有不自在、被威胁、不安全的感觉。

(3) 眼神呆滞，目光环顾左右，表不感兴趣和厌烦。

(4) 不停地看表，注意力分散，尽快结束会谈。

正确运用目光传达信息，塑造专业形象，要遵守以下规律。

(1) 三角定律。这个定律研究的是目光注视的部位。要根据交流对象与你的关系的亲疏、距离的远近来选择目光停留或注视的区域。关系一般或第一次见面、距离较远的时候，宜注视对方的额头到肩膀的这个大三角区域；关系比较熟、距离较近的，可以注视对方的额头到下巴这个三角区域；关系亲昵的，距离很近的，则注视对方的额头到鼻子这个三角区域。要分清对象，对号入座，切勿弄错。

(2) 时间规律。这个规律指注视对方时间的长短。一般而言，每次目光接触的时间不要超过3秒钟。交流过程中用60%～70%的时间与对方进行目光交流是最适宜的。少于60%，则说明你对对方的话题、谈话内容不感兴趣；多于70%，则表示你对对方本人的兴趣要多于对方所说的话。

4．微笑

微笑——是真正的世界语言，能超越文化而传播，成为世界通用的货币。交往中的微笑是对人的尊重、理解和奉献，成为增进友谊的纽带，它如润滑剂，可以化解一切，升华一切。微笑一下并不费力，却产生无穷魅力，受惠者成为富有，施予者并不变穷。

显而易见，微笑是一条简单有效的社交技术，这种简单的行为会造成推销的最大差别。但令人不安的是，许多推销员并未意识到这一点。美国的一项资料统计：在一次服务质量检查中，就1 200宗商业交易对商业银行的客户服务员进行了调查，40%的雇员在平均18分钟的交易中向客户笑过一次。我们常有这样的感受，看到一个售货员表情沉重，本来想购买商品，但看到这令人丧气的表情，购买的想法也就放弃了。

身为推销员，必须充分认识微笑的力量，养成一种见到客户立刻产生微笑的自动反应。然而，这种“自动反应”要靠自我培养和训练，才能表露得自然、得体、富有感染力。

微笑训练方法如下。

(1) 情绪记忆法，即将自己生活中最高兴的事件中的情绪储存在记忆中，当需要微笑时，可以想起那件最使你兴奋的事件，脸上会流露出笑容。注意训练微笑时，要使双颊肌肉用力向上抬，嘴里念“一”音，用力抬高嘴角两端，注意下唇不要过分用力。

(2) 对着镜子，做最使自己满意的表情，到离开镜子时也不要改变它。

(3) 当一个人独处时，深呼吸、唱歌或听愉快的歌曲，忘掉自我和一切的烦恼，充满爱意。

5. 面部表情与体态

一个人的脸写满了复杂的感情。推销员不仅要注重自身的面部表情，向顾客传递友好，而且要善于观察顾客面部表情的变化，判断潜在顾客的心理反应，找出解决问题的对策。

面部表情的变化传递以下信息。

(1) 下巴放松并伴有微笑，表示赞同和兴趣。

(2) 下巴绷紧，表示怀疑和生气。

(3) 皱眉、噘嘴、咬紧嘴唇、眯眼，表示不确定、不同意。

(4) 扬起眉毛，表示吃惊。

在洽谈过程中，潜在顾客的身体姿态及其运动，不断地传递着相关的信息，推销员应善于识别这些信息。

体态的变化传递以下信息：

(1) 身体前倾暗示对所讨论的问题越来越感兴趣，应结束推销陈述，直接要求成交。

(2) 远离推销员，双手放在脑后，坐在桌子或扶手上，是特权和优势的体现。

(3) 僵硬的直立姿势表达不容置疑，随便的姿势意味着对话题不感兴趣。

(4) 张开双臂和双腿意味着坦率、自信与合作，双臂和双腿交叉、清嗓子、揉鼻子，则暗示有心理抵制倾向。

(5) 抬着头，手托着下巴，顾客在积极思考，进一步地点头则表示赞同。

(6) 敲手指或轻轻地跺脚，表不耐烦。

11.3.2 姿态

1. 站姿

站姿是人们日常生活中的一种最基本的行为举止。男士“站如松”，刚毅洒脱；女士则应秀雅优美，亭亭玉立。

标准站姿如下。

(1) 头正，双目平视，嘴角微闭，下颌微收，面容平和自然。

(2) 双肩放松，稍向下沉，人有向上的感觉。

(3) 躯干挺直，挺胸，收腹，立腰。

(4) 双臂自然下垂于身体两侧，中指贴拢裤缝，两手自然放松。

(5) 双腿立直、并拢，脚跟相靠，两脚尖张开约60°，身体重心落于两脚正中。

2. 坐姿

无论是日常生活，还是在会议、正式场所等都离不开坐姿，坐姿优美、文雅会令人赏心悦目。坐姿，要求“坐如钟”般稳健。

基本坐姿一般包括以下三种坐姿。

(1) 常用坐姿：双腿并拢，上体挺直，坐正，两脚略向前伸，两手分别放在双膝上(男士双腿略分开)。

(2) 女士坐姿：坐正，上身挺直，双腿并拢，两腿同时侧向左或侧向右，两脚并放或交叠。双手叠放，置于左腿或右腿上。

(3) 搭腿坐姿：将左腿微向右倾，右大腿放在左大腿上，脚尖朝向地面(切忌右脚尖朝天)。

标准坐姿如下。

(1) 入座时，要轻、稳、缓。走到座位前，动作协调，转身后轻稳地坐下。

(2) 女子入座时，若是裙装，应用手将裙子稍拢一下，再坐下。

(3) 正式场合一般从椅子的左侧入座，走到椅前转身，右脚后退半步，然后轻稳坐下；离座时也要从椅子左边离开。

(4) 如果椅子位置不合适，需要挪动椅子的位置。应当先把椅子移至欲就座处，然后入座。而坐在椅子上移动位置，是有违社交礼仪的。

(5) 入座后，头正目平，肩正放松，嘴微闭，下颌微收，挺胸，直腰，上体自然挺直，双膝自然并拢，双脚并拢或交叠或成小“V”字形，自然落于地面。

(6) 两手自然放在腿上(女士可双手交叠)，亦可放在椅子、沙发扶手上。

(7) 入座应至少坐满椅子的2/3，宽座沙发则至少坐1/2。落座后至少10分钟左右的时间不要靠椅背，时间久了，可轻靠椅背。

(8) 离座时，右脚向后收半步，而后站起，缓慢离开。

3. 走姿

走姿又称步态。走姿正确，很自然地就会流露出自信、精神的气质，同时给人以专业的自信心。走姿，如风一样的轻盈。标准走姿如下：

(1) 身体挺直，双目向前平视，身体重心落于脚掌前部，下巴微向内收。不左顾右盼，不回头张望，双脚应笔直地走，脚尖朝前，切莫呈内八或外八字。着地时膝盖应伸直，后脚跟先着地。

(2) 肩部平稳，大臂带动小臂自然前后摆动，肩勿摇晃；前摆时，不要超过衣扣垂直线，肘关节微屈约30°，掌心向内，勿甩小臂，后摆时勿甩手腕。

(3) 注意步位：行走时，假设下方有条直线，男士两脚跟交替踩在直线上，脚跟先着地，然后迅速过渡到前脚掌，脚尖略向外，距离直线约5cm。女士则应走一字步走姿，即两腿交替迈步，两脚交替踏在直线上。

(4) 步幅适当：男性步幅(前后脚之间的距离)约25cm，女性步幅约20cm。或者说前脚的脚跟与后脚尖相距约为一脚长。步幅与服饰也有关，如女士穿裙装(特别是穿旗袍、西服裙、礼服)和穿高跟鞋时步幅应小些，穿长裤时步幅可大些。

(5) 注意步态。步态，即行走的基本态势。性别不同，行走的态势应有所区别。男性步伐矫健、稳重、刚毅、洒脱、豪迈，好似雄壮的“进行曲”，气势磅礴，具有阳刚之美，步伐频率每分钟约100步；女性步伐轻盈、玲珑，具有阴柔秀雅之美，步伐频率每分钟约90步。

(6) 注意步韵。跨出的步子应是全部脚掌着地，膝和脚腕不可过于僵直，应该富有弹性，膝盖要尽量绷直，双臂应自然轻松摆动，使步伐因有韵律节奏感而显优美柔韧。

(7) 尽量向右行走时，不可把手插进衣服口袋里，尤其不可插在裤袋里。

(8) 行进时，遇见熟人微笑点头示意，若停下交谈，勿影响行人。

总之，推销沟通过程中，一方面要把推销员强有力的视觉形象传递给顾客，另一方面要注重潜在顾客肢体所传递和表达的信息。身体语言在解读时一定小心慎用，不要误解了顾客所表达的真实信息，因为形体表示的信息并不标准也不完全统一，可能要受到社会文化的制约。有时，一个手势就是一个手势，它没有别的什么意思，也许仅仅是为了更加舒服而已。

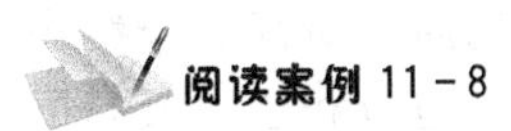
阅读案例 11-8

“镜铭”

我们敬爱的周恩来总理堪称仪态美的典范，青年时代他在南开中学读书，南开中学教学楼的镜子上印着“镜铭”：“面必净、发必理、衣必整、钮必结，头容正、胸容宽、肩容平，背容直。颜色：勿傲、勿暴、勿怠。气象：宜和、宜静、宜庄。”

周恩来自年轻时就按“镜铭”上的要求去做，加强修养，努力做到仪态美，在半个多世纪的革命生涯中，形成了独特的被称为“周恩来风格的体态语”，可谓“举手投足皆潇洒，一笑一颦尽感人”，给人以不可抗拒的吸引力。一位欧洲女作家说：“他的眼睛是他身上最惊人的特点，总是闪着光并迅速移动，人人都发现它是不可抗拒的。”周总理在演讲时，步履矫健，昂首挺胸，神色自然，仪态万方，周身洋溢着自信与激情。他时而平静，时而激动，时而温和，时而愤怒，而这一切都是那样得体和恰如其分。独具魅力的体态语帮助周恩来把自己塑造成为一位受到普遍欢迎的交谈伙伴、一位杰出的演说家、一位老练的谈判高手和一位劝说行家四种角色集于一身的出色形象。

资料来源：梁兆民，张永华．现代实用礼仪教程[M]．西安：西北工业大学出版社，2010.

11.4 交际礼仪

11.4.1 介绍的礼节

初次见面，需要介绍。可自我介绍，也可由第三者介绍。

1) 自我介绍

自我介绍是指在必要的社交场合，由自己将自己介绍给其他人，以达到使对方认识自己的目的。恰到好处的自我介绍是成功的向导和钥匙。推销员的自我介绍，一般属于公务式自我介绍，这是以工作为中心的自我介绍。这类介绍，应包括本人姓名、供职单位及部门、担负的职务或从事的具体工作等内容，这三项内容缺一不可。其中，姓名应一口报出，不可有姓无名，也不可有名无姓。供职单位及部门最好全部报出，具体工作部门有时也可暂不报出。担负的职务或从事的工作一项，有职务者最好报出职务，职务较低或无职务者，只报出目前所从事的具体工作即可。例如，“你好！我叫刘丽，是乐华公司销售部经理。”

进行自我介绍，一定要掌握好分寸。一是力求简洁，以半分钟左右为佳；二是选择适当的时间进行，一般应在对方有兴趣、有空闲、干扰少、情绪好的时间进行；三是态度要自然、友善、大方、自信，做介绍时，要敢于正视对方的眼睛，不慌不忙，语速正常，语音清晰，不可含糊其辞，吞吞吐吐；四是要实事求是，不要过分谦虚，也不宜自吹自擂。

2）第三者介绍

第三者介绍有两种情况，一种是推销员作为被介绍人；另一种是推销员作为介绍人。

作为被介绍人，应站好并正面对着对方，表露出愿意结识对方的诚意和神态。介绍完毕时通常应先握一握手，并说声诸如“您好”“久仰”“幸会”之类的客套话。有时也可重复一下对方的姓名或别的称呼，如“您好，王经理”。

为他人做介绍时，有一个基本原则，即“尊者优先了解情况法则”，一般以先职位后年龄，先年龄后性别的顺序。因此，为他人介绍的先后顺序应当是：先向身份高者介绍身份低者，先向年长者介绍年轻者，先向女士介绍男士，双方年龄相当、地位相当，又是同性别时，可以向先在场者介绍后到者。介绍时，除女士和年长者外，一般应起立。在宴会桌、会谈桌旁则不必起立，被介绍者可以微笑示意。

11.4.2 握手的礼节

握手是社交场合中运用最多的一种礼节。推销员与顾客初次见面，经过介绍后或介绍的同时，通过握手能拉近推销员与顾客间的距离。当手与手相握时，就如同一座桥梁把人的心与心连接，其投射的气氛和激情能够令人欣慰又令人鼓舞。握手对任何推销员来说都是发展信任和消除隔阂的一种好方法。但握手是有讲究的，不加注意会给顾客留下不懂礼貌的印象。

1）场合

握手一般在见面和离别时用。如戴有手套，握手前应脱下手套，当手不洁或有污渍时，应事先向对方声明并致歉意。一般应站着用右手握手，除非生病或特殊场合，但也要欠身握手，以示敬意。

2）次序

一般来说，和妇女、长者、主人、领导人、名人打交道时，一般由他们决定是否愿意握手。但如果对方先伸了手，妇女、长者、主人、领导人、名人等为了礼貌起见也应伸出手来握。见面时对方不伸手，则应向对方点头或鞠躬以示敬意。见面的对方如果是自己的长辈或贵宾，先伸了手，则应该快步走近，用双手握住对方的手，以示敬意，并问候对方“您好”“见到您很高兴”等。几个人同时握手时，注意不要交叉，应等别人握完手后再伸手。

3）方式

和新客户握手时，应伸出右手，掌心向左，虎口向上，以轻触对方为准(如果男士和女士握手，则男士应轻轻握住女士的手指部分)。时间为1～3秒，轻轻摇动1～3下。

4）力度

握手是双方面的，应根据对方的反应来决定握紧些还是松些，一般用大约2公斤的力。一般和新客户握手应轻握，但不可绵软无力；和老客户应握重些，表明礼貌、热情。

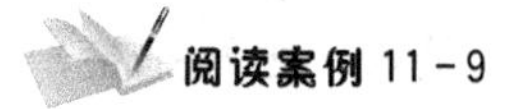
阅读案例 11-9

握手惹出的麻烦

W先生是东北人，身材高大，长得很结实，他为人热情、豁达、开朗。但有一个不好的习惯，就是与人握手时总是用力太大。因为这个习惯，有一次竟惹出麻烦，使自己很被动，失掉了一次较好的贸易机会。那一次W先生代表公司与南方某一公司副经理Y小姐进行钢材生意的商谈。Y小姐长得漂亮，给人一种难以名状的魅力，这也是她在生意场上得以成功的一个重要原因。但她很有个性，在这次谈判相互介绍时，Y小姐主动伸手去与W先生握手，W先生一着急，用力太大，没有考虑到Y小姐的承受力，竟使Y小姐痛得尖叫起来。W先生此后就出了名，人们认为他是故意这样做的，是个好色之徒。W先生很委屈，他以前的对手经常是男同胞，现在对手变了可习惯没有变，这也就造成他很大的被动。结果是可想而知了，生意没谈成，经理的位子也丢了。

资料来源：陈建明．商务谈判实用教程[M]．北京：中国农业大学出版社，2009.

11.4.3 交换名片的礼节

交换名片是建立人际关系的第一步，一般宜在与人初识时、自我介绍之后或经他人介绍之后进行。名片是推销人员必备的。推销人员与客户初次见面，在自我介绍后，递上自己的名片，恰到好处地使用名片，会显得彬彬有礼。

递接名片应注意如下几点。

(1) 名片应放在名片夹内，不要散乱地放在衣袋内，名片夹应放在西装上衣内袋或其他上衣内袋，不要放在裤袋中。

(2) 名片的递法。名片的递法有三种：①手指并拢，将名片放在手掌上，用大拇指夹住名片的左端，恭敬地递到对方胸前。名片上的名字反向自己，正向对方，使对方接过名片就可正读。②食指弯曲与大拇指夹住把名片递上。③双手的食指弯曲与大拇指夹住名片左右两端奉上。切勿以左手递交名片，不要将名片背面面对对方或是颠倒着面对对方，不要将名片举得高于胸部。将名片递给他人时，可以略做自我介绍，“我叫××，这是我的名片”或“请多指教”“请您多关照”之类的客气话。

(3) 名片的接法。当他人要向自己递赠名片或交换名片时，应停止手中正在做的事情，起身站立，面带微笑，目视对方。应当双手捧接，或以右手接过，切勿仅用左手去接；同时应点头致谢，或重复对方所使用的谦词或敬语，不可一言不发。接名片后，最好将客户的姓名、主要职称、身份等认真捧读一遍之后，以示敬意，若有疑问，则可当场向对方请教。接到名片后，不可漫不经心地往口袋一塞了事；看完后，放入名片夹或上衣口袋，不得玩弄或放入裤袋中；若名片放在桌子上，不能将其他东西压在上面。

接受名片后，应将自己的名片回敬对方，以示有来有往。但要注意最好在收好对方名片后再递，不要一来一往同时进行。

(4) 将名片同时递交多人时，应以“由尊而卑”或“由近而远”依次为序，切勿挑三拣四，采用“跳跃式”。

(5) 依惯例，不宜主动索要客户的名片。若欲索取他人名片，则不宜直言相告，而应采用以下几种方法之一。①向对方提议交换名片；②主动递上本人名片；③询问对方：“今后如何向你请教?”此法适用于向长辈索取名片；④询问对方：“以后怎样与你联系?”此法适用于向平辈或晚辈索要名片。

11.4.4 称呼的礼节

推销产品，与客户见面洽谈，推销员首先碰到的一个问题就是对客户如何称谓。称谓是个较复杂的问题，它会因为民族、阶层、场景、区域等的差别而出现多种变异现象。因此，推销者应注意针对不同的客户，分别妥当地使用不同的称谓。

在商业往来中，对男性多称先生，女士则称夫人、女士或小姐，上述称呼的前面可冠以姓名，或者在职务前冠以姓名。在此需特别说明的一点是，记住客户的姓名是缩短与客户距离的最简单迅速的方法。如果你立志要成为一个成功的推销员的话，不可不在记住客户姓名这方面下工夫。

一位美容店的老板说："在我们店里，凡是第二次上门的，我们规定不能只说'请进'，而要说'请进，××小姐(太太)'。客户只要来过一次，我们就存有档案，要求店员记住她的姓名。"由于该店如此重视客户的姓名，因此吸引了越来越多的新老主顾，其生意不用说是愈加兴隆了。

记住姓名有许多窍门，如下是记住人名的六步骤法，你也可以总结出自己的方法。

(1) 听介绍时要专心，不可漫不经心、粗心大意。

(2) 找出对方面容的特征。

(3) 重复朗读对方的名字，听完介绍后，再重复一遍对方的名字。

(4) 重复朗读时将对方的名字与脸部特征结合起来。

(5) 多看几眼，加强名字与想象之间的关系，有机会还可以写在随身携带的笔记本上。

(6) 每天临睡前，将今天所认识人的名字、身份、外貌和性格特征再回顾一遍，对重要客户可将其重要特征写在其名片的背面。

11.4.5 馈赠礼仪

馈赠礼品是企业交往的正常活动，甚至是必不可少的，做好礼品馈赠工作，是谈判推销人员应具有的基本技能之一。由于受一些不良风气影响，社会上办事不请客、送礼，什么事都办不成，导致一说起礼物，人们便立即深恶痛绝，这其实是一种不问青红皂白的过激行为。其实，无论是企业还是个人交往，正确地使用礼物，可以加深相互之间的关系，增进情谊。即使我们对此表示否定，也仍不能阻止企业与个人之间的礼尚往来，如此倒是把我们自己的交往途径给堵死了。只是，有些企业运用得当，不违法、不乱纪，起到了正常的沟通作用，而有些企业则将此用过了头，走上了犯罪道路。

1. 礼物类型

为此，我们应认清礼物的类型、特征、目的等，以辨别是非，把礼物用在正常的人类交往活动中。礼物一般分为五种类型。

(1) 纪念性礼品。就是为了纪念某一项活动、事件，而向参与者赠送的小件物品。比如举行工程奠基剪彩仪式，主办方向与会人员发一个精美的小皮包，上面印着此次活动的具体事件内容、日期，以示纪念。可以作为纪念性礼品的小件商品有许多种，一般常见的有笔、包、杯、表等。

(2) 广告性礼品。就是企业为了宣传自己的产品，将企业或产品的信息印在所赠送的物品上，起到了广告宣传作用。这类礼品多种多样，前些年常见的有挂历、贺卡等，近年来又有新发展，有一种与任何可用小商品重合的趋势。

(3) 馈赠性礼品，就是企业向自己的客户赠送的一些稍微有些价值的礼品。这些礼品各式各样，不受限制，价值一般在几十元至几百元不等。一般常见的是烟酒、食品、饮料、土特产等。

(4) 贵重性礼品，就是一些价值较高的商品。往往是一些企业为了解决一些较难解决的困难时，花费气力攻破关键人物时采用的方法。这种方法已属于行贿范畴，收礼者属于受贿。正当经营的企业不应采用这种方法。这类礼品价值较高，少则几千元，多则上万元，甚至更高。常见的礼品如钻戒、项链、电脑、家具、高档时装等。

(5) 特殊性礼物。这类礼品是以一种特殊形式表现出来的，如宴请、舞会、旅行等。这类礼品往往是企业为了加强与客户沟通，邀请客户一起游玩，费用全包的方法。

一般来说，在国内、国际正式的社交活动中，因公赠礼时，不允许选择以下几类物品作为赠予交往对象的礼品：一是现金、信用卡、有价证券；二是价格过于昂贵的奢侈品；三是烟、酒等不合时尚、不利于健康的物品；四是易使异性产生误解的物品；五是触犯受赠对象个人禁忌的物品。

2. 馈赠礼品的选择

礼品的选择应遵循三个原则：贵巧、贵小、贵少。同时馈赠礼品时还要注意下列事项。

1) 要考虑对方的兴趣爱好

每个人都有自己的兴趣、爱好，选择礼品时对此一定要有所考虑，不可盲目。有些顾客爱喝酒，谈判推销人员就得与其杯盏相碰，若是领着对方去游泳，顾客可能就不高兴。有些顾客爱打球，若是强劝喝酒，顾客可能就会很恼火。送礼并非都是值钱才能办事。有些人看重名声胜过钱财，企业就可以送锦旗，不送值钱的东西。有个厂长爱钓鱼，一个推销员就时常约他一起到乡下鱼塘边消遣。有个主管爱下象棋，结果一个企业就派该厂一个象棋迷与之对决。

2) 要选择受赠者没有或缺少的、具有民族文化特色或地方特色的礼物

造型奇巧、晶莹剔透的欧洲玻璃器皿，精美华贵的中国刺绣和丝绸制品，以及做工考究的景泰蓝，还有展示各国风情的绘画作品等，都常常被人们选来作为珍贵的礼物互相赠送。工厂、企业则常把自己精制的产品或产品模型作为礼品馈赠客户，不但可以促进友好交往，往往还可以起到比广告宣传更好的作用。

3) 要侧重于礼品的精神价值和纪念意义

礼物是情感的载体。任何礼物都表示送礼人的一片心意，或酬谢、祝贺、孝敬、关爱等。所以，你选择的礼品必须与你的心意相符，并使受礼者觉得你的礼物非同寻常，倍感珍惜。因此，选择礼物时要考虑到它的思想性、艺术性、趣味性、纪念性等多方面因素，力求别出心裁、不落俗套。

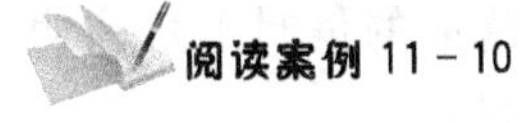
阅读案例 11-10

北京大学赠送连战的礼物

2005年4月29日，连战访问北京大学，获得一份特殊的礼物：母亲赵兰坤女士在76年前毕业于燕京大学的学籍档案和相片，其中包括在宗教系就读的档案、高中推荐信、入学登记表、成绩单等，大多是她亲笔写的字。在这份特殊的礼物面前，一贯严谨的连战先生也难掩内心的激动。他高举起母亲年轻的照片，然后细细端详，眼里泛着晶莹的泪光。

这一刻，他满脸都是幸福的微笑。

资料来源：梁兆民，张永华．现代实用礼仪教程[M]．西安：西北工业大学出版社，2010.

4）要注意受赠对象的禁忌

禁忌的产生大致有几个方面的原因。

（1）纯粹由受赠对象个人原因所造成的禁忌。例如，向一位从来不抽烟、不喝酒的长辈赠送烟酒；向一位刚刚中年丧妻的男士赠送情侣表、情侣帽、情侣眼镜，都可能会让对方不舒服。

（2）由于受赠对象的自尊和在某些方面的不足造成的禁忌。1989 年，英国前首相撒切尔夫人送给法国总统密特朗一本英国作家狄更斯 1859 年撰写的小说《双城记》。这部小说把法国大革命时期的暴力和恐怖同当时英国生活的平静作了比较。法新社当即评论说："这份礼物不能平息法英两国在本周末巴黎七国首脑会议上的争执，甚至可能适得其反。"可见民族自尊心使密特朗对此难于领情。

（3）由于风俗习惯、宗教信仰、文化背景以及职业道德等原因形成的公共禁忌。这就更不能忽视。比如在我国，一般不能把与"终"发音相同的钟表送给上了年纪的人；友人之间忌讳送伞，因为"伞"与"散"谐音。意大利人忌讳送手帕，因为手帕是亲人离别时擦眼泪之物；而向妇女赠送内衣，这在欧美国家的风俗中是很失礼的。另外，"13"这个数目在欧美一些国家更是送礼时应当避开的。茉莉花和梅花也不要送给中国香港人，因为"茉莉"与"没利"谐音，梅花的"梅"与倒霉的"霉"同音。中国内地的人送礼不会送"小棺材"，但中国香港人青睐红木制作的小型棺材摆件，寓意为"升官发财"。

5）注意赠礼的场合

赠礼场合的选择是十分重要的。通常情况下，当着众人的面只向某一位赠送礼品是不合适的，给关系密切的人送礼也不宜在公开场合进行。只有象征着精神方面的礼品才适宜在众人面前赠送，如锦旗、牌匾、花篮等。

6）注意赠礼时的态度和动作

赠送礼品时，需要平和友善的态度、落落大方的动作并伴有礼节性的语言，才宜于受礼者接收礼品。那种做贼一般将礼品悄悄置于桌下或房中某个角落的做法，不仅达不到馈赠的目的，甚至会事与愿违。

11.4.6 宴会礼仪

1. 发出邀请

各种宴请一般均发请柬，这既是礼貌，同时也起到提醒被邀请人的作用。请柬一般要提前 3～7 天发出。正式宴会，最好还要在发出前安排好席位，并在请柬的信封下角注明席位号。请柬发出后，应及时落实应邀情况，以便于安排、调整和布置。

2. 宴会的桌次、位次

举行宴会需要按桌次、位次对来客进行排列。一般的顺序是按职务、年龄、性别等由高向低排列，即同龄中按职务排列，同职中按年龄排列，同职、同龄中按性别排列(女性排在前)。在实际操作中，还应考虑各地的风俗习惯。

1）桌次安排

桌次的安排要注意以下几个原则。

（1）面门为上。

（2）中间为上。

（3）右高左低。

（4）近为上，远为下。各桌次的尊卑，应根据该桌子与主人所在桌子的距离而定，离主桌近的为尊，远的为卑。

座位位次的设计，还有一些特殊情况应注意，要随机而变。比如观看演出时，面向舞台的座位为尊，背靠舞台的座位为卑。观赏礼花、焰火、赏月、观景等，也是以利于观赏的座位为尊。另外，一般认为靠墙者为上，靠过道者为下，靠窗者为上，靠门者为下，等等。

2）西餐座位位次

西餐的座位位次与中餐略有区别，桌子是长方形时，位次排列原则可概括为以下几点。

（1）女士优先。与中餐不同的是，西餐中往往是女主人坐主人座位，男主人在第二主人的座位。

（2）以右为尊。男主宾座位在女主人的右侧，女主宾的座位在男主人右侧。

（3）交叉排序。就餐时，男女交叉入座，生人与熟人交叉入座。

（4）恭敬主宾。西餐以主宾为尊，主宾是宴会关注的中心。无论是年长者，还是女士，在主宾面前，都退为次要角色，让位于主宾。

3. 餐桌上的礼节

当主、客双方入座之后，宴会即将开始，这时，礼节仍在继续，甚至更为讲究，不可忽视。

1）餐具

中餐餐具一般较简单，除了筷子，还有勺、碟、盘、碗等。使用方法没有什么讲究。而西餐就有许多讲究。如西餐使用时，右手持刀，左手使叉，将食物切成小块之后再用叉子送入口中。吃西餐时，按刀叉的摆放顺序，由外往里取用。每次切食物时，要轻轻用刀，不要让盘子发出声响。

可通过刀叉摆放向侍者暗示用餐者是否已吃完某一道菜肴。其具体方法是：

如与人攀谈时，应暂时放下刀叉。其做法是，将刀叉刀右、叉左，刀口向内，叉齿向下，呈汉字的“八”字形状摆放在餐盘之上。它的含义是此菜尚未用毕。但要注意，不可将其交叉放成“十”字形。如果吃完了，或不想再吃了，则可以刀口向内、叉齿向上，刀右叉左地并排纵放，或者刀上叉下地并排横放在餐盘里。这种做法等于告知侍者，本人已用好此道菜，请他连刀叉带餐盘一块收掉。

除了喝汤，不用勺子进食。喝汤时用深盘或小碗盛汤，用匙舀汤时，应由内向外舀起。当舀不到汤时，可将汤盘向外微微倾斜。

2）吃相

当主人招呼大家开始吃菜时，客人方可吃。主人一般应先招呼主宾，然后大家一起动手。大型宴会往往由服务员将菜分份端到每人面前，这时，端上的菜应吃干净。如果哪道菜不喜欢，可以少要一点或告诉服务员自己不喜欢。不允许剩在自己面前。如果要表示敬意，为客人夹菜时，可以在服务员送上的清洁盆内蘸一下，然后动手。喝饮料时要咽下食物再喝，切不要发出“嘶嘶”声响。如果吃黏糊食物，吃过后应用餐巾纸擦一下嘴，以免嘴唇上沾有糊状物。说话时应将食物咽下后再说。咀嚼时不要发出“巴叽”声。吐剩余物时，应用餐巾纸接住，放在盘中。吐骨头、鱼刺时可以直接放在盘中。盘满时，可以让服务员换上干净盘子。咳嗽或打喷嚏时应离席。如果太突然、来不及时，应转过身子，用手捂住嘴。用纸巾擦干净后，应向邻座表示歉意。剔牙时不要用手，要用牙签，且须用另一手捂住嘴。全部饭菜吃完，应招呼客人，询问吃好了没有，还需要什么，得到大家回答后，即可离席了。

3）酒令

所谓行酒令，是中国特有的一种饮酒文化。即为了使宴会气氛活跃，主人以各种游戏方式与客人娱乐，输者喝酒。最常见的有如下几种。

（1）猜拳。也叫划拳。游戏方法是两人进行，双方同时喊出一个数字(10以内均可)，并伸出单手手指，两人的手指数加在一起，谁喊出的数字正确，谁算获胜方。猜拳时必须喝酒。有的一令一杯，有的两令一杯，双方须事先约定。输的一方不能不喝。我国有些地区把这种礼节看得很重，如果输了不喝，对方就会恼怒，有时甚至撕打起来。如果不胜酒力，最好不要猜拳，以免引起不快。

（2）压指头。也叫大压小。游戏方法是双方同时伸出一只手指，以大拇指、食指、中指、无名指、小指再大拇指这样的顺序依次相压，谁在上谁获胜，输者喝酒。

（3）老虎杠。游戏方式是双方手持一根筷子，敲击桌沿或碗沿同时喊“鸡、虎、杠、虫”中的任何一字，然后看看谁被对方“吃”掉，即：“虫”吃“杠”“杠”吃“虎”“虎”吃“鸡”“鸡”吃“虫”。被“吃”者就是输者，输者喝酒。

（4）猜“宝”。游戏方法是主人手持一“宝”(可以是火柴、牙签或纸团等随处可取之物做宝)，然后背过双手，将“宝”在双手中任意放置，之后伸出一只手给对方，让对方猜这只手中有没有“宝”。猜中为“赢”，猜不中为“输”，输者喝酒。

（5）接成语。游戏方法是主人起头说一句四字成语，然后从客人开始往下按成语最后一个字的发音，作为下一个成语的第一个字音，接着说一个新的成语，直到接不下去的那一个人为输者。比如“春暖花开”，下一个接“开源节流”，下一个又接“流水不腐”……直到某一个人接不下去为止，接不上者为“输”，输者喝酒。

（6）吟诗词。游戏方法是主人说一句或两句诗词，诗句中必须有一个什么字，比如“春”字，然后下一个接着吟，也必须有一个指定的字(比如“春”字)，直到有人答不上来为止，答不上来者为“输”，输者喝酒。

总之，行酒令的方法还有许多种，各地又有不同。推销员应入乡随俗，按当地风俗规则执行。

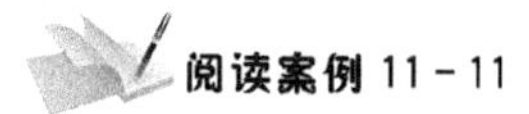
阅读案例 11-11

中国人“请客吃饭”

这一行为中就蕴含着许多中国的风俗文化，并非西方人所能理解。首先，主人请客人吃饭时，一般在第一次的邀请发出时，客人要表示拒绝，因为这是一种礼貌和客套。几经推托后，客人便说“恭敬不如从命”，意为接受邀请。接着主人会问客人喜欢吃什么。中国的礼貌要求客人此时该说没什么特别喜好，吃什么都可以。如果主人坚持，客人可提一个十分大众化的简单的菜，价格十分便宜，表示不希望主人“破费”。

如果到主人家吃饭，主人往往会准备许多道菜肴。用餐过程中，主人会频频为客人斟酒，而不是客人自己倒酒。碰杯时，一方要将自己的杯沿略低于对方，以表示对对方的尊重。同桌就餐的所有人，吃的是一样的饭菜，由此建立一种平等的感觉。不论有多少人在一起吃饭，只要在一张桌子上，往往大家都聊一个话题，而不是三个一组、两个一对分开聊。同一餐桌上，地位高的人往往主宰或左右这一桌人的谈论话题。他或她讲话的机会也往往最多，其他人说话常常是为了迎合他们。此外，请客时，人们往往不会吃光盘子里的菜，总要剩下一些表示吃不下了。这样也会使主人显得慷慨大方，使主人脸上也有“光”。如果菜全吃光，对中国人来讲，就意味着有人没有吃饱、没吃好，主人会觉得有失面子，脸上无“光”。

资料来源：黄昌年．公共关系学教程[M]．杭州：浙江大学出版社，2007.

11.4.7 舞会礼仪

1. 邀请舞伴礼仪

交际舞的特点是男女共舞。在正常情况下，两个女性可以同舞，但两个男性却不能同舞。只要参加了舞会，男女即使彼此不相识，也都可以互相邀请，通常是由男士主动邀请女士共舞。男士邀请舞伴时应姿态端庄、彬彬有礼地走到女士面前，微笑点头，同时伸出右手，掌心向上，指向舞池并说：“我可以请您跳舞吗?”如果被邀女士的丈夫或父母在场，要先向他们致意问候，得到同意后方可邀请女士跳舞。待舞曲结束后，要把女士送回原座并致谢。

2. 拒绝邀请礼仪

参加舞会不仅要求男士彬彬有礼，女士也应落落大方。如果女士要拒绝某位男士的邀请时，应遵循以下原则。

(1) 女士如不愿与前来邀请的男士跳舞，应婉言拒绝，而不能蛮横无理或露出轻视别人的表情。一旦婉言谢绝别人的邀请后，在一曲未终时，自己就不要再同别的男性共舞。否则，会被认为是对前一位邀请者的蔑视，会造成对前者自尊心的伤害，这是很不礼貌的。

(2) 当女士拒绝某位男士的邀请后，如果这位男士再次前来邀请，且并无不礼貌的举止和表现，在无特殊情况的条件下，不妨答应与之共舞。

(3) 如果两位男士同时邀请一位女士跳舞，最礼貌的做法是同时礼貌拒绝两位邀请者。如果已同意其中一位的邀请，对另一位则应表示歉意，礼貌地说：“对不起，下一曲与您跳好吗?”

3. 跳舞者的风度

跳舞时应注意以下几方面。

(1) 跳舞者舞姿要端正、大方和活泼，整个身体应始终保持平、正、直、稳，无论是进、退，还是向左、右方向移动，都要掌握好重心。跳舞时，男女双方都应面带微笑，表情自然，不要左顾右盼、心不在焉或表现出不耐烦的样子；说话要和气，声音要轻细，不要旁若无人地大声谈笑。

(2) 跳舞时动作要协调舒展，和谐默契，双方身体应保持一定距离。男方不要强拉硬拽，女方不可挂在、扑在对方身上，或臀部撅起、耸肩挺腹，驼背屈身，这样不但让对方有不胜负担之苦，自己也有失雅观。

(3) 男方用右手扶着女方腰肢时，正确的手势是手掌心向下向外，用右手大拇指的背面轻轻将女方挽住，而不应用右手手掌心贴女方腰部；男方的左手应让左臂以弧形向上与肩部呈水平线抬起，掌心向上，拇指平展，只将女伴的右掌轻轻托住，而不是随意地捏紧或握住。女方的左手应轻轻地放在男方的右肩，而不应勾住男方的颈脖。跳舞时双方握得或搂得过紧，都是有失风度的。

11.4.8 拜访礼仪

拜访作为交往的重要方式，已越来越受到人们的重视。拜访是指个人或单位代表以客人的身份去探望有关人员，以达到某种目的的社会交往方式。实质上拜访是拜会、会见、拜见、访问、探访等的统称。

1. 预约

预约是指拜访前向对方提出拜访的恳请，以征得对方的同意。通过预约可以使拜访顺理成章，免做不速之客。预约的具体要求如下。

(1) 时间的选择。这是对方是否接受拜访的首要条件。若是公务拜访应选择对方上班的时间；若是私人拜访，应以不妨碍对方休息为原则，尽量避免在吃饭时间、午休时间，或者是在晚上10点钟之后登门。一般说来，上午9～10点钟，下午3～4点钟或晚上7～8点钟是最适宜的时间。

(2) 地点的选择。地点的选择有三个：办公室、家里、公共娱乐场所。这要视拜访的具体目的而定。若是公务拜访则应选择办公室或者娱乐场所，若是私人拜访则应选择家里或者娱乐场所。

(3) 拜访的目的。拜访的目的要具体。如果对方拒绝拜访，要委婉地问对方何时有时间，何种情况下可以拜访；如遇对方确实忙，分不开身，则说："没关系，以后再联系。"

2. 赴约的准备

当拜访者的预约得到肯定的答复之后，就要做认真的赴约准备。赴约准备充分与否，直接影响到拜访目的的实现。一般情况下，赴约的准备包括：①服饰仪表要得体；②内容材料要详细；③交通路线要具体；④名片礼品要备齐。

3. 意外情况的处理

爽约很难让人产生信赖感，因此，有约一定要守时。如果确实由于特殊原因而不能按时赴约，一定要想办法通知对方，并诚恳地说明爽约的原因，并表示歉意。如实在来不及或没有办法通知对方，一定要在过后及时向对方说明原因，并表示歉意。在致歉的同时还可提出重新安排拜访的时间、地点，并在拜访时对上次的爽约作些解释，以取得对方的谅解。

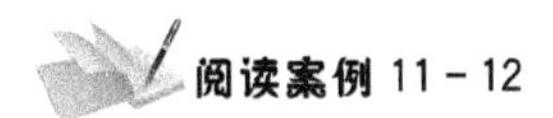
阅读案例 11-12

失败的拜访

某照明器材厂的业务员小刘按约定，带着企业新设计的样品，兴冲冲地来到“××贸易公司”，脸上的汗珠未来得及擦一下，便直接走进了业务部李经理的办公室，正在处理业务的李经理被吓了一跳。“对不起，这是我们企业设计的新产品，请您过目。”小刘说。

李经理停下手中的工作，接过小刘递过的照明器，随口称赞道：“好漂亮啊!”并请小刘坐下，倒上一杯茶递给他，然后拿起照明器仔细研究起来。小刘看到李经理对新产品如此感兴趣，如释重负，便往沙发上一靠，跷起二郎腿，一边吸烟一边悠闲地环视着李经理的办公室。当李经理问他电源开关为什么装在这个位置时，小刘习惯地用手搔了搔头皮。好多年了，别人一问他问题，他就会不自觉地用手去搔头皮。虽然小刘作了较详尽的解释，李经理还是有点半信半疑。谈到价格时，李经理强调：“这个价格比我们预算高出许多，能否再降低一些?”小刘搔了搔头皮，反反复复地说：“造型新、寿命长、节电。”李经理托词离开了办公室，只剩下小刘一个人。小刘等了一会儿，感到无聊，便非常随便地抄起办公桌上的电话，同一个朋友闲谈起来。这时，门被推开了，进来的不是李经理而是办公室的秘书，他代表李经理婉言谢绝了合约事宜。

讨论：

你认为小刘这样的做法对吗？为什么？

资料来源：王剑，张岩松．现代公关礼仪[M]．西安：西安电子科技大学出版社，2009.

11.4.9 接待礼仪

接待是指个人或单位以主人的身份招待有关人员，以达到某种目的的社会交往方式。在接客、待客、送客的过程中，接待者都要讲究一定的礼仪规范，每个环节都要有一定的要求。

1. 接待的准备

1）时间

作为接待者，无论是因公接待还是接待朋友，都要记清来访者的日期和具体时间。要在来访者到达之前，做好各方面的准备工作。如果来访者事先没有通知，不期而至，接待者无论工作多么繁忙，也要立即停止，热情待客。

2）场所

接待场所即我们通常说的会客室。在客人到达前要根据具体情况，把会客室精心收拾一番，摆放一些鲜花。一般情况下应先打扫卫生，适当准备一些香烟、水果、饮料、茶具等。如果是商业或其他公务会谈，还应准备一些文具用品和可能用上的相关资料，以便使用和查询。

3）接站

来访者到来之前，要了解客人是乘坐什么交通工具而来。如果是带车来访，那么就在自家门口做好准备即可；如果是乘汽车、火车、飞机、轮船而来，就应做好接站的准备。接站时如单位有车应带车前往车站、码头或机场候客，同时还要准备一块接客牌，上面写上“迎接×××代表团”或“迎接×××同志”或“××接待处”等字样。迎接时要举起接客牌，以便客人辨认。妥善做好这些工作，能给客人以热情、周到的感觉，不至于因环境不熟、交通不便给客人带来困难和麻烦。

4）食宿安排

食宿，首先要了解客人的生活习惯；其次要尽力而为，不铺张浪费。

5）接待的规格

要根据客人的具体情况进行安排，不可过高，也不可过低，同时要根据不同的规格，安排主要接待人员。这些工作都要在客人到来之前做好，否则客人来时就会造成没人照应的尴尬场面。接待的规格主要有以下几种。

(1) 对等接待。这是指陪同人员与客人的职务、级别等身份大体一致的接待，这在接待工作中是最常见的。一般来讲，来的客人是什么级别，本单位也应派什么级别的同志陪同；在家庭中则是谁的朋友谁接待。单位领导或家庭中其他人只做礼节性的看望即可。

(2) 高规格接待。这是指陪客比来客职务高的接待。做出这样的安排主要出于以下几种情况的考虑：一是上级领导机关派工作人员检查工作情况，传达口头指示；二是平行机关派工作人员来商谈重要事宜；三是下级机关有重要事情请示；四是知名人物来访谈或做报告。总的来说，之所以要高规格接待是由于重要的事情重要的人物需有关负责人直接出面。

(3) 低规格接待。这是指陪客比来客职务低的接待，这也是一种常见的接待方法。比如：上级领导来调查研究、视察工作，来客目的是参观学习等等，都可作低规格接待处理。但在这种接待中要特别注意热情、礼貌。

2. 迎客礼仪

1）会面

“出迎三步，身送七步”这是我国迎送客人的传统礼仪。接待客人的礼仪要从平凡的举止中自然地流露出来，这样才能显示出主人的真诚。客人在约定的时间按时到达，主人应提前去迎接。如果是在家庭中接待朋友，最好是夫妇一同出门迎接客人的到来。见到客人，主人应热情地打招呼，主动伸出手相握，以示欢迎，同时要说“您路上辛苦了”“欢迎光临”“您好”等寒暄语。如客人提有重物应主动接过来，但不要帮拿客人的手提包或公文包。对长者或身体不太好的客人应上前搀扶，以示关心。

2）乘车

上车时，接待者应为客人打开车门，由右边上车，然后自己再从车后绕到左边上车。车内的座位，后排的位置应当让尊长坐(后排两人座，右边为尊；三人座中间为尊，右边次之，左边再次)，晚辈或地位较低者，坐在司机旁边的座位。如果是主人亲自开车，则应把司机旁边的位置让给尊长，其余的人坐在后排。在车上主人应主动与客人交谈，同时还可以把本地的风土人情、旅游景点介绍给客人。车到地点后，接待者应先下车，为客人打开车门，请客人下车。

3）入室

下车后，陪客者应走在客人的左边，或者走在主陪人员与客人的后面。到会客室门口时，主陪人员或陪客者应打开门，让客人先进，并将室内最佳的位置让给客人。同时，还要按照礼仪把客人介绍给在场的有关人员。

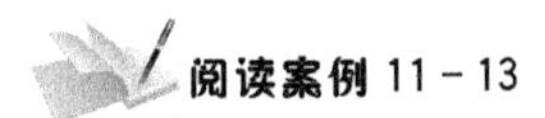
阅读案例 11－13

周到的接待

天津市HN公司总经理电话唤来销售部部长Q女士，告之：经公司领导去上海考察，我公司准备购进上海SY公司的产品生产线。意向书已电传给对方，SY公司已经答复16日来津洽谈，估计洽谈时间3天左右，请你们销售部就这几天的活动安排写一份计划送给我。16日的活动和最后一天的活动我参加，其他的活动由Z副总经理负责接待。活动安排尽量体现我们的热情、诚恳，突出一些特色，上午尽量不要安排活动。Q女士接到任务后，马上回到办公室召集属下进行研究，经过一天多紧张的工作，一份详细的活动计划安排摆放在总经理的办公桌上。

16日：安排客人住在丽都大酒店；晚宴设在“狗不理”大酒楼“迎宾居”。

17日：早餐在丽都大酒店餐厅就餐；中餐在丽都大酒店小餐厅吃自助餐。

下午参观天后宫、文化街，游览市容；晚餐在起士林西餐厅，晚餐后去金海马夜总会。

18日：早餐在丽都大酒店餐厅就餐；中餐在鹏天阁海鲜楼就餐；下午登天津电视塔；晚餐在全聚德烤鸭店就餐。

19日：去蓟县盘山，登黄崖关长城、游清东陵。

礼品：天津十八街麻花，杨柳青年画。

总经理看了这份计划说：“活动安排得挺紧凑，噢！我差点忘了，你们再准备几份请柬，邀请P副局长、商委的G主任参加16日的活动。”

资料来源：袁革．商务谈判 案例式现代商务谈判教程[M]．北京：中国物资出版社，2007.

本章小结

1. 礼仪的构成要素包括礼仪主体、客体、媒介和环境。礼仪的核心是尊重。推销与谈判的礼仪具体包括仪表、仪态、交际礼仪等。

2. 整洁的容貌，得体的服饰，神采奕奕的精神面貌都是仪表礼仪的重要组成部分。还要知道着装的原则、着装色彩等。

3. 要运用端正的站姿、稳重的坐姿、优雅的步态、正确的手势、面部表情与体态、微笑、认真的眼神打动客户，体现推销人员良好的气质和修养。同时要把握正确的交谈距离。

4. 在与客户接触中，推销员还要讲究必要的交际礼仪，在访问、接待、做介绍、握手、交换名片、称呼、馈赠、宴会、舞会等方面都要遵守一定的规则和礼节。

关键术语

礼仪　　商务礼仪　　推销礼仪　　TPO原则　　仪表礼仪　　仪态礼仪

思考与应用

一、单项选择题

1. 新顾客可以接纳推销员进行推销洽谈的区域，大约是(　　)的范围

A. 30公分范围内　　B. 0.3米～1米
C. 1～3米　　D. 3米以上

2. 着装原则不包括以下哪一原则？(　　)
A. 整洁原则　　B. 整体原则　　C. 同色原则　　D. 个性化原则

3. 下列有关男性推销员穿西装的说法正确的是(　　)。
A. 选择西装，最重要的是价格和品牌
B. 非正式场合，可穿单件上装配以牛仔裤
C. 西装袖口商标可以不拆掉
D. 如不系领带，衬衫可不扣领口

4. 推销员在选择与服装搭配饰物时，不可(　　)。
A. 首饰尽量少戴　　B. 要符合质地和色彩搭配的原则
C. 炫耀自己财富的首饰要多戴　　D. 胸针适合女性一年四季佩戴

5. 着装的TPO原则中的“P”指的是(　　)。
A. 场所　　B. 时间　　C. 目的　　D. 对象

6. 在吃西餐时如果将刀叉并排纵放在盘内是表示(　　)。
A. 已经吃完或不想吃　　B. 还未吃完
C. 吃的不满意　　D. 再来一份

7. 在递送名片时要求呈递者(　　)。
A. 必须双手呈送名片
B. 不允许使用单手呈递名片
C. 一般情况下用双手呈递，如果确实不能用双手，单手也可
D. 可用左手递，右手接

二、多项选择题

1. 推销人员的着装应(　　)。
A. 体现个人的爱好和品位　　B. 体现对客户的尊重
C. 必须穿西装打领带　　D. 协调得体，整洁自然
E. 必须全是名牌

2. 尊重他人的有什么(　　)原则。
A. 接受对方　　B. 重视对方　　C. 讨好对方
D. 赞美对方　　E. 即时补充对方

3. 下面有关着装配色说法正确的是(　　)。
A. 肤色红润、粉白，穿绿色服装效果会很好
B. 肤色黑，不宜穿颜色过深或过浅的服装
C. 年长者、身份地位高者，上浅下深选择的搭配
D. 体形肥胖的人适合穿色彩明亮度高的浅色服装
E. 皮肤发黄的人，不宜选用半黄色、土黄色、灰色的服装

4. 一般来说，在国内、国际正式的社交活动中，因公赠礼时，不允许选择(　　)物品作为赠予交往对象的礼品。
A. 是现金、信用卡、有价证券

B. 是价格过于昂贵的奢侈品
C. 是烟、酒等不合时尚、不利于健康的物品
D. 是易使异性产生误解的物品
E. 是触犯受赠对象个人禁忌的物品
5. 礼品的选择应遵循(　　)原则。
A. 贵巧　　B. 贵小　　C. 贵少
D. 贵重　　E. 贵在价值
6. 举行宴会需要按桌次、位次对来客进行排列，桌次的安排要注意(　　)原则。
A. 左高右低　　B. 面门为上　　C. 中间为上
D. 右高左低　　E. 近为上，远为下
7. 下列关名片接法正确的是(　　)。
A. 应当双手捧接，或以右手接过
B. 应当双手捧接，或以左手接过
C. 接到名片后，可立即放入裤袋中
D. 接名片后，最好将客户的姓名、主要职称、身份等认真捧读一遍之后，以示敬意
E. 同时应点头致谢，或重复对方所使用的谦词敬语，不可一言不发

三、判断题

1. 推销人员接过名片后，要随手把名片放进口袋里或手提包内。(　　)
2. 在馈赠礼品时，礼品越贵重越能增加谈判的成功率。(　　)
3. 吃西餐使用刀叉时应左手持刀右手持叉。(　　)
4. 宴请的席位安排应遵循“近高远低，右高左低”的原则。(　　)
5. 上下级握手，下级要先伸手，以示尊重。(　　)

四、简答题

1. 推销人员的着装原则有哪些?
2. 送礼有什么方法和技巧?
3. 如何进行服装色彩的搭配?
4. 为什么在人际交往中需要多一点微笑?怎样才能做到恰到好处的微笑?
5. 在为他人做介绍的次序是什么?应注意哪些问题?
6. 握手的次序是什么?握手时应注意哪些问题?
7. 简述名片的递接和保管礼仪。

五、问答题

S君是一个不拘小节的人，对待任何事情都抱着无所谓的态度，但参加过几次谈判，受到挫折后，改变了这种习惯和态度。①参加宴会时，由于衣冠不整，不修边幅，被酒楼大堂服务员拦在门外，经有关人员通融才让进去。②坐在沙发上，身体弯靠在沙发扶手上，被经理狠狠地瞪了一眼。③在宴会进行中，咀嚼声音较大，引起很多人注视。④在闲谈中，未经别人同意，坐在三位女士的身旁，听其谈论内容，后被对方礼貌地支走。⑤跳舞时由于离舞伴太近，且动作有些不雅，遭到舞伴拒绝。

问题：S君没有遵守哪些礼仪规范，正确的礼仪规范应是怎样的?

【实训项目】

◎内容

仪态训练

◎目的

锻炼同学良好的站姿、坐姿、走姿。

◎步骤

(1) 站姿训练：①个人靠墙站立，每天一次。②在头顶放一本书使其保持水平，促使人把颈部挺直，下巴向内收，上身挺直，每天训练20分钟左右，每天一次。

(2) 坐姿训练：按坐姿基本要领，着重脚、腿、腹、胸、头、手部位的训练，可以配舒缓、优美的音乐，以减轻疲劳，每天训练20分钟左右，每天训练，经常坚持。

(3) 走姿训练：在地面上画一条直线，行走时双脚内侧踩在绳或线上。若稍稍碰到这条线，即证明走路时两只脚几乎是在一条直线上。训练时配上行进音乐，音乐节奏为每分钟60拍。

案例分析

一次漏洞百出的接待

小张今年大学毕业，刚到一家外贸公司工作，经理就交给他一项任务，让他负责接待最近将到公司的一个法国谈判小组，经理说这笔交易很重要，让他好好接待。

小张一想这还不容易，大学时经常接待外地同学，难度不大。于是他粗略地想了一些接待顺序，就准备开始他的接待。小张提前打电话和法国人核实了一下来的人数、乘坐的航班以及到达的时间。然后，小张向单位要了一辆车，用打印机打了一张A4纸的接待牌，还特地买了一套新衣服，到花店订了一束花。小张暗自得意，一切都在有条不紊地进行。

到了对方来的那一天，小张准时到达了机场，谁知对方左等不来右等也不来。他左右看了一下，有几位老外比他还倒霉，等人接比他等得还久。他想，该不会就是这几位吧？于是又举了举手中的接待牌，对方没有反应。等到人群散去很久，小张仍然没有接到。于是，小张去问询处问了一下，问询处说该国际航班飞机提前了15分钟降落。小张怕弄岔了，赶紧打电话回公司，公司回答说没有人来。小张只好接着等，周围只剩下那几位老外了，他想问一问也好。谁知一询问，就是这几位。小张赶紧道歉，并献上由八朵花组成的一束玫瑰，对方的女士看看他，一副很好笑的样子接受了鲜花。小张心想，有什么好笑的。接着，小张引导客人上车，客人们便拿着大包小包地上了车。

小张让司机把车直接开到公司指定的酒店，谁知因为旅游旺季，对方早已客满，而小张没有预定，当然没有房间。小张只好把他们一行拉到一个离公司较远的酒店，这家条件要差一些，至此，对方已露出非常不愉快的神情。小张把他们送到房间，一心想将功补过的他决定和客人好好聊聊，这样可以让他们消消气，谁知在客人房间待了半个多小时，对方已经有点不耐烦了。小张一看，好像又吃力不讨好了，以前同学来我们都聊通宵呢！小张于是告辞，并和他们约定晚上七点饭店大厅等候，公司经理准备宴请他们。

到了晚上七点，小张在大厅等，谁知又没等到。小张只好请服务员去通知法国人，就这样，七点半人才陆续来齐。小张想，法国人怎么睚眦必报，非得让我等。到了宴会地点，经理已经在宴会大厅门口准备迎接客人，小张一见，赶紧给双方作了介绍，双方寒暄后进入宴席。小张一看宴会桌，不免有些得意：幸亏我提前做了准备，把他们都排好了座位，这样总万无一失了吧。谁知经理一看对方的主谈人正准备坐下，赶紧请对方到正对大门的座位，让小张坐到刚才那个背对大门的座位，并狠狠瞪了小张一眼。小张有点莫名其妙，心想：怎么又错了吗？突然，有位客人问："我的座位在哪里?"原来小张忙中出错，把他的名字给弄错了。法国人都露出了一副很不高兴的样子。好在经理赶紧打圆场，神情愉快地和对方聊起一些趣事，对方这才不再板面孔。一心想弥补的小张在席间决定陪客人好吃好喝，频繁敬酒，弄得对方有点尴尬，经理及时制止了小张。席间，小张还发现自己点的饭店的招牌菜辣炒泥鳅，对方几乎没动，小张拼命劝对方尝尝，经理满脸愠色地告诉小张不要劝，小张不知自己又错在哪里。好在健谈的经理在席间和客人聊得很愉快，客人很快忘记了这些小插曲。等双方散席后，经理立即更换了负责接待的人员，并对小张说：“你差点坏了我的大事，从明天起，请你另谋高就。”

就这样，小张被炒了鱿鱼，但他仍不明白自己究竟错在哪里？

资料来源：周晓琛．商务谈判理论与实践[M]．北京：知识产权出版社/中国水利水电出版社，2004.

【思考与分析】

1．你认为小张究竟错在哪里？

2．他应该如何改进？

第12章 推销与谈判的语言沟通技巧

教学要求

知识要点	能力要求	相关知识
倾听	(1) 了解倾听的好处和影响倾听的因素 (2) 理解积极倾听的 SIER 模式和有效倾听技巧	(1) 倾听的好处 (2) 积极倾听的 SIER 模式 (3) 影响倾听的因素 (4) 有效倾听技巧
陈述与幽默	(1) 了解幽默的技巧 (2) 理解陈述的要领	(1) 陈述的要领 (2) 幽默的技巧
提问与答复	(2) 了解提问的障碍和类型 (3) 理解答复技巧	(1) 提问的障碍 (2) 提问的类型 (3) 答复技巧
辩论与拒绝	(1) 了解辩论的注意事项 (2) 理解辩论的方法和拒绝的方法	(1) 辩论的方法 (2) 辩论的注意事项 (3) 拒绝的方法

导入案例

业务员宴请客户

有一天，一个业务员宴请客户。开宴时间快到了，客人只来了一半，业务员有些着急，忍不住自言自语道："怎么该来的还没来呢？"

有的客人一听，心里凉了一大半："他这么说，想必我们是不该来的。"于是有一半人拍拍屁股走了。

业务员一看许多客人离开了，着急地说："怎么不该走的走了？"

剩下的人听了，心里特别有气："这不是当着和尚骂秃驴吗？看来我们是该走的。"于是剩下的客人又走了一半。

业务员急得直拍大腿："嗨！我说的不是他们啊！"余下的人听了，这是什么话？不是说他们，那是说我们啦！于是在座的客人全走了，客房里只剩下一位平时和业务员关系较密切的客人。

最后这位客人奉劝业务员："说话前要先用脑子想想，不然说出去的话就收不回来了，覆水难收啊！"

业务员一听，急忙辩解："我并不是叫他们走啊！"

这位客人一听也火了："不是叫他们走，那就是叫我走了！"说完，头也不回，扬长而去。

资料来源：张满林．管理学理论与技能[M]．北京：中国经济出版社，2010.

推销与谈判中，语言沟通贯穿始终。如果说，推销员的根本任务是劝说潜在顾客购买推销员推荐的产品，那么，谈判双方的根本任务则是劝说对方接受自方的观点与条件，这其中语言是传递信息的载体，是沟通双方情感的纽带，是实现交易的重要手段。概括而言，语言沟通的技巧主要表现在“倾听”“陈述”“提问”“答复”“辩论”和“拒绝”等几个方面。无论从传递信息、获取信息，还是从建立信任、提高效率等角度来看，掌握这些沟通的技巧都是非常重要的。

12.1 倾　　听

12.1.1 倾听的好处

尼尔伦伯格在他的《谈判的艺术》一书中明确指出，倾听是发现对方需要的重要手段。这说明，倾听在沟通过程中起着非常重要的作用。实践证明，只有在清楚地了解了对方观点和立场的真实含义之后，推销员或谈判者才能准确地提出己方的方针和政策。因此，推销员或谈判者一定要学会如何“倾听”，在认真、专注地倾听的同时，积极地做出反应，以获得良好的谈判效果。而不要独占任何一次谈话，“霸王硬上弓”式的谈话常常会引起对方的反感，一个只会滔滔雄辩的推销员，虽然是口才的巨人，却只能是业绩上的侏儒。美国谈判和推销专家麦科马克认为，如果你想给对方一个丝毫无损的让步，你只要倾听他说话就成了。倾听就是你最省钱的让步。另外好的聆听带来的好处有：一是使别人觉得自己被欣赏和有价值；二是减少错误和误会，因而节省时间；三是增进信任程度和合作意向，有助于更快地解决问题。

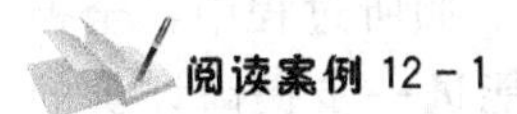
阅读案例 12-1

古时候，曾经有一个小国的使者到中国来，向中国皇帝进贡了三个一模一样的金人。皇帝高兴坏了。可是这个小国使者在进贡时出了一道题目：这三个金人哪个最有价值？

皇帝想了许多的办法，请来珠宝匠检查，称重量，看做工，都是一模一样的。怎么办？使者还等着回去汇报呢！泱泱大国，怎能被这个小问题难倒？

最后，有一位退位的老大臣说他有办法。

皇帝将使者请到大殿，老臣胸有成竹地拿着三根稻草，插入第一个金人的耳朵里，这稻草从另一边耳朵出来了。插入第二个金人的稻草从嘴巴里直接掉出来，而第三个金人，稻草进去后掉进了肚子，什么响动也没有。老臣说：第三个金人最有价值！使者默默无语。答案正确。

这个故事告诉我们，最有价值的人，不一定是最能说的人。上苍给我们两只耳朵、一个嘴巴，本来就是让我们多听少说的。善于倾听，才是成熟的人最基本的素质。

资料来源：万小遥，钟祥凤．小笑话，大智慧[M]．北京：中华工商联合出版社，2006.

12.1.2 积极倾听的 SIER 模式

美国的朱迪·C·皮尔逊博士把“听”分为两种形式，即积极地听和消极地听。

在重要的洽谈中，倾听者聚精会神，调动知识、经验储备及感情等，使人脑处于紧张状态，接收信号后，立即加以识别、归类、解码，作出相应的反应表示理解或疑惑、支持或反对、愉快或难受等。这种与谈话者密切呼应的听，就是积极倾听。积极倾听既要有对语言信息的反馈，也有对非语言信息即表情、姿势等的反馈。聆听一次思想活跃、观点新颖、信息量大的谈话，倾听者甚至比谈话者还要疲劳。因为倾听的人总要不断调动自己的分析系统，修正自己的见解，以便与说话人同步思维。

面对一般性质的谈话，倾听者会处于比较松弛的状态中，如闲谈、一般性介绍等，这时，人们都在一种随意状态中接受信息，这就是消极倾听。

一般而言，积极倾听有助于我们更客观地了解信息，启发思维。但在多数情况下，消极倾听也是一种必要的自我保护方法。消极倾听会有助于推销员放松神经，更好地恢复体力、精力。

积极倾听的SIER模式：积极地感知Sensing、解释Interpreting、评价Evaluating和响应Responding客户的口头或非口头信息的感知过程。这个模式认为积极倾听是一个包含四个层次的逐级深化体系，是各个层级的组合体。积极倾听要求听者对信息源保持高度的关注，排除一切干扰，以完全接收和记住某些特定的信息，并去解释感知到的有意义的相关信息、含意和反应。

（1）感知。这是积极倾听第一层次的活动，即看见、听见或注意到的语言或非语言的信息。集中注意力，与顾客进行眼神接触，不打断顾客的谈话，鼓励顾客说出更多的细节，让顾客提供完整的信息，这一切都能提高感知的效果。

（2）解释。解释是对接收到的潜在顾客的信息进行正确解读，明确发送者的真实意图。要准确地解释顾客，就必须注意顾客的形体语言与非形体语言，而且还要注意分析信息发送者的经历、知识和态度，在顾客没有讲完之前不要去评价所陈述的内容。

（3）评价。当顾客充分陈述完意见后，从积极倾听的角度看需要推销员表明自身是否同意顾客的意见，并提炼出事实性的结论。在顾客未充分表述之前，推销员提前阐明自身的观点，就会抑制顾客的信息或简单地赞同等，给准确沟通带来障碍。倾听过程中，全神贯注，适时地总结所感知到的重点，发展共同感兴趣的谈话领域，能进一步提高评价的技巧。

（4）响应。响应是指在听完之后对顾客发送的信息做出积极反应。通过向顾客提供信息反馈，可能使沟通双方达成共识，促成进一步的表述。对顾客的响应可以采用点头、微笑、恰当的随声附和、以柔和的姿势和表情制造轻松的气氛等形体语言的形式，也可以采用复述、转述等语言交流的形式。

12.1.3 影响倾听的因素

有关研究表明，即使是积极地听对方讲话，听者也仅仅能记住不到50%的讲话内容，而且其中只有1/3的讲话内容按原意听取了，1/3被曲解了，而另外1/3则根本没听进去。这说明，听是存在障碍的，换句话说，有许多因素影响听的效果。影响倾听的因素主要有以下几个方面。

1）倾听者精力不集中

推销或谈判是一桩劳神费力的活动，如果日程安排较紧，而人员又没有得到充分休息，特别是在中后期，因连日征战，精力消耗很大，容易出现精力不集中而少听或漏听的现象。

2）倾听者思路较对方慢

由于人与人之间客观上存在着思维方式的不同，如果谈判双方是属于两种不同思维类型的人，让思维速度较慢的人去听发散型的人即思维速度较快的人发言时，那么，就会产生思路跟不上对方或因思路不同而产生少听、漏听的现象。

3）倾听者知识水平有限

洽谈总是针对专业知识进行的，如果洽谈者对专业知识掌握有限，在洽谈中一旦涉及这方面问题，就会难以理解。尤其是在涉外谈判中，还有一个语言问题，更容易导致倾听的障碍，影响“倾听”的效果。

4）倾听者带有偏见

在洽谈中，往往存在以下几种偏见：一是洽谈者先把别人要说的话定个标准或价值上的估计，喜欢听自己想听的话，不想听的就不听。他们常常根据自己过去的经验把别人的话限制在自己所设的某种条件中，这样就不能真正理解对方的话。二是因为讨厌对方的外表而拒绝听对方讲话的内容。三是为了急于判断问题而耽误听。

5）外界环境的干扰

由于环境的干扰，常常会使人们的注意力分散，影响倾听的效果。比如，天气的突然变化而电闪雷鸣，过往的行人及飞过的鸟，都会使洽谈者的精力分散。有实验证明，一个人同时听两个信息，而往往只能复述其中一个人的讲话内容。这正如荀子在《劝学篇》中所说：“耳不能两听而聪。”

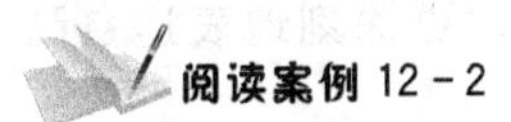
阅读案例 12-2

倾听障碍引起的命令误传

据说，美军1910年的一次部队的命令传递是这样进行的：

营长向值班军官传达命令：明晚大约8点左右，哈雷彗星将可能在这个地区被看到，这种彗星每隔76年才能看见一次。命令所有士兵着野战服在操场上集合，我将向他们解释这一罕见的现象。如果下雨，就在礼堂集合，我为他们放一部有关彗星的影片。

值班军官向连长传达命令：根据营长的命令，明晚8点哈雷彗星将在操场上空出现。这种现象每隔76年才会出现一次。如果下雨，就让士兵穿着野战服列队前往礼堂，这一罕见的现象将在那里出现。

连长向排长传达命令：根据营长的命令，明晚8点，非凡的哈雷彗星将身穿野战服在礼堂中出现。如果操场上下雨，营长将下达另一个命令，这种命令每隔76年才会出现一次。

排长向班长传达命令：明晚8点，营长将带着哈雷彗星在礼堂中出现，这是每隔76年才有的事。如果下雨，营长将命令彗星穿上野战服到操场上去。

班长向士兵传达命令：在明晚8点下雨的时候，著名的76岁的哈雷将军将身着野战服，开着他那“彗星”牌汽车，经过操场，前往礼堂。

资料来源：毛晶莹．商务谈判[M]．北京：北京大学出版社，2010.

12.1.4 有效倾听技巧

要获得良好的倾听效果，必须掌握以下的技巧。

1）养成专注的习惯

“用三只耳朵来倾听，第一只专门聆听客户说些什么，第二只专门倾听他们不说什么，而第三只则细听客户想要说，却不知该怎么说的东西。”即使是自己已经熟知的话题，也不可充耳不闻，万万不可将注意力分散到研究对策问题上去，因为万一讲话者的内容为隐含意义时，我们没有领会到或理解错误，会造成事倍功半的效果。与对方谈话时，一定要清楚地听出对方谈话的目的和重点，从中发掘顾客的真正需求。这是倾听中最为重要的问题。

2）要通过记笔记来集中精力

通常，人们当场记忆并将内容全部保持的能力是有限的。为了弥补这一不足，应该在听讲时做大量的笔记。记笔记的好处在于，一方面，笔记可以帮助自己回忆和记忆，而且也有助于在对方发言完毕之后，就某些问题向对方提出质询；另一方面，通过记笔记，可以给讲话者留下重视其讲话的印象，同时会对讲话者产生一种鼓励作用。

3）要克服先入为主的倾听做法

先入为主的倾听往往会扭曲说话者的本意，忽视或拒绝与自己心愿不符的意见，这种做法实为不利。因为，听话者不是从谈话者的立场出发来分析对方的讲话，而是按照自己的主观框框来听取对方的谈话。其结果往往是使听到的信息变形地反映到自己的脑海中，导致自己接受的信息不准确、判断失误，从而造成行为选择上的失误。所以，必须克服先入为主的倾听做法，将讲话者的意思听全、听透。

4）要主动与对方反馈

要使自己的倾听获得良好的效果，不仅要潜心地听，还要做出反馈性的表示，如以口头语言、面部表情或动作向对方表达你对他的话语的了解程度，或者是要求对方澄清或阐释他所说的话语。这样对方会因你如此专心地倾听而愿意更多、更广、更深刻地表达自己的观点。

5）要尊重对方的表达

尊重对方的表达就是不要轻视对方而抢话、急于反驳。人们在轻视他人时，常常不自觉地表现在行为上。在谈判中，这种做法是有百害而无一利的。因为这不仅表现出自己的狭隘、浅薄，更重要的是难以从对方的谈话中得到己方所需要的信息。同时，轻视对方还可招致对方的敌意，甚至导致谈判关系的破裂。在谈判中，抢话不仅会打乱对方的思路，也会影响自己倾听对方的全部讲话内容。抢话往往会阻塞双方的思想和感情交流的渠道，对创造良好的谈判气氛非常不利，对良好的收听更是不利。

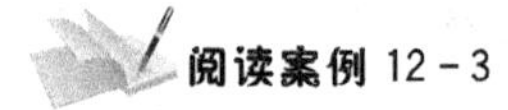
阅读案例 12-3

我是看你老实又很尊重我，才向你买车的

有一位汽车推销人员，经过朋友介绍去拜访一位曾经买过他们公司汽车的客户。一见面，这位推销人员照例先递上名片：“我是某某汽车推销人员，我姓……”才说几个字，就被客户以十分严厉的口吻打断，并且开始抱怨当初他买车时的种种不悦的过程，其中包含了报价不实、内装及配备不对、交车等待过久、服务态度不佳……讲了一大堆，结果这位新推销人员被他吓得一句话也不敢说，只是静静地在一旁等待。终于，等到他把之前所有的怨气一股脑儿吐完，稍微喘息一下时，才发觉这个推销人员好像以前没见过，于是便有一点不好意思地回过头来问他说：“年轻人，你贵姓啊，现在有没有好一点的汽车，拿一份目录来看看吧!”30分钟后，推销人员拿着两辆车的订单高兴地走了。其成功的原因就在于顾客的一句话：“我是看你老实又很尊重我，才向你买车的。”

资料来源：唐涛．如何当好营销员[M]．北京：地震出版社，2005.

12.2 陈述与幽默

在商务谈判中，陈述是一种不受对方所提问题的方向、范围制约，带有主动性的阐述，是一种重要的交流和沟通方式。因而，它的主动性特征强，不像“答复”要受到对方提出问题的方向及范围的制约。参与谈判各方在这个陈述的过程中交流信息，让对方明白己方的意图，尽最大努力确保交易达成。因此，谈判人员能否正确有效地运用陈述的功能，把握陈述的要领，会直接影响谈判的效果。

12.2.1 陈述的要领

1. 必须坚持以对方为中心的原则

推销真正的主角是顾客，推销语言艺术的成功之处，并不在于用强大的语言攻势去征服顾客，强行推销他们根本不需要的产品，这会导致潜在顾客对推销员建立起心理上的自我防御，将推销员拒之门外，并为推销带来负面宣传。一旦潜在顾客对推销员产生信任危机，推销工作就会变得困难重重。在推销商品的过程中，不要把说服的重点放在夸耀自己的产品上，而忽视对顾客切身利益的考虑，否则，将很难使自己所推销的产品与顾客的利益结合起来，顾客也不会对所推销的产品产生兴趣，推销就难以成功。

推销语言艺术是研究“怎样赢得顾客”，推销员必须认真研究顾客的需要，围绕顾客的需求去宣传，围绕顾客的切身利益展开说服工作，重点要放在能够满足顾客哪些需要，解决顾客哪些问题，循循善诱，实事求是，运用以顾客为中心的句式、词汇，如“您是否认为……”“知道你们……我……”让顾客自己下结论、拿主意，赢得顾客的理解和信任，在满足顾客需要的基础上获得推销的成功。

谈判亦是如此，一定要考虑对方的需要和接受状况。

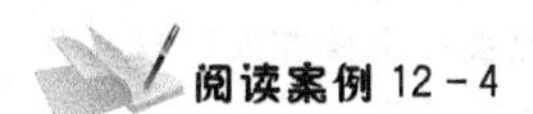
阅读案例 12-4

“用您”

“为找货源，我差点跑断了脚。寻找仓库，又费了我好多时间，找车皮跑运输，我又搭进了不少人情。现在市场下跌，我们又一再减价又要损失一笔，可你们还是不买，这让我回去怎么交代?”

“如今生意难做，为你备货就得多跑点路。为了使你的货不受损失，储存与运输都得格外小心。为了让你早日提货，与运输部门得搞好关系。这批货你肯定能很快出手。因为进货价格低，市场虽有些疲软也保你能赚上一笔。你要是还想多买点，还可以再为你破例杀价。你的意见如何呢?”

同样的内容，“用我”与“用你”结果有什么不一样？体会下面两句话：

“知道你们重视质量，我特地带齐了所有的测试证明与数据，请你过目鉴定。”

“知道你们资金周转上有困难，可以先收货后付款。”

资料来源：吴海东．推销策略与艺术[M]．重庆：重庆出版社，2008.

2. 必须话度适中的原则

谈判桌上是对手，谈判场外是朋友；每临大事有静气，凡遇原则皆商量；重大问题不让步，次要问题得饶人处且饶人；军师之智和大将风度集于一身。谈话彬彬有礼，处事富于情感又不乏理智；意志顽强又善于适度适时让步；善于交际又不失原则，长于用谋又无可挑剔；威而不怒，严而不骄，冷而不寒，热而不燥，不卑不亢，落落大方。

这一切都需要话度适中的原则。话度适中是指与说话语言艺术相关的各种因素都要掌握适度的原则，防止“过犹不及”。话度包括：听度、力度、深度、信度等。

首先，注意听度，也就是让听者可以接受的程度。会说的不如会听的。表述中注意渗入听者顺心的话以及某些靠近其所想的条件。听者自然爱听，注意听。要激发对方的兴趣，语出惊人，造成悬念，引人入胜，适应语境。否则，听者将跟不上谈判思路，就摸不到谈判的脉搏，更达不成协议。

**阅读案例 12－5**

从前有个技艺高超的理发师，给宰相修面修到一半时把眉毛刮掉了，急中生智停下刀看着宰相的肚皮，仿佛要看透对方的五脏六腑。宰相问："这肚皮人人皆有，有什么好看的?"理发师解释："人们常说宰相肚里能撑船，我看大人的肚皮并不大，怎样能撑船呢?"宰相哈哈大笑，那是说宰相的气量大，能容一些小事，从不计较。理发师扑通下跪，声泪俱下请恕罪。宰相一听啼笑皆非，没了眉毛今后怎样见人。正要发怒，又想到不是说气量大又怎能治罪，于是便温和地说拿毛笔画上即可。

资料来源：董耀会，张树满．成功公关语言[M]．北京：中国经济出版社，2004.

其次是力度，说话力度是指谈判者论述中说话声音的强弱与用词的锋芒。声强表现为声音强劲有力，但不是高喉咙大嗓门；而声弱，表现为声轻而有气度，这样既使声调抑扬顿挫，又使论述内容富有感情色彩。措词要高雅，多用正面语言，不犯禁忌。谈吐不俗可以显示推销员的博学与修养，给顾客留下良好的印象，积极肯定正面语言如"您尽管放心"可以使气氛更融洽、心情更开朗，增加顾客的购买信心。

**阅读案例 12－6**

传说在明代有个理发店新开时门前贴出一副对联："磨利以须，问天下头颅几许？及锋而试，看老夫手段如何！"令人毛骨悚然，门庭冷落。另一家有一副对联"相逢尽是弹冠客，此去应无搔首人"取"弹冠相庆"，"搔首"愁也。"无搔首"即心情舒畅，发理得干净，使人舒适，果然生意兴隆。

再次是深度，指语言及其内容的深刻全面程度。在论述中，灵活变化的深度可以反映不同的论述目的。深度并不是要一味地抽象说教，而应把深奥的道理、规律用具体、生动的语言描述出来。这样能把握住事物的本质，或变无形为有形，或化抽象为具体，或将隐晦突出为显著，使谈判形象、直感，使我方的观点得到进一步的强化和充分的渲染，使谈判充满魅力。

**阅读案例 12－7**

国际奥委会主席为了能使所有著名足球队员参加奥运会，从而提高比赛水平，曾多次与阿维兰热谈判，但均遭拒绝。阿维兰热说，你为什么不仔细研究一下这个问题呢？……国际足联是靠世界杯维持生计的，因而不会轻易放人参加奥运会。我们有一套自己的程序，即 17 岁上中学(相当于柯达杯)，20 岁上高中(相当于可口可乐杯)，23 岁上大学(相当于奥运会)和攻读博士学位(相当于世界杯)，世界杯预赛是各队向国际足联提交的博士论文，如通过则是 24 位博士之一。

阿维兰热巧妙地将国际足联所组织的 4 个不同档次的足球比赛新奇巧妙地比喻为人们接受教育的 4 个从低到高的学习阶段，不仅使语言鲜明活泼、通俗易懂，给人以鲜明独特的印象，而且还能令人产生联想，让对方哑口无言，从而捍卫了自己的立场，坚持自己的意见。

资料来源：朱春燕，陈俊红，孙林岩．商务谈判案例[M]．北京：清华大学出版社，2011.

第四是信度，是指表述显得真诚实际，使其有说服力的程度。越真诚实际，说服力度越大；反之越小。"精诚所至，金石为开"。诚信对做人来讲是人格，对谈判作风而言是风格。言而有信，对手放心，以心换心，真诚求实，令双方促进良好的谈判结果达成协议。“谈心要交心，交心要知心，知心要诚心。”因此，真诚与实际决定了信度，有信度才会有说服力。

3. 语言要简洁、准确、客观真实

说话简洁，要求做到在谈判中不说多余的话，用尽可能少的句子表达更多的意思，用最简练的语言表达丰富的内容，做到说话干脆利落，对准谈判目标，不要节外生枝。同时，不要出现语言含糊不清、逻辑错乱和结结巴巴等现象。此外，语言的使用要尽可能地准确，不能歧义、多义，模棱两可，叫人捉摸不定。

为了推动谈判，表现出陈述的正式性，要尽量采用中性的、客观的、礼貌的语言，避免采用偏激的、主观的、粗俗的语言；同时，陈述应该伴以诚挚的态度，防止措辞过分夸大、情感过度渲染。平和与坦诚才会换得对方对我方陈述的重视与信任。谈判者应该明了，陈述是为了让对方了解我方的意见，而不是向对方发出挑战。

阅读案例 12－8

古代有一首“制鼓歌”，原文16个字：“紧蒙鼓皮，密钉钉子，天晴落雨，一样声音”。后来有人压缩为12个字：“紧蒙皮，密钉钉，晴和雨，一样音”。更有大胆者只留8个字：“紧蒙、密钉、晴雨、同音”。跟原文相比毫不逊色。

资料来源：朱士钊．成熟口才[M]．乌鲁木齐：新疆人民出版社，2004.

4. 使说话的声音充满魅力

除了谈话内容之外，推销员的声音本身也向顾客传达着心意和思想，语音语调直接影响着推销员表达的内容的可信性，而要发出有魅力的声音，则有以下诀窍。

(1) 语调要低沉明朗。低调的语言比高调的语言音色更丰富，更令人感觉温暖，明朗、低沉、愉快的语调最吸引人，所以语调偏高的人应设法练习变为低调，才能说出迷人的声音。

(2) 咬字清楚，适当停顿。说话最怕咬字不清，这样对方非但无法了解语意，而且还会给别人带来压迫感，纠正此项缺点的最佳方法就是经常练习大声朗诵。适当的停顿则可以整理自己的思维，引起对方好奇，观察对方反应，停顿不能太长，也不能太短，需要推销员细心揣摩其中奥妙。

(3) 音量的大小要适中。音量太大会成为噪音，非常刺耳，惹人讨厌；音量太小，则听不清楚，听得费劲。推销员应通过练习使交谈时的音量大小适中，恰好使顾客能够清楚、自然、轻松地听到推销员的说话。

(4) 注意谈话的“抑扬顿挫”，使声音充满热情。任何一次谈话的语速变化与音调高低都必须搭配得当，根据实际情况的需要妥善处理，以引起顾客的注意和兴趣，增强其感染力，而平平淡淡、四平八稳的声音只会令人厌倦。

阅读案例 12－9

有一次，意大利著名的悲剧影星罗西应邀参加工一个欢迎外宾的宴会。席间，许多客人要求他表演一段悲剧，于是他用意大利语朗诵了一段“台词”，尽管客人听不懂这段“台词”的内容，但是他那动情的声调和悲怆的表情，使客人们不禁流下同情的泪水。可一位意大利人却忍不住跑到厅外大笑不止。原来，这位悲剧明星念的根本不是什么台词，而是宴席上的菜单。仅凭语音、语调的变化就能强烈地影响人的情绪，这就是善于运用语音、语调的技巧带来的好处。

资料来源：孙汝建．社交礼仪[M]．重庆：重庆大学出版社，2010.

12.2.2 幽默

幽默意为言语或举动生动有趣而含义较深，幽默对于谈判有着不可忽视的作用。当气氛紧张时幽默就像降压灵、镇静剂一样，可以有效地缓和气氛，运用得好可以化干戈为玉帛，变紧张为愉悦，创造出友好和谐的谈判气氛。美国前总统罗斯福当海军军官时，有位好友向他问及有关美国新建潜艇基地的情况，罗斯福不好正面拒绝，就问他："你能保密吗?""能"对方回答。罗斯福笑着说："那么我也能。"对方一听也就不再问了。那如何创造和谐幽默的气氛?

(1) 快速构想。先确立目标，然后设想分几步达到目标。

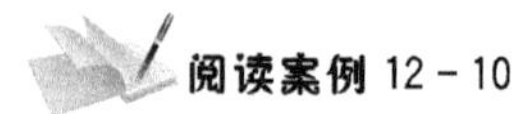 **阅读案例 12－10**

一个顾客在酒店喝啤酒，他喝完第二杯之后，转身问老板："你这一星期能卖多少桶啤酒?""7桶"，老板因生意不佳有些不悦。顾客说那么还有一个办法，能使每星期卖掉70桶。老板很惊异，忙问什么办法？很简单：每个杯子倒满就行!

先询问然后抛出诱饵，最后实现目标。

(2) 超常规联想。幽默产生于语言的反常组合，超常规的思路，思路又来源于超常规的联想。

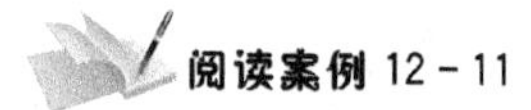 **阅读案例 12－11**

某餐馆内顾客和服务员的对话

顾客："我的菜还没做好吗?"

服务员："你订了什么菜?"

顾客："炸蜗牛。"

服务员："我下厨看一下，请稍等片刻。"

顾客："我已经等了半小时了!"

服务员："这是因为蜗牛是行动迟缓的动物。"

(3) 故意曲解。对方的话可能有多种解释，故意在字面上违背对方的意愿。如：顾客吐米饭中的砂粒。服务员说：都是砂粒吧，顾客说"不，也有米饭"。

(4) 巧妙对接。接过问句，将原有的词语或语序稍加改动，做出形式相似内容相反的回答。形式变化小，内容变化大，一小一大的反差，造成了幽默的效果。

 **阅读案例 12－12**

北京的一辆公共汽车因急刹车，有个知识分子模样的人无意撞到一个女青年身上。女青年责备说"德行"，那人解释说"是惯性"。引起乘客的笑声，女青年也笑了。

穷人："早上好，先生，你今天出来得早啊?"

富人："我出来散步，看看是否有胃口对付早餐，你在干什么？"

穷人："我出来转转，看看是否有早餐对付胃口。"

（5）一语双关。利用词语的多义或谐音给词赋予两个或两个以上的含义，使你的语言委婉、含蓄、耐人寻味。

阅读案例 12－13

罗蒙诺索夫家境贫困，童年时非常穷。他成名之后，仍然保持着朴素而简单的生活，衣着不讲究，每天研究学问。一天他遇到一个不学无术，专门讲究吃穿的人，见罗的衣服破了一个洞，就指着洞说："从这里可以看到你的学问吗？"面对他的讽刺，罗说："不，从这里可以看到愚蠢。"

（6）归谬引申。这是一种先顺着对方的思路说下去，然后当谬误十分明确时，对方自然明白自己的错误所在，达到说服的作用。

阅读案例 12－14

甲："我家有一面鼓，敲起来方圆百里能听得见。"

乙："我家有头牛，在江南喝水，头可以伸到江北。"

甲连连摇头说："哪有这么大的牛？这是在吹牛。"

乙说："你怎么连这一点都不懂，没有这么大的牛，就没有这么大的牛皮蒙你的鼓。"讽刺了甲的吹牛。

（7）语境隐含。在一定的语言环境中，一个语句可以提供它本身没能提供的信息，这就是所谓的言外之意。恰当地运用言外之意来表述自己的思想，往往能收到极佳的幽默效果。

例如，一个售货员向顾客推销鞋子，他说："请拿这一双吧，先生。它的寿命将和你的一样长。"顾客一听，微笑着说："我不相信我这么快就会死。"

在这个语境之中，顾客的话隐含着一个判断："你的鞋子质量不好，不耐穿。"但这个判断并不是"我不相信我这么快就会死"本身所包含的，而是在当时的语境下产生的言外之意，顾客以这种既委婉又富有幽默感的方式来表达批评意见，不仅表现出其自身具有较高素养，而且使得对方无法辩驳。

（8）强行推理。有这么一个笑话。两夫妻吵嘴，妻子道："你是败家子投胎，所以你才对你家里的人那么慷慨。"丈夫反唇相讥："在古代，某人向一个年轻人要个馍，年轻人用手比了一个馍给他，回去却被他父亲迎面一耳光，呵斥儿子用手把馍比大了。这么看来，你对我家的人那么吝啬，是这个老节约专家转世投胎了？"

不光只在生活小笑话中体现，在谈判中也常常使用。例如，有一位客户想买一批皮袄，却担心它怕雨水，于是问："这种皮袄我很喜欢，却不知它是否怕雨水？""当然不怕啦。"厂商代表说，"难道您见过打雨伞的兔子吗？"

这里，厂商代表运用了两个省略式的充足条件假言推理，第一个推理为：如果兔子怕雨，则兔子打伞；因为兔子不打伞，所以兔子不怕雨。第二个推理为：如果兔子不怕雨，则兔皮做的皮袄也不怕雨；因为兔子不怕雨，所以兔皮做的皮袄也不怕雨。

显而易见，这两个推理的前提都是虚假的，不管兔子怕不怕雨，它都不会打伞。因此，兔子怕雨构不成兔子打伞的充足条件，据此推出的兔子不怕雨这个结论当然是不可信的。同样道理，第二个推理的结论亦不可靠。厂商代表故意违反常识，构成前提虚假的推理，形成一种幽默，以便在轻松愉快的气氛中更好地把商品推销出去。

(9) 藏头露尾，即先提出意思不完整的结论，让听者产生某种心理期望，适时将关键的、但说者故意省略的细节抖出，造成突转的心理扑空，在无伤的变异里，获得幽默的后果。

藏头露尾实际上包括两个结论，即前结论与后结论。开始给出不确定的结论，吸引听者追问，即前结论“露尾”。在听者求证具体内容时，后结论不让“藏头”，头与尾强烈地不协调，顿时化为幽默感，让听者在说者的微“讽”中容纳说者。

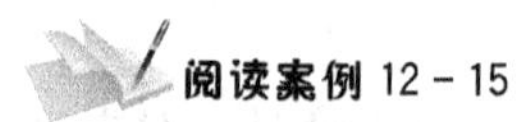

阅读案例 12-15

据说某贵妇曾问英国大作家萧伯纳：“你看我有多大年纪?”“看您晶莹的牙齿，像18岁；看您松软的头发，像19岁；看您柔细的腰肢，顶多20岁。”萧伯纳很正经地说。

贵妇高兴地笑了：“您能猜出我到底有多大吗?”

“请把刚才三个数字加起来。”

12.3 提问与答复

在洽谈过程中，推销员要善于通过精心构思的提问来引导谈话，它和倾听经常搭配使用，成为洽谈的两大重要艺术手段。推销员为了了解客户的需要和心理，会提出种种问题，这个过程就是洽谈中的询问。精心设计的、有针对性的问题，可以起到引起对方注意、引起对方对所提问题予以重视、引导话题、了解对方的现状、需求和期望相关的详细信息和证实结论等作用，从而有效地引导洽谈的进程。如：“请问，你刚才说可以按照我方条件执行?”或：“你是说……”对方承认之后，便是一种结论，以后就不便推翻了。如果在这个时候不进行询问证实，到最后签约的时候还得重新提问。那时，对方的态度就又变成了未知数。从这个层面上讲，推销人员是否善于提问，直接关系到能否把握推销主动权。

12.3.1 提问的障碍

提问也不是一件很容易的事。有些谈判者非常机警，担心透露出不该说的话。有些谈判者善于分析，会从提问者口中获得对其有用的信息。这些谈判者的存在，都会给提问增加难度。而更多的情况是提问者自己给提问设置了障碍。

1) 缺乏准备

谈判者在事先不准备，在谈判时便无从问起，或问不到关键处。谈判者事先应考虑在谈判时提什么问题，这些问题应如何表达出来，其中哪些比较重要，如果对方不回答或回答的令人不满意怎么办，等等，都需要事先做好准备。

2) 无目的性

谈判者提出的问题要与谈判目的直接相关，要为谈判进程服务，不能问一些与谈判主题毫无关系的问题。谈判的时间是有限制的，提出的问题一般不宜太边缘化，或问边缘化的问题太多。提出的问题应该是与谈判目的有联系，或能为谈判起到促进作用。

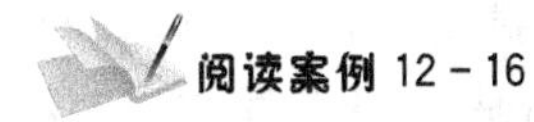
阅读案例 12-16

一位顾客坐在一家时髦整洁的餐馆桌旁，将餐巾围在颈上。这个恼怒的经理叫了一位服务员并告诉他："要策略地使他明白那样做不行。"细心的服务员对顾客说："对不起，先生，您是剃须还是剪发?"

3）羞怯心理

许多人有羞怯心理。在较大型谈判时，有许多人在场，有些谈判者害怕在人多的场合说话，一说话就脸红，于是便安慰自己，还是听别人提问吧！这是一种内向性格的反映。谈判者要求性格外向，甚至要有一些表演欲，越是人多的时候，越想表现自己。

4）不能深究

谈判者在听了对方的解释说明后，是否感到满意，或对对方所做的说明是否还有疑问，谈判者应穷追不舍，继续深究，直到彻底满意为止。如果不能深究，对方已做了说明，自己又没有获得真正有价值的信息。这样的提问其实是无效的，对谈判的目的没有帮助。

5）怕伤害感情

有时，对方露出了明显的破绽，按理应该继续追问，但迫于面子，害怕伤害对方，于是停止了提问，结果不了了之。这是心理障碍在提问时的表现。其实，持这种心理的谈判者不少，他们往往把面子看得比利益还重。当面子与利益发生冲突时，他们宁愿要面子不要利益，这样的谈判者其实没有理解谈判的要义。

6）专业外行

谈判者是本专业的行家时，谈判实力增强。反之便弱。如果一方的专业知识贫乏到了外行程度，就会严重影响到谈判的有效进行，甚至在谈判时，连问什么都不知道了。

12.3.2 提问的类型

1）封闭式提问

封闭式提问是指对回答的领域做了限定的提问，一般用是或否来回答。回答时不必花时间考虑，但往往限定了答话人的思路，有一定的引导和限制的倾向，有时会引起答话人的反感。这种问句可分为如下四种。

(1) 选择式：即给对方提出几种选择答案让他选择的问句。人们有一种共同的心理——认为说"不"比说"是"更容易和更安全。所以。内行的推销员向顾客提问时尽量设法不让顾客说出"不"字来。如与顾客订约会。有经验的推销员从来不会问顾客"我可以在今天下午来见您吗?"因为这种只能在"是"和"不"中选择答案的问题。顾客多半只会说："不行。我今天下午的日程实在太紧了。等我有空的时候再打电话约定时间吧。"有经验的推销员会对顾客说："您看我是今天下午2点钟来见您还是3点钟来?""3点钟来比较好。"

(2) 澄清式：即对某一时间的洽谈进行总结，尤其是将对方的观点以清晰的语句说出并请对方给以证实的一种问句。如"您的意思就是说价钱不是问题，问题出在交货的方式和时间上?"

(3) 暗示式：即以暗示的方法让对方对某种陈述表态的问句。如"这件衣服的式样正是当今流行的，您说呢?"

(4) 参照式：即把第三者特别是有影响的第三者的意见作为参照提出，将会对对方产生重大影响的问句。如“你们经理说这个季度要进货，时间就在本月底，那本月 30 日我们把货运过来，怎么样?”

2) 开放式提问

开放式提问是指对回答的领域没有做明确限制，通常无法用是或否来简单回答的提问。这种提问虽然能使对方畅所欲言，从而获得更多的信息，但也可能因回答得不在正点上而得不到有价值的东西。这种问句有以下三种。

(1) 商量式：即与对方商量问题的句式。通常不具有威胁性，属于征求意见的类型，如“我给你打 8 折，怎么样?”

(2) 探索式：即对于谈话中不明白的地方进行探究的一种问句。它可以使我们获得更多和更准确的信息。如“刚才您说价格高了，那么您认为这个价格应该是多少，包含什么配置呢?”

(3) 启发式：即启发对方发表意见和看法，了解对方的真实想法的问句。它有助于我们吸收新的意见和想法，如“明年楼市将处于调整期，你们对此有什么看法呢?”

12.3.3 提问的注意事项

1) 事先做好准备，简单明确提出问题。

2) 不强行追问，当对方对所提问题不感兴趣，可换个角度和问题再来提问。

3) 提出问题后闭口不言，专心等待对方回答。

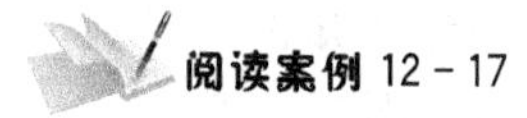
阅读案例 12 - 17

提问的技巧

阿里森是美国一家电器公司的推销员。有一天，他到一家不久以前才发展成功的新客户那里去推销一批最新开发的新型电机。这家公司的总工程师斯宾塞一看到他就不客气地说：“阿里森，你还指望我们多买你们的电机吗?”原来，这家公司认为不久前从阿里森手里购买的电机发热指标超过了正常指标，手摸上去发烫。阿里森仔细了解了情况后，知道对方的说法是不对的，因为全美电工协会规定的电机发热标准是可以比室温高 72℉(相当于 22.2℃)。但是，为了保持客户关系，阿里森在说明这一层道理时采用了逻辑诱导的提问技巧。他对这位工程师说：“你是对的，斯宾塞先生，我的意见和你的一样，如果那电机发热过高，别说再买，就是已经买的也要退货，是吗?”“是的”，斯宾塞先生做出了肯定的回答。

“当然，电机是会发热的。但是，你当然不希望它的热度超过全国电工协会规定的标准，是吗”对方又一次作了肯定的回答。

在得到对方的两个肯定回答之后，阿里森开始讨论实质性的问题了。他问斯宾塞：“按标准，电机的温度可比室温高 72℉，是吗?”

“是的!”总工程师稍微消了一点气，他说：“但是，你们的电机却比这个指标高出许多，简直让人无法用手摸。难道这不是事实吗?”

阿里森没有与他争辩，他继续问道：“你们车间的温度是多少?”

斯宾塞先生稍微想了一下，回答说：“大约 78℉(相当于 25.6℃)。”阿里森兴奋地拍拍对方的肩膀说：“好极了，车间温度是 78℉，加上应有的 72℉，一共是 150℉ (相当于 65.6℃)左右。请问，要是你把手放进 150℉的热水里，手是不是会马上缩回来?”对方不情愿地点了点头。

当看到总工程师默认的表情时，阿里森友善地拍着他的肩膀进一步解释：“手感觉到发热的温度是

120～130℉，电机的温度是完全正常的，现在你可以绝对放心了，是不是？”

最后，阿里森不仅说服了对方，消除了对方的疑虑，而又做成了一笔生意。阿里森提出的一系列问题都是对方所赞同的，使对方在一连串的“是”的回答中，不知不觉地否定了自己的看法，从而获得了谈判的成功。

在此案例中，谈判的一方通过巧妙的提问，让对方不断地说“是”，使对方在不知不觉中被诱导到己方所希望的结论中去。

资料来源：罗德．谈判不言败[M]．杭州：浙江大学出版社，2003.

12.3.4 答复技巧

有问必有答。问有技巧，回答也有技巧，问得不当，不利于谈判；答得不好，同样也会使己方陷入被动。通常，不同的人对同样的问题会有不同的回答，不同的回答又会产生不同的谈判效果。因此，一个谈判人员水平的高低，在很大程度上取决于其答复问题的水平。

1）有的放矢

有时提问者有意含糊其辞，使所提的问题模棱两可，希望答复者在答复中出现漏洞，以便有机可乘，从中获得非分之利。因此，答复者在遇到这种情况时，一定要先认真分析，探明对方真实心理，然后针对对方的心理有的放矢地进行回答。

阅读案例 12－18

美国著名诗人艾伦·金斯伯格在一次宴会上，向中国作家提出了一个怪谜，并请中国作家回答。谜面是：“把一只2.5千克重的鸡装进一个只能装0.5千克水的瓶子里，用什么办法把它拿出来？”中国作家回答道：“您怎么放进去的，我就会怎么拿出来。您凭嘴一说就把鸡装进了瓶子，那么我就用语言这个工具再把鸡拿出来。”此可谓是绝妙回答的典范。

资料来源：高歌．国际商务谈判[M]．长沙：中南大学出版社，2012.

2）点到为止

谈判者经常将对方提的问题缩小范围，或者对回答的前提加以修饰和说明，或者不做正面和深层次的回答，以达到某种特殊的效果。例如，对方询问己方产品质量如何，己方不必详细介绍产品所有的质量指标，只需回答其中主要的某几个指标，从而造成质量很好的印象。又如，对方对某种产品的价格表示关注，直接询问该产品的价格。如果彻底回答对方，把价格如实相告，那么在下一步谈判中，己方可能就会陷入被动，所以，应该首先避开对方的注意力和所提出问题的焦点，可作这样的答复：“我相信产品的价格会令你们满意，你们会对这种产品感兴趣的。”

3）以问代答

运用反问可以掩饰己方真实的意图，或者，巧妙地运用反问达到以问代答的目的。如，在一次商务谈判中，购买方对供货方的产品质量抱有怀疑。于是，购买方的谈判代表就问道：“听说，贵方产品最近销售不是很好，这是否说明贵方的产品质量存在问题？”供货方没有直接回答对方的提问，反而说道：“听说贵方在向银行申请贷款，这是否说明贵方的资金周转出现问题？”巧妙地以反问的形式间接地回答了对方的提问。

4）思而后答

一般情况下，谈判者对问题答复得好坏与思考的时间成正比。为此，有些提问者不断地追问，迫使你在对问题没有进行充分思考的情况下仓促作答，以泄露一些重要的信息。

因此，在谈判过程中，绝不是回答问题的速度越快越好，也就是说，在回答问题之前，要给自己留有思考的时间，保持头脑清醒，沉着稳健，切不可仓促作答。

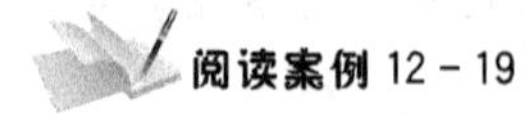

阅读案例 12－19

有一次，周总理在接见各国记者时，一位西方记者向周总理提出这样的问题："总理阁下，你们中国人为什么把路叫'马路'呢？是不是只走牲畜而不让人走了"面对这位记者的有意刁难，周总理回敬道："这个问题的提出说明你对中国太缺乏了解，我们把人走的路称为'马路'，是因为我们是社会主义国家，走的是马克思主义的道路，简称'马路'。"总理的一句巧妙而灵活的回答，令这位记者无言以对。

资料来源：刘向丽．国际商务谈判[M]．北京：机械工业出版社，2005.

5）沉默或笑而不答

在谈判中对有些问题不便回答，就可以采取沉默这种特殊的问答方式。像得体的语言一样，恰到好处的沉默同样可以取得奇妙的效果。因为我方的沉默，将使对方感到不安。沉默往往给人一种无形的压力，对方为了打破沉默，有时只好中止自己的要求，或是提出新的方案，或是自己转移话题。这便是沉默的力量。鲁迅先生曾经说过："沉默是最有力的回答!"

谈判者有回答问题的义务，但并不等于谈判者必须回答对方所提的任何问题，特别是对那些不值得回答的问题，可以委婉地加以拒绝。例如，在谈判中，对方可能会问一些与主题无关或关系不大甚至是无聊的问题，对于这样的问题，不予理睬就是最好的回答，可以一笑了之。

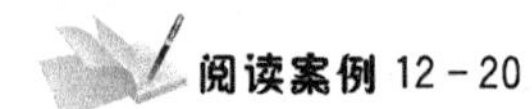

阅读案例 12－20

1945年7月，苏、美、英三国首脑在波茨坦举行会谈。会谈休息时，美国总统杜鲁门对斯大林说"美国研制出一种威力非常大的炸弹。"暗示美国已经拥有原子弹。此时，丘吉尔在一旁两眼死盯着斯大林的面孔，观察其反应。斯大林像没听见一样，以至于许多人回忆说："斯大林好像有点耳聋，没听清楚。"其实，斯大林不仅听清了这句话，而且听出了这句话的弦外之音。但在这个时候，任何方式的回答，都不如沉默应对的效果好。

资料来源：朱春燕，陈俊红，孙林岩．商务谈判案例[M]．北京：清华大学出版社，2011.

沉默，不仅可以回避对己不利的答复，还可以使对方摸不清我方的情况，因而容易取得出乎意料的成功。但是要注意，在采用沉默的方式时一定要慎重。因为如果谈判双方关系友好，这样做就显得不太礼貌，会使对方产生反感。而当对方提出的问题充满恶意，甚至损害了国家、团体和个人的尊严时，沉默会让人觉得软弱可欺。而且，在谈判处于紧张、激烈的过程时，双方都力争主动，尽可能地掌握发言权，这时如果一味采取沉默方式应答，实际上就意味着放弃发言权，很容易在谈判中处于劣势。

6）借故拖延

当对方提出问题而你尚未思考出满意答案并且对方又追问不舍时，你也可以用资料不全或需要请示等借口来拖延答复，以争取时间作进一步的思考如何来回答问题。还可以借口去洗手间，或去打个电话等等来拖延时间。

7）含蓄委婉

面对对方的提问要求是有问必答，但是对于有些问题是不能随便回答甚至是不能回答的，那么，在这样的情况下，就需要谈判者采取适当的方式委婉地答复对方，以避免直接回答对方的问题，给己方带来不利。谈判者可以采取李代桃僵、围魏救赵、推诿搪塞及诱导对方自我否定等策略含蓄地告诉对方，不便于直接回答对方所提的问题，使对方知难而退，同时给自己留有一定的余地。

阅读案例 12-21

一位颇有名气的哲学家在演讲结束后与学生交流。

一个学生问："您认为谁是当今社会最优秀的哲学家?"

哲学家答："朋友，你让我面临两难的处境，一方面，我的品格要求我谦虚，因而我不便说出这个名字；另一方面，我的品格要求我诚实，因而我又不得不说出这个名字，我这么解释，你也许已想到了这个名字，如果你没有想错，那我要谢谢你让我既保持了谦虚又拥有了诚实。"

资料来源：韩小恒．超级幽默大笑话[M]．北京：中国言实出版社，2005.

8）答非所问

答非所问在知识考试或学术研究中是一大忌，然而从谈判技巧角度看，却是一种对不能答的问题所采取的一种行之有效的答复方法。有些问题可以通过答非所问来给自己解围。例如，古代有一个较为精明的骗子，他从别人那里借来一匹马，便牵去与一个财主进行交换，财主问："你的马是从哪里来的?"他回答道："我想卖马的念头有两年了。"财主又问："为什么要换马?"他回答道："这马比你的马跑得快。"这两句话的回答是答非所问，换马的骗子就是这样运用灵巧的方式，回避了一个事实，即马是他人的，换马是想要骗走财主的马，于是此人的计谋得逞了。

谈判中我们并不主张像这个骗子一样行骗，因为谈判必须建立在相互信任的基础上，但是在双方利益发生冲突时，如何巧妙地回答对方的有关利益分割方面的问题，倒是可以从这一例中获得启示。

9）提出附加条件

如果问话中含有侵犯性的内容，就不要直接回答，而应首先设定条件再来做出回答，从而保证我方的利益不受损害。比如，有一次，一位贵妇人打扮的女人牵着一条狗登上了公共汽车，她问售票员："我给狗买一张票，让它也像人一样坐个座位行吗?"售票员的回答是："行，不过它也得像人一样，把双脚放在地上。"在这个例子中，售票员没有直接地给予否定答复，而是巧妙地根据对方设置的条件"像人一样坐着"去限制对方，提出要"像人一样把脚放在地上"的限制条件，从而轻松地制服了对方。

10）以否定前提来对付限制式提问

限制式提问就是一种将对方的问答限制在有利于发问方利益范围内的提问形式。谈判者在面对这种限制式提问时，就要采取否定前提的答复技巧来维护自身的利益。比如，有人被问"你是否已经停止打你的父亲了"。显然，这是一个限制式提问，如果简单地回答"是"与"否"，都会证明他过去曾打过他的父亲，这正好中了发问者的圈套。这人机智地回答说："我既没有停止，也没有打过。"这便是否定前提的答复法。又如，当你面对"您是买小桶的食用油，还是买大桶的食用油"的发问时，本不想买食用油的你就可使用否定前提的答复法"我根本就没有打算买食用油"以此来维护自己的利益。

阅读案例 12-22

1843年林肯与卡特莱特共同竞选伊利诺伊州议员，两人因此成了冤家。一次，他们一同到当地教堂做礼拜。卡特莱特是一名牧师，他一上台就利用布道的机会转弯抹角地把林肯挖苦了一番，到最后他说：

"女士们，先生们，凡愿意去天堂的人，请你们站起来吧！"

全场的人都站起来了，只有林肯仍然坐在最后一排，对他的话不予理睬。过了一会儿，卡特莱特又问大家："凡不愿去地狱的人，请你们站起来。"全场的人又都站起来，林肯还是依旧坐着不动。卡特莱特以为奚落林肯的机会来了，就大声说道："林肯先生，那么你打算去哪儿呢？"林肯不慌不忙地说："卡特莱特先生，我本来不准备发言的，但现在你一定要我回答，那么，我只能告诉你了，我打算去国会。"全场的人都笑了，卡特莱特闹了个没趣。

资料来源：陈双喜，巴丽，杨爱兰．国际商务谈判[M]. 北京：中国商务出版社，2006.

12）以回避的方式对付难题

谈判中双方相遇，为争得各自一方更多的利益和谈判的主动权，常常提出一些尖锐、复杂和一时难以解答的棘手问题，以此来使对手处于尴尬窘困的境地，或是直接窥测到对手的底牌。在这种情况下，处于守势的一方既要保护自己的谈判利益，不让对手获利，又要摆脱某种困境，从容地控制局面。这时就要巧妙地以回避的方式进行反击，使对方达不到预期的攻击目的。

以回避的方式问答问题主要可采用的形式有偷换概念、转移话题和无效回答。其中，无效回答是常采用的方法。所无效回答，就是表面上仍以口头语言进行答复，但是在答复中没有任何有意义的内容，信息量等于零。明朝的刘伯温，是个堪与诸葛亮相比的聪明人。有一次，朱元璋问他："明朝的江山可坐多少年？"刘伯温寻思，无论怎么回答都可能招致杀身之祸，不由得汗流浃背地伏地回答说："我皇万子万孙，何须问我。"他的这个回答用"万子万孙"的恭维话作为掩护，实际上是以"何须问我"的托词做了无效回答，朱元璋抓不到刘伯温的任何把柄，自然也就无可奈何。

阅读案例 12－23

在一个公开场合，扎伊尔总统蒙博托被一位记者提问："你很富有，据说你的财产达到1亿美元，是吗？"显然，这人提问是针对蒙博托总统政治上是否廉洁而来的。对于这个极其严肃的敏感话题，蒙博托发出长时间的大笑，然后反问道："一位比利时议员说我有60亿美元，你听说过吗？"他的这个回答，是把对方提问的话题稍加修饰后又反问过去，既让对方抓不住任何把柄，又给自己留下了充分的回旋余地。对方在这个反问式的无效回答中没有得到任何具体答案。

资料来源：朱春燕，陈俊红，孙林岩．商务谈判案例[M]. 北京：清华大学出版社，2011.

12.4 辩论与拒绝

有谈判，就有交锋。在谈判中，当双方涉及核心及实质问题时，往往要据理力争，针锋相对，不轻易在各自的原则立场上让步。如果缺少必要的交锋，就可能使我方损失本应该得到的利益。所谓针锋相对，并不是大吵大嚷，指着鼻子骂人，而是必须摆事实，讲道理，逻辑严密，语言有力。

辩论是谈判者表达自己的意见、驳斥对方的观点、谋求双方共同利益的信息交流活动，是谈判双方实现各自谈判目的的必需手段。作为谈判人员，要做到每辩必胜，一方面必须掌握正确的辩论原则与技巧，另一方面要运用客观材料以及所有能够支持己方论点的论据，才能增强己方的辩论效果，反驳对方的观点。

12.4.1 辩论的方法

1. 归纳法

归纳法是以个别的、特殊的事实推理出一般性结论的逻辑论证方法。归纳法的特征是：①先举出许多例证；②将例证中的各种共同点全部集中在自己的身上；③借此强调自己比别人优越得多。下面是一个用归纳法说服谈判对手的例子："去年A公司曾买过我们的设备，说我们的设备性能稳定，故障率低；B公司也曾买过我们的设备，也同样说我们的设备性能稳定。总之，很多买过我们设备的客户都说这种设备故障率低，生产效率又高，绝对是一个性价比高的产品。"

2. 类比法

类比法也叫"比较类推法"，是指由一类事物所具有的某种属性，可以推测与其类似的事物也应具有这种属性的推理方法。如果两个或两类事物在某些属性上相同，就可以推出它们在另一属性上也相同的结论。类比对象之间共有的属性越多，类比结论的可靠性越大。

类比法属平行式思维的方法，无论哪种类比都应该是在同层次之间进行。类比推理是一种或然性推理，其结论未必是正确的。要提高类比结论的可靠程度，就要尽可能地确认对象间的相同点。相同点越多，结论的可靠性程度就越大。因为对象间的相同点越多，二者的关联度就会越大，结论就可能越可靠。反之，结论的可靠性程度就会越小。

类比法的特点是"先比后推"。"比"是类比的基础，既要"比"共同点，也要"比"不同点。对象之间的共同点是类比法能够施行的前提条件，没有共同点的对象之间是无法进行类比推理的。

高明的生意人要学会运用类比法。例如，你想知道马的批发价格，可以先问羊的价格，再问牛的价格，再根据牛和羊的零售价和批发价的比例，结合马的零售价，推算批发价。

3. 归谬法

归谬法是指为了反驳对方的观点，充分利用条件假设判断，进行归纳或演绎推理，得出对方的观点是错误的。其具体做法为：不从正面反击对方，而是以退为进，先认为对方之言为真，再推出一个谬论，使辩论对手的观点不攻自破。

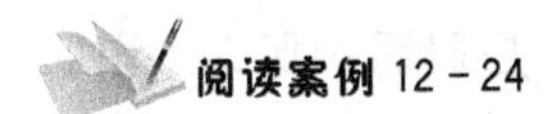
阅读案例 12-24

归谬法的运用

20世纪30年代中期，香港茂隆皮箱行由于经营有方，生意兴隆，因而引起英国商人皮尔斯的妒忌。他苦思冥想，终于想出一个搞垮茂隆皮箱行的恶毒计划。他亲自到茂隆皮箱行订购73000只皮箱，价值20万港币，合同写明1个月交货，逾期没按质按期交货，茂隆皮箱行需赔偿50%的损失费(10万港币)。

1个月到了，茂隆皮箱行经理冯灿如期交货时，皮尔斯撕开一只皮箱的衬里，指着支撑用的木料说，合同上写的是皮箱，现在却使用了木料，所以这不是皮箱。为此，他向法院提起诉讼，状告茂隆皮箱行违约，要求按合同赔偿经济损失10万港币。

开庭审理此案的法官是个英国人，他有意偏袒皮尔斯，企图判茂隆皮箱行犯诈骗罪。茂隆皮箱行请当时还不出名的罗锦文律师出庭辩护。正当皮尔斯在法庭上信口雌黄、气焰十分嚣张的时候，罗锦文律师不慌不忙地站起来，从怀里取出一只大号的英国名牌金表，举到偏心的法官面前，高声问道："法官先生，请问这是什么表？"

法官一看，就骄傲地回答道："这是伦敦出品的名牌金表。请问，这与本案有什么关系？"

"有关系！"罗锦文律师转过身来面对法庭所有的人，高声说道："这是金表，没有人怀疑了吧，但是，请问，这块金表除了表壳是金的外，内部机件都是金制的吗？"

法庭上几乎所有的人都议论纷纷："当然不是！"

罗锦文又问："那么，人们为什么又叫它'金表'呢？"

稍作停顿，罗律师又高声地说："由此可见，茂隆皮箱行的皮箱案原告故意歪曲合同上'皮箱'的词义，存心敲诈而已！"

法官在众目睽睽之下理屈词穷，只得判皮尔斯犯敲诈罪结了这起荒唐的案子。从此，罗锦文律师声名大震。

资料来源：潘肖珏，谢承志．商务谈判与沟通技巧[M]．上海：复旦大学出版社，2006.

4．两难推理法

两难推理法是指竭尽所有可能(通常是两种可能)，令谈判对手无论承认哪一种可能都必然失败的论辩方法。运用两难法，常常令对手进退不得。在商务谈判中，如果谈判所涉及的问题表现出两种可能性，而每种可能性都会导致对方无法或难以接受的结论，那么就可以运用此方法，使谈判对手不得不放弃原先的错误观点。

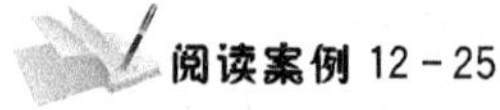
阅读案例 12－25

从前，有个皇帝向全国宣布："如果有人能说出一件十分荒唐的事，使我说出这是谎话，那么我就把我的一半江山分给他。"人们闻讯，纷纷来到王宫，说了各种弥天大谎，结果都被皇帝一一驳回。这天，一位农民挟着一个斗来到皇帝面前，说："万岁欠我一斗金子，我是来拿金子的。"皇帝很恼怒，说："一斗金子？我什么时候欠的，撒谎！"农民不慌不忙地说："既然是谎话，那就给我一半江山吧！"皇帝急忙改口说："不！不！这不是谎话。"农民笑着说："那就给我一斗金子吧！"这位农民就是巧用了两难推理法，皇帝说是谎话或不是谎话都对其不利，这就使得皇帝进退两难。

资料来源：檀明山．学会说理学会雄辩[M]．福州：海峡文艺出版社，2004.

古代唯心主义哲学家王阳明与朋友一起登山，大谈"心外无物"，不料被脚下的石头绊了一下。他便说："没想到被石头绊了一下。"朋友立即问他："你没有想到石头的存在，而石头怎么会存在呢？"王阳明无言以对。如果"没想到被石头绊了一下"是真话，那么王阳明的"心外无物"便不是真理；如果"没想到被石头绊了一下"是假话，那么王阳明会制造假话。所以，或者王阳明的"心外无物"不是真理，或者王阳明会制造假话。这两个结论都对王阳明不利。

5．条件分离法

条件分离法是指以条件命题为前提，通过肯定条件命题的前件而得出肯定其后件的结论的论辩方式。一个真实的条件命题有前件就必定有后件，断定其前件存在，自然也就可以得出肯定其后件的结论，因而条件分离法具有无可反驳的雄辩的力量。

使用条件分离法必须注意，它只能使用由肯定前件到肯定后件的形式，而不能使用由肯定后件到肯定前件的形式。因为一个真实的条件命题有前件就必定有后件，而有后件却不一定有前件。

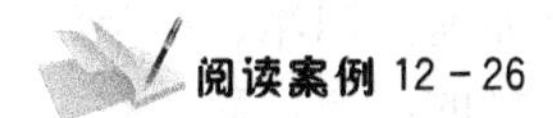
阅读案例 12－26

纪晓岚巧辩乾隆皇帝

清朝著名的雄辩家纪晓岚很受乾隆皇帝的赏识。一次，乾隆皇帝想开个玩笑，以再次检验纪晓岚的辩才，便问道："爱卿，'忠孝'二字作何解释?"纪晓岚忙答道："君要臣死，臣不得不死，为忠；父要子亡，子不得不亡，为孝。"乾隆立刻说："那好，朕要你现在就去死。""臣领命"。"你打算怎么死法?""跳河""好吧!"。

乾隆当然知道纪晓岚不可能去死，于是就静观其应对办法。不一会儿，纪晓岚回到乾隆跟前，乾隆笑道："爱卿何以未死?"

"我碰到屈原了，他不让我死。"

"此话怎讲?"

"我到河边，正要往下跳，屈原从水里向我走来，他说：晓岚，你此举大错矣！想当年楚王昏庸，我不得不死，可如今皇上圣明，你应该回去先问问皇上是不是昏君，如果皇上说他和当年楚王一样，是个昏君，你再死不迟啊!"

乾隆听后，放声大笑，连连称赞。纪晓岚此处正是使用了条件分离法。

资料来源：毛晶莹．商务谈判[M]．北京：北京大学出版社，2010.

12.4.2 辩论的注意事项

1）不纠缠细枝末节

在谈判的辩论中，要将精力集中在主要问题上，不要陷于枝节问题的无谓纠缠。反驳对方的观点时，要抓住要害问题，有的放矢；论证己方观点时，要突出重点、层次分明、简明扼要，切忌东拉西扯、言不对题。

阅读案例 12－27

20世纪50年代初，苏联驻联合国代表维辛斯基在联合国大会上发表抨击西方国家的长篇演说。讲了很长时间时，荷兰外交大臣突然插话，指出维辛斯基讲话中的一处错误。沉着冷静的维辛斯基并没有因受到突如其来的干扰而失去常态，他并不否认自己的错误，而是非常有礼貌地向那位荷兰外交大臣致谢，并机智地加上一句："既然您到现在才指出我的失误，这说明您认为我前面的话没有错误。"仅此一句，维辛斯基便摆脱了令人尴尬的困境，还使那位多嘴的荷兰外交大臣白白遭受抢白，有苦难言。

资料来源：刘向丽．国际商务谈判[M]．北京：机械工业出版社，2005.

2）切忌人身攻击

不论辩论双方如何针锋相对，谈判人员的态度应力求客观，措辞应尽量准确，绝不能用侮辱诽谤、尖酸刻薄的语言进行人身攻击，否则只能损害己方的形象，不能为谈判带来丝毫益处。在辩论中，一旦达到目的，就要适可而止，不要得理不饶人、穷追不舍，以避免将对方逼入绝境，从而强化对方的敌对心理和反击的念头。

有一则幽默故事：一位很胖的大资本家想嘲笑一下很瘦的萧伯纳。大资本家说："我一看见你，就知道你们那儿在闹饥荒。"萧伯纳回敬道："我一看见你，便知道了饥荒的原因。"在这则故事中，萧伯纳在辩论中的措辞就非常严密。

3）注意个人的举止和风度

在辩论中，谈判人员应注意仪表和举止风度。谈判中不要出现诸如唾沫四溅、指手画脚的行为，而应保持良好的仪表，这样不仅会在谈判桌上给人留下良好的印象，而且在一定程度上可以左右辩论气氛的健康发展。有时，一个人的良好形象会比其语言更具有感召力。

4）善用双关、比喻等辩论中常用的方法和技巧

在辩论中，当遇到棘手的问题不好回答或不能回答时，一语双关往往能收到出人意料的效果。

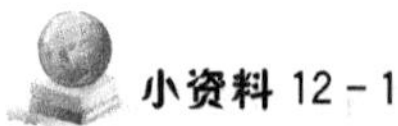

小资料 12－1

关于谈判之道，谈判专家马基雅维利曾这样说："一个老谋深算的人应该对任何人都不说威胁之词，不发辱骂之言，因为二者都不能削弱对手的力量。威胁会使他们更加谨慎，使谈判更艰难；辱骂会增加他们的怨恨，并使他们耿耿于怀地说话伤害你。"

罗宾森教授在《下决心的过程》一书中说过一段富有启示性的话："人，有时会很自然地改变自己的想法，但是如果有人说他错了，他就会恼火，更加固执己见。人，有时也会毫无根据地形成自己的想法，但是如果有人不同意他的想法，那反而会使他全心全意地去维护自己的想法。不是那些想法本身多么珍贵，而是他的自尊心受到了威胁。"

本杰明·富兰克林在自传中说："我立下一条规矩，决不正面反对别人的意思，也不让自己武断。我甚至不准自己表达文字上或语言上过分肯定的意见。我决不用'当然'、'无疑'这类词，而是用'我想'、'我假设'或'我想象'这类词。当有人向我陈述一件我所不以为然的事情时，我决不立刻驳斥他，或立即指出他的错误，我会在回答的时候，表示在某些条件和情况下他的意见没有错，但目前来看好像稍有不同。我很快就看见了收获。凡是我参与的谈话，气氛变得融洽多了。我以谦虚的态度表达自己的意见，不但容易被人接受，冲突也减少了。我最初这么做时，确实感到困难，但久而久之，就养成了习惯。也许，没有人再听到我讲过太武断的话。这种习惯，使我提交的新法案能够得到同胞的重视。尽管我不善于辞令，更谈不上雄辩，遣词用字也很迟钝，有时还会说错话，但一般来说，我的意见还是得到了广泛的支持。"

资料来源：李言．跟我学谈判口才[M]．北京：中国经济出版社，2006.

12.4.3 拒绝的方法

商务谈判中不可避免要出现拒绝对方的情况，但是拒绝并非态度生硬地回绝对方(除非是策略上的需要)，而是要有一定的技巧。有时谈判者面对老熟人、老朋友、老客户时，该拒绝的地方不好意思拒绝，生怕对方有失面子。其实，该拒绝的地方不拒绝，会给今后的签约和履约带来麻烦。因为你应该拒绝的地方，往往是你无法兑现的要求或条件，不加拒绝就意味着你承诺了自己无法兑现的要求或条件。可见，与其当不能兑现承诺而伤害双方关系，不如适时拒绝反而对双方关系的发展是一种策略上的维护，同时，恰当的拒绝也能显示己方的信心，同样也能增进对方的信心。

拒绝只是为了达到谈判目标而采取的一种手段。拒绝并非表示谈判的破裂，而是为己方争取更多的利益，其最终目的是在符合己方利益需求的基础上达成协议。拒绝要选择恰当的语言、恰当的方式、恰当的时机，而且要留有余地，巧妙地拒绝。下面介绍几种商务谈判中常见的拒绝技巧。

1. 预言法

心理学家证明，人都有一种想看透别人、了解别人的嗜好，同时又有怕被别人看透、被别人了解的心理。出于后面的这种心理，每当别人看透自己或了解自己时，人们往往会因为“文饰”心理，用相反的行动或言论伪装自己，以证明别人的看法或了解是错误的。这种现象在自尊心特别强、爱挑别人毛病的谈判对手身上表现得特别明显，而对付这种人，最好的方法就是用预言法予以拒绝。

所谓“预言法”，就是在不希望对方出现某种行为或语言时，先预言对方会出现这种行为或语言，而对方出于“文饰”心理，必然会“自觉”地避免出现这种行为或语言——这正是我方所希望的。

2. 借口法

在商务谈判中，有时会遇到这种情况：对方提出一些你无法满足的要求，而对方的来头很大，或者他曾经有恩于你，或者他曾是你非常要好的朋友。这时，如果你简单地拒绝，那么可能你的企业会遇到报复性的打击，或者你会背上忘恩负义的恶名等。对付这类对象，最好的办法是用借口法拒绝他们。

如果对方向你实施借口法拒绝你，最好的办法是直接去找提出拒绝你的人。因此，如果你向对方实施借口法，千万要注意，不要让对方见到你作为拒绝借口的人。

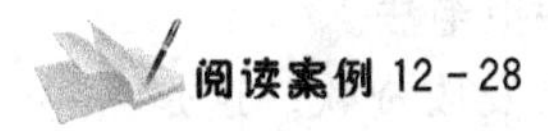
阅读案例 12-28

巧用借口法

上海某合资针织企业的产品销路非常好。有人拿了某领导的批条来找销售经理，要以低于批发价的价格购买一大批产品。销售经理看到已近中午，灵机一动，先把来人请进饭厅，招待吃饭，并对来人说：“你要的东西数量大，批价低，已经超出我的权限。不过，你放心，这件事我马上全力去办，你先吃饭。”饭后，他又对持条人说：“你的条子，要我们总经理批。可总经理刚到北京开会去了。你是否先回去，过两天再打电话来问问。”这家伙碰了个软钉子，发不出火，只好怏怏而返。

过了两天，此人打电话去问。销售经理告诉他，自己向总经理汇报过了，总经理答复：这种大事要开董事会研究。他安慰持条人，说自己会尽力向董事会争取，要持条人过两个星期再打电话问情况。持条人一听这么麻烦，心里早就凉了半截。他明白要董事会里那些外国人点头同意是不可能的事，就再也不打电话问结果了。

在此案例中，销售经理巧妙地把对方的注意力从自己身上转移到总经理身上，再转移到外国董事身上，叫他有气也无处发。

资料来源：周海涛．商务谈判成功技巧[M]．北京：中国纺织出版社，2006.

3. 补偿法

所谓“补偿法”，是指在拒绝对方的同时，给予某种补偿。这种补偿往往不是“现货”，即不是可以兑现的金钱、货物、某种利益等，而可能是某种未来情况下的允诺、某种未来场合下有条件的让步、某种未来的前景等。这样，如果再加上一番并非己所不为而乃不能为的苦衷，就能在拒绝了一个“朋友”的同时，继续保持你与对方的友谊。

从心理学角度看，这种带有补偿性质的拒绝，实际上是补偿了对方因遭到拒绝而产生的不满、失望，或者把对方的不满、失望引导到替代物上去，从而避免对方冲着你发火。

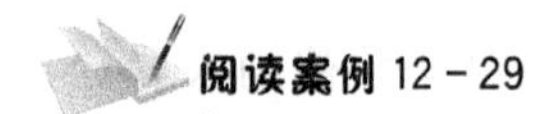

阅读案例 12－29

补偿法的运用

有一段时期，市场上钢材供应特别紧张。有家专门经营批发钢材的公司生意非常兴隆。一天，公司经理的好朋友来找他，说急需一吨钢材，而且希望价格特别优惠，要求比市场上的批发价还低10%。公司经理念在过去的亲密友谊，实在无法毫不留情地加以拒绝，所以就巧妙地用补偿法对付这位朋友。他对朋友说，本公司经营钢材是以千吨为单位的，无法拆开一吨给他。不过，总不能让老朋友白跑一趟。他提议这位朋友去找一家专门经营小额钢材的公司。这家小公司和他们有业务往来，他可以给这家小公司打招呼，以最优惠的价格(毫无疑问，这一“最优惠”的含义是模糊语言，因为再优惠也不会比市场批发价低10%)卖给他一吨。这位朋友虽遭到了拒绝，但因为得到了“补偿”，所以高高兴兴地拿着他写的条子去找那家小公司，最后以批发价买了一吨钢材。

资料来源：和月英．实用口才全书[M]．北京：北京工业大学出版社，2009.

4．条件法

在商务谈判中，赤裸裸地拒绝对方必然会恶化双方的关系，甚至导致对方对你的攻击。在拒绝对方之前，先要求对方满足你的一个条件，如对方能满足，则你可以满足对方的要求；如对方不能满足，那你也无法满足对方的要求，这就是条件拒绝法。

这种拒绝法往往被银行的信贷人员用来拒绝向不合格的发放对象发放贷款。这是一种留有余地的拒绝。银行方面的人绝不能说要求借贷的人“信誉不可靠”或“无还款能力”等，这样既不符合银行的职业道德，也意味着断了自己的财路。所以，银行方面的人总是用条件法拒绝不合格的发放对象。拒绝了对方，又让别人不朝你发火，这就是条件法的威力所在。

5．幽默法

在谈判中，有时会遇到不好正面拒绝对方，或者对方坚决不肯让步的情况，此时不妨用幽默法拒绝对方。所谓“幽默法”，就是对于对方提出的对你来说是不可接受的要求或条件，并不直接加以拒绝，而是全盘接受，然后根据对方的要求或条件推出一些荒谬的、不现实的结论，从而否定对方的要求或条件。这种拒绝法往往能产生幽默的效果，所以称为“幽默法”。

阅读案例 12－30

据说，李鸿章有个远房亲戚，不学无术，却去参加科举考试。试卷到手，他一个字也答不出来，焦急中在试卷上写上“我是当朝中堂大人李鸿章的亲戚”。无奈又不会写“戚”字，他竟然写成了“我是当朝中堂大人李鸿章的亲妻”！主考官阅卷后，批道：“所以我不敢娶(取)！”主考官非常机智，他没有直接拒绝，而是巧用“娶”和“取”构成的同音双关，既讽刺和筛掉了这个不学无术的考生，也便于向李鸿章交代。

资料来源：杨志岐．趣味公关[M]．长沙：中南大学出版社，2003.

对于语言艺术的掌握，绝非只是语言本身问题。陆游说：“汝果欲学诗，功夫在诗外。”这就是说，语言艺术水平的高低，反映着一个人知识、智慧、能力和思想修养。有人说谈判者要有哲学家的思维，企业家的头脑，外交家的嘴巴，宣传家的技巧，军事家的谋略。只有从根本上不断提高自己各方面的综合素养，才能得心应手，恰到好处地驾驭语言艺术。说到底，语言艺术只是谈判者知识、智慧、才华等内在素质的外在表现，谈判人员没有扎实的内在功夫，绝没有高超的语言艺术。

本章小结

1. 推销员或谈判者一定要学会如何“倾听”，在认真、专注地倾听的同时，积极地做出反应，以获得良好的谈判效果。积极倾听的SIER模式是指积极地感知、解释、评价和响应客户的口头或非口头信息的感知过程。推销员或谈判者要克服各种影响倾听的因素，掌握各种有效倾听技巧。

2. 陈述的要领包括坚持以对方为中心，必须话度适中，语言要简洁、准确、客观真实，使说话的声音充满魅力，其中话度包括听度、力度、深度、信度等。同时要了解幽默的技巧。

3. 克服各种提问的障碍，运用各种提问的类型，了解提问的注意事项。

4. 学会运用各种答复、辩论的技巧和拒绝的方法。

关键术语

SIER模式　归纳法　类比法　归谬法　两难推理法　条件分离法　预言法

思考与应用

一、单选选择题

1. 一次，某议员批评林肯总统对敌人的态度时，质问道：“你为什么要试图跟他们做朋友呢？你应当试图去消灭他们！”林肯温和地(　　)议员无语。林肯的回答有4种答案可供选择：

A. 说道：“那我们的敌人不是越来越多了吗？”

B. 说道：“我难道不是在消灭他们吗？当我使他们变成朋友的时候！”

C. 说道：“多一个朋友总比多一个敌人来得好！”

D. 摇了摇头。

2. 有位百万富翁花巨款装了一只义眼，这只义眼简直可以以假乱真。他颇为得意，常常在人们面前炫耀他的义眼。有一次，他碰到马克·吐温，照例要炫耀一番，问道：“先生，你能猜出来吗？我的哪只眼睛是假的？”马克·吐温一本正经地指着他的左眼说：“这只是假的。”百万富翁惊诧地说：“你怎么知道的？根据什么，这只义眼有很多人看不出来！”马克·吐温笑着说道：“(　　)”

A. 是因为有人早就告诉了我。

B. 是因为义眼再逼真也是假的。

C. 是因为你的这只眼睛里还有那么一点点慈悲，因此断定它是假的。

D. 是因为我早年做过眼科医生。

3. 1999年第79届美国小姐选美大赛拉下了帷幕，肯塔基小姐法兰奇在各项综合项目成绩名列前茅的情况下，以一首“我们永远不说再见”的歌曲夺得冠军。当时一位特别刁钻的评委提了一个特别的问题：“法兰奇小姐。你是不是那种什么都会一点儿，但哪样都不精通的人？”法兰奇十分巧妙地回答：“(　　)”这一回答征服了观众，也征服了评委，把她最后送上了冠军的宝座。

A. 你要是停止了学习，那你也就停止了生命。

B. 哪种都会一点儿，也可以哪样都精通。

C. 哪样都不精通的人，才会永远不停地学习。

D. 我对哪种都永远不说再见！

4. 曹睿是三国时魏文帝曹丕和甄氏所生的儿子，自幼聪明，深得曹丕喜爱。后来，曹丕又宠爱上了郭贵妃。郭贵妃设计害死了甄氏，成为皇后。曹睿明白郭贵妃为了要斩草除根，迟早要对自己下毒手。一次，曹睿跟父皇曹丕上山打猎，突然窜出一只母鹿和小鹿。曹丕搭箭将母鹿射死，小鹿一见母鹿倒地，围着母鹿哀鸣不肯离去。曹睿一见此情景，立即联系到自己的身世，不由得伤感起来。这时，曹丕急了，大声叫道：“孩儿，快射小鹿！”曹睿机智地回答了一句，使得曹丕以后精心培养曹睿，立他为太子，把皇位也传给了他。曹睿是这样说的：“(　　)”

A. 皇上，小鹿太可怜了，儿臣不忍心射杀它！

B. 皇上已射杀了它的母亲，儿臣怎么忍心再去杀害那头已经失去了母亲的小鹿呢？

C. 皇上，儿臣想到，小鹿失去了母亲是可怜的孤鹿，儿臣失去了母亲是可怜的孤儿！

D. 皇上射杀哺乳中的母鹿已是不仁，儿臣又怎忍心再射杀小鹿呢？

5. 著名戏剧家萧伯纳善于向一切人学习。有一次在苏联访问期间，他在街上看见一个小姑娘，可爱极了。萧伯纳鹤叟童心，停下来同她玩，并对小姑娘说：“你知道我是谁吗？”小姑娘摇了摇头。萧伯纳认真地说：“别忘了回去告诉你妈妈，就说今天同你玩的是当今世界的大文豪萧伯纳！”萧伯纳以为小姑娘会惊喜万分，不料小姑娘回答了一句话，使萧伯纳深有感触地说：“一个人不论取得多么大的成就，都不能自夸，都应该永远谦虚，这就是那个小姑娘给我的教育！”小姑娘的这句话是：“(　　)”

A. 萧伯伯，您怎么会说自己有多么了不起呢？请您回去以后也告诉您的妈妈，就说今天同您玩的是一位苏联小姑娘！

B. 萧伯伯，您怎么可以自我夸耀呢，这是不好的品质呀！

C. 萧伯伯，谦虚使人进步，骄傲使人落后！

D. 萧伯伯，您再这么自夸的话，我就不和您玩了！

6. 在商务谈判中，最好的提问技巧是提一些(　　)。

A. 使对方捉摸不定的问题　　B. 对方敏感而且难以回答的问题

C. 使对方感兴趣的话题　　D. 对方能回答的问题

7. 能够控制谈判方向的技巧是(　　)。

A. 问　　B. 答　　C. 听　　D. 看

二、多项选择题

1. 在推销洽谈中倾听对方讲话时，推销人员必须掌握的倾听技巧主要有(　　)。

A. 养成专注的习惯

B. 要通过记笔记来集中精力

C. 要克服先入为主的倾听做法

D. 遇上对方误解时，要立即辩解

E. 要主动与对方反馈

2. 积极倾听有助于我们更客地了解信息，启发思维，那积极倾听的 SIER 模式包括(　　)。

A. 感知　　B. 解释　　C. 专注

D. 评价　　E. 响应

3. 谈判人员能否正确有效地运用陈述的功能，把握陈述的要领至关重要，陈述的要领包括(　　)。

A. 必须坚持以对方为中心的原则

B. 必须话度适中的原则

C. 语言要简洁、准确、客观真实

D. 说话的声音要洪亮

E. 说话的声音要充满魅力

4. 陈述时要坚持话度适中的原则，话度包括(　　)。

A. 听度　　B. 力度　　C. 深度

D. 信度　　E. 宽度

5. 提问也不是一件很容易的事，也有很多障碍，提问障碍包括(　　)。

A. 缺乏准备　　B. 不强行追问　　C. 不能深究

D. 怕伤害感情　　E. 专业外行

6. 在谈判中，当双方涉及核心及实质问题时，往往要据理力争，针锋相对，要运用适当的辩论方法，辩论方法包括(　　)。

A. 补偿法　　B. 类比法　　C. 归谬法

D. 两难推理法　　E. 条件分离法

7. 拒绝要选择恰当的语言、恰当的方式、恰当的时机，下列(　　)方法属于拒绝技巧。

A. 补偿法　　B. 预言法　　C. 归谬法

D. 归纳法　　E. 条件法

三、判断题

1. 遇上对方误解时，要做滔滔雄辩。　　(　　)

2. 倾听比说、问、答、辩更容易，可以让人比较松弛、比较放松神经。　　(　　)

3. 低调的语言比高调的语言音色更丰富，更令人感觉温暖。　　(　　)

4. 答非所问从谈判技巧角度看，是一种对不能答的问题所采取的一种行之有效的答复方法。　　(　　)

5. 归纳法是指为了反驳对方的观点，充分利用条件假设判断，进行归纳或演绎推理，得出对方的观点是错误的。　　(　　)

四、简答题

1. 陈述的基本要领有哪些?
2. 简述谈判中提问的障碍。
3. 简述谈判中回答问题的技巧。
4. 商务谈判中常见的拒绝方法有哪些?
5. 商务谈判中有哪些辩论的方法?
6. 在谈判中需要克服的听力障碍主要有哪些?
7. 有效倾听技巧主要有哪些?

【实训项目】

◎内容

推销与谈判礼仪情景模拟表演

◎目的

学生通过自己设计一个见面情景,将称呼、介绍、握手、递接名片等交际礼节,连贯地演示下来。

◎步骤

(1) 五人一个小组,每组选组长及记录员各一名,负责实地观察活动的组织和情况记录。

(2) 由各个小组分别进行示范,而后进行评价,将各小组所记录的问题汇总与总结。

案例分析

“空中客车”向印度销售飞机

“空中客车”飞机制造公司成立于20世纪70年代,是由法国、联邦德国和英国合资经营的。由于当时世界经济萧条,各国航空公司营业均不景气,而“空中客车”公司又是个才起步的新公司,要想打开局面,搞好外销工作,更是难上加难。

公司想向印度销售一批飞机,但印度政府初审后未予批准,能否挽回机会、改变印度政府的决定,就要看谈判人员的技巧了。贝尔那·拉弟埃受命于危难之际。拉弟埃稍做准备就飞往印度首都新德里,面对接待他的印航主席拉尔少将,拉弟埃开口第一句话是:“我真不知该怎样感谢您,因为您给了我这样的机会,使我在生日这一天又回到了我的出生地。”通过开场白,他告诉拉尔少将,他出生于印度并深爱这片国土。随后拉弟埃解释,他出生时,父亲是作为法国企业家的要人派驻印度的。这些话使拉尔少将感到开心愉快,于是设宴款待拉弟埃。初战告捷,拉弟埃削弱了对手的敌对情绪,谈判气氛逐渐和谐、融洽。紧接着,拉弟埃又从包中取出一帧珍藏已久的相片,神色庄重地呈给拉尔少将:“少将,请看这张照片!”“天啊,这不是圣雄甘地吗!”拉尔少将无限崇敬地感叹道。众所周知,甘地是印度人民衷心爱戴的一代伟人,在印度可说是妇孺皆知。拉弟埃正是投其所好,一步一步赢得拉尔少将的好感,以建立良好的谈判气氛。“请少将仔细看看,圣雄甘地旁边的小孩是谁?”少将注意到伟人身边那个天真的小男孩,但他端详许久,未能认出。“那就是我呀!”拉弟埃满怀深情地说:“那时我才3岁半,随父母离开贵国返回欧洲。途中,有幸与圣雄甘地同乘一艘船,并合影留念。”拉弟埃无限幸福地回忆往事。拉尔少将完全被感动了。这笔生意顺利达成协议。

资料来源:周琼,吴再芳.商务谈判与推销技术[M].北京:机械工业出版社,2005.

【思考与分析】

1. 怎么评价贝尔那·拉弟埃的开场白？
2. 是什么感动了印航主席拉尔少将？
3. 你怎么看这一谈判的结果？

客观题参考答案

第 1 章　推销概述

一、单项选择题

1. A　2. C　3. D　4. D　5. D　6. C　7. D

二、多项选择题

1. ABD　2. ABCD　3. DE　4. ABCDE　5. BCDE　6. ACD　7. ABCD

三、判断题

1. √　2. ×　3. ×　4. √　5. ×

第 2 章　推销理论

一、单项选择题

1. A　2. A　3. C　4. A　5. D　6. A　7. B

二、多项选择题

1. ABD　2. BCE　3. AB　4. ABCDE　5. ABCD　6. CD　7. ACD

三、判断题

1. ×　2. √　3. √　4. ×　5. √

第 3 章　推销工程师

一、选择题

1. D　2. C　3. A　4. A　5. C　6. B　7. B

二、多项选择题

1. BCDE　2. BCDE　3. ABE　4. ABCDE　5. BCDE　6. ABCE　7. ABCD

三、判断题

1. √　2. ×　3. √　4. ×　5. ×

第 4 章　推销模式

一、单项选择题

1. A　2. B　3. B　4. B　5. A　6. D　7. B

二、多项选择题

1. ABCDE　2. AB　3. ABCD　4. ABD　5. AC　6. ABD　7. ABCE

三、判断题

1. √　2. √　3. √　4. √　5. √

第 5 章　推销程序(一)

一、选择题

1. C　2. D　3. C　4. C　5. C　6. B　7. C

二、多项选择题

1. ABD　2. ADE　3. ABC　4. ACDE　5. ABDE　6. ABCDE　7. BCDE

三、判断题

1. √　2. √　2. √　2. ×　5. √

第 6 章　推销程序(二)

一、单项选择题

1. A　2. A　3. C　4. B　5. B　6. A　7. A

二、多项选择题

1. BD　2. AB　3. ABCD　4. ABC　5. ABDE　6. BDE　7. BD

三、判断题

1. √　2. ×　3. ×　4. ×　5. ×

第 7 章　推销管理

一、单项选择题

1. D　2. B　3. D　4. D　5. A　6. B　7. C

二、多项选择题

1. ABDE　2. ABCD　3. ABCDE　4. ABE　5. ABCDE　6. ABDE　7. ABCD

三、判断题

1. ×　2. ×　3. ×　4. ×　5. ×

第 8 章　商务谈判概述

一、单项选择题

1. C　2. A　3. B　4. D　5. A　6. D　7. C

二、多项选择题

1. ACD　2. ABCD　3. BDE　4. ABCDE　5. ABD　6. ACE　7. BD

三、判断题

1. √　2. √　3. ×　4. ×　5. ×

第 9 章　商务谈判的准备与开局阶段

一、单项选择题

1. C　2. C　3. A　4. C　5. D　6. B　7. B

二、多项选择题

1. CD　2. ABCD　3. ABDE　4. ACD　5. ABCD　6. ABCDE　7. BDE

三、判断题

1. ×　2. √　3. ×　4. ×　5. ×

第 10 章　商务谈判的磋商阶段

一、单项选择题

1. A　2. A　3. B　4. C　5. A　6. C　7. B

二、多项选择题

1. ABCD　2. ABCE　3. BCE　4. BCDE　5. ADE　6. ABDE　7. ACE

三、判断题

1. √　2. ×　3. √　4. ×　5. ×

第 11 章　推销与谈判的礼仪沟通技巧

一、单项选择题

1. C　2. C　3. D　4. C　5. A　6. A　7. C

二、多项选择题

1. BD　2. ABD　3. ABCE　4. ABCDE　5. ABC　6. BCDE　7. ADE

三、判断题

1. × 2. × 3. × 4. √ 5. ×

第 12 章 推销与谈判的语言沟通技巧

一、单项选择题

1. B 2. C 3. D 4. C 5. A 6. C 7. A

二、多项选择题

1. ABCE 2. ABDE 3. ABCE 4. ABCDE 5. ACDE 6. BCDE 7. ABE

三、判断题

1. × 2. × 3. √ 4. √ 5. ×

参 考 文 献

[1] 吴健安．现代推销理论与技巧[M]. 北京：高等教育出版社，2011.
[2] 马凌．公共关系学[M]. 长春：吉林人民出版社，2006.
[3] 张岩松．现代公关礼仪[M]. 北京：经济管理出版社，2005.
[4] 陈新武，龚士林．推销实训教程[M]. 武汉：华中科技大学出版社，2006.
[5] 何伟祥．商务谈判[M]. 杭州：浙江大学出版社，2004.
[6] 董乃群，刘庆军．社交礼仪实训教程[M]. 北京：清华大学出版社，北京交通大学出版社，2012.
[7] 苗爱群．旅游实用礼仪[M]. 合肥：安徽大学出版社，2009.
[8] 卞桂英，刘金波．国际商务谈判[M]. 北京：北京大学出版社，中国农业大学出版社，2008.
[9] 陈建明．商务谈判实用教程[M]. 北京：中国农业大学出版社 ，2009.
[10] 刘颖．心灵鸡汤 II（学生版）[M]. 北京：中央编译出版社，2009.
[11] 梁兆民，张永华．现代实用礼仪教程[M]. 西安：西北工业大学出版社，2010.
[12] 袁革．商务谈判[M]. 北京：中国物资出版社，2007.
[13] 黄昌年．公共关系学教程[M]. 杭州：浙江大学出版社，2007.
[14] 王剑，张岩松．现代公关礼仪[M]. 西安：西安电子科技大学出版社，2009.
[15] 周晓琛．商务谈判理论与实践[M]. 北京：知识产权出版社，中国水利水电出版社，2004.
[16] 蒋光宇．把木梳卖给和尚［J］. 知音，2001（8）.
[17] 雷鹏，杨顺勇．市场营销案例与实务[M]. 上海：复旦大学出版社，2011.
[18] 唐有川．现代推销技术[M]. 咸阳：西北农林科技大学出版社，2009.
[19] 张旬．忠告推销员：动心为上［J］. 销售与市场，2000（6）.
[20] 郭华．课堂沟通论[M]. 沈阳：沈阳出版社，2003.
[21] 何毓颖．推销与实务[M]. 成都：电子科技大学出版社，2009.
[22] 隋兵．实用推销技术[M]. 北京：中国经济出版社，2008.
[23] 宋桂元．现代推销实务[M]. 重庆：重庆大学出版社，2006.
[24] 翟鸿燊．赢在方法[M]. 北京：金城出版社，2006.
[25] 吴健安．营销管理[M]. 北京：高等教育出版社，2004.
[26] 曹胜利．大学生创业：高校素质拓展教程[M]. 沈阳：万卷出版公司，2006.
[27] 高振生．市场营销学[M]. 北京：中国劳动社会保障出版社，2000.
[28] 和锋．顾问式销售技术[M]. 北京：北京大学出版社，2004.
[29] 董亚辉，霍亚楼．推销技术[M]. 北京：对外经济贸易大学出版社，2008.
[30] 吴金法．现代推销理论与实务[M]. 大连：东北财经大学出版社．2002.
[31] 黄文恒．现代推销实务[M]. 北京：机械工业出版社，2010.
[32] 李红梅．现代推销实务[M]. 北京：电子工业出版社，2005.
[33] 刘佳环．公共关系实务[M]. 广州：广东高等教育出版社，2006.
[34] 徐育斐．推销技巧[M]. 北京：中国商业出版社，2003.
[35] 蔺海鲲，曹莉萍．实用口才学[M]. 兰州：甘肃文化出版社，2006.
[36] 周忠兴．商务谈判原理与实务[M]. 南京：东南大学出版社，2012.
[37] 石永恒. 商务谈判实务与案例[M]. 北京：机械工业出版社，2008.
[38] 陈福明，王红蕾. 商务谈判[M]. 北京：北京大学出版社，2006.
[39] 朱凤仙. 商务谈判与实务[M]. 北京：清华大学出版社，2006.

[40] [美]尼伦伯格. 谈判的奥秘[M]. 郑丽淑，译. 成都：四川文艺出版社，1988.
[41] 樊建廷. 商务谈判[M]. 大连：东北财经大学出版社，2001.
[42] 杨雪青. 商务谈判与推销[M]. 北京：北京交通大学出版社，2009.
[43] 郭秀君. 商务谈判[M]. 北京：机械工业出版社，2008.
[44] 吴炜，邱家明. 商务谈判实务[M]. 重庆：重庆大学出版社，2008.
[45] 王贵奇. 如何与客户谈判：与客户谈判的101个技巧[M]. 北京：中国经济出版社，2010.
[46] 刘志强. 哈佛商务谈判（第3卷）[M]. 长春：吉林摄影出版社，2002.
[47] 任正臣，庞绍堂，童星. 商务谈判[M]. 南京：译林出版社，2004.
[48] 张乃英. 推销与谈判[M]. 上海：同济大学出版社，2003.
[49] 马金章. 金点子赚大钱[M]. 深圳：海天出版社，1996.
[50] 黄卫，管俊林. 国外经营奇方妙策[M]. 济南：山东人民出版社，1993.
[51] 李静美. 民主的软肋[M]. 北京：华龄出版社，2006.
[52] 金禹良. 会说话 好办事[M]. 北京：地震出版社，2007.
[53] 殷庆林. 国际商务谈判[M]. 北京：现代教育出版社，2010.
[54] 甄珍. 商务谈判[M]. 北京：首都师范大学出版社，2009.
[55] 张满林. 管理学理论与技能[M]. 北京：中国经济出版社，2010.
[56] 万小遥，钟祥凤. 小笑话，大智慧[M]. 北京：中华工商联合出版社，2006.
[57] 毛晶莹. 商务谈判[M]. 北京：北京大学出版社，2010.
[58] 唐涛. 如何当好营销员[M]. 北京：地震出版社，2005.
[59] 吴海东. 推销策略与艺术[M]. 重庆：重庆出版社，2008.
[60] 张国良，赵素萍. 商务谈判[M]. 杭州：浙江大学出版社，2010，12.
[61] 董耀会，张树满. 成功公关语言[M]. 北京：中国经济出版社，2004.
[62] 朱春燕，陈俊红，孙林岩. 商务谈判案例[M]. 北京：清华大学出版社，2011.
[63] 朱士钊. 成熟口才[M]. 乌鲁木齐：新疆人民出版社，2004.
[64] 孙汝建. 社交礼仪[M]. 重庆：重庆大学出版社，2010.
[65] 吴秀红. 谈判口才艺术[M]. 长春：时代文艺出版社，2001.
[66] 罗德. 谈判不言败[M]. 杭州：浙江大学出版社，2003.
[67] 高歌. 国际商务谈判[M]. 长沙：中南大学出版社，2012.
[68] 刘向丽. 国际商务谈判[M]. 北京：机械工业出版社，2005.
[69] 韩小恒. 超级幽默大笑话[M]. 北京：中国言实出版社，2005.
[70] 陈双喜，巴丽，杨爱兰. 国际商务谈判[M]. 北京：中国商务出版社，2006.